Buch-Updates

Registrieren Sie dieses Buch
auf unserer Verlagswebsite.
Sie erhalten dann
Buch-Updates und weitere,
exklusive Informationen
zum Thema.

Galileo
BUCH UPDATE

Und so geht's

> Einfach **www.galileocomputing.de** aufrufen

<<< Auf das Logo **Buch-Updates** klicken

> Unten genannten **Zugangscode** eingeben

**Ihr persönlicher Zugang
zu den Buch-Updates**

110300110469

Ulrich B. Boddenberg

Microsoft-Netzwerke

Konzepte & Lösungen

Galileo Computing

Liebe Leserin, lieber Leser,

vielleicht kennen Sie bereits das SharePoint Portal-Buch, das ebenfalls aus der Feder von Ulrich B. Boddenberg stammt, oder unseren Bestseller »Integrationshandbuch Microsoft-Netzwerk« von Ulrich Schlüter? Dann haben Sie erfahren, dass es bei Galileo Computing die etwas anderen Fachbücher für Admins und Systemarchitekten gibt. Nämlich Bücher, die Sie exzellent beraten und Ihnen konkrete Lösungswege zeigen; Bücher, die Sie bei Ihrer täglichen Arbeit große Schritte weiterbringen. Denn Sie verwalten schließlich das technische Herz eines Unternehmens und sind auf absolut zuverlässige Ratgeber angewiesen. Sie sind verantwortlich für die Implementierung einer IT-Umgebung, in die viel Geld investiert wird, und Sie sind es, die dafür sorgen, dass alles reibungslos und effizient läuft.

Dann lassen Sie sich weiter gut beraten von unserem Konzepte-Buch. Ulrich B. Boddenberg versteht es wie kein anderer, Ihnen Lösungen für eine konkrete IT-Landschaft an die Hand zu geben und dabei immer die Unternehmensziele – Reduzierung der Betriebskosten, Gewährleistung einer hohen Verfügbarkeit und die Steigerung der Benutzereffizienz – im Blick zu haben. Denn die Unternehmensziele sind schließlich auch Ihre Ziele.

Nun wünsche ich Ihnen viel Freude beim Lesen dieses Buches und beim "Vermehren Ihrer hier gewonnenen Einsichten"!

Über Rückmeldungen zum Buch – sei es freundliche Kritik oder kreative Anregung – freue ich mich sehr.

Ihre Judith Stevens-Lemoine
Lektorat Galileo Computing

judith.stevens@galileo-press.de
www.galileocomputing.de

Galileo Press · Rheinwerkallee 4 · 53227 Bonn

Auf einen Blick

Der Name Galileo Press geht auf den italienischen Mathematiker und Philosophen Galileo Galilei (1564–1642) zurück. Er gilt als Gründungsfigur der neuzeitlichen Wissenschaft und wurde berühmt als Verfechter des modernen, heliozentrischen Weltbilds. Legendär ist sein Ausspruch »Eppur se muove« (Und sie bewegt sich doch). Das Emblem von Galileo Press ist der Jupiter, umkreist von den vier Galileischen Monden. Galilei entdeckte die nach ihm benannten Monde 1610.

Lektorat Judith Stevens-Lemoine
Korrektorat Meriam Tirai, Aachen
Einbandgestaltung Barbara Thoben, Köln
Herstellung Steffi Ehrentraut
Titelbild zefa visual media
Satz Typographie & Computer, Krefeld
Druck und Bindung Koninklijke Wöhrmann B.V., Zutphen, Niederlande

Dieses Buch wurde gesetzt aus der Linotype Syntax Serif (9,25/13,25 pt) in FrameMaker. Gedruckt wurde es auf fein holzhaltigem Naturpapier.

Gerne stehen wir Ihnen mit Rat und Tat zur Seite:

judith.stevens@galileo-press.de bei Fragen und Anmerkungen zum Inhalt des Buches
service@galileo-press.de für versandkostenfreie Bestellungen und Reklamationen
stefan.krumbiegel@galileo-press.de für Rezensions- und Schulungsexemplare

Bibliografische Information der Deutschen Bibliothek
Die Deutsche Bibliothek verzeichnet diese Publikation in der Deutschen Nationalbibliografie; detaillierte bibliografische Daten sind im Internet über http://dnb.ddb.de abrufbar.

ISBN 978-3-89842-663-3

© Galileo Press, Bonn 2005
1. Auflage 2005, 2. Nachdruck 2007

Inhalt

4   Primary Storage   75

6   Störfall und Notfall   265

7 Die Microsoft-Betriebssysteme 281

8 Verzeichnisdienst 293

9 Was ist .NET? 337

10 Client-Systeme 353

13   Mail und Messaging   439

14   Collaboration   503

15 Anbindung an das Internet 613

16 Management von Serversystemen 635

Index 655

1 Über dieses Konzepte-Buch

Dieses Buch ist ein Konzepte-Buch.

Was ist das besondere an einem Konzepte-Buch werden Sie fragen. Zu Recht!

Auf dem Markt gibt es Bücher, die Produkte oder Lösungsszenarien bis ins letzte Detail erklären. Es gibt Bücher, die sich mit Projektmanagement beschäftigen oder solche, die die wirtschaftlichen Aspekte des IT-Betriebs tief gehend untersuchen.

Jedoch gab es bis jetzt kein Buch, das Technologien und Konzepte im Anwendungskontext vorstellt und deren Möglichkeiten, Stärken und Schwächen diskutiert. Für Entscheider und System-Architekten ist es im Allgemeinen nicht notwendig, bis ins letzte Detail über die Installation oder Konfigurationsdetails Bescheid zu wissen, sie müssen aber stets den roten Faden im Auge behalten.

Die IT-Welt ist zu kompliziert geworden, als dass man für alle relevanten Themen, angefangen vom Sizing der Server über eine sichere Anbindung an das Internet bis hin zu Steigerung der Benutzereffizienz direkt das »richtige« bzw. am besten passende Konzept zur Hand haben könnte.

Dieses Buch möchte Ihr Consultant sein!

Das Wort »Consultant« ist in der IT-Branche natürlich ein viel strapaziertes. Laut Wörterbuch ist ein Consultant ein »Berater«. Die Aufgabe eines Beraters ist es, mit Ihnen aus der Vielzahl möglicher Lösungsansätze, die für jeden IT-Aufgabenbereich denkbar sind, den technisch und wirtschaftlich sinnvollsten Weg herauszuarbeiten.

Dieses Konzepte-Buch geht auf die wichtigsten Themengebiete beim Aufbau eines leistungsfähigen IT-Systems ein, stellt Ihnen mögliche Konzepte vor und hilft Ihnen, den für Ihr Unternehmen richtigen Weg zu finden. Selbstverständlich bleiben die Erläuterungen nicht abstrakt, sondern erwähnen bei der Vorstellung der Lösungsmöglichkeiten für die Realisierung einsetzbare Produkte.

Das Buch gliedert sich in zwei Hauptteile.

▶ Im ersten Teil des Buches besprechen wir einige Kernziele, wie die Reduzierung von Betriebskosten, die Gewährleistung einer hohen Verfügbarkeit oder die Steigerung der Benutzereffizienz.

▶ Der zweite (und weitaus umfangreichere) Teil des Buches beschäftigt sich auf technischer Ebene mit Lösungen für die Aufgabenstellung einer modernen IT-Landschaft. Welche Möglichkeiten gibt es beispielsweise für den Aufbau eines leistungsfähigen Backup-Systems, zur Steigerung der Verfügbarkeit ausgewählter Serversysteme oder für die Bekämpfung von Viren am Internet-Gateway? Sie lernen die Möglichkeiten kennen, bewerten diese mit Bezug auf unterschiedliche IT-Situationen, um dann selbst den besten Weg für Ihr Unternehmen zu erkennen.

Der Fokus dieses Buches ist nicht, jeweils die technisch anspruchsvollste und schickste Lösung vorzustellen, sondern die für Sie realistischste Lösung zu identifizieren. Wir werden auch einige »Hypes« kritisch hinterfragen und beispielsweise prüfen, ob wirklich jede Umgebung ein FibreChannel-SAN braucht, oder ob eine terminalserver-basierte Umgebung die Lösung aller Probleme ist.

Dieses Konzepte-Buch eignet sich vorzugsweise für mittelständische Umgebungen, in denen Microsoft-Technologien zum Einsatz kommen.

Natürlich wäre es auch denkbar, Lösungen zu realisieren, die komplett auf Open Source-Produkten basieren oder Novell als führendes System einsetzen. Da der größte Teil der mittelständischen Umgebungen auf Microsoft-Systemen basiert, bespricht das Konzepte-Buch primär auf Microsoft-Produkten basierende Lösungen. Bei entsprechender Marktlage und Nachfrage könnte man sich zu einem späteren Zeitpunkt sicherlich auch ein Open Source-Konzepte-Buch vorstellen ...

Ich freue mich auf den E-Mail-Kontakt mit Ihnen. Sie erreichen mich unter:

ulrich@boddenberg.de

Gern erreichen Sie mich auch per MSN Messenger. Mein Anzeigename ist ulrich@boddenberg.de

Ich möchte nicht versäumen, meiner Frau Ilona für die liebevolle Unterstützung bei der Realisierung meines zweiten Buchprojekts zu danken! Großen Anteil an dem Gelingen des Buchs hat auch unsere Amy, die unermüdlich mentale Unterstützung geleistet hat. Sie ist auf der Rückseite des Buchs zu sehen.

Ulrich B. Boddenberg

2 Ziele

Bevor man über Konzepte spricht, sollte man die zu erreichenden Ziele definieren. Natürlich: Das System soll funktionieren und kosten-günstig sein. Allein schon diese beiden Forderungen werfen viele Detailfragen auf: Muss das System 7*24 ohne jegliche Unterbrechung funktionieren oder ist ein Ausfall von drei Stunden einmal im Monat hinnehmbar? Dreht es sich bei der Kostenbetrachtung nur um die Anschaffungskosten oder werden Optimierungen (und damit Spar-potentiale) ebenfalls bei der strategischen Entscheidung berücksich-tigt?

Abbildung 2.1 Die Themen des Kapitels im Überblick

Bei der technischen Konzeption von IT-Systemen sind vier Hauptanforderun-gen zu berücksichtigen:

▶ Benutzereffizienz

▶ Sicherheit

▶ Verfügbarkeit

▶ Kostenoptimierung

Die konzeptionelle Herausforderung ist, dass diese vier Aspekte gleichzeitig zu erfüllen sind. Natürlich kann man ein sehr kostengünstiges System aufbauen, wenn es aber im Schnitt einmal wöchentlich ausfällt, ist es mit Sicherheit nicht wirtschaftlich. Maximale Sicherheit für ein IT-System wird man erreichen, wenn keinerlei Kommunikationsmöglichkeiten mit der Außenwelt vorhanden sind – dies wird den Anwendern aber kaum ein effizientes Arbeiten ermöglichen.

Es ist schwierig, eine Rangfolge für die Ziele zu bestimmen. Auch die reduzierten Fragestellungen »Welches ist das wichtigste Ziel?« und »Welches ist das unwichtigste Ziel?« sind schwer zu beantworten. Wenn man die vergangenen Jahre betrachtet, wird man feststellen, dass es verschiedene Phasen gegeben hat, in denen jeweils eines dieser Ziele besonders intensiv verfolgt worden ist:

▶ In den vergangenen Jahren war sicherlich die Kostenoptimierung das wichtigste Planungsziel. Zum einen ist dies natürlich eine Reaktion auf eine schwierige wirtschaftliche Lage. Zudem sind häufig teure IT-Projekte aus der Taufe gehoben worden, die einerseits das gesetzte Ziel nur teilweise oder vielleicht auch überhaupt nicht erreicht haben, die aber andererseits noch immer hohe Administrations- und Wartungskosten verursachen.

▶ Momentan stellt man fest, dass die Verfügbarkeit der IT-Systeme ein wichtiges Thema ist. Dies wird durch immer schneller werdende Geschäftsprozesse vorgegeben. Durch die Integration der IT-Systeme in diese Prozesse sind die Unternehmen bei einem Systemausfall häufig nicht mehr handlungsfähig. Das Standardbeispiel ist die Produktion, die bei Ausfall der Steuerungssysteme angehalten werden muss. Es geht aber auch viel weniger spektakulär: Was kann in der Verwaltung Ihres Unternehmens noch erledigt werden, wenn ein zentraler Datenbankserver nicht mehr zur Verfügung steht? Vor wenigen Jahren war der Ausfall der Telefonanlage in der Unternehmenszentrale der größte anzunehmende »Kommunikationsunfall«. In vielen Fällen wird heute das zentrale Mail-Gateway als empfindlichster Punkt angesehen, denn dessen Ausfall sorgt dafür, dass auch alle Niederlassungen und Außendienstmitarbeiter von einem wesentlichen Kommunikationsmedium abgschnitten sind. Seitdem in die Risikobewertung für die Kreditwürdigkeit eines Unternehmens auch die IT-Systeme und deren Ausfallsicherheit einbezogen werden, stoßen Themen wie »Verfügbarkeit« und »Notfallvorsorge« auf enormes Interesse.

Eine intelligente Konzeption von IT-Systemen muss übrigens nicht zu exorbitanten Kosten führen. Ich möchte das am Thema »Notfallvorsorge« verdeutlichen. Die Geschäftsführer vieler mittelständischer Unternehmen haben im Zuge von Überlegungen in Zusammenhang mit dem Basel-II-Rating ihren IT-

Leitern die Aufgabe erteilt, ein Konzept zur Steigerung der Verfügbarkeit der IT-Systeme mit »integrierter Notfallvorsorge« zu entwickeln. Wenn man sich mit diesem Thema ein wenig auseinandersetzt, kommt man schnell zu dem Ergebnis, dass der kritische Punkt die Speichersysteme sind. Recht schnell liegen Angebote für gespiegelte hochredundante SAN-Storage-Systeme auf dem Tisch – und genauso schnell beendet die Geschäftsleitung die Überlegungen, weil es auch für ein größeres mittelständisches Undenkbar ist, außerplanmäßig 350.000 Euro in ein Storage-System zu investieren.

Ein leistungsfähiges Konzept zur Notfallvorsorge lässt sich häufig für 10 % des vorgenannten Betrags realisieren. Genau hierin liegt auch die Aufgabe von Cosultants und System-Architekten, nämlich das für den Kunden funktional sinnvollste und gleichzeitig preislich angemessenste System zu entwerfen.

Nochmals zurück zu den Trends auf dem Markt:

▶ Das »IT-Sicherheit« ist in großen Unternehmen und Konzernen schon lange auf der Tagesordnung, auch im mittelständischen Bereich wird dieses Thema zumindest nicht ganz außer Acht gelassen – dazu trägt natürlich auch die Berichterstattung der Medien im Fall von weltumspannenden Wurm-Attacken bei.

▶ Bisher häufig vernachlässigt wurde das Designziel »Benutzereffizienz«. Die meisten IT-Projekte finden im Bereich des »Rechenzentrums« statt, die Benutzer arbeiten streng genommen so, wie sie es bereits vor acht Jahren getan haben – auch Word 2003 kann man wie eine elektrische Schreibmaschine mit Bildschirmausgabe verwenden. Interessanter Weise stecken in der Steigerung der Benutzereffizienz extrem hohe Potentiale für die Unternehmen: Wenn es Ihnen gelingt, dass die Geschäftsprozesse schneller werden, gleichzeitig die Qualität steigt und die Benutzer mehr Vorgänge bearbeiten können, weil sie keine Zeit mehr verlieren, haben Sie als IT-Verantwortlicher deutlich zum langfristigen Unternehmenserfolg beigetragen.

In den folgenden Abschnitten werden wir die Teilziele ein wenig genauer beleuchten.

2.1 Benutzereffizienz

Das Thema »Benutzereffizienz« steht nicht umsonst an erster Stelle. In den meisten Unternehmen liegt hier das höchste Optimierungspotential. Fakt ist, dass häufig noch genauso mit den IT-Systemen gearbeitet wird, wie vor zehn Jahren:

- Dateien werden irgendwo auf File-Servern abgelegt, werden nicht gefunden, liegen nie in der aktuellen Version vor etc.

- Für jede Information, die ein Benutzer sich beschaffen möchte, muss er die Bedienung einer unter Umständen komplizierten Software lernen.

- Die Beschaffung von abteilungsübergreifenden Informationen funktioniert am besten mit dem Telefon.

- Viele Geschäftsprozesse werden nicht computergestützt abgebildet, weil die IT-Landschaft eine vernünftige Integration von Workflows nicht zulässt. Ein Geschäftsprozess, der letztendlich darauf basiert, dass sich die Benutzer Mails schreiben oder miteinander telefonieren, ist notwendiger Weise zum scheitern oder zumindest zum »langsam-sein« verurteilt.

Man könnte noch seitenlang weiter schreiben, aber ich denke, dass das Problem klar auf der Hand liegt – zudem wird die »Notwendigkeit« des Themas »Benutzereffizienz« aus einer etwas technischeren Sicht ausführlich zu Beginn des Collaboration-Kapitels (Kapitel 14) diskutiert.

Der Themenkomplex »Benutzereffizienz« hat leider einen wesentlichen Nachteil, denn die Erfolge sind nur recht schwer messbar. Wenn Sie ein neues Serversystem beschaffen, dessen Wartungskosten 20 % unter dem bisherigen liegen, kann man leicht ausrechnen, dass sich diese Investition nach 10 Monaten amortisiert hat und dann der gewünschte Kosteneffekt eintritt.

Der Grad der Benutzer-**in**-effizienz ist nun recht schwer messbar und in einem konkreten Eurobetrag auszudrücken. Wenn Sie durch die Abteilungen gehen und Anwender beobachten, werden Sie natürlich feststellen, dass diese mit dem System zurechtkommen und alles sieht auch zügig aus. Natürlich lernen die Benutzer, wie man eine gewünschte Information mit einem Verfahren, das zwanzig Mausklicks benötigt, herausbekommt. Diese zwanzig Mausklicks laufen nach einiger Zeit auch schnell ab – der Zeitbedarf eines geübten Anwenders ist nur acht Minuten. Wo liegt das Optimierungspotential? Es liegt darin, dass gar kein Mausklick notwendig ist (= keine acht Minuten), weil die Information bereits angezeigt wird. Zu fantastisch, zu abstrakt? Kein Problem, hier kommt ein Beispiel:

- Ein Vertriebsleiter möchte jeden morgen die Umsätze seiner Mitarbeiter des vergangenen Tages sehen.

- Klassischer Weise startet er hierzu den Client des ERP-Systems, meldet sich an, navigiert zum Reportgenerator, trägt die Auswertungsparameter ein ... – und hält irgendwann die Auswertung in der Hand (zwanzig Mausklicks, acht Minuten).

► Wäre es nicht viel besser, wenn er sich morgens in seine Arbeitsumgebung einloggt und kann in dieser die Daten direkt einsehen – ohne in zig Applikationen arbeiten zu müssen? (Abbildung 2.2)

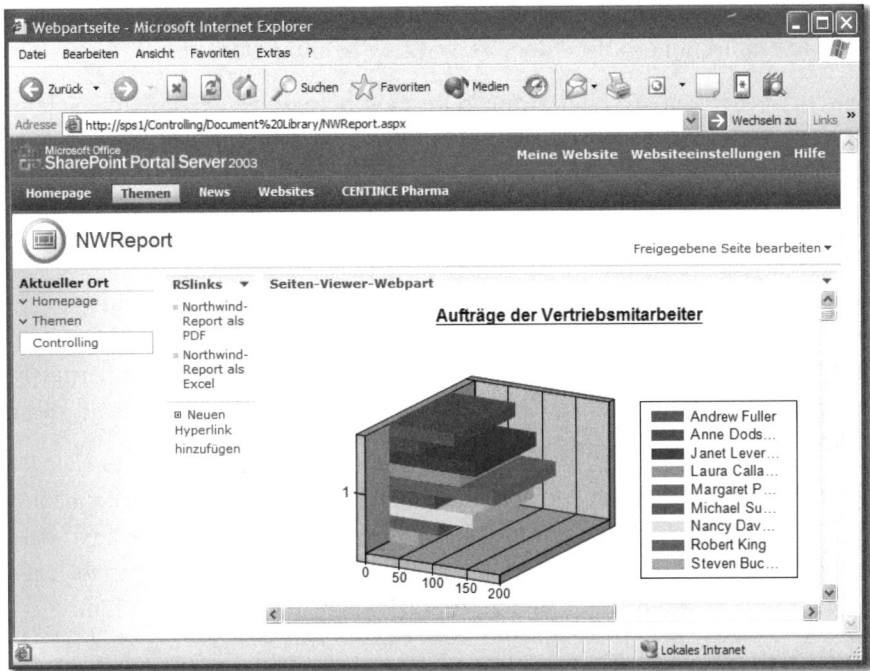

Abbildung 2.2 Die Umsatzdaten der Vertriebsmitarbeiter werden in der Arbeitsumgebung des Vertriebsleiters angezeigt – ohne dass er den Client des ERP-Systems aufrufen und den Reportgenerator starten muss (SharePoint Portal Server).

Sie sparen diesem Vertriebsleiter jeden Tag acht kostbare Minuten. Bezogen auf 250 Arbeitstage sind das 2.000 Minuten, also 33 Stunden – fast eine Arbeitswoche.

Das Beispiel lässt sich beliebig erweitern:

Wenn jeder Vertriebsmitarbeiter täglich die Auslieferungsrückstände bei seinen Kunden beobachten soll, um diese frühzeitig zu informieren, wenn irgendetwas schief geht, ist das sicherlich auch ein Prozess, der nicht in jeder ERP-Software optimal abgebildet ist. Ich kenne Software, bei denen wirklich jeder Kundendatensatz angefasst werden muss, um die Backlogs zu sehen. In der Praxis sieht das dann so aus:

► Einloggen in das ERP-System, nebst anschließendem »herumnavigieren«

► Aufruf jedes einzelnen Kundendatensatzes, auslösen der Anzeige der Lieferrückstände

- Notieren derselben auf Papier (!)
- Navigieren zum Auftragskopf, um zu sehen, welcher Einkäufer beim Kunden zuständig ist.
- Dann geht es um das Anrufen der Kunden, dabei muss zum Heraussuchen der Telefonnummern die Adressverwaltung bemüht werden.

Wen ein Vertriebsmitarbeiter zwanzig Kunden betreut, ist er (ohne die Telefonate) mit Sicherheit eine halbe Stunde mit diesem Vorgang beschäftigt – täglich! Wenn in Ihrem Unternehmen zehn Vertriebsmitarbeiter tätig sind, beschäftigen sich diese im Jahr 1.250 Stunden (ca. 156 Tage) mit der Administration der Lieferrückstände.

Die Lösung wäre, dass jeder Vertriebsmitarbeiter direkt beim Einloggen in seine Arbeitsumgebung die Liste mit allen benötigten Informationen sehen kann. Und weil Vertriebsmitarbeiter im Allgemeinen nicht im Büro herumsitzen, sondern unterwegs sind, wäre es ja nun mehr als sinnvoll, wenn diese Information auch problemlos von unterwegs abrufbar wäre.

Ob Sie nun direkt messbar mehr Geld verdienen, wenn jeder Mitarbeiter pro Tag 30 Minuten spart, kann ich Ihnen nicht versprechen. Ich denke aber, dass 156 (= 30 Min. * 250 Arbeitst. * 10 Mitarb. / 60 / 8) zusätzliche »Vertriebstage« durchaus überzeugend sind – und vermutlich auch zu mehr Umsatz führen!

Eins ist klar: Natürlich kommen die Mitarbeiter mit dem bestehenden System zurecht, immerhin können Sie die Informationen daraus gewinnen. Wenn Sie die Anwender beim Bedienen der Software beobachten würden, sieht das vermutlich auch nach zügiger Arbeit aus – nichts desto trotz ist es wirtschaftlich eine totale Katastrophe.

Die beiden Beispiele sind zwar durchaus nicht frei erfunden, ich bin aber sicher, dass Sie in Ihrem Unternehmen noch viel bessere Beispiele für Verbesserungen finden werden. Sehen Sie sich die Geschäftsprozesse objektiv an. Überlegen Sie, ob dieser Prozess mit Hilfe der IT-Systeme schneller, zuverlässiger und »stabiler« gemacht werden kann.

Eine verbesserte Benutzereffizienz ist nicht mit einem Projekt abgeschlossen:

- Erstens bedeutet Verbesserung auch immer Veränderung. Letztgenannte führt natürlich zunächst zu einem gewissen Lernaufwand.
- Es gibt in jedem Unternehmen und in jeder Organisation so viele Geschäftsprozesse, die entweder garnicht oder nur rudimentär elektronisch abgebildet sind, dass die Arbeiten sich über Jahre hinziehen werden.

▶ Über allem schwebt das Prinzip der »kontinuierlichen Verbesserung«: Geschäftsprozesse werden laufend optimiert und müssen natürlich auch elektronisch angepasst werden. Vielleicht gibt es auch durch zusätzliche Softwareprodukte interessante Ansätze, um Abläufe besser zu integrieren.

Auch wenn ich vielleicht konkret in Ihrem Fall in ein Fettnäpfchen trete, muss man das folgende Thema in einem Kapitel über Benutzereffizienz ansprechen: Ich bin immer ein wenig erstaunt, wenn mir ein Administrator erzählt, dass es nun ein Mailboxlimit für die Exchange-Postfächer der Anwender gäbe, denn diese »müssten ja erzogen werden«. Bei nächster Gelegenheit spricht man mit dem Abteilungsleiter der Fachabteilung, der sein Leid klagt, dass seine Mitarbeiter gar nicht wissen, wo Sie die Mailvorgänge zumindest der aktuellen Projekte speichern sollen.

Ich will nicht ausschließen, dass es Benutzer gibt, die in ihren Exchange-Postfächern Mails mit Comic-Strips speichern. In den meisten anderen Fällen sind die Benutzer mit den überquellenden Postfächern diejenigen, die schlicht und ergreifend nicht wissen, wo sie die Informationen ablegen können.

Ich habe Fälle erlebt, in denen Benutzer Mails ausgedruckt und abgeheftet haben, um die Informationen zu archivieren – das Postfachlimit war erreicht und eine andere Ablagemöglichkeit wurde nicht bereitgestellt. Ich kenne Fälle, in denen Benutzer Mails einfach löschen und solche, in denen in lokale PST-Dateien archiviert wird, die aber nicht gesichert werden; die beiden letztgenannten Szenarien laufen häufig auf das gleiche Ergebnis hinaus.

Sie sparen durch solche Maßnahmen vordergründig Kosten, weil weniger Plattenplatz benötigt wird. Sie können aber davon ausgehen, dass durch niedrig gesetzte Postfachlimitierungen die Benutzereffizienz leiden wird. Die Benutzer beschäftigen sich mit den Themen »Wo bringe ich wichtige Informationen unter?«, »Welche Mails kann ich vielleicht doch löschen?« und »Wie beschaffe ich die Informationen, die ich vor zwei Monaten gelöscht habe?«, anstatt ihren eigentlichen Aufgaben nachzugehen. Wenn sich jeder Benutzer täglich 5 Minuten (der Wert ist unrealistisch, weil viel zu niedrig!) mit der Verwaltung der Größe seines Postfachs beschäftigt, verliert er im Jahr 20 Stunden!

2.2 Sicherheit

Sicherheit ist in jeder IT-Umgebung ein wesentlicher Aspekt. Hierbei geht es nicht nur um die Netzwerkinfrastruktur, also Firewall und Einwahlmöglichkeiten, sondern auch um die Computersysteme selbst und Architekturfragen:

- Dass jedes (!) System gegen Viren und ähnlichen Unrat gesichert werden muss, ist heutzutage eigentlich klar.

- Ähnlich wichtig ist, Betriebssysteme und Applikationen auf einem aktuellen Softwarestand zu halten. Viren, Trojaner und Würmer nutzen im Allgemeinen Sicherheitslücken und Fehler aus, die durch Patches und Service Packs behoben werden. Wenn Sie eine NT4 Workstation einsetzen, die damals mit Service Pack 2 installiert wurde, wird dieses System so ziemlich für jeden Trojaner und Wurm ein heimeliges Zuhause darstellen. Es ist erschreckend, in wie vielen Umgebungen keine Patches verteilt werden – beste Voraussetzungen für ein unsicheres System.

- Realistisch wird man heute keine vom Internet abgeschottete IT-Landschaft betreiben können – zu stark ist das Internet in die Geschäftswelt integriert. Zudem eignet sich das Internet auch sehr gut, um Außenstellen oder mobile Benutzer preisgünstig mit den Firmendaten zu verbinden. Man kann dies ohne riesige Sicherheitslöcher aufzureißen tun, allerdings darf man sich dabei keine Designfehler leisten – beispielsweise gehört ein Exchange-Front-End-Server nicht in die DMZ, auch wenn er dort immer wieder gern hingestellt wird.

- Es geht beim Thema »Sicherheit« häufig garnicht um »High-Tech«-Themen wie das Design einer Exchange-Landschaft oder Firewall-Infrastruktur. Häufig sind es die kleinen Ungeschicke des Lebens, die wirklich zu massiven Problemen führen: In Taxis vergessene Notebooks mit unverschlüsselten Festplatten oder im Restaurant vergessene PocketPCs, auf denen die Daten standardmäßig ebenfalls nicht verschlüsselt sind.

- Stellen Sie sicher, dass keine unautorisierten Geräte an Netzwerkdosen angeschlossen werden können – oder diese zumindest keine Verbindung bekommen. Eine gut konfigurierte Firewall zu überwinden, ist einigermaßen kompliziert. Wenn es hingegen möglich ist, an einer weitgehend unbeobachteten Stelle einen WLAN-Access Point ans Netz anzuschließen, sind Sie einem Datendieb oder (was oft noch schlimmer ist) Datenmanipulator schutzlos ausgeliefert. Auch wenn man davon ausgeht, dass Ihre Kollegen alle integere Menschen sind, haben genügend »externe« Personen Zugang zu einem Firmengebäude, die alle potentielle WLAN-Access-Point-Anschließer sein könnten. Eine mögliche Gegenmaßnahme stellen Switches dar, die Ports nur aktiv schalten, wenn die MAC-Adresse des angeschlossenen Geräts in einer Liste eingetragen ist.

Im Verlauf dieses Buchs werde ich bei den besprochenen Konzepten und Lösungsansätzen darauf achten, Sie auf eventuelle Sicherheitsaspekte hinzuweisen. Für Sicherheit gilt ebenso wie beim Thema »Benutzereffizienz«: Sicherheit kann nicht durch ein einzelnes Projekt erreicht werden. Das Thema »Sicherheit« wird nie abgeschlossen sein.

Bei allen technischen Möglichkeiten darf nie vergessen werden, dass die Benutzer selbst ein wesentliches Risiko darstellen. Ich unterstelle keinen Vorsatz, aber sehr viele Sicherheitslücken entstehen durch Unachtsamkeit von Benutzern oder auch von Administratoren. Dies beginnt beim unbedachten Öffnen von suspekten Dateianhängen (möglich, dass der Virencheck tatsächlich etwas nicht erwischt), geht über das Notieren von Kennwörtern auf dem Monitor und endet bei der Herausgabe von Passwörtern aufgrund telefonischer Anfrage.

Absolute »Härtefälle« sind von zu Hause mitgebrachte Modems, die an einen Computer mit PC-Anywhere angeschlossen sind (ohne Passwort!). Jemand, der in Ihr Netz einbrechen will, wird sich vermutlich zunächst gar nicht lange mit dem Überwinden der Firewall abmühen, sondern mit einem War-Dialer prüfen, ob es vielleicht Modems oder ISDN-Karten gibt, die direkt mit einem ungesicherten PC-Anywhere verbunden sind ...

Dieses Buch ist nicht explizit als Werk über IT-Sicherheit gedacht. Ich denke, dass die zuvor genannten Beispiele verdeutlichen, dass Sicherheit ein allumfassendes Thema ist, das in jedem IT-Konzept zu berücksichtigen ist.

Generell ist das Kunststück, ein gutes Maß an IT-Sicherheit zu erreichen, ohne die Benutzereffizienz massiv zu beeinträchtigen. Extrembeispiel: Wenn es in Ihrer Firma keinen Internetzugang gibt und eingehende Mails an einem nicht mit dem Netz verbundenen Quarantäne-PC ausgedruckt werden, schließen Sie natürlich eine wichtige Gefahrenquelle komplett aus. Andererseits legen Sie einem großen Teil der Benutzer bei der täglichen Arbeit mit einer solchen Maßnahme dermaßen Steine in den Weg, dass der Firma damit vermutlich auch nicht gedient sein wird.

2.3 Verfügbarkeit

Eine wesentliche Anforderung an eine moderne IT-Umgebung ist die Verfügbarkeit derselben. Zunächst muss man sich allerdings darüber klar werden, was nun genau unter »Verfügbarkeit« zu verstehen ist.

ITIL subsumiert unter »Availiblity« diese Aspekte:

▶ Zuverlässigkeit
▶ Wartbarkeit
▶ Servicefähigkeit
▶ IT-Sicherheit

Betrachtet man diese Anforderungen von einem etwas technischeren und serverbezogenen Standpunkt, kann man diese Punkte nennen:

▶ Die Systeme müssen stabil laufen.

▶ Im Fall eines eventuellen Ausfalls muss eine möglichst schnelle Wiederherstellung gewährleistet sein.

▶ Geplante Ausfälle durch Wartungsarbeiten müssen so kurz wie möglich sein.

▶ Es dürfen keine Daten verloren werden.

Die Anforderungen erscheinen zunächst so trivial wie selbstverständlich. An den nachfolgend beschriebenen Szenarien werden Sie allerdings erkennen, dass die Realisierung alles andere als einfach ist.

2.3.1 Der Worst Case

Bei den Betrachtungen zur Verfügbarkeit müssen wir stets vom schlimmsten Störfall, also dem Worst Case, ausgehen. Ein Konzept, das nicht diesen ungünstigen Fall zu Grunde legt, hat letztendlich keinen Wert.

Der Worst Case ist nun nicht notwendiger Weise die Landung einer Boeing 747 auf den Serverraum – vermutlich hätte ein Unternehmen dann ohnehin andere Probleme. Der Worst Case ist im Fall eines Servers beispielsweise ein Ausfall des RAID-Controllers, was zu einem Verlust der gespeicherten Daten führt, sprich die Daten liegen zwar noch auf den Platten, können aber nicht gelesen werden.

2.3.2 Wiederherstellzeit

Zunächst betrachten wir das Szenario der Wiederherstellung eines Servers, dessen lokale Plattensysteme so ausgefallen sind, dass ein Restore der Daten notwendig wird. Dies könnte beispielsweise im Fall eines RAID-Controller-Defekts vorkommen. Wir gehen von einem File-Server mit einer Nutzkapazität von 300 GB aus.

Auf dem Zeitstrahl ist der Vorgang dargestellt (Abbildung 2.3):

▶ Um 10:00 fällt das System aus.

▶ Kurz danach werden die ersten Störmeldungen eingehen. Bis die Ursache des Problems »Ich kann keine Dokumente mehr speichern« erkannt worden ist und die notwendigen Schritte eingeleitet worden sind, vergeht mit Sicherheit eine Stunde. Schließlich ist nicht ständig ein IT-Mitarbeiter in Wartestellung, wahrscheinlich wird zunächst eine Behebung des Fehlers versucht werden etc.
Ausfallzeit bis hierhin: 1 Stunde.

▶ Sofern ein Service-Vertrag für die Instandsetzung der Hardware (!) vorliegt, wird diese nach sechs Stunden wieder funktionsbereit sein. Eine Wiederherstellungszeit von sechs Stunden ist der schnellste »Standard-Service-Level«, der gemeinhin von Herstellern und Systemhäusern angeboten wird. (Ein Service-Vertrag, der eine Reaktionszeit von vier Stunden garantiert, ist niederwertiger als einer mit 6 Stunden Wiederherstellungszeit.)
Ausfallzeit bis hierhin: 7 Stunden.

▶ Ist die Hardware wieder funktionsbereit, wird eine gewisse Zeit, sagen wir eine Stunde, vergehen, bis tatsächlich mit der Rücksicherung begonnen werden kann. Schließlich muss die Backup-Software betriebsbereit gemacht, wahrscheinlich Bänder herausgesucht, kurzum einige Vorbereitungen getroffen werden.
Ausfallzeit bis hierhin: 8 Stunden.

▶ Nun beginnt die eigentliche Rücksicherung. Eine Restore-Geschwindigkeit von 300 MB/Minute ist eine realistische Annahme, woraus sich ergibt:
(300 GB * 1024) / 300 MB = 1.024 Min. = 17,07 Stunden
Es muss also von einer Restore-Zeit von ungefähr 17 Stunden ausgegangen werden.
Ausfallzeit bis hierhin: 25 Stunden.

▶ Nach Abschluss des Restorevorgangs müssen sicherlich noch einige »Nacharbeiten« vorgenommen werden. Dies wird bei einem File-Server nicht sehr umfangreich sein, daher ist eine Stunde ein realistischer Schätzwert.
Ausfallzeit bis hierhin: 26 Stunden.

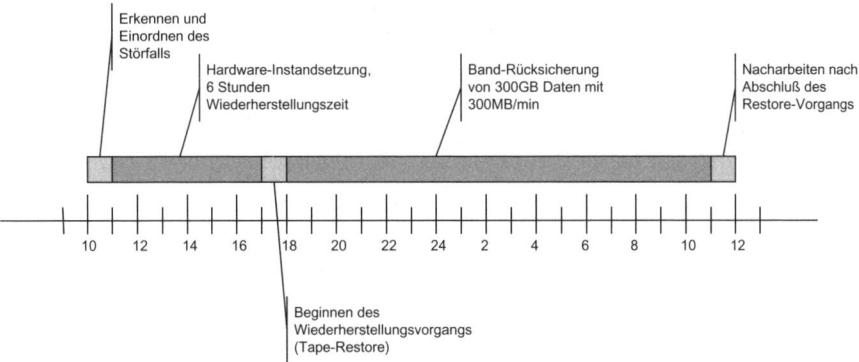

Abbildung 2.3 Wiederherstellung eines Systems

Dieses einfache Beispiel zeigt recht eindrucksvoll, welche enormen Risiken in den IT-Systemen stecken: Ein Ausfall eines kritischen Systems von mehr als 24 Stunden kann für viele Firmen akut existenzbedrohend sein, zumindest dürfte es als massive Störung gesehen werden.

Letztendlich ist der zuvor geschilderte Ablauf noch recht optimistisch gewesen. Wenn während des Vorgangs, bei welchem Arbeitsschritt auch immer, Probleme auftreten, verlängert das die Restore-Zeiten eventuell deutlich.

Wenn Sie Optimierungspotential suchen, finden sich zwei Ansätze:

▶ Die Beschleunigung der Hardware-Wiederherstellung
▶ Die Beschleunigung der Rücksicherung

Ersteres lässt sich eventuell mit im Unternehmen gelagerter Ersatzhardware erreichen, es stellt sich hierbei allerdings die Frage, ob jederzeit ein Mitarbeiter, der Hardwareprobleme eines Servers erkennen und beheben kann, zur Verfügung steht.

Die Beschleunigung der Rücksicherung ist natürlich ebenfalls möglich. Schnellere Backup-Hardware und sehr performante Serversysteme ermöglichen zwar höhere Restore-Geschwindigkeiten, dennoch bleibt eine Rücksicherung größerer Datenmengen eine zeitaufwendige Angelegenheit.

Folgende Schlussfolgerung ergibt sich aus dieser Betrachtung für den Worst Case:

▶ Sofern ein Server bzw. dessen Applikationen nicht länger als beispielsweise vier oder sechs Stunden ausfallen dürfen, ist dies mit einem »normalen« Backup-/Restore-Szenario nicht zu schaffen.
▶ Vielleicht wird, entweder aus finanziellen Gründen oder weil die Verfügbarkeit für bestimmte Systeme lediglich eine untergeordnete Rolle spielt, entschieden, keine erweiterten Maßnahmen zu ergreifen. In diesem Fall sollte unbedingt schriftlich festgestellt und kommuniziert werden, dass es im Worst Case zu längeren Ausfällen kommen kann.

Um das Szenario eines längeren Ausfalls ein wenig anschaulicher zu gestalten, hier ein Beispiel: Ich habe, sozusagen als externer Beobachter, einen zweitägigen Ausfall eines Exchange-Systems in einem Unternehmen gesehen. Dies führte nicht nur dazu, dass ca. 1.500 Benutzer keine Mails mehr schreiben und empfangen konnten. Viel wesentlicher war, dass die Kalenderinformationen nicht mehr zur Verfügung standen. Zu internen Meetings oder Kundenterminen erschienen nur noch diejenigen Mitarbeiter, die ihre Daten regelmäßig auf einen PocketPC/PDA repliziert hatten.

2.3.3 Datenverlustzeit

In vielen mittelständischen Unternehmen wird die Wiederherstellung der Systeme nicht mit so hoher Wichtigkeit belegt. Viel entscheidender ist es häufig, sicherzustellen, dass keine Daten verloren werden.

Betrachten wir ein Szenario auf dem Zeitstrahl (Abbildung 2.4):

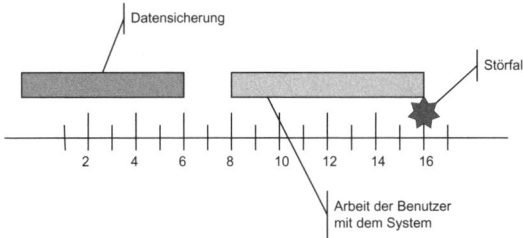

Abbildung 2.4 Die Datenverlustzeit

▶ In diesem Beispiel läuft nachts die Datensicherung, diese ist um 6 Uhr abgeschlossen.

▶ Um 8 Uhr nehmen die Benutzer die Arbeit auf und verändern die Daten.

▶ Am Nachmittag um 16 Uhr tritt ein Störfall auf. Dieser fällt in die Kategorie »Worst Case«, es werden also beispielsweise die Festplattensysteme »verloren« (= Daten sind zumindest nicht mehr zu lesen).

▶ Wenn keine zusätzlichen Sicherungsmaßnahmen getroffen werden, bedeutet dies, dass die in diesen acht Stunden produzierten Daten verloren werden (von acht bis sechzehn Uhr).

Bei der Betrachtung des Datenverlusts sind zwei Fälle zu beachten:

▶ Reproduzierbare Daten

▶ Nicht reproduzierbare Daten

Ein Beispiel für reproduzierbare Daten wären Buchungen von Eingangsrechnungen (die Papierrechnungen liegen ja noch vor und werden nochmals eingebucht) oder eine CAD-Zeichnung, die natürlich auch ein zweites Mal angefertigt werden kann.

Nicht reproduzierbar sind beispielsweise empfangene Mails (wenn man nicht zufällig kurz vor dem Ausfall des Systems seinen Posteingang eingesehen hat, weiß man ja nicht, wer geschrieben hat und kann nachfragen) oder die Auftragseingangsdaten eines Webshops.

Wenn die Anforderung an die IT-Abteilung herangetragen wird, dass ein Verlust von Daten auf einigen oder sogar allen Systemen nicht tragbar ist, müssen weitergehende Maßnahmen ergriffen werden; ein normales Backup-/Restore-Konzept ist eindeutig nicht ausreichend.

Man sollte sich nicht über die scheinbare Sicherheit, die redundant ausgelegte Server oder mit RAID-Leveln konfigurierte Plattensysteme vorspiegeln, täuschen: Wir sprechen bei den Überlegungen zur Verfügbarkeit grundsätzlich vom Worst Case und dieser könnte so aussehen, dass das gesamte Festplattensystem irreparabel beschädigt wird.

2.3.4 Probleme durch logische Fehler

Die zuvor beschriebenen Szenarien basierten jeweils auf einem Hardwareausfall. Natürlich ist auch ein Ausfall wegen eines Problems des Softwaresystems denkbar, beispielsweise ein Konsistenzproblem der Datenbank. Für diesen Fall müssen natürlich ebenfalls planerische Vorkehrungen getroffen werden.

Letztendlich gelten hier dieselben Fragen, nämlich innerhalb welchen Zeitraums die Funktion des Systems wiederhergestellt werden muss und ob ein Verlust von Daten tolerierbar ist.

Bei der Besprechung logischer Fehler denkt man zunächst an Inkonsistenzen in der Datenbank, fehlerbehaftete Software oder versehentlich durch den Benutzer gelöschte Dateien. Zu Berücksichtigen ist natürlich auch der Fall eines Vireneinbruchs, bei dem ein komplettes Filesystem innerhalb von wenigen Minuten irreparabel »verseucht« werden kann.

Sie sehen, dass es vielerlei »Gefahren« für die Verfügbarkeit eines IT-Systems gibt, die berücksichtigt werden müssen.

2.3.5 Bewertung der Systeme

Zumeist werden die höchsten Verfügbarkeitsanforderungen nicht an alle Serversysteme gestellt werden. Um die IT-Kosten zumindest einigermaßen im Griff zu halten, wird man die Systeme unterschiedlichen Kategorien zuordnen, innerhalb derer eine bestimmte Verfügbarkeitsstufe definiert ist:

▶ Die »beste« Stufe könnte beispielsweise sowohl eine Wiederherstellungs- als auch eine Datenverlustzeit von maximal zwei Stunden definieren. Hier würde man beispielsweise Server für ERP-System, Lagerverwaltung und Kommunikation (Exchange) definieren. Letzteres, weil die Collaboration Systeme in einem modernen Unternehmen zunehmend in die Prozesse integriert sind und diese darüber hinaus wesentliches Werkzeug für die Kommunikation mit Kunden geworden sind.

▶ Eine mittlere Verfügbarkeitsstufe, beispielsweise Wiederherstellungs- und Datenverlustzeit von maximal acht Stunden, käme für ein SharePoint-System, einen File-Server oder diverse Datenbankanwendungen wie ein Angebotssystem in Betracht. Ein Ausfall dieser Systeme ist zwar für ein Unternehmen unangenehm, nicht aber direkt existenzgefährdend.

▶ Eine vergleichsweise geringe Verfügbarkeit könnte man für Systeme wie den Zeiterfassungsserver oder ein Softwareverteilungssystem ansetzen. Ersteres, weil moderne Zeiterfassungssysteme (= Terminals) eine gewisse Zeit die erfassten Daten zwischenspeichern können. Das letztgenannte System ist unkritisch, weil im ungünstigen Fall ein oder zwei Tage keine neuen Softwarepakete verteilt werden können, was zumeist kein Problem darstellen sollte. Wiederherstellungs- und Datenverlustzeit könnte man mit 24 bis 48 Stunden beziffern.

Je nach Anforderungen Ihres Unternehmens werden Sie die Verfügbarkeiten der genannten Dienste vielleicht anders bewerten. Die Beispiele zeigen aber in jedem Fall, wie differenziert unterschiedliche Systeme bewertet werden müssen.

2.3.6 Störfall vs. Notfall

Wenn Sie individuell für Ihr Unternehmen planen, welche Verfügbarkeit für welche von Servern bereitgestellte Funktion benötigt wird, werden Sie auf den Unterschied zwischen »Störfall« und »Notfall« treffen:

▶ Ein »Störfall« ist ein begrenzter auf einen Server bezogenes Problem. Der Ausfall eines Netzteils, des gesamten Plattensubsystems oder auch des ganzen Servers mit unbekanntem Grund ist ein Störfall.

▶ Unter »Notfall« verstehen wir ein wesentlich umfangreicheres Problem, wie einen Brand oder Hochwasser am Hauptsitz der Firma, an dem auch die IT-Systeme untergebracht sind. Für ein Unternehmen mit mehreren Niederlassungen wird es von Interesse sein, zusätzlich zu dem »Problem« mit der Zentrale nicht auch noch die eventuell deutschland-, europa oder gar weltweit verteilten Niederlassungen vollkommen lahm zulegen, weil die EDV nicht mehr arbeitet. Ein Notfallkonzept, das möglichst schnell die wesentlichen Dienste wieder bereitstellt, ist also dringend notwendig, allerdings wird man hier vermutlich Wiederherstellungs- und Datenverlustzeit anders definieren, als bei einem Störfall, bei dem nur ein einzelnes System betroffen ist.

Wenn Sie bei einem kleinen Unternehmen tätig sind, bei dem alle Mitarbeiter an einem Standort sitzen, werden Sie sicherlich nun denken, dass Sie ganz andere Sorgen haben als die der Verfügbarkeit der Daten, wenn Ihr Büro durch ein Feuer eliminiert wird. Auf den ersten Blick mag diese Einschätzung richtig sein, auf den zweiten Blick werden Sie feststellen, dass zumindest einige grundlegende Vorkehrungen für den Notfall getroffen werden müssen: Irgendwann wird die Firma wieder arbeitsfähig sein. Wenn dann überhaupt keine Daten mehr zur Verfügung stehen, weil auch sämtliche Datensicherungen ein Raub der Flammen geworden sind, wird es für die Firma unter Umständen unmöglich sein, den Geschäftsbetrieb wieder aufzunehmen. Auch die Hausbank wird sich beispielsweise bei der Vergabe eines Kredits dafür interessieren, ob Vorkehrungen für den Notfall getroffen worden sind: Wenn die Versicherung zwar die Sachwerte ersetzt, der Geschäftsbetrieb aber mangels Unternehmensdaten nicht mehr aufgenommen werden kann, wird die Firma auch nicht mehr in der Lage sein, die Kredite zu bedienen.

Im mittelständischen Bereich werden die Anforderungen für den Notfall sicherlich niemals die Qualität der Servicelevel erreichen, die für den Störfall definiert sind. Ein Szenario für eine Firma mit mehreren Außenstandorten könnte definieren, dass grundlegende IT-Funktionen nach drei oder vier Tagen wieder zur Verfügung stehen sollen; wichtigster Punkt ist, dass eine möglichst aktuelle ausgelagerte Datensicherung existiert. Die Datenverlustzeit wird letztendlich darüber definiert, wie oft diese ausgelagerte Datensicherung aktualisiert wird.

Auch für einen Kleinbetrieb ist es von entscheidender Notwendigkeit, dass die Datenbestände regelmäßig auf extern aufbewahrte Medien geschrieben werden. Das »kleinste Notfallkonzept der Welt« könnte so aussehen, dass der Geschäftsführer täglich das Band mit der Datensicherung mit nach Hause nimmt; auf diese Weise kann zumindest innerhalb weniger Tage auf einem relativ aktuellen Informationsstand weitergearbeitet werden.

2.3.7 Cluster

Beim Stichwort »Verfügbarkeit« denken viele IT-Verantwortliche zunächst an das Thema »Clustering«. Im weiteren Verlauf dieses Buches werden Sie erfahren, dass ein Clustersystem nicht notwendiger Weise zur Verbesserung der Verfügbarkeit beiträgt. In meiner Consulting-Praxis habe ich diverse Szenarien erlebt, in dem zwar ein Clustersystem im Einsatz war, dieses System aber den Worst Case nicht abgesichert hat.

In Abbildung 2.5 sehen Sie einen »Standard-Cluster«: Zwei Server greifen auf einen gemeinsamen Storage-Bereich zu.

Wenn man überlegt, welches der bereits vielstrapazierte Worst Case ist, wird man den Ausfall des Shared Storage-Bereiches nennen. Fällt dieser aus, sind zwar noch zwei Cluster-Knoten vorhanden, die allerdings keine Daten im Zugriff haben – also keine Funktion des Gesamtsystems trotz Clusters! Im Worst Case, beispielsweise einem RAID-Controller-Problem des Shared Storage-Bereichs, werden Sie die zuvor besprochenen Szenarien erleben: Sie müssen mit einer langen Wiederherstellungszeit rechnen (Hardwarewiederherstellung, Datenrücksicherung und Funktionswiederherstellung), zudem werden Sie alle Datenänderungen seit der letzten Sicherung verlieren.

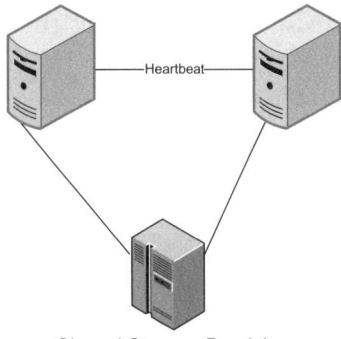

Shared Storage-Bereich

Abbildung 2.5 Ein Cluster bestehend aus zwei Knoten und einem Shared-Bereich

Natürlich hat auch das zuvor gezeigte Clustersystem eine Daseinsberechtigung. Wenn Ihr Ziel allerdings ist, die Serverfunktionen nonstop und unter allen Umständen zur Verfügung zu stellen, wird es Ihnen nicht helfen, weil die wesentliche Komponente eben nicht ausfallen darf.

2.3.8 Client-Systeme

Bislang habe ich den Aspekt »Verfügbarkeit« insbesondere auf die Serversysteme bezogen. Selbstverständlich müssen auch die Client-Systeme betrachtet werden.

▶ Grundsätzliche Empfehlung ist, den Benutzern nicht zu ermöglichen, Daten auf Festplatten der Client-Systeme zu speichern. Zum einen ist die Sicherung von Client-Systemen nicht ganz trivial, beispielsweise sind die Systeme im Allgemeinen nachts ausgeschaltet, die Client-Systeme können nicht schnell genug Daten an den Backup-Server liefern, das Sicherungsvolumen »explodiert«, wenn jeweils auch das komplette Betriebssystem mitgesichert wird, und die Administration des Backup-Systems wird hierdurch recht komplex. Zum anderen verfügen Clients selten über redundante Festplattensysteme, so dass ein Ausfall wesentlich wahrscheinlicher als im Serverbereich ist.

▶ Im Fall von mobilen Benutzern wird man nicht vermeiden können, dass auf den Notebooks Daten vorhanden sind. Da ein Festplattendefekt, also Datenverlust, natürlich auch bei Notebooks nicht zu vermeiden ist, wird man sich auch hier Gedanken darüber machen müssen, wie man eine regelmäßige Datensicherung gewährleisten kann, auch wenn der Benutzer permanent unterwegs ist. Etliche Firmen lassen sich per Unterschrift bestätigen, dass der Notebook-Benutzer selbst für die Sicherung seiner Daten verantwortlich ist. Dies ist zwar sicherlich das einfachste Verfahren; erfahrungsgemäß klappt die eigenverantwortliche Sicherung durch die Benutzer häufig nicht. Dass der Benutzer eine Verpflichtung zur Datensicherung unterschrieben hat, ist zwar schön und gut – wenn er nicht gesichert hat, tauchen die Daten aber auch nicht deshalb wieder auf, weil irgendwann ein Papier unterschrieben worden ist. Die Firma hat den Schaden, weil eventuell wichtige Daten nicht oder nicht zeitnah wiederhergestellt werden können.

► Bei stationären PCs ohne lokalen Datenbestand reduzieren sich die Planungen auf ein Konzept zur schnellen Wiederherstellung des PCs, im Zweifelsfall die Neuinstallation auf einer Ersatzhardware. Dies wird allerdings nur schnell und mit geringem Aufwand gelingen, wenn ein möglichst hoher Standardisierungsgrad erreicht worden ist. Je einheitlicher die PC-Landschaft bezogen auf Hard- und Softwareausstattung ist, umso problemloser ist eine Neuinstallation möglich.

2.3.9 Netzwerkkomponenten

Wenn zwar Server- und Clientsysteme funktionieren, aber das Netzwerk, also Switches und Router, wegen eines Ausfalls nicht zur Verfügung steht, ist nichts gewonnen. Das Verfügbarkeitskonzept muss also auch Netzwerkredundanzen beinhalten

2.4 Kostenoptimierung

Das Thema »Kosten« ist natürlich stets präsent, denn momentan befinden wir uns in einer Zeit, in der IT-Budgets eher verkleinert als vergrößert werden. Grob gesehen gibt es folgende Kostenarten:

► Anschaffungskosten

► Wartungskosten

► Administrationskosten

► Schulungskosten

Natürlich muss man sich darüber im Klaren sein, dass Kostensenkungen nicht unbegrenzt möglich sind. Ab einem gewissen Punkt sind weitere Kostensenkungen nur noch mit Qualitäts- oder Flexibilitätseinbußen zu erreichen.

Bedenken Sie auch, dass Sie wahrscheinlich zur Erhaltung Ihrer Wettbewerbsfähigkeit in den Bereichen Benutzereffizienz und Verfügbarkeit investieren müssen. Wenn aus Kostengründen keine IT-Innovationen in Ihrem Unternehmen möglich oder gewünscht sind, wird es für Ihr Unternehmen schwierig sein, gegen Mitbewerber zu bestehen, die effiziente, schnelle und stabile Geschäftsprozesse etabliert und elektronisch abgebildet haben.

Diese Sätze sind nicht als Plädoyer für unbegrenzte IT-Budgets zu verstehen. Vielmehr geht es darum, Investitionen wirklich sinnvoll zu planen und zielgerichtet einzusetzen. Die Kernfrage ist, welche Investitionen das Unternehmen wirklich voranbringen:

▶ Wenn Sie statt einer Backup-Software aus dem Midrange-Bereich (20.000 Euro) eine Enterprise-Lösung (100.000 Euro) einsetzen und letztendlich nur marginale Verbesserungen erreichen, bringt dies das Unternehmen in seinem Kerngeschäft nicht weiter.

▶ Wenn Sie für das Management Ihrer Umgebung Tivoli oder Unicenter einführen, obwohl der Microsoft Operations Manager in der Workgroup Edition genügen würde, bringt das Ihrem Unternehmen keine verbesserten Chancen auf zusätzliche Geschäftserfolge.

▶ Wenn Sie hingegen Maßnahmen zur Steigerung der Benutzereffizienz einleiten und auf diese Weise dafür sorgen können, dass Geschäftsprozesse schneller laufen und die Benutzer weniger Zeit mit der Bedienung der PCs verschwenden, wird dies zum Geschäftserfolg beitragen.

Schauen wir uns die Kostenarten nochmals an:

▶ Anschaffungskosten: Die Anschaffungskosten beinhalten Aufbau und Implementation einer Lösung, beispielsweise die Einführung eines Backup-Systems.

▶ Wartungskosten: Diese Kosten beinhalten Softwarepflege, Hotline-Verträge und Hardwarewartungskosten. Hierbei handelt es sich um externe Kosten, die gegenüber Herstellern oder Systemhäusern anfallen.

▶ Administrationskosten: Hierbei handelt es sich um die Kosten der täglichen Betreuung der Systeme. Obwohl die Administration im Allgemeinen von eigenen Mitarbeitern geleistet wird, muss deren Aufwand natürlich auch mit in die Planung eingebracht werden. Wenn Sie Systeme einführen, die einen sehr hohen Administrationsaufwand erfordern, also die vorhandenen Mitarbeiter weitgehend binden, könnte zusätzlicher Personalbedarf in der IT-Abteilung entstehen.

▶ Schulungskosten: Wenn Ihre Administratoren Systeme verwalten sollen, müssen sie notwendiger Weise zunächst Wissen aufbauen. Der Kostenblock »Schulungskosten« enthält also die Kosten für Aufbau und Erweiterung des Know-hows der Administratoren. Falls ein IT-Projekt direkt die Arbeitsumgebung der Anwender betrifft, müssen eventuell auch für die Anwender Schulungskosten geplant werden.

Es ist klar, dass bei einer Kostenbetrachtung alle genannten Kostenarten über die Gesamtlaufzeit des Systems berücksichtigt werden müssen.

Im Allgemeinen gilt, dass ein teures komplexes System auch deutlich höhere Wartungs-, Administrations- und Schulungskosten nach sich ziehen wird. Signifikante Unterschiede zwischen den Anbietern sind hier allerdings nichts Ungewöhnliches.

Einige Lösungen ködern mit niedrigen Anschaffungskosten, die Hersteller verdienen ihr Geld häufig mit hohen Wartungspauschalen – ich würde das den »Tintenstrahldruckereffekt« nennen. Auch bei diesen Geräten sind die Anschaffungskosten dermaßen gering geworden, dass diese fast im Bereich einer Schutzgebühr liegen. Das Geld wird mit dem Verbrauchsmaterial verdient.

Wenn Sie entscheiden, ob Sie bestimmte Leistungen »outsourcen«, sollten Sie prüfen, ob dies zu einem nicht tragbaren Verlust von Flexibilität führt. Wenn Sie beispielsweise die Betreuung für den Desktop-Service nach außen geben, wird ein externer Anbieter diese Leistungen nur dann billiger als Sie selbst erbringen können, wenn er seine etablierten Standardprozesse anwenden kann, die bereits bei vielen anderen Kunden im Einsatz sind. Wenn er flexibel auf alle Wünsche und Einzelbedürfnisse Ihrer Anwender eingehen würde, hätte er genau denselben Personalaufwand wie Sie und zumindest in etwa Kosten in der gleichen Höhe.

Die externe Vergabe von Leistungen kann vorteilhaft sein, es ist aber auch denkbar, dass alles im großen Chaos mündet, weil Standardwartungsabläufe in Ihrer Umgebung nicht optimal funktionieren (lesen Sie die Berichte in der Computerwoche zu den aktuell laufenden großen Outsourcing-Projekten).

Wichtig ist, dass Sie gemeinsam mit Ihrer Geschäftsleitung definieren, welches Ihre Kernkompetenzen sind, die Sie keinesfalls extern vergeben möchten. Ich persönlich würde den Betrieb von Serversystemen immer mit eigenen Ressourcen leisten, zum einen können Sie dadurch Flexibilität und Handlungsfähigkeit bewahren, außerdem sind dies natürlich die sensibelsten Systeme in Ihrer Landschaft.

Leistungsfähige IT-Systeme sind generell nicht zum Nulltarif zu haben. Es ist von entscheidender Wichtigkeit, dass die IT dazu beiträgt, die Leistungsfähigkeit der Firma zu erhöhen, in dem die Geschäftsprozesse durch intelligente elektronische Lösungen schneller und besser gemacht werden. So wird die IT auch der Rolle als Innovator gerecht und nicht lediglich als ein großes Kostengrab angesehen werden.

3 Serversysteme

Die Serversysteme sind das Herzstück der IT-Umgebung. Zur optimalen Dimensionierung derselben sind viele unterschiedliche Aspekte zu berücksichtigen, die wir in diesem Kapitel besprechen werden.

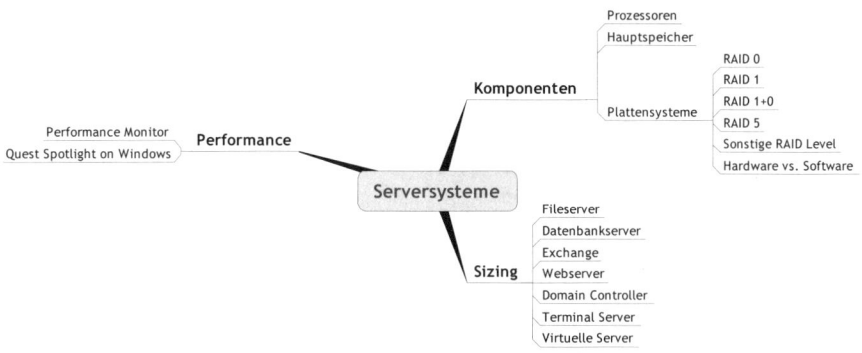

Abbildung 3.1 Die Themen des Kapitels im Überblick

Wenn Sie den Markt beobachten, wird man viele als Server gekennzeichnete Systeme finden. Prinzipiell ist ein Server ein System, das den Arbeitsstationen Dienste bereitstellt. »Dienste« können Fileservices, Datenbanken, Messaging, Authentisierung und vieles andere mehr sein. Bei der Auswahl eines Servers sind folgende Anforderungen zu erfüllen:

▶ Stabiler Betrieb

▶ Performance

▶ Optimale Unterstützung bei Administration und Management

▶ Schnelle Fehlerbehebung im Fehlerfall

Der Aspekt der Performance ist eine Frage der optimalen Auswahl der Serversysteme. Dieses Kapitel wird sich im weiteren Verlauf detailliert mit dieser Aufgabenstellung beschäftigen.

Die Anforderung »Stabiler Betrieb« ist für einen Server essentiell, ein Ausfall bedeutet, dass eventuell mehrere hundert oder gar tausend Personen nicht mehr Arbeiten können. Auch für ein Unternehmen mit »nur« zwanzig PC-Arbeitsplätzen ist der Ausfall eines Servers sehr unangenehm – schlimmer noch, es kostet letztendlich Geld! Der stabile Betrieb ist das Ergebnis einer zuverlässigen Hardware-Plattform, einer möglichst fehlerfreien Software und dem optimalen Zusammenspiel dieser beiden.

Bei der Auswahl eines Servers wird man eher früher als später vor der Frage stehen, ob man im Serverbereich auf »Marken-Hardware« (Dell, Hewlett-Packard, IBM, Fujitsu-Siemens und einige andere) setzen soll oder sich mit »No Name«- oder selbst gebauten Systemen begnügt. Als Entscheidungshilfe hier einige Anforderungen:

▶ Quality & Testing: Natürlich kann man die hochwertigsten Einzelkomponenten beschaffen und daraus einen Server bauen. Es ist aber nicht automatisch sichergestellt, dass diese Komponenten harmonieren und performant und stabil funktionieren. Insbesondere die Langzeitstabilität kann nur gewährleistet werden, wenn entsprechend professionelle Tests durchgeführt worden sind. Zumindest bei einem Server, der ein selbst zusammengebautes »Einzelstück« ist, wird es diese qualitätssichernden Tests kaum geben können.

▶ Zertifizierung: Softwarehersteller fordern im Allgemeinen, dass die Hardware von diesen zertifiziert ist. Nur unter dieser Voraussetzung garantieren die Softwarehersteller für einen stabilen Betrieb ihrer Produkte. Auch Microsoft macht hier übrigens keine Ausnahme, die zertifizierten Systeme finden Sie unter dem Stichwort HCL (Hardware Compatibility List). Richtig ist, dass die HCL auch einzelne Komponenten zertifiziert – das Zusammenspiel dieser ist damit aber nicht automatisch gewährleistet.

▶ Ersatzteilversorung: Serversysteme sind in den meisten Firmen für eine Laufzeit von drei bis fünf Jahren vorgesehen. Der Fall, dass für ein drei Jahre altes System ein Speichermodul, ein Prozessor oder eine Festplatte benötigt wird, ist sicherlich nicht unwahrscheinlich. Jeder, der Serversysteme herstellt und vertreibt, sollte sich darüber bewusst sein, dass die Ersatzteilversorgung über eine angemessene Laufzeit gesichert werden muss. »Einfache« Standardkomponenten, die in drei Jahren alten Systemen funktionieren, werden schwer zu bekommen sein.

▶ Service und Support: Die Wiederherstellung der Funktionsbereitschaft der Hardware eines Servers muss möglichst schnell erfolgen – häufig innerhalb weniger Stunden oder zumindest am nächsten Werktag. Die »großen« Serverhersteller unterhalten Serviceorganisationen, die in der Lage sind, diese Anforderungen zu erfüllen. Die Instandsetzung einer Hardwarekomponente bedeutet nicht, dass auch die Funktion des Servers direkt wieder hergestellt ist – diese ist schließlich auch eine Frage der Softwareinstallation. Die Instandsetzung der Hardware ist aber die Grundvoraussetzung.

▶ Unterstützung für Administration und Management: Moderne Serversysteme bieten Management-Systeme, die kontinuierlich die Funktionen einzelner Hardware-Komponenten überwachen und einen Ausfall oder sich ankündigenden Ausfall direkt an den Administrator melden können. Da nicht ständig jemand vor dem Server sitzen und diesen beobachten wird, würde ein Hardwareausfall eventuell nicht direkt auffallen: Die erste Platte eines RAID-Sets, die ausfällt, oder der Ausfall eines von zwei Netzteilen, führt zwar nicht direkt zum Ausfall des Servers, dieser läuft nun aber nicht mehr redundant. Wird der Ausfall nicht bemerkt, und eine nun nicht mehr durch Redundanz abgesicherte Komponente fällt aus, bedeutet dies Ausfall und Datenverlust.

3.1 Die Komponenten im Überblick

Ein sehr sehr stark vereinfachtes Blockschaltbild eines Servers sehen Sie in Abbildung 3.2:

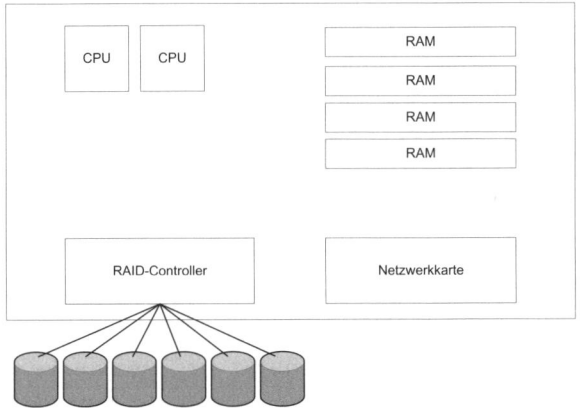

Abbildung 3.2 Sehr stark vereinfachtes »Blockschaltbild« eines Servers

Die Kunst ist nun, zu überlegen, welcher Anwendungsfall welche Anforderungen an die Hauptkomponenten des Systems und deren Zusammenarbeit stellt. Datenbanksysteme müssen in der Lage sein, sehr schnell auf den Speicher zugreifen zu können, schließlich wird der Großteil der Anfragen aus dem Speicher bedient. Für einen File-Server ist es wichtig, dass Daten schnell von den Plattensystemen gelesen und über die Netzwerkkarte an den anfragenden Client geleitet werden können – höchste Rechenleistung der Prozessoren und die maximale Geschwindigkeit beim Zugriff auf den Speicher ist für diesen Anwendungsfall von weniger großer Bedeutung. Anhand dieser Anforderungen lässt sich grob die benötigte Architektur des einzusetzenden Servers eingrenzen: Eine Maschine, die als Arbeitsgruppen-File-Server gedacht ist, wird als High-End-Datenbankserver nicht die notwendige Leistung bringen. Ein extrem leistungsfähiger Applikationsserver wird als File-Server zwar tadellos funktionieren, aber unnötig große Löcher in das Budget reißen.

3.1.1 Prozessoren

Dieses Buch erhebt nicht den Anspruch, bis ins letzte Detail die aktuellen Prozessortechnologien zu erläutern, daher nur ein kurzer Überblick: Server-Systeme mit Intel-Prozessoren lassen sich grob in folgende Prozessor-Kategorien einteilen:

▶ Single-Prozessor-Systeme mit Pentium-4-Prozessor

▶ Single-Prozessor-Systeme mit Pentium-4-HT-Prozessor (HT = Hyper Threading)

▶ Zwei-Prozessor-Systeme mit Intel Xeon-Prozessor

▶ Multi-Prozessor-Systeme (>2) mit Intel Xeon-MP-Prozessor

▶ Systeme mit Intel Itanium-2-Prozessor

Mittlerweile sind Server mit Pentium-Prozessoren verfügbar, die EM64T (»Intel Extended Memory 64 Technology«) unterstützen, teilweise als x64 bezeichnet. EM64T ist eine Erweiterung der IA-32-Architektur, auf der die Pentium-Prozessoren basieren. Diese Erweiterung erlaubt die Ausführung von speziellem 64-Bit-Code und den Zugriff auf größere Speicherbereiche. Diese Technologie ist angekündigt und teilweise verfügbar für Single-Prozessor-, Xeon- und Xeon-MP-Umgebungen.

EM64T darf nicht mit den Itanium-Prozessoren verwechselt werden, Itanium-Code läuft nicht auf diesen Systemen! Die EM64T-Systeme können ihre volle Leistungsfähigkeit natürlich erst ausspielen, wenn Software verfügbar wird, die deren Möglichkeiten auch tatsächlich ausnutzt. Microsoft hat Unterstützung für die Betriebssysteme XP und 2003 Server angekündigt, ebenso werden etliche Linux-Versionen EM64T unterstützen.

```
http://www.microsoft.com/windowsserver2003/64bit/default.mspx
```

Eine Sonderrolle nehmen die Systeme mit AMD Opteron-Prozessoren ein. Server mit AMD-Prozessoren sind auf dem Markt (noch) relativ selten und derzeit eher im Entry-Level-Bereich zu finden. Systeme mit diesen Prozessoren profitieren ebenfalls von den x64-Versionen der Betriebssysteme. Es wird sich zeigen, in wie weit sich diese Opteron-basierten Server auf dem Markt positionieren können.

Nach diesem kleinen Technologieüberblick stellt sich natürlich die Frage, welche Prozessoren für welchen Anwendungsfall geeignet sind. Letztendlich sind pauschale Aussagen immer mit viel Vorsicht zu genießen, können aber zumindest eine erste grobe (!) Orientierung bieten:

File-Server für kleine Arbeitsgruppen (10 Personen), kleine Mail- und Datenbankserver	Single Prozessor-System
File- und Exchange-Server für mittlere und große Umgebungen (bis 500 Benutzer), mittlere Datenbankanwendungen (100 Benutzer), Terminalserver für bis zu ca. 50 Benutzer	Xeon-Dual-Prozessor-System
Große Datenbanken, sehr große File-Server	Xeon-MP-Prozessor-System
Größte Datenbanken	Itanium-2-Systeme

Führen Sie sich bitte vor Augen, dass die Performance eines Systems nicht nur vom Prozessor abhängt. Mit der aktuellen Technologie sind die relativ preisgünstigen Xeon-Dualprozessor-Maschinen so leistungsstark geworden, dass deren Einsatzgebiet schon in recht große und komplexe Anwendungen hineinreicht. In vielen Fällen ist der Flaschenhals weniger die »reine« Prozessorleistung, sondern zu wenig Hauptspeicher, ungeeignete Architektur des Gesamtsystems und insbesondere ein grundlegend falsches Storage-Sizing.

Ich habe Kundensituationen gesehen, in denen eine Xeon-MP-Maschine mit vier bestückten Prozessoren und 8 GB Hauptspeicher schlechte Leistungen gebracht hat. Der Kunde dachte über den Einsatz von Itanium-Systemen nach. Abgesehen davon, dass dieser Schritt nur Sinn macht, wenn tatsächlich native Itanium-Applikationen zum Einsatz kommen können, hätte es das Problem auch nicht gelöst: Das System hat deshalb eine schlechte Performance gehabt, weil der Plattenbereich aus vier Platten in einem RAID-5-Verbund bestand – in so einem Fall helfen selbst die stärksten Prozessoren nicht.

Die »Moral von der Geschicht'«: Man neigt bei schlechter Systemleistung schnell zum Griff nach mehr Prozessorleistung, obwohl das Problem häufig an ganz anderer Stelle liegt. Wir werden in diesem Buch Beispielkonfigurationen für unterschiedliche Anwendungsfälle besprechen.

Darüber hinaus sollten Sie sich intensiv (!) mit dem Performance-Monitor, der Bestandteil aller modernen Windows-Versionen ist, beschäftigen (Abbildung 3.3). Dieses Werkzeug hilft Ihnen, zu erkennen, wo tatsächlich die Engpässe des Systems liegen. Die Interpretation der vielen hundert Datenquellen ist nicht ganz trivial, allerdings finden sich hierzu Literatur und TechNet-Artikel in ausreichendem Maße.

Verlassen Sie sich bei der Analyse mit dem Performance-Monitor nicht allein auf eine einzelne Datenquelle: Eine hohe Prozessorlast kann beispielsweise auch daraus resultieren, dass das System aufgrund von Speichermangel swappen muss! Wenn das der Fall ist, hilft das Nachrüsten von Prozessoren überhaupt nichts – obwohl man vordergründig ein Prozessor-Belastungsproblem hätte vermuten können.

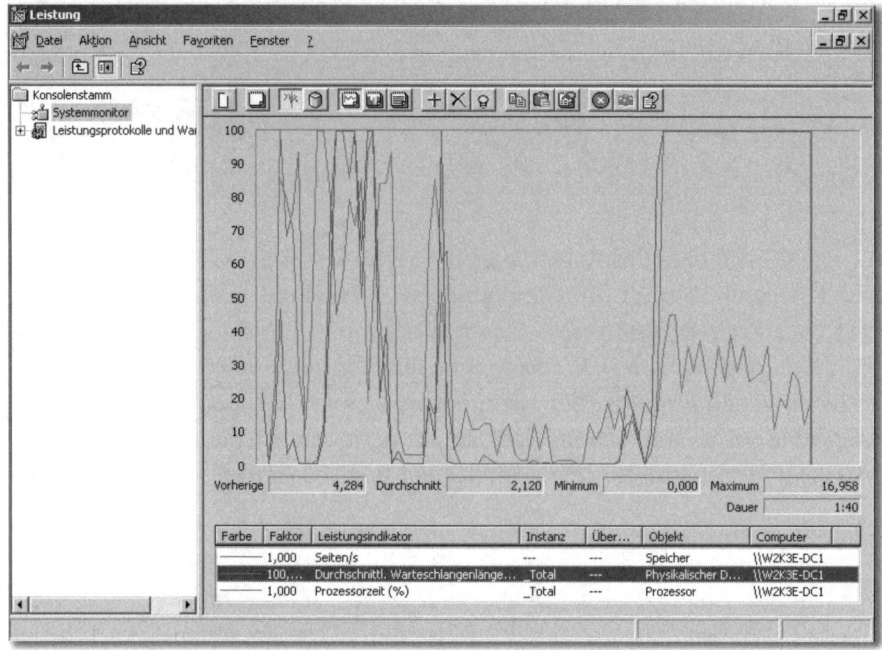

Abbildung 3.3 Der Performance-Monitor, der Bestandteil aller modernen Windows-Betriebssysteme ist, hilft einen Überblick über das System zu erhalten.

Die Messwerte bestehender Maschinen sollten übrigens auch stets die Grundlage für die Dimensionierung neu zu beschaffender Maschinen sein. Wenn ein Dienst bereits im Einsatz ist, hat man die Chance, die Dimensionierung anhand eines realistischen Lastprofiles zu erarbeiten – diese Möglichkeit sollte man nutzen!

Im Laufe dieses Buches werden Sie den Microsoft Operations Manager (MOM) kennen lernen, der Ihnen hilft, eine kontinuierliche Leistungsüberwachung für eine größere Zahl von Servern zu realisieren.

3.1.2 Hauptspeicher

Zum Speicher an sich ist nicht viel zu sagen: Es gilt an dieser Stelle natürlich vordergründig der bekannte Spruch »Viel nützt viel«. Dennoch muss man sich darüber im Klaren sein, dass auch diese Weisheit ihre Grenzen findet: Ein Arbeitsgruppen-File-Server wird nicht schneller, weil der Speicher von 2 GB auf 4 GB aufgerüstet wird – im Datenbankumfeld könnte sich der gewünschte

Effekt aber einstellen. Anhaltspunkte für sinnvolle Speichergrößen finden Sie in den folgenden Abschnitten.

Die Vielfalt unterschiedlicher Speicherbausteine ist mittlerweile enorm. Dennoch ist die Anzahl der zu treffenden Entscheidungen verhältnismäßig gering:

▶ Wenn Sie die Auswahlmöglichkeit zwischen fehlerkorrigierendem (ECC) und »normalem« RAM haben, sollten Sie trotz Mehrkosten zu erstgenanntem greifen. Ich denke, dass mit dem Attribut »fehlerkorrigierend« hinreichend der Sinn im Serverumfeld beschrieben ist.

▶ Es ist übrigens eine gute Idee, Speicher gleichnamig (= gleiche Größe der Speichermodule) zu bestücken. Für das Verhalten des Servers bei geringer Last ist dies unerheblich; wenn die Systeme »am Limit« fahren, bringt es einen Performancevorteil, wenn Prozessor und Chipsatz sich nicht auch noch mit leicht unterschiedlichem Antwortzeitverhalten der Speicherbausteine befassen und diese kompensieren müssen. Hintergrund ist, dass die Speicherbausteine nicht »einfach nur kleiner oder größer«, sondern intern teilweise anders aufgebaut sind.

3.1.3 Plattensysteme

Die Auswirkung der Plattensysteme auf die Performance und Verfügbarkeit gehört zu den meistunterschätzten Aspekten bei der Systemplanung. Bei der Dimensionierung der Plattenbereiche wird häufig nur auf die resultierende Kapazität geachtet und nicht auf die Performance oder die Fehlertoleranz des Gesamtsystems. Großer Fehler! Die Wirkung dieses Fehlers verstärkt sich übrigens, wenn die Dimensionierung eines zentralen Storage-Systems, das von mehreren Serversystemen genutzt wird, ungünstig vorgenommen wird.

RAID aus 10.000 m Höhe

Zunächst möchte ich Ihnen einige Aspekte zum Thema »RAID« vorstellen. Vermutlich wird Ihnen das meiste bekannt sein, eine kleine Auffrischung kann aber sicherlich nicht schaden:

RAID ist die Abkürzung für **R**edundant **A**rray of **I**nexpensive **D**isks, also redundanter Verbund billiger Festplatten. Die Bezeichnung beschreibt den Grundgedanken bereits sehr gut: Es ist letztendlich preisgünstiger, viele billige Platten »irgendwie« zusammenarbeiten zu lassen, als eine oder wenige sehr teure Platten einzusetzen. Die Ziele, die es hier zu erreichen gilt, sind Ausfallsicherheit und Performance.

Im Zusammenhang mit RAID-Technologie tauchen sehr schnell die RAID-Level auf. Diese Beschreiben die Art und Weise, wie die Platten im RAID-Verbund zusammenarbeiten. Im Anschluss finden Sie eine Tabelle, die einerseits die Lese- und Schreibperformance der unterschiedlichen RAID-Sets, andererseits den Kapazitätsverlust durch Redundanz auflistet. Anschließend stelle ich die einzelnen RAID-Level kurz vor.

RAID-Level	Lesen	Schreiben	Kapazitätsverlust
RAID 0	W	n	0 %
RAID 1	2	1	50 %
RAID 1 + 0	W	½ n	50 %
RAID 5	W	1 ... ½ n	(1/n * 100) %
n = Anzahl der Platten			

Eine Schreibperformance von ½ n bedeutet, dass auf ein aus zehn Platten bestehendes RAID-Set fünfmal schneller als auf eine einzelne Platte geschrieben werden kann.

Hinweis: Diese Werte sind als Orientierungshilfen zu sehen. Natürlich spielen Leistungsfähigkeit und Implementation der beteiligten Hardwarekomponenten sowie das Verhalten der Filesysteme ebenfalls eine wichtige Rolle, deren Einfluss in dieser Tabelle vernachlässigt wurde.

RAID 0

Eine der »einfachsten« Varianten ist das RAID 0. Die Daten werden hierbei einfach über mehrere sozusagen parallel geschaltete Platten verteilt. RAID 0 ist schnell, insbesondere beim Schreibzugriff ist kein anderer RAID-Level so schnell wie dieses Variante.

Der große Nachteil von RAID 0 ist, dass damit aufgebaute RAID-Sets nicht redundant sind. Ein Ausfall einer Platte eines solchen Verbunds bedeutet den Verlust der darauf befindlichen Daten.

RAID 0 ist trotz des sehr guten Performanceverhaltens definitiv ungeeignet für Plattenbereiche, auf denen Daten liegen, die nicht verloren werden dürfen. Obwohl man natürlich prinzipiell nie Daten verlieren möchte, sind durchaus Szenarien denkbar, bei denen die Performance-Vorteile so stark überwiegen, dass ein Verlust des RAID-Sets nebst Daten tragbar ist. Beispiele sind Anwendungsfälle, bei denen Daten vor der Weiterverarbeitung zwischengespeichert werden, was unter anderem im Backup-Bereich häufig gemacht wird: Man verliert lediglich eine Kopie, was nicht schön, aber in Abwägung mit dem Vorteil der doppelten Schreibperformance tragbar ist.

RAID 1

RAID 1 ist auch als Spiegel bekannt. Alle Daten werden vom Controller schlicht und ergreifend doppelt geschrieben. Der Ausdruck »doppelt« ist streng genommen nicht korrekt, da von vielen Systemen Konfigurationen mit mehreren Spiegeln unterstützt werden.

Das Ausfallszenario ist schnell besprochen: Der Ausfall einer Platte führt bei einem RAID 1 weder zu Datenverlust noch zu einem Systemstillstand, weil mit der verbleibenden Platte weitergearbeitet werden kann

RAID 0 bietet zwar bezüglich der Performance natürlich keine spektakulären Überraschungen, ist aber einfach in der Handhabung, weil eine einzelne Platte bereits arbeitsfähig ist. Es eignet sich dort, wo Plattenbereiche mit eher geringen Kapazitätsanforderungen abgesichert werden sollen, beispielsweise die Systemvolumes der Server, Logfiles bei Datenbankservern etc.

RAID 1+0

RAID 1+0 ist die Kombinationen aus den RAID-Leveln null und eins. Die Struktur eines solchen RAID-Sets sehen Sie in Abbildung 3.4: Zunächst werden etliche RAID-1-Arrays gebildet, über diese wird dann ein RAID 0 gelegt. Dieses Konstrukt kommt, zumindest theoretisch, mit dem Ausfall der Hälfte der Platten zurecht, vorausgesetzt, es fällt pro RAID 1 nur eine Platte aus.

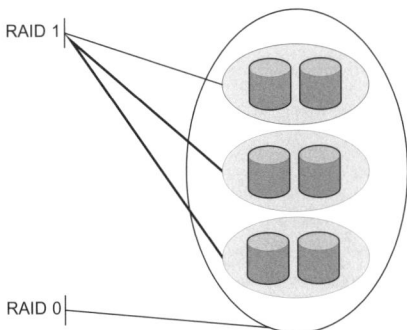

Abbildung 3.4 Aufbau eines RAID 1+0

RAID 1+0 ist performant und verkraftet unter günstigen Umständen den Ausfall von mehr als einer Platte. Die Kapazitätsausbeute ist allerdings weniger günstig, weil 50 % der Bruttokapazität für Redundanzzwecke genutzt werden.

RAID 5

Einer der meistgenutzten RAID-Level ist RAID 5. Ein RAID-5-Set besteht aus mindestens drei Platten, von denen eine ausfallen kann. Der Kapazitätsverlust durch Redundanz ist vergleichsweise niedrig und die Performance-Werte sehen auf den ersten Blick gut aus.

Um das Konzept hinter RAID 5 etwas einfacher zu erklären, betrachten wir zunächst ein RAID-4-Set (Abbildung 3.5). Die Daten werden auf mehrere Platten verteilt, eine Platte dient als Parity-Platte. Wenn eine der Platten verloren wird, können aus den restlichen Platten nebst Parity-Information die Daten vollständig wiederhergestellt werden – ohne Offline-Zeiten!

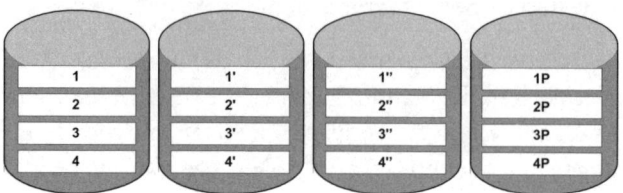

Abbildung 3.5 Funktionsweise von RAID 4 (nur des Beispiels wegen …)

Mit RAID 4 kann das Konzept gut erklärt werden, da sofort einleuchtet, dass 1/n-tel der Bruttokapazität für die Redundanz verwendet wird. Ebenso leuchtet es ein, dass das RAID-Set nicht mehr verfügbar ist, wenn mehr als eine Platte ausfällt: Es sind dann nicht mehr genügend Informationen da, um die ausgefallenen Daten zu errechnen.

Man hat festgestellt, dass die feste Parity-Disk eines RAID-4-Sets nicht allzu günstig ist (u.a. Performance). RAID 5 geht daher einen etwas anderen Weg und verteilt die Parity-Information gleichmäßig auf alle vorhandenen Platten (Abbildung 3.6).

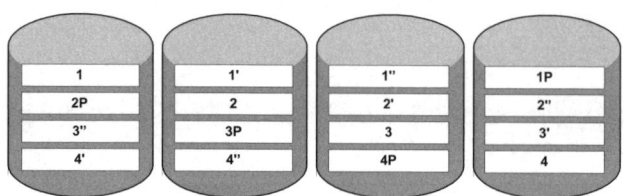

Abbildung 3.6 Funktionsweise von RAID 5

RAID 5 hat zwei wirklich wesentliche Nachteile:

▶ Insbesondere in großen (= mit vielen Platten) RAID-Sets fällt es unangenehm auf, dass diese nach dem Ausfall einer Platte nicht mehr redundant laufen. Der Ausfall der zweiten Platte sorgt für Totalausfall. Letztendlich ist auch in einem RAID 1+0 der Fall denkbar, dass der Ausfall von zwei Platten zum völligen Verlust das RAID-Sets führt; im 1+0 müssten allerdings exakt die beiden Platten eines Spiegels ausfallen. Die Wahrscheinlichkeit hierfür ist sicherlich deutlich geringer als diejenige des Ausfalls von zwei beliebigen Platten.

▸ RAID 5 ist beim Schreiben großer Datenmengen nicht performance-stabil. Dies hängt primär damit zusammen, dass die Bildung der Stripes mit Parität sehr rechenintensiv und andererseits bei Schreibvorgängen eine vergleichsweise hohe IO-Last erzeugt wird. Wenn permanent mit hoher Geschwindigkeit auf den RAID-5-Verbund geschrieben wird, kann der Controller sich nicht mehr damit behelfen, die Daten zunächst in den Write-Cache zu legen – dieser läuft ebenfalls voll, was dazu führt, dass das Gesamtsystem nur noch mit sehr mäßiger Geschwindigkeit schreiben wird. Absolute High-End-RAID-Controller werden aufgrund ihrer hohen Rechenleistung eventuell nicht oder erst bei extremer Belastung in diese Performancefalle laufen, vermutlich wird man aber lieber zu RAID 1+0 greifen.

Sonstige RAID-Level

Die vorgestellten RAID-Level 0, 1, 1+0 und 5 sind die gebräuchlichsten Varianten, gleichwohl existieren einige alternative Implementationen:

▸ 1+5, 5+0: Einige Controller unterstützen Mischformen mit RAID-5-Bestandteilen: Erstgenannte Implementation legt über mehrere RAID-1-Sets ein RAID 5. Die Implementierung von 5+0 schaltet mehrere RAID-5-Sets mit einem darübergelegten RAID 0 zusammen. Obwohl man sicherlich mit mehr oder weniger viel Mühe Vorteile dieser Varianten herbeidiskutieren kann, bleiben die RAID-5-spezifischen Schwächen, weshalb sich diese RAID-Varianten nicht durchgesetzt haben.

▸ ADG: Einge Hersteller bieten unter der Bezeichnung »Advanced Data Guarding« eine RAID-Implementation an, die zwei Parity-Informationen bilden (RAID 5: eine Parity-Information). Vorteil: Zwei beliebige Platten aus einem RAID-Set können ausfallen. Nachteil: Die Schreibperformance des Systems ist unter Last schlicht und ergreifend gesagt schlecht (siehe Erläuterungen zu RAID 5).

Im Laufe der RAID-Evolution hat es einige weitere Varianten wie beispielsweise RAID 2 und RAID 3 gegeben, etliche controller-spezifische Implementierungen sind in diesem kurzen Überblick ebenfalls nicht aufgeführt. Mir ist im OpenSystems-Bereich nie ein Fall begegnet, in dem man nicht mit den Standard-RAID-Leveln (0, 1, 1+0, 5) eine leistungsfähige Lösung implementieren konnte. Ich will nicht ausschließen, dass spezielle Fälle existieren könnten – das wird aber die Ausnahme sein.

Hardware vs. Software

Wer RAID sagt, denkt meistens automatisch auch an einen RAID-Controller, also ein Stück Hardware. Nun bieten Windows Server bereits im Lieferumfang die Möglichkeit, Software-RAIDs einzurichten. Noch weitere Möglichkeiten der Festplatten- und Volume-Verwaltung bietet Veritas Storage Foundation – letztendlich ist dies die Vollversion des Windows-eigenen Logical Disk Managers.

Die Entscheidung, ob man die RAID-Sets durch Software oder durch Hardware bilden lassen möchte, ist also zunächst offen:

Zum Thema »Performance«:

Es gibt seriöse Studien, die Hardware-RAID-Controller gegen Software-Implementationen haben antreten lassen. Die Ergebnisse in Kurzform:

▶ In einer Umgebung mit mittlerer Last hat sich Software-RAID 5 als gleichwertig zu High-End-RAID-Controllern erwiesen. Einfachen Entry-Level RAID-Controllern ist die Software-Variante deutlich überlegen. Unter hoher RAID-5-Last zeigen High-End-Hardware-Produkte die bessere Performance.

▶ Bei der Bildung von RAID-0-Sets sind die Software-RAIDs selbst den High-End-Karten gleichwertig.

Zum Thema »Handhabbarkeit«:

Ob ein Software- oder ein Hardware-RAID einfacher zu bedienen ist, ist sicherlich eine Geschmacksfrage. Letztendlich sind die RAID-Controller bei den großen Serverherstellern so tief in die Serversysteme integriert, dass es kaum Sinn macht, zu überlegen, ob man Software-RAID wählt. Aus meiner Praxis kann ich mich nicht an einen einzigen Windows Server erinnern, der nicht ein Hardware-RAID-System verwendet hätte.

Die Konfiguration von Hardware-RAIDs und deren Handhabung im Fehlerfall ist im Übrigen durch grafische Oberflächen und Assistenten sehr einfach geworden.

In diesem Buch werden Sie spezielle Anwendungsfälle kennen lernen, bei denen Software-RAID zum Einsatz kommt. Im Normalfall wird man einen Server mit einem entsprechenden RAID-Controller ausstatten.

Die sorgfältige Auswahl des für die Anforderung geeigneten RAID-Controllers ist für Performance und Budget wichtig: Ein Low-End Controller wird bei einer stark belasteten Datenbank nicht die gewünschte Performance erreichen. Ein High-End Controller in einem kleinen Arbeitsgruppen-File-Server stellt eine unnötige Belastung des Budgets dar.

3.2 Anforderungsorientiertes Sizing

In den vorherigen Kapiteln haben Sie einen groben Überblick über die technischen Hintergründe einiger Serverkomponenten erhalten. In den folgenden Abschnitten werden wir das Sizing für einige Servertypen besprechen.

Sie werden feststellen, dass die Dimensionierung der Storage-Bereiche der Server eine zentrale Rolle spielt. Das ist kein Zufall, die Performance eines Systems, insbesondere eines Datenbanksystems, hängt primär am Speichersystem!

Falls Sie Serversysteme von Hewlett Packard einsetzen, werden Sie den Website-Bereich »ActiveAnswers« sehr hilfreich finden. Hier finden sich neben diversen Best Practices-Beschreibungen mehrere »Solution Sizer«. Diese helfen bei der Dimensionierung von Systemen, in dem Sie nach den Rahmenparametern, wie Benutzerzahl, Lastprofil etc. gefragt werden, worauf hin Sie Empfehlungen für geeignete Systeme erhalten (Abbildung 3.7).

Auch wenn Sie keine Hewlett Packard-Systeme einsetzen, bieten diese Solution Sizer eine außerordentlich wertvolle Orientierungshilfe.

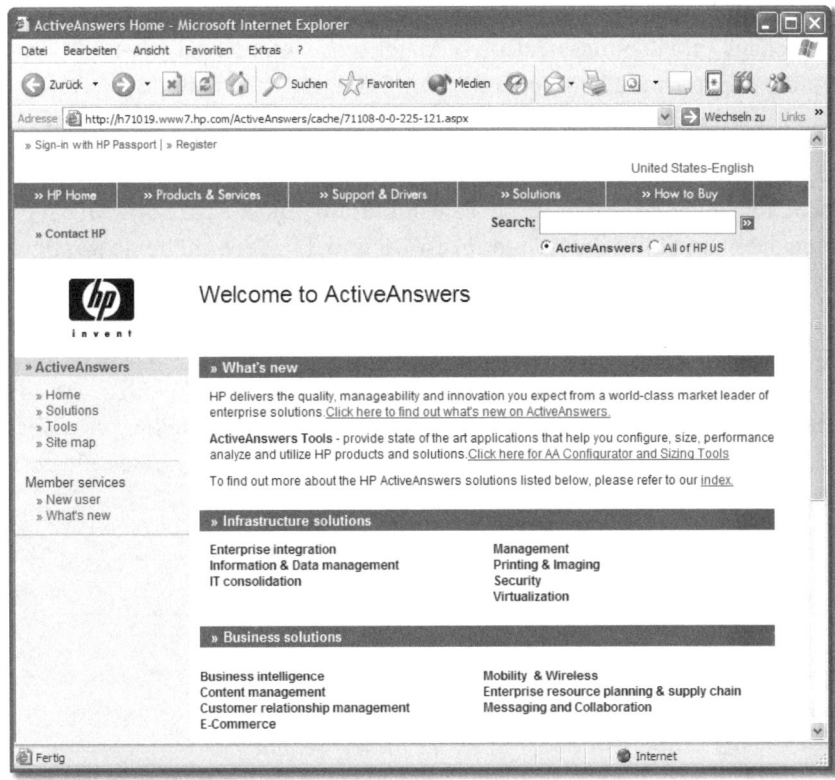

Abbildung 3.7 HP ActiveAnswers unterstützt mit diversen Solution Sizern

3.2.1 Allgemeines

Ich empfehle Ihnen generell, die Installation, also Betriebssystem und Applikationen, auf ein separates physikalisches RAID-Set (RAID 1) zu legen. Dies geschieht aus mehreren Gründen:

▶ Es ist sicherlich denkbar, dass Sie zukünftig für das Speichern der Produktiv-Daten größere Festplatten verwenden möchten (= Austausch der Platten). Betriebssystem und Applikationen wären von dieser Änderung nicht betroffen. Liegen die Daten auf einem separaten RAID-Set, werden die Daten gesichert, die Platten der Datenbereiche getauscht, ein Laufwerk mit dem bisherigen Laufwerksbuchstaben bezeichnet, die Daten zurückgesichert – und das System läuft.

▶ Flexibilität: Die Installation mit Betriebssystem und Applikationen wird sich im Allgemeinen immer lokal auf dem Server befinden. Vielleicht führen sie in Ihrer Umgebung ein zentrales Storage-System ein. In diesem Fall könnte man die bisherigen Datenplatten entnehmen und einer anderen Verwendung zuführen, ohne die Installation zu beeinflussen.

▶ Performance: Das Betriebssystem benötigt eine Swap-Datei (pagefile.sys). Es ist durchaus möglich, dass auf diese Datei recht intensiv zugegriffen wird. Liegt diese Datei auf einem separaten RAID-Set, also nicht auf dem Datenbereich, beeinflusst das Swapping zumindest nicht die Storage-Performance.

Verwechseln Sie bitte nicht die Trennung von Bereichen durch physikalisch unterschiedliche RAID-Sets mit der Partitionierung eines einzigen RAID-Sets: Beachten Sie hierzu bitte die Abbildungen 3.8 und 3.9: Obwohl beide Konfigurationen aus Sicht der Anwendung identisch sind (in beiden Fällen gibt es ein Laufwerk C: und ein Laufwerk D:), handelt es sich um komplett unterschiedliche Implementationen. Im ersten Fall (3.8) ist ein RAID-Set, beispielsweise RAID-5, eingerichtet worden, auf dem zwei Volumes erzeugt werden. Da auf dieselben Platten zugegriffen wird, kann man sich leicht vorstellen, dass verstärkte Zugriffe auf Laufwerk C: (z.B. beim Swapping) einen negativen Einfluss auf Laufwerk D: haben werden.

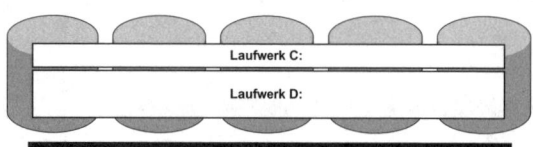

Abbildung 3.8 Zwei Volumes auf einem physikalischen RAID-Set

Im zweiten Fall (Abbildung 3.9) sind zwei physikalisch getrennte RAID-Sets eingerichtet worden, beispielsweise ein RAID 1 und ein RAID 5. Die Volumes werden auf diese RAID-Sets wie in der Abbildung gezeigt, verteilt. Diese physikalische Trennung bringt Ihnen die zuvor beschriebenen Vorteile.

Abbildung 3.9 Zwei Volumes auf zwei separaten physikalischen RAID-Sets

Hot Spare-Drives

Bei wichtigen Servern empfiehlt sich der Einsatz von Hot Spare-Laufwerken – je nach Hersteller differieren die Bezeichnungen. Diese zusätzlichen Platten sind in den Server eingebaut, werden vom Controller angesprochen, tragen allerdings zunächst keine Daten. Wenn eine Platte aus einem RAID-Set ausfällt, läuft das System bekanntlich weiter, ist im Allgemeinen aber nicht mehr redundant. Wenn eine oder mehrere HotSpare-Platten konfiguriert sind, wird der Controller diese Platte in das RAID-Set aufnehmen, mit Daten befüllen und als Bestandteil des RAID-Sets verwenden. Das RAID-Set wird dadurch recht schnell wieder redundant – und zwar ohne Eingriff eines Administrators.

3.2.2   File-Server

Betrachten wir zunächst einen File-Server. Ein typischer Server für diesen Aufgabenzweck in einer mittelgroßen Umgebung ist eine Zwei-Prozessor Xeon-Maschine.

Hier kommt es weder auf einen besonders hohen Speicherausbau noch auf höchste Prozessorperformance an – ein durchschnittliches als Arbeitsgruppen-File-Server positioniertes Gerät mit 1 bis 2 GB Speicher genügt! Wichtig ist ein sinnvolles Layout der Festplattenbereiche. Abbildung 3.10 zeigt eine sinnvolle Konfiguration.

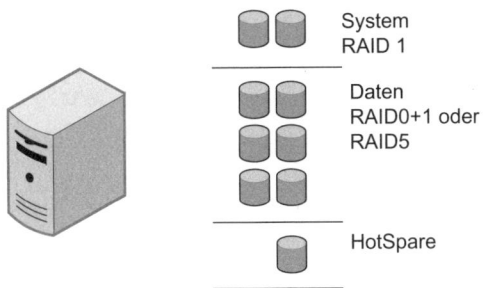

Abbildung 3.10 Storage-Sizing für einen File-Server

- Wie zuvor erläutert, empfehle ich dringend, das Betriebssystem nebst page-file.sys auf ein separates physikalisches RAID-Set (RAID 1) zu legen.

- Die eigentlichen Datenbereiche werden auf ein RAID 5 oder ein RAID 1+0 gelegt.

- Eine HotSpare-Platte ist zwar nicht zwingend erforderlich, aber durchaus empfehlenswert, weil das System nach dem Ausfall einer Platte recht schnell wieder redundant wird.

Eine genaue Zahlenangabe für die Anzahl der benötigten Platten anzugeben, ist ohne die genaue Kenntnis Ihrer Systemumgebung schwierig.

Als Richtwert für die »reale Welt« kann man von folgenden Rahmenparametern ausgehen:

- Der Durchsatz pro Platte im RAID-Set eines File-Servers im Produktivbetrieb kann man mit 6 MB/s annehmen. Dies ist natürlich nur ein ganz grober Anhaltswert!

- Man kann davon ausgehen, dass 10 % der Benutzer gleichzeitig aktiv sind. Dies ist natürlich ein »mischkalkulierter« Wert, taugt aber als erste grobe Annahme für einen Server, mit recht intensiver Nutzung der Fileshares.

Auf Grundlage dieser Werte lässt sich die Anzahl der aus Gründen der Performance benötigten Platten in einem RAID-Set errechnen.

Diese Tabelle nimmt einige Rundungen vor (eine Anzahl von 3,3 Festplatten ist schlecht zu realisieren) und geht bei der Kapazitätsberechung von 72 GB-Platten aus. Bei der Berechnung der Kapazität habe ich einige Anpassungen an die Realität vorgenommen – beispielsweise: Ein einziges RAID-5-Set aus 34 Platten zu bilden, ist nicht sinnvoll, ein RAID 1+0 kann nur mit einer »geraden« Plattenanzahl gebildet werden.

Benutzerzahl	Parallele Platten	Kapazität R5	Kapazität R1+0
Bis 50	4	288 GB	144 GB
Bis 100	7	432 GB	288 GB
Bis 150	10	648 GB	360 GB
Bis 250	17	1.080 GB	648 GB
Bis 500	34	2.304 GB	1.224 GB

Die benötigten Kapazitäten lassen sich natürlich auch mit 144 GB-Festplatten realisieren. Das befreit Sie allerdings nicht davon, die entsprechende Anzahl von parallelen Festplatten einzusetzen, ansonsten werden Sie die notwendigen Performancewerte nicht erreichen!

Wie schon erwähnt, geht die Tabelle von einer recht intensiven Nutzung des File-Servers aus. Wenn die Benutzer nur selten auf den Server zugreifen, lassen sich die Anforderungen natürlich deutlich reduzieren, was einen geringeren Bedarf an parallelen Platten im RAID-Set bedeutet. Wenn ein entsprechender File-Server bereits in Ihrem Hause vorhanden ist, können Sie mit dem Performance-Monitor die tatsächliche Belastung messen und daraus ein exakteres Sizing erstellen, als mit den Pauschalwerten möglich ist.

Vielleicht werden Sie erstaunt sein, dass in dem Sizing schon eine recht große Anzahl von Festplatten benötigt wird. Auch wenn das auf den ersten Blick ein wenig erstaunlich wirkt, können Sie den Werten zumindest von der Tendenz ruhig vertrauen. Klar, 500 GB Netto-Speicher können Sie auch mit einem RAID-5-Set, das aus drei 300 GB-Platten besteht, erzeugen. Wenn Sie mit hundertfünfzig intensiv arbeitenden Benutzern darauf zugreifen, werden sich die Performance-Erwartungen mit Sicherheit nicht erfüllen. Mag sein, dass Ihre Benutzer sich nicht beschweren, weil Sie nichts schnelleres gewohnt sind oder deren Arbeitsstationen nicht mehr leisten können – die server-seitige Storage-Performance wird trotzdem nicht gut sein.

Konkrete Konfigurationen

Geeignete Servermodelle für eine mittlere Benutzerzahl sind beispielsweise:

▶ Rack: Dell PowerEdge 2650, Hewlett Packard DL 380

▶ Tower: Dell PowerEdge 2600, Hewlett Packard ML 370

▶ Speicherausbau: 1 GB sollte genügen, wenn es das Budget hergibt, wären 2 GB durchaus sinnvoll. Ein höherer Speicherausbau macht keinen Sinn.

▶ RAID-Controller: Wenn nur ein kleines RAID-Set für wenige Benutzer zur Verfügung gestellt wird, reichen die Onboard-Controller. Wenn Sie hundert oder mehr Benutzer und entsprechend viele Festplatten haben, müssen Sie sich für einen höherwertigen Controller entscheiden: Dell PERC4/DC oder PERC3/QC beziehungsweise Hewlett Packard SmartArray 6402 oder 6404.

▶ Netzwerkkarten: Da ein File-Server naturgemäß duchaus größere Datenmengen transportiert, macht eine Gigabit-Ethernet-Anbindung Sinn – vorausgesetzt, Sie haben entsprechende Switches.

▶ Sofern für das von Ihnen gewählte Servermodell verfügbar, sollten Sie redundante Netzteile und Lüfter auf jeden Fall mit einplanen.

Zum Sizing der Storage-Systeme, also RAID-Typen und Plattenanzahlen, haben Sie in den vorherigen Abschnitten einiges gelesen. Es ergibt sich nun die Frage, wie man größere Mengen von Festplatten an den Server anschließt. Abbildung 3.11 zeigt das Prinzip: Die Serverhersteller bieten externe Platten-Gehäuse an, in die beispielsweise 14 Platten eingebaut werden können. Diese Plattensysteme verfügen über keine eigenen RAID-Controller, sondern werden von einem im Server eingebauten Controller gesteuert.

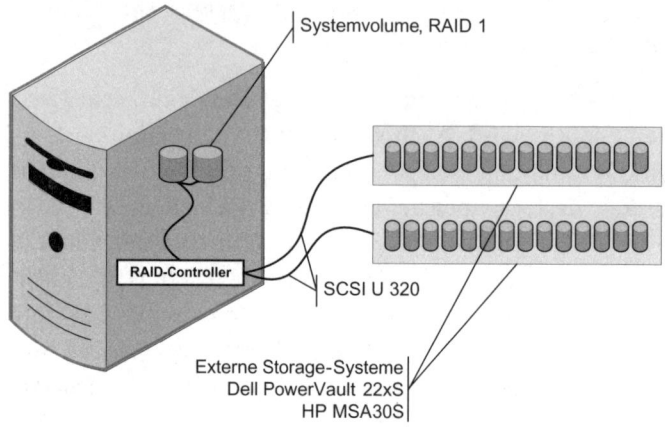

Abbildung 3.11 Server mit externen Platten-Gehäusen

Wenn Sie eine RAID-1+0-Konfiguration fahren, bietet es sich, sofern der RAID-Controller dies unterstützt, an, das RAID so anzulegen, dass die Spiegel jeweils gehäuseübergreifend angeordnet sind. Abbildung 3.12 zeigt das Prinzip: Der Vorteil ist, dass auch bei einem Ausfall eines kompletten Plattenstapels die Funktion des Systems weiterhin gegeben ist.

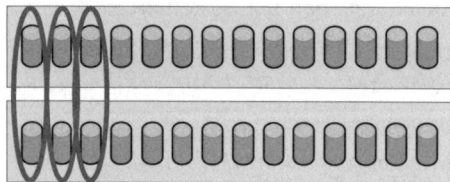

Abbildung 3.12 Gehäuseübergreifende Spiegel als Grundlage für ein RAID 1+0

NAS Appliance

Anstatt einen »normalen« Server als File-Server einzusetzen, könnte man sich überlegen, ein NAS-System zu kaufen. Mehr über NAS-Systeme und deren strategische Möglichkeiten erfahren Sie im Kapitel »Primary Storage« (Kapitel 4).

Etliche Serverhersteller bieten Serversysteme, die mit dem Betriebssystem Windows Storage Server 2003 ausgestattet sind an. Bei der Software handelt es sich um eine spezialisierte Version des 2003 Servers, die nichts anderes kann, als ein File-Server zu sein, dies aber in optimierter Form. »Normale« Virenbekämpfungs- oder Backupsoftware kann installiert werden.

Wenn Sie auf der Suche nach einem reinen File-Server sind, sind diese Windows 2003 Storage Server-basierten Systeme sicherlich eine interessante Alternative.

Da es sich hierbei hardwaremäßig um einen »normalen« Server handelt, gilt das zuvor über das Plattenlayout gesagte auch bei diesen Systemen. Auch wenn das Betriebssystem für Filedurchsatz optimiert ist, setzt es das hardwaremäßige Verhalten der Plattensysteme und natürlich auch deren Grenzen nicht außer Kraft!

Produkte sind beispielsweise:

▶ Dell PowerVault 745N, 770N, 775N

▶ Hewlett Packard ProLiant DL 380 G4 Storage Server (und etliche andere mehr)

3.2.3 Datenbankserver

Als nächsten Fall betrachten wir das Sizing für einen Datenbankserver. Betrachten wir zunächst die Anforderungen eines Datenbankservers:

▶ Die an die Clients übertragenen Datenmengen sind i. A. nicht so sonderlich groß – zumindest nicht so groß, wie im Bereich der File-Server.

▶ Datenbankserver profitieren sehr von viel Hauptspeicher, weil dort Daten, Ergebnismengen etc. zwischengespeichert (= gecached) werden können. Generell gilt, dass bei vielen Datenbankanwendungen ein nicht geringer Teil der Benutzeranfragen aus dem Cache bedient werden kann.

▶ Neben der eigentlichen Datenbankdatei führen Datenbankserver ein Transaktions-Protokoll (auch Archive-Log genannt). Alle Änderungen, die in die Datenbank einfließen, werden hier sequentiell mitgeschrieben. Im Fall eines Problems (z.B. Datenbank wird inkonsistent, Transaktion kann nicht abgeschlossen werden) kann durch zurückfahren der Logs ein konsistenter Zustand der Datenbank erreicht werden.

▶ Datenbankserver sind eher abhängig von der Prozessorleistung als File-Server. Die Annahme, dass jeder größere Datenbankserver automatisch eine Vier-Prozessor-Maschine sein muss, ist aber trotzdem nicht zutreffend.

In Abbildung 3.13 ist das Plattensizing für einen Datenbankserver dargestellt:

▶ Auf einem RAID-1-Verbund werden Betriebssystem und Applikationen gespeichert

▶ Die eigentliche Datenbank wird auf einem RAID 5 oder einem RAID 1+0 gespeichert. Wenn ein sehr großes Datenbanksystem aus mehreren Datenbanken besteht, könnte es durchaus Sinn machen, die Datenbanken auf mehrere RAID-1-Sets zu verteilen.

▶ Auf einem separaten RAID 1 werden die Transaktions-Logs gespeichert. In sehr großen Systemen wird hier eventuell ein RAID 1+0 benötigt, weil mehr Schreibperformance benötigt wird, als ein RAID-1-Set leisten kann.

▶ In kritischen Systemen ist eine Hotspare-Platte unbedingt zu empfehlen.

▶ Nicht auf der Zeichnung dargestellt, aber in einigen Datenbanksystemen möglich, ist das Anlegen von Datenbank-Indices auf separate RAID-Sets.

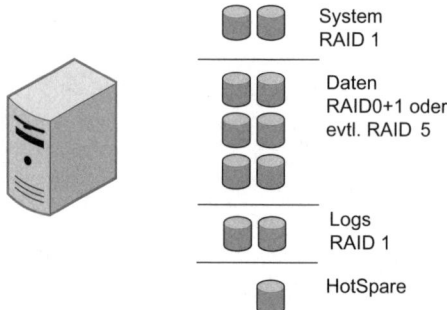

Abbildung 3.13 Storage Sizing für einen Datenbankserver

Das Aufteilen des Systems auf mehrere physikalische RAID-Sets erfolgt aus zwei Gründen:

▶ Performance: In einem großen Datenbanksystem ist die Belastung, die durch Schreiben der Logs erzeugt wird, so groß, dass es sinnvoll ist, diese auf ein separates RAID-Set auszulagern, um Performance-Einflüsse auf die eigentliche Datenbank zu vermeiden. Insbesondere auch dann, wenn die eigentliche Datenbank auf einem RAID 5 liegt, ist es wichtig, die Logs nicht auf dieses zu schreiben – RAID 5 reagiert nicht allzu gut auf zu schreibende große kontinuierliche Datenmengen.

▶ Wiederherstellbarkeit: Falls Sie das RAID-Set mit der eigentlichen Datenbank verlieren, können Sie mittels der letzten Vollsicherung und den Logs einen aktuellen Datenstand rekonstruieren. Wenn alle Daten auf demselben physikalischen RAID-Set liegen, verlieren Sie alle Änderungen seit der letzten Datensicherung.

Konkrete Konfigurationen

Eine konkrete Konfiguration für einen Datenbankserver vorzustellen ist schwierig, weil eine »Pauschalkonfiguration« noch weniger aussagekräftig ist als bei File-Servern. Neben der Anzahl der Benutzer sind die Struktur der Datenbank, die Ausführung von Stored Procedures und Triggern etc. weitere wichtige Parameter für die Ermittlung des Performancebedarfs.

An dieser Stelle nochmals der Tipp für diejenigen, die Server von Hewlett Packard einsetzen: Im Bereich ActiveAnswers von http://www.hewlett-packard.com finden Sie einen Sizer für den Microsoft SQL Server. Dieser schlägt Ihnen eine für Ihre Anforderungen passenden Server nebst Storage-Konfiguration vor (Wenn Sie keine HP-Server einsetzen, lassen sich die Ergebnisse natürlich auf andere Hersteller portieren). Ein solcher Sizer gibt natürlich letztendlich nur einen groben Anhaltspunkt – wenn Sie ein wirklich exaktes Sizing benötigen, empfiehlt sich grundsätzlich eine Analyse mit einem erfahrenen Consultant.

Neben der Anzahl der Benutzer, der Datenbankgröße und einigen anderen Werten, fragt Sie der Sizer nach der Anzahl von Transaktionen. Wie kann nun dieser Wert ermittelt werden?

▶ Im besten Fall kann der Hersteller Ihrer Applikation einen zuverlässigen und belastbaren Wert für die Anzahl der erwarteten Transaktionen in Ihrer Umgebung nennen.

▶ Falls der Hersteller keinen Wert liefern kann (warum nun auch immer), können Sie selbst nachmessen – sofern die Datenbank bereits auf einem anderen Server im Einsatz ist. Im Zweifelsfall hilft eine Pilotinstallation mit begrenzter Benutzerzahl, um die benötigte Transaktionsleistung schätzen zu können. Zur Messung auf einem Windows-System kann der Performance-Monitor eingesetzt werden, bei der Installation von SQL Server werden die entsprechenden Datenquellen mitinstalliert (Abbildung 3.14). Zum Messen werden Sie eine Datenquelle »Transaktionen/Sekunde« finden, mittels der Sie die benötigten Daten erfassen können. ABER: Damit Ihre Daten wirklich aussagekräftig sind, ist es wichtig, einige Grundparameter im Auge zu halten: Wenn das System ohnehin völlig überlastet ist, werden die Messwerte beispielsweise für »Transaktionen/Sekunde« viel zu gering ausfallen; nicht weil der Leistungsbedarf nicht da wäre, sondern weil die benötigte Performance nicht erreicht wird. Behalten Sie beispielsweise Werte wie die »Durchschnittliche Warteschlangenlänge des Datenträgers« des Festplattensystems im Auge!

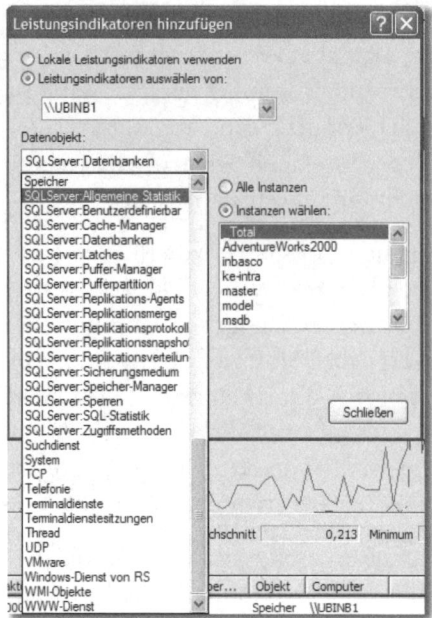

Abbildung 3.14 Auswahl der SQL Server Datenquellen im Performance-Monitor

Wenn Sie sich die Ergebnisse des Sizers anschauen, werden Sie vermutlich überrascht bis erschrocken sein:

▶ Der Sizer legt die Server vergleichsweise »schwach« aus, schlägt also nicht grundsätzlich High-End-Server vor. Auch für vergleichsweise große Systeme werden Server aus dem Bereich Arbeitsgruppen-File-Server geplant.

▶ Die Performance holt der Sizer in erster Linie aus dem Festplattensystem. Es ist nicht ausgeschlossen, dass für 75 GB große Datenbank dreißig (!) Festplatten vorgeschlagen werden. Denken Sie daran: Die primäre Frage bei der Planung des Storage-Bereichs ist nicht »Wie viel Kapazität benötigen Sie?«, sondern »Welche Performance benötigen Sie?«. Sie haben es in diesem Buch bereits mehrfach gehört, aber ich kann es nicht oft genug wiederholen: Performance im Speicherbereich bekommen Sie durch parallele Platten im RAID-Verbund.

Ich hatte zu Beginn dieses Kapitels das Beispiel erwähnt, in dem eine vollbestückte Vier-Prozessor-Maschine mit 8 GB RAM schlechte Leistungen als Datenbankserver brachte: Der Kunde wusste sich nicht mehr zu helfen und hatte den Einsatz einer Itanium-2-Maschine erwogen. Die erste Analyse des Servers ergab, dass der Server nur über ein RAID 5, das aus vier Platten bestand, verfügte. Klar, mit vier 72 GB-Festplatten kann man im RAID 5 eine netto-unformatierte Kapazität von ca. 216 GB erreichen (Redundanzverlust bei RAID 5: 1/n); ist eine Datenbank nur 75 GB groß, hört sich das auf den ersten Blick nach einem sinnvollen und zukunftsorientierten Sizing an.

Um die benötigte Performance zu erreichen, haben wir das System mit einer dramatisch größeren Plattenanzahl ausgestattet – zwanzig (!) zusätzliche Platten haben den notwendigen Performance-Schub gebracht. Die Itanium-2-Maschine ohne die Plattenerweiterung hätte die Performance nicht oder nur unwesentlich verbessert.

Zum Thema »Wie konnektiert man 30 Festplatten an einen Server« beachten Sie bitte die Ausführungen im vorherigen Abschnitt über File-Server.

Da ein großer Teil der Abfragen der Clients aus dem Cache bedient werden kann, benötigen Sie viel Speicher und die Möglichkeit, schnell auf diesen Speicher zugreifen zu können. Hier ist natürlich auch die Maschinenarchitektur von Belang: High-End-Applikationsserver sind von ihrer Architektur hierfür optimiert und haben wesentlich mehr Leistungsreserven als ein einfacher Arbeitsgruppen-File-Server.

Ebenso ist für die Abarbeitung umfangreicher Abfragen und komplexer Joins Prozessorleistung notwendig.

Die Entscheidung, ob sich eine Speicherverdopplung oder zwei weitere Prozessoren für die Performance Ihres Datenbankservers günstig auswirken, sollte ebenfalls anhand von Messwerten getroffen werden. Der Performance-Monitor unterstützt Sie mit diversen Datenquellen. Die Interpretation der Messwerte würde den Rahmen dieses Buchs deutlich sprengen – ich möchte an dieser Stelle auf Fachliteratur und diverse TechNet-Artikel verweisen!

Dieses Kapitel enthält bewusst kein konkretes Beispielsizing – viel zu unterschiedlich sind Datenbanken und somit die Anforderungen an den Server.

Zur Abwechslung gibt es ein »Anti-Sizing«:

Wenn eine vollbestückte Vier-Prozessor-Maschine mit 8 GB Hauptspeicher und sechs Festplatten zum Einsatz kommt, gibt es zwei Möglichkeiten:

▶ Die Maschine bringt nicht die erwartete Performance: überprüfen Sie die Festplattenkonfiguration – grundlegend!

▶ Die Maschine liefert die erwartete Performance: In diesem Fall haben Sie viel zu viel Geld investiert, hier hätte ein ganz einfacher Arbeitsgruppen-File-Server genügt!

3.2.4 Exchange

Die erste Überlegung ist, in welche Kategorie man einen Exchange-Server einordnen kann: Im Grunde genommen geht es bei Exchange darum, Mails zu speichern und wieder abzurufen, im weitesten Sinne handelt es sich also um eine Datenbank mit einem Kommunikationskopf, der Protokolle wie POP3, SMTP, MAPI und viele andere beherrscht.

Für einen Exchange-Server gilt im Groben das zuvor für Datenbankserver Gesagte.

▶ Wie beim Datenbankserver sollten separate physikalische RAID-Sets für Installation, Datenbank und Logfiles eingerichtet werden.

▶ Exchange ist nicht so performance-intensiv wie ein SQL-Datenbankserver. Ein mittelgroßer Server ist durchaus in der Lage, einige tausend Benutzer mit Exchange-Diensten zu versorgen. Wie bei allen Datenbanksystemen kommt es auch bei Exchange entscheidend auf eine angemessene Anzahl an Festplatten an.

▶ Im Exchange-Umfeld gibt es weitere Server-Rollen, beispielsweise Front-End-Server. Für diese Systeme sind separate Bewertungen erforderlich, generell gilt aber auch hier, dass in mittelständischen Exchange-Infrastrukturen keine High-End-Server benötigt werden.

Auch für Exchange gilt: Auf einem bereits installierten Server finden sich diverse spezielle Performance-Monitor-Datenquellen, die Werte für ein exaktes Sizing liefern (siehe auch Erläuterungen zu Datenbankservern).

Auch zum Thema »Exchange« findet sich bei den Hewlett Packard ActiveAnswers ein Sizer.

Exchange wird sehr ausführlich im Kapitel 13 besprochen.

Sehr leistungsfähige Exchange Installationen

Bei Exchange-Servern mit sehr hohen Anforderungen wird man zusätzliche Prozesse, die Festplattenlast erzeugen, identifizieren können. Für den Exchange-Server einer mittelständischen Umgebung wird eine Aufteilung auf weitere separate physikalische RAID-Sets nicht notwendig sein, der Vollständigkeit halber hier aber noch Hinweise für eine mögliche weitere Feingliederung des Exchange-Festplattenlayouts:

▶ Indexfiles der Volltextindizierung: Können auf dem Volume der Exchange-Datenbank liegen, vorausgesetzt, dass das Plattensystem leistungsfähig genug ist (genügend Platten).

- SMTP-Queue: Bei ***sehr hoher*** SMTP-Last sollte ein eigenes physikalisches RAID-Set (RAID 1+0) für die entsprechende Queue eingerichtet werden. Geeigneter RAID-Level ist 1+0

- MTA-Queue: Sollte prinzipiell nicht auf dem Datenbank- oder dem Logfile-Volume liegen. Bei sehr hoher Last ist ein separates RAID-Set zu empfehlen.

Beispielkonfiguration

Die anschließend vorgestellten Konfigurationen bieten einen groben Anhaltswert.

Für 400 Exchange-Benutzer mit mittleren Anforderungen eignet sich eine der folgenden Konfigurationen:

Hewlett Packard

- ProLiant DL 370 GB
- 2 Prozessoren
- 2 GB RAM
- Alle Redundanzoptionen (Lüfter, Netzteil)
- RAID Controller 6402
- Externes Storage Enclosure MSA30
- 15 Festplatten, 72 GB

Dell

- PowerEdge 2650
- 2 Prozessoren
- 2 GB RAM
- Alle Redundanzoptionen (Lüfter, Netzteil)
- RAID Controller PercRAID 3
- PowerVault 220S/221S
- 15 Festplatten, 72 GB

Beide Konfigurationen sehen einen rack-optimierten Server vor, an den ein externes Plattengehäuse angeschlossen wird.

Die Plattenkonfiguration im Detail

- 2 Platten für Betriebssystem und Installation (im Server, RAID 1)
- 10 Platten für Storage Groups (RAID 1+0, im externen Storage-System)

▶ 2 Platten für Datenbank-Logs (RAID 1, im externen Storage-System)

▶ 1 HotSpare (im externen Storage-System)

3.2.5 Webserver

Der nächste hier besprochene Servertyp ist der Webserver. Diese Systeme sollten generell keine Produktivdaten tragenden Systeme sein.

Die Leistung einer Webanwendung kann recht einfach durch den Aufbau einer Webserver-Farm skaliert werden. Merkmal einer Server-Farm ist, dass mehrere Maschinen zusammen arbeiten, also die Gesamtleistung nicht durch Aufrüsten eines einzelnen Servers, sondern durch Hinzufügen weiterer kompletter Server gesteigert wird. Klassische Webserver sind die eine Höheneinheit (Rack-Systeme) hohen Systeme, wie der Hewlett Packard ProLiant DL360 oder der Dell PowerEdge 1850.

Wie viele parallele Sessions auf einem Webserver gefahren werden können, hängt von der Art der Webapplikation ab: Wenn hauptsächlich statische Seiten zu den Benutzern gesendet werden, kann ein Server natürlich wesentlich mehr gleichzeitige Sessions bedienen, als wenn eine komplexe Applikationslogik mit ASP.NET oder PHP ausgeführt wird.

Die Plattenkonfiguration für einen Webserver ist sehr einfach (Abbildung 3.15). Da die Systeme keine Produktivdaten tragen, wird lediglich ein Bereich für Betriebssystem und die lokalen Files des Webservers benötigt. Um eine gewissen Ausfallsicherheit zu erreichen, eignet sich hierfür eine RAID 1. Sofern der eingesetzte Server drei Platten aufnehmen kann, könnte man eine Hot-Spare-Disk konfigurieren. Viele der eine Höheneinheit hohen Server verfügen allerdings nur über zwei Platteneinschübe, so dass die HotSpare-Platte entfallen muss.

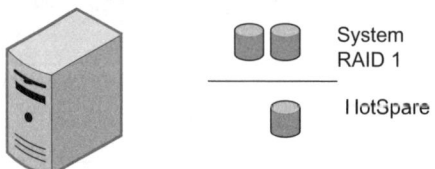

System
RAID 1

HotSpare

Abbildung 3.15 Plattenkonfiguration für einen Webserver

Wenn Sie die vorherigen Abschnitte ebenfalls gelesen haben, ist es schon fast überflüssig, darauf hinzuweisen: Die Grundlage für ein fundiertes Sizing bildet die Messung an einem Pilotsystem. Auch wenn eine Webserver-Farm in Betrieb ist, sollten die Performance-Werte kontinuierlich im Auge behalten werden. Im TechNet oder in der Literatur finden sich diverse Hinweise, welche Datenquellen gemessen werden sollten und wie deren Werte zu interpretieren sind.

Beispielkonfigurationen

Anschließend zwei Beispielkonfigurationen für Webserver. Beide Systeme sind eine Höheneinheit hoch.

Hewlett Packard

▶ ProLiant DL360 (Onboard RAID-Controller bereits vorhanden)
▶ 2 Prozessoren (je nach benötigter Rechenleistung)
▶ 1 GB Hauptspeicher
▶ 2 * 36 GB Festplatte

Dell

▶ PowerEdge 1750
▶ Onboard RAID-Controller PERC4/Di
▶ 2 Prozessoren (je nach benötiger Rechenleistung)
▶ 1 GB Hauptspeicher
▶ 2 * 36 GB Festplatte, eventuell HotSpare-Platte

3.2.6 Domain Controller

Vergleichsweise einfach ist die Serverdimensionierung für Domain Controller. Neben der Betriebssysteminstallation liegt auf diesen Server die Domain-Datenbank.

Die Leistungsanforderungen an einen Domain Controller an sich sind, insbesondere mit Blick auf die aktuelle Hardware, nicht hoch, man sollte aber nicht vergessen, dass die DCs häufig Zusatzfunktionen, wie DNS-, DHCP- oder WINS-Server ausführen. Für einen aktuellen Server ist das natürlich leistungsmäßig kein Problem, die Verfügbarkeit und Stabilität dieser lebenswichtigen Dienste zu gewährleisten, legt diese Gedanken nah:

▶ Es ist keine sonderlich gute Idee, die Domain Controller-Dienste auf einem oder mehreren Applikationsservern unterzubringen. Zum einen werden Wiederherstellungsvorgänge relativ kompliziert, wenn zu viele Dienste auf einem Server laufen, zum anderen hat sich gezeigt, dass sich die Stabilität der Systeme nicht unbedingt verbessert, wenn ein Server zu viele Aufgaben wahrnimmt

- Auch wenn die Leistungsanforderungen gering sind, sollte als Domain Controller ein »richtiger« Server vorgesehen werden – aus Gründen des stabilen Betriebs und der Ausfallsicherheit. Letztendlich auch, um den DC, der immerhin ein zentraler Bestandteil der Installation ist, auf einer zertifizierten Plattform zu betreiben.

Wenn Sie diese Ausführungen lesen, werden Sie das vielleicht für triviale Selbstverständlichkeiten halten. Ich habe aber teilweise wirklich spektakuläre (aber im schlechten Sinne) Installationen gesehen:

- In einem mittelgroßen (ca. 200 PCs) Kundenumfeld waren aus Kostengründen zwei ausrangierte Desktop-PCs als Domain Controller eingesetzt worden. Von der Performance her genügte das sogar, aber die Stabilität des Gesamtnetzwerks ist akut gefährdet: Ein PC war irgendwann ausgefallen und der zweite hatte bereits diverse defekte Blocks von der einzigen Platte herausmappen müssen. Die Kosten, die zwei vernünftige kleine Server mit redundanten Platten verursacht hätten, sind gering gegenüber den Wiederherstellungs- und Ausfallkosten, die entstehen, wenn auch der letzte DC ausgefallen ist: Dann passiert nämlich im Netz *nichts* mehr.

- Das Gegenbeispiel: Ein Kunde hat es gut gemeint und wirklich jeden seiner Server zum Domain Controller gemacht. Für ca. 400 Benutzer gab es dort also über zwanzig Domain Controller. Ohne an dieser Stelle detailliert auf die technischen Hintergründe eingehen zu wollen: Diese Konfiguration sieht zwar zunächst hoch redundant aus, ist aber trotzdem nicht sinnvoll: Die Replikationstopologie wird komplex und sorgt in solchen Konstellationen für einige erstaunliche Seiteneffekte. Zudem werden ohnehin schon komplexe Anwendungsserver durch zusätzliche DC-Dienste zumindest nicht stabiler. Und vor allem: Zwanzig Domain Controller an einem einzigen Standort mit 400 Benutzern sind schlicht und ergreifend nicht notwendig.

Das Fazit ist: Sorgen Sie dafür, dass Domain Controller an jedem Standort redundant zu finden sind oder dafür, dass von den Standorten zumindest über WAN-Strecken weitere DCs erreichbar sind. Diese Aussage gilt übrigens nicht nur für die eigentlichen DC-Dienste, sondern auch für die diversen Infrastruktur-Dienste wie DHCP, DNS, WINS etc.

Einige Dimensionierungsregeln:

- DCs brauchen nicht mit zwei Prozessoren bestückt zu sein. Schadet technisch zwar nichts, belastet aber das Budget und bringt nichts.

- Ein Speicherausbau von 1 GB ist völlig ausreichend. Letztendlich würden 512 MB genügen, aber mittlerweile ist 1 GB im Server absolut kein Luxus mehr.

▶ Im Plattenbereich ist ein RAID 1 (= Spiegel) zu empfehlen. Die Absicherung gegen den Plattenausfall ist empfehlenswert: Die Kosten einer Wiederherstellung des Servers, selbst wenn dessen Dienste redundant an anderer Stelle im Netzwerk vorhanden sind, dürften wesentlich teurer sein, als die Anschaffung eine Spiegelplatte. Über eine HotSpare-Platte könnte man nachdenken, ist aber nicht so zwingend notwendig wie bei anderen Servertypen.

Beispielkonfigurationen

Anschließend zwei Beispielkonfigurationen für einen Domain Controller. Beide Systeme sind eine Höheneinheit hoch.

Hewlett Packard

▶ ProLiant DL360 (Onboard RAID-Controller bereits vorhanden)

▶ 1 Prozessor

▶ 1 GB Hauptspeicher

▶ 2 * 36 GB Festplatte

Dell

▶ PowerEdge 1750

▶ Onboard RAID-Controller PERC4/Di

▶ 1 Prozessor

▶ 1 GB Hauptspeicher

▶ 2 * 36 GB Festplatte, eventuell HotSpare-Platte

3.2.7 Terminalserver/Citrix MetaFrame

Das Prinzip von Terminalserver und Citrix MetaFrame wird in einem eigenen Kapitel dieses Buchs besprochen (Kapitel 11). Kurz gesagt wird die Rechenleistung von den Clients auf die Terminalserver/Citrix Server verlagert.

Folgende Grundregeln gelten für Terminalserver und Citrix Server

▶ Der Server sollte *grundsätzlich* nichts anderes tun, als Applikationen via Terminalservices oder Citrix MetaFrame bereitzustellen. Er sollte *nicht* Domain Controller sein, eine Datenbank betreiben oder Dateifreigaben bereitstellen (und auch sonst keine zusätzlichen Dienste).

▶ Besonders kritisch ist die exakte Dimensionierung der Server.

Ein »korrektes« Sizing wird sich im Terminalserver-Umfeld nicht ohne genaue Kenntnis der Umgebung vorhersagen lassen, dazu ein Beispiel: Wenn Sie einzelne PCs für Office-Arbeitsplätze beschaffen, werden Sie sich natürlich keine Gedanken darüber machen, ob Ihre Benutzer die Hintergrund-Rechtschreib-überprüfung verwenden oder nicht. Braucht man auch nicht, denn es hat für die Auswahl des PCs keine Relevanz. Auf einem Terminalserver wird nun nicht ein –, sondern eventuell fünfzig Mal Word nebst Rechtschreibprüfung ausge-führt, was bereits einen Unterschied in der Dimensionierung bedeuten könnte (und wird!).

Um zu einer »vernünftigen« Dimensionierung im Terminalserver-/Citrix-Umfeld zu kommen, gibt es eigentlich nur ein Rezept, nämlich eine Pilotie-rung. Die benötigten Applikationen werden auf dem Server installiert, ausge-wählte Benutzer arbeiten mit den Applikationen und die Performancewerte werden gemessen. Anhand der Messung kann auf die benötigte Gesamtleis-tung für die Server-Farm geschlossen werden.

»Server-Farm« ist das entscheidende Stichwort im Terminalserverumfeld: Mit Ausnahme einer ganz kleinen Installation (10 Benutzer) wird man die Benutzer auf mehrere Terminalserver verteilen: Wir erreichen durch mehrere Server Ausfallsicherheit, außerdem ist die Umgebung recht einfach durch Hinzufügen weiterer Server zu skalieren.

Beispiele für geeignete Server sind:

▶ Hewlett Packard ProLiant DL 360
▶ Dell PowerEdge 1750 oder PowerEdge 1850

Wie bereits zuvor beschrieben, ist die Dimensionierung im Terminalserver-Umfeld nur schwer pauschal abzuarbeiten. Trotzdem gibt es natürlich Anhalts-punkte:

▶ 30 Benutzer pro CPU
▶ 80 MB RAM pro Benutzer

Bauen wir eine Farm für 200 Benutzer:

Laut den Pauschalwerten benötigen wir 7 CPUs. Beim Einsatz der vorgenann-ten Zwei-Prozessor-Maschinen benötigen wir 4 Server, auf denen jeweils 50 Benutzer arbeiten. Die Maschinen benötigen demnach jeweils 4 GB Hauptspei-cher.

Das Plattensizing für die Server ist recht einfach: Da die Terminalserver nur Betriebssysteminstallation und Applikationen tragen und keinesfalls Nutzda-ten, wird nur ein RAID 1 (Spiegel = 2 Platten) benötigt.

Zweites Beispiel: Eine Umgebung für 50 Benutzer

Rein rechnerisch gemäß Pauschalwerten würde für diese Benutzeranzahl ein einzelner Server genügen (2 Prozessoren, 4 GB Hauptspeicher). Diese Konfiguration wäre keine wirklich gute Idee – schließlich geht es auch um Ausfallsicherheit und dieses ist natürlich mit einem einzelnen Server nicht zu erreichen. Die Empfehlung wäre der Einsatz von zwei Servern, die jeweils 25 Benutzer bedienen.

Bei der Erarbeitung der Dimensionierung sollten Sie nicht vergessen, dass ein Speicherausbau von über 4 GB den Einsatz der Enterprise-Version der Windows-Betriebssysteme erfordert!

Weiteres über Terminalserver- und Citrix-Umgebungen finden Sie in dem entsprechenden Kapitel dieses Buchs.

Beachten Sie, dass Sie bei ausschließlicher Verwendung der Microsoft Terminal Services (= ohne Citrix) für den Aufbau einer größeren Farm mit Loadbalancing-Funktion einen Server oder ein Cluster für das Session Directory benötigen.

3.2.8 Virtuelle Server

Um ein Sizing für die zunehmend Verbreitung findenden virtuellen Serversysteme, wie Microsoft Virtual Server 2005 oder VMware GSX- und ESX-Server, zu finden, ist es zunächst notwendig, das Sizing für die zu betreibenden Einzelserver zu ermitteln.

Ich möchte dieses mit einem »Anti-Beispiel« verdeutlichen: Wenn Sie auf einem Server vier virtuelle Maschinen betreiben, für die Sie normaler Weise insgesamt 4 Prozessoren, 6 GB Hauptspeicher und zwanzig Festplatten benötigen würden, *kann* es nicht funktionieren, wenn Sie als Host-System einen Server mit 2 Prozessoren, 4 GB Hauptspeicher und einem RAID 5 mit vier Platten einsetzen.

Für die Dimensionierung ermitteln Sie zunächst die Sizings für die einzelnen virtuellen Maschinen. Aus diesen Ergebnissen lässt sich das Sizing des Serversystems ermitteln, dieses ergibt sich prinzipiell aus der Summe der Performance-Anforderungen der Einzelserver.

Generell gilt es zu prüfen, welche Dienste sinnvoll in einer virtuellen Maschine ausgeführt werden können und welche dafür weniger geeignet sind.

Die Möglichkeiten von Virtual Server, GSX/ESX & Co. werden wir in einem separaten Kapitel ausführlich behandeln (Kapitel 12).

3.2.9 Allgemeines

In den vorherigen Abschnitten haben wir zwar diverse Servertypen besprochen, natürlich gibt es viele weitere Typen von Servern, die wir hier nicht explizit betrachtet haben. Die Grundzüge der Dimensionierung sind aber letztendlich immer identisch. Betrachten Sie folgende Anforderungen:

▶ Prozessorleistung: Welche Prozessorleistung wird für die auszuführenden Dienste benötigt? Hier geht es um die Entscheidung, wie viele Prozessoren benötigt werden, welcher Prozessortyp zum Einsatz kommt (Pentium IV, Xeon, Xeon MP, Opteron) und ob 64-Bit-Technologie (beispielsweise Intel EM64T, Itanium oder Opteron) in dem speziellen Anwendungsfall tatsächlich Performancevorteile bringt.

▶ Hauptspeicher: Beim RAM gilt zwar prinzipiell »viel bringt viel«, diese Weisheit findet allerdings ihre Grenzen: Einen Domain-Controller oder einen File-Server mit 4 GB Hauptspeicher auszustatten bringt nichts.

▶ Architektur: Unabhängig von den Prozessoren muss über die geeignete Architektur des Servers entschieden werden. Eine als High-End-Applikationsserver gebaute Maschine bietet andere Möglichkeiten als ein als einfacher Arbeitsgruppen-File-Server entworfenes Gerät.

▶ Plattensystem: In den meisten Anwendungsfällen hängt die Performance des Serversystems ganz entscheidend von einem exakt geplanten Festplattensystem ab. Hier muss geplant werden, wie viele physikalisch separate RAID-Sets benötigt werden, unter welchem RAID-Level diese betrieben werden sollen und wie viele Platten in den RAID-Sets benötigt werden. Diese Planungen sind unabhängig von der Kapazität.

▶ Bedarf an Speicherplatz: Natürlich ist der Bedarf an Plattenplatz (in Gigabyte) ebenfalls eine wichtige Größe für die Planung. Es zeigt sich aber meistens, dass sich diese Anforderung häufig von selbst erfüllt, wenn das Sizing des Plattensystems bezüglich der Performance durchgeführt worden ist; will sagen: In vielen Fällen benötigen Sie aus Gründen der Performance mehr Platten, als Sie aus Kapazitätsgründen bräuchten.

▶ Anforderungen an Ausfallsicherheit: Die Ausfallsicherheit ist natürlich nicht allein ein Thema des einzelnen Servers. Trotzdem gibt es hier einige Dinge zu beachten: Es fängt an bei der Verwendung hochwertiger Hardware, zieht sich über RAID-Sets, HotSpare-Drives und redundante Netzteile und Lüfter bis hin zu fehlerkorrigierendem Hauptspeicher. Der Aufwand, den man hier treiben muss, ergibt sich aus der Bedeutung des Servers bzw. aus den Anforderungen an dessen Verfügbarkeit. Bei allen Überlegungen sollte man allerdings im Hinterkopf behalten, dass es bei sehr kritischen Servern nicht ausreichen wird, diese »in sich« redundant auszulegen, sondern dass man den kompletten Server nebst gespiegelter Daten ein zweites Mal vorhalten muss.

3

▶ Netzwerkanbindung: Das Thema »Netzwerkbandbreite« ist in Zeiten, in denen eine Gigabit-Netzwerkkarte (1.000 MBit/s) bei vielen Servermodellen zum Grundlieferumgang gehört, server-seitig kaum mehr wirklich spannend. Hier ist letztendlich sicherzustellen, dass die netzwerk-seitige Konnektivität, also die Switches, die entsprechenden Ports bieten. Interessant ist allerdings, ob der Server redundant an das Netzwerk angebunden werden soll, um auch bei Ausfall einer Netzwerkkarte oder eines Switch-Ports keine Downtime in Kauf nehmen zu müssen.

3.3 Zum Thema »Performance«

Bei der Betrachtung von konkreten Konfigurationen habe ich mich häufig um eine wirklich konkrete Aussage herumgewunden, sondern Sie aufgefordert, die Performance an vorhandenen Systemen zu messen. Das ist natürlich der exakteste Weg zur Dimensionierung eines neuen Servers.

Darüber hinaus ist es streng genommen auch dringend erforderlich, die bestehenden Server Ihrer Systemlandschaft performancemäßig im Blick zu haben.

Auch wenn ein regelmäßiger Blick auf die Performance-Werte im Task-Manager besser ist als nichts, reicht diese Quelle bei weitem nicht aus, um wirklich Rückschlüsse auf den Zustand des Systems ziehen zu können – einfach schon allein deshalb, weil eine kontinuierliche hohe CPU-Auslastung nun absolut nicht bedeuten muss, dass ein weiterer Prozessor benötigt wird.

Jeder Administrator und jeder System-Architekt in einem IT-Beratungsunternehmen, der Windows-Systeme plant, müsste den Umgang mit dem Performance-Monitor und die Interpretation der Werte der wichtigsten Datenquellen aus dem Schlaf beherrschen. In meiner täglichen Praxis sehe ich, dass auch in ansonsten sehr professionell arbeitenden IT-Organisationen diese Performance-Untersuchungen unterbleiben. Gründe hierfür:

▶ Mittels des mitgelieferten Performance-Monitors (perfmon.msc) kann man zwar alle Datenquellen darstellen, dieses Verfahren verlangt aber eingehende Beschäftigung mit der Thematik. Allein schon das Herausfinden der benötigten Datenquellen und die Erfassung derselben kostet Zeit. Das Interpretieren der Messwerte ist dann erst recht eine anspruchsvolle Aufgabe, weil im Allgemeinen die Betrachtung eines einzelnen Wertes lediglich darauf hinweist, dass an einer Stelle des Systems ein Problem existiert – die Ursache hierfür erschließt sich zumeist erst aus der Betrachtung von zwei, drei, vier oder noch mehr Datenquellen.

▶ Die Literatur zu den Performance-Themen ist einigermaßen knapp. Es finden sich zwar diverse TechNet-Artikel und Passagen in der Fachliteratur, eine ausführliche praxisorientierte und ganzheitliche Abhandlung zu diesem Thema habe ich bisher nicht gefunden. Obwohl eine solche dringend benötigt würde!

Eine Arbeitserleichterung stellen Produkte von Drittherstellern dar, die sich der standardmäßig vorhandenen Performance-Counter bedienen, deren Werte aber übersichtlicher bzw. praxisgerechter darstellen.

Ein Beispiel für solche Systeme ist »Spotlight on Windows« von Quest. Eine Trialversion erhalten Sie auf der Website http://www.quest.com. Zwei Screenshots dieses System finden Sie in den Abbildungen 3.16 und 3.17. Das Programm zeigt auf einem Bildschirm ausgewählte Messwerte zu den Komponenten CPU, Netzwerk, Speicher, Plattenbereiche und Pagefile an und warnt, wenn Messwerte eine kritische Größe erreichen. Als kritisch diagnostizierte Zustände werden protokolliert.

Selbstverständlich könnte man diese Werte auch mit dem Windows Performance-Monitor ermitteln und darstellen – viele Leute finden die Aufbereitung, die Spotlight on Windows (oder vergleichbare Systeme) leistet, als recht angenehm, was dazu führt, dass die Performance-Werte regelmäßiger beachtet werden – und genau das ist das Ziel!

Neben dem in Abbildung 3.16 gezeigten Überblick liefert »Spotlight on Windows« mehrere Graphen zu speziellen Subsystemen wie beispielsweise dem Festplattensystem. In Abbildung 3.17. zeige ich Ihnen die Messwerte, die Ihnen Spotlight on Windows zu dem physikalischen Festplattensystem liefert. Das System nimmt Ihnen zwar die Interpretation der Daten nicht ab, macht es aber leichter, schnell einen Überblick zu gewinnen.

Die »große Lösung« ist der Einsatz von Management-Systemen wie beispielsweise Microsoft Operations Manager (MOM). Diese Systeme bieten ein regelbasiertes Monitoring und Alerting vieler Server. Sie werden MOM im Verlauf dieses Buchs noch ausführlicher kennen lernen (Kapitel 16). Auch diese Systeme befreien Sie nicht davor, sich eingehend mit dem Performance-Bedarf der unterschiedlichen Systeme zu beschäftigen und die Abhängigkeiten zu den Bestandteilen der Serverhardware zu erkennen.

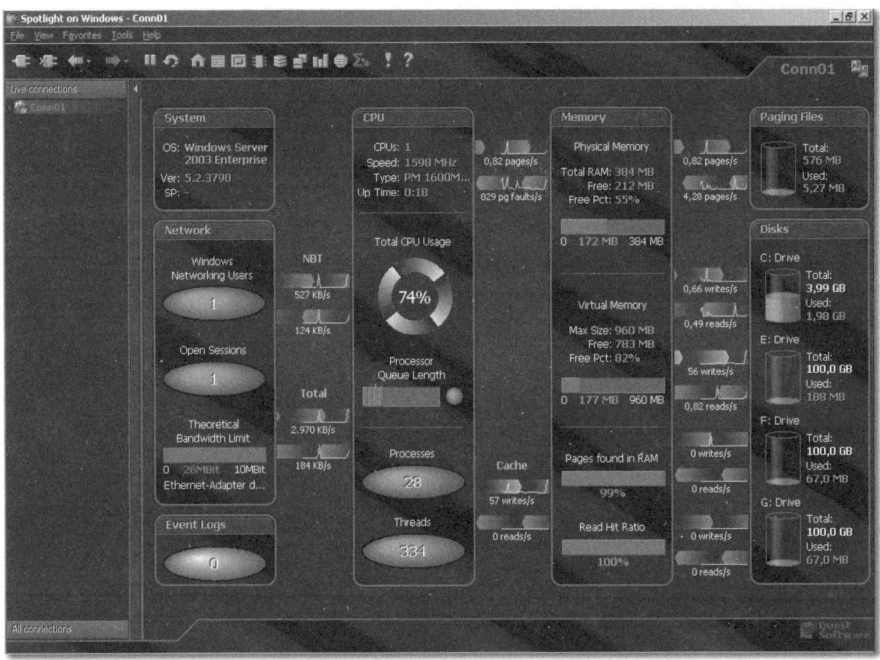

Abbildung 3.16 Performance-Monitoring mit Quest Spotlight on Windows

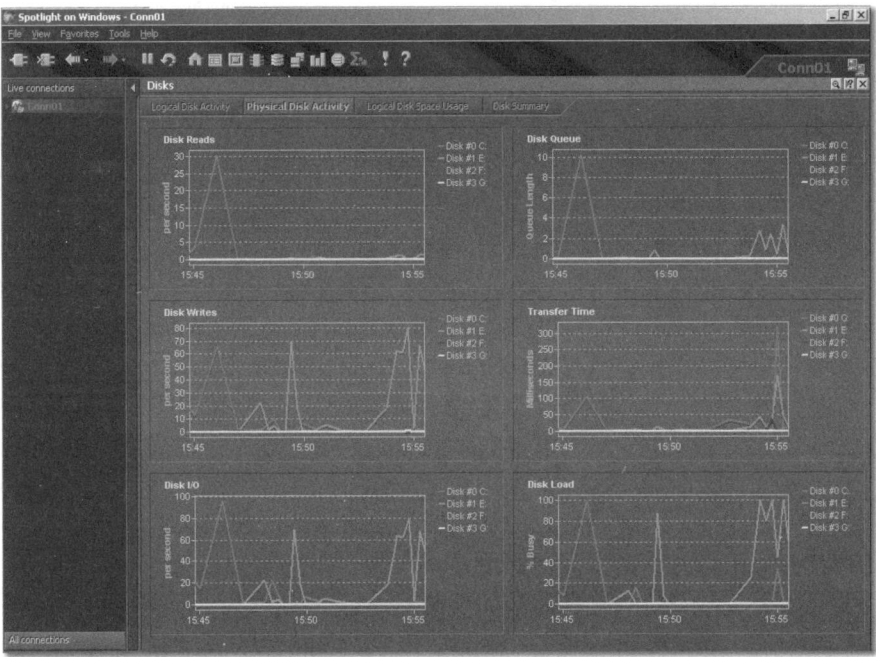

Abbildung 3.17 Performance-Analyse der physikalischen Festplatten

4 Primary Storage

*Primärspeicher, also Speicher auf Festplatten, ist eine der wichtigsten
Komponenten der IT-Landschaft. Schließlich läuft in der Informati-
onsverarbeitung fast alles früher oder später auf die Speicherung von
Daten oder die Modifikation der gespeicherten Daten hinaus. Es bietet sich also an, zu prüfen, ob es Optimierungsmöglichkeiten in diesem Bereich gibt und wie diese letztlich aussehen könnten.*

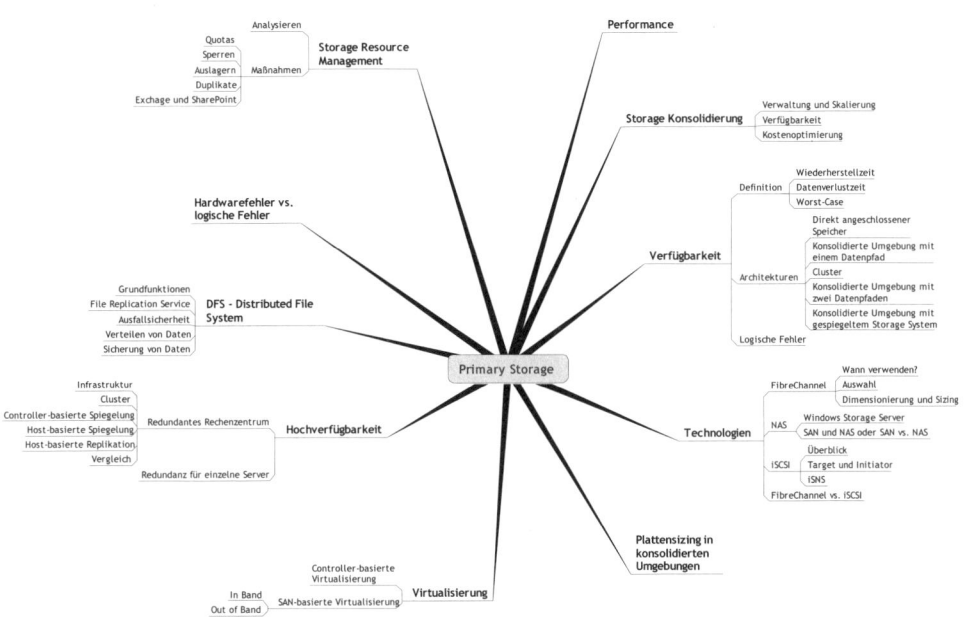

4

Abbildung 4.1 Die Themen des Kapitels im Überblick

Klassischerweise ist Festplattenspeicherplatz ein Bestandteil des Serversystems,
sprich in einen Server sind Festplatten eingebaut oder extern über SCSI angeschlossen. Daneben sind auch diverse Szenarien üblich, bei dem Server auf zentrale Storage-Systeme zugreifen, die über FibreChannel oder iSCSI angeschlossen sind. Obgleich speicherkonsolidierte Architekturen technisch auf jeden Fall
interessant sind, ist immer zu prüfen, welche Ziele erreicht werden sollen und
wie sich die Erreichung derselben sowohl technisch als auch kaufmännisch darstellt.

4.1 Performance

Die wesentlichen Anforderungen an Speichersysteme, egal ob diese lokal oder zentral gefahren werden, ist Performance und Ausfallsicherheit/Verfügbarkeit. In diesem Kapitel beschäftigen wir uns mit der Performance.

Die Grundlagen über RAID-Sets, die Auswahl des geeigneten RAID-Levels und die Anforderungen der Applikationen in puncto Plattenspeicher haben wir in dem vorhergehenden Kapitel bereits ausführlich behandelt. Die dort getätigten Aussagen haben sowohl in einer Umgebung mit direkt an den Server angeschlossenem Plattenspeicher als auch in Installationen mit zentralen Speichersystemen Gültigkeit!

Zur Erinnerung:

▶ Die Performance des Gesamtsystems hängt entscheidend von der Performance des Festplattensystems ab.

▶ Die erste Frage beim Sizing eines Festplattensystems muss heißen: »Welche Performance brauche ich?«. Und *nicht* »Welche Kapazität benötige ich?«.

▶ Die Performance eines Festplattensystems hängt insbesondere von der Anzahl der in einem physikalischen RAID-Set vorhandenen lokalen Platten ab.

▶ Die Auswahl des geeigneten RAID-Levels beeinflusst entscheidend das Performance-Verhalten und die Ausfallsicherheit/Fehlertoleranz.

Die Performance des Festplattensystems ist kein Thema, bei dem theoretische Betrachtungen genügen. Viel mehr ist es erforderlich, die Performancewerte Ihrer konkreten Storage-Umgebung regelmäßig zu kontrollieren und eventuell die notwendigen Maßnahmen hieraus abzuleiten.

Die Windows-Betriebssysteme unterstützten Sie hierbei mit dem Performance-Monitor, den Sie im Kapitel über die Serversysteme kennen gelernt haben (Abbildung 4.2). Die Leistungsobjekte »Physikalischer Datenträger« und »Logischer Datenträger« bieten etliche Leistungsindikatoren, mit denen Sie Schwächen im Storage-Bereich erkennen können, beispielsweise: Die Warteschlangenlänge sollte dauerhaft nicht deutlich über dem Wert »2« liegen – das würde bedeuten, dass die Festplattenbereiche die Anforderungen des Betriebssystems und der Applikationen nicht schnell genug abarbeiten können.

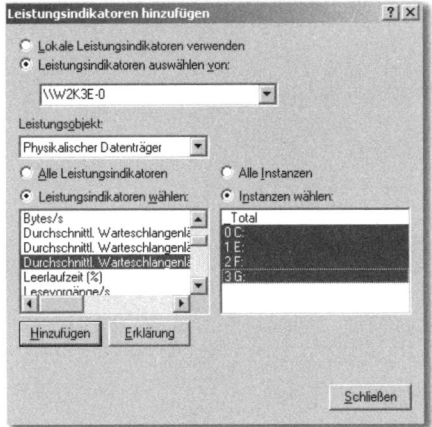

Abbildung 4.2 Leistungsindikatoren für physikalische Datenträger im Performance-Monitor

4.2 Storage-Konsolidierung

Seit einigen Jahren beschäftigen sich IT-Verantwortliche und System-Architekten mit dem Thema »Storage-Konsolidierung«. Kurz gesagt geht es darum, den in jedem Server lokal vorhandenen Festplattenplatz (Abbildung 4.3) in ein zentrales Storage-System zu verschieben (Abbildung 4.4), man baut also ein Storage Area Network (SAN) auf.

Abbildung 4.3 Umgebung mit lokalem Plattenspeicher

Welche Vorteile verspricht man sich von einer storage-konsolidierten Umgebung (nicht alle Gründe dieser Aufzählung stellen sich in einer konkreten Umgebung als zutreffend heraus):

▶ Einfachere Verwaltung und Skalierung der Speicherumgebung

▶ Bessere Verfügbarkeit

▶ Optimierung der Kosten (Anschaffungs- und Betriebskosten)

Prüfen wir die genannten Gründe für die Speicherkonsolidierung im Detail!

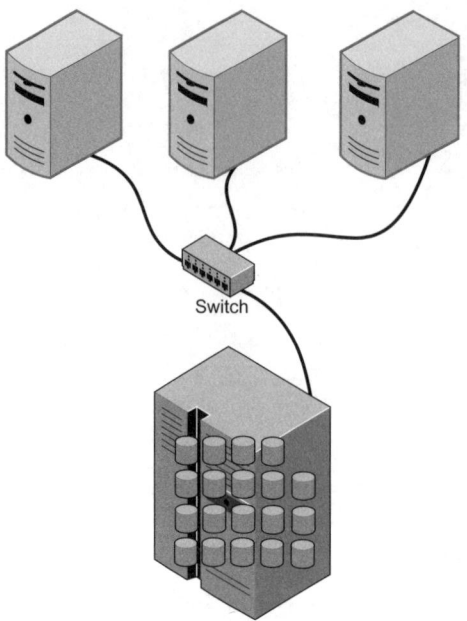

Abbildung 4.4 Umgebung mit konsolidiertem Plattenspeicher

4.2.1 Einfachere Verwaltung und Skalierung

Sie kennen das Problem: Ein Server benötigt mehr Festplatten (sei es aus Kapazitäts- oder aus Performance-Gründen) und er ist voll, es können keine weiteren Festplatten eingebaut werden. Das Beispiel kann man noch weiter ausschmücken, wenn man sich vorstellt, dass der Server ein älteres Modell ist und es passende Festplatten nur noch auf dem Ersatzteilweg gibt. Klassischer Weise gibt es sicherlich andere Server, die über genügend ungenutzten Plattenplatz verfügen, dieser ist aber nicht zu übertragen.

In solchen Situationen kann man schnell auf die Idee kommen, dass es doch deutlich einfacher wäre, wenn man über einen großen zentralen Speicherort, aus dem man problemlos die benötigte Kapazität herausschneiden kann, verfügen würde. Dieses Szenario ist auch durchaus nicht unrealistisch, allerdings sind auch die auf dem Markt erhältlichen Storage-Systeme keine »Zauberkisten«, will sagen: Zentrale Storage-Systeme können große Vorteile bringen, man muss sich aber auch im Klaren darüber sein, was sie nicht können oder wann die »Sinngrenzen« einer Storage-Konsolidierung erreicht sind. Ich möchte zwei Negativbeispiele, die ich in der Praxis gesehen habe, nennen:

▶ Ein Kunde mit zwei mittelgroßen Servern hat für ca. € 20.000 ein FibreChannel-Storage-System gekauft. Begründung: »Wir können flexibler mit dem Speicherplatz umgehen«. Die Gegenrechnung: Für das investierte Geld hätte man so viele lokal angeschlossene Festplatten kaufen können, dass man sich um die Verwaltung des Plattenplatzes ohnehin niemals mehr hätte Sorgen machen müssen.

▶ Ein Kunde mit ca. zehn Servern hat in ein zentrales Storage-System mit der Begründung investiert, dass man nun ja problemlos »Speicherplatz zwischen den Server hin- und herschaufeln« könne. In diesem Zusammenhang muss man sich über zwei Dinge im Klaren sein: Wenn man die Notwendigkeit sieht, ständig Speicherplatz zwischen den Servern verschieben zu müssen, muss man sich meines Erachtens einmal Gedanken über das IT-Konzept machen. Natürlich sehen wir ein Datenwachstum, aber so immens, dass es ein ständiges Verschieben der Kapazitäten zur Folge hätte, ist es zumeist ja nun doch nicht. Der zweite Punkt ist, dass auch zentralisierte Systeme nicht dafür vorgesehen sind, völlig frei und ohne Limits Speicherplatz zu verschieben (mehr darüber im Kapitel »Plattensizing in einer konsolidierten Umgebung«).

Ob kleine und mittlere Umgebungen nun wirklich *deutlich* kostengünstiger zu verwalten und *wesentlich* skalierbarer sind, weil die Storage-Bereiche zentralisiert sind, wage ich zu bezweifeln:

▶ Natürlich entfällt die Betreuung lokal eingebauter Festplatten. Die Verwaltung der eigentlichen Daten erübrigt sich natürlich nicht, will sagen: Wenn der Information Store Ihres Exchange-Servers in den letzten zwei Wochen von 200 GB auf 300 GB gewachsen ist, müssen Sie den Grund für dieses Datenwachsum suchen – egal, ob die Daten auf einem zentralen System oder direkt auf dem Server liegen.

▶ Wenn sich Ihre Speicherkapazität von Jahr zu Jahr verdreifacht, werden Sie Festplatten nachkaufen müssen. Ein ausreichend großes zentrales Storage-System befreit Sie von dem Problem, dass in einige Server keine weiteren Festplatten eingebaut werden können. Auf der anderen Seite können Server auch mit vergleichsweise geringem Aufwand mit einem externen Plattengehäuse nachgerüstet werden (Hewlett Packard MSA30, Dell PowerVault 220).

▶ Es kommt nun ein weiteres Gerät, nämlich das zentrale Storage-System hinzu, das verwaltet und betrieben werden muss. Im Fall eines FibreChannel-SANs müssen auch Switches und FibreChannel Host BusAdapter (Anschluss der Server an das SAN) administriert werden.

Dass ich bei der Betrachtung der »Verwaltung und Skalierbarkeit« ein wenig gegen Speicherkonsolidierung argumentiere, bedeutet nun nicht, dass ich nicht von den Möglichkeiten dieser Technologie überzeugt wäre – ganz im Gegenteil. Man muss aber sicherlich auch ganz deutlich sagen, dass die oft beschworenen Administrations- und Skalierbarkeitsvorteile eher theoretischer Natur sind. In einer Umgebung mit 250 Servern und 20 Terabyte Speicher wird das anders aussehen, aber dieses Buch betrachtet mittelständische Umgebungen und da wird es sehr schwierig sein, eine Investition von eventuell € 100.000 damit zu begründen, dass die zweimal jährlich durchzuführende Aufrüstung von Plattenbereichen zwei Stunden schneller erfolgen kann.

Wenn zur Verbesserung der Verfügbarkeit ein FibreChannel-basiertes SAN eingeführt wird, ist die Speicherkonsolidierung ein angenehmer »Nebeneffekt«, über den sicherlich niemand böse sein wird. Wenn im Rahmen von Neuanschaffungen mit vergleichsweise geringen Mehrkosten die Einführung eines iSCSI-Storage-Systems durchgeführt werden kann, wird man diese Chance natürlich nutzen.

Ich plädiere trotzdem immer dafür, die Vorteile eines Lösungsansatzes realistisch zu bewerten – und die Vereinfachung der Administration ist eins der schwächeren Argumente für eine Storage-Konsolidierung.

4.2.2 Bessere Verfügbarkeit

In vielen Unternehmen ist, zumindest bei einigen zentralen Servern, die Ausfallsicherheit des Systems der wichtigste Aspekt. Beim klassischen Server mit lokalem Speicher kann man nicht viel verbessern: Fällt der Server aus und reißt die Festplatten mit in den Tod (z.B. Totalverlust durch Feuer/Wasser oder Problem mit dem RAID-Controller mit Zerstörung der Daten), bleibt Ihnen nichts anderes übrig, als den Server mit neuer oder reparierter Hardware neu aufzusetzen und die letzte Bandsicherung zurückzuspielen.

Nur in speicherkonsolidierten Umgebungen sind Architekturen denkbar, in denen Daten mehrfach geschrieben werden, um so eine wirkliche Redundanz des Speichers zu erreichen. RAID-Sets bieten natürlich bereits eine gewisse Redundanz, helfen Ihnen aber nicht, wenn Sie etwa einen kompletten Server oder RAID-Controller verlieren.

4.2.3 Optimierung der Kosten

Wichtiger Bestandteil bei der Planung des IT-Betriebs sind die Kosten, dies betrifft sowohl die Beschaffungs- als auch die Betriebskosten.

Im vorletzten Abschnitt habe ich erläutet, dass die Vereinfachung der Administration durch Speicherkonsolidierung nur sehr bedingt positive Kosteneffekte mit sich bringen wird. Natürlich kann die Optimierung einer jahrelang gewachsenen und daher sehr unübersichtlichen Umgebung durchaus positive Kosteneffekte haben – aber nicht unbedingt nur deshalb, weil der Speicher zentralisiert wird.

Speicher ist eine der wesentlichen Komponenten der IT-Landschaft und hat natürlich auch eine wirtschaftliche Bedeutung: Insbesondere auch dann, wenn der Speicher ausgefallen ist und die betroffenen Dienste den Benutzern nicht zur Verfügung stehen. Ausfallzeiten bei kritischen Systemen von einem Tag und mehr können sich bereits viele kleinere Firmen nicht erlauben. Investitionen in leistungsfähige Speicherkonzepte können letztendlich zur Optimierung der Kosten beitragen, weil Risiken deutlich geringer bewertet werden können.

Beachten Sie hierzu bitte insbesondere den nun folgenden Abschnitt »Verfügbarkeit«.

4.3 Verfügbarkeit

Verfügbarkeit und Storage sind zwei Themenbereiche, die recht nah zusammenliegen: Da die meisten Dienste und Applikationen (z.B. Exchange, SQL, SAP) im weiteren Sinne Daten speichern und bearbeiten, können diese bei Ausfall des Plattenspeichers nicht weiter betrieben werden. Das bedeutet, dass hoch verfügbarer Speicher allein zwar nicht genügt, wenn aber der Speicher nicht hoch verfügbar bereitgestellt ist, bringt letztendlich die Steigerung der Verfügbarkeit der sonstigen Komponenten (Server, Netzwerkinfrastruktur) nichts – jedenfalls keinen nachhaltigen Ausfallschutz.

4.3.1 Definition von Verfügbarkeit im Storage-Bereich

Vor dem Einstieg in Detailbetrachtungen sollten wir zunächst »Verfügbarkeit« definieren, damit wir später mögliche Lösungsszenarien bezüglich dieser Definitionen bewerten können.

Wiederherstellzeit

Die Wiederherstellzeit ist definiert als die Zeit, die benötigt wird, um Dienste und Applikationen nach einem Ausfall wiederherzustellen.

Der Zeitstrahl (Abbildung 4.5) zeigt, dass die Wiederherstellung eines größeren Servers leicht 24 Stunden und mehr dauern kann. Dieses Szenario wurde detailliert in Abschnitt 2.3.2 beschrieben.

Auf dem Zeitstrahl sehen Sie, dass die Rücksicherung der Daten der längste Zeitabschnitt ist. Bei Servern mit kleineren Datenvolumen wird sich das zwar etwas anders darstellen, die Rücksicherungszeiten sind aber immer von entscheidender Bedeutung. Wenn die letzte Sicherung keine Vollsicherung war, sondern ggf. vier Tage inkrementelle Sicherungen zurückgespielt werden müssen, zieht das die Zeit nochmals deutlich in die Länge. Wenn Sie von einer stark belasteten Datenbank in der Woche nur Transaktions-Logs sichern und unter

Umständen vier Tage Logs nachfahren müssen, stehen Sie ebenfalls vor einem erheblichen Zeitproblem!

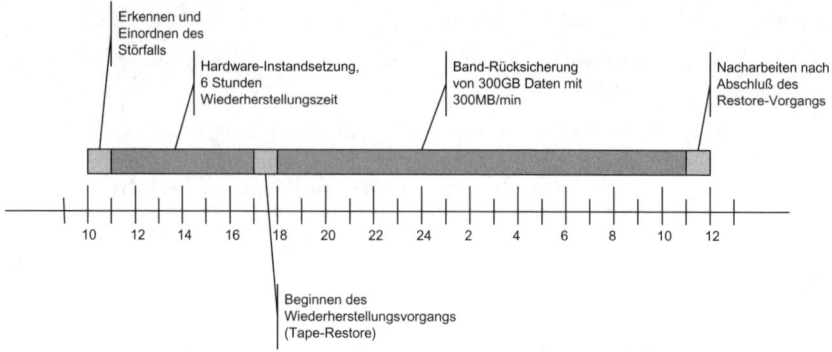

Abbildung 4.5 Die Wiederherstellung eines Servers im Fall eines totalen Datenverlusts kann leicht 24 Stunden dauern.

Datenverlustzeit

Die Datenverlustzeit erklärt man am besten an einem konkreten Beispiel (Abbildung 4.6): Die Datensicherung läuft bis sechs Uhr morgens, die Benutzer nehmen um acht ihre Arbeit auf. Um 16 Uhr fällt der Server beispielsweise mit einem RAID-Controller-Fehler aus. Wenn die Daten auf den Platten nicht mehr lesbar sind, sind alle Änderungen des heutigen Tages verloren, man kann bei der Wiederherstellung nur auf die in der Nacht durchgeführte Sicherung zurückgreifen.

Die Datenverlustzeit beschreibt letztendlich den Zeitraum, in dem sämtliche Änderungen der Datenbestände verloren werden.

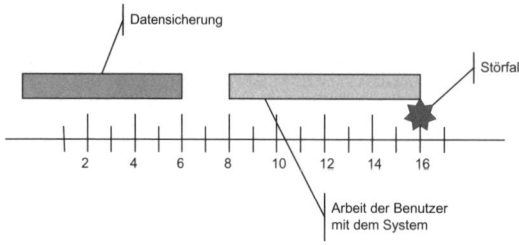

Abbildung 4.6 Fällt der Server um 16 Uhr mit einem Plattenfehler aus, kann nur auf die letzte Sicherung zurückgegriffen werden; alle Änderungen des Tages sind verloren.

Einige Datentypen sind reproduzierbar, so können beispielsweise Eingangsrechnungen nochmals gebucht werden. Nicht reproduzierbar sind beispielsweise eingegangene Mails – schließlich wissen Sie ja nicht, wer Ihnen in Ihrer Abwesenheit geschrieben hat.

Das Worst-Case-Szenario

Beim Lesen der Beschreibungen von Wiederherstellungs- und Datenverlustzeit wird Ihnen aufgefallen sein, dass wir stets einen »unangenehmen« Störfall angenommen haben, nämlich einen, der letztendlich auf die Notwendigkeit einer Datenrücksicherung hinausläuft.

Selbstverständlich wäre ein Ausfall des Netzteils, der Grafikkarte oder einer Netzwerkkarte in einer wesentlich kürzeren Zeit zu beheben, aber Sie müssen damit rechnen, dass auch ein schwerer Fehler passieren könnte. Wenn der Betrieb seit 48 Stunden nicht produzieren kann, weil die Wiederherstellung des zentralen Servers für die Produktionssteuerung sich als schwierig und langwierig gestaltet, wird der Geschäftsführer kaum mit der Aussage »Wäre nur das Netzteil ausgefallen, wären wir nach einer Stunde wieder produktiv gewesen« zufrieden sein.

Wir betrachten hier ausdrücklich nicht den Fall, dass Ihr Firmengebäude komplett abbrennt oder eine Boeing 747 im Rechenzentrum zu parken versucht. Dann läge ein Notfall vor, der zumeist bezüglich der Wiederherstellungs- und Datenverlustzeit anders bewertet wird. Mehr dazu im Kapitel »Störfall und Notfall« (Kapitel 6).

Wenn definiert ist, dass eine Wiederherstellzeit von 24 Stunden und eine gleich lange Datenverlustzeit grundsätzlich akzeptabel sind, brauchen Sie sich letztendlich über diese Themen keine großen Gedanken zu machen – zumindest, wenn Sie zudem nicht allzu große Datenvolumina haben. Dennoch zwei Anmerkungen:

▶ Spielen Sie den Fall einmal durch und schauen Sie, ob Sie wirklich mit 24 Stunden bei einem Totalausfall hinkommen. Erfahrungsgemäß liegt der Teufel häufig im Detail.

▶ Die Anforderungen an Wiederherstellungs- und Datenverlustzeit sind in der letzten Zeit deutlich gestiegen und werden dies auch weiterhin tun. Vor ein paar Jahren war es für einen mittelständischen Betrieb zumindest nicht existenzbedrohend, wenn die Datenverarbeitung eine ganze Woche stillstand. Das ist heute undenkbar. In vielen Unternehmungen werden für kritische Server mittlerweile vier bis acht Stunden angesetzt – und das ist schon verdammt eng!

4.3.2 System-Architekturen im Vergleich

In den folgenden Abschnitten werden wir unterschiedliche Architekturen vor dem Hintergrund von Wiederherstellzeit und Datenverlustzeit bewerten.

Direkt angeschlossener Speicher

Die einfachste und von den Anschaffungskosten her im Allgemeinen günstigste Variante ist der direkt angeschlossene Speicher. Die Platten sind im Server eingebaut oder befinden sich in über SCSI angeschlossenen externen Plattengehäusen (Abbildung 4.7).

Abbildung 4.7 Direkt angeschlossener Speicher bietet keine Möglichkeit zur Optimierung bezüglich Wiederherstell- und Datenverlustzeiten.

Wiederherstellzeit: Fällt der Server aus und zieht das Plattensystem in Mitleidenschaft, wird Ihnen nichts anderes übrig bleiben, als die Sicherung von den Bändern einzuspielen. Wo sollten die Daten auch herkommen?

Datenverlustzeit: Fällt der Server mit Datenverlust aus, müssen Sie zur letzten Sicherung zurück. Alles, was zwischenzeitlich passiert ist, ist verloren.

Der »klassische« Aufbau bietet in puncto Verfügbarkeit wenig Überraschendes: Dem Worst-Case-Störfall sind Sie schutzlos ausgeliefert.

Das hört sich nun vielleicht spektakulär an, denn vernünftige Serverhardware mit vernünftigen Plattensystemen fällt im Allgemeinen nicht ständig aus – diese (richtige) Erkenntnis hilft Ihnen wenig, wenn der Worst Case trotzdem da ist und Sie nach 24 Stunden Stillstand und sieben Stunden Datenverlust zum Chef gerufen werden ...

Konsolidierte Umgebung mit einem Datenpfad

Der erste Schritt in eine konsolidierte Speicherumgebung ist in Abbildung 4.8 gezeigt: Der Plattenspeicher wird in ein zentrales Storage-System verschoben, die Server greifen über einen Switch darauf zu. Welche Infrastruktur (FibreChannel, iSCSI, Infiniband) verwendet wird, ist zunächst unerheblich!

Der Worst Case in diesem Konzept ist der Ausfall des Storage-Systems. Diese Storage-Systeme sind zwar im Allgemeinen sehr hochwertig gebaut, es wäre aber trotzdem grob fahrlässig, nicht mit Kabelbrand, Wasserrohrbruch, Vandalismus, einem Bug im RAID-Controller oder dem Ausfall von zwei Platten in einem RAID 5 zu rechnen.

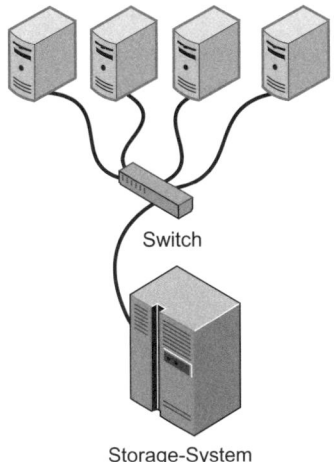

Switch

Storage-System

Abbildung 4.8 Speicherkonsolidierung mit einem Datenpfad zwischen Servern und Storage-System

Der Ausfall des Storage-Systems führt hier aber nicht nur zum Ausfall eines Servers, sondern gleich zum Ausfall sämtlicher Systeme.

Mehr noch: Auch »leichtere« Störfälle, wie der Ausfall des Switches oder des Kabels zwischen Switch und Storage-System, haben fatale Folgen: Zwar wird man keine größeren Datenmengen verlieren und nicht zig Stunden für die Rücksicherung vom Band brauchen, dennoch legt etwa der Ausfall des Switches die komplette Umgebung lahm. Wenn der Wartungsvertrag eine Instandsetzung innerhalb von sechs Stunden garantiert und es dann auch tatsächlich diese Zeit dauert, ist fast ein ganzer Arbeitstag ohne IT-Systeme zu überstehen. Für viele Firmen bereits heute ein ernsthaftes Problem.

Der klassische Cluster

Wenn man auf eine durchschnittliche IT-Messe gehen würde und zufällig vorbeikommende Besucher fragen würde, was Sie zur Steigerung der Verfügbarkeit tun würden, würden mindestens zwei Drittel mit »Installation eines Clusters« antworten. Das wäre ja zunächst auch gar nicht mal falsch – wenn nicht im Hinterkopf der in Abbildung 4.9 gezeigte klassische Cluster in den Hinterköpfen herumgeistern würde.

Wenn Sie die vorherigen Abschnitte gelesen haben, brauche ich vermutlich gar nichts mehr zu schreiben, trotzdem die Stichwörter:

▶ Der Worst Case ist nicht der Ausfall eines Cluster-Knotens, sondern der Verlust des Shared Storage-Bereichs.

- ▶ Trotz Cluster verlieren Sie im Worst Case die kompletten Änderungen seit der letzten Sicherung.
- ▶ Die Wiederherstellung nach Ausfall des Shared Storage-Bereichs wird sogar noch etwas schwieriger sein, weil Sie die auf dem Shared Storage-Bereich liegenden Cluster-Ressourcen zurücksichern müssen und den Cluster wieder aktivieren müssen.

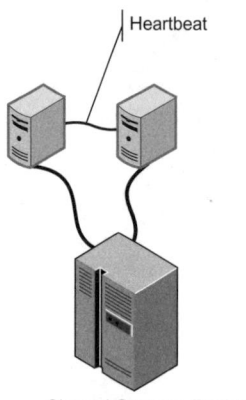

Heartbeat

Shared Storage-Bereich

Abbildung 4.9 Der klassische Cluster: zwei Knoten und ein Shared Storage-Bereich

Meine Segenswünsche begleiten denjenigen, der seiner Geschäftsleitung eine solche Konfiguration als »Hochverfügbarkeit« angepriesen hat und nach 24 Stunden Systemausfall (Wiederherstellungszeit) seinem Chef auch noch klar machen muss, dass die Änderungen des letzten Tages verloren sind (Datenverlustzeit).

Ich will nicht behaupten, dass dieser Cluster überhaupt nichts bringen würde: Verstirbt ein Cluster-Knoten sind die Dienste und Funktionen nach kurzer Zeit wieder aktiv. Zu berücksichtigen ist allerdings, dass der Worst Case (= umständlichste Wiederherstellung und Datenverlust) eben nicht der Ausfall eines redundanten, geclusterten Servers ist, sondern der Verlust des Shared Storage-Bereichs. Und diesem Fall hat die gezeigte Konfiguration NICHTS entgegenzusetzen – nichts als die letzte Bandsicherung.

Es gibt übrigens Anwendungsszenarien, bei denen diese Cluster-Konfiguration Sinn macht: Wenn Sie die gespoolten Jobs eines Printclusters verlieren, ist das im Allgemeinen kein Drama.

Vorsicht! Die letzte Aussage gilt nicht bei Drucken, die aus Batch-Jobs entstehen und in automatische Postverarbeitungsstraßen laufen.

Konsolidierte Umgebung mit zwei Datenpfaden

Die nächste Verbesserung ist die Einrichtung einer Umgebung, in der mehrere (im Allgemeinen zwei) Pfade von den Servern zu dem Storage-System führen. Das meiste ist doppelt vorhanden (Abbildung 4.10):

▶ Jeder Server verfügt über zwei Controller.

▶ Zwei Switches sorgen für Redundanz.

▶ Das Storage-System verfügt über zwei RAID-Controller, die auf dieselben Plattenbereiche zugreifen können.

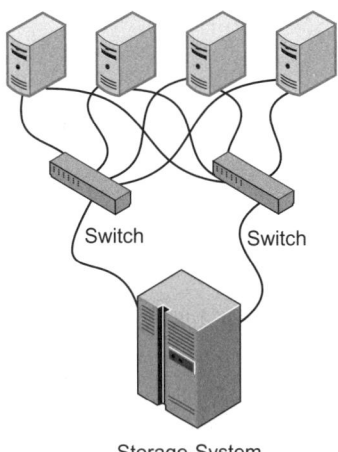

Switch   Switch

Storage-System

Abbildung 4.10 Konsolidierte Umgebung mit redundanten Pfaden

Diese Konfiguration ist bereits eine deutliche Verbesserung, da der Ausfall, eines Switches, eines Kabels und sogar eines RAID-Controllers im Storage-System nicht zum Ausfall des Gesamtsystems führen.

Diese Konfiguration ist heute gewissermaßen der Standard für eine speicherkonsolidierte Umgebung.

Zu beachten ist, dass das Betriebssystem mit der Multibus-Konfiguration zurechtkommen muss: Ein und derselbe Plattenbereich des Storage-Systems ist für den Server über mehrere Pfade zu erreichen. Im Windows Logical Disk Manager würde dieser Plattenbereich mehrfach angezeigt werden. Die Hardwarehersteller bieten im Allgemeinen eine Multipathing-Software an; von hardwareunabhängiger Seite gibt es von Veritas die DMP-Option für die Storage Foundation for Windows (DMP = Dynamic Multi Pathing).

Bitte beachten: Damit eine Umgebung herstellerzertifiziert bleibt, können Sie nicht Hardware mit beliebiger Multipathing-Software kombinieren. Auch wenn es technisch funktionieren würde: Kein Hardwarehersteller wird für eine gemischte Umgebung den Support übernehmen und Ihnen im Fehlerfall helfen. Achten Sie daher stets auf eine zertifizierte und supportete Umgebung!

Noch nicht abgefangen haben wir den Verlust des Storage-Systems. Trotz aller inneren Redundanz und Qualität des Storage-Systems gibt es diverse Situationen, in denen man mit Verlust desselben rechnen muss (Kabelbrand, Wasserrohrbruch, Vandalismus, einem Bug im RAID-Controller oder dem Ausfall von zwei Platten in einem RAID 5).

Bei der Bewertung der Verfügbarkeit betrachten wir nun wieder die beiden Kriterien:

▶ **Wiederherstellungszeit**: Wenn das zentrale Storage-System betroffen ist, muss unter Umständen mit einer sehr langen Wiederherstellungszeit gerechnet werden, da Daten aller Server hierauf gespeichert sind und die Volumen entsprechend groß sein werden.

▶ **Datenverlustzeit**: Bei Ausfall des Storage-Systems verlieren Sie die Änderungen aller Server seit der letzten Sicherung.

Diese Umgebung ist von der Verfügbarkeit bereits als ziemlich gut zu bewerten, da die Komponenten grundsätzlich redundant ausgelegt sind. Wenn Sie eine solche Umgebung einführen möchten, sollten Sie sich aber darüber im Klaren sein, dass der Ausfall mit Datenverlust des Storage-Systems zumindest denkbar ist – und dies auch schriftlich an die Geschäftsleitung kommunizieren. Wenn verstanden und in Kauf genommen wird, dass die Umgebung im Worst Case einige Zeit komplett steht, kann man mit dieser Architektur leben. Wenn der Ausfall des IT-Systems von 24 Stunden oder mehr Verluste in Millionenhöhe oder das Aus des Unternehmens bedeutet, muss man wohl oder übel investieren und zusätzliche Maßnahmen umsetzen.

Konsolidierte Umgebung mit gespiegeltem Storage-System

Sie werden es schon geahnt haben: der nächste Schritt ist die Einführung eines zweiten Storage-Systems. Die Daten werden permanent zwischen den beiden Storage-Systemen gespiegelt oder direkt vom Server doppelt geschrieben (Abbildung 4.11). Näheres zur Spiegelung zwischen den Serversystemen erfahren Sie im Abschnitt »Redundantes Rechenzentrum« (Abschnitt 4.7).

Bewerten wir diese Umgebung vor dem Hintergrund der Verfügbarkeitsanforderungen:

▶ **Wiederherstellzeit**: Der Ausfall eines Storage-Systems nebst Verlust aller Daten ist für das Gesamtsystem kein Problem, da die Daten redundant

(= zwei Storage-Systeme) vorhanden sind. Eine Wiederherstellung aller Daten dürfte also niemals notwendig werden – zumindest nicht wegen eines Hardwareausfalls. Bei Ausfall des primären Storage-Systems greifen die Server auf die Daten des zweiten Systems zu: Je nach Implementation wird ein manuelles Eingreifen erforderlich sein, aber selbst dann bewegt sich der Stillstand des Systems im Bereich von einigen Minuten und nicht im Bereich von einigen Tagen (selbst wenn Sie mit 20 MB/s zurücksichern können, benötigt allein das Restore von 4 Terabyte, was für ein mittleres Storage-System kein ungewöhnlicher Wert ist, ungefähr 60 Stunden).

▶ **Datenverlustzeit**: Auch bei der Bewertung bezüglich der Datenverlustzeit schneidet diese Architektur gut ab: Da die Daten zwischen den Systemen gespiegelt werden, führt der Verlust eines Storage-Systems nicht zum Verlust der Änderungsdaten. Im Optimalfall tritt überhaupt kein Datenverlust auf. Je nach Implementation der Spiegelung kann es sein, dass die Änderungen der letzten Sekunden verloren werden (keine synchrone Spiegelung) oder die letzten Transaktionen der Datenbank zurückgefahren werden müssen (falls der Server das Storage-Volume der Datenbank neu mounten muss).

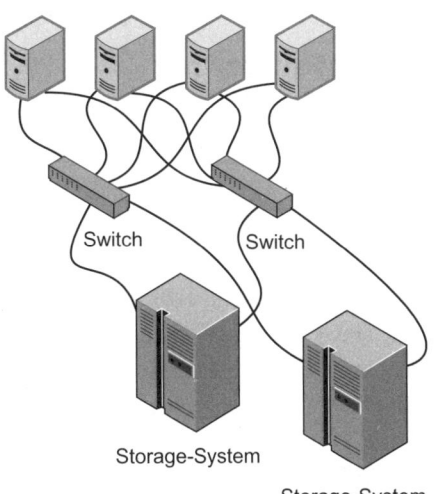

Abbildung 4.11 Konsolidierte Umgebung mit zwei Storage-Systemen

Voraussetzung für die günstigen Bewertungen dieser Architektur ist natürlich, dass die beiden Storage-Systeme nicht in einem Raum stehen oder im selben Rack eingebaut sind. Realistische Störfall-Szenarien sind beispielsweise ein lokaler Kabelbrand oder ein Wasserrohrbruch – wenn das zweite Storage-System sich einen Meter weiter im selben Raum befindet, wäre dies ja vermutlich genauso betroffen!

Mehr über redundante Architekturen, die Möglichkeiten zur Spiegelung und Replikation erfahren Sie in dem Abschnitt »Hochverfügbarkeit und Redundantes Rechenzentrum« (4.7).

4.3.3 Logische Fehler

Die vorherigen Abschnitte vermitteln eventuell den Eindruck, dass eine redundante Auslegung der Storage-Umgebung der Garant für eine sorgenfreie Zukunft ist. Dem ist leider nicht so!

Neben Hardwarefehlern sind logische Fehler aller Art denkbar, beispielsweise eine fehlerhafte Applikation, die Ihre Datenbank inkonsistent macht, ein Virus, der in kürzester Zeit Ihre Daten infiziert oder vernichtet oder auch ein Benutzer, der versehentlich eine komplette Ordnerstruktur löscht.

Hier hilft ein gespiegeltes Storage-System nicht, denn alle Änderungen werden schnell und zuverlässig gespiegelt.

Überlegungen zum Umgang mit logischen Fehlern finden Sie im Abschnitt »Hardwarefehler vs. Logische Fehler« (4.9).

4.4 Technologien für Storage-Konsolidierung

Nach der eher theoretischen Betrachtung des vorigen Kapitels befassen wir uns nun mit der konkreten Implementation von konsolidierten Storage-Lösungen auf Basis von FibreChannel- und iSCSI-Technologie.

Zur Namenskonvention:

Häufig ist im Storage-Umfeld von einem SAN zu hören. Diese Abkürzung steht für Storage Area Network, also Speichernetz. Das Kürzel SAN sagt noch nichts darüber aus, mit welcher Technologie das Speichernetz implementiert ist, denkbar sind sowohl ein FibreChannel-SAN, ein IP-SAN (auf Basis von IP-Technologie, beispielsweise iSCSI), ein InfiniBand-SAN und diverse andere. Ein SAN besteht aus Storage-Systemen, Infrastruktur-Komponenten (Switches) und Hosts (= Server), die auf den bereitgestellten Speicher zugreifen.

Ich habe häufig erlebt, dass Gesprächspartner mit SAN eigentlich das Storage-System meinen – das ist zumindest irreführend und in jedem Fall nicht korrekt.

4.4.1 FibreChannel

FibreChannel ist momentan **der** Standard, um Speichernetze aufzubauen. Ohne jetzt langatmig den Protokoll-Stack durchgehen zu wollen, hier stichwortartig die wichtigsten Informationen:

▶ Vereinfacht gesagt ist die oberste Protokollschicht das SCSI-Protokoll, das wir auch für die Ansteuerung lokaler Platten und Geräte verwenden. Andere Protokolle wie IP, IPI, FICON etc. können ebenfalls gefahren werden, dies soll uns hier aber nicht weiter interessieren. FibreChannel und SCSI ist eine sehr bewährte und performante Kombination.

▶ FibreChannel wird heute zumeist über Glasfaser-Verbindungen gefahren. FibreChannel kann auch über Kupfer gefahren werden, dies findet sich allerdings nur selten. Je nach Wellenlänge des Lasers, Fasertyp und Übertragungsgeschwindigkeit (1 GB/s, 2 GB/s) variieren die möglichen maximalen Kabellängen zwischen 175m und 50km.

▶ Die momentan aktuelle (= Produkte verfügbar) Übertragungsgeschwindigkeit ist 2 GB/sec.

▶ Server, die in ein FibreChannel-SAN eingebunden werden sollen, benötigen ein oder mehrere FibreChannel Host Bus Adapter (FC-HBA).

▶ An Infrastruktur-Komponenten werden FibreChannel-Switches benötigt. Vor einigen Jahren waren Hubs verfügbar, mit denen FibreChannel Arbitrated Loop (FC-AL) gefahren wurde. Der Loop wird aber für die Verbindung zwischen Servern und Storage-Systemen heute nicht mehr verwendet.

▶ Die Storage-Systeme verfügen über einen oder zwei RAID-Controller mit FibreChannel-Eingängen.

Abbildung 4.12 zeigt den schematischen Aufbau eines pfadredundanten SANs auf FibreChannel-Basis.

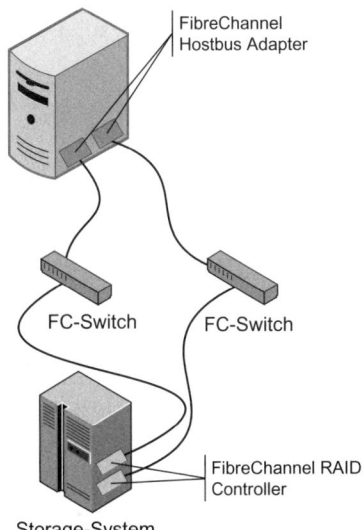

Abbildung 4.12 Schematischer Aufbau eines SANs auf FibreChannel-Basis

Indikatoren für die Verwendung

Wie bereits zuvor erläutert, sind die Gründe für den Einsatz einer speicherkonsolidierten Lösung die Folgenden:

- ▶ Steigerung der Verfügbarkeit (redundante Auslegung)
- ▶ Vereinfachung des Speichermanagements durch Storage-Konsolidierung

Das anfänglich erwähnte Argument der Verringerung der Betriebskosten habe ich nicht in der Aufzählung erwähnt; mir fällt es schwer zu glauben, dass dies realistisch in einer mittelständischen Umgebung der Fall sein könnte.

Da die FibreChannel-basierten Lösungen sehr leistungsfähig, leider aber auch vergleichsweise teuer sind, wird der primäre Grund für die Entscheidung eine FC-Architektur einzusetzen, die Erhöhung der Verfügbarkeit sein.

»Nur« für die Erreichung des Ziels der besseren Verwaltbarkeit der Storage-Umgebung dürfte eine FibreChannel-Lösung zu teuer sein – hier käme die Alternative iSCSI in Frage.

Zusammenfassend bieten Storage-Lösungen auf FibreChannel-Basis folgende Vorteile:

- ▶ Sehr breite Unterstützung durch Hardware- und Softwarehersteller
- ▶ Die Technologie hat mittlerweile einen hohen Reifegrad erreicht.
- ▶ Sehr performantes System
- ▶ Hochverfügbare Lösungen können aufgebaut werden.

Faustregel: Benötigen Sie höchste Performance und Verfügbarkeit wählen Sie FibreChannel.

Auswahl des »richtigen« Systems

Wenn Sie sich entschieden haben, eine auf FibreChannel-Technologie basierende Storagelösung aufzubauen, sind zwei Entscheidungen zu treffen:

- ▶ Welcher Architektur des Systems soll gewählt werden, insbesondere in Hinblick auf Redundanz (siehe vorherige Kapitel)?
- ▶ Für welches Produkt entscheiden Sie sich?

Die Frage nach der Architektur der Lösung haben wir in den vorherigen Kapiteln recht ausführlich erörtert: Benötigen Sie allerhöchste Verfügbarkeit und Redundanz, werden Sie um eine Lösung mit zwei Storage-Systemen nicht herumkommen. Wenn Sie im Worst Case (der ja hoffentlich nie vorkommen wird) auch mit einem längeren Ausfall der Systeme (Wiederherstellungszeit) und einem Datenverlust von einigen Stunden (Datenverlustzeit) leben können, wird es auf eine pfadredundante Lösung hinauslaufen.

Wenn Sie auf den zugegebenermaßen recht unübersichtlichen Markt schauen, kann man zwei Hauptgruppen von Storage-Systemen identifizieren: High-End Enterprise-Systeme, die für die Verwendung mit Mainframe-Systemen optimiert sind und Storage-Systemen, die für den OpenSystems-Markt (Unix, Windows) gedacht sind. Die folgende Tabelle nennt einige Namen der jeweiligen Kategorien:

Enterprise-Systeme für Mainframe-Anbindung	Storage-Systeme für die OpenSystems-Welt
▶ EMC Symmetrix ▶ Hewlett Packard XP ▶ IBM ESS ▶ Hitachi Lightning	▶ EMC Clariion (Baugleich von Dell und Fujitsu-Siemens) ▶ Hewlett Packard EVA, MSA ▶ IBM FastT, DS 4000 ▶ Hitachi Thunder

In einer mittelständischen OpenSystems-Umgebung wird man sich stets für die Geräte der rechten Tabellenhälfte entscheiden. Falls Sie über ein IBM AS/400-System (iSeries) verfügen, werden Sie dieses an ein OpenSystems-Storage-System nicht anschließen können. Es dürfte aus Kostengründen in den meisten Fällen allerdings keinen Sinn machen, auf Biegen und Brechen zu versuchen, die AS/400- und die OpenSystems-Welt zu konsolidieren. In diversen mir bekannten Großkunden-Umgebungen, in denen Mainframe-Storage-Systeme (linke Tabellenseite) in Verwendung sind, hat man sich entschieden, für den OpenSystems-Bereich eine separate Umgebung mit Systemen aus der rechten Tabellenhälfte aufzubauen. Gründe hierfür:

▶ Geringere Anschaffungskosten; Neubeschaffung preiswerter als Aufrüstung

▶ Geringere Betriebs- und Wartungskosten, einfachere Handhabung

▶ Leistungsanforderungen der OpenSystems-Welt können mit OpenSystems-Systemen mindestens genauso gut erfüllt werden.

In einer mittelständischen Umgebung planen wir also mit einem System aus der rechten Tabellenhälfte. Auch diese Systeme lassen sich unterteilen in Entry-Level-, Midrange- und High-End-Systeme. Die folgende Tabelle nennt einige Produkte:

Entry-Level-Systeme	Midrange-Systeme	High-End-Systeme
▶ Hewlett Packard MSA 1000/1500 ▶ IBM FastT100, DS4100	▶ HP EVA 3000 ▶ EMC/Dell CX300, CX500 ▶ IBM FastT600, DS4300	▶ HP EVA 5000 ▶ EMC/Dell CX700 ▶ IBM FastT900, DS4500

Die Systeme lassen sind anhand von drei Kriterien unterscheiden:

▶ Leistung (= Performance) des Systems: Wie viele Server mit welchen Anforderungen können angeschlossen werden?

▶ Kapazität des Systems: Wie viele Festplatten lassen sich maximal anschließen?

▶ Zusatzfunktionen: Welche Funktionen (Snapshotting, Cloning, Spiegelung) sind verfügbar?

Die ersten beiden Unterscheidungsmerkmale dürften prinzipiell selbsterklärend sein. Lassen Sie sich aber nicht von Datenblattwerten blenden:

▶ Auch wenn es theoretisch möglich ist, wird man realistisch niemals 128 Server an ein einzelnes Storage-System anschließen. In einer solchen Konfiguration gäbe es nur Flaschenhälse: Die FibreChannel-Verbindungen wären bei weitem nicht breit genug, die RAID-Controller wären viel zu langsam und die Anzahl der Platten wäre viel zu gering (Performance wird primär durch viele parallele Platten erzeugt).

▶ Die Anzahl der maximal anschließbaren Festplatten an ein Controller-Pärchen ist bei den größeren Systemen mit bis zu 240 Platten angegeben. Realistisch sind die Controller nicht in der Lage, so viele Platten mit maximaler Performance zu fahren.

Wenn Sie Datenblattwerte vergleichen: Hersteller geben gern Durchsatzwerte für Burst-IOs (Daten werden ausschließlich aus dem Cache gelesen) an. Im OpenSystems-Umfeld sind allerdings die Sustained-IOs (Daten werden von den Platten gelesen) wesentlich interessanter. Die Situation, dass der größte Teil der Daten aus dem Controller-Cache gelesen werden kann, wird man im OpenSystems-Umfeld so gut wie nie erleben.

Auf die konkrete Dimensionierung gehe ich im nächsten Kapitel nochmals ein.

Zum Thema der Zusatzfunktionalitäten:

Gängige Zusatzfunktionen für Storage-Systeme sind:

▶ **Snapshotting**: Bereitstellen einer virtuellen Kopie eines Laufwerks für Backup-Zwecke (genauer im Kapitel »Secondary Storage« besprochen).

▶ **Cloning**: Spiegeln eines kompletten Laufwerks innerhalb des Storage-Systems. Wird z.B. häufig verwendet, um ein Testsystem aufzusetzen, das die kompletten Datenbestände erhalten soll.

▶ **Spiegelung**: Spiegelung der Daten des Storage-Systems auf ein zweites (genauer im Abschnitt »Redundantes Rechenzentrum« besprochen).

Grundsätzlich sind diese Funktionen bei allen Herstellern kostenpflichtige Optionen. Diese sind allerdings nicht bei allen Storage-Systemen verfügbar. Bei den kleinsten Systemen wird man weder Snapshotting/Cloning (i.A. eine gemeinsame Option) noch die Spiegelung erwerben können. Bei einigen mittleren Systemen findet man zwar Snapshotting/Cloning, aber nicht die Spiegelung.

Sie müssen sich aber darüber im Klaren sein, dass es nicht unbedingt notwendig ist, diese Funktionen controller-basiert abzubilden. Sowohl Snapshotting/Cloning als auch die Spiegelung können mit Software auf den Servern realisiert werden. Die server-basierten Lösungsmöglichkeiten sind in jedem Fall deutlichst preiswerter und je nach Anwendungsfall eventuell sogar attraktiver. Letzteres ist allerdings individuell vor dem Hintergrund des konkreten Anwendungsfalls zu prüfen und zu bewerten!

Dimensionierung und Sizing

Wenn Sie dieses Buch von vorn nach hinten lesen, haben Sie zuvor das Kapitel über Serversysteme durchgearbeitet – dann Sie kennen meine Standardantwort auf die Frage nach konkreten Sizing-Werten: Wenn es wirklich definitive und belastbare Werte sein sollen, muss man die konkrete Konfiguration prüfen und am besten Messwerte heranziehen. Alles andere ist nicht dimensionieren, sondern raten.

Damit Sie trotzdem eine grobe Einschätzung der in Frage kommenden Systeme erhalten, werde ich Ihnen ein paar Pauschalempfehlungen nennen; Sie sollten diese aber wirklich nur als grobe erste Anhaltspunkte sehen.

Die richtige Vorgehensweise in Stichpunkten:

▶ Identifizieren Sie die Server, die in das SAN integriert werden sollen. Da FibreChannel Host Bus Adapter, Switchports und die Multipathing-Software nicht billig sind, sollten Sie nur Server, bei denen die SAN-Integration wirklich Sinn macht, dafür vorsehen: Dies sind in erster Linie Server, deren Daten hohen Verfügbarkeitsanforderungen unterliegen. Server, die keine Produktivdaten speichern (z.B. Terminalserver) oder nur über sehr kleine Datenbestände, die ohnehin an anderer Stelle redundant gespeichert sind, verfügen (z.B. Domain Controller), gehören nicht ins das SAN!

▶ Im nächsten Schritt geht es darum, ein Sizing des Storage-Systems zu entwerfen. Die Daten, die Sie benötigen, liefert Ihnen der Performance-Monitor der Windows Server mit dem Datenobjekt »Physikalischer Datenträger« (insbesondere »Übertragungen/s« und »Bytes/s« sind interessante Anhaltswerte). Diese Werte helfen zum einen, das passende Storage-System auszuwählen (Entry oder High-End), zum anderen kann mit Ihnen grob die benötigte Anzahl an Festplatten ermittelt werden. Letztendlich benötigen Sie für jeden einzelnen Server ein exaktes Plattensizing, Sie durchlaufen also jeweils die Überlegungen, die ich im Kapitel »Server« dargestellt habe. **Faustregel: Wenn Sie an den Servern lokal insgesamt 45 Platten benötigen (wg. Storage-Performance!), werden Sie in dem konsolidierten Speichersystem ebenso viele Platten benötigen. Das Storage-System kann nicht zaubern! Performance im Storagebereich ergibt sich primär aus den im RAID-Set parallel betriebenen Platten.** Ich habe eine Umgebungen gesehen, in denen ein High-End-Storage-System mit 14 Stück 300 GB-Platten eingesetzt worden ist (»Eine Kapazität von 3 Terabyte genügt für unsere 10 Server«). Natürlich war das Gesamtsystem nicht performant: 14 Platten hätte man aus Performancegründen allein schon gebraucht, um dem Datenbankserver des Unternehmens vernünftige Storage-Performance bereitzustellen. Und nun arbeiteten noch 9 andere Server auf den Platten. Die Grundregel »Storage-Performance erwächst primär aus der Anzahl der parallelen Festplatten« gilt auch für SAN Storage-Systeme!

▶ Wenn Ihre Systemlandschaft nicht nur aus Windows-Maschinen besteht, sondern sich auch UNIX- oder Linux-Systeme finden, muss sichergestellt werden, dass die Anbindung dieser Server von dem ausgewählten Storage-System unterstützt wird. Es reicht nicht, nur festzustellen, dass »IBM AIX« unterstützt ist, sondern es müssen die genauen Versions- und Patchlevel-Stände des jeweiligen Betriebssystems verifiziert werden.

▶ Aufrüstbarkeit: Vergessen Sie nicht, dass sowohl Speicherverbrauch als auch Performancebedarf steigen werden. Ein heute beschafftes Storage-System wird vermutlich drei bis vier Jahre betrieben werden. Natürlich sind Speicher- und Performancebedarf schwer exakt vorherzusagen, eine grobe Einschätzung wird aber sicherlich möglich sein. Achten Sie darauf, dass das ausgewählte System ausreichend skalierbar ist (Plattenanzahl/Controller-Leistung).

▶ Die nächste Entscheidung ist, welche Architektur Sie wählen möchten. »Weniger« als eine Anbindung der Server mit redundanten Pfaden (d.h. jeder Server bekommt zwei FC-HBAs, zwei Switches werden beschafft, das Storage-System hat zwei RAID-Controller) kommt in einer Produktionsumgebung nicht in Frage. Zu überlegen ist, ob Sie ebenfalls das komplette Storage-System spiegeln möchten!

▶ Nun ist noch zu überlegen, welche zusätzlichen Funktionen benötigt werden, das sind insbesondere SnapShotting/Cloning und die Spiegelung des Storage-Systems. Diese Funktionen können sowohl server-seitig (mit Software) realisiert werden als auch durch die Controller des Storage-Systems (siehe den Abschnitt »Redundantes Rechenzentrum«). Wenn Sie sich für die controller-basierte Variante entscheiden, müssen Sie darauf achten, dass bei den kleineren Storage-Systemen diese Optionen häufig nicht verfügbar sind.

▶ Alleinstellungsmerkmale: Prüfen Sie, ob bestimmte Alleinstellungsmerkmale von Systemen für Ihre Umgebung relevant sind. Ein typisches Beispiel ist die controller-basierte Virtualisierung des EVA-Systems von Hewlett Packard.

▶ Vergessen Sie nicht, dass Sie die auf dem Storage-System liegenden Daten sichern müssen! Änderungen in der Struktur des Primärspeichers sind immer ein guter Moment, die Backup-Landschaft zu überprüfen und zu optimieren.

Beispiel: Kleine Umgebung mit fünf wenig belasteten Servern

In einer typischen Umgebung in einem Unternehmen mit ca. 200 Benutzern werden sich folgende Server finden, für die die Steigerung der Verfügbarkeit bei gleichzeitiger Konsolidierung des Speichers sinnvoll sein könnte:

▶ SQL Server mit ERP-Datenbank

▶ Oracle-Datenbank mit Daten des Entwicklungssystems

▶ Exchange-Server

▶ SQL-Server mit SharePoint-Datenbank

▶ File-Server

Natürlich wird das Unternehmen über weitere Server verfügen, beispielsweise Domain Controller, Terminalserver, Server mit Anti-Virensoftware, Proxy Server etc. Dieses sind allerdings keine Server, die größere Bestände an schützenswerten Produktivdaten halten. Da FibreChannel Host Bus Adapter recht teuer sind, sollten keine Server in das SAN integriert werden, bei denen dies nicht zwingend notwendig ist.

In einer solchen Umgebung könnte man beispielsweise über ein Hewlett Packard MSA 1000 oder 1500 System nachdenken. Die MSA 1000 kann bis zu 42 Platten bedienen, die MSA 1500 bis zu 56 SCSI-Platten.

Die MSA-Geräte können weder mit Snapshotting/Cloning-Funktionalität noch mit einer controller-basierten Spiegelung ausgerüstet werden, diese Funktionen können aber server-basiert abgebildet werden.

Beispiel 2: Mittlere Umgebung

Als zweites Beispiel könnte man eine größere Umgebung betrachten, Richtgröße 500 PC Arbeitsplätze. In dieser Umgebung werden die Kapazitäts-, insbesondere aber auch die Performance-Anforderungen höher sein, außerdem werden mehr Server auf das Storage-System zugreifen.

Ohne jetzt auf genauere Details eingehen zu wollen, wird man sich hier ungefähr im Midrange-Bereich befinden, in dem die passenden Systeme eine Dell/EMC CX300 oder eine Hewlett Packard EVA 3000 sein könnten. Diese Systeme können optional mit den Funktionalitäten Snapshotting/Cloning und Spiegelung ausgestattet werden.

Die beiden Beispiele sind natürlich nur als grobe Orientierungshilfen zu sehen. Wenn Sie ein Storage-System planen, sind so viele Aspekte zu berücksichtigen, dass eine komplette Beschreibung leicht ein zweibändiges Buch füllen würde. Ich denke aber, dass Sie mit den hier vermittelten Informationen die Grundlage für weitere Planungen haben!

4.4.2 NAS

Das erste große Schlagwort im Storage-Umfeld ist »SAN«, das zweite ist »NAS«. Bei letztgenanntem handelt es sich um Network Attached Storage, also um an das Netzwerk (Ethernet) angeschlossenen Speicher.

Zunächst waren die NAS-Geräte reine File-Server, einer der Pioniere in diesem Bereich ist die Firma Network Appliance mit den Filer-Systemen. Diese auf einem proprietären Betriebssystem basierenden Systeme sind in vielen Umgebungen nach wie vor erste Wahl, zumal diese mittlerweile über die reine File-Server-Funktionalität weit hinausgehen.

Windows Storage Server

Für eine Windows-Umgebung ist mit dem Windows Storage Server ein sehr attraktives NAS-System erhältlich. Windows Storage Server ist ein für Fileservices optimierter Windows 2003 Server, stichwortartig einige Merkmale:

▶ Windows Storage Server ist ein für die Erbringung von Fileservices optimierter Windows 2003 Server. Das System kann für keine anderen Aufgaben (z.B. Domain Controller oder Datenbank-Server) eingesetzt werden.

▶ Windows Storage Server kann nicht »einzeln« gekauft werden, sondern ist nur mit entsprechender Hardware von OEMs erhältlich. Fast alle großen Serverhersteller fertigen Windows Storage Server-basierte NAS-Systeme. Letztendlich handelt es sich hierbei um »normale« Serversysteme, beispielsweise Hewlett Packard ProLiant Storage Server (hier sind verschiedene Konfigurationen erhältlich) oder Dell PowerVault 745/770/775N.

- Windows Storage Server integriert sich nahtlos in eine Microsoft-Landschaft, unterstützt also beispielsweise ActiveDirectory, DFS, Volume Shadow Copy Services etc. Halten Sie sich vor Augen, dass es sich letztendlich um einen 2003 Server handelt – daher ist natürlich die Unterstützung für die Microsoft-Umgebung optimal.

- Das System funktioniert nicht nur in Windows-Umgebungen, sondern unterstützt auch NFS 2.0/3.0, AppleTalk, Novell NetWare sowie Zugriffe über FTP und http/WebDAV.

- Im Gegensatz zu einem »normalen« 2003 Server werden für den Storage Server keine weiteren CALs (Client Zugriffs Lizenzen) benötigt. Mit anderen Worten: Wenn Sie beispielsweise client-seitig nur den Zugriff auf Windows 2000 Server lizenziert haben, können Sie trotzdem ein Windows Storage Server 2003-basiertes File-Server-System einsetzen. Das ist durchaus sinnvoll, weil der Storage Server wesentlich bessere Leistungen als File-Server bringt – auch der »normale« 2003 Server ist übrigens als File-Server erheblich performanterer als die Vorgänger-Systeme.

- Für Backup und Virenschutz können dieselben Produkte eingesetzt werden, wie auch für einen normalen 2003 Server. Das ist ein in der Praxis wirklich wesentlicher Vorteil gegenüber proprietären Systemen.

- Administration: Jemand, der einen »normalen« Windows Server administrieren kann, wird auch mit einem Windows Storage Server gut zurecht kommen.

- Microsoft vertreibt zwei Versionen des Windows Storage Servers, nämlich die Standard und die Enterprise Edition. Beide Versionen unterstützen unbegrenzte Mengen an Plattenspeichern. Unterschiede sind vor allem in der Unterstützung von Clustering und »Transportable Shadow Copies« vorhanden, diese Möglichkeiten finden sich nur in der Enterprise Edition. Ansonsten unterstützt die Enterprise Edition bis zu 8 Prozessoren und 8 GB RAM, diese Ausbaustufe dürfte allerdings nur für die allergrössten Umgebungen relevant sein.

Kombination aus SAN und NAS

Es steht nirgends geschrieben, dass ein NAS-Gerät über lokalen Festplattenspeicher verfügen muss. Wenn Sie in einer speicherkonsolidierten Umgebung bereits über ein zentrales Storage-System verfügen, wäre es sehr unschön, dessen Speicherplatz nicht auch für das NAS nutzen zu können.

Bei den Windows Storage Server-basierten NAS-Systemen ist die SAN-Anbindung vergleichsweise einfach zu installieren, weil letztendlich ein weiterer

Windows 2003 Server angebunden wird – und das ist heute wirklich kein ungewöhnliches Anliegen und von den Hardwareherstellern supportet.

Die NAS-Systeme (= Server) müssen mit FibreChannel Host Bus Adaptern nachgerüstet werden und benötigen in einer pfadredundanten Umgebung die entsprechende Multipathing-Software (Abbildung 4.13).

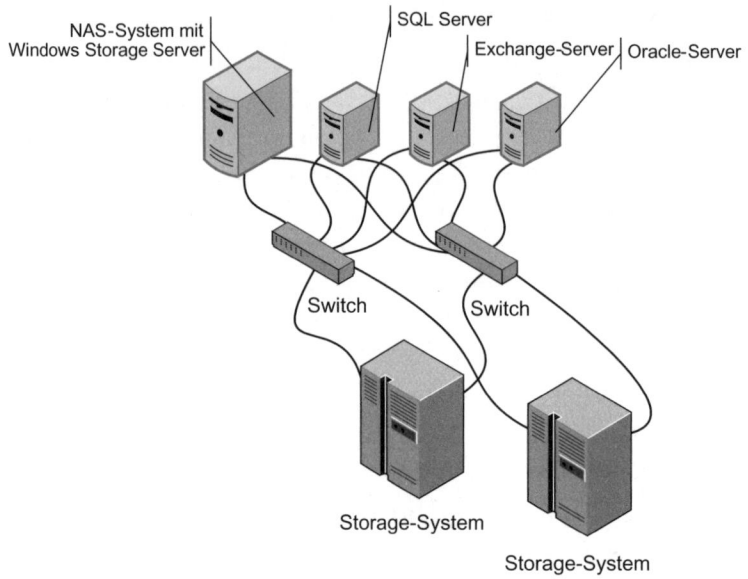

Abbildung 4.13 Ein NAS-System muss die Daten nicht lokal speichern, sondern kann Kapazitäten des SAN-Systems nutzen.

4.4.3 iSCSI

NAS-Systeme bieten gegenüber einem SAN den großen Vorteil, dass keine neue Infrastruktur aufgebaut werden muss. Vermutlich sind Ihre Serversysteme mit Gigabit-Ethernet an den Core-Switch angebunden oder diese Anbindung wird demnächst realisiert werden. Es läge natürlich nah, diese leistungsfähige Infrastruktur nicht nur für den eigentlichen Netzwerkverkehr (= Kommunikation der Clients mit den Servern), sondern auch für den Storage-Verkehr zu verwenden. Problem ist, dass Applikationen in vielen Fällen ein »echtes« lokales Laufwerk und kein gemapptes Netzwerklaufwerk benötigen (z.B. SQL Server, Exchange, etc.). »Lokales Laufwerk« ist genau genommen nicht richtig formuliert, es muss sich um ein Laufwerk handeln, auf das Zugriff auf Blocklevel-Basis möglich ist. Dies ist bei lokalen Laufwerken grundsätzlich der Fall, ebenso gilt dies für Storage-Bereiche in einem FibreChannel-SAN. Im letztgenannten wird im Grunde genommen via SCSI auf die Platten zugegriffen, also auf Blocklevel-Basis.

Wie zuvor beschrieben, handelt es sich bei NAS-Systemen letztendlich um File-Server, auf die mittels der üblichen Protokolle für Netzwerkshares zugegriffen wird, also NFS, SMB etc. Um über das IP-Netzwerk einen Blocklevel-Zugriff zu realisieren, ist also eine andere Zugriffsmethodik notwendig und hier kommt iSCSI ins Spiel.

Kurzer Überblick über iSCSI

Über iSCSI kann über das IP-Netz auf ein Storage-System so zugegriffen werden, als sei es lokal über SCSI angeschlossen, somit ist ein Blocklevel-Zugriff möglich.

Damit Sie SCSI, FibreChannel und iSCSI gedanklich unter einen Hut bringen können, habe ich Abbildung 4.14 gezeichnet. Sie sehen, dass in allen drei Varianten das Storage-System über SCSI-Kommandos angesprochen wird.

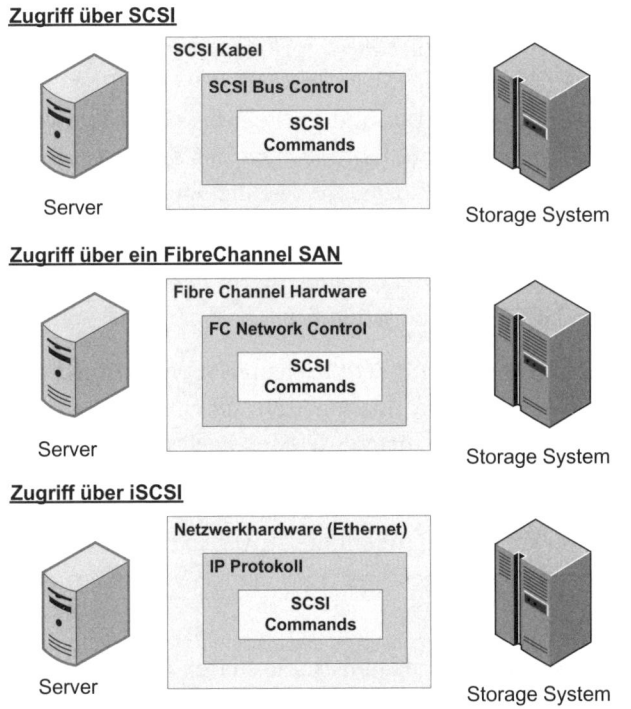

Abbildung 4.14 Zugriff eines Servers auf ein Storage-System über SCSI, FibreChannel und iSCSI

Abbildung 4.15 zeigt eine etwas netzwerkorientiertere Sichtweise. Sie sehen, dass die SCSI-Kommandos und -Daten in TCP/IP-Pakete eingekapselt werden. Da TCP/IP-Pakete nicht nur innerhalb eines Netzwerksegments, sondern letztendlich durch das ganze Internet übertragen werden, könnte man *theoretisch* auf ein Storage-System in Manaus (Brasilien, Amazonas-Gebiet) zugreifen. Das ist natürlich ein in der Praxis nicht relevantes Beispiel, da es bei Speicherzugriffen entscheidend auf die Performance ankommt und die wird über eine interkontinentale WAN-Strecke nicht gegeben sein, zumal man die Pakete noch VPN-mäßig behandeln müsste – aber Sie sehen, was vielleicht in Zukunft möglich sein könnte ...

Abbildung 4.15 Das iSCSI-Protokoll kapselt SCSI-Kommandos und -Daten in TCP/IP-Packete.

iSCSI kann server-seitig mit herkömmlichen Netzwerkkarten genutzt werden, alternativ gibt es iSCSI Host Bus Adapter (z.B. Adaptec 7211C/F), die sich gegenüber dem Betriebssystem wie ein SCSI-Controller verhalten und »nach draußen« über einen Gigabit-Ethernet-Anschluss verfügen. Die meisten mir bekannten iSCSI-Installationen nutzen nicht die speziellen iSCSI-HBAs, sondern arbeiten mit üblichen Netzwerkkarten und wickeln das iSCSI-Protokoll software-basiert ab. Natürlich gibt es gute Gründe für die Verwendung der iSCSI-HBA, beispielsweise die geringere Prozessorbelastung oder die Möglichkeit, über iSCSI zu booten (nicht mit allen HBAs!).

Die Abbildung 4.16 zeigt am Beispiel einer Umgebung, in der der Exchange Information Store auf einem iSCSI-Storage-System liegt:

▶ Die Clients kommunizieren »normal« mit dem Exchange-Server. Für die Clients ist es völlig unerheblich, ob der Information Store auf einer lokal in den Server eingebauten Festplatte oder in einem iSCSI-Storage-System liegt.

▶ Der Exchange-Server greift über iSCSI auf das Storage-System zu

Das in Abbildung 4.16 dargestellte System funktioniert zwar, in der Praxis wird man, zumindest in einer größeren Umgebung, noch einige Verbesserungen vornehmen:

▶ Es empfiehlt sich, Netzwerk- und Storagedatenströme zu trennen. Es ist hierfür nicht unbedingt notwendig, einen separaten Switch zu beschaffen, allerdings sollte der Server Netzwerk- und Storagedatenverkehr über unterschiedliche Netzwerkkarten abwickeln. Wenn die Netzwerkkarten an einen Switch angeschlossen werden, ist zu prüfen, ob dieser über genügend Bandbreite auf Backplane-Ebene verfügt, was bei modernen Geräten gegeben sein sollte. Nicht vergessen: iSCSI über langsamere Strecken als Gigabit-Ethernet zu fahren, macht keinen Sinn!

► Ebenso wie im FibreChannel-Bereich gilt, dass es redundante Pfade zwischen Server und Storage-System geben sollte. Der Ausfall eines Switches/Switchports oder einer Netzwerkkarte ist stets möglich.

► Im Übrigen gilt natürlich auch hier, dass die »sicherste« Konfiguration aus zwei Storage-Systemen besteht, die über einen gespiegelten Datenbestand verfügen

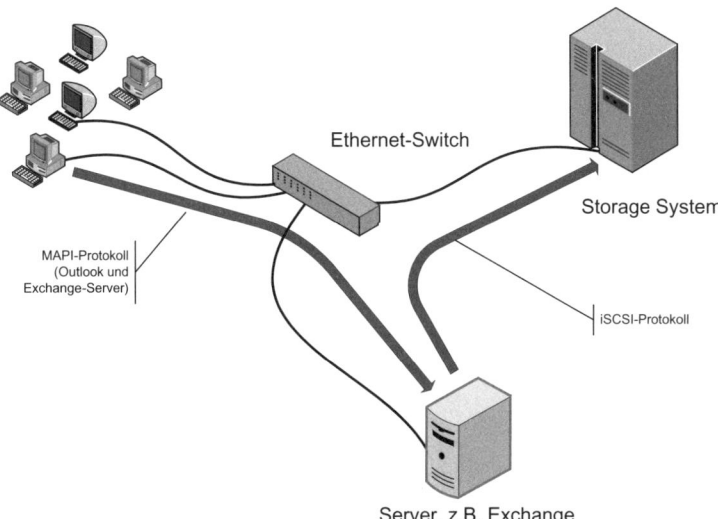

Abbildung 4.16 Datenpfade in einer Landschaft, in der sich der Exchange Information Store auf einem iSCSI-Storage-System befindet.

Target und Initiator

Um die Kommunikation zwischen Server und Storage-System zu realisieren, gibt es zwei Objekttypen: Initiatoren und Targets.

► Der Initiator ist die server-seitige Komponente, die den Zugriff auf eine Storage-Ressource initiiert. Der Initiator kann als Hardware- (iSCSI-HBA) oder als Softwarelösung implementiert sein. Einen Software-Initiator für Windows 2000 (ab SP4), XP und den Windows 2003 Server können Sie kostenlos von der Microsoft Website downloaden (navigieren Sie zu `http://www.microsoft.com/downloads` und geben als Suchbegriff `iSCSI` ein).

► Ein Target ist ein Speicherbereich, der von einem Storage-System zur Verfügung gestellt wird. Die Initiatoren verbinden sich mit diesem Target und können auf den Speicherbereich via SCSI-Befehle zugreifen. Targets können eine Hard- oder Softwarelösung sein: Die Filer-Systeme von Network Appliance sind ein Beispiel für Hardware-iSCSI-Targets, im Bereich der Software-Targets gibt es diverse Produkte, die auf einem Windows Server aufsetzen und diesen um diese Funktion erweitern. Der Windows 2003 Server bringt von Hause aus leider keine iSCSI-Target-Funktionalität mit, Hersteller wie FalconStor (http://www.falconstor.com) oder String Bean Software (http://www.stringbeansoftware.com) entwickeln entsprechende Zusatzprodukte. Hewlett Packard vertreibt als Option zu seinen Windows Storage Server-basierten Systemen (ProLiant Storage Server) ein »iSCSI-Feature Pack«. Hierbei handelt es sich um ein iSCSI-Target.

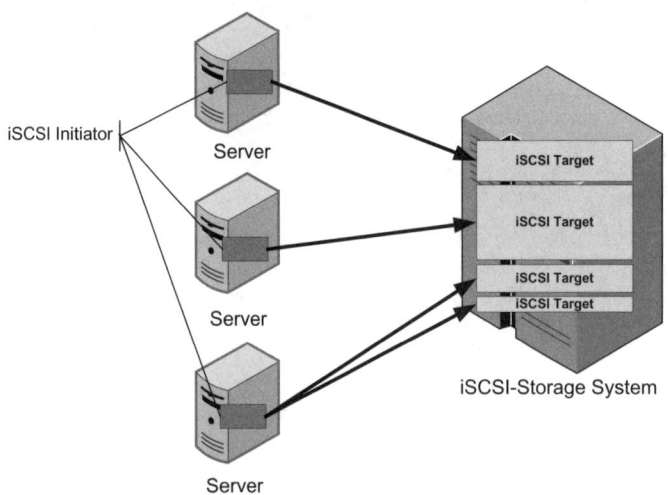

Abbildung 4.17 iSCSI-Initiatoren greifen auf iSCSI-Targets zu.

iSNS-Server

Beim Konfigurieren von Initiatoren und Targets werden Sie feststellen, dass es teilweise etwas »unhandlich« ist, sich die exakten Gerätenamen zu merken. Insbesondere in großen Umgebungen mit vielen Dutzend Targets und ebenso vielen Initiatoren kommt der Wunsch nach Unterstützung auf – schließlich ist es das Ziel der IT, dass Computer für uns arbeiten und nicht umgekehrt.

Die Lösung ist ein Namensdienst, der im iSCSI-Umfeld iSNS heißt: **Internet Storage Name Service.**

Nochmals ganz deutlich: Man muss iSNS nicht nutzen, in größeren Umgebungen wird sich dies allerdings als angenehm herausstellen.

Um iSNS zu nutzen ist ein entsprechender Server erforderlich. Von Microsoft bekommen Sie diesen als kostenlosen Download, suchen Sie auf http://www.microsoft.com/downloads nach iSNS.

In den iSCSI-Initiatoren und -Targets findet sich eine Konfigurationsmöglichkeit für die IP-Adresse oder den DNS-Namen des zu verwendenden iSNS-Servers.

In Abbildung 4.18 sehen Sie die Konfigurationsoberfläche des Microsoft iSNS-Servers. Neben der Anzeige der registrierten iSCSI-Devices können »Discovery Domains« konfiguriert werden: In einer großen Umgebung könnte man beispielsweise konfigurieren, dass von einem iSCSI-Initiator, der in der Discovery Domain »Vertrieb« angesiedelt ist, nur die entsprechenden iSCSI-Targets »gesehen« werden. Diese Einstellungen beziehen sich aber nur auf das Suchen und Auffinden von Targets über den iSNS-Dienst und haben nichts mit Sicherheitseinstellungen, die auf dem iSCSI-Target vorgenommen werden, zu tun!

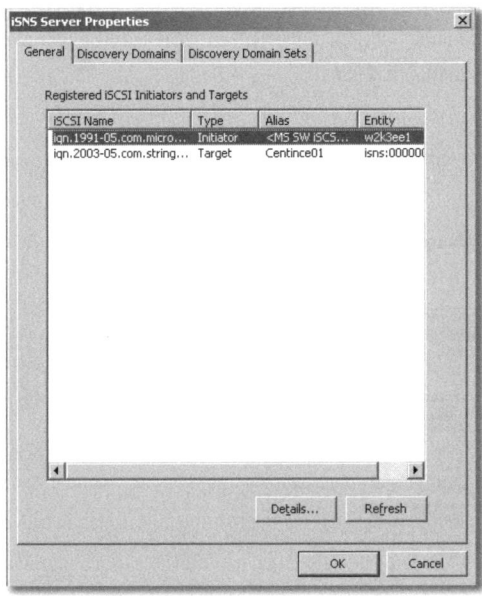

Abbildung 4.18 Registrierte iSCSI-Devices im Microsoft iSNS-Server

Konfigurationsbeispiel

Damit Sie ein Gefühl für die praktische Nutzung von iSCSI-Technologie erhalten, zeige ich Ihnen eine einfache Konfiguration.

▶ Target: Als Target kommt ein »normaler« Windows 2003 Server zum Einsatz. Dieser kann zwar standardmäßig kein iSCSI-Target sein, wie schon erwähnt gibt es Dritthersteller, die entsprechende Softwareprodukte entwickeln. In dem Beispiel kommt WinTarget von String Bean Software zum Einsatz.

▶ Initiator: Der Server, der den bereitgestellten Plattenplatz verwenden soll, ist ebenfalls ein 2003 Server. Als Initiator kommt der von Microsoft kostenlos zu beziehende Software-Initiator zum Einsatz.

Die WinTarget-Software ist problemlos zu installieren. In dem Verwaltungsprogramm wird ein Festplattenlaufwerk ausgewählt, auf denen ein neuer iSCSI-

Speicherbereich eingerichtet werden soll (Abbildung 4.19). Grundsätzlich werden komplette Festplatten verwendet! Verwechseln Sie das Einrichten eines iSCSI-Targets nicht mit dem Freigeben eines Ordners für File-Sharing! Im Übrigen könnte der iSCSI-Initiator auch ein Linux-System sein, das den über das iSCSI-Target bereitgestellten Plattenplatz mit einem Reiser-Filesystem formatiert.

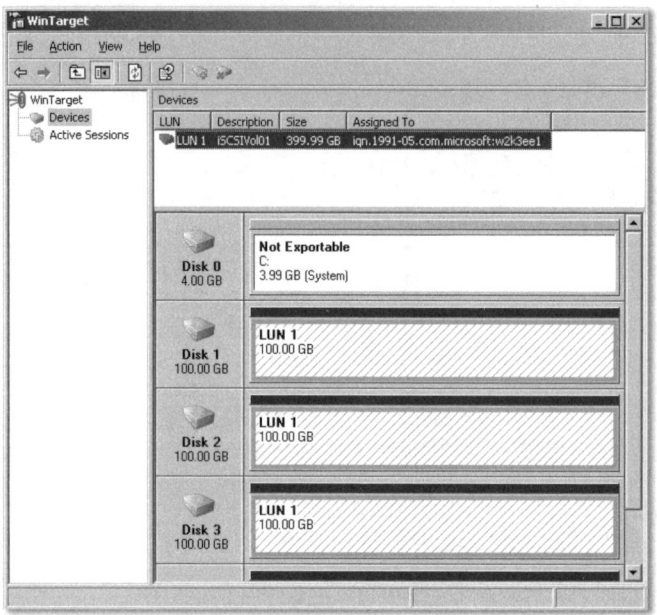

Abbildung 4.19 Einrichten eines iSCSI-Devices mit WinTarget von String Bean Software

Selbstverständlich muss unautorisierter Zugriff auf die iSCSI-Devices verhindert werden. Im Eigenschaften-Dialog der erzeugten Devices kann konfiguriert werden, welche Initiatoren auf diesen Bereich zugreifen dürfen (Abbildung 4.20). In englischsprachiger Literatur und Software finden Sie dieses unter dem Begriff »LUN Masking« (LUN = Logical Unit Number; im ursprünglichen Sinne eine Festplatte oder sonstige Devices, die unterhalb einer SCSI-ID angesiedelt sind. Bei »normalen« SCSI-Platten, die Sie kennen, werden die LUNs nicht verwendet. Bei Storage-Systemen werden mit LUNs die einzelnen bereitgestellten Plattenbereiche identifiziert). Zum leichteren Auffinden der zu berechtigenden Initiatoren ist übrigens iSNS recht praktisch (siehe vorheriger Abschnitt).

Nachdem das iSCSI-Device, auf das zugegriffen werden soll, eingerichtet ist, muss nun noch der Initiator installiert und konfiguriert werden. Die Installation des Microsoft Initiators gestaltet sich unproblematisch, letztendlich ist lediglich ein MSI-Paket auszuführen.

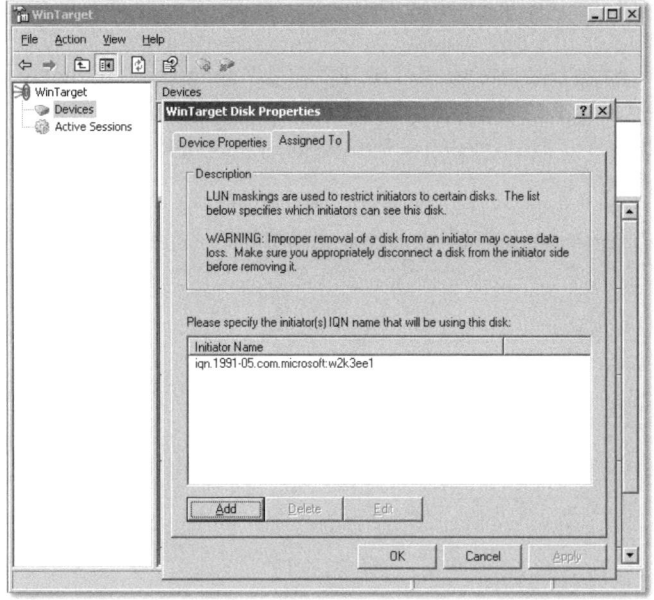

Abbildung 4.20 Damit ein Initiator auf ein Target zugreifen kann, muss er entsprechend freige-schaltet werden.

Die Verbindung mit dem iSCSI-Target kann über den in Abbildung 4.21 gezeig-ten Konfigurationsdialog erfolgen. Falls Sie einen iSNS-Server installiert haben, kann dieser auf einer Karteikarte dieses Dialogs eingetragen werden.

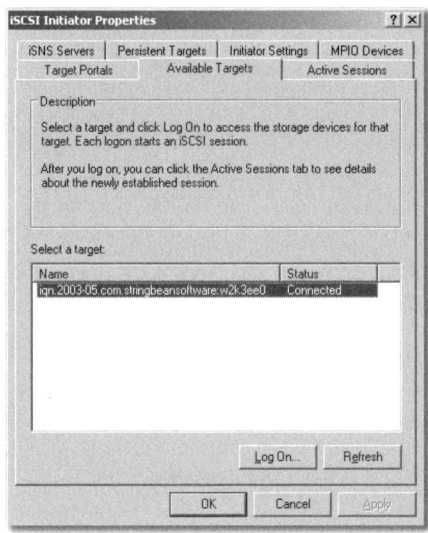

Abbildung 4.21 Verbinden mit einem iSCSI-Targets aus dem Konfigurationsdialog des Microsoft Initiators

Das Ergebnis der eingerichteten iSCSI-Verbindung sehen Sie in Abbildung 4.22. Dort sehen Sie in der Veritas Storage Foundation (das ist letztendlich die kostenpflichtige Vollversion des integrierten Logical Disk Managers) die iSCSI-Platte. Sie können auf dieser nun Volumes anlegen und diese formatieren – kurz gesagt alles das tun, was Sie auch mit einer in den Computer eingebauten SCSI-Festplatte machen können.

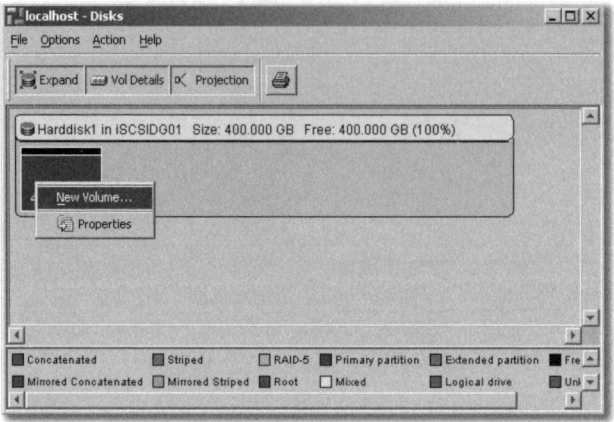

Abbildung 4.22 Anzeige der über iSCSI bereitgestellten Festplatte in Veritas Storage Foundation

Wenn Sie den Eigenschaftsdialog eines iSCSI-Volumes im Windows Explorer aufrufen, werden Sie diese nicht von einer lokalen oder per FibreChannel-SAN bereitgestellten Platte unterscheiden können (Abbildung 4.23).

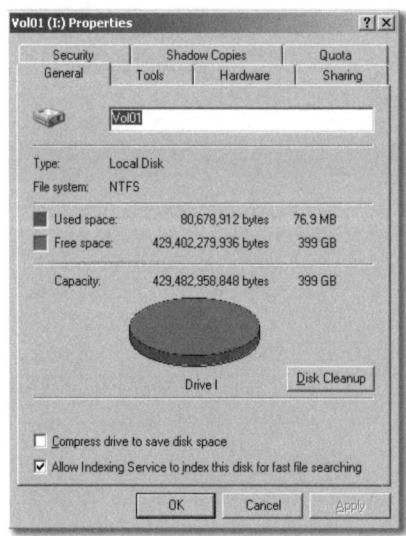

Abbildung 4.23 Eigenschaften eines über iSCSI bereitgestellten Volumes

4.4.4 FibreChannel vs. iSCSI

Nachdem Sie nun wissen, was sich hinter SAN, NAS und iSCSI versteckt, geht es nun darum, zu prüfen, welche dieser Technologien konkret in Ihrer Umgebung nutzbringend sein könnten.

Wie immer möchte ich keine Pauschalaussagen tätigen und diese als allgemein gültige Weisheit darstellen. Folgende Anhaltspunkte werden Ihnen bei der Entwicklung Ihrer eigenen Storage-Strategie sicher weiterhelfen.

Vorarbeiten

▶ Kategorisieren Sie Ihre Server nach derzeitigem und zukünftigem Speicherbedarf.

▶ Kategorisieren Sie Ihre Server nach Verfügbarkeitsanforderungen (Wiederherstellzeit, Datenverlustzeit). Wichtig sind hier auch die Aussagen von Geschäftsleitung und Fachabteilungen. Hohe Verfügbarkeit kostet viel Geld, ohne dezidierte Anforderungen wird dieses von der Geschäftsleitung mit Sicherheit nicht bereitgestellt werden.

▶ Ermitteln Sie den Performancebedarf der Server, insbesondere im Bereich des Plattenspeichers.

Schlussfolgerungen

Anhand der Vorarbeiten zur Analyse der Umgebung lassen sich bereits einige Überlegungen treffen, Abbildung 4.24 zeigt ein sehr vereinfachtes Flussdiagramm zur Entscheidungsfindung.

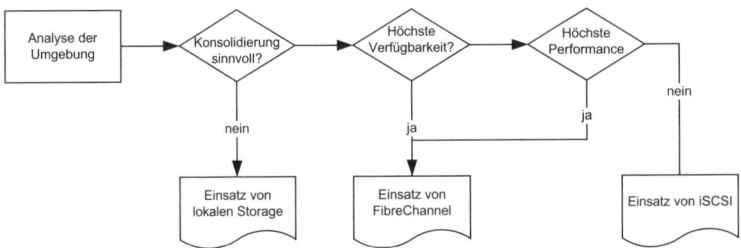

Abbildung 4.24 Flussdiagramm zur »Entscheidungsfindung«

▶ Die erste Entscheidung ist, ob eine Speicherkonsolidierung überhaupt sinnvoll ist. Etwas überspitzt gesagt: Wenn Sie nur einen Server mit viel Speicherplatz und hohen Verfügbarkeitsanforderungen haben (z.B. ein Server betreibt die zentrale Datenbank und alle anderen Server erledigen im weitesten Sinne nur Datenaufbereitung für diese), macht es kaum Sinn, über Konsolidierungsmaßnahmen nachzudenken.

- Wenn Sie auf höchste Verfügbarkeit und höchste Performance angewiesen sind, werden Sie sich für eine FibreChannel-Lösung entscheiden. FibreChannel ist aus zwei Gründen performanter: Die Brutto-Performance des Übertragungswegs ist höher (1 Gigabit-Ethernet vs. 2 MB/s FibreChannel), des Weiteren müssen die SCSI-Pakete nicht in das vergleichsweise langsame TCP/IP eingekapselt werden. Die Verfügbarkeit ist im FC-Bereich nicht deshalb höher, weil diese Technologie an sich in puncto Verfügbarkeit überlegen wäre, sondern weil die wirklich »high-endigen« Storage-Systeme zumeist nicht mit nativer iSCSI-Konnektivität erhältlich sind (Ausnahme ist der Hersteller Network Appliance). Bei einem Preisvergleich werden Sie feststellen, dass eine FC-basierte Lösung insgesamt deutlich teurer sein wird als eine iSCSI-Lösung – allein schon die für jeden Server benötigten FibreChannel Host Bus Adapter reißen ein großes Loch ins Budget. Ihre Geschäftsleitung wird vermutlich nicht begeistert sein! Wenn aber Leistung und Verfügbarkeit gefordert wird, führt kein Weg daran vorbei, in entsprechende Lösungen zu investieren. Alternativ müssen die Anforderungen an die IT-Infrastruktur gesenkt werden!

- Die Ausführungen im vorherigen Abschnitt sollen keinesfalls dahingehend verstanden werden, dass nur FibreChannel eine brauchbare Lösung darstellt und eine iSCSI-Lösung der Garant für mindestens einen Tag IT-Ausfall pro Woche wäre – das ist keineswegs so zu verstehen! Die Betonung im vorherigen Abschitt lag auf **höchste** Performance und **höchste** Verfügbarkeit. Wenn Sie eine Umgebung mit zehn großen SAP-Datenbankmaschinen betreiben, Exchange-Dienste für 5.000 Benutzer bereitstellen und darüber hinaus noch diverse Dienste von Fileservices bis Dokumenten-Management betreiben, ist das sicherlich eine Umgebung, die man heute auf FibreChannel-Basis aufbauen wird. Für eine typische mittelständische Umgebung wird man leistungsmäßig mit iSCSI-Technologie hinkommen (man hüte sich vor Pauschalaussagen), allerdings liegen natürlich zurzeit deutlich mehr Erfahrungen mit Projekten auf FibreChannel- als auf iSCSI-Basis vor.

- Messen Sie die Performanceanforderungen der Systeme, die auf den zentralen Speicher zugreifen sollen und errechnen Sie, welche Bandbreiten zur Verfügung stehen müssen.

- Ansonsten gelten die weiter vorn in diesem Kapitel angestellten Überlegungen für beide Technologien: Grundsätzlich ist ein pfadredundanter Aufbau des Systems sehr empfehlenswert. Wenn es darum geht, keinesfalls Daten zu verlieren, wird es sich nicht vermeiden lassen, zwei gespiegelte Storage-Systeme einzusetzen. Das Spiegeln der Storage-Systeme ist sowohl im FibreChannel- als auch im iSCSI-Bereich grundsätzlich möglich.

▶ Prüfen Sie die Support-Situation: Bevor Sie sich für eine Lösung entscheiden, sollten Sie sehr penibel prüfen, ob alle zur Verwendung kommenden Server-applikationen dafür zertifiziert sind, auf Speicher zuzugreifen, der in einem FC- oder iSCSI-SAN liegt. Auch wenn es technisch kein Problem ist, besteht immer die Gefahr, dass sich ein Hersteller aus der Support-Verantwortung zu stehlen versucht, wenn sich herausstellt, dass eine nicht freigegebene Konfiguration eingesetzt wird.

▶ Windows Server 2003-Cluster ist übrigens in FC und iSCSI-Umgebungen supported.

4.5 Plattensizing in konsolidierten Umgebungen

Sie haben in dem Kapitel über Serversysteme (Kapitel 3) viel über die korrekte Dimensionierung von Festplattensystemen und über die entscheidende Bedeutung für das Gesamtsystem gehört. Es stellt sich nun natürlich die Frage, welche Auswirkungen die Konsolidierung der Storage-Umgebung auf das Plattensizing des einzelnen Servers hat.

4.5.1 Möglichkeiten des Speicherlayouts

Abgesehen von Ansätzen, die mit Virtualisierung arbeiten, gibt es zwei Varianten, den Speicherplatz für Server auf dem zentralen Storage-System anzulegen.

Variante 1

Bei der ersten Variante werden die RAID-Sets auf dem Storage-System so wie auch bei lokalem Festplattenspeicher angelegt. Wenn Sie also einen SQL, einen Exchange-Server und einen File-Server auf das Storage-System zugreifen lassen, würde man beispielsweise diese RAID-Sets anlegen (Annahme: Die Server haben für das Betriebssystem lokale Platten):

▶ SQL Server Datenbank: RAID 1+0

▶ SQL Server Logs: RAID 1

▶ Exchange-Server Datenbank: RAID 1+0

▶ Exchange-Server Logs: RAID 1

▶ File-Server Daten: RAID 5

Die Anzahl der Platten ist exakt diejenige, die Sie auch beim Sizing für Systeme mit lokalem Speicher ermitteln würden. Zusätzlich wird man eine oder mehrere HotSpare-Platten konfigurieren.

Die Plattenkonfiguration sähe also wie in Abbildung 4.25 gezeigt aus (Vorsicht: Die Abbildung zeigt nicht so viele RAID-Sets wie zuvor beschrieben).

Abbildung 4.25 Variante 1: Für jeden Server werden separate physikalische RAID-Sets angelegt.

Vor- und Nachteile in Kürze:

▶ Vorteil: Das Plattensizing ist genau auf die Bedürfnisse der einzelnen Server abgestimmt (RAID-Level und Plattenanzahl).

▶ Nachteil: Die Ausnutzung des Plattenplatzes wird sich nicht verbessern. Wenn Sie sich also von einer Speicherkonsolidierung erhoffen, dass Sie weniger Platten benötigen, weil die Füllstände über die Gesamtlandschaft etwas höher werden, muss ich Sie leider enttäuschen …

Variante 2

Die zweite mögliche Konfiguration ist in Abbildung 4.26 gezeigt: Hier wird nur ein einziges physikalisches RAID-Set eingerichtet, dieses wird vom Storage-System partitioniert, so dass mehrere Server auf dasselbe physikalische RAID-Set zugreifen.

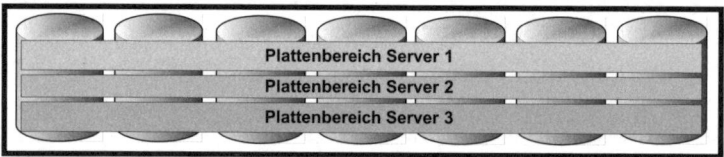

Abbildung 4.26 Variante 2: Ein RAID-Set wird eingerichtet, auf dem die Daten mehrerer Server liegen.

Auf den ersten Blick könnte man von einer besseren Ausnutzung der Plattenkapazität ausgehen. Diese Konfiguration dient also dem Ziel, durch Speicherkonsolidierung die Anzahl der Festplatten reduzieren zu können. Sie sollten aber im Hinterkopf halten, dass die Erweiterung (Kapazität) eines Plattenbereichs nicht so ganz trivial ist: Wenn Sie den mittleren (»Plattenbereich Server 2«) Plattenbereich vergrößern wollen, kann das Storage-System schließlich nicht so ohne weiteres den unteren Bereich »verschieben«.

Die wesentlich schwerer wiegenden Probleme dieser Konfiguration sind:

- Die Server beeinflussen sich gegenseitig, will heißen: Verursacht ein Server eine hohe Plattenbelastung, wird sich dies auf die Disk-Performance der übrigen Server auswirken.

- Es gibt nur einen RAID-Level für alles. Sie haben in diesem Buch ja bereits mehrfach gelesen, dass durchaus nicht jeder RAID-Level für jeden Anwendungsfall geeignet ist.

Es mag Einsatzszenarien geben, in denen man guten Gewissens mehrere Server auf ein gemeinsames physikalisches RAID zugreifen lassen kann, beispielsweise mehrere weniger stark belastete File-Server.

Ansonsten ist unbedingt davon abzuraten, die Plattenbereiche unterschiedlicher Server, die ja bekanntlich sehr individuelle Anforderungen an den Storage-Bereich haben, auf einem physikalischen RAID-Set zu konsolidieren. Selbst wenn Sie eigentlich genügend parallele Platten im RAID hätten, ist das Performanceverhalten völlig unkalkulierbar und im Zweifelsfall schlecht (die Wahrscheinlichkeit, dass dieser »Zweifelsfall« eintritt ist sehr hoch). Beachten Sie bitte auch das später folgende »Anti-Beispiel«.

Fazit

Das beste Storage-Sizing wird häufig eine Kombination aus Variante 1 und Variante 2 sein. Die zweite Variante (ein physikalisches RAID-Set, auf das mehrere Server zugreifen) ist in jedem Fall nur mit großer Vorsicht einsetzbar, es gibt aber Fälle, in denen es nicht zu Nachteilen führt.

Ansonsten gilt, dass alle Überlegungen zur Festplattendimensionierung (Anzahl, RAID-Level) auch in einer konsolidierten Umgebung Gültigkeit haben. Die Storage-Systeme sind keine Zauberkisten, die physikalische Eigenschaften von Platten eliminieren können!

4.5.2   Ein Anti-Beispiel

Zum Abschluss der Überlegungen möchte ich Ihnen noch ein »Anti-Beispiel« zeigen. Dieses Beispiel ist so dermaßen falsch, dass ich die zugehörige Abbildung 4.27 nur durchgestrichen in diesem Buch zeigen kann. Dieses Beispiel erwähne ich deshalb, weil ich dieses Szenario in regelmäßigen Abständen in IT-Umgebungen vorfinde.

Ausgangslage: In einer mittelständischen Umgebung mit ca. 150 Benutzern soll der Speicher von SQL Server, Exchange-Server und File-Server konsolidiert werden. Der Platzbedarf ist momentan knapp ein Terabyte, der Kapazitätszuwachs beträgt jährlich ca. 10 %, was einen Platzbedarf von knapp 1.5 Terabyte nach vier Jahren bedeutet.

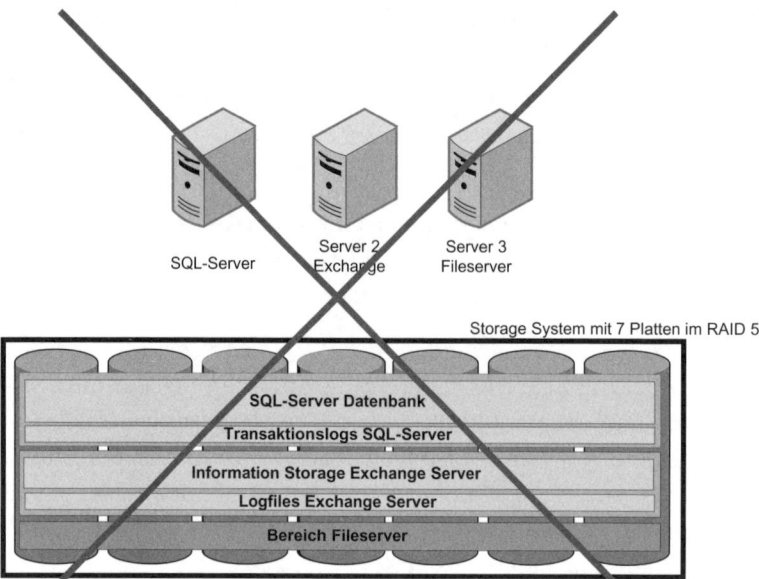

Abbildung 4.27 Ein »Anti-Beispiel«

Ein kleines Storage-System wurde ausgewählt, die Konnektivität für die Server geschaffen – so weit alles in Ordnung.

Das Plattensizing in diesem Storage-System kann man nur als Mischung aus Todsünde und Blasphemie bezeichnen:

Um ca. 1.5 Terabyte unformatierte Netto-Kapazität zu erreichen, hat man sieben 300 GB Festplatten in einem RAID-5-Set geplant, abzüglich Formatierungsverlusten erreicht man eine nutzbare Kapazität, die sogar ein Stück größer als die geforderten 1.5 TB ist – kein Problem, Speicher kann man nie zu viel haben.

In Abbildung 4.27 sehen Sie, was dann passiert ist: Ein RAID 5 wurde gebildet, den Servern jeweils ein entsprechend großer Speicherbereich zugewiesen. Da jemand irgendwo gehört hatte, dass man bei Exchange und SQL bitteschön Datenbanken und Logs trennen soll, für jeden Server aber nur eine LUN (= ein Speicherbereich) bereitgestellt worden war, hat man mit dem Betriebssystem den zugewiesenen Speicherbereich partitioniert – so sind zumindest zwei Laufwerksbuchstaben entstanden ...

Resultat: Natürlich »funktioniert« diese Konfiguration – zumindest in dem Sinne, dass man Daten speichern und wieder abrufen kann und die geplante Kapazität erreicht ist. Ansonsten gibt es nur negatives zu berichten:

- Die Gesamtanzahl von sieben Platten ist die Anzahl der Platten gewesen, die man allein für den File-Server benötigt, um diesen hinreichend schnell zu machen. Die Gesamtanzahl der eingesetzten Platten ist also deutlich zu gering. Hätte man drei lokale Server dimensioniert, wäre es vielleicht eher aufgefallen.

- Datenbank und Logs des SQL Servers liegen auf derselben physikalischen Partition. Dies ist ungünstig aus Gründen der Performance und aus Gründen der Ausfallsicherheit. Ebendies gilt für den Exchange-Server.

- Die Logbereiche von SQL und Exchange liegen auf einem hierfür völlig ungeeigneten RAID-Set.

- Die Server beeinflussen sich beim Zugriff auf das Storage dahingehend, dass stärkere Plattenaktivitäten eines Servers die anderen ausbremsen.

Die Konfiguration ist wie folgt umgebaut worden:

- SQL Server: 10 Platten R1+0 Datenbank, 2 Platten R1 Logs
- Exchange: 10 Platten R1+0 Datenbank, 2 Platten R1 Logs
- File-Server: 8 Platten R5
- 2 Hotspare-Platten

Ich hatte den Kunden mit der beschriebenen Konfiguration im Rahmen eines Beratungstermins kennen gelernt: Es ging um das Sizing eines leistungsfähigeren Servers für die Verwendung als SQL Server ... Ich brauche nicht zu erwähnen, dass die Hardware des SQL Servers nicht der Performance-Engpass war, oder?

4.6 Virtualisierung

Eines der Hype-Wörter im Storage-Umfeld lautet »Virtualisierung«. Bringt Speicher-Virtualisierung wirklich die Lösung aller Probleme? Dieser Abschnitt wird sich mit den Möglichkeiten beschäftigen.

4.6.1 Controller-basierte Virtualisierung

Ende des Jahres 2001 stellte die Firma Compaq ein System namens »Enterprise Virtual Array« vor. Hauptmerkmal dieses Systems war die controller-basierte Virtualisierung – ein Alleinstellungsmerkmal.

Diese Technologie ist der Übernahme von Compaq durch Hewlett Packard nicht zum Opfer gefallen, HP vertreibt unter seinem eigenen Namen die Produkte EVA 3000 und EVA 5000. Ersteres richtet sich an größere mittelständische Umgebungen, letzteres ist für Umgebungen mit sehr hohem Leistungsbedarf gedacht.

Da kein anderer Hersteller Systeme mit controller-basierter Virtualisierung anbietet, schauen wir uns die Funktionalität kurz am Beispiel an:

Ausgangslage: Zwei Server sollen auf ein zentrales Storage-System zugreifen. Das Sizing der Server hat ergeben, dass für den einen Server ein RAID 1, für den anderen ein RAID 5 benötigt wird (nicht unbedingt reale Anforderungen, aber sonst wird es zu unübersichtlich).

Die Besonderheit bei den EVA-Systemen ist nun, dass nicht wie bei anderen Systemen üblich, ein Speicherbereich (bzw. Festplatten) reserviert wird, auf dem die Server jeweils ihre Daten ablegen. Das System nutzt für alle Server sämtliche Platten der Diskgroup, verwendet aber einen jeweils individuell vorzugebenden RAID-Level.

Am einfachsten ist das Prinzip am Beispiel zu erkennen (Abbildung 4.28):

▶ Server 1 benötigt ein RAID 1. Das EVA-System bildet auch ein RAID 1 ab, es werden also alle Blöcke doppelt, sprich auf zwei unterschiedliche Platten, geschrieben. Das EVA-System verteilt diese Pärchen aber recht willkürlich (so sieht es jedenfalls auf den ersten Blick aus) über alle Platten der Diskgroup. In der Abbildung sind die RAID-1-Pärchen des ersten Servers in einem gestrichelten Kästchen gemalt und mit 1 und 1', 2 und 2' etc. beschriftet. Im EVA-System nennt sich der RAID-Level VRAID 1, also Virtual RAID 1.

▶ Der zweite Server benötigt ein RAID 5. Das Funktionsprinzip ist ähnlich: Es wird auf Blöcken, die natürlich auf unterschiedliche Platten verteilt sind, jeweils RAID 5 geschrieben – gemäß des Funktionsprinzips dieses RAID-Sets, d.h. [n-1] Platten erhalten Daten, eine Platte enthält die Parity-Information. Die Blöcke werden auch in diesem Fall mehr oder weniger willkürlich über alle Platten der Diskgroup verteilt. Auf der Abbildung habe ich das RAID 5 jeweils bestehend aus vier Blöcken gezeichnet.

Die Funktion des EVA-Systems ist hier natürlich stark vereinfacht dargestellt, man erkennt aber die Vorteile:

▶ Eine dedizierte Speicherplatzreservierung auf den Platten ist nicht notwendig. Natürlich weist man einem Server beispielsweise 150 GB Festplattenspeicher zu, das EVA-System belegt diesen Platz aber erst, wenn er tatsächlich benötigt wird.

▶ Das Vergrößern des für einen Server bereitgestellten Speichers ist ebenfalls einfach – eben deshalb, weil nicht konkrete Speicherbereiche vorbelegt werden.

▶ Es werden stets alle Platten einer Diskgroup verwendet – bekanntlich wird die Performance besser, wenn mehr Spindeln gleichzeitig verwendet werden.

► Für jeden Anwendungsfall kann jeweils der am besten geeignete RAID-Level ausgewählt werden.

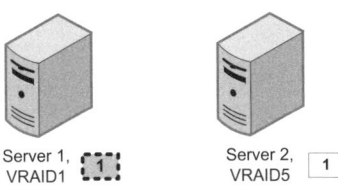

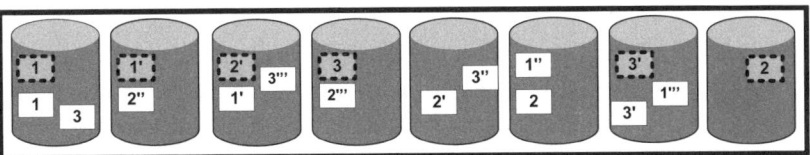

Abbildung 4.28 Funktionsprinzip der controller-basierten Virtualisierung mit Hewlett Packard EVA-Systemen

Obwohl sich diese Technologie faszinierend anhört, muss man sich über folgende Aspekte im Klaren sein:

► Auch dieses System kann letztendlich nicht zaubern. Auch wenn ich mich wiederhole: Performance erwächst aus der Parallelität von möglichst vielen Festplatten, will sagen: Wenn Sie für die an ein EVA-System anzuschließenden Server aus Performance-Gründen normaler Weise 40 lokale Platten planen würden, wird ein EVA-System mit 14 Platten nicht die gewünschte Leistung bringen. Das Performance-Verhalten ist aufgrund der Nutzung aller Platten der Diskgroup bei gleichzeitig individuellen RAID-Leveln generell gut, aber auch hier gilt der aus dem Leben bekannte Spruch: Wo nichts ist (= genügend parallele Platten) kann auch nichts werden (= Storage-Performance)!

► Die Virtualisierung bringt primär dann wirklich Vorteile, wenn Sie viele Server an das System anschließen. Wenn Sie »nur« drei große Server mit jeweils zwei Speicherbereichen anschließen, kann man ebenso gut mit dedizierten Platten arbeiten.

► Allen Datenbank-Spezialisten werden sich die Nackenhaare kräuseln, wenn sie hören, dass Datenbanken und Logfiles letztendlich im selben physikalischen Bereich (Diskgroup) liegen, auch wenn diese sich kein gemeinsames RAID-Set teilen; zudem befinden sich auf dieser Diskgroup ggf. auch Ressourcen anderer Server, wie beispielsweise Fileshares, Exchange etc. Bei Verwendung des EVA-Systems haben Sie in der Tat keine Kontrolle mehr darüber, wo die einzelnen Daten gespeichert werden. Die Controller optimieren zwar, aber gewissen »Eingriffsmöglichkeiten« wären wünschenswert. Diese existieren in der Form, dass Sie mehrere Diskgroups anlegen können. Bei der Planung wird man dafür sorgen, dass in den Diskgroups diejenigen Speicherbereiche mit ähnlichem Zugriffsverhalten zusammengelegt werden. Eine größere EVA-Installation wird also aus mehreren Diskgroups bestehen, auf die gemäß sorgfältiger Planung die Speicherbereiche verteilt werden. Auch im EVA-Bereich ist die Devise nicht »anschalten und alles ist perfekt«.

▶ Die EVA-Systeme sind keine Entry-Level-Systeme. Auch wenn eine EVA 3000 mittlerweile recht preisaggressiv angeboten wird, ist es vom Preisgesichts-punkt her kein System, dass man für die Speicherkonsolidierung von drei Ser-vern in einer kleinen Umgebung verwenden wird. In so einem kleinen Umfeld wird man ohnehin von der Virtualisierung bei weitem nicht so profi-tieren können, wie in einer Landschaft mit zehn zu konsolidierenden Servern.

▶ Zum Zeitpunkt der Erstellung dieses Kapitels (Januar 2005) sind die EVA-Systeme nur mit FibreChannel-Konnektivität erhältlich – nicht mit iSCSI.

4.6.2   SAN-basierte Virtualisierung

Die im vorherigen Abschnitt vorgestellte controller-basierte Virtualisierung trennt letztendlich den Server von der »konkreten« Festplatte, d.h. die Server »wissen« nicht mehr, auf welchen physikalischen Festplatten die geschriebenen oder gelesenen Daten gespeichert werden.

Man kann diese Virtualisierung natürlich weiterführen. Stellen Sie sich eine große Umgebung vor, in der neben vielen Servern nicht nur ein, sondern meh-rere Storage-Systeme existieren. System-Architekten und Administratoren wer-den sich in einer solchen Umgebung mit recht großem Aufwand der Fragestel-lung widmen müssen, welche Speicherbereiche der Server sinnvoll auf welche Storage-Systeme gelegt werden können.

Die Wolke in Abbildung 4.29 deutet die Lösung dieses Problems an, nämlich eine Virtualisierungsschicht zwischenzuschalten, die dafür sorgt, dass jeder Ser-ver genügend große Speicherbereiche sieht, sich aber nicht Gedanken (Gedan-ken ist vermutlich eher das Thema des Administrators ...) machen muss, auf welchem Storage-System die Daten tatsächlich liegen. In dieser schönen heilen Welt sind Speicheraufrüstungen auch kein Problem mehr: alle Storage-Systeme sind voll? Kein Problem, fügen wir einfach eine weitere Maschine dazu!

Obwohl SAN-basierte Virtualisierung heute möglich ist, denke ich, dass diese in einer mittelständischen Umgebung (und für diese ist das Buch primär gedacht) nicht oder nur selten zum Einsatz kommen wird. Ist das vor zwei Jah-ren beschaffte Storage-System voll und nicht mehr aufrüstbar, wird man sich eher um ein günstiges Trade-In (= Rücknahme des alten Systems im Rahmen einer Neubeschaffung) bemühen und ein aktuelles größeres System beschaffen. In einer mittelständischen Umgebung würde ich das Geld, das der »Virtualisierer« kostet, in möglichst viele Festplatten, die dann intelligent eingesetzt werden, investieren – das dürfte im Endeffekt mehr bringen. So große Effekte durch einfachere Administration wird man auch in einer »groß-mittelständischen« Umgebung nicht erzielen können, zumal sich die Serverlandschaft ja auch nicht täglich ändert. Für eine Konzern-IT mit hunderten von Servern und dutzenden Storage-Systemen sieht die Welt natürlich anders aus.

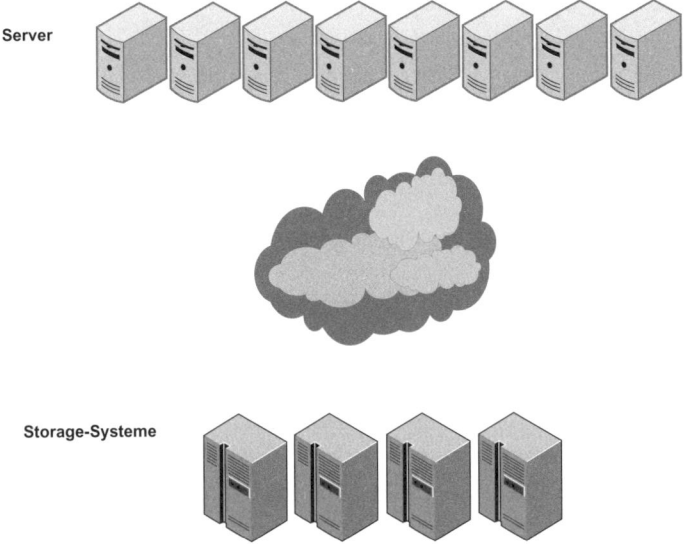

Abbildung 4.29 Eine große Umgebung mit vielen Servern und mehreren Storage-Systemen

Da man heute kein Buch über IT-Konzepte schreiben und dabei die SAN-basierte Virtualisierung unterschlagen kann, möchte ich Ihnen zumindest die beiden Grundkonzepte vorstellen.

In-Band-Virtualisierung

Bei der In-Band-Virtualisierung liegt der »Virtualisierer« im Datenstrom. Der Server sieht Speicherbereiche, die er mounten kann und von denen er lesen und schreiben kann. In Wahrheit wird ihm dieser vom Virtualisierer nur vorgegaukelt, denn der Speicher liegt auf den Storage-Systemen, mit denen der Server aber nicht direkt Daten austauscht.

Wie in Abbildung 4.30 angedeutet, bestehen die Virtualisierer häufig aus einem Cluster; beispielsweise dem IBM SAN Volume Controller (SVC) liegt ein x-Series-Cluster (x-Series sind Intel-basierte Server) zugrunde.

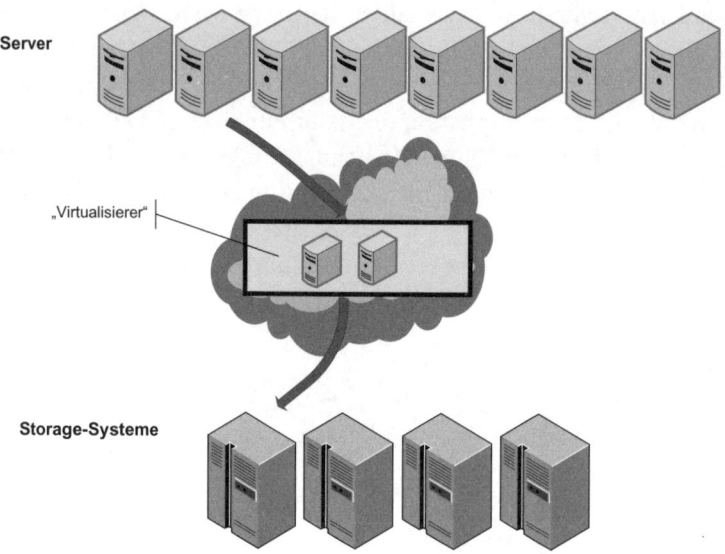

Abbildung 4.30 Funktionsweise der In-Band-Virtualisierung

Out-of-Band-Virtualisierung

Das Prinzip der Out-of-Band-Virtualisierung ist in Abbildung 4.31 gezeigt. Hauptmerkmal ist, dass der Virtualisierer nicht im Datenpfad liegt. Ein spezieller Treiber auf dem Server sorgt dafür, dass die Metadaten (welcher Block auf welchem Speichersystem?) vom Virtualisierer abgerufen werden, der Zugriff auf den Speicher erfolgt dann direkt über FibreChannel-Switches.

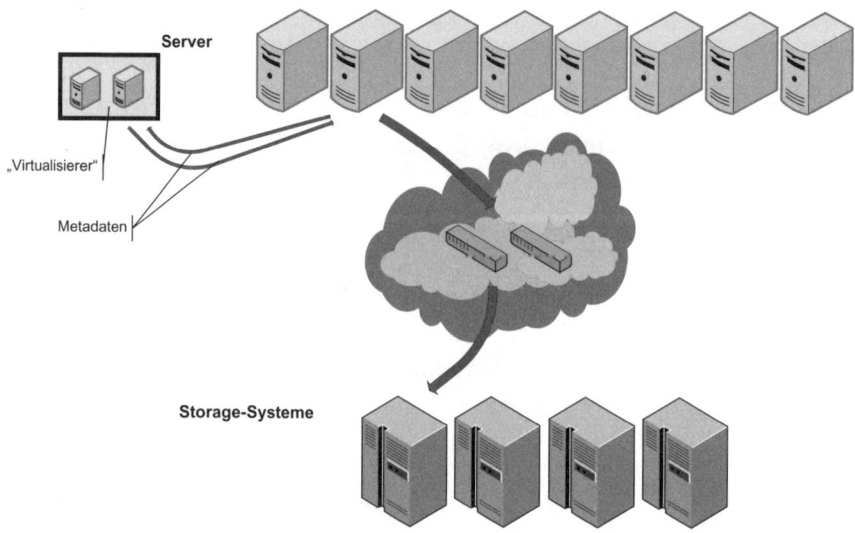

Abbildung 4.31 Funktionsweise der Out-of-Band-Virtualisierung

4.7 Hochverfügbarkeit und redundantes Rechenzentrum

Im bisherigen Verlauf habe ich es bereits mehrfach angedeutet, dass erweiterte Maßnahmen zu treffen sind, wenn die Anforderungen an die Verfügbarkeit hoch sind. Es sind zwei Hauptkomponenten, die zu berücksichtigen sind:

▶ Server bzw. die darauf laufenden Dienste wie SQL, Exchange oder Fileservices

▶ Storage, also der Speicher, der von den Diensten gebraucht wird.

Wenn Sie darauf angewiesen sind, dass Ihre IT-Infrastruktur jederzeit zur Verfügung steht, werden Sie ein redundantes Rechenzentrum aufbauen müssen, so dass sowohl die Server als auch der Plattenspeicher an zwei getrennten Standorten vorhanden sind (Abbildung 4.32).

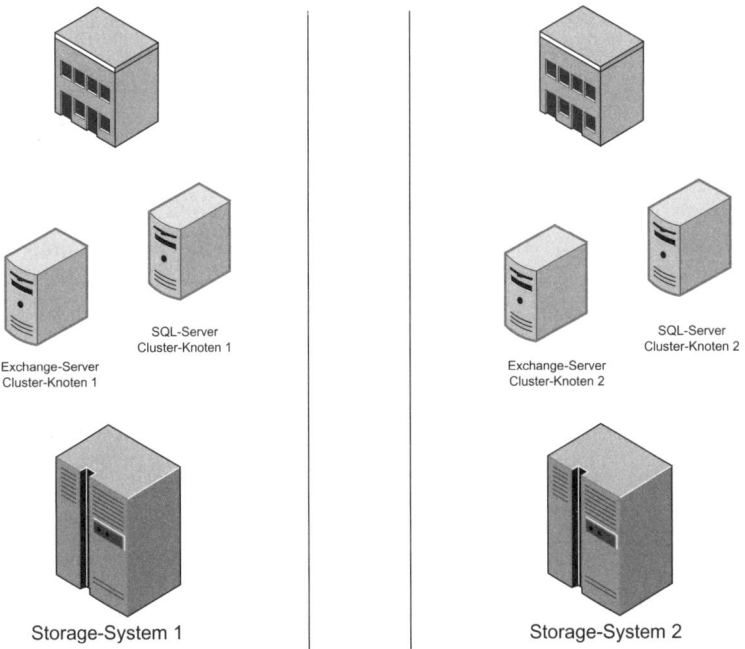

Abbildung 4.32 Redundantes Rechenzentrum: Server und Storage sind an beiden Standorten vorhanden.

Der Aufbau eines redundanten Rechenzentrums muss nun nicht notwendiger Weise eine Investition im Millionen-Bereich sein – es ist immer eine Frage der Anforderungen und des Lösungswegs.

Halten Sie sich bei den Überlegungen bitte stets vor Augen, dass besonders der Speicherbereich redundant (= auf beiden Seiten des Rechenzentrums) vorhanden sein muss. Der Ausfall des Storage-Systems bedeutet bezüglich der beiden Aspekte der Verfügbarkeit:

▶ Wiederherstellungszeit: Wenn mehrere hundert Gigabyte oder gar ein oder mehrere Terabyte zurückgesichert werden müssen, wird das mehrere Stunden eventuell mehrere Tage dauern.

▶ Datenverlustzeit: Wenn Sie keine ergänzenden Maßnahmen treffen, bedeutet der Ausfall des Storage-Systems, dass Sie alle geänderten Daten seit der letzten Sicherung verlieren

Um es nochmals ganz deutlich zu sagen: Wir sprechen bei der Störfallvorsorge nicht von der Landung einer Boeing 747 auf dem Serverraum, sondern von einem lokalen Brand (z.B. Kabelbrand), einem Wasserschaden oder einfach von einem Ausfall des Storage-Systems durch Controllerdefekt oder Verlust mehrerer Platten in einem RAID-Set – also einem Fall, der zwar hoffentlich nie vorkommen wird, der aber auch nicht ganz unwahrscheinlich ist.

4.7.1 Redundantes Rechenzentrum in speicherkonsolidierter Umgebung

Eine speicherkonsolidierte Umgebung eignet sich prinzipiell besonders gut für den Aufbau eines redundanten Rechenzentrums, es gibt allerdings mehrere Möglichkeiten, die vor dem Hintergrund der individuellen Anforderungen bewertet werden müssen.

Infrastruktur

Zunächst ist die Infrastruktur zu planen. Installationen in diesem Anforderungssegment werden zwar zumeist mit einer FibreChannel-Infrastruktur durchgeführt werden, letztendlich spricht nichts gegen die Verwendung von iSCSI-Technologie.

Die erste Möglichkeit ist der Aufbau der Infrastruktur mit zwei Switches wie in Abbildung 4.33 gezeigt.

Offensichtlicher Vorteil dieses Aufbaus ist, dass zwei Switches weniger benötigt werden. Nachteilig ist, dass Sie zwischen den beiden Rechenzentren vergleichsweise viele Glasfasern benötigen.

Sollte ein Serverraum komplett ausfallen, beispielsweise durch Kabelbrand oder Wasserschaden, wird dieser vermutlich für eine längere Zeit (zumindest einige Tage) nicht mehr verwendbar sein. In diesem Fall kann das zweite Rechenzentrum zwar den Betrieb übernehmen, allerdings ist dieses nicht mehr pfadredundant – klar, es ist ja auch nur ein Switch vorhanden!

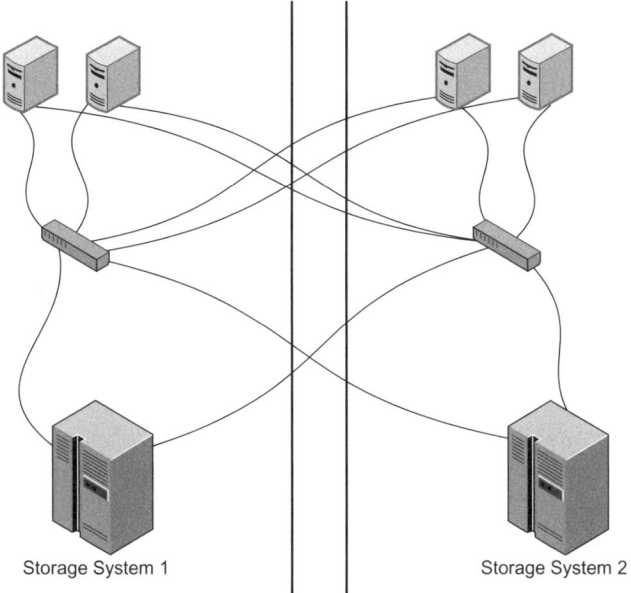

Storage System 1   Storage System 2

Abbildung 4.33 Redundantes Rechenzentrum mit zwei Switches

Das zweite Szenario setzt in beiden Rechenzentren zwei Switches ein (Abbildung 4.34). Im Gegensatz zur vorher gezeigten Lösung brauchen Sie weniger Fasern zwischen den Räumen, außerdem ist jede Seite in sich pfadredundant.

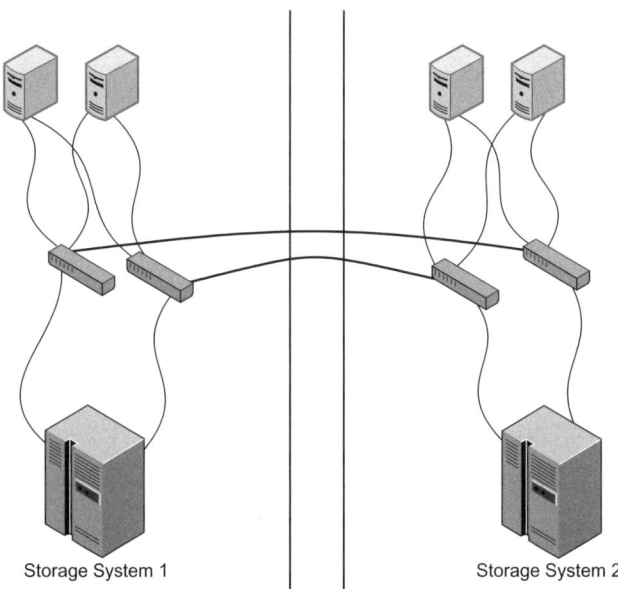

Storage System 1   Storage System 2

Abbildung 4.34 Redundantes Rechenzentrum mit vier Switches

Cluster

Bei Aufbau eines redundanten Rechenzentrums wird man die wesentlichen Serversysteme geclustert aufbauen, wobei die Cluster-Knoten zwischen den beiden Rechenzentren verteilt werden.

Beachten Sie bitte bei Mehrknoten-Clustern, dass genügend freie Kapazitäten für den Failover-Vorgang vorhanden sind: Ein Cluster-System bringt nichts, wenn es im Notfall dann doch nicht funktioniert, weil die noch vorhandenen Server völlig überlastet sind und diese die Ressourcen nicht aktivieren können.

Controller-basierte Spiegelung

Es ergibt sich nun die Frage, wie die Daten zwischen den Storage-Systemen gespiegelt werden können. Bei den »höherwertigen« (= nicht Entry-Level) Systemen kann als kostenpflichtige Option (Achtung: generell sehr teuer) die Funktion der controller-basierten Spiegelung erworben werden.

Der Ablauf der symmetrischen controller-basierten Spiegelung ist in Abbildung 4.35 gezeigt.

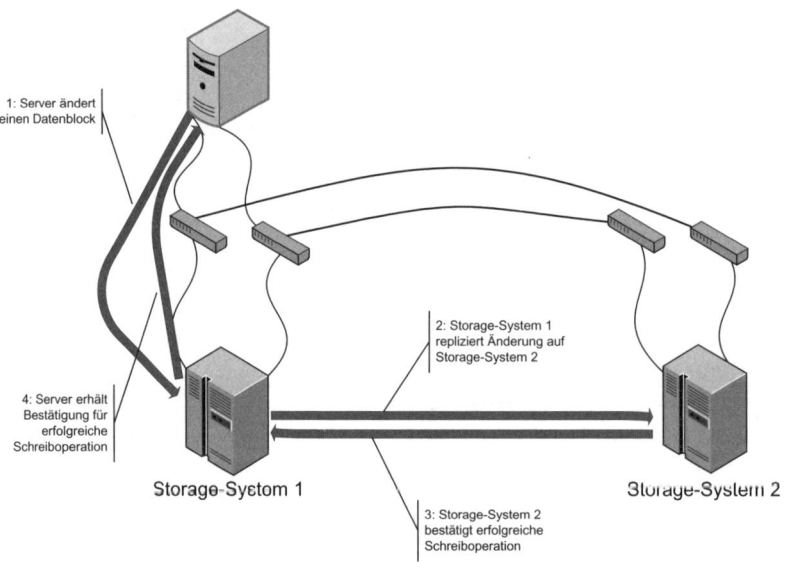

Abbildung 4.35 Ablauf der symmetrischen controller-basierten Spiegelung

Der Ablauf in Kurzfassung:

1. Ein Server schreibt/ändert einen Block auf dem Storage-System.

2. Das primäre Storage-System repliziert diesen Block auf das sekundäre System.

3. Das sekundäre System informiert das primäre System, dass die Schreiboperation erfolgreich war.

4. Das primäre Storage-System meldet dem Server die erfolgreiche Beendigung des Schreib-/Änderungsvorgangs.

Folgende Aspekte gilt es noch zu beachten:

▶ Sie müssen entscheiden, wie sich das Gesamtsystem verhalten soll, wenn das primäre System die Verbindung zum sekundären System verliert. Wenn das wichtigste Ziel ist, dass Sie absoluten Datengleichstand zwischen beiden Systemen haben, muss das Komplettsystem stehen bleiben. Alternativ kann das primäre System weiterlaufen und die aufgelaufenen Änderungen an das sekundäre senden, sobald die Verbindung wieder hergestellt ist.

▶ Wenn zwischen den beiden Storage-Systemen keine Glasfaserstrecke liegt, sondern nur eine langsamere Verbindung (z.B. ATM, FCIP oder iFCP) besteht, würde die synchrone Spiegelung das System signifikant ausbremsen – schließlich ist die Schreiboperation aus Sicht des Servers erst beendet, wenn beide Systeme geschrieben haben. In diesem Fall wird man im Allgemeinen eine asynchrone Replikation wählen: Hierbei wird die Schreiboperation direkt nach dem Schreiben auf das primäre System als erfolgreich an den Server zurückgemeldet, die Replikation auf das sekundäre System wird parallel durchgeführt, läuft aber zeitlich nach. Die Datenbestände auf den Storage-Systemen sind bei der asynchronen Spiegelung nicht zu jeder Zeit absolut identisch.

Beim Ausfall des primären Storage-Systems sind einige Schritte notwendig:

▶ Dem sekundären Storage-System muss mitgeteilt werden, dass es nun das Hauptsystem ist. Dies kann scriptgesteuert erfolgen.

▶ Die Server müssen auf ein anderen Storage-System zugreifen. Auch hierfür gibt es Software, die diese Maßnahme durchführt.

Generell gilt es zu entscheiden, ob Sie eine Maschine entscheiden lassen, dass das primäre Storage-System ausgefallen ist und die Funktionen geschwenkt werden oder ob ein Administrator diese Entscheidung treffen soll. Für letztere Vorgehensweise gibt es durchaus gute Gründe, es wäre zumindest möglich, dass die Fehlererkennung anschlägt, obwohl das primäre Storage-System sehr wohl noch funktioniert, beispielsweise wegen eines Kommunikationsproblems des Überwachungsrechners.

Host-basierte Spiegelung

Als Alternative zur controller-basierten Spiegelung der Storage-Systeme kann eine host-basierte Spiegelung eingesetzt werden. Die Funktionsweise ist in Abbildung 4.36 gezeigt und eigentlich verblüffend einfach: Man sorgt einfach dafür, dass die Server die Daten auf beide Storage-Systeme gleichzeitig schreiben – im Endeffekt ist das ein server-basiertes RAID 1.

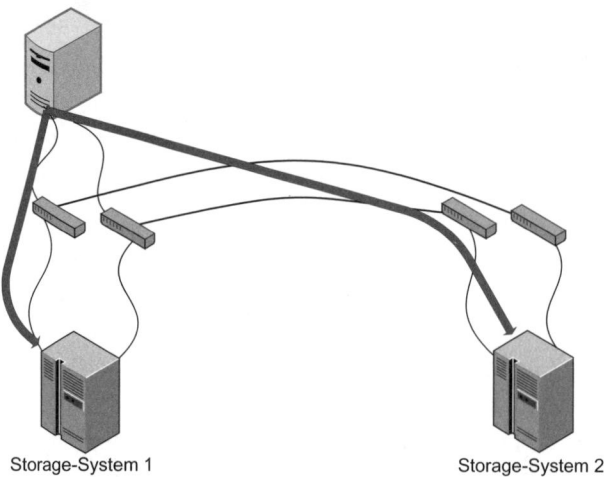

Storage-System 1   Storage-System 2

Abbildung 4.36 Funktion der host-basierten Spiegelung

Auf beiden Storage-Systemen wird eine identische Plattenkonfiguration eingerichtet, auf dem Server werden beide Plattenbereiche angezeigt, mit dem Logical Disk Manager oder besser der Veritas Storage Foundation wird eine Spiegelung eingerichtet.

Veritas Storage Foundation (früher hieß das Produkt »Veritas Volume Manager«) ist letztendlich die Vollversion des Logical Disk Managers und bietet zum einen deutlich mehr Funktionen und ist die Basis für viele weitere Veritas Storage-Produkte wie dem Volume Replicator, dem Veritas Cluster etc.

In Abbildung 4.37 ist eine Anzeige der Veritas Storage Foundation zu sehen: Das Volume Q: liegt auf einem Spiegel aus Harddisk3 und Harddisk4. Die beiden Platten-Devices sind Speicherbereiche auf zwei FibreChannel-Storage-Systemen.

Bei Ausfall eines Storage-Systems wird der Server mit den Daten des verbleibenden Storage-Systems arbeiten. Der Failover-Fall ist hier vergleichsweise einfach, weil der Server mit dem verbliebenen System, mit dem er ja ohnehin bereits aktiv kommuniziert, weiterarbeiten kann – ohne dass wie bei der controller-basierten Lösung großartig Funktionen geschwenkt werden müssten.

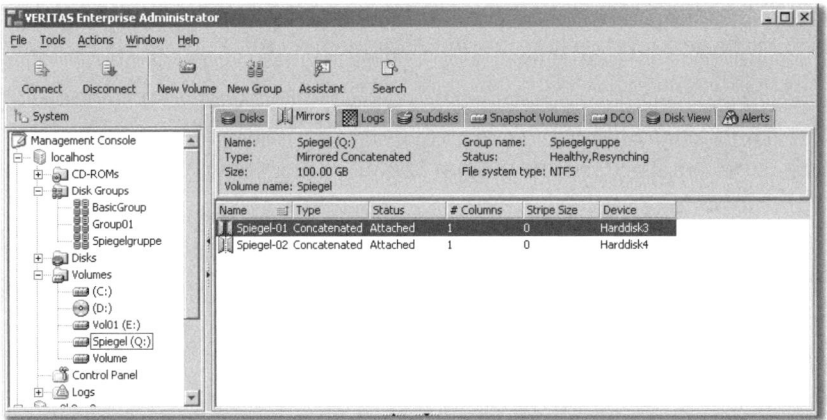

Abbildung 4.37 Konfiguration der Replikation in Veritas Storage Foundation

Ist das ausgefallene Storage-System wieder da, müssen natürlich die Änderungen nachgefahren bzw. die Spiegel komplett neu aufgebaut werden.

Bezüglich der Performance ist Folgendes zu vermelden:

▶ Lesevorgänge werden etwas schneller durchgeführt werden, weil von beiden Storage-Systemen gelesen werden kann.

▶ Bei Schreibvorgängen ist natürlich die doppelte Datenmenge zu transportieren, weil der Server die geänderten Daten schließlich zu zwei Storage-Systemen transportieren muss. Das Performance-Nadelöhr ist im Allgemeinen aber die Platten- bzw. RAID-Performance und nicht die Breite des Transportwegs. Sofern die Bandbreite zwischen FibreChannel Host Bus Adapter und Switch genügend breit ist, dürfte das doppelte Schreiben kein Performance-Problem darstellen. Das softwaremäßige Bilden eines Spiegels stellt nur eine geringe Prozessorbelastung da. Die Situation muss natürlich jeweils konkret nachgerechnet werden!

▶ Wichtig ist, dass beide Storage-Systeme hochperformant an den Server angebunden sind. Wenn ein System direkt über FibreChannel und das andere über eine langsame FCIP- oder iFCP-Strecke angebunden ist, wird die Gesamtperformance dem langsameren System entsprechen – die hostbasierte Spiegelung ist immer synchron!

Signifikante Vorteile der host-basierten Spiegelung sind:

▶ Die Lösung ist vergleichsweise preiswert. Ein zweites Stroroage-System nebst Platten muss sowohl bei der controller- als auch bei der host-basierten Lösung beschafft werden. Die Lizenzen für die controller-basierte Spiegelung sind durchgängig bei allen Herstellern sehr teuer.

▶ Die host-basierte Spiegelung funktioniert mit allen Storage-Systemen. Die controller-basierte Spiegelung ist im Allgemeinen für Entry-Level-Systeme nicht erhältlich.

Natürlich ist es möglich auch bei Verwendung der host-basierten Spiegelung möglich, an beiden RZ-Standorten einen Server zu platzieren, um die Funktion (z.B. SQL, Exchange etc.) zu clustern.

Host-basierte Replikation

Im vorherigen Abschnitt hatte ich bereits erwähnt, dass bei der host-basierten Spiegelung beide Speichersysteme hochperformant an die Server angebunden sein müssen, also über direkte FibreChannel-Verbindungen oder über iSCSI auf Gigabit-Ethernet-Basis. Die Voraussetzung für den sinnvollen Aufbau eines redundanten Rechenzentrums ist natürlich, dass die redundanten Komponenten sich auch tatsächlich in einem entfernten Raum befinden, genauer gesagt in einem anderen Brandabschnitt, besser noch in einem anderen Gebäude oder auf einem anderen Gelände. Klar, ein zweites Rechenzentrum im Raum nebenan aufzubauen macht wenig Sinn – im Fall eines lokalen Brandes brennen beide Rechenzentrum in wunderbarer Eintracht ab. Der Fall, dass der optimale Standort für das zweite Rechenzentrum nicht über eine direkte Glasfaser angebunden werden kann, ist sicherlich nicht ganz unwahrscheinlich – der nun folgende Abschnitt wird sich mit der Lösung dieses Problems befassen.

Für das beschriebene Problem gibt es eine Lösung, nämlich die blockweise Replikation, deren Funktionsprinzip in Abbildung 4.38 gezeigt ist:

▶ Der Server im primären Rechenzentrum (linke Abbildung) schreibt Daten auf das Storage-System an seinem Standort.

▶ Die geänderten Daten werden blockweise von einer Replikationssoftware zu einem Server am sekundären Standort übertragen. Das Replikationsziel muss ein Server sein, eine Replikation direkt auf das Storage-System ist nicht möglich. Dies sollte allerdings kein Problem darstellen, denn das redundante Rechenzentrum kann nur den Betrieb übernehmen, wenn dort auch entsprechende Serversysteme bereitstehen. Nur die Daten und keine verarbeitenden Server zu haben, dürfte letztendlich wenig sinnvoll sein.

▶ Der Server des sekundären Standorts schreibt die Daten auf »sein« Storage-System.

Auf schmalbandigen Strecken muss die Replikation asynchron laufen, was allerdings bedeutet, dass die Datenbestände auf dem sekundären System »nachlaufen«, also nicht zu jeder Zeit 100 %ig übereinstimmen. Ist die Strecke zwischen den Rechenzentren breitbandig genug, könnte man natürlich auch synchron replizieren.

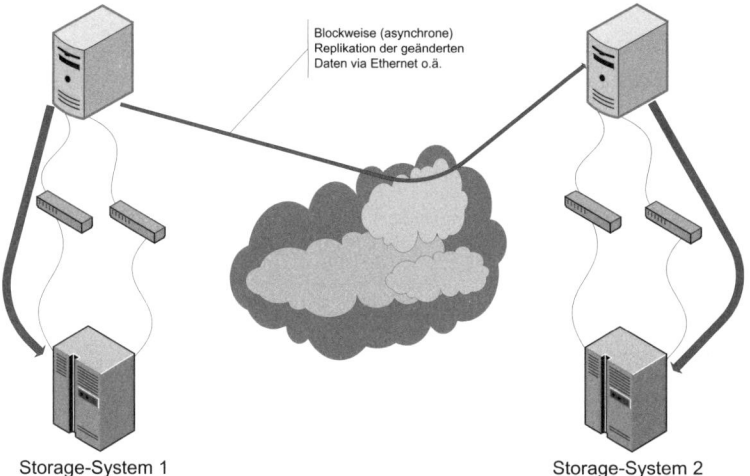

Blockweise (asynchrone)
Replikation der geänderten
Daten via Ethernet o.ä.

Storage-System 1   Storage-System 2

Abbildung 4.38 Host-basierte Replikation

Abbildung 4.39 zeigt den schematischen Aufbau des Speichersystems eines
Servers. Der Replikator liegt sozusagen zwischen Filesystem und Volume
Manager, woraus sich ergibt, dass immer nur komplette Volumes und keine
einzelnen Files oder Verzeichnisbäume repliziert werden können.

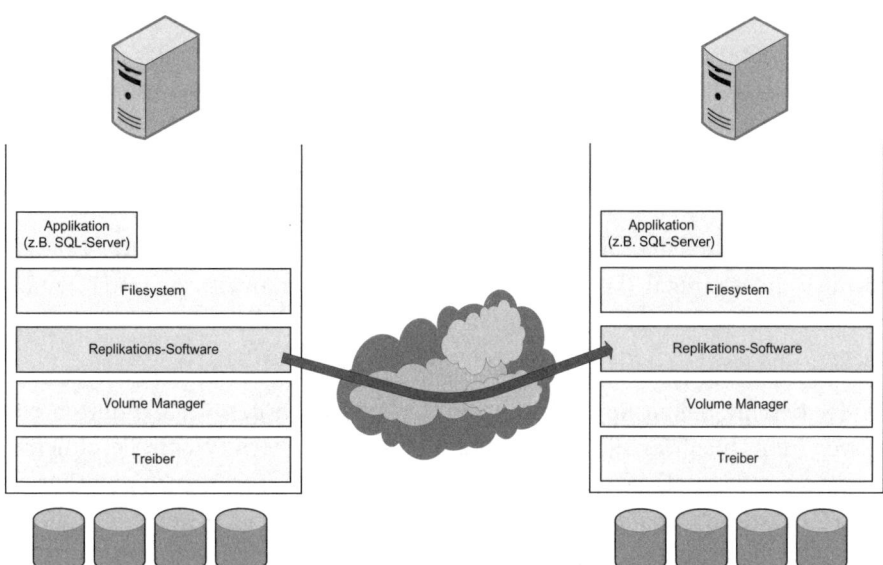

Abbildung 4.39 Host-basierte Replikation, beispielsweise mit Veritas Volume Replicator

Eine bewährte Replikationssoftware ist Veritas Volume Replicator. Dieses Produkt ist ein Add-On zu Veritas Storage Foundation, welches Sie bereits in die-

sem Buch kennen gelernt haben. Storage Foundation mit der Volume Replicator-Option muss auf beiden Maschinen installiert sein, die Konfiguration erfolgt am primären System (Abbildung 4.40).

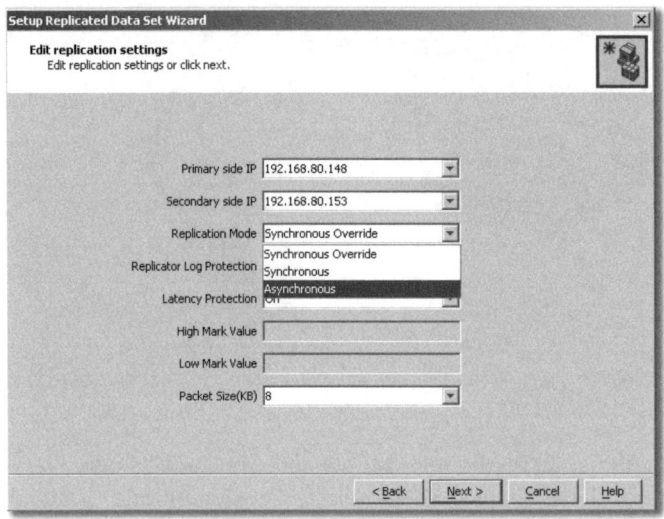

Abbildung 4.40 Anlegen einer Replikation im Veritas Volume Replicator

Komplexe Systeme wie den Volume Replicator zu installieren, ist die eine Sache, sie optimal einzustellen, die andere. In der Einrichtungs- und »Einschwingphase« ist es sehr wichtig, möglichst genaue Daten über das Replikationsverhalten zu sammeln. Viele Informationen bekommen Sie in der »Monitor View« der Administrationsoberfläche von Storage Foundation und Volume Replicator.

Natürlich gilt auch hier, dass es unbedingt notwendig ist, den Failover-Fall tatsächlich auch einmal (besser mehrfach und alle Varianten) zu testen. Auch Volume Replicator-basierte Szenarien bieten einige »Fallstricke« – das spricht nicht gegen das Produkt, sondern zeigt dessen Komplexität.

In der beschriebenen Konstellation, in der jeweils an den RZ-Standorten ein Server steht, bietet es sich natürlich an, diese zu clustern. Wenn Sie ohnehin Replikationstechnologie von Veritas verwenden, liegt es nah, auch den Cluster dieses Herstellers zu nutzen; die Integration von Veritas Cluster und Volume Replicator ist recht eng.

Um es ganz deutlich zu formulieren: Sie müssen keine Cluster-Konfiguration einsetzen, allerdings ist dann ein manuelles Eingreifen im Fehlerfall notwendig. Die Daten sind zwar auf dem sekundären Storage-System vorhanden, allerdings läuft noch kein Dienst (z. B. SQL, Exchange), der auf diese Daten zugreift.

Wann host-basiert und wann controller-basiert?

Nachdem Sie nun sowohl die controller- als auch die host-basierte Spiegelung und Replikation kennen gelernt haben, stellt sich natürlich die Frage, welches die bessere Variante ist. Wie immer kann man eine seriöse pauschale Antwort nicht geben, allerdings möchte ich Ihnen einige Aspekte, die Ihnen bei der Entscheidungsfindung helfen können, nennen:

▶ Falls Sie Betriebssysteme einsetzen, für die es keine Software zur Spiegelung oder Replikation gibt, müssen Sie notwendiger Weise zur controller-basierten Variante greifen. Dies gilt natürlich auch für Maschinen, auf denen Sie keine zusätzliche Software für Spiegelung oder Replikation installiert werden kann. Anmerkung: Wenn Sie ein *automatisches* Failover auf ein anderes Storage-System realisieren möchten, werden Sie auch im controller-basierten Szenario die Installation von Software nicht vermeiden können.

▶ Wenn Sie Storage-Systeme einsetzen, für die die Option der controller-basierten Replikation nicht verfügbar ist, werden Sie logischer Weise host-basiert vorgehen müssen. Das wird insbesondere bei Storage-Systemen aus dem Entry-Level-Bereich der Fall sein. Kritiker könnten hier entgegnen: »Wie passt das zusammen, Entry-Level Storage-System und redundantes Rechenzentrum?«. Ich finde sehr wohl, dass das passt! Wenn Sie aus Gründen von Kapazität oder Performance keine »größeren« (= teureren) Maschinen brauchen, sollten Sie ein Entry-Level-System auswählen. Natürlich wäre es schön, zwei High-End-Systeme für 1.000.000 Euro auf die Rechenzentren zu verteilen. Vermutlich wird so ein Vorhaben von den wenigsten Geschäftsführern unterstützt und finanziert werden. Es wäre katastrophal, wenn die Konsequenz dann wäre, dass kein redundantes Rechenzentrum aufgebaut wird – sprich garnichts unternommen wird, weil die De-Luxe-Lösung nicht finanzierbar war.

▶ **Kosten**: Womit wir auch schon bei den Kosten wären. Wenn Sie Preise für die controller- und die host-basierte Lösung einholen, werden Sie einen eklatanten Preisunterschied feststellen. Die controller-basierte Variante wird deutlich teurer sein.

▶ **Leistung/Performance**: Man könnte auf die Idee kommen, dass die wesentlich teurere controller-basierte Replikation deutlich performanter wäre. Wie zu fast jedem anderen IT-Thema auch, haben sich diverse »Forschungsinstitute« dem Thema angenommen und festgestellt, dass die host-basierten Varianten zum Teil deutlich schneller als controller-basierte Spiegelungen sind. Natürlich muss bei der host-basierten Spiegelung der Server doppelt so viele Daten schreiben, dies ist natürlich zu prüfen, im Allgemeinen sind aber die Platten und nicht die Übertragungswege das Problem.

- **Failover-Fall**: Sollte es tatsächlich zu dem Fall kommen, dass die Hosts nicht mehr auf das primäre Storage-System zugreifen können, ist der Failover-Fall bei der host-basierten Spiegelung einfacher zu handhaben – schließlich arbeitet der Server bereits mit dem sekundären Storage-System. Falls Sie eine host-basierte Replikation mit dem Volume Replicator (oder vergleichbarer Software) durchführen, bedeutet der Ausfall des Storage-Systems des primären Rechenzentrums, dass auch die Server des sekundären RZs aktiviert werden müssen – schließlich können die Server des primären RZs nicht auf das Storage-System des sekundären RZs zugreifen. Mit FCIP oder iFCP ließe sich der Zugriff »über Kreuz« zwar realisieren, allerdings wird die Performance zu wünschen übrig lassen, wenn nur eine langsame Verbindung zwischen den Rechenzentrumsräumen existiert.

- **Verwaltung**: Bei der host-basierten Spiegelung/Replikation müssen Sie die Replikation auf jedem Server überwachen, bei der controller-basierten Variante natürlich nur auf dem Storage-System. Nun ist es natürlich nicht so, dass Sie auf jedem Server täglich eine Stunde zur Verwaltung der Replikation benötigen, in sehr großen Umgebungen könnte es aber durchaus ein messbarer Vorteil sein, nur einen »Replikationspunkt«, nämlich den Controller, kontrollieren und verwalten zu müssen.

Dieses Buch richtet sich primär an mittelständische IT-Umgebungen, demnach an Umgebungen, die zumeist eine eher überschaubare Anzahl von Servern betreiben – zumindest was Server betrifft, die »replizierungswürdige« Produktivdaten enthalten. Man kann in einem Buch nicht pauschal den »besten Weg« propagieren, ich würde aber jedem mittelständischen IT-Leiter empfehlen, dass er sich die host-basierten Spiegelungs- und Replikationsmöglichkeiten sehr genau anschaut, bevor er Geld für eine wesentlich teurere controller-basierte Variante ausgibt.

Bedenken Sie immer, dass die IT-Umgebung nicht nur von einem leistungsfähigen Server-Rückgrat lebt, sondern dass auch Maßnahmen zur Steigerung der Benutzereffizienz in den meisten Umgebungen dringend notwendig sind – verbrauchen Sie also nicht das komplette Budget für ein Storage-Projekt!

4.7.2 Redundantes Rechenzentrum für einzelne Server

Die Überschrift hört sich zunächst vielleicht ein wenig paradox an, sie ist es aber nicht: Wenn Sie sich gegen ein zentrales Storage-System entscheiden, trotzdem aber die Anforderung haben, dass Ihre wesentlichen Daten jederzeit redundant an unterschiedlichen Standorten vorgehalten werden müssen und im Ernstfall innerhalb kürzester Zeit die Funktionen wieder bereitstehen, müssen alternative Wege gefunden werden.

Die hier anzuwendende Funktionsweise entspricht letztendlich der zuvor unter der Überschrift »Host-basierte Replikation« beschriebenen Vorgehensweise: Eine Replikationssoftware überträgt die geänderten Blöcke eines Volumes an einen entfernten Server, welcher die Daten auf seine Festplatten schreibt (Abbildung 4.41). Eine geeignete Software ist der bereits vorgestellte Veritas Volume Replicator, der ein Addon-Produkt der Veritas Storage Foundation ist.

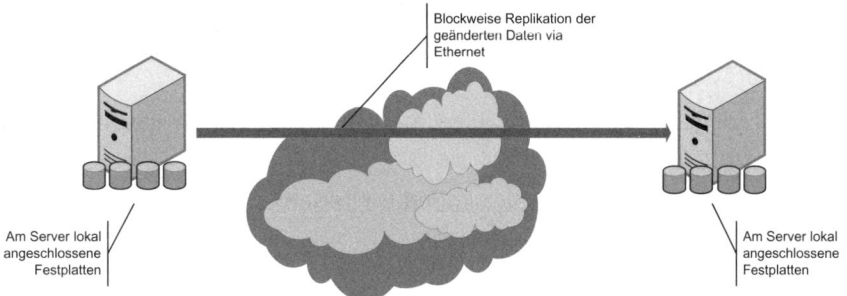

Abbildung 4.41 Blockweise Replikation der Daten zwischen zwei Servern

Der logische (aber nicht zwingend notwendige Schritt) wäre, die beiden Maschinen zu clustern, also dafür zu sorgen, dass auf der sekundären Maschine bei Ausfall der ersten automatisch auch die zum Zugriff auf die Daten benötigte Applikation, beispielsweise SQL Server, Oracle oder Exchange, gestartet wird. Das entstandene Konstrukt ist dann ein replizierter Cluster. Wenn Sie für die Replikation Veritas Technologie (Volume Replicator) verwenden, liegt es aufgrund der hohen Integrationstiefe der Produkte nah, den Veritas Cluster zu verwenden.

Eine alternative Lösung zu der Kombination auf Veritas Cluster und Volume Replicator ist von Legato erhältlich: »Co-Standby Server Advanced« bietet ebenfalls die Funktionalität zum Aufbau eines replizierten Clusters.

4.8 DFS – Distributed File System

Eine sehr interessante Möglichkeit im Windows-Umfeld ist DFS, das Distributed File System. Viele Administratoren denken beim Stichwort DFS vor allem an »Verschiedene Server unter einer Freigabe«, was ja auch durchaus richtig ist. Da DFS aber viel universeller eingesetzt werden kann, wird dieses Kapitel einige Möglichkeiten vorstellen, die Sie eventuell in Ihren Planungen nutzen können.

4.8.1 Grundfunktion

Die Grundfunktion von DFS ist die Bereitstellung von Freigaben unterschiedlicher Server unterhalb einer gemeinsamen Freigabe.

In Abbildung 4.42 sehen Sie ein Beispiel. In diesem Szenario ist jedes Jahr ein neuer File-Server aufgesetzt worden – vielleicht kein ganz realistisches Szenario, aber Sie erkennen, wie DFS funktioniert:

▶ Der Client verbindet sich mit dem DFS-Root. Im Fall eines Domänenstammes ist dies der Name der Domain und des DFS-Stammes, also \\centince.net\Daten.

▶ In dieser Freigabe sieht man diverse Unterverezeichnisse, die jeweils auf die Freigabe eines Servers verweisen.

▶ Datenpfade: Der Zugriff auf die Daten des File-Servers erfolgt direkt – nicht über den Server, der den DFS-Root führt.

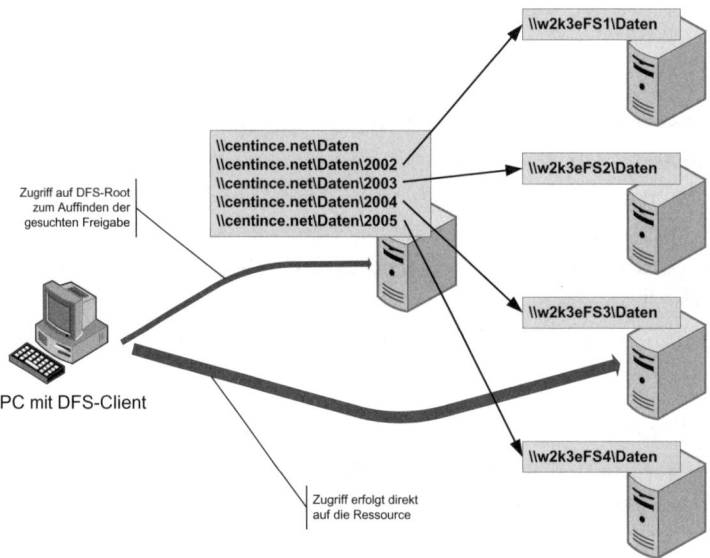

Abbildung 4.42 DFS im Einsatz: Freigaben verschiedener Server werden unterhalb einer DFS-Freigabe gefunden.

Die Freigaben, auf die verwiesen wird, müssen übrigens nicht zwingend Windows Server sein, prinzipiell wäre hier auf eine NetWare- oder NFS-Share möglich. Allerdings müssen alle Clients, die zugreifen sollen, das entsprechende Protokoll unterstützen, also beispielsweise über NFS-Client-Software verfügen.

Aus Sicht eines zugreifenden Clients stellt sich das oben vorgestellte Szenario wie in Abbildung 4.43 dar.

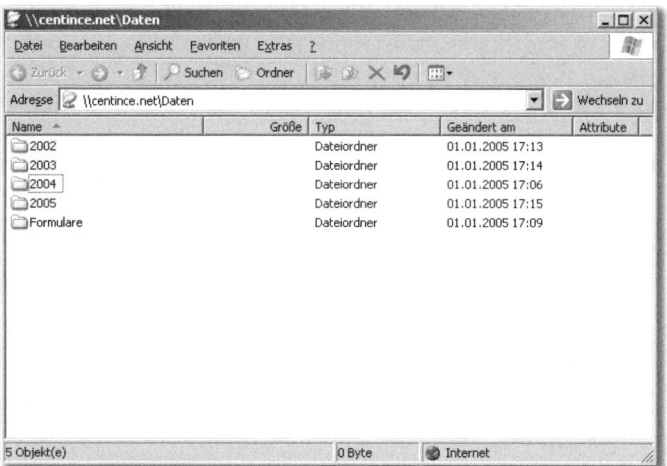

Abbildung 4.43 Eine DFS-Freigabe im Explorer

Betriebsmodi

Unter der Voraussetzung, dass ein Active Directory in Ihrer Umgebung vorhanden ist, können Sie einen »Domänenstamm« oder einen »Eigenständigen Stamm« erstellen.

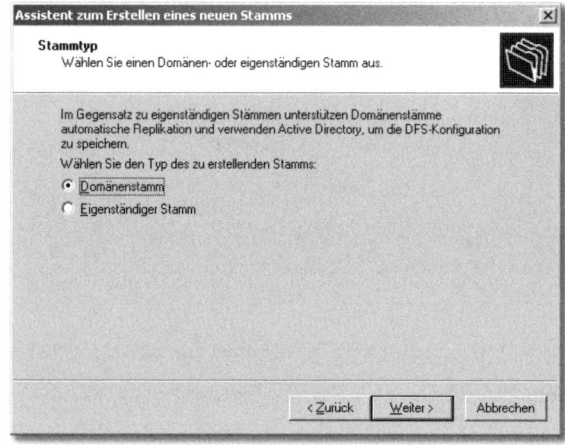

Abbildung 4.44 Auswahl des DFS-Stammtyps

Auf einen DFS-Domänenstamm greifen Sie wie in dem zuvor gezeigten Beispiel zu, also \\domain.int\stammname.

Ein »Eigenständiger Stamm« ist immer an »seinem« Server aufgehängt, der Zugriff erfolgt über \\computername\stammname.

Die Verwendung eines Domänenstammes bietet einige Vorteile, insbesondere in Hinblick auf Redundanz und Replikation – ein paar Zeilen später erfahren Sie mehr über die dahinter liegenden Konzepte.

Voraussetzungen

In der folgenden Tabelle ist aufgetragen, welche Betriebssysteme als DFS-Client, -Root oder -Ziel verwendet werden können. Nochmals zu den Begrifflichkeiten:

▶ DFS-Client: Diese Betriebssysteme können als Client auf DFS-Shares zugreifen.

▶ DFS-Root: Ein DFS-Root ist der primäre Anlaufpunkt, wenn ein Client auf eine DFS-Struktur zugreifen möchte.

▶ DFS-Ziel: Diese Server stellen Ressourcen (= Freigaben) innerhalb des DFS-Stammes zur Verfügung.

Betriebssystem	DFS-Client	DFS-Root	DFS-Ziel
Windows 2003 Server (Web, Standard, Enterprise, Datacenter)	Ja	Ja	Ja
Windows XP	Ja	Nein	Ja
Windows 2000 Server	Ja	Ja	Ja
Windows 2000 Professional	Ja	Nein	Ja
Windows NT4 Server	Ja	Ja (kein Domain-Mode)	Ja
Windows NT4 Workstation	Ja	Nein	Ja
Windows 98/Me	Ja (kein Domain-Mode)	Nein	Ja

Windows Storage Server kann, wie die anderen 2003-Server-Varianten, natürlich ebenfalls alle DFS-Rollen abbilden.

4.8.2 DFS und der File Replication Service

VORSICHT: Die hier gezeigten Möglichkeiten stehen nur zur Verfügung, wenn ein DFS-Domänenstamm verwendet wird.

Einige interessante Nutzungsmöglichkeiten bietet die Kombination aus DFS und dem File Replication Service. Das Grundprinzip ist simpel (Abbildung 4.45):

▶ Ein DFS-Verknüpfung verweist nicht nur auf ein, sondern auf mehrere Ziele, die auf verschiedenen Servern zu finden sind; es wird also auf mehrere Freigaben verwiesen.

▶ Durch geeignete Maßnahmen werden die Freigaben synchron gehalten.

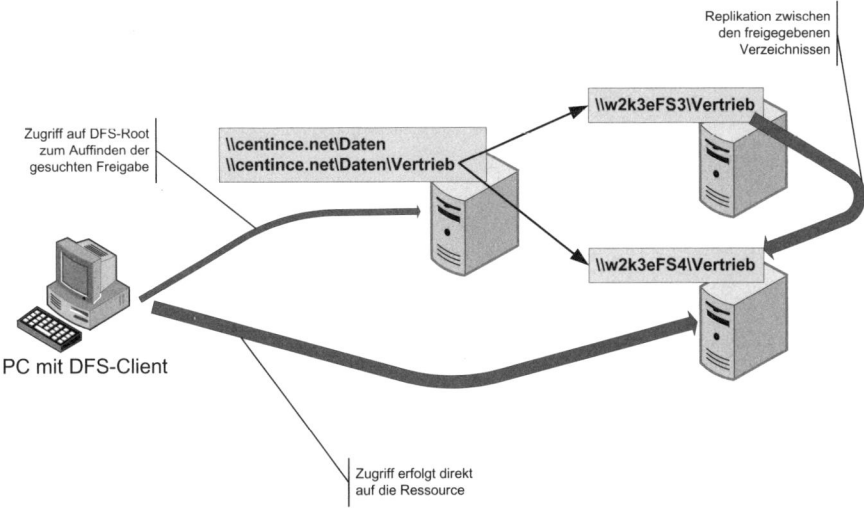

Abbildung 4.45 Eine DFS-Verknüpfung verweist auf mehrere inhaltsgleiche Shares.

Eine der Fragestellungen bei einer solchen Konfiguration ist, wie man die Freigaben auf den Servern synchron hält. Wenn Sie einen Domänenstamm (setzt Active Directory voraus!) verwenden, kann der File Replication Service verwendet werden (in deutschen Versionen heißt der Dienst »Dateireplikationsdienst«, ntfrs.exe).

Die Konfiguration ist einfach: Sie richten im »Verteiltes Dateisystem«-Snapin unterhalb eines Domänenstamms eine neue Verknüpfung ein und definieren für diese zwei Ziele (= zwei Freigaben). Bei der Einrichtung des zweiten Ziels können Sie dieses mittels Checkbox dem »Replikationssatz hinzufügen« (Abbildung 4.46).

Im Eigenschaften-Dialog der Verknüpfung findet sich die Konfiguration der Replikation, eingestellt werden kann (Abbildung 4.46).

▶ Replikationstopologie: Diese ist natürlich nur interessant bei mehr als zwei Replikationsteilnehmern. Bei komplexen Anforderungen können die Replikationswege manuell konfiguriert werden, ansonsten stehen einige »automatische« Varianten zur Verfügung.

▶ Zeitplan: Mittels dieser Einstellmöglichkeit können beispielsweise bestimmte Zeiten, in denen die WAN-Strecken stark belastet sind, ausgeschlossen werden.

▶ Filter: Mittels Filterfunktionen können Dateien (z.B. *.tmp, *.bak) und Unterverzeichnisse von der Replikation ausgeschlossen werden.

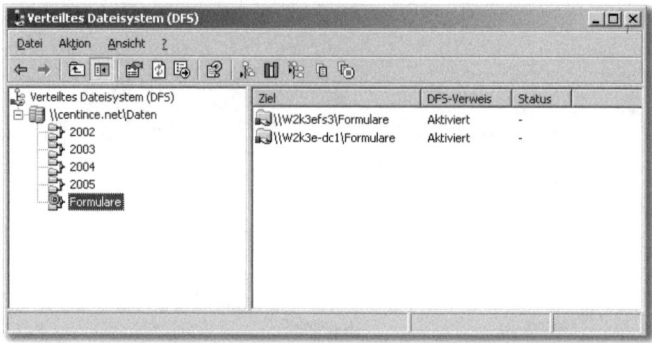

Abbildung 4.46 Konfiguration mehrerer Ziele für eine Verknüpfung im DFS-Snapin

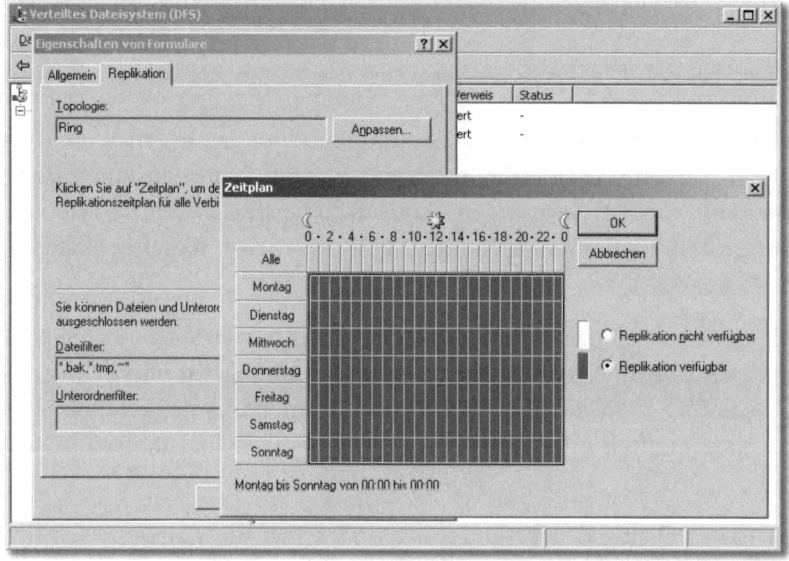

Abbildung 4.47 Konfiguration der Replikation

Der File Replication Service ist nicht so funktions-beladen wie »externe« Replikatoren wie beispielsweise der Veritas Storage Replicator, den Sie im Secondary Storage-Kapitel kennen lernen (dieses Produkt beherrscht beispielsweise auch eine Bandbreitenbeschränkung und die blockweise Replikation von Änderungen in offenen Dateien). Trotzdem lassen sich mit der Kombination aus DFS und File Replication Service einige wichtige Aufgabenstellungen lösen; einige Möglichkeiten lernen Sie in den nächsten drei Kapiteln kennen.

Anmerkung: Bei Verwendung eines »eigenständigen DFS-Stammes« (= ohne »Mitarbeit« der Domain) können Sie zwar auch einer Verknüpfung mehrere Ziele zuordnen, allerdings lässt sich in diesem Fall die Replikation mittels FRS nicht aktivieren.

4.8.3 Ausfallsicherheit

Generell ist in einer IT-Umgebung Ausfallsicherheit eines der wichtigsten Merkmale. Klassischer Weise verwendet man einen Cluster, um die Verfügbarkeit von File-Servern zu erhöhen. Das Distributed File System (DFS) kann durchaus eine Alternative sein, denn auch hiermit lassen sich redundante Umgebungen aufbauen.

Wenn Sie die vorherigen Abschnitte gelesen haben, wird Ihnen klar sein, dass DFS an zwei Stellen »empfindlich« ist:

▶ Der DFS Root, also die »Anlaufstelle« der Clients, an denen überhaupt die über DFS bereitgestellten Ziele dargestellt werden.

▶ Die DFS Ziele (= Freigaben auf den Servern) selbst.

Damit Sie die Architektur von domain-basiertem DFS besser verstehen können, habe ich die bisherigen Zeichnungen ein wenig erweitert (Abbildung 4.48) und beschreibe nochmals den Zugriff des Clients:

▶ Der Client ermittelt durch Active Directory-Anfrage den nächstgelegenen DFS Root-Server. Ist ein DFS Root-Server nicht verfügbar, suchen die Clients einen weiteren.

▶ DFS leitet die Clients nun zu den DFS-Zielen (Targets), also den Servern mit den entsprechenden Freigaben. Wenn ein solcher Server ausfällt, leitet DFS die Clients zu einem Server, dessen Freigabe als DFS-Target für dieselbe DFS-Verknüpfung konfiguriert ist.

Die Voraussetzungen für eine redundante File-Server-Umgebung mit DFS sind:

▶ Verwendung eines DFS Domänenstammes

▶ Redundante Active Directory-Domaincontroller: Steht kein Active Directory zur Verfügung, finden die Clients **gar nichts**!

▶ Redundante DFS Roots: Dies kann im DFS-Snapin konfiguriert werden (die DFS Roots könnten beispielsweise von den Domain Controllern bereitgestellt werden). Wichtig: Roots für domain-basiertes DFS können nicht auf Clustern liegen!

▶ Redundante DFS Ziele: Für jede DFS Verknüpfung müssen mindestens zwei Ziele, also File-Server mit entsprechenden Freigaben, eingerichtet werden, die beispielsweise durch den File Replication Service synchron gehalten werden (siehe vorheriger Abschnitt über den File Replication Service).

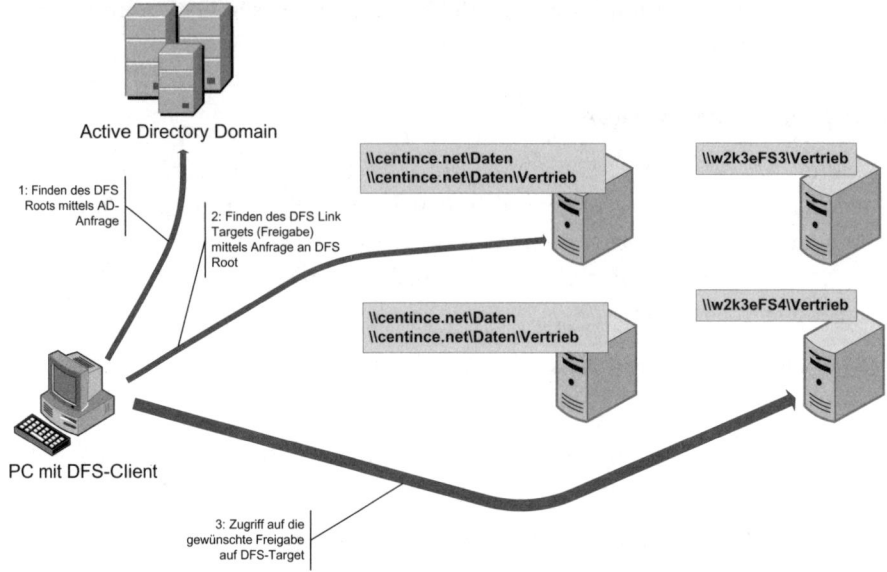

Abbildung 4.48 Zugriff auf einen domain-basierten DFS-Stamm

Bei Bewertung der Verfügbarkeit in einem schweren Störfall schneidet diese Umgebung übrigens recht gut ab, da die Daten tatsächlich redundant vorhanden sind. Wichtig ist natürlich, dass die replizierten DFS Ziele (= Server mit Freigaben) in Räumen in verschiedenen Brandabschnitten stehen, ebendies gilt natürlich auch für Domain Controller und DFS Roots.

4.8.4 Verteilen von Daten/Standortübergreifendes DFS

In einer über mehrere Standorte verteilte Organisation könnte es Datenbereiche geben, auf die alle Benutzer zugreifen müssen, beispielsweise auf Formulare aller Art, auf Produktdokumentationen, Richtlinien etc.

Da es nun recht unschön wäre, wenn die Benutzer in den Außenstandorten jeweils über WAN-Strecken auf die Zentrale zugreifen müssen, könnte man mit DFS und FRS die Daten auf Server in die jeweiligen Standorte bringen.

In Abbildung 4.49 ist eine entsprechende Landschaft gezeigt: Jeder Standort verfügt über einen Domain Controller, ein DFS Root und einen File-Server als DFS Ziel.

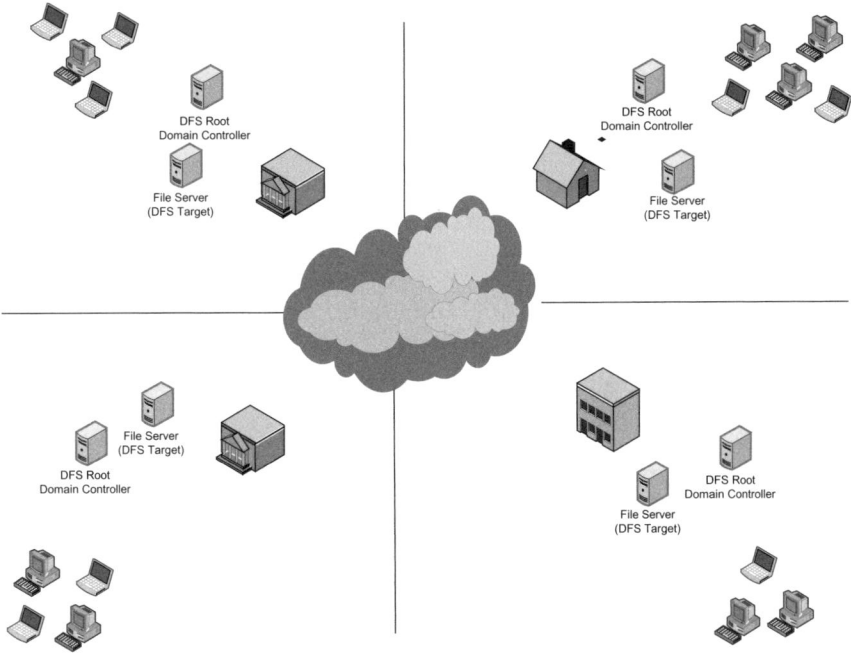

4

Abbildung 4.49 Verteilte Umgebung mit jeweils einem DFS Root und DFS Target in den Standorten

Die DFS Ziele, die unterhalb einer DFS Verknüpfung definiert sind, werden über den File Replication Service synchron gehalten. Anmerkung: Es ist sehr wichtig, dass Sie im Vorfeld genau den zu erwartenden Verkehr (= Volumen der Änderungen) analysieren, damit Sie die WAN-Strecken nicht zu stark belasten. FRS kennt keine Bandbreitenbegrenzung!

Unter der Voraussetzung, dass jeder Standort als separater Active Directory-Standort (Site) definiert ist, gelten folgende Aussagen:

▶ Der Benutzer wird jeweils zu dem DFS Root an seinem Standort geführt.

▶ Der Benutzer wird jeweils zu dem DFS Ziel (Freigabe auf File-Server) an seinem Standort geführt.

▶ Falls DFS Root oder DFS Ziel ausfallen, gibt es zwei Möglichkeiten:

  ▷ Sofern ein weiterer Server am Standort vorhanden ist, wird der Benutzer auf diesen geleitet.

  ▷ Ist kein weiterer Server am Standort, wird der Benutzer auf einen Server an einem entfernten Standort geführt.

Der File Replication Service funktioniert in alle Richtungen, was bedeutet, dass auf allen Servern Dateien geändert werden können und diese dann auf die anderen DFS Ziele repliziert werden. Sofern eine Datei auf zwei Servern geändert wird, »gewinnt« die Datei mit dem jüngeren Datum. Dieses Verhalten bietet durchaus Potential für Datenverlust! Durch organisatorische Maßnahmen sollte also sichergestellt sein, dass bei replizierten Filesystemen klar geregelt ist, welche Benutzer Dateien ändern dürfen! Das gilt letztendlich für jedes Filesystem, in replizierten Umgebungen ist die Wahrscheinlichkeit, dass entsprechende Problemsituationen auftreten, wesentlich höher!

Anmerkung: Wenn kein Server am Standort vorhanden ist, wird standardmäßig ein zufälliger Server an einem entfernten Standort ausgewählt. Unter bestimmten Voraussetzungen (u.a. der ISTG, Intersite Topology Generator, ist ein 2003 Domain Controller) kann eine Umleitung gemäß der im Active Directory hinterlegten Verbindungskosten erfolgen.

Anmerkung: Die DFS Roots gleichen sich normaler Weise mit dem Domain Controller, der die PDC-Emulator-Rolle wahrnimmt, ab. Um Bandbreite zu sparen, könnte man die DFS Roots dazu bringen, sich stattdessen jeweils mit dem nächstgelegenen Domain Controller abzugleichen. Hierzu wechselt man in den »Root Scalability Mode«.

Letzte Anmerkung: Etliche DFS-Einstellungen lassen sich nicht mit dem Snapin erledigen, sondern müssen mit dem Kommandozeilenwerkzeug `Dfsutil.exe` vorgenommen werden. Dieses findet sich auf der Windows 2003 Server-CD im Verzeichnis `\Support\Tools`.

4.8.5 Sicherung von Daten

Quasi ein »Abfallprodukt« der zuvor geschilderten Vorgehensweise der standortübergreifenden Verwendung von DFS ist die Möglichkeit, die Daten der Außenstellen auf File-Server in der Zentrale zu replizieren und dort zu sichern. Vorteil hierbei wäre, dass Sie auf eine Bandsicherung der Produktivdaten in den Außenstellen verzichten könnten – zumindest, was die Fileshares betrifft!

Die Vorgehensweise ist einfach:

▶ Es wird ein **Domänen**-DFS-Stamm eingerichtet, in den Standorten sollte jeweils ein DFS Root vorhanden sein.

▶ Für die Fileshares der Standorte werden jeweils Verknüpfungen im DFS-Stamm angelegt.

▶ Die Fileshare des Standorts und eine Fileshare in der Zentrale werden als DFS Ziel angelegt und die Replikation mittels File Replication Service eingerichtet.

▶ Die Fileshare in der Zentrale wird im Rahmen der »normalen« Datensicherung der Zentrale gesichert.

Bei diesem Konzept gibt es einige Dinge zu beachten:

▶ Die Möglichkeit, die Produktivdateien nicht in der Außenstelle sichern zu müssen befreit Sie nicht von der Notwendigkeit, ein Wiederherstellungskonzept für die Server vorzuhalten.

▶ Datenbanken (z.B. Exchange, SQL) lassen sich über den File Replication Service nicht sichern. Diese sind schließlich stets offen und somit nicht im Zugriff für den FRS. Sie könnten natürlich die Datenbanken nachts in das Filesystem sichern. Wenn diese allerdings »groß« sind, werden eventuell mehrere hundert MB über eine schmalbandige WAN-Strecke geschoben – das ist nicht so glücklich. Ansonsten: Wiederherstellungskonzept planen und testen!

▶ Sollte der File-Server oder der DFS Root ausfallen, werden die Clients automatisch auf die entsprechenden Server in der Zentrale zugreifen. Ein »Mini-Störfallkonzept« ist also bereits integriert.

4.9   Hardwarefehler vs. Logische Fehler

Bisher haben wir uns in diesem Kapitel immer auf die Vermeidung von Fehlern, die im weitesten Sinne durch den Ausfall von Hardware entstehen. Andere Fehlersituation sind beispielsweise:

▶ Logische Inkonsistenz von Datenbanken durch Softwarefehler

▶ Der Benutzer löscht Dateien oder verändert diese in ungewollter Art.

▶ Ein Virus infiziert Datenbestände.

Auch eine voll gespiegelten Umgebung würde Ihnen nicht helfen: Jeder logische Fehler wird gnadenlos auf das redundante System gespiegelt.

Wenn Sie nun gute Ideen zur Abhilfe erwarten, muss ich Sie leider enttäuschen, denn ich kann hier lediglich die Ihnen bereits bekannten »Weisheiten« wiederholen:

▶ Häufige Backups erlauben ein Rücksicherung mit möglichst geringem Datenverlust.

▶ Snaphsost-Sicherung und die Nutzung des Volume Shadow Copy Services (VSS) ermöglichen eine noch häufigere Sicherung.

▶ Datenbanken können mittels der Transaktions-Logs auf einen konsistenten Stand zurückgefahren werden – dies erfordert allerdings sehr tiefes Datenbank- und spezifisches Applikations-Know-how.

Das Thema der Sicherung und Rücksicherung wird in dem folgenden Kapitel über Secondary Storage ausführlich behandelt.

Wichtig ist, dass Sie sich bewusst sind, dass alle Maßnahmen, die Sie zur Absicherung des Primary Storage gegen Hardwareausfälle vornehmen, keine logischen Fehler verhindern können.

4.10 Storage Resource Management

Bekannter Maßen steigen die Datenmengen in Unternehmen und Organisationen deutlich an. Nun ist es aber auch kein großes Geheimnis, dass ein nicht geringer Teil der in den Filesystemen gespeicherten Dateien eigentlich überflüssigen Speicherverbrauch darstellt, da die Dateien unter eine der folgenden Kategorien fallen:

▶ Die Dateien sind seit 100 Tagen oder mehr nicht mehr »angefasst« worden, es hat also weder lesender noch schreibender Zugriff stattgefunden.

▶ Die Dateien sind doppelt oder mehrfach im Dateisystem vorhanden. Häufig liegen Dateien in verschiedenen Verzeichnissen oder verschiedenen Volumes. Gründe hierfür können sein, dass Benutzer selbst »Datensicherungen« durch Kopieren anlegen oder dass Dateien schlicht und ergreifend von mehreren Benutzern gespeichert werden, weil die Ablagestruktur unübersichtlich oder unzweckmäßig ist oder von den Benutzern nicht »verinnerlicht« wird.

▶ Die Dateien haben auf den Servern nichts zu suchen, weil es ich um MP3s, AVIs oder sonstige nicht-dienstliche Dateien handelt.

Nun kann man sich natürlich trefflich über den Sinn von Gegenmaßnahmen streiten: Einerseits ist Plattenplatz heute zwar nicht mehr extrem teuer, andererseits gibt es auch gute Argumente, den Speicherverbrauch zu beobachten, zu analysieren und über Maßnahmen zur Optimierung nachzudenken:

▶ Je hochverfügbarer und performanter Plattenspeicher ist, desto teurer wird dieser. Wenn man unter Umständen einige hundert Gigabyte mit obsoleten Daten verschwendet, macht sich das bei gespiegeltem Plattenplatz auch finanziell bemerkbar.

▶ Neben dem eigentlichen Plattenplatz müssen die Aspekte der Sicherung und der Rücksicherung berücksichtigt werden. Wenn man einen erheblichen Aufwand betreibt, um obsolete Dateien zu sichern und einen noch größeren, um selbige möglichst schnell wiederherstellen zu können, ist das eine erhebliche Ressourcenverschwendung (= Geldverschwendung).

▶ Geschäftsführer haben eine Verantwortung für die Dateien, die auf den Plattenbereichen der Firma liegen. Sollten sich beispielsweise Dateien mit verbotenen pornographischen Darstellungen oder radikaler Propaganda im Firmennetz finden, haftet der Geschäftsführer. Natürlich können die Analyse-Systeme nicht Inhalte erkennen, wohl aber beispielsweise »JPG-Lagerstätten« in der Tiefe der Verzeichnisbäume finden, die dann ggf. manuell untersucht werden können.

4.10.1 Analysieren

Zunächst geht es darum, sich einen Überblick über die Situation auf den Filesystemen zu machen. Auf dem Utility-Markt sind verschiedene Analyse-Werkzeuge erhältlich, in diesem Beispiel benutzen wir Veritas StorageExec (bis vor kurzem hieß das Produkt Veritas Storage Central).

StorageExec enthält bereits diverse Abfragen, die Ergebnisse für Reports liefern. Mittels einer einfachen Abfragesprache können eigene Queries formuliert werden. Abbildung 4.50 zeigt eine Abfrage, um doppelte Dateien, die größer als 2 MB sind, zu finden.

Tipp aus der Praxis: Beim Erstellen neuer Abfragen hat es sich als einfachster Weg erwiesen, eine vorhandene Abfrage zu kopieren und den Bedürfnissen entsprechend zu verändern.

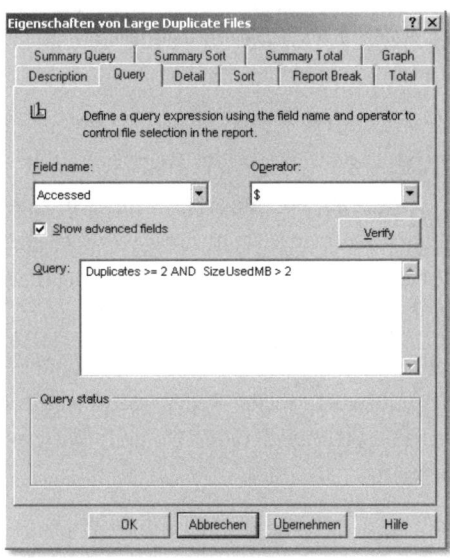

Abbildung 4.50 Eine Abfrage nach Dateieigenschaften in Veritas Storage Central eingeben

Die Ausgabe erfolgt in Reports, die auf die Abfragen zurückgreifen. Storage-Exec bietet mehrere Ausgabeformate an, die Ausgabe ist im HTML-Format, beispielsweise aber auch im Excel- oder dBase-Format möglich (Abbildung 4.51).

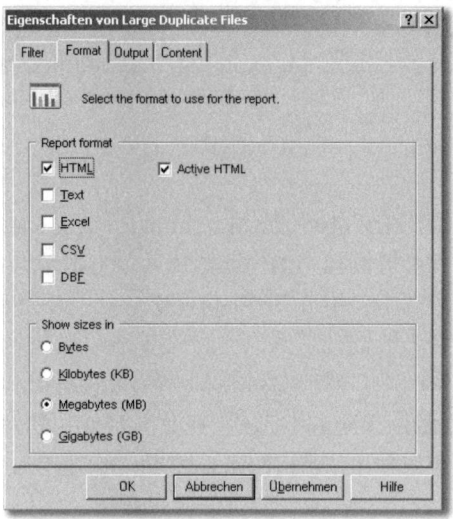

Abbildung 4.51 Konfiguration des Formats der Reports

Das Ausführen des Reports kann sofort erfolgen, alternativ können Jobs definiert werden, die etwa jeden Montag um 23:00 starten und dem Administrator als Mail zugesendet werden (Abbildung 4.52). Dieses ist aus folgenden Gründen praktisch:

▶ Der Administrator kann sich regelmäßig Reports zusenden lassen und kann so kontinuierlich einige Parameter der Storage-Bereiche im Auge behalten.

▶ Es ist durchaus denkbar, dass die Laufzeiten bei der Reporterstellung in sehr großen Filesystemen und mit komplexen Abfragen recht lang werden und eine merkliche Plattenbelastung hervorgerufen wird. Solche Jobs kann man sehr gut zeitgesteuert nachts oder am Wochenende abarbeiten lassen.

Beim Starten eines Reports kann individuell festgelegt werden, auf welche Laufwerke oder Unterverzeichnisse von Laufwerken der Report angewendet werden soll. Neben lokalen Festplatten, FC-SAN- und iSCSI-Devices können auch Netzwerkressourcen untersucht werden.

Abbildung 4.52 zeigt die HTML-Darstellung des Reports über große doppelte Dateien. Zunächst sehen Sie eine Zusammenfassung, wie viele doppelte Dateien gefunden worden sind und welcher Plattenplatz durch diese eingenommen wird, darunter werden die gefundenen Dateien gezeigt.

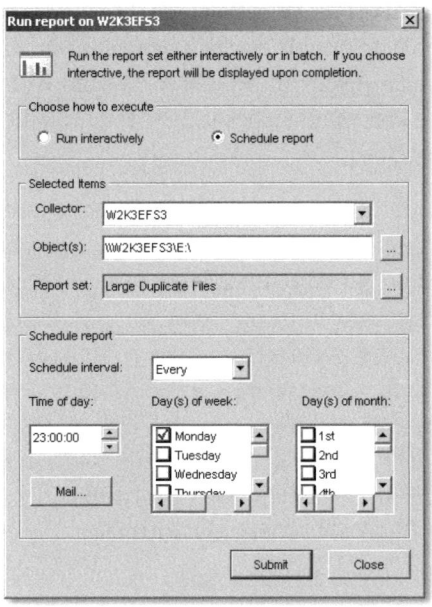

Abbildung 4.52 Automatisches wöchentliches Erstellen eines Reports

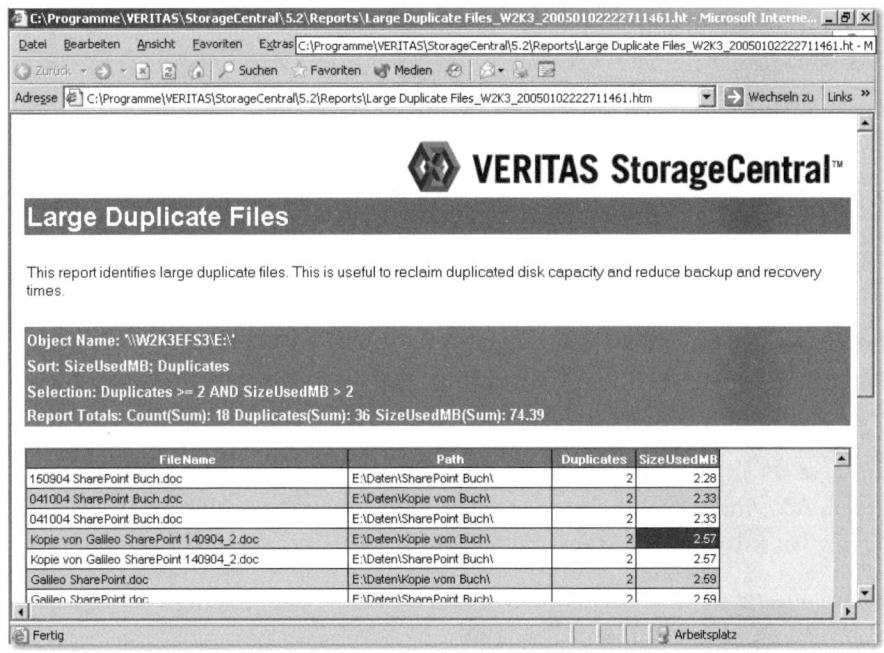

Abbildung 4.53 Ausgabe eines Berichts im HTML-Format

Natürlich wird das Analysieren von Fileshares zu den üblichen Ergebnissen führen, wie der Erkenntnis, dass 70 % der Dateien seit einem halben Jahr nicht mehr verwendet worden sind oder dass sich insgesamt 75 GB MP3- und AVI-Dateien auf den Platten finden. Teilweise kommen auch wirklich erstaunliche Ergebnisse zum Vorschein, einige extreme Beispiele:

▶ Auf den Platten einer Firma fanden sich 200 GB Doubletten. Hintergrund war, dass die IT-Kosten auf die Fachabteilungen nach der Menge der auf Band gesicherten Daten umgelegt wurden. Die Abteilungsleiter sollten selbst entscheiden, welche Dateien »sicherungs-notwendig« waren. Eine Abteilung hatte plötzlich garkeine Dateien mehr, die gesichert werden sollten. Der Abteilungsleiter hatte aber einen Mitarbeiter angewiesen, jeden Abend nach Dienstschluss das komplette Abteilungsverzeichnis auf eine »andere Festplatte« zu kopieren. Übrigens ein Eigentor: Die »andere Festplatte« war zwar eine andere Freigabe und der Anwender sah einen anderen Laufwerksbuchstaben. Die Freigabe lag aber auf demselben physikalischen RAID-Set ...

▶ In einem anderen Fall hatte ein Mitarbeiter ein digitales Video vom Betriebsausflug ins Netz gestellt, Größe 170 MB. In dem Unternehmen durften keine Daten auf lokalen Platten gespeichert werden, also kopierten diverse Mitarbeiter die Datei in ihre persönliches Laufwerk. 150 Personen multipliziert mit 170 MB ergibt immerhin auch 25,5 Gigabyte, die auf einmal belegt waren.

Vermutlich finden sich in allen größeren Netzen einige »Kuriositäten«. Das ärgerliche ist, dass die Kuriositäten im Endeffekt Geld kosten. Auch wenn 200 GB zusätzlicher Kapazitätsbedarf heute nicht mehr das große Problem ist, sollten Sie sich vor Augen halten, dass das Rücksichern dieser Datenmenge durchaus einige Stunden in Anspruch nehmen kann – tödlich für ein Restorekonzept, das eine Wiederanlaufzeit von 4 Stunden fordert ...

Damit das Durchsuchen »richtig« gelingt, muss sichergestellt werden, dass die Software auch tatsächlich auf die Informationen in den Dateisystemen zugreifen kann – schließlich greifen auch hier die NTFS-Berechtigungen.

StorageExec nutzt einen Dienst namens »FileScreen Server«. Dieser muss unter einem Account laufen, der in allen relevanten Unterverzeichnissen Leseberechtigung hat (Abbildung 4.54).

Einige interessante Fragestellungen, die bereits als vorgefertigte Reports mit StorageExec ausgeliefert werden, sind:

▶ Welche Filegruppen (Grafik, Office, Multimedia) nehmen welchen Raum auf den Platte ein?

- Wie viel Speicherplatz wird durch doppelte Dateien verbraucht?
- Wie viele extrem große Dateien (>50 MB) sind vorhanden?
- Wie viel Speicherplatz wird täglich/wöchentlich/monatlich neu belegt?
- Wie viele Dateien sind seit 100/200/300 Tagen nicht mehr verwendet worden?

Neben dem tatsächlichen Erfassen des Ist-Zustands ist eine Erfassung und Analyse der längerfristigen Trends im Speicherverbrauch eine wichtige Aufgabe.

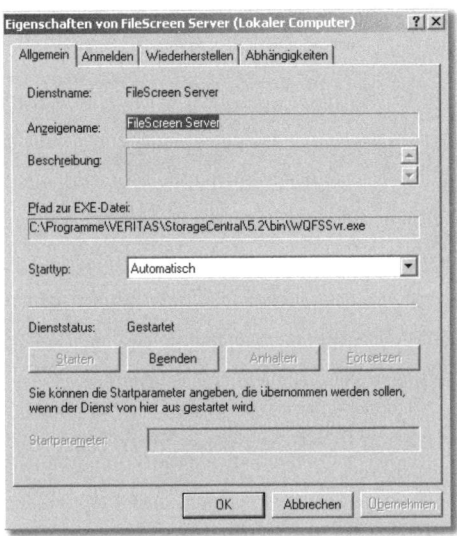

Abbildung 4.54 Konfiguration des Diensts, der für die Analyse der Dateisysteme genutzt wird.

4.10.2 Maßnahmen ergreifen

Erkenntnisse über den Speicherverbrauch zu haben, ist prinzipiell schon nicht schlecht, hat aber wenig Wert, wenn Sie nicht geeignete Maßnahmen zur Reduzierung desselben durchführen können.

Quotas

Der erste Gedanke bei Konzepten zur »Eindämmung des Speicherverbrauchs« sind häufig die Quotas. Diese Funktion steht bereits im »Grundlieferumfang« des 2003 Servers (auch Windows 2000 und XP) zur Verfügung und wird in der deutschen Version als »Kontingentverwaltung« bezeichnet (Abbildung 4.55).

Der entscheidende Nachteil der integrierten Kontingentverwaltung ist, dass die Einschränkungen jeweils nur für komplette Volumes konfiguriert werden können. Wenn Sie beispielsweise auf einem großen Volume ein Verzeichnis für die

Home-Laufwerke der Benutzer und jeweils eines für die Abteilungen freigegeben haben, ist es nicht möglich, die Home-Laufwerke der Benutzer mit einer Quota zu versehen, die Abteilungslaufwerke aber nicht einzuschränken.

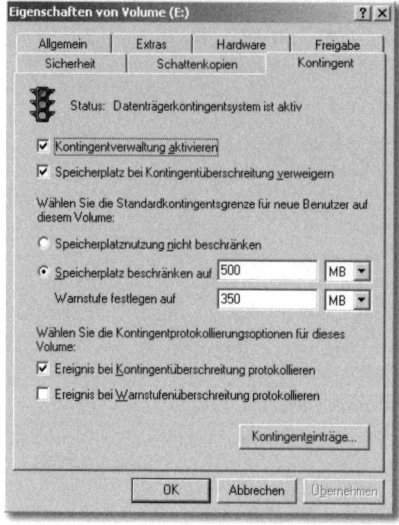

Abbildung 4.55 Konfiguration der Windows-Kontingentverwaltung

Zusatzprodukte sind im Allgemeinen erheblich flexibler: StorageExec beispielsweise beherrscht folgende Quota-Funktionen:

▶ Benutzerkontingente für einzelne Ordner: Hiermit kann festgelegt werden, dass ein Benutzer in seinem Home-Laufwerk nur 250 MB zur Verfügung hat, während er in dem Verzeichnis mit den Abteilungsdaten, das auf dem gleichen Server-Volume liegt, unbeschränkt Dateien anlegen kann.

▶ Kontingente für Ordner: Es besteht die Möglichkeit, die Größe eines Ordners unabhängig von den Benutzern zu beschränken, will heißen: Es stehen nicht 500 MB Kapazität pro Benutzer zur Verfügung, sondern dieser Ordner kann insgesamt nicht größer als 500 MB werden.

Ich wäre übrigens mit der Verwendung von Quotas außerordentlich vorsichtig und zurückhaltend. Es ist erfahrungsgemäß bereits ein Problem, die Benutzer überhaupt dazu zu bringen, ihre Daten einigermaßen strukturiert in Filesysteme zu speichern. Wenn die Benutzer irgendwann auf Quota-Grenzen stoßen, werden die Benutzer nicht obsolete Dateien löschen (»meine Dateien sind alle wichtig, ich kann auf nichts verzichten«), sondern kreative Umwege finden, um die Daten ablegen zu können. Diese »kreativen Umwege« können das Speichern auf lokalen Festplatten (nicht Bestandteil der Datensicherung), ein allgemeines Transferlaufwerk (Sicherheitsprobleme) oder sonstige Schlupfwinkel sein. Im Endeffekt wird darunter die Effizienz des einzelnen und in noch größerem Maße die Effizienz des Teams leiden.

Des Weiteren ist es höchst kontraproduktiv, wenn die Benutzer täglich zehn Minuten damit beschäftigt sind, hin und her zu überlegen, welche Dateien man vielleicht doch löschen könnte. Bei 500 Benutzern verlieren Sie allen dadurch pro Jahr über 2.000 Arbeitstage (500 Benutzer * 10 Minuten * 220 Jahresarbeitstage) – rechnen Sie dafür mal einen Euro-Betrag aus.

Ich will nicht bestreiten, dass es Situationen gibt, in denen Quotas Sinn machen, glaube aber, dass diese in vielen Fällen eher Kosten verursachen als sie zu senken.

Sperren für bestimmte Dateitypen

Über Quotas kann man sicherlich kontrovers diskutieren, darüber, dass bestimmte Filetypen in etlichen Verzeichnissen nichts zu suchen haben, bestimmt nicht. In den Abteilungsverzeichnissen der Buchhaltung wird es sicherlich nicht die Notwendigkeit für dienstliche MP3-, AVI- oder MPEG-Files geben.

Veritas StorageExec kennt so genannte Filegroups. In diesen sind beispielsweise Media-Files über deren Endungen zusammengefasst (also *.mp3, *.avi etc.). Es ist sehr einfach, ein Verzeichnis mit einer Regel zu versehen, so dass keine Dateien dieser Typen in das Verzeichnis geschrieben werden können (Abbildung 4.56). Versucht der Benutzer dies trotzdem, erhält er eine entsprechende Fehlermeldung.

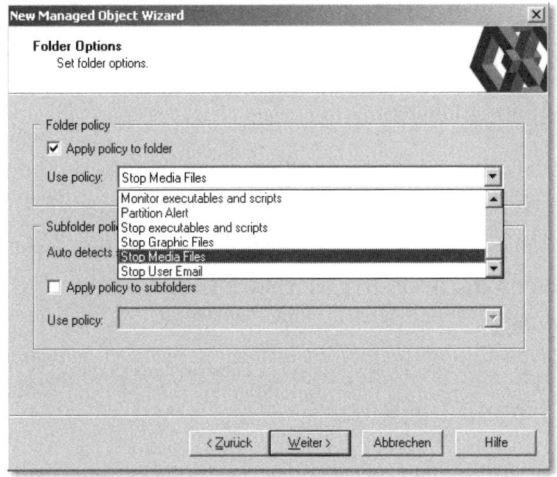

Abbildung 4.56 Blockieren von »Media Files« für ein bestimmtes Verzeichnis

Diese Maßnahme hilft Ihnen zwar nicht beim »Freischaufeln« von Plattenplatz. Es gibt aber durchaus Fallbeispiele, in denen mehrere dutzend Gigabyte hochverfügbarer Speicherplatz durch »Media-Files« blockiert war. Per Rundschreiben der Geschäftsleitung wurden die Benutzer aufgefordert, diese zu entfernen, was durch StorageExec-Reports regelmäßig überprüft wurde.

Damit in Zukunft niemand mehr »in Versuchung« geführt wurde, hat man dann die Verzeichnisse durch entsprechende Policies geschützt.

Diese Maßnahme hat übrigens nicht nur die Ersparnis von Plattenplatz als Hintergrund. Da Geschäftsführer für die Inhalte der dienstlichen Speicherbereiche verantwortlich sind, lässt sich allein schon durch Blockieren von Dateitypen verhindern, dass illegales Material (pornographische Darstellungen, raubkopierte Musikstücke etc.) auf den Servern abgelegt wird. Werkzeuge wie StorageExec scheitern übrigens, wenn solche Dateien in ZIP-Archive o.Ä. verschoben werden – das plötzliche gehäufte Auftreten von ZIP-Files ließe sich im Zweifelsfall aber auch recht einfach entdecken.

Nochmals ganz deutlich: Es geht sicherlich nicht darum, die Benutzer zu gängeln. Es ist aber für eine Firma nicht tragbar, dass Geld in teuren hochverfügbaren Speicher und Verfahren, diesen schnellstmöglich nach einem Stör- oder Notfall wiederherzustellen, investiert wird – und 20 % dieses Speichers wird für eindeutig nicht-dienstliche Zwecke verwendet!

Auslagern von nicht-verwendeten Dateien, Hierachical Storage Management (HSM)

Bei der Analyse der Dateien in Ihren Storage-Bereichen werden Sie festgestellt haben, dass vermutlich zwischen 40 und 70 Prozent der Dateien seit 100 Tagen nicht verwendet worden sind, weder schreibend noch lesend.

Auch hier beschäftigt man sich mit zwei Problemen:

▶ Hochverfügbarer Speicherplatz ist teuer, insbesondere dann, wenn auf einen Großteil der Daten nicht zurückgegriffen wird.

▶ Je kleiner die Datenmenge, die in einem Stör- oder Notfall mit höchster Priorität wiederhergestellt werden muss, desto einfacher und damit preisgünstiger wird das Sicherungskonzept.

Eine mögliche Lösung kann Hierarchical Storage Management (HSM) sein. Das Funktionsprinzip ist in Abbildung 4.57. gezeigt:

▶ Der Benutzer greift über den File-Server auf den primären, eventuell hochverfügbaren (= gespiegelten) Speicher zu.

- Ältere Dateien werden regelbasiert auf billigeren und weniger verfügbaren Speicher ausgelagert, z. B. Dateien, die seit 100 Tagen nicht verwendet worden sind und größer als 2 MB sind.

- Im Filesystem des primären Servers verbleibt ein Verweis auf die ausgelagerte Datei, so dass diese für den Benutzer nach wie vor im Dateisystem sichtbar ist.

- Wenn der Benutzer wider erwarten dann doch eines Tages auf diese Datei zugreifen möchte, wird diese vom Auslagerungsspeicher in den primären Speicher kopiert und steht zur Verfügung. Abgesehen von einer kurzen Wartezeit wird der Benutzer keinen Unterschied bemerken.

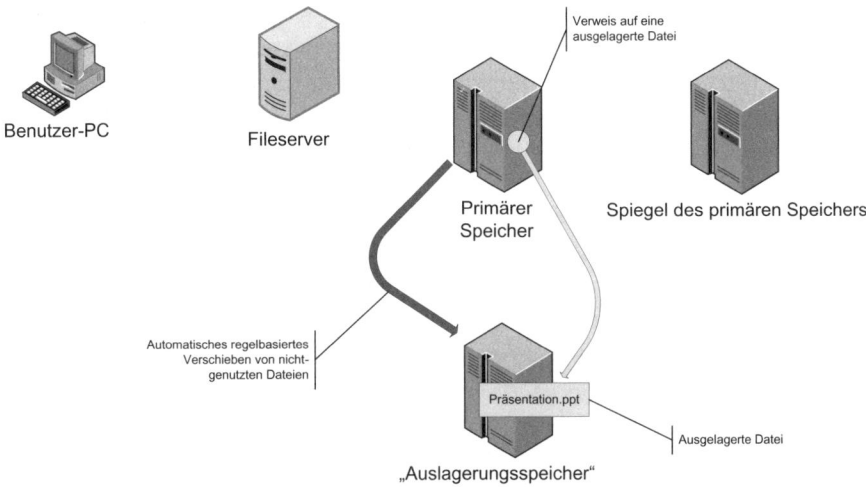

Abbildung 4.57 Funktionsprinzip von Hierarchical Storage Management (HSM)

Wo liegen die Vorteile?

- Offensichtlicher Vorteil ist, dass weniger teurer primärer hochverfügbarer Speicherplatz gebraucht wird.

- Es müssen zwar nach wie vor alle Daten gesichert werden, die Datenrücksicherung entzerrt sich aber: Mit Priorität wird der primäre Speicher zurückgesichert, weil diese Bereiche von den Benutzern für die tägliche Arbeit benötigt werden – das Rücksicherungsvolumen ist aufgrund der Auslagerung nun natürlich deutlich geringer! Falls das Storage-System mit den ausgelagerten Dateien ebenfalls ausgefallen/verloren ist, werden diese Dateien zu einem späteren Zeitpunkt (= mit geringerer Priorität) wiederhergestellt, weil diese eben nicht kontinuierlich dringend benötigt werden. Im Auslagerungsspeicher liegen beispielsweise Dateien, die seit 100 Tagen nicht mehr verwendet worden sind – wenn die Benutzer prompt während eines schweren Störfalls auf diese Daten zugreifen möchten, wird man das sicher argumentieren können, dass dies einige Stunden nicht möglich ist.

Vor einiger Zeit war das klassische Medium für den Auslagerungsspeicher ein Bandroboter. Heute wird man sich für große S-ATA-Plattenspeicher entscheiden. Diese sind in der Anschaffung wesentlich billiger und gestatten einen schnelleren Zugriff auf einzelne ausgelagerte Dateien. Dieser S-ATA-Plattenstapel muss natürlich regelmäßig gesichert werden. Streng genommen bliebe Ihnen das bei Bändern aber ebenfalls nicht erspart, denn auch Bänder können reißen, verbrennen etc.

Wenn Sie in die Software-Konfiguration Ihres 2000/2003 Servers schauen, werden Sie eine Komponente »Remotespeicher« finden (Abbildung 4.58). Hierbei handelt es sich bereits um ein einfaches HSM-System. Nun kommen die schlechten Nachrichten, denn der Remotespeicher kann Daten nicht auf ein Plattensystem (z.B. S-ATA-Speicher), sondern nur auf Bänder oder magneto-optische Medien auslagern.

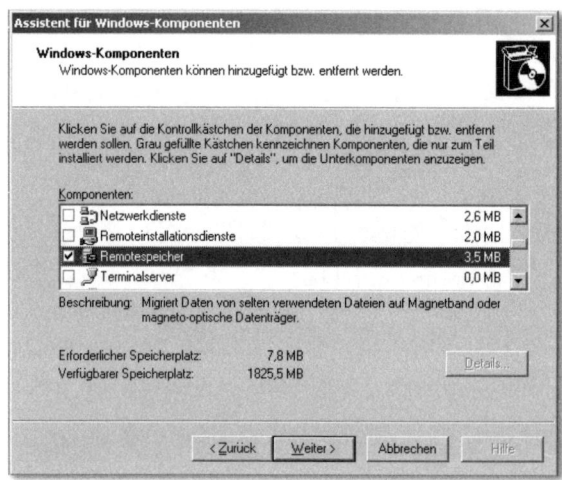

Abbildung 4.58 Der »Remotespeicher« von Windows 2000/2003 ist ein HSM-System – kann leider aber nur mit Bändern oder MO-Laufwerken umgehen.

Wenn Sie als Auslagerungsspeicher also Plattensysteme verwenden möchten, müssen Sie auf Zusatzsoftware zurückgreifen: Legato DiskXtender 2000 ist beispielsweise ein solches Produkt.

Bevor Sie sich für den Einsatz eines HSM-Systems entscheiden, sollten Sie wirklich gründlich Ihre Dateisysteme analysiert haben. Wenn Sie bei einem Gesamtvolumen von 1.5 TB gerade 50 GB durch HSM-Auslagerung freischaufeln können, wird sich die Investition nicht lohnen.

Wenn Sie aber Ihren primären hochverfügbaren Plattenspeicher von 3 TB auf 1 TB reduzieren können (oder nicht weiter ausbauen müssen), sollten Sie über die Anschaffung eines HSM-Systems ernsthaft nachdenken.

Beachten Sie bitte auch, dass die eingesetzte Backup-Software, Virenscanner und andere Software, die in Ihrem Dateisystem arbeitet, mit dem HSM-Szenario umgehen können muss: Wenn bei einer Virenüberprüfung sämtliche Files vom Auslagerungsspeicher zurückgeholt werden, weil der Virenscanner diese untersuchen möchte, ist das bestimmt nicht im Sinne des Erfinders. Vorsichtig müssen Sie beispielsweise auch sein, wenn Werkzeuge zur Volltextindizierung von Dateien eingesetzt werden.

Duplikate und sonstige Problemfälle

Für die bisher angesprochenen Fälle von unnötigem Verbrauch an hochverfügbarem Plattenspeicherplatz gab es mehr oder weniger automatische Lösungen. Wenn Sie eine größere Menge an doppelten Dateien feststellen, wird Ihnen nichts anderen übrig bleiben, als manuell nach der konkreten Ursache zu forschen und die Benutzer anzuweisen, die doppelten Dateien zu löschen – eine Automatisierung zu finden, dürfte schwierig sein. Selbst wenn ein Dritthersteller eine Zusatzlösung, die die aus dem UNIX-Bereich bekannten symbolischen Links ermöglicht, anbietet, ist damit langfristig nicht geholfen, da doppelte Dateien im Grunde genommen ein organisatorisches Problem sind:

▶ Ich habe einen Fall gesehen, wo ein 70 GB (!) großes Projektverzeichnis jeden Abend kopiert wurde, um auf jede im Projektverlauf erstellte Dateiversion zugreifen zu können. Wenn man das einen Monat (20 Arbeitstage) lang macht, ergibt das schnell einen Speicherbedarf von 1,5 Terabyte! Besonders ärgerlich dabei war, dass sich täglich nur ein geringer Teil der Daten tatsächlich geändert hat – der überwiegende Teil der Daten sind Duplikate! Hier hätte eine Versionierung, wie Sie bereits von den kostenlosen Windows SharePoint Services geleistet wird, sehr einfach zur Duplikat-Vermeidung beitragen können.

▶ Ebenfalls ein Beispiel aus der Praxis: Wenn Ablagestrukturen für Benutzer schwer zu durchschauen sind oder der Zugriff als umständlich empfunden wird, beginnen die Benutzer, die Dateien, die sie irgendwann »gefunden« haben, selbst zu speichern. So findet sich dann im Filesystem 70 mal die PowerPoint-Präsentation der Firma (12 MB => 840 MB) oder 40 mal die elektronische Version des Produktkatalogs (80 MB => 3,2 GB). Neben dem vielfachen Speicherverbrauch wird man mit dem Problem der unterschiedlichen Versionsstände konfrontiert sein. Im Endeffekt werden sich die Benutzer jedes Mal, wenn Sie die Datei tatsächlich benötigen, auf die Suche nach der aktuellsten Version machen.

► Es ist durchaus nicht ungewöhnlich, dass Benutzer auf eigene Faust »Datensicherungen« durch Kopieren ganzer Verzeichnisse vornehmen – womit natürlich ebenfalls große Mengen an Duplikaten auf den Storage-Systemen erzeugt werden. Mag sein, dass die Benutzer der zentralen Datensicherung nicht trauen – wie auch immer muss diese Vorgehensweise abgestellt werden.

Natürlich könnte man mit der »Keule« reagieren und Quotas setzen – wenn kein nutzbarer Speicherplatz für die Benutzer da ist, werden diese auch keine Duplikate erzeugen können.

In den meisten Fällen wird das Problem aber nicht darin zu suchen sein, dass die Benutzer mutwillig Speicherplatz verbrauchen, sondern dass die herkömmlichen Filesysteme schlecht zu handhaben sind. Für Sie als erfahrenen IT-Leiter oder Administrator ist es völlig klar, dass die Firmenpräsentation unter `\\filemain11\daten\bereiche\marketing\ci\präsentationen\firmenpr 001.ppt` liegt und natürlich werden Sie diese problemlos finden. Für den berühmten »Durchschnittsbenutzer«, der noch nicht so genau verstanden hat, was »Verzeichnisse«, »Laufwerke« und »Freigaben« sind, ist das ein unlösbares Problem. Wenn Sie mit Quotas reagieren, um das Duplikate-Problem zu lösen, werden Ihre Benutzer andere für sie erkennbare Wege suchen und vermutlich damit nicht wenig Zeit verschwenden.

Die Empfehlung an dieser Stelle kann nur sein, dass Sie sich mit Systemen wie den Windows SharePoint Services oder dem SharePoint Portal Server beschäftigen – diese Systeme lösen viele Probleme der Benutzer im Umgang mit Filesystemen!

Exchange, SharePoint und andere

Wenn man über Speichermanagement spricht, kann man Systeme wie Exchange und SharePoint, die in den meisten Unternehmen und Organisationen zu den am stärksten wachsenden gehören, nicht ausklammern.

Dieses Buch wird sich mit dem Thema des Speicherverbrauchs dieser Systeme in den jeweiligen Kapiteln beschäftigen.

4.11 Wirtschaftliche Aspekte

Dieses Kapitel über Primary Storage drehte sich neben Sizing und Dimensionierung von Plattenspeichersystemen insbesondere um deren Verfügbarkeit. Da die IT in vielen Unternehmen und Organisationen ein wichtiger Produktionsfaktor ist und auch als solcher anerkannt wird, steigen die Anforderungen an die Verfügbarkeit – und gleichzeitig steigt auch das Bewusstsein dafür, welche »Katastrophe« (nebst Kosten!) ein längerer Ausfall der IT ist.

In diesem Kapitel haben Sie gesehen, dass der Primärspeicher **der** wesentliche Faktor bei dem Aufbau einer hochverfügbaren Umgebung ist:

▶ Der Ausfall des Primärspeichers führt zwingend zum Ausfall aller Dienste – schließlich beschäftigen sich fast alle Anwendungen mit dem Speichern und Verändern von Daten.

▶ Der Ausfall des Primärspeichers führt im Allgemeinen zu Datenverlust.

▶ Größere Kapazitäten Plattenspeicher von Band wiederherzustellen, ist eine recht langwierige Angelegenheit (siehe Kapitel »Secondary Storage«).

Worauf ich mit dieser langen Vorrede hinaus will:

Hochverfügbares Primary Storage ist eine teure Angelegenheit – je verfügbarer, desto teurer.

Die Kernfrage ist aber immer: Wie viel kostet es, wenn wichtige Funktionen oder Dienste mehrere Stunden oder sogar Tage ausfallen, weil der Plattenspeicher nicht zur Verfügung steht?

5 Secondary Storage

Einer der wichtigsten Aufgabenstellungen des IT-Betriebs ist die Sicherung der Daten. Bei einem Secondary-Konzept gilt das Hauptaugenmerk allerdings nicht der Sicherung, sondern der restore-optimierten Rücksicherung.

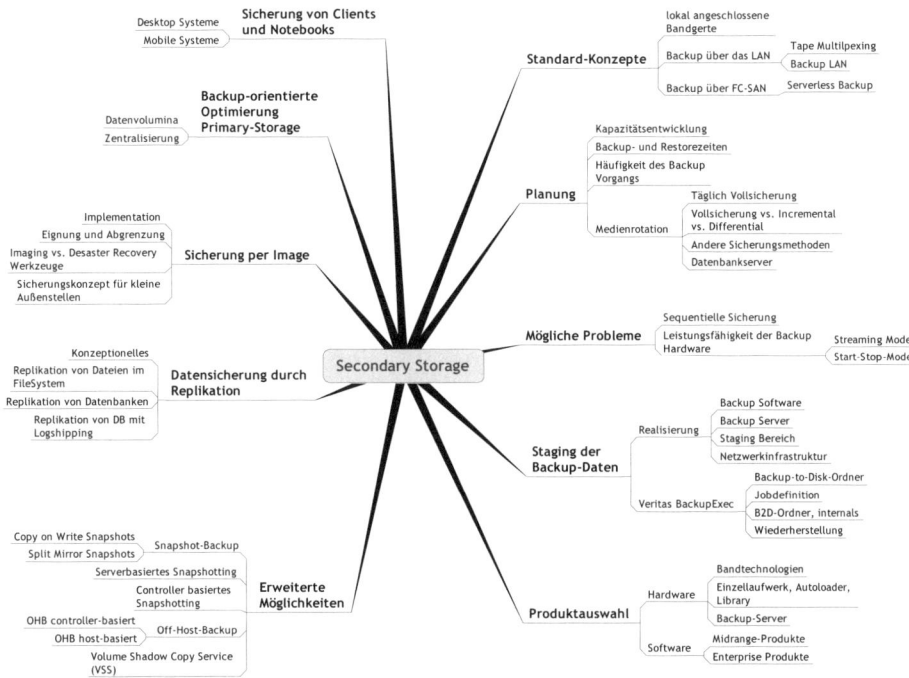

Abbildung 5.1 Die Themen des Kapitels im Überblick

Die Sicherung der Daten ist eine der elementarsten Aufgaben im Rahmen des IT-Betriebs. Bei der Erarbeitung eines Konzepts für diese Aufgabe ergeben sich mehrere nicht-triviale Probleme – klassischer Weise beschäftigt man sich mit dem Zeitfenster, das für den Backup-Vorgang existiert, allerdings sind mindestens ebenso wichtig:

▶ **Restore-Konzept**: Backups werden einzig und allein deshalb durchgeführt, weil eventuell die Notwendigkeit der Rücksicherung der Daten bestehen könnte. Das Secondary-Konzept sollte demnach nicht nur auf schnelle Backup-Operationen ausgerichtet sein, sondern muss vor allem schnelle Restore-Vorgänge ermöglichen. Wichtig ist, dass nicht »nur« die Rücksicherungsvorgänge für einzelne Dateien oder Verzeichnisse, sondern ebenso die Prozesse für die Herstellung kompletter Server geplant werden.

- **Effektive Ressourcennutzung**: Wichtig ist, dass ein Secondary-Konzept mit möglichst wenigen und dabei preislich angemessenen Ressourcen (sowohl Software als auch Hardware) auskommt. Ebenfalls zu berücksichtigen ist, dass die Möglichkeiten der Ressourcen genutzt werden, also teure Bandlaufwerke im Streaming- und nicht im Start-Stop-Mode betrieben werden.

- **Berücksichtigung verwandter Storage-Technologien:** Neben dem Aspekt »Daten auf Band schreiben und wieder lesen« gibt es diverse weiterführende Aspekte, wie beispielsweise Hierarchical Storage Management (HSM). Im Endeffekt geht es um die Untersuchung und ggf. Behandlung der Datenbestände um hieraus nachhaltige Strategien bezüglich des Gesamtthemas »Storage« zu entwickeln.

Prinzipiell kann das Thema »Backup« natürlich losgelöst von den sonstigen Aspekten des Themas »Storage« betrachtet werden, dies erscheint jedoch nicht sinnvoll. Ein vernünftiges zukunftsorientiertes Konzept kann nur unter den Prämissen Ganzheitlichkeit und Nachhaltigkeit entstehen:

- Ganzheitlichkeit: Betrachtung aller Aspekte im Themenkreis von Storage und Verfügbarkeit.

- Nachhaltigkeit: Konzeption und ständige Prüfung derselben bezüglich der zukünftigen Anforderungen (zumindest für drei Jahre).

Anmerkung: Im Folgenden wird der Begriff »Backup-Konzept« pars pro toto für »Backup- und Restore-Konzept« gebraucht.

5.1 Standard-Konzepte

Zunächst betrachten wir die Standardvarianten für die Durchführung von Backups und bewerten deren Vor- und Nachteile.

5.1.1 Lokal angeschlossene Bandgeräte

Der zunächst am einfachsten erscheinende Weg ist der direkte Anschluss eines Bandgeräts am Server. Bei mehreren Servern bedeutet dies, dass auch die Anzahl der Bandgeräte entsprechend ansteigt (Abbildung 5.2).

Betrachten wir die Vor- und Nachteile dieser Konstruktion:

Vorteile:

- Die Sicherung der Server wird parallel durchgeführt, so dass sich insgesamt ein recht kurzes Backupfenster ergibt.

- Die Netzwerkanbindungen der Server können recht schmalbandig sein, da weder Backup- noch Restoreverkehr über das Netz läuft.

Nachteile:

▶ Insgesamt betrachtet ist die Lösung von den Anschaffungskosten her recht teuer, da viele Bandlaufwerke und auf jedem Server eine Mediaserver-Lizenz der Backup-Software benötigt wird. Ebendies gilt auch für die Wartungskosten.

▶ Die Lösung ist umständlich zu handhaben, da jeden Tag die Bänder in zig Laufwerken gewechselt werden müssen. Falls die Backup-Software nicht über ein zentrales Management verfügt (oder sogar unterschiedliche Softwareprodukte verwendet werden), muss der Status der Backup-Jobs einzeln geprüft werden.

▶ In der Praxis findet man häufig unterschiedliche Bandlaufwerkstechnologien (DDS, DLT, AIT, QIC etc.). Hierdurch wird die Verwaltung der Backup-Landschaft auch nicht unbedingt vereinfacht.

▶ Die Backuplandschaft ist schlecht zu skalieren: Wenn für einen Server die Kapazität des Bandlaufwerks nicht genügt, müsste entweder das Datensicherungsvolumen für diesen Server verringert werden oder das Einzellaufwerk gegen einen Autochanger getauscht werden. Die erste Variante ist umständlich, die zweite Variante ist teuer! Es ist anzunehmen, dass die Kapazitätsprobleme nicht nur bei einem Server auftreten, so dass sich das Problem multipliziert.

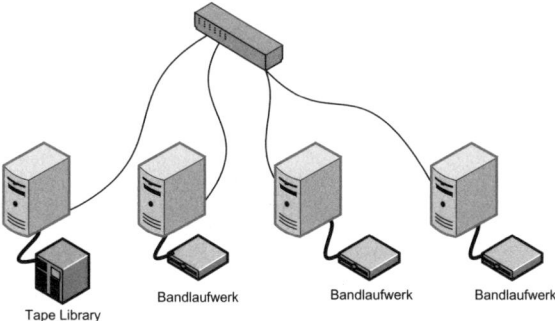

Bandlaufwerk   Bandlaufwerk   Bandlaufwerk

Tape Library

Abbildung 5.2 An jedem Server lokal angeschlossene Bandgeräte

5.1.2   Backup über das LAN

Eine häufig gewählte Backup-Konfiguration ist das Backup über das LAN wie auf der nachstehenden Abbildung gezeigt. Hier wird ein zentraler Backup-Server aufgesetzt, auf den zu sichernden Servern werden Agents installiert. Die zu sichernden Daten werden über das LAN transportiert und auf ein zentrales Bandgerät, am besten einen Autochanger oder eine Library, geschrieben (Abbildung 5.3).

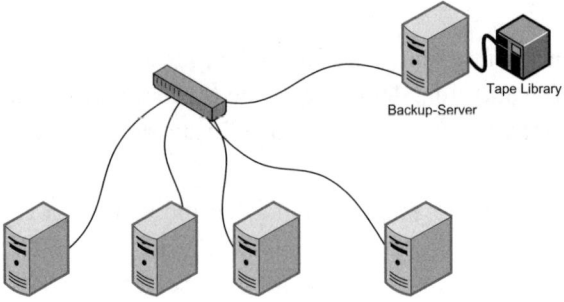

Abbildung 5.3 »Klassisches« Netzwerk-Backup über das LAN

Betrachten wir Vor- und Nachteile:

Vorteile:

▶ Zunächst werden nicht zig Einzellaufwerke (und Lizenzen hierfür) benötigt. Das bedeutet Einsparungen bei Anschaffungs- und Wartungskosten.

▶ Die Umgebung ist wesentlich einfacher als die zuvor vorgestellte zu handhaben, da an den einzelnen Servern keine Bänderwechsel notwendig sind.

▶ Das Backupsystem ist einfach zu skalieren, da die Backup-Hardware an einer zentralen Stelle aufgerüstet werden kann.

Nachteile:

▶ Auf den ersten Blick würde man als Nachteil erkennen, dass die Backup-Datenströme über das LAN transportiert werden. In einer modernen (!) vollgeswitchten Netzwerkumgebung resultiert aus dem Backup-Verkehr zwischen zu sicherndem und Backup-Server kein nennenswerter Einfluss auf das restliche Netz. Früher war es üblich, ein separates Backup-Netz einzurichten, dies wird in einem der folgenden Abschnitte besprochen.

▶ Bei dem zuvor beschriebenen Szenario mit Einzellaufwerken an jedem Server war als Vorteil genannt, dass alle Backup-Vorgänge parallel ablaufen. Beim LAN-basierten Backup werden die Server sequentiell gesichert, d.h. die Dauer des Backups ist die Summe der einzelnen Sicherungszeiten. Falls der Backup-Server über eine Library mit mehreren Laufwerken verfügt, können entsprechend viele Server gleichzeitig gesichert werden. Grundsätzlich wird das Backup durch das Hintereinander-Sichern der Server länger dauern, als wenn jeder Server über ein eigenes Laufwerk verfügt. Eventuell kann dieser Nachteil durch Tape Multiplexing egalisiert werden.

▶ Der Backup-Server ist ein »Single Point of Failure«. Der Ausfall dieses Servers führt logischer Weise dazu, dass es keine Sicherung mehr gibt und keine Restore-Jobs gefahren werden können.

In vielen Umgebungen werden die beschriebenen Nachteile nicht unbedingt relevant sein – dennoch müssen diese bei der Planung berücksichtigt werden.

Tape Multiplexing

Wie zuvor beschrieben, wird normaler Weise nur ein Job (= Daten von *einem* Server) auf ein Bandlaufwerk beschrieben. In vielen Fällen wird die mögliche Datenaufnahme des Backup-Laufwerks höher sein als die Geschwindigkeit, in der ein Server Daten liefern kann. Zum einen führt das dazu, dass das Backuplaufwerk nicht im Streaming-Mode gefahren werden kann, zum anderen ergäbe sich die Möglichkeit, mehrere Server gleichzeitig zu sichern – vorausgesetzt, man verfügt über eine Technologie, um mehrere Datenströme auf ein Band zu bringen. Ein möglicher Ansatz ist das Tape Multiplexing, das in einigen Softwareprodukten aus dem Enterprise-Bereich zur Verfügung steht, zum Beispiel bieten Veritas NetBackup und Legato Networker diese Funktionalität.

Skizze 5.4 verdeutlicht das Funktionsprinzip des Tape Multiplexings. In diesem Beispiel werden drei Server gleichzeitig auf das Band gesichert. Da die Server die Daten unterschiedlich schnell liefern, sind zunächst recht viele Daten von Server 1 auf dem Band, von dem langsamen Server 3 wird anfangs nur recht wenig gesichert. Zum Ende des Sicherungsjobs bleiben nur noch Daten von Server 3 übrig – vermutlich wird dieser ein Sicherungslaufwerk mit hoher Datenaufnahme (z. B. ein LTO2-Laufwerk) nicht in den Streaming-Mode bringen können.

Abbildung 5.4 Funktionsprinzip des Tape-Multiplexing

Durch das gleichzeitige Sichern mehrere Server durch Multiplexing wird man eine Verkürzung der Gesamtdauer des Backupvorgangs voraussichtlich zwar erreichen, allerdings bekommen wir das Problem, dass nicht alle Server das Bandlaufwerk in den Streaming-Mode bekommen, nicht unbedingt gelöst (siehe Server 3 im Beispiel).

Der entscheidende Schwachpunkt des Tape Multiplexings ist jedoch, dass ein Restore von einem »multiplexten« Band sehr ineffizient ist. Um beispielsweise alle Daten von Server 2 (siehe o. g. Beispiel) wiederherzustellen, muss das komplette Band gelesen und alle Daten der Server 1 und 3 verworfen werden.

Alternativ könnten die Bänder tagsüber »demultiplext« werden, d. h. die Daten werden komplett gelesen und nach Servern zusammengestellt neu geschrieben. Hierzu wird allerdings sinnvoller Weise eine Library mit mehreren Laufwerken benötigt.

Backup LAN

Eine alternative Konfiguration des Backups über das LAN kann darin bestehen, den Pfad für den Backup-Datenstrom zu ändern, in dem ein zusätzliches LAN-Segment eingerichtet ist. Dieses ist auf Skizze 5.5 gezeigt.

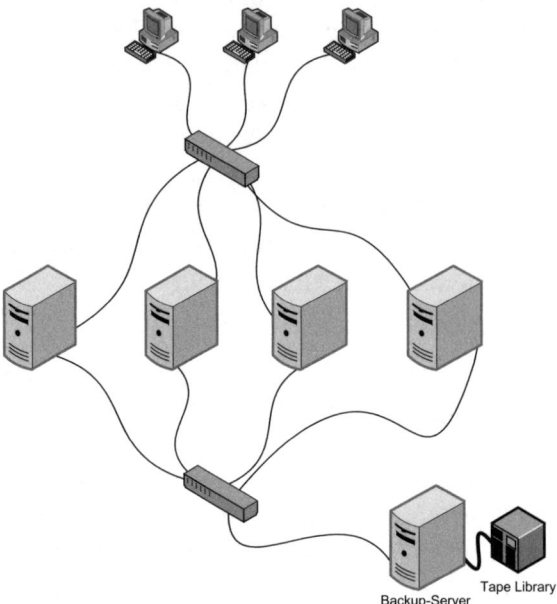

Abbildung 5.5 Netzwerk-Backup über ein dediziertes Backup-LAN

Sofern der Backup-Server ebenfalls über eine Anbindung an das Client-LAN verfügt, muss darauf geachtet werden, dass sowohl für Backup als auch für Restore tatsächlich das Backup-LAN-Segment verwendet wird. Bei vielen Softwareprodukten kann das zu verwendende Netzwerkinterface konfiguriert werden – achten Sie darauf, dass diese Einstellmöglichkeit korrekt vorgenommen wird!

Wie bereits zuvor erläutert, ist das Backup-LAN aus Performance-Gründen bei der heute üblichen modernen Netzwerk-Hardware (= Switches) eigentlich nicht mehr erforderlich: Sofern der Switch, an dem die Server angeschlossen sind, über eine ausreichende Backplane-Geschwindigkeit verfügt, wird der Datenverkehr zwischen Server 2 und dem Backupserver die Kommunikation zwischen Clients und den übrigens Servern nicht negativ beeinflussen!

Es gibt sicherlich diverse Spezialfälle, in denen ein Backup-LAN sinnvoll und notwendig ist – trotzdem gilt, dass ein Backup-LAN zwar nicht schadet, in vielen Fällen aber keine nennenswerten Vorteile bringen wird.

5.1.3 Backup über ein FibreChannel SAN

Die zunehmend Verbreitung findenden Storage Area Networks (SAN) auf FibreChannel-Basis ermöglichen alternative Backup-Architekturen.

Beim »SAN-integrierten« Backup wird eine Library mit einem FibreChannel-Anschluss ausgerüstet. Viele moderne Libraries können mittlerweile mit FC-Interface bestellt werden, alternativ gibt es für den Anschluss von Geräten mit SCSI-Anschluss FC-to-SCSI-Router.

Auf Skizze 5.6 sieht man die Grundstruktur eines Backups im SAN: Die Library wird an den FC-Switch angeschlossen. Jeder Server ist letztendlich für das Schreiben seiner eigenen Daten auf die Library verantwortlich – in der Skizze ist der Datenpfad eingezeichnet. Man spricht hierbei von einem »Lanless-Backup«, da offenkundig das LAN nicht belastet wird.

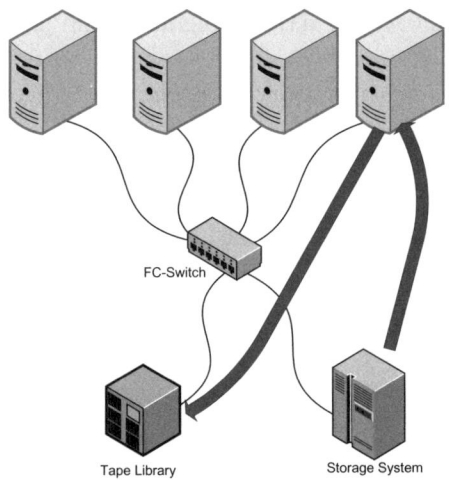

FC-Switch

Tape Library Storage System

Abbildung 5.6 Backup über ein SAN (Storage Area Network)

Im Gegensatz zum zuvor gezeigten LAN-basierten Backup werden auf den einzelnen Servern nicht nur Agents, sondern »Media-Server« benötigt. Zur Benennung: Bei Enterprise-Produkten heißen die Lizenztypen beispielsweise SAN Media Server (Veritas NetBackup) oder SAN Storage Node (Legato Networker). Bei Midrange-Produkten wie Veritas BackupExec oder CA Brightstor ArcServe wird auf jedem Server eine volle Serverlizenz benötigt. Die meisten Backup-Produkte benötigen darüber hinaus eine Shared Storage Option (SSO), die allerdings von Produkt zu Produkt unterschiedlich lizenziert wird.

Beim Backup über das SAN gilt, dass stets nur ein Server auf ein Backup-Laufwerk zugreifen kann. Es ist natürlich möglich, dass mehrere Server gleichzeitig auf eine Library schreiben – vorausgesetzt diese Library enthält mehrere Laufwerke. Es muss also koordiniert werden, welcher Server wann auf welches Laufwerk zugreifen kann.

Darüber hinaus muss dafür gesorgt werden, dass jeweils das »richtige« Band in die Laufwerke »eingelegt« wird. Die Aufgabe lautet: Steuerung der Robotik. Die meisten Softwareprodukte definieren einen Server, der die Robotik-Steuerung übernimmt.

Betrachten wir die Vor- und Nachteile:

Vorteile:

▶ Der Übertragungsweg zwischen den einzelnen Servern und dem Bandlaufwerk ist durch den FibreChannel sehr performant.

▶ Die Lösung ist letztendlich redundanter als das LAN-basierte Backup, da nicht der Ausfall des zentralen Backup-Servers das komplette Backup und Restore vollständig lahm legt. Szenarien für den Ausfall des Servers, der die Katalogdaten trägt und die Robotik steuert, müssen allerdings entwickelt werden, denn diese sind ebenfalls »Single Point of Failure«.

Nachteile:

▶ Die Lösung ist sehr teuer, insbesondere muss mit erheblichen Kosten für die Softwarelizenzen gerechnet werden.

▶ Da zu einem Zeitpunkt nur ein Server auf ein Bandlaufwerk schreiben kann, können die Server nur nacheinander sichern. Dieses Problem lässt sich zwar durch den Einbau mehrere Bandlaufwerke in die Library lösen – dies verursacht natürlich Kosten!

▶ Wenn in der Library moderne Bandlaufwerke (z. B. LTO-2) eingebaut sind, müssen die Server in der Lage sein, ausreichend schnell Daten zu liefern. Für ältere Server oder im Fall stark fragmentierter Dateisysteme kann diese Anforderung ein ernsthaftes Problem sein!

Serverless Backup

Betrachtet man nochmals die Skizze könnte man sich überlegen, ob es nicht möglich ist, die Daten ohne Umweg über den Server vom Storage-System auf die Library zu transportieren. Das würde ein »serverless« und nicht nur ein »lanless« Backup bedeuten.

Spielen wir das Serverless-Backup in Gedanken einmal durch: Würde man ohne Mitwirkung des Servers die Daten vom Storage-System auf die Library transportieren, würde man zwar blockweise alle Daten der LUN auf Band speichern, allerdings könnte im Restore-Fall nur die komplette LUN wiederhergestellt werden und nicht einzelne Dateien. Letzterer ist eindeutig der häufigere Fall beim Restore!

Hintergrund ist, dass die Zuordnung von Blöcken zu Dateien vom Filesystem geleistet wird. Hätte man eine Komponente, die blockweise den kompletten Storagebereich transportiert, würde die Zuordnung zwischen Blöcken und Dateien verloren gehen (es ist ja kein Bezug zum Filesystem mehr vorhanden) und somit könnte beim Restore nur die komplette Partition blockweise zurückgeschrieben werden. Des Weiteren muss im Katalog der Backup-Software verzeichnet werden, welche Dateien an welcher Position gesichert werden.

Zudem ist es wichtig, dass sichergestellt ist, dass sich das Filesystem zum Zeitpunkt der Sicherung in einem konsistenten Zustand befindet. Nochmals zurück zum Gedankenexperiment: Wenn Sie zu einem beliebigen Zeitpunkt blockweise die Daten vom Storage-System auf die Library kopieren, könnte es beispielsweise sein, dass der Anwender gerade eine Word-Datei auf dem File-Server speichert und das Filesystem dabei Blöcke überschreibt bzw. ändert. Wenn zum Zeitpunkt des Kopierens nun einige aber nicht alle (!) Blöcke überschrieben worden sind, wird diese Datei nicht in einem konsistenten Zustand auf dem Band gespeichert sein. Selbst wenn man die gesamte Partition wieder herstellen würde, wäre die Datei unbrauchbar.

Selbst wenn Sie den Nachteil, dass nur die komplette Partition zurückgeschrieben werden kann, in Kauf nehmen würden, würde man ohne die Mitwirkung des jeweiligen Servers keine konsistente (und somit brauchbare) Sicherung erhalten. Zum Zeitpunkt des Sicherns müssten also die Dateien geschlossen sein und die Cachebuffer geleert sein. Dies wäre zwar letztendlich alles realisierbar – nicht aber ohne entsprechende Software auf den Servern.

Wenn Sie in die Optionslisten der Backup-Softwareprodukte schauen, werden Sie häufig eine »Serverless Backup-Option« finden. Die Produkte gehen hierbei nach verschiedenen Strategien vor, allerdings wird es aus den zuvor beschriebenen Gründen niemals komplett »serverless« sein.

5.2 Planungsaspekte

Bei der Planung sind einige Aspekte zu berücksichtigen, die in den nachfolgenden Abschnitten erläutert werden.

5.2.1 Kapazitätsentwicklung

Betrachtet man die Entwicklung der von der Organisation benötigten Kapazität, wird man ein Datenwachstum zwischen 20 % und 70 % feststellen.

	20%	30%	40%	50%	60%	70%
2004	1.000	1.000	1.000	1.000	1.000	1.000
2005	1.200	1.300	1.400	1.500	1.600	1.700
2006	1.440	1.690	1.960	2.250	2.560	2.890
2007	1.728	2.197	2.744	3.375	4.096	4.913
2008	2.074	2.856	3.842	5.063	6.554	8.352
2009	2.488	3.713	5.378	7.594	10.486	14.199
2010	2.986	4.827	7.530	11.391	16.777	24.138
2011	3.583	6.275	10.541	17.086	26.844	41.034

Das auf der nebenstehenden Tabelle gezeigte Szenario dokumentiert die Speicherentwicklung ausgehend von einem Bedarf von 1 TB (= Terabyte, 1.000 MB) bei unterschiedlichen Zuwachsraten.

Bei der Betrachtung sind zwei Zeitabschnitte relevant:

▶ Nach drei Jahren ist (in vielen Organisationen) die Hardware abgeschrieben.

▶ Sechs Jahre ist die Zeitdauer, die ein Konzept Gültigkeit behalten sollte.

Vor Entwicklung des Backup-Konzepts muss der Datenzuwachs geschätzt werden und das Konzept mit diesen Ergebnissen abgeglichen werden. Das Datensicherungskonzept muss in der Lage sein, mit den zukünftigen Datenmengen umzugehen oder zumindest entsprechend erweiterbar sein. Im Zusammenhang mit der Kapazität sind folgende Punkte für das Backup relevant:

▶ Steht genügend Bandkapazität zur Verfügung, um alle Daten zu sichern?

▶ Steht ein genügend langes Backup-Fenster zur Verfügung, um die Daten zu sichern?

▶ Ist die Zeit, die im Worst Case (= alle Daten müssen zurückgesichert werden) zum Rücksichern benötigt wird, ausreichend?

5.2.2 Backup- und Restorezeiten

Auf der nebenstehenden Tabelle erkennt man die Backup- und Restorezeit (in Stunden) in Abhängigkeit von Datenvolumen und Geschwindigkeit des Backup-/Restore-Vorgangs.

Die Tabelle trägt die zu sichernde bzw. rückzusichernde Kapazität gegen den Datendurchsatz in MB/Minute auf. Die Ergebniszeiten sind in Stunden angegeben.

Datendurchsatz MB/min. Kapazität [GB]	100	200	500	1000	1500	2000	2500	Datendurchsatz MB/min. Kapazität [GB]
100	16,7	8,3	3,3	1,7	1,1	0,8	0,7	100
200	33,3	16,7	6,7	3,3	2,2	1,7	1,3	200
500	83,3	41,7	16,7	8,3	5,6	4,2	3,3	500
1000	166,7	83,3	33,3	16,7	11,1	8,3	6,7	1000
1500	250,0	125,0	50,0	25,0	16,7	12,5	10,0	1500
2000	333,3	166,7	66,7	33,3	22,2	16,7	13,3	2000

Der Backup-Vorgang kann, sofern das Backup-Fenster für die zu sichernden Volumina nicht ausreicht und auch Strategien wie Differential- oder Incremental-Backups keine Lösung bringen, durch Technologien wie Snapshotting unterstützt werden.

Kritischer ist der Vorgang »Restore«.

Zu erkennen ist, dass bereits die Rücksicherung von 100 GB, was dem Volumen eines mittelgroßen File-Servers entspricht, mit einem DAT-Streamer moderner Generation (Restore-Geschwindigkeit zwischen 100 und 200 MB/Min) zwischen 8 und 16 Stunden dauern wird.

Nun ist der Fall, dass tatsächlich ein kompletter Server wiederhergestellt werden muss, eher selten, aber Backup/Restore ist ein Themenbereich, bei dem stets der Worst Case geprüft werden muss.

Um einen realistischen Überblick zu erhalten, wie lange nach einem Totalausfall eines Servers die Wiederherstellung dauert, ist der Vorgang auf dem hier gezeigten Zeitstrahl aufgetragen (Abbildung 5.7).

Ausgegangen wird von einem Server, bei dem ein Hardwareschaden vorliegt und sowohl System als auch Datenbestände vom Band neu eingespielt werden müssen.

Wir gehen davon aus, dass ca. 300 GB zurück geschrieben werden müssen und gehen von einer durchschnittlich performanten Umgebung aus (Durchsatzrate ca. 300 MB/Min).

Für die Wiederherstellung der Hardwarefunktionalität haben wir eine Zeitspanne von sechs Stunden angenommen, dies ist die kürzeste Zeitspanne, die von den großen Markenherstellern im Rahmen der »normalen« Verträge angeboten wird (**Hinweis: 4 Stunden Reaktionszeit ist »langsamer« als 6 Stunden Wiederherstellungszeit**).

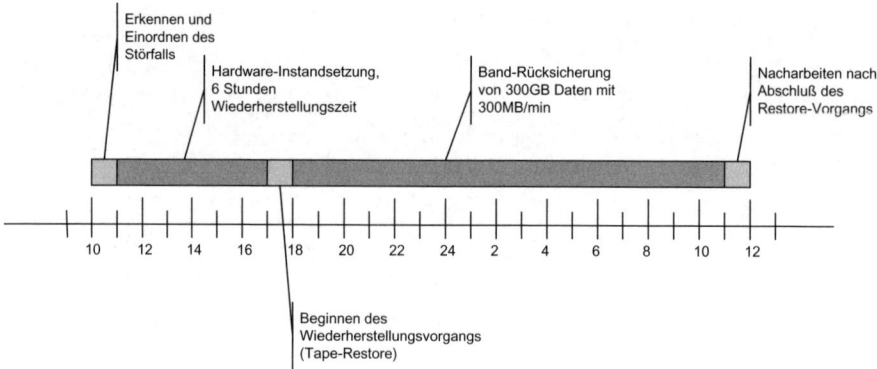

Abbildung 5.7 Zeitablauf der Rücksicherung im Worst Casel

Der Wiederherstellungsvorgang dauert insgesamt 26 Stunden.

Natürlich kann man die Wiederherstellungszeiten weiter beschleunigen, beispielsweise durch leistungsfähigere Hardware, durch Parallelbetrieb mehrerer Bandlaufwerke, durch Eigenbevorratung von Ersatzhardware etc. Es ist aber trotzdem Fakt, dass »konventionelles« Backup im Worst Case (die kompletten Datenbestände müssen zurück geschrieben werden) immer einen relativ hohen Zeitbedarf hat.

Wenn signifikant kürzere Ausfallzeiten gefordert werden (z.B. 4 Stunden), muss dies durch andere Technologieansätze (z.B. Spiegelung der Storage-Bereiche) erreicht werden.

Nochmals: Backup/Restore-Konzepte müssen stets den Worst Case betrachten. Natürlich wird dieser Fall selten sein, aber die Planungen müssen berücksichtigen, dass ein Worst Case jederzeit möglich ist.

5.2.3 Häufigkeit des Backup-Vorgangs

Die gängige Praxis ist, dass Datensicherungen nachts durchgeführt werden. Bei genauerer Betrachtung könnte dies durchaus ein großes Problem sein. Man betrachte folgendes Szenario:

▶ Letzte Datensicherung: 04:00 Uhr

▶ Arbeitsbeginn: 07:00 Uhr

▶ Ausfall des Servers: 16:30 Uhr

▶ Datenverlust: 9,5 Stunden

Mit anderen Worten riskiert ein Konzept, dass die Daten lediglich nachts sichert, in dem beschriebenen Fall den Verlust der Ergebnisse von 9,5 Stunden

Arbeit. Etliche Arbeitsergebnisse sind vermutlich wieder herstellbar, etliche Daten werden nicht mehr reproduzierbar sein (z. B. Terminkalender-Einträge, Mails von Geschäftspartnern etc.).

Natürlich gilt auch bei dieser Betrachtung, dass der Worst Case, der einen Server komplett (inkl. Datenverlust) ausfallen lässt, selten ist, es besteht aber die realistische Möglichkeit, dass dies passieren könnte!

Bei der Suche nach einer Lösung für dieses Problem ist zunächst zu klären, in wie weit die Geschäftsleitung die Relevant des Verlusts der Daten eines Tages bewertet. Anschließend kann unter Berücksichtigung dieser Vorgabe ein konzeptioneller Ansatz entwickelt werden, denkbar wären beispielsweise:

▶ Stündliche Backups, beispielsweise durch den Einsatz von Snap Shot-Techniken

▶ Spiegelung der Storagebereiche

Anmerkung: Obwohl die Spiegelung der Storage-Bereiche eine sehr elegante Lösung ist, nützt sie nichts, wenn beispielsweise Datenbanken durch einen Softwarefehler inkonsistent werden oder eine massive Virenattacke in kürzester Zeit den größten Teil der Daten vernichtet hat.

5.2.4 Medienrotation

Wichtiger Bestandteil eines Backup-Konzepts ist die Planung der Medienrotation. Aus der Planung ergeben sich unter anderem die Anzahl der insgesamt benötigten Bänder und die Zahl der Bänder, die online in einer Library zur Verfügung stehen müssen.

Bei der Planung muss in erster Linie darauf geachtet werden, dass das Sicherungskonzept »restore-orientiert« ist. Für den Aspekt der Medienrotation ergibt sich hieraus beispielsweise, dass es wenig sinnvoll ist, wenn für einen Rücksicherungsvorgang fünf Bänder benötigt werden. Genau dies passiert aber beispielsweise, wenn einmal wöchentlich eine Vollsicherung vorgenommen wird und anschließend nur noch inkrementelle Sicherungen (geänderte Daten gegenüber dem Vortag) durchgeführt werden – und ausgerechnet am Freitag ein Server vollständig zurückgesichert werden muss.

Zweiter Punkt: Natürlich kann man beliebig komplexe und vielleicht auf den ersten Blick sehr elegante Medienrotationen entwickeln. Es hat sich allerdings herausgestellt, dass in der Praxis ein möglichst einfaches Verfahren die höchste Zuverlässigkeit bietet.

Ich stelle Ihnen nachfolgend die gebräuchlichsten Medienrotations-Konzepte vor:

Tägliche Vollsicherung

Die simpelste Möglichkeit ist, jeden Tag eine Vollsicherung anzufertigen. Natürlich wird man nicht jeden Tag auf dasselbe Band schreiben, sondern täglich ein neues Band wählen. Man könnte des Weiteren zwei Mediensätze zu je fünf Bändern wählen und diese im Wochenrhythmus tauschen, so dass man stets zwei Wochen »zurückschauen« kann. Die Abbildung 5.8 zeigt einen entsprechenden Medienrotationsplan, eine Wochenendsicherung findet in dem Beispiel nicht statt.

	So	Mo		Di		Mi		Do		Fr		Sa
Woche 1		V	1	V	2	V	3	V	4	V	5	
Woche 2		V	6	V	7	V	8	V	9	V	10	
Woche 3		V	1	V	2	V	3	V	4	V	5	
Woche 4		V	6	V	7	V	8	V	9	V	10	
Woche 5		V	1	V	2	V	3	V	4	V	5	

Abbildung 5.8 Medienrotationsschema bei täglicher Vollsicherung

Das Konzept lässt sich natürlich noch deutlich verfeinern. Beispielsweise könnte man das Freitagsband als Wochenband definieren und wäre so in der Lage, nicht nur zwei Wochen, sondern einen ganzen Monat »zurückschauen« zu können, wenn auch nicht taggenau. Letztgenannte Einschränkung ist zumeist allerdings kein Problem. Die Wochenbänder werden dann im Laufe des nächsten Monats überschrieben.

Das dann resultierende Rotationsschema sieht wie in Abbildung 5.9 gezeigt aus. Im Gegensatz zu dem ersten Beispiel kommen immer dieselben Tagesbänder zum Einsatz. Dies verringert zwar die Anzahl der benötigten Medien, allerdings kann beispielsweise nicht mehr exakt neun Tage zurück geblickt werden.

	So	Mo		Di		Mi		Do		Fr		Sa
Woche 1		V	1	V	2	V	3	V	4	V	W1	
Woche 2		V	1	V	2	V	3	V	4	V	W2	
Woche 3		V	1	V	2	V	3	V	4	V	W3	
Woche 4		V	1	V	2	V	3	V	4	V	W4	
Woche 5		V	1	V	2	V	3	V	4	V	W5	

Abbildung 5.9 Rotationsschema mit Wochenbändern

Die nächste Verfeinerung wäre, pro Monat ein Band, das so genannte Monatsband, aufzuheben. Üblicher Weise nimmt man hierfür das Band, auf dem die letzte Wochensicherung des Monats durchgeführt wird.

Am Ende des Jahres würde man dann den kompletten Mediensatz austauschen:

- Die Monatsbänder sind zwar nicht häufig gelaufen (nur einmal), werden aber unverändert aufgehoben, um »monatsgenau« wiederherstellen zu können.

- Die Wochen- und Tagesbänder werden getauscht, weil diese zum Teil häufig gelaufen sind und Probleme durch Verschleiß und Alterung nicht ausgeschlossen werden können.

Für ein Rotationsschema mit Wochen und Monatsbänder werden 20 Bänder benötigt – unter der Voraussetzung, dass für die Vollsicherung jeweils ein Band ausreichend ist:

- 4 Tagesbänder
- 4 Wochenbänder
- 12 Monatsbänder

Hinweis: Es werden nur vier und nicht fünf Wochenbänder benötigt, weil die letzte Wochensicherung des Monats die Monatssicherung wird.

Beliebige Varianten dieses Rotationskonzepts sind natürlich denkbar. Wenn Ihre Anforderung beispielsweise ist, dass die Daten der letzten vier Wochen taggenau wiederherstellt werden können, müsste man die Tagesbänder des Monats aufheben. Wie in Abbildung 5.10 gezeigt, würde man in diesem Fall einen Monat lang jeweils neue Tagesbänder verwenden.

	So	Mo		Di		Mi		Do		Fr		Sa
Woche 1		V	1	V	2	V	3	V	4	V	W1	
Woche 2		V	5	V	6	V	7	V	8	V	W2	
Woche 3		V	9	V	10	V	11	V	12	V	W3	
Woche 4		V	13	V	14	V	15	V	16	V	W4	
Woche 5		V	17	V	18	V	19	V	20	V	W5	

Abbildung 5.10 Rotationskonzept mit taggenauer Wiederherstellbarkeit

Zu einem Medienrotationskonzept gehört natürlich auch die Planung, welche Bänder offsite, also außerhalb des Hauses, gelagert werden. Es wäre wenig zielführend, wenn zwar täglich eine Sicherung durchgeführt würde, die Bänder in einem ausgeklügelten System »rotiert« würden und die Bänder dann schließlich gemeinsam mit den Servern verbrennen.

Wie oft Bänder entnommen und außerhalb der Firma gelagert werden, hängt letztendlich davon ab, wie die Anforderungen an die Datenverlustzeit im Notfall (z. B. Feuer) definiert sind.

Wenn maximal die Daten eines Tages verloren werden dürfen, muss jeden Tag das aktuelle Band extern gelagert werden. Ist im Notfall eine Datenverlustzeit von einer Woche akzeptabel, genügt es, die Wochenbänder außerhalb der Firma aufzuheben. Natürlich ist das externe Aufheben von Bändern lästig, es ist aber trotzdem ein kostengünstiger Weg für die Notfallvorsorge.

Nochmals: Es bringt nichts, die Daten der letzten drei Jahre online in einer Library zu halten, wenn diese im Zweifelsfall gemeinsam mit den Servern abbrennt, weil sie sich im selben Brandabschnitt befindet oder gar im selben Rack eingebaut ist!

Mehr über das Thema »Notfallkonzept« finden Sie im Kapitel »Störfall und Notfall« (Kapitel 6).

Betrachten wir die Vor- und Nachteile der täglichen Vollsicherung

Vorteile:

▶ Der Restore eines kompletten Servers ist einfach, weil nur ein einziges Band benötigt wird.

▶ Auslagern an einen externen Ort ist ebenfalls einfach, weil mit einem einzigen Band die komplette Umgebung (bzw. komplette Server) wiederhergestellt werden kann.

▶ Ein Konzept, das nur aus Vollsicherungen besteht, ist i. A. einfacher zu konfigurieren und zu administrieren als eines, welches mehrere aufeinander aufbauende Sicherungsläufe verwendet.

Nachteile:

▶ Ein wirklich ernsthaftes Problem ist, dass eine Vollsicherung schlicht und ergreifend sehr groß werden kann. Wenn Ihre Umgebung »nur« 200 GB Daten enthält, wird man diese sogar auf einem einzelnen Band unterbringen können, ansonsten wird eine Library oder Autoloader benötigt. Ist die zu sichernde Umgebung sehr groß (z. B. mehrere Terabyte), ist bei täglicher Vollsicherung der »Bandverbrauch« unnötig hoch; zumal sich vermutlich nur ein Bruchteil der Daten wirklich geändert hat.

▶ Eine Vollsicherung braucht im Allgemeinen natürlich deutlich mehr Zeit als eine inkrementelle oder differentielle Sicherung. Je nach Größe Ihres Datenbestandes ist es möglich, dass rein zeitlich schlicht und ergreifend keine tägliche Vollsicherung durchgeführt werden kann.

Fazit: Aus meiner Sicht spricht zunächst nichts gegen eine tägliche Vollsicherung. In einer größeren Umgebung wird das aus Kapazitäts- und Geschwindigkeitsgründen nicht immer möglich sein. Im nächsten Abschnitt befassen wir uns daher mit inkrementellen und differentiellen Sicherungsmethoden.

Vollsicherung vs. incremental vs. differential

Wenn aus diversen Gründen keine tägliche Vollsicherung durchgeführt werden kann, benutzt man zusätzlich zur Vollsicherung inkrementelle oder differentielle Sicherungen. Die Bezeichnungen für diese Sicherungsarten in den verschiedenen Backup-Softwareprodukten sind nicht einheitlich – trotzdem werden sie sich in (fast) allen Backupsoftware-Produkten finden:

▶ Inkrementell: Ein inkrementelles Backup sichert die Daten, die sich seit der letzten Sicherung geändert haben. In der deutschen Version von Veritas BackupExec wird die Bezeichnung »Zuwachssicherung« verwendet.

▶ Differentiell: Sichert die Daten, die sich seit der letzten **Voll**sicherung (!) geändert haben.

Betrachten wir zunächst die genaue Funktionsweise von inkrementellen und differentiellen Backup-Jobs:

Bei einem Konzept mit inkrementellen Sicherungen wird zunächst ein Vollbackup benötigt. Dieses könnte man beispielsweise sonntags erstellen. An den übrigen Tagen werden dann inkrementelle Sicherungen durchgeführt (Abbildung 5.11):

▶ Am Montag werden alle Daten, die sich seit Sonntag geändert haben, gesichert.

▶ Am Dienstag werden alle Daten, die sich seit Montag geändert haben, gesichert ...

▶ Am Mittwoch ...

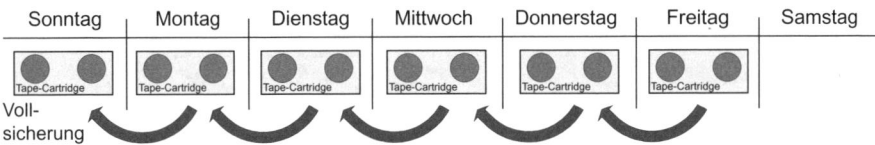

Abbildung 5.11 Inkrementelle Sicherungen

Vorteil dieser Vorgehensweise ist, dass die zu sichernden Datenmengen sehr gering sind, daraus resultiert natürlich ein geringer Bedarf an Bandkapazität und ein kurzes Backup-Fenster.

Der Nachteil wird offensichtlich, wenn man sich überlegt, was passiert, wenn am Freitag der Server komplett neu aufgesetzt werden muss: Zunächst wird die Vollsicherung eingespielt, dann die Änderungen von Montag, dann die Änderungen von Dienstag ... etc. Wenn die Bänder in einer Library/Autoloader liegen, ist die relativ hohe Anzahl von Bandwechseln, die eventuell bei der Rücksicherung benötigt wird, zu verschmerzen; bei einem Einsatz von Einzellaufwerken und daraus resultierenden häufigen manuellen Wechseln wird es schon recht lästig.

Ein weiterer Nachteil dieser Sicherungsstrategie ist die recht geringe Fehlertoleranz. Nehmen wir an, dass sich das Dienstagsband bei der Rücksicherung als defekt herausstellt: In diesem Fall sind die Änderungen von Dienstag unwiederbringlich verloren, weil diese erst beim nächsten Vollbackup, nicht aber bei den weiteren inkrementellen Sicherungen auf Band geschrieben werden. Bei dem im vorherigen Abschnitt besprochenen Szenario, bei dem jeden Tag ein Vollbackup angefertigt wurde, sind die Änderungen von Dienstag auch auf den folgenden Tagessicherungen, eine am Freitag notwendig werdende Rücksicherung wäre also komplett.

Eine interessante Alternative zu den inkrementellen Sicherungen sind die differentiellen Sicherungen. Genauso wie bei der inkrementellen Strategie wird als Grundlage eine Vollsicherung benötigt (Abbildung 5.12). Die einzelnen Sicherungen bestehen bei der differentiellen Sicherung immer aus den Daten, die sich seit der letzten Vollsicherung geändert haben, also:

▶ Am Montag werden alle Daten, die sich seit Sonntag geändert haben, gesichert.

▶ Am Dienstag werden alle Daten, die sich seit Sonntag geändert haben, gesichert.

▶ Am Mittwoch ...

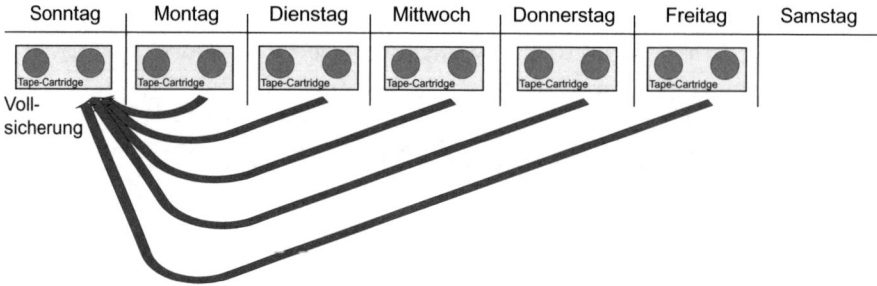

Abbildung 5.12 Differentielle Sicherungen

Nachteil ist, dass die Menge der zu sichernden Daten von Tag zu Tag größer wird. Angenommen, dass jeden Tag ungefähr die gleiche Menge an Änderungsdaten anfällt, ist die Freitags-Sicherung fünfmal größer als die Montagssicherung. Das kostet Bandkapazität und Zeit.

Die Vorteile ergeben sich im Fall eines Restores, da maximal zwei Bänder benötigt werden. Bei einem Komplett-Restore am Freitag-Vormittag werden lediglich die Vollsicherung und die Sicherung von Donnerstag benötigt.

Das Medienrotationsschema könnte wie in Abbildung 5.13 gezeigt, aussehen: Sonntags wird eine Vollsicherung durchgeführt (ggf. werden hier mehrere Bänder benötigt), dieses Band (diese Bänder) werden als Wochensicherung aufbewahrt. An allen anderen Wochentagen werden differentielle Sicherungen durchgeführt.

	So		Mo		Di		Mi		Do		Fr		Sa
Woche 1	V	W1	D	1	D	2	D	3	D	4	D	5	
Woche 2	V	W2	D	1	D	2	D	3	D	4	D	5	
Woche 3	V	W3	D	1	D	2	D	3	D	4	D	5	
Woche 4	V	W4	D	1	D	2	D	3	D	4	D	5	
Woche 5	V	W5	D	1	D	2	D	3	D	4	D	5	

Abbildung 5.13 Rotationsschema mit differentiellen Sicherungen

Die vorgestellten Verfahren, bei denen am Wochenende eine Vollsicherung und an den übrigen Tagen differentielle oder inkrementelle Sicherungen durchgeführt werden, sind üblich – dennoch können abweichende Konfigurationen sinnvoll oder notwendig sein:

▶ Anstatt die Tagesbänder jede Woche zu überschreiben, könnte man (genügend freier Speicherplatz vorausgesetzt) die neuen Diff./Incr.-Sicherungen anhängen. Bei täglich inkrementell gesicherten 4 GB Änderungsdaten wäre das mit einem LTO2-Band bereits ohne Kompression 50-mal möglich, die Tagesbänder wären dann erst nach einem Jahr »voll« (LTO2-Kapazität: 200 GB unkomprimiert); archiviert man diese Tagesbänder, kann auch nach Jahren taggenau auf Dateiversionen zurückgegriffen werden.

▶ Es ist natürlich nicht zwingend notwendig, einmal wöchentlich eine Vollsicherung durchzuführen. Bedenken Sie aber, dass bei inkrementellen Backups im Restorefall alle Bänder seit der letzten Vollsicherung benötigt werden! Differentielle Backups, die die Änderungen seit der letzten Vollsicherung schreiben, werden immer größer und erreichen irgendwann eine »unhandliche Größe«. Sofern Sie es einrichten können wöchentlich, beispielsweise am Wochenende, eine Vollsicherung durchzuführen, sollten Sie dieses tun!

Bedenken Sie bitte, dass die Sicherung letztendlich nur einem Zweck dient, nämlich im Bedarfsfall schnell und problemlos zurücksichern zu können. Bei allen sich ergebenden Möglichkeiten sollten Sie die folgenden Punkte nie aus den Augen verlieren:

▶ Es muss eine schnelle Rücksicherung auch ganzer Server möglich sein. Kurze Backupzeiten bringen nichts, wenn das Restore dafür dramatisch länger dauert!

▶ Ein Medienrotationskonzept sollte niemals so kompliziert werden, dass es schwer zu durchschauen ist – das wäre ein sicherer Garant dafür, dass bei der Rücksicherung irgendetwas schief geht!

Andere Sicherungsmethoden

Neben den »Klassikern« Vollsicherung, Incremental und Differential bieten aktuelle Backup-Programme weitere Sicherungs-Möglichkeiten für Filesicherungen.

Beispielsweise kennt Veritas BackupExec eine Arbeitssatz-Sicherung, bei der die Dateien, auf die in den letzten 30 Tagen zugegriffen wurde, gesichert werden (Abbildung 5.14). Wohlgemerkt: Nicht nur die geänderten Daten, sondern die Daten mit Zugriffen! Die Arbeitssatz-Sicherung ist sehr »restore-orientiert«: Im Fehlerfall kann zunächst eine Arbeitssatz-Sicherung zurückgespielt werden, so dass die Benutzer recht schnell wieder mit den am häufigsten genutzten Dateien arbeiten können. Die eventuell mehrere Stunden dauernde Rücksicherung der restlichen Daten, kann dann im Hintergrund erledigt werden.

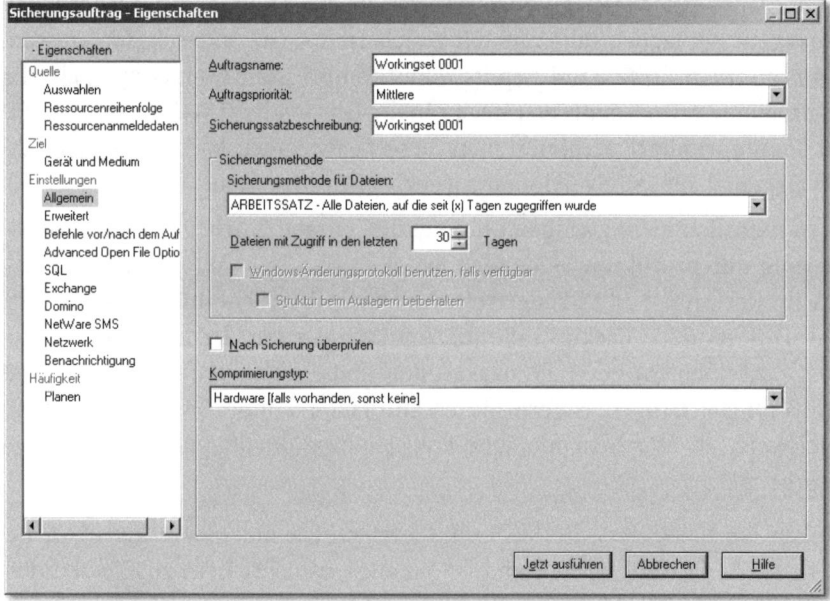

Abbildung 5.14 Konfiguration einer Arbeitssatzsicherung in BackupExec

Rotationskonzepte für Datenbankserver

Für die Sicherung von Datenbanken (Exchange ist letztendlich auch eine Datenbank – eine Datenbank mit Mailfunktionalität) gelten letztendlich dieselben Überlegungen wie für die Sicherung von Filesystemen. Auch im Datenbank-/Exchange-Umfeld existieren Voll-, differentielle und inkrementelle Sicherungen, so dass die zuvor beschriebenen Konzepte für die Medienrotation analog verwendet werden können (Abbildung 5.13). Im Datenbank-/Exchange-Umfeld sind neben der Medienrotationsstrategie viele weitere Aspekte zu planen, wie der Umgang mit Transaktionsprotokollen, Konsistenzprüfungen etc.

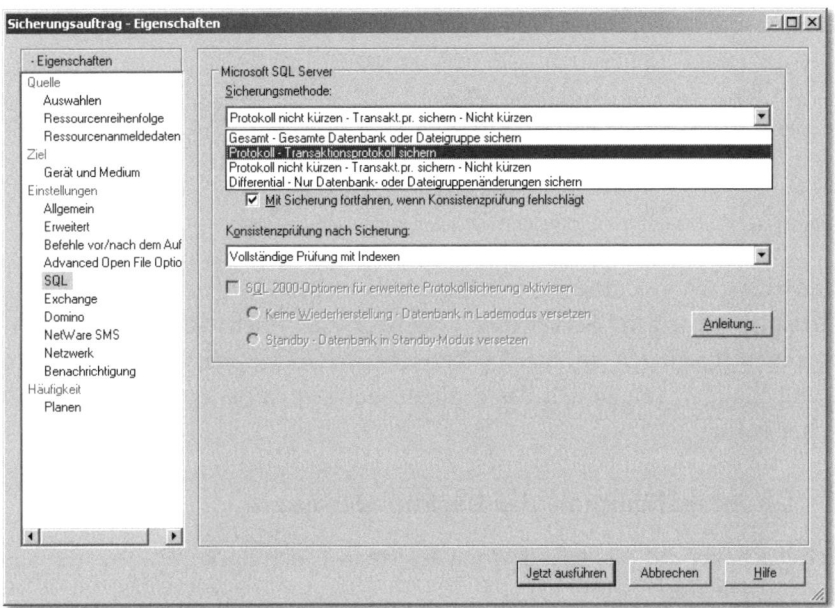

Abbildung 5.15 Sicherungseinstellungen für SQL-Server-Datenbanken (Veritas BackupExec)

5.3 Mögliche Probleme

5.3.1 Sequentielle Sicherung der Server

In Abbildung 5.16 ist ein recht häufig vorkommendes Szenario dargestellt: Ein Backup-Server mit einer kleinen Library [1 Laufwerk] sichert über das LAN mehrere Server. Die Jobs, die diese Server sichern, werden sequentiell ausgeführt, d.h. die Dauer der Sicherung ist die Summe der Sicherungszeiten der einzelnen Jobs, in diesem Fall 11 Stunden.

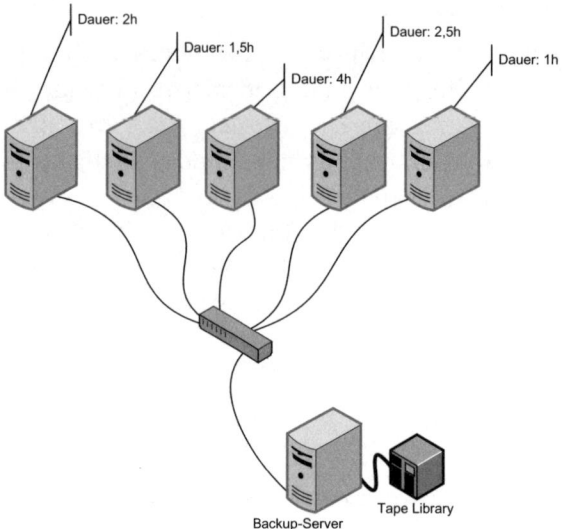

Abbildung 5.16 Dauer der sequentiellen Sicherung mit einem Laufwerk.

Eine deutliche Beschleunigung könnte durch weitere Laufwerke erfolgen, so dass beispielsweise zwei Server (bei 2 Laufwerken) gleichzeitig gesichert werden könnten (Lösungen mit Staging-Bereichen werden später besprochen). In SAN-Umgebungen findet sich das Problem der sequentiellen Abarbeitung in ähnlicher Form.

5.3.2 Leistungsfähigkeit der Backup-Hardware

Zunächst scheint die Steigerung der Performance der Backup-Laufwerke aus Anwendersicht sehr positiv.

In der nachstehenden Tabelle sind die Kapazitäts- und Performance-Werte für LTO-Ultrium-Laufwerke der verschiedenen Generationen zu erkennen. Die Laufwerke der zweiten Generation sind heute verfügbar. Die Leistungsdaten der S-DLT-Technologie sind ähnlich.

	LTO 1	LTO 2	LTO 3	LTO 4
Kapazität (Kompression 2:1)	200 GB	400 GB	800 GB	1.6 TB
Transfer Rate (Kompression 2:1)	20–40 MB/s	40–80 MB/s	80–160 MB/s	160–320 MB/s

Das Problem, das sich aus den Performance-Werten ergibt, ist, dass die Laufwerke, um den Streaming-Mode zu erreichen, auch tatsächlich mit diesen Datenraten angefahren werden müssen. Konkrete Probleme sind:

▶ Viele (eventuell die meisten) Server sind nicht in der Lage, diese Datendurchsätze zu liefern. Bereits ein defragmentiertes Filesystem oder sehr viele kleine Dateien können die Performance eines Servers signifikant verschlechtern.

▶ Über 100 MBit-Verbindungen sind diese Durchsatzraten keinesfalls zu erreichen, über 1000x-Verbindungen nur im Optimalfall.

In SAN-Umgebungen bedarf das hier angesprochene Problem übrigens ebenfalls sorgfältiger Betrachtung: Zumindest die SAN-angebundenen Server schreiben direkt auf die Laufwerke und müssen, um diese im Streaming-Mode zu halten, ebenfalls in der Lage sein, diese Durchsatzraten kontinuierlich zu liefern.

Streaming-Mode und Start-Stop-Mode

Wenn Sie Datenblätter von Storage-Systemen für die Verwendung im SAN anschauen, wird man zwar stets Angaben über die Maximalperformance, niemals aber eine »Minimalperformance« finden. Ein solche Angabe existiert nicht, weil sie einfach überflüssig ist: Wenn ein Server nur einmal pro Minute ein paar Kilobytes auf das Plattensystem schreibt, entsteht, zumindest aus Sicht des Plattensystems, kein Problem.

Im Bereich der Bandlaufwerke verhält es sich deutlich anders, begründet dadurch, dass der Zugriff auf ein Band gänzlich anders als auf eine Festplatte erfolgt: Vereinfacht gesagt wird das Band, genauso wie beim Kassettenrekorder, am Schreib-Lese-Kopf vorbeigeführt, dabei werden die Daten auf das Band geschrieben. Sobald keine Daten mehr zur Verfügung gestellt werden, also beispielsweise der Backup-Job beendet ist, wird das Band gestoppt. Der letzte Satz klingt trivial und offensichtlich, dennoch birgt er »konzeptionellen Sprengstoff«: Es ist denkbar, dass der Datenstrom nicht nur am Ende des Sicherungsvorgangs, sondern während der Sicherung abreißt. Dies wird dann passieren, wenn der Server langsamer Daten liefert, als das Bandlaufwerk schreibt. Ist der Datenstrom abgerissen, müssen diese Schritte durchgeführt werden:

▶ Stoppen des Bandes
▶ Rückspulen
▶ Vorspulen bis zum Ende der aktuellen Session
▶ Starten des Schreibvorgangs

Wenn die Daten beim Sicherungsvorgang so langsam an das Bandlaufwerk geliefert werden, dass es ständig Stoppen und wieder Starten muss, werden Sie drei Dinge feststellen:

► Die Sicherung wird sehr langsam sein, weil der Start-Stop-Mode sehr viel Zeit kostet. Das Repositionieren eines Bandes ist nicht so schnell und einfach machbar, wie das eines Schreib-Lesekopfs einer Festplatte (siehe vorherige Beschreibung).

► Das Bandlaufwerk selbst wird mechanisch sehr stark belastet. Ein Gerät, das permanent im Start-Stop-Mode betrieben wird, wird schon nach relativ kurzer Zeit ein Fall für den Service.

► Die Lebensdauer der Bänder selbst wird beeinträchtigt. Einleuchtend, denn anhalten, zurückspulen und wieder vorspulen ist eine starke mechanische Belastung.

Wenn ein Bandlaufwerk kontinuierlich schreiben kann, also der Datenstrom nicht abreißt und demzufolge keine Start-Stop-Sequenz gefahren werden muss, betreibt man das Laufwerk im **Streaming-Mode**.

Um nochmals über Performance zu sprechen: Man konnte lange Zeit davon ausgehen, dass ein »durchschnittlicher« Server genügend schnell Daten liefern konnte, um ein Laufwerk im Streaming-Mode zu betreiben. Hier die Performancewerte einiger älterer Bandtechnologien:

Technologie	Datenaufnahme nativ (= ohne Kompression)	Datenaufnahme mit 2:1-Kompression
DAT 24	1 MB/s	2 MB/s
DAT 40	3 MB/s	6 MB/s
DAT 72	3 MB/s	6 MB/s
DLT 7000 (35/70)	5 MB/s	10 MB/s
DLT 8000 (40/80)	6 MB/s	12 MB/s
DLT VS80	3 MB/s	6 MB/s

Die in dieser Tabelle aufgeführten Geräte wird man recht problemlos in den Streaming-Mode bekommen, hier ist das Bandlaufwerk das schwächste Glied in der Kette, so dass es häufig sinnvoll war, durch den Einsatz mehrer Laufwerke die Leistung des Gesamtsystems nach oben zu skalieren.

Vergleichen Sie nun nochmals die zu Beginn dieses Abschnitts aufgeführten Werte für LTO-Bandgeräte und stellen sich nun die Frage, welche Server in Ihrem Unternehmen noch in der Lage sein werden, kontinuierlich mit einer Geschwindigkeit von 60 MB/s oder mehr Daten auf ein Bandlaufwerk zu schreiben – das werden die wenigsten sein! Lesen Sie hierzu bitte im Kapitel über Primary Storage die Ausführungen über die Performance von Plattensystemen.

Wenn Sie Spezifikationen von LTO-Laufwerken anschauen, werden Sie dort eine Art »Anpassungsfähigkeit« des Laufwerks auf die Geschwindigkeit, mit der auf das Laufwerk geschrieben wird, finden. Die LTO-Laufwerke sind in der Lage, sich auf eine deutlich langsamere Transferrate einzustellen, je nach Generation auf ungefähr 30–50 % der eigentlichen Datenaufnahme und so den Betrieb im Streaming-Mode zu ermöglichen. Das hört sich zunächst zwar nach der Lösung aller Probleme an, allerdings:

▶ Wenn man das Laufwerk bis auf native (= ohne Kompression) 10 MB/s »ausbremst«, man von einer durchschnittlichen Kompression von 1:1,5 ausgeht, müssen dennoch ca. 15 MB/s an das Laufwerk geliefert werden. Sichert man über einen Backup-Server einen Server, der über eine 100 MBit-Netzwerkverbindung angebunden ist, ist das Bandlaufwerk noch immer zu schnell, da mehr als 7 MB/s in einem 100 MBit-Netz nicht realisierbar ist.

▶ Ein Konzept, das darauf basiert, dass man teure Hardware künstlich langsamer macht, ist sicherlich kein gutes Konzept. Soll heißen: Wenn ein geplantes Backup-Konzept nur dann funktioniert, wenn man ein hochperformantes Laufwerk künstlich ausbremst, sollte man sich darüber Gedanken machen, wie man das Konzept wesentlich verbessern kann.

5.4 Staging der Backup-Daten

Ein Ansatz, der die zuvor genannten Probleme (Sequentialität und Performance) löst, ist die Einrichtung eines zusätzlichen Disk-Bereichs auf dem Backup-Server zum Zwecke des Stagings.

Die Funktionalität des Gesamtsystems stellt sich wie folgt da (Abbildung 5.17):

▶ Die Server werden weiterhin vom Backup-Server über das LAN gesichert, allerdings schreibt der Backup-Server die Daten zunächst in einen lokal angeschlossenen Plattenbereich.

▶ Im zweiten Schritt werden die Daten von dem Plattenbereich des Backup-Servers auf die Library geschoben.

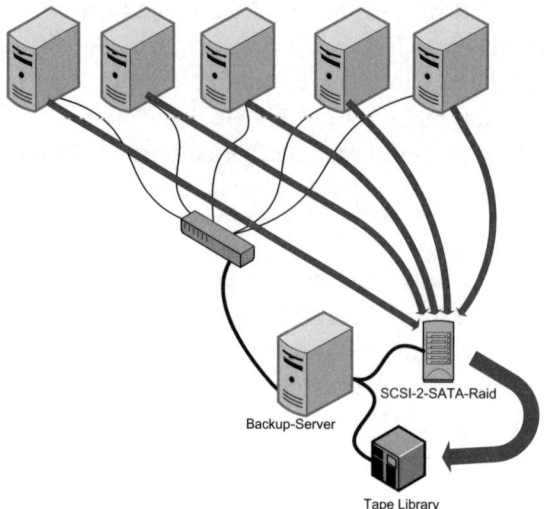

SCSI-2-SATA-Raid

Backup-Server

Tape Library

Abbildung 5.17 Datenpfade beim Backup mit Staging-Device

Folgende Vorteile ergeben sich hierbei:

▶ Moderne Backup-Software-Produkte aus dem Midrange-Segment sind in der Lage, mehrere Sessions gleichzeitig in einen Backup-to-Disk-Speicherbereich zu schreiben. Hierdurch kann das Problem eliminiert werden, dass die Server sequentiell gesichert werden müssen und ein Server, der vergleichsweise langsam Daten liefert (weil er nicht schneller kann und/oder weil er nur über 100 MBit angebunden ist), die Gesamtdauer des Backups deutlich verlängert.

▶ Das Problem, dass viele Server nicht in der Lage sein werden, ausreichend schnell Daten zu liefern, um moderne Laufwerke im Streaming-Mode zu halten, wird durch diesen Ansatz ebenfalls gelöst. Die Server werden zunächst auf dem Plattenbereich des Backup-Servers zwischengesichert, wobei das Problem des Mindestdatendurchsatzes für den Streaming-Mode hierbei nicht existiert. Sicherzustellen ist, dass aus dem Staging-Bereich hinreichend schnell gelesen werden kann, was allerdings relativ einfach durch eine angemessene Anzahl von parallelen Festplatten in einem RAID-0-Verbund gelöst werden kann.

5.4.1 Konkrete Realisierung

Schauen wir uns einmal konkret an, was zur Realisierung des zuvor gezeigten Backups mit Staging an Produkten notwendig ist.

Backup-Software

Als Backup-Software im Midrange-Bereich hat sich BackupExec von Veritas bewährt. Insbesondere beherrscht dieses Produkt sowohl das gleichzeitige Backup von mehreren Servern in einen Backup-to-Disk-Folder als auch das Verschieben der Daten **nebst Kataloginformationen**.

Andere Midrange-Softwareprodukte (inkl. der alten Version 8.x von Backup-Exec) können zwar ebenfalls ein Backup auf Platte schieben, können aber nicht die entstandenen Medien-Dateien unter Beibehaltung der Kataloginformationen auf Band schieben.

Die Enterprise-Produkte beherrschen generell das Verschieben von Sicherungen auf andere Medien.

Backup-Server

Als Backup-Server eignet sich eine als Arbeitsgruppen-File-Server positionierte Maschine, wie beispielsweise der HP Proliant DL 380 oder der Dell PowerEdge 2650. Da es bei dieser Maschine auf hohe IO-Leistung ankommt, da mehrere parallele Datenströme behandelt werden, sollte die Maschine über einen aktuellen schnellen Prozessor verfügen.

Wenn mehrere Bandlaufwerke mit hoher Datenaufnahme an den Backup-Server angeschlossen werden sollen, wird es notwendig sein, einen leistungsstärkeren Server zu wählen.

Staging-Bereich

Für den Staging-Bereich eignet sich ein RAID-System mit S-ATA-Platten und SCSI-Verbindung zum Server. Externe Systeme bauen beispielsweise Promise (RM8000, RM15000) oder Fibrenetix (ZD4460). Die Entscheidung für die S-ATA-basierten Systeme fällt aus Preisgründen. Da die Festplatten im RAID 0 betrieben werden können, macht sich die schlechtere Einzelperformance der S-ATA-Platten gegenüber dedizierten SCSI-Platten für Serversysteme in diesem speziellen Anwendungsfall nicht bemerkbar.

Der Staging-Bereich muss mindestens (!) die Größe der gesamten zu sichernden Datenmenge haben.

Netzwerkstruktur

Natürlich ist eine Sicherung über ein LAN möglich, wobei zu entscheiden ist, ob ein separates Backup-LAN gewünscht wird – im Allgemeinen sollte das nicht notwendig sein!

Wichtig ist, dass der Backup-Server über eine Gigabit-Anbindung an den Switch verfügt, da der Backup-Server mehrere Server gleichzeitig sichern soll. Eventuell bietet sich auch eine Teaming-Konfiguration mit mehreren Gigabit-Netzwerkkarten an.

5.4.2 Konfiguration von Veritas BackupExec

Am Beispiel von Veritas BackupExec 9 zeige ich Ihnen die Konfiguration für ein Backupverfahren mit Staging der Daten.

Backup-to-Disk-Ordner

Zunächst wird der Backup-to-Disk-Ordner eingerichtet. Im dem in Abbildung 5.18 gezeigten Eigenschaften-Dialog wird für die Anzahl der gleichzeitig hierein schreibenden Jobs konfiguriert – der Maximalwert ist 16 .

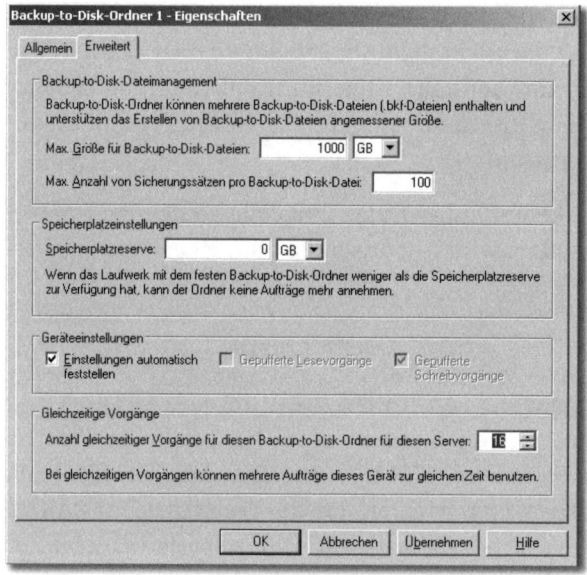

Abbildung 5.18 Konfiguration des Backup-to-Disk-Ordners

Jobdefinition

Die Jobdefinition ist sehr einfach durchzuführen. Zunächst wird der Backup-Job zur Sicherung der Ressourcen angelegt und zwar so, dass das Ziel ein Backup-to-Disk-Folder ist. Anschließend wird ein neuer Kopierauftrag angelegt (Abbildung 5.19). Der Kopierauftrag wird nach Beendigung des auf Platte schreibenden Jobs automatisch starten und die Sicherung auf ein Band kopieren, natürlich werden auch die Kataloge entsprechend gepflegt.

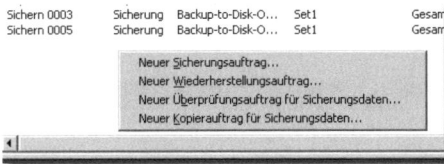

Abbildung 5.19 Anlegen eines Kopierauftrags

Zu beachten ist, dass beim Anlegen des Kopierauftrags ein Konfigurationsdialog angezeigt wird, bei dem die Option »Sicherungssätze nach einem Auftrag kopieren« gewählt werden muss (Abbildung 5.20).

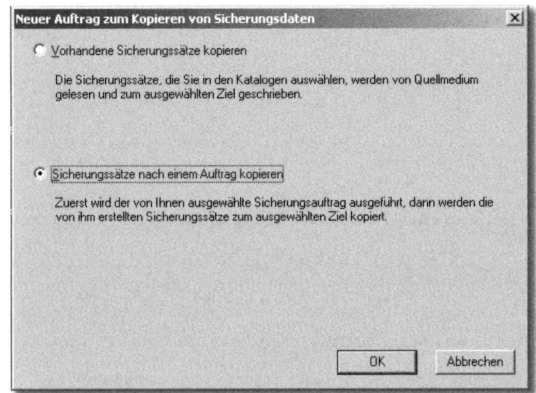

Abbildung 5.20 Konfiguration des Kopierauftrags

Anschließend wird noch definiert, wohin, also auf welches Bandgerät, kopiert werden soll und der Job dann in die Auftragswarteschlange gestellt.

Zu beachten ist, dass nur der Hauptjob geplant (= Festlegen der Ausführungszeit) werden muss, der Kopierjob wird lediglich einem Hauptjob zugeordnet und wird immer im Anschluss an diesen ausgeführt. Wenn zwei gleichzeitig startende Hauptjobs, die in den Backup-to-Disk-Ordner sichern und jeweils nach Abschluss einen Kopiervorgang auf Band starten, konfiguriert sind, muss die Anzeige der Auftragsüberwachung in etwa wie in Abbildung 5.21 gezeigt aussehen.

Die Jobs werden zeitgleich starten. Ist der erste Job fertig, werden dessen Daten auf Band kopiert. Wenn währenddessen der zweite Job ebenfalls fertig ist, werden anschließend dessen Daten auf Band geschrieben.

Ein Blick in die Auftragsüberwachung während der Ausführung beweist, dass in der Tat zwei Jobs zeitgleich in den Backup-to-Disk-Folder sichern (Abbildung 5.22).

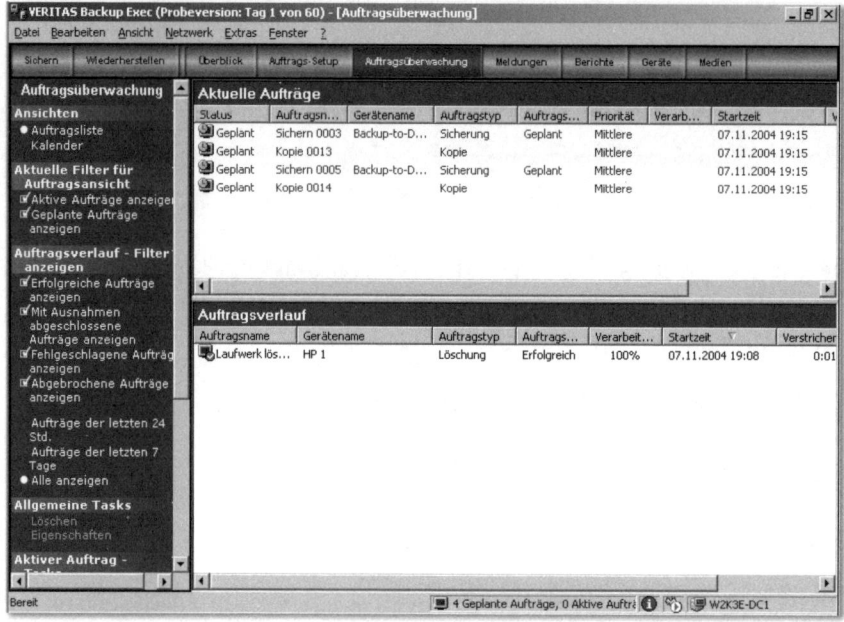

Abbildung 5.21 Auftragsüberwachung mit Kopierjobs

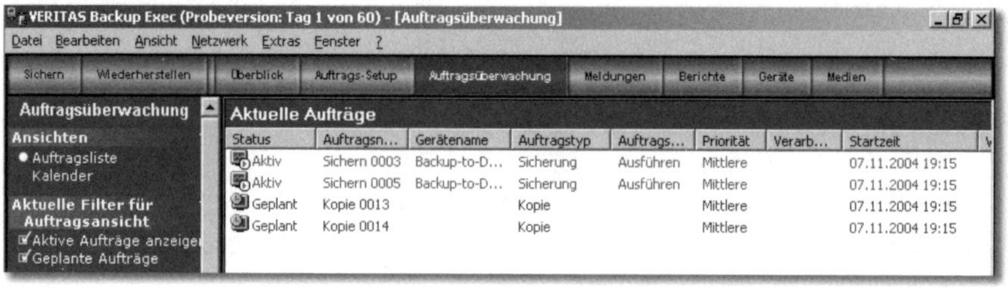

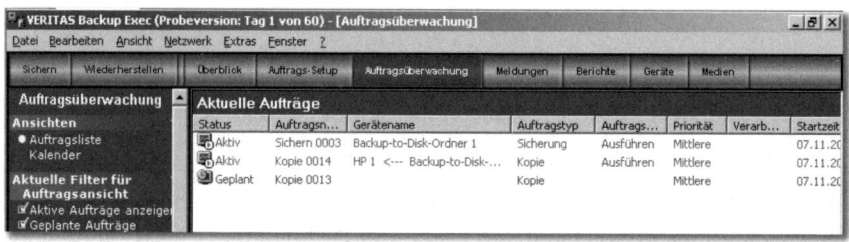

Abbildung 5.22 Zwei Jobs sichern gleichzeitig in B2D-Ordner

Sobald der erste Job beendet ist, beginnt der Kopiervorgang vom Backup-to-Disk-Ordner auf das ausgewählte Band. Der zweite Job sichert währenddessen noch in den Backup-to-Disk-Folder (Abbildung 5.23).

Abbildung 5.23 Die erste Job wird auf Band verschoben.

Backup-to-Disk-Ordner – intern

Die Fähigkeit des Backup-to-Disk-Ordners mehrere Jobs gleichzeitig zu verarbeiten, lässt sich recht einfach verstehen, wenn man mit dem Explorer die entstehenden Dateien anschaut: Für jeden Job wird eine eigene Datei angelegt (Abbildung 5.24). Da im Filesystem problemlos in zwei oder mehr Dateien gleichzeitig geschrieben werden kann, ist die Ausführung mehrere gleichzeitige Backupjobs möglich.

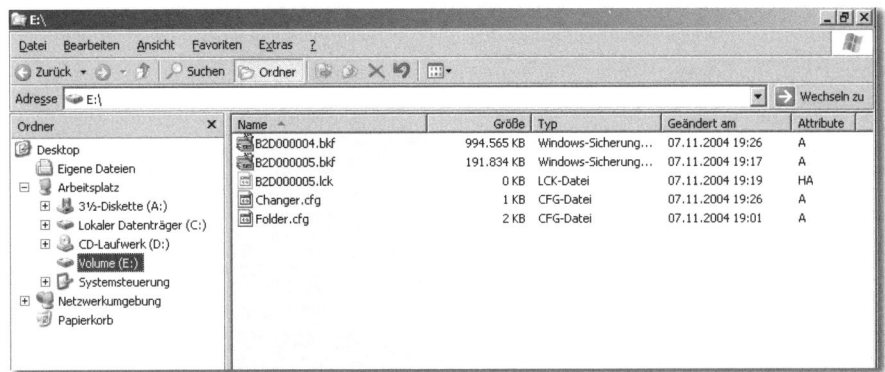

Abbildung 5.24 Der Backup-to-Disk-Ordner im Explorer

Auswahl der Dateien für die Wiederherstellung

Bei der Auswahl der Dateien für die Rücksicherung erkennt man, dass die Daten in der Tat mehrfach vorhanden sind, einmal im Staging-Bereich und einmal auf dem Band. Eine sehr angenehme Eigenschaft von BackupExec ist, dass nach dem Kopierjob der Katalog entsprechend ergänzt wird, so dass ohne weitere Arbeiten zurückgesichert werden kann. In Abbildung 5.25 sieht man den Wiederherstellungsdialog von BackupExec.

Die identischen Daten sind sowohl im Backup-to-Disk-Ordner (oberer Teilbaum) als auch auf dem Band (unterer Teilbaum) vorhanden. Aus Gründen der Geschwindigkeit bietet sich natürlich die Wiederherstellung aus dem Backup-to-Disk-Ordner an, sollte dies nicht mehr möglich sein, greift man auf die Bandsicherung zurück.

BackupExec kann beim Anlegen des Wiederherstellungsauftrags alternativ eine medien-orientierte Anzeigeform wählen. Auch hier erkennt man, dass ohne weitere manuelle Katalogisierungsarbeiten die gesicherten Daten direkt im B2D-Ordner (unten) und auf dem Band (oben) vorhanden sind (Abbildung 5.26).

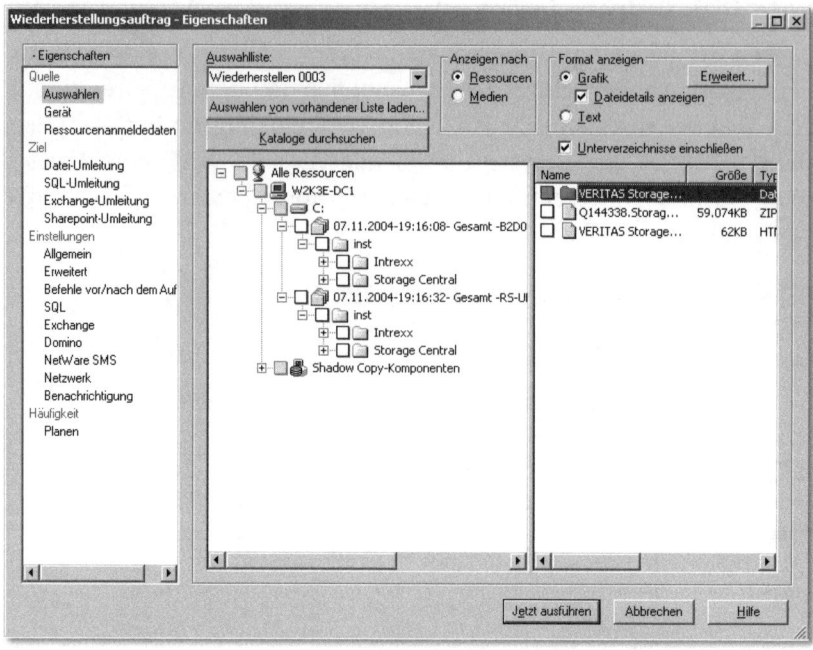

Abbildung 5.25 Wiederherstellung – wahlweise von Band oder B2D-Ordner

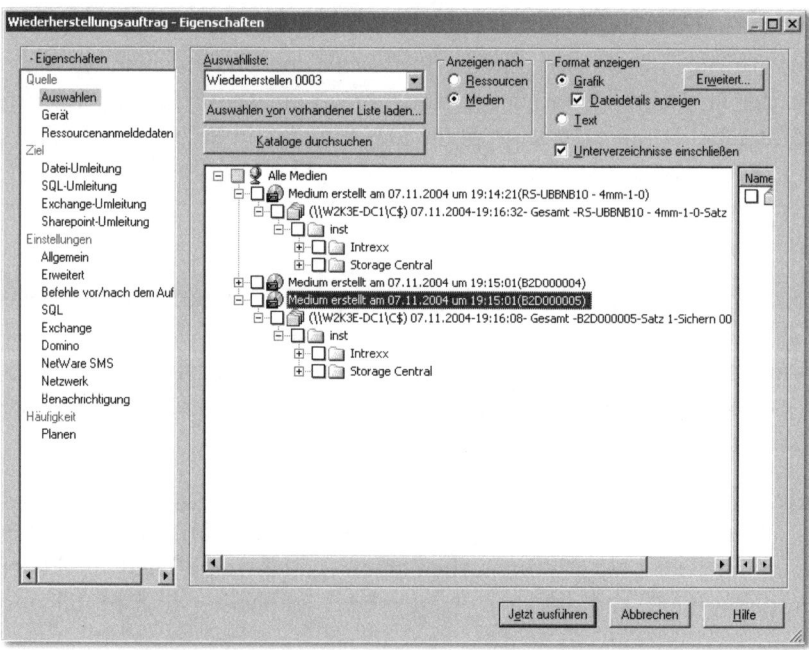

Abbildung 5.26 Sicht auf vorhandene Medien

5.5 Produktauswahl und Marktüberblick

Bei der Auswahl der »richtigen« Backup-Produkte geht es zum einen um die benötigte Hardware zum anderen um die Softwareprodukte. Die Entscheidungsfindung im Hardwarebereich ist noch vergleichsweise einfach, da sich die Autoloader und Libraries unterschiedlicher Hersteller letztendlich recht ähnlich sind. Darüber hinaus sind die von den großen Serverherstellern angebotenen Geräte häufig nur leicht modifizierte OEM-Produkte der einschlägigen Library-Hersteller (beispielsweise ADIC, Overland, Quantum/ATL etc.).

Im Software-Bereich hingegen gibt es durchaus große Unterschiede zwischen den Produkten, so dass hier eine Entscheidung deutlich »merkbarere« Konsequenzen als im Hardwarebereich hat.

5.5.1 Hardware

Unter Hardware fallen einerseits die Bandgeräte, andererseits notwendige Server und sonstiges »Zubehör«.

Bandtechnologien

Die erste Entscheidung bei der Beschaffung von Backup-Hardware ist die der Bandtechnologie. Dieses Thema bietet einerseits Potential für Grabenkämpfe à la »Linux ist besser als Windows« oder »Der Mac ist einfacher als der PC«, andererseits lässt sich relativ einfach bestimmen, welche Bandgeräte-Klasse benötigt wird: genügen »Einsteigerprodukte« oder werden Enterprise-Geräte benötigt? Betrachten wir hierzu die Kapazitäts- und Performancewerte einiger Bandtechnologien:

Bandtechnologie	Kapazität (unkomprimiert)	Geschwindigkeit (unkomprimiert)
DAT 24 (DDS-3)	12 GB	1 MB/s
DAT 40 (DDS-4)	20 GB	3 MB/s
DAT 72 (DDS-5)	36 GB	3 MB/s
DLT 8000	40 GB	6 MB/s
SDLT 320	160 GB	16 MB/s
DLT VS80	40 GB	3 MB/s
LTO-1	100 GB	20 MB/s
LTO-2	200 GB	40 MB/s

In der folgende Tabelle wird untersucht, wie lange für 100 und 500 GB ein Sicherungsvorgang dauert und wie viele Bänder benötigt werden. Die Tabelle geht vereinfachend davon aus, dass keine Kompression angewendet wird und die Bandgeräte jeweils mit optimaler Geschwindigkeit angefahren werden.

Bandtechnologie	100 GB		500 GB	
	Anz. Bänder	Dauer	Anz. Bänder	Dauer
DAT 24 (DDS-3)	9	28 h	42	142 h
DAT 40 (DDS-4)	5	9 h	25	47 h
DAT 72 (DDS-5)	3	9 h	14	47 h
DLT 8000	3	5 h	13	24 h
SDLT 320	1	2 h	4	9 h
DLT VS80	3	9 h	4	47 h
LTO-1	1	1,4 h	5	7 h
LTO-2	1	0,7 h	3	3,5 h

Sie haben ja in einem der vorherigen Abschnitte gehört, dass in regelmäßigen Abständen zwingend eine Vollsicherung angefertigt werden muss. Wenn Sie ein Datenvolumen von 500 GB sichern müssen, wird es mit der aktuellsten DAT-Technologie einerseits sogar am Wochenende zeitlich eng (47 Stunden), außerdem benötigen Sie 14 Bänder. Letzteres ist schon allein deshalb problematisch, weil DAT-Autoloader maximal 6 Bänder fassen.

Anmerkung: Die errechneten Werte für LTO und SDLT sind ein wenig vorsichtig zu sehen, weil durchaus zweifelhaft ist, ob die Server überhaupt in der Lage sind, Daten in entsprechender Performance an das Bandgerät zu liefern.

Wenn Sie andererseits beispielsweise nur 50 GB sichern müssen, kommen Sie rein rechnerisch mit einem DAT-Gerät aktueller Generation aus. Trotzdem ist hier zu bedenken, dass DLT und LTO als die zuverlässigeren Technologien gelten. Bei der Auswahl der zu verwendenden Bandtechnologie ist natürlich auch zu berücksichtigen, wie Sie das zu erwartende Wachstum der Daten einschätzen.

Einzellaufwerk, Autoloader, Library

Die nächste Entscheidung ist, ob Sie mit einem (oder mehreren) Einzellaufwerk arbeiten möchten oder ob ein Autoloader oder eine Library zum Einsatz kommen soll.

Wenn Sie für eine nächtliche Sicherung aus Kapazitätsgründen mehrere Bänder benötigen, liegt es auf der Hand, dass ein Einzellaufwerk nicht genügt – schließlich wäre es außerordentlich unangenehm, wenn der Administrator jede Nacht um drei in den Serverraum zu Bandwechseln müsste … Selbst wenn es nur die Vollsicherung am Wochenende ist, die nicht auf ein einzelnes Band passt, sollte man die Anschaffung einer Library oder eines Autoloaders in Betracht ziehen. Die »Tricksereien« mit den Sicherungsjobs, um doch mit dem Einzellaufwerk auszukommen, sind auf die Dauer mit Sicherheit unwirtschaftlicher als die einmalige Investition in Hardware.

Zur sprachlichen Abgrenzung: Obwohl es keine feststehende Definition gibt (ist mir zumindest nicht bekannt), bezeichnet man ein kleineres Gerät, das mit nur einem Bandlaufwerk bestückt werden kann, als Autoloader, größere Geräte als Library.

Bei der Auswahl einer Library kommt es im Wesentlichen auf zwei Parameter an:

▶ Anzahl der Bandlaufwerke

▶ Anzahl der Slots für Bandkassetten

Zunächst zur Anzahl der Bandlaufwerke. Mehrere Bandlaufwerke wird man aus einem der folgenden Gründe einbauen:

▶ **Datenmenge**: Es ist völlig einleuchtend, dass man prinzipiell (!) mit zwei Bandlaufwerken in der gleichen Zeit die doppelte Menge an Daten sichern kann. Beachten Sie bitte unbedingt die Erläuterungen über die Performance moderner Bandgeräte: Wenn Sie schon ein Laufwerk nicht in den »Streaming Mode« bringen können, hilft es Ihnen überhaupt nichts, noch ein zusätzliches Bandlaufwerk parallel zu betreiben – eher im Gegenteil.

▶ **Gleichzeitige Vorgänge:** Wenn Sie mehrstufige Backups durchführen oder fortgeschrittene Methoden wie Snapshotting nutzen, ist es durchaus denkbar, dass Backup-Jobs auch tagsüber laufen. Nun könnte es natürlich sein, dass gleichzeitig ein Restore-Job gefahren werden muss – Restorejobs sind ja häufig zeitkritisch (»ich bauche ganz dringend meine gelöschte Datei zurück«). Ein zweites Laufwerk ermöglicht ein Restore während auf dem anderen Laufwerk ein Backupjob ausgeführt wird.

▶ **Kopieren von Medien:** Sinnvoller Weise wird man Bänder zur externen Aufbewahrung auslagern. Wenn Sie nicht die »Original-Bänder« entnehmen möchten, müssen Bandkopien angefertigt werden. Ein Grund, die Orginalbänder nicht zu entnehmen, wäre übrigens, möglichst lange »zurückschauen« zu können, ohne Bänder wechseln zu müssen. Das Kopieren von Bändern ist sinnvoll nur mit mit zwei Laufwerken möglich.

▶ **Redundanz**: Letztendlich ist Redundanz ein weiteres Argument für die Beschaffung einer Library mit zumindest zwei Laufwerken. Bandlaufwerke sind komplexe mechanische Geräte, die demzufolge durchaus ausfallen können. Ein zweites Laufwerk bedeutet, dass im Falle eines Laufwerksdefekts trotzdem Backup- und Restorejobs durchgeführt werden können. Da bei den meisten Backup-Softwareprodukten Jobdefinitionen mit Laufwerkspools und nicht mit dedizierten Laufwerken angelegt werden, ist somit eine »Fehlertoleranz« vorhanden.

Der zweite Planungsaspekt für eine Library ist die Anzahl der benötigten Slots: Diese Zahl hängt von der zu sichernden Kapazität (= Anzahl der Bänder für eine Sicherung), von dem gewählten Medienrotationsverfahren und von der Aufbewahrungszeit in der Library ab.

Ein konkretes Beispiel:

Gesamtkapazität: 1 Terabyte, Änderungsdaten ca. 50 GB pro Tag

Bandtechnologie: LTO 2 (Kapazität ohne Kompression: 200 GB)

Medienrotation: Wöchentliche Vollsicherung, ansonsten täglich Differentialsicherung (geänderte Daten seit letzter Vollsicherung)

Kapazitätssteigerung: 25 % pro Jahr

Die Anzahl der benötigten Bänder errechnet sich wie folgt:

▶ Für die Vollsicherung benötigen wir zunächst 5 Bänder. Da die Library vier Jahre genutzt werden soll, muss die Kapazität auch am Ende der Laufzeit ausreichend sein, also im zweiten Jahr 1,25 TB, im dritten Jahr 1,6 TB und im vierten Jahr 2 TB. Um 2 TB zu sichern, werden nun allerdings 10 Bänder benötigt (ohne Kompression).

▶ Rechnen wir die benötigte Kapazität für die Differentialsicherungen aus. Da bei einer Differentialsicherung stets die Änderungen zur letzten Vollsicherung angefertigt werden, wird das Sicherungsvolumen von Tag zu Tag größer. Ob man von einer 25 %igen Steigerung auch des täglichen Datenänderungsvolumen ausgehen kann, ist sicherlich zu diskutieren, die folgende Tabelle geht davon aus:

Wochentag	Volumen heute	Volumen in vier Jahren	Benötigte Bänder (4 J.)
Mo	50 GB	100 GB	1
Di	100 GB	200 GB	1
Mi	150 GB	300 GB	2

Wochentag	Volumen heute	Volumen in vier Jahren	Benötigte Bänder (4 J.)
Do	200 GB	400 GB	2
Fr	250 GB	500 GB	3

▶ Wir gehen von einem Rotationsschema aus, dass immer für einen Monat die Vollsicherungen als Wochendband in der Library vogehalten werden.

▶ Für ein Jahr wird jeweils die letzte Vollsicherung des Monats als Monatsband in der Library vorgehalten wird.

▶ Wir planen 2 Slots für Reinigungsbänder ein

▶ Wir planen 10 weitere Slots für Reservebänder ein, um z.B. fehlerhaft geworden Bänder zu ersetzen, etc.

Es ergibt sich folgender Bedarf an Bändern:

Wochensicherungen (Full Backup) 5 Wochensicherungen je 10 Bänder	50
Tägliche Differenzsicherungen 1+1+2+2+3	9
Monatliche Vollsicherung für 1 Jahr 12 Monatssicherungen je 10 Bänder	120
Reinigungsbänder	2
Reserve	10
Summe	**191**

Eine Library mit ca. 200 Slots ist nun bereits eine recht große Maschine, hier käme beispielsweise eine ADIC Scalar 1000 in Frage. Die Berechnungen sind nun sehr »defensiv«, weil ich keine Kompression berücksichtigt habe, allerdings ändert auch eine Kompression nicht grundsätzlich das Ergebnis. Prüfen wir, wie man durch ein paar konzeptionelle Änderungen die Anzahl der benötigten Slots deutlich nach unten korrigieren kann:

Viel Sparpotential ergibt sich beispielsweise, wenn man die monatlichen Vollsicherungen nicht in der Library aufhebt. Man könnte dann zwar ohne Bandwechsel nur vier bis fünf Wochen »zurückblicken«, im Allgemeinen dürfte das genügen. Die Anzahl der benötigten Slots reduziert sich dann auf 71 – klingt wesentlich freundlicher. Hier käme man beispielsweise mit einer ADIC Scalar 100 hin.

Kommen wir nochmals zu dem Thema »Externe Aufbewahrung von Bändern«: Zumindest konzeptionell muss man mit einem Verlust der Library nebst der darin befindlichen Bändern rechnen – sei es durch Kabelbrand, Wasserschaden oder Feuer im Firmengebäude. Wir werden das Thema »Störfall und Notfall« im nächsten Kapitel nochmals ausführlich diskutieren, daher hier nur kurz: Wenn Sie im Notfall mit einer Datenverlustzeit von einer Woche leben können, könnte man die aktuelle Vollsicherung und die Tagesbänder in der Library belassen. Einmal pro Woche, beispielsweise am Freitagabend, wird die Vollsicherung entnommen und außerhalb des Firmengebäudes eingelagert.

Bei dieser Vorgehensweise benötigen wir 20 Slots:

▶ 10 Bänder für die Vollsicherung

▶ 9 Bänder für die Tagessicherungen

▶ 1 Reinigungsband

Der Nachteil ist, dass bereits für das Einspielen einer Sicherung aus der vergangenen Woche Bandwechsel erforderlich sind. Hier wären Ihre individuellen Anforderungen zu prüfen, wie oft dieser Fall überhaupt vorkommt. In diesem Szenario könnte als Library beispielsweise eine ADIC Scalar 24 Verwendung finden, dieses Gerät kann mit zwei Laufwerken bestückt werden und fasst 24 LTO-Bänder.

Wenn Sie aus Gründen der Desaster-Vorbeugung ohnehin jeden Tag die Bänder entnehmen und extern aufbewahren, benötigen Sie natürlich keine umfangreichen Kapazitäten in der Library. Hier genügt es, wenn Sie genügend Slots haben, um die Vollsicherung durchführen zu können, zuzüglich Reinigungsband. Da unter Berücksichtigung des Datenwachstums für die Vollsicherung zehn Bänder benötigt werden, würde sogar ein Autoloader ausreichen: Overland baut Autoloader die bis zu 11 (LoaderXpress) Bänder fassen können, ein Adic FastStor 2 kann mit bis zu 8 Bändern bestückt werden, was bei Berücksichtigung der Kompression auch genügen könnte.

Der Einsatz von einfachen Autoloadern bedeutet allerdings, dass nur ein Bandlaufwerk zur Verfügung steht. Prüfen wir, ob eine Vollsicherung von 2 Terabyte auf ein Laufwerk zeitlich realistisch ist. Die mögliche LTO 2-Datenrate beträgt 40 MB/s (wir rechnen weiter ohne Kompression), daraus ergibt sich:

2 TB = 2.048 GB = 2.097.152 MB

Bei 40 MB/s ergibt sich ein Zeitbedarf von

52.428 sec = 874 min = **14,5 h**

In der »realen Welt« wird durch die Kompression eine Verkürzung der tatsächlichen Sicherungszeit festzustellen sein (bei einer Kompression von 1:1,25 verkürzt sich der Zeitbedarf auf ca. 11,5 Stunden); gleichwohl ist für ein Unternehmen, in dem am Wochenende bzw. Sonntags nicht gearbeitet wird, eine Vollsicherungsdauer von knapp 15 Stunden völlig unproblematisch und bietet sogar noch deutlich Reserven!

Sie sehen an diesem Beispiel, dass die benötigte Slotanzahl stark mit den Anforderungen variiert: Wenn Sie ein ganzes Jahr in der Library vorhalten möchten, wird ein Enterprise-Produkt notwendig sein, wenn Sie ohnehin jeden Tag die aktuellen Sicherungsbänder extern lagern möchten, genügt letztendlich ein kleiner Autoloader.

Backup-Server

Die nächste Komponente ist der Backup-Server. Insbesondere wenn Sie das zuvor vorgestellte zweistufige Backup-Konzept (Backup mit Staging) nutzen, kommen erhebliche Anforderungen auf diesen Server zu:

▶ Daten über das Netzwerk entgegennehmen. Im Gigabit-Ethernet ca. 60 MB/s.

▶ Daten auf den Staging-Bereich schreiben: ca. 60 MB/s

▶ Daten vom Staging-Bereich lesen: ca. 80 MB/s

▶ Daten auf das Bandlaufwerk schreiben: ca. 80 MB/s

Stark vereinfacht wird ein Server benötigt, der in der Lage ist, ungefähr 300 MB an Daten pro Sekunde zu transportieren. Das wird sicherlich mit einem alten ausrangierten File-Server nicht zu machen sein. Ein aktueller Server der Doppelprozessor-Xeon-Klasse ist notwendig, um die Anforderungen zu erfüllen. Konkrete Produkte wären der Hewlett Packard ProLiant DL380 oder der Dell PowerEdge 2650.

Da es auf hohe SCSI-Leistung ankommt, ist es wichtig darauf zu achten, dass der Server mit entsprechenden Controllern ausgerüstet ist. Empfehlenswert ist, sich nicht auf die Onboard-Controller zu verlassen, sondern entsprechend leistungsstarke »gesteckte« SCSI-Controller zu wählen.

Je nach Backup-Software ist ein RAM-Ausbau von ein bis zwei Gigabyte sinnvoll, für den Festplattenbereich sollte ein Spiegel (z.B. 2*72 GB) ausreichend sein.

Sofern ein Staging-Bereich verwendet werden soll, kommt ein SATA-to-SCSI-System in Frage, wie es mittlerweile von verschiedenen Herstellern angeboten wird. Da es beim Staging-Bereich auf die Performance beim sequentiellen

Schreiben und Lesen ankommt, sollte ein RAID-0 gewählt werden, keinesfalls RAID-5!

RAID-0 bietet zwar keine Redundanz; da die Daten direkt nach Abschluss des Backup-to-Disk-Jobs auf die Library verschoben werden, liegen die ungesicherten Daten nur relativ kurze Zeit ohne Bandkopie auf dem Staging-Bereich. Sollte in diesem Zeitabschnitt eine Platte (und somit das komplette RAID) ausfallen, liegen die »Original-Daten« schließlich auch auf den entsprechenden Servern.

In der Abbildung 5.27 sehen Sie nochmals den Aufbau des Backup-Servers als »Blockschaltbild«. Eine denkbare Erweiterung gegenüber der Abbildung wäre der Einbau einer zweiten Netzwerkkarte in einer Teaming-Konfiguration, um eine breitere Anbindung an das Netzwerk zu realisieren. Ob dies sinnvoll ist, hängt allerdings von den konkreten Sicherungssituation (können überhaupt so viele Daten geliefert werden) und den Leistungsdaten des Servers ab.

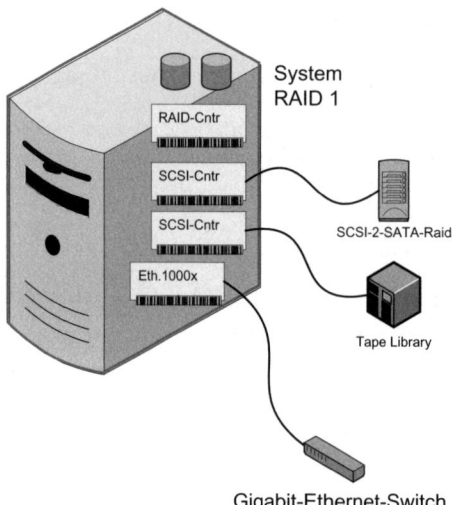

Abbildung 5.27 Ein Backup-Server mit Staging-Funktionalität

Die genannten Servertypen der Kategorie »Workgroup-File-Server« (HP DL380, Dell PowerEdge 2650) sind mit der auf der Skizze dargestellten Lösung mit einem 1000x-Link (Gigabit-Ethernet) in das Netzwerk und einem Laufwerk in der Library am oberen Ende ihrer Durchsatzmöglichkeiten angelangt. Wird noch mehr Performance benötigt, beispielsweise um mehrere parallele Laufwerke zu betreiben, muss man entweder in leistungsfähigere Servertechnologie investieren oder mit (besser!) ein Konzept mit mehreren Backup-Servern im Parallelbetrieb nachdenken. Dieses Buch richtet sich an mittelständische Umgebungen, in denen die Anforderungen mit den hier vorgestellten Vorgehensweisen im Allgemeinen abgedeckt sein werden.

5.5.2 Softwareprodukte

Bei der Auswahl der Softwareprodukte ist zwischen den Produkten für den Small- und Midrange-Bereich einerseits und den Enterprise-Produkten andererseits zu unterscheiden.

Die folgende Tabelle bewertet diese beiden Produktkategorien bezüglich einiger Anforderungen:

Merkmal	Midrange	Enterprise
Funktionen im Windows-Umfeld	***	**
Funktionen in heterogenen Umfeldern	*	***
Backup in SAN-Umgebungen	**	***
Direkte Unterstützung von Enterprise Storage-Systemen		**
Unterstützung sehr großer eventuell verteilter Backup-Umgebungen	*	***
Unterstützung von komplexen DR-Szenarien, inkl. Offsite-Management, Kopieren von Bändern etc.	*	***
Komplexe Medienrotationskonzepte	*	***
Direkt (über Agenten) unterstützte Datenbanken	*	**
Leistungsfähigkeit komplexer Datenbankagenten	*	***
Supportangebote der Hersteller (kostenpflichtig)	*	***
Einrichtungsaufwand	**	*
Administrationsaufwand	**	*
Beschaffungskosten	**	
Wartungskosten (Softwarepflege)	**	
Betriebskosten	**	*

Generell gilt, dass in einer typischen mittelständischen IT-Umgebung, in der relativ homogen Microsoft-Technologie eingesetzt wird, die Midrange-Produkte völlig ausreichend sind. Im Allgemeinen bieten die kleineren Produkte im Windows-Umfeld sogar umfangreichere Möglichkeiten als die Enterprise-Produkte.

Die Enterprise-Produkte sind immer dann relevant, wenn in einer komplexen Umgebung, in der neben Windows-Maschinen auch Datenbanken auf Solaris-, AIX- oder HP UX-Basis jeweils nativ über Agenten gesichert werden sollen.

Da die Backupsoftware aus dem Enterprise-Bereich allerdings sehr teuer werden kann (und im Allgemeinen auch wird!), muss man bewerten, ob man aus Kostengründen eventuell eine nicht-einheitliche Backup-Lösung anstrebt; hierzu ein Beispiel: Eine IT-Umgebung besteht aus zwanzig Windows Servern und zwei Solaris-Maschinen mit Oracle-Datenbanken. Wenn das Ziel eine einheitliche zentrale Backup-Lösung ist, wird man eine Backupsoftware aus der Enterprise-Klasse einsetzen müssen. Aus Kostengründen (Anschaffungs- und Wartungskosten) könnte man allerdings ein Szenario, das eine separate Sicherungslandschaft für den Windows- und eine weitere für den Solaris-Bereich vorsieht, in Betracht ziehen. Letztendlich wird es schwierig sein, Mehrkosten in deutlich fünfstelliger Höhe zu verargumentieren, »nur« um eine einheitliche Backup-Landschaft aufbauen zu können.

Midrange-Produkte

Beispiele für Midrange-Softwareprodukte sind

▶ Veritas BackupExec

▶ CA Brightstor ArcServe

In den letzten Jahren ist das Veritas-Produkt mit deutlichem Vorsprung zum Marktführer avanciert. Letztendlich ist es eine Philosophie-, Geschmacks- und Gewöhnungsfrage, zu welchem Produkt man tendiert. Beide Produkte bieten ein umfangreiches Spektrum an verschiedenen Optionen und Agenten, so dass in den meisten Umgebungen beide Produkte zum Einsatz kommen könnten.

Nicht unbedingt ein Entscheidungskriterium aber dennoch nicht uninteressant: Die eingebaute Backup-Funktionalität des Windows 2003 Servers wurde gemeinsam von Microsoft und Veritas entwickelt (Abbildung 5.28).

Natürlich gibt es auf dem Markt neben BackupExec und ArcServe viele weitere Softwareprodukte, die sich zur Sicherung von kleinen und mittleren Umgebungen eignen.

Zwei weitere Kriterien bei der Auswahl einer Softwarelösung sind folgende:

▶ Die Hardwarehersteller testen ihre Produkte mit den gängigsten Softwarepaketen und geben diese frei; fast jeder Hersteller veröffentlicht Support-Matrices. Neben der Fragestellung, ob eine Konfiguration überhaupt funktioniert, sind diese Freigabelisten insbesondere auch im Problemfall interessant: Hersteller ziehen sich im Allgemeinen darauf zurück, dass es für eine in der Support-Matrix nicht freigegebene Konfiguration auch keinen Support gibt! Entscheidet man sich für ein Backup-Softwareprodukt, das nur wenig verbreitet ist, wird dieses vermutlich von den meisten Hardwarehestellern nicht getestet und zertifiziert werden.

▶ Für die sehr verbreiteten Software-Produkte ist umfangreiches Beratungs- und Implementations-Know-how auf dem Markt vorhanden. Falls Sie in Ihrer Umgebung nicht alle Einrichtungs- und Administrationsarbeiten selbst vornehmen möchten, ist ein gut ausgebautes Partnernetzwerk des Herstellers nicht unwichtig: Wenn Ihr Unternehmen/Organisation in Kiel ansässig ist und die einzige Person, die Support für die Backupsoftware leisten kann, in Freiburg sitzt, ist das ausgesprochen unangenehm.

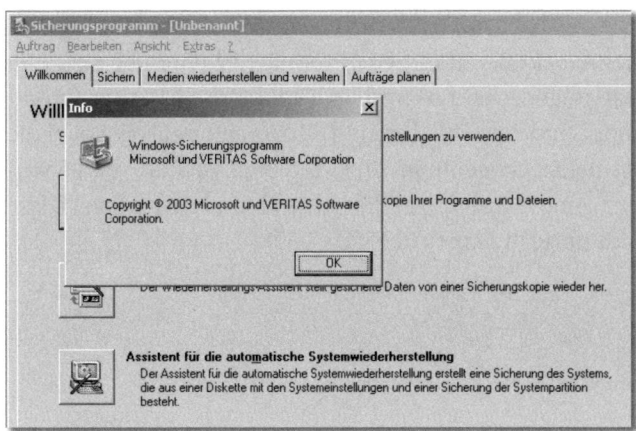

Abbildung 5.28 Herstellerangabe zum Sicherungsprogramm des 2003 Servers

Enterprise-Produkte

Die wesentlichen Enterprise-Backupsoftware-Produkte sind:

▶ Veritas NetBackup

▶ Legato Networker

▶ IBM TSM

▶ Hewlett Packard DataProtector

Zu Beginn des Abschnitts über die Softwareprodukte findet sich eine Tabelle, die recht ausführlich Midrange- und Enterprise-Backupprodukte voneinander abgrenzt. Kurz gesagt, werden Sie sich immer dann für ein Enterprise-Software-produkt entscheiden, wenn ...

▶ ... Sie sich in einer sehr heterogenen Umgebung befinden, in der beispiels-weise auf Solaris oder HP-UX-Maschinen laufende Oracle-Datenbanken über Agents gesichert werden sollen: Beispielsweise BackupExec bringt zwar Agenten zur Sicherung des Filesystems einer solchen Maschine mit, verfügt aber nicht über einen Oracle Agent für Solaris.

▶ ... Sie in Ihrer Umgebung Enterprise-Storage-Systeme (z.B. EMC Symmet-rix/Clariion, Hewlett Packard XP 1024/EVA5000 etc) einsetzen und die Back-upsoftware erweiterte Funktionen (Snap Shot, Clones, SplitMirror) dieser Systeme direkt (= über entsprechende Agenten) unterstützen soll.

▶ Sie sehr komplexe Medienrotations- und Auslagerungsstrategien entwickeln möchten. Die Midrange-Produkte verfügen, übrigens zu Gunsten einer ein-facheren Konfiguration, über weniger komplexe Möglichkeiten. Ob in einer mittelständischen Umgebung sehr komplexe Medienstrategien benötigt werden, ist allerdings ohnehin eher zweifelhaft.

Ein weiterer wesentlicher Aspekt der Enterprise-Produkte ist deren bessere Eig-nung für sehr große Systemlandschaften, in denen mehrere Sicherungsserver bzw. auf Band schreibende Server vorhanden sind. Nehmen wir als Beispiel die in Abbildung 5.29 dargestellte Umgebung: Hier sind drei Backup-Server vor-handen, die jeweils auf eine lokal angeschlossene Library sichern. Diese Backup-Server sichern die übrigen Server über das LAN.

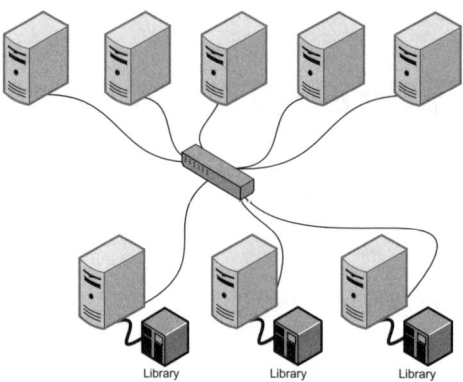

Abbildung 5.29 Umgebung mit mehreren Backup-Servern

Schwachpunkt der Midrange-Backup-Produkte (BackupExec, ArcServe) ist, dass Sie prinzipiell drei einzelne Backup-Server administrieren müssen, die voneinander »nichts wissen«. Es gibt zwar Addon-Software, die eine zentrale Überwachung der Jobs ermöglicht (ExecView, eine kostenloses Zusatzprodukt für BackupExec wird im Veritas-Umfeld verwendet), mehr aber auch nicht.

Anders ist die Situation bei den meisten Backupsoftware-Produkten aus dem Enterprise-Segment: Hier gibt es einen »Master«, der die Steuerung der kompletten Backup-Umgebung übernimmt (Abbildung 5.30). Die Media-Server, also die Server, an denen Bandgeräte angeschlossen sind, werden von dem Master gesteuert, der übrigens auch die Katalog-Datenbank hält. Die Media-Server sichern die Backup-Clients über das LAN, schreiben die Sicherungsdaten auf das lokale Bandlaufwerk und transportieren die Katalogdaten an den Master. Zwischen Master und Media-Server kann sich eventuell auch eine performante WAN-Strecke befinden, allerdings müssen Sie sich darüber im Klaren sein, dass der Media-Server nur sichert, wenn eine IP-Verbindung zum Master vorhanden ist. Fällt diese Verbindung aus, wird keine Sicherung durchgeführt.

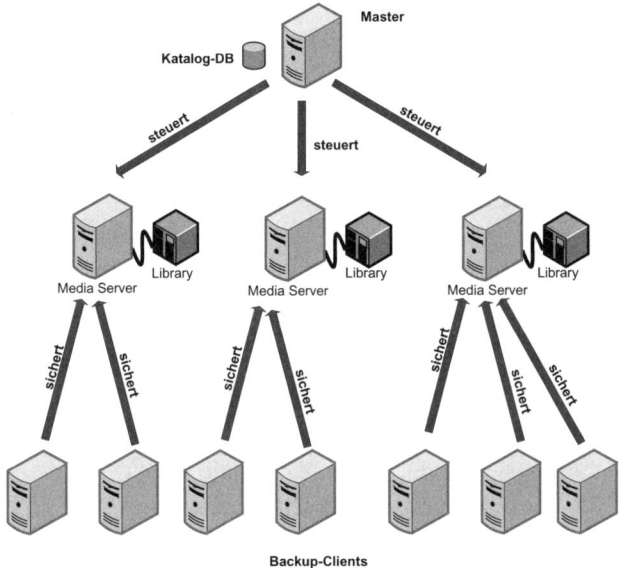

Abbildung 5.30 Struktur der meisten Enterprise-Backup-Anwendungen

Die Begriffe »Master« und »Media-Server« sind die Bezeichnungen die von Veritas NetBackup verwendet werden. In anderen Produkten werden andere Bezeichnungen verwendet: Bei Legato heißen die Bezeichnungen »Networker Server« und »Storage Node«, bei Hewlett Packard DataProtector spricht man vom »Cell Manager« und von »Drive Servers«.

Diese Architektur gestattet es, auch anspruchsvolle Konzepte zu implementieren, beispielsweise ein Load Balancing zwischen den Media-Servern, das automatische Zuweisen von Sicherungsaufgaben an einen anderen Media-Server beim Ausfall eines Systems etc.

Falls die Verwendung mehrerer Media-Server aus Gründen der Performance erfolgt, wäre der konsequente Optimierungsschritt die Verwendung einer zentralen großen Library, die von den Media-Servern über ein FibreChannel-SAN angefahren wird. Die Abbildung 5.31 zeigt ein exemplarisches Schaubild.

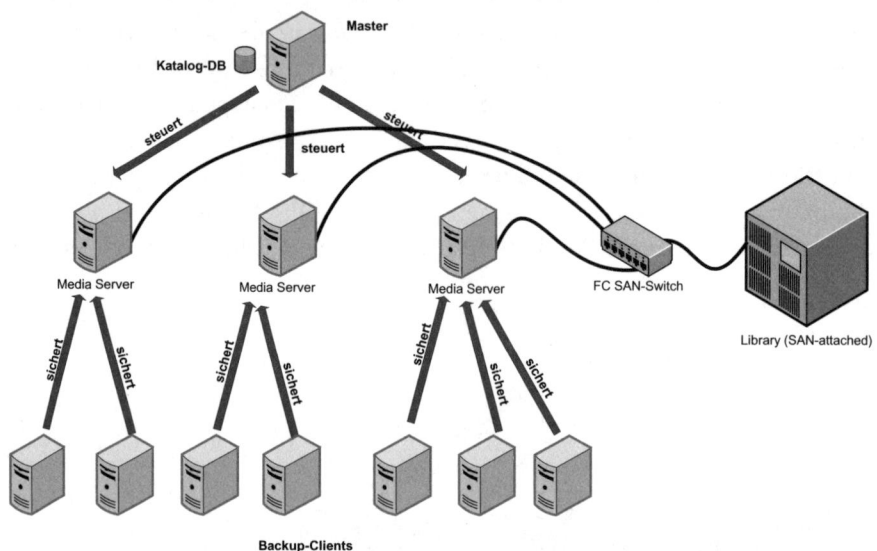

Abbildung 5.31 Enterprise Backup-Software im FibreChannel-SAN

Natürlich kann eine Backup-Architektur, bei der mehrere Backupserver über eine FC-Architektur in eine große zentrale Library sichern, auch mit den »kleinen« Softwareprodukten aufgebaut werden. In einer wirklich großen Umgebung (z. B. 20 Terabyte Sicherungsvolumen, 100 zu sichernde Server) würde es aber sehr mühsam sein, die Jobkonfiguration auf jedem einzelnen Server zu pflegen.

5.6 Erweiterte Möglichkeiten

Neben den bisher besprochenen Datensicherungs-Möglichkeiten existieren noch diverse Konzepte zur Optimierung, die in den folgenden Abschnitten besprochen werden.

5.6.1 Snap-Shot-Backup mit Copy-on-Write-Snap-Shots

Eine der interessantesten und gleichzeitig leistungsfähigsten Möglichkeiten ist die Nutzung der Snap-Shot-Technologie für das Backup. Häufig ist das Problem schlicht und ergreifend, dass die Datenmenge zu groß für das zur Verfügung stehende Backupfenster ist.

Das Snap-Shot-Verfahren an sich ist schnell erklärt (das Verfahren wird schematisch und stark vereinfacht dargestellt):

▶ Alle Dateien auf der Partition des Servers werden geschlossen, im Zweifelsfall müssen Applikationen angehalten werden. Die Cache-Buffer werden geleert.

▶ Nun wird der eigentliche Snap Shot durchgeführt. Als Ergebnis entsteht ein weiteres »virtuelles« Laufwerk. Das Snapshotting dauert nur wenige Sekunden, letztendlich werden keine Daten kopiert, sondern »nur« ein virtuelles Laufwerk erzeugt, das zunächst keine eigenen Daten hält, sondern auf die Originaldaten zugreift.

▶ Das neu entstandene Laufwerk kann nun vom Backup-Server gemountet und gesichert werden.

Schauen wir ein wenig hinter die Kulissen des Snap Shots. Beim Snapshotting gibt es mehrere »Vorgehensweisen«, nämlich Copy-on-Write- und Split-Mirror. Dieser Abschnitt betrachtet die erstgenannte Methode, die zweite wird im nächsten Abschnitt erläutert.

Bei einem Copy-on-Write-Snap-Shot wird zunächst ein »virtuelles Volume« erzeugt, dass selbst keine Daten enthält, sondern auf die Blöcke des Original-Volumes verweist. Dies ist vereinfacht in Abbildung 5.32 dargestellt: Das Snap-Shot-Volume sieht für eine Anwendung genau so aus, wie ein »normales« Volume, man kann ihm natürlich auch einen Laufwerksbuchstaben zuweisen. Greift man beispielsweise auf den dritten Block des Snap-Shot-Volumes zu, liest man tatsächlich den dritten Block des Original-Volumes.

Direkt nach dem Erzeugen wird also für den Snap Shot kaum Plattenplatz benötigt, da beim Zugriff auf das Snap-Shot-Volumes die Daten vom Original-Plattenbereich gelesen werden. Natürlich wird für die Verwaltung des Snap Shots (z.B. Zuweisung zu Blöcken auf dem Original-Volume) Plattenplatz benötigt, dieser ist im Vergleich zu den eigentlichen Produktionsdaten aber sehr gering (Abbildung 5.32).

Interessant ist nun das Verhalten des Systems, wenn sich auf dem Original-Volume Blöcke ändern. Dies ist in Abbildung 5.33 schematisch gezeigt:

▶ Ändert sich auf dem Original-Volume ein Block (in Abbildung wird aus dem C ein X), wird dessen ursprünglicher Inhalt in einen »Deltabereich« geschrieben.

▶ In dem Snap-Shot-Volume wird nun die »Verpointerung« geändert, so dass der Snap Shot noch immer den ursprünglichen Block enthält, der nun allerdings im Deltabereich liegt.

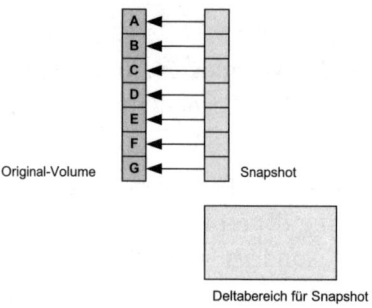

Abbildung 5.32 Copy-on-Write-Snap-Shot direkt nach dem Erzeugen

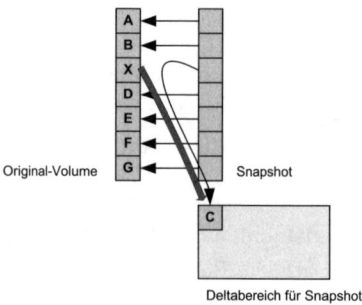

Abbildung 5.33 Copy-on-Write-Snap-Shot bei Datenänderung

Nun wird auch klar, warum dieses Verfahren »Copy-on-Write« genannt wird: Wird auf dem Original-Volume ein Block überschrieben, wird dessen Inhalt in einen Deltabereich kopiert.

Bezogen auf das Backup ergibt sich die folgende Vorgehensweise:

▶ Daten werden in einen konsistenten Zustand gebracht, beispielsweise Datenbanken anhalten bzw. in den Backup-Modus setzen.

▶ Der Snap Shot wird ausgeführt, d.h. das Snap-Shot-Volume wird erzeugt.

▶ Die Datenbank wird wieder gestartet.

▶ Der Snap Shot wird gesichert.

▶ Nach Abschluss der Sicherung wird der Snap Shot aufgelöst.

Die system-seitige Architektur ist in Abbildung 5.34 nochmals dargestellt. Datenbank-Server und Backup-Server sind hier als Dienste zu verstehen, die auf einem Server betrieben werden. Der Datenbankserver schreibt auf das Original-Volume, der Backupserver liest von dem virtuelle Snap-Shot-Volume. Das Snap-Shot-Volume wird gebildet aus dem Original-Volume und dem Deltabereich.

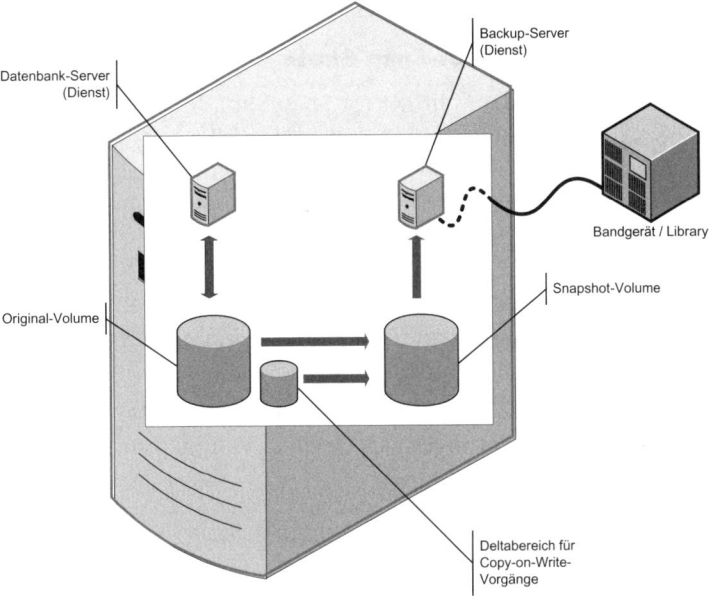

Abbildung 5.34 Funktionsweise des Backups mit Snap Shots

Bei der konkreten Realisierung des Snapshottings gibt es einerseits den Ansatz, den Snap Shot mittels des RAID-Controllers eines Storage-Systems zu erzeugen, andererseits existieren Softwareprodukte, die auf einem »normalen« lokalen Plattenbereich einen Snap Shot erzeugen können. Die Skizze 5.34 stellt die Plattenbereiche zwar als server-intern dar, das Prinzip ändert sich, wenn die Plattenbereiche sich in einem zentralen Storage-System befinden, nicht.

Unabhängig davon mit welcher Technologie gearbeitet wird, gibt es einige Aspekte zu beachten:

▶ Snapshotting wird generell auf Blocklevel-Basis durchgeführt – nicht auf Datei-Basis.

▶ Da ein Backup-Vorgang zu einem erheblichen Teil auf den »Originaldaten« läuft, muss natürlich mit Performance-Einflüssen gerechnet werden.

Das durch Snapshotting entstandene Laufwerk kann entweder auf ein lokal angeschlossenes Bandlaufwerk oder mittels Remote-Agent über das LAN gesichert werden.

Darüber hinaus besteht die Möglichkeit, ein Off-Host-Backup zu fahren. Dieses zeichnet sich dadurch aus, dass der Server selbst in den Backup-Vorgang nicht mehr eingebunden ist. Nähere Informationen hierüber erhalten Sie in einigen Abschnitten.

Snap-Shot-Backup mit Split-Mirror-Snap-Shots

Das zweite übliche Verfahren ist der Split-Mirror-Snap-Shot. Im Gegensatz zum Copy-on-Write-Snap-Shot wird hierbei ein zweiter Plattenbereich identischer Größe benötigt.

In Abbildung 5.35 ist das Funktionsprinzip zu erkennen: Zunächst werden die zwei Plattenbereiche synchronisiert und synchron gehalten, d.h. die Änderungen auf dem Original-Volume werden direkt auf das Spiegel-Volume geschrieben (linke Seite der Abbildung). Zu einem bestimmten Zeitpunkt sorgt man für ein konsistentes Dateisystem (d.h. Applikationen anhalten, Cache-Buffer leeren etc.) und trennt die Spiegel auf, so dass nun zwei voneinander unabhängige Volumes entstanden sind, die Änderungen des Original-Volumes werden nicht mehr gespiegelt (rechte Seite der Abbildung).

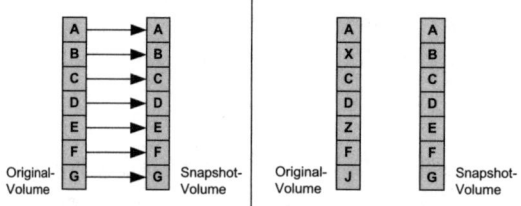

Abbildung 5.35 Funktionsprinzip des Split-Mirror-Snap-Shots

Ein wichtiger Vorteil des Split-Mirror-Backups ist die Unabhängigkeit des Snap-Shot-Volumes vom Original-Volume. Das Durchführen einer Bandsicherung führt natürlich zu einer recht starken Plattenaktivität, die im Fall eines Copy-on-Write-Snap-Shots zum größten Teil auf dem Original-Volume stattfindet. Beim Split-Mirror-Snap-Shot hat ein Sicherungsvorgang auf dem Snap-Shot-Volume keinen Einfluss auf das Original-Volume, weil es sich hierbei um getrennte Systeme handelt.

Wichtig: Dieser Vorteil kommt natürlich nur dann zum Tragen, wenn der Snap Shot auf einem anderen physikalischen RAID-Set bzw. einer anderen Festplatte gespeichert wird.

Vor dem nächsten Backup müssen die beiden Spiegel natürlich wieder re-synchronisiert werden.

Das hier vorgestellte Verfahren wird bei einigen Storage-Systemen als »Snap Clone« bezeichnet, wobei dieser Name durchaus eine gute Beschreibung ist: Zunächst wird ein Clone erstellt, der irgendwann »gesnappt« und aufgebrochen wird.

5.6.2 Server-basiertes Snapshotting

Snapshotting kann host-basiert, also auf dem Server selbst ausgeführt werden. Hierzu sind Zusatzprodukte notwendig, nämlich beispielsweise Veritas Storage Foundation for Windows nebst der FlashSnap-Option.

Veritas Storage Foundation ist letztendlich die Vollversion des Logical Disk Managers, den Sie aus Windows 2000 und 2003 kennen. Es ist ein komplexes Produkt mit einem deutlich über 500 Seiten umfangreichen Administrator's Guide; wir werden in diesem Buch also keine komplette Einführung unterbringen können. Ich möchte Ihnen anhand eines Beispiels gern einen groben Überblick über die Funktionsweise geben.

Veritas Storage Foundation führt übrigens ein Split-Mirror-Snapshotting durch, es wird also entsprechende Plattenkapazität benötigt.

Gehen wir von einem Unternehmen aus, dass sehr intensiv mit einer großen Access-Datenbank arbeitet. Mit Access sind im Gegensatz zu den Datenbankservern (SQL Server, Oracle etc.) keine Online-Backups möglich, die Benutzer müssen also für das Backup die Applikation verlassen. Nun ist es sicherlich möglich, den Benutzern beizubringen, dass zwischen 12:55 und 13:05 die Applikation verlassen werden muss, allerdings muss in diesem Zeitraum die Datenbanksicherung abgeschlossen werden. Die Aufgabe ist nun also, ein Verfahren zu entwerfen, das innerhalb kurzer Zeit die Sicherung des Volumes, auf dem die MDB-Datei liegt, durchführt. Der Weg geht über das Erzeugen eines Snap Shots mit Veritas Storage Foundation.

Zunächst muss eine sinnvolle Plattenkonfiguration erzeugt werden. Die Datenbank selbst liegt auf einem 100 GB großen Hardware-RAID, auf dem eine 50 GB große Partition als Laufwerk Z:\ angelegt wird. Dieses Laufwerk befindet sich in einer dynamischen Diskgroup.

Dieser Diskgroup ist ein weiteres Laufwerk hinzugefügt, ebenfalls ein Plattenbereich, der durch ein separates Hardware-RAID erzeugt ist. Dieses Laufwerk werden wir als Ziellaufwerk für den Snap Shot verwenden. Die dynamische Diskgroup ist wie in Abbildung 5.36 dargestellt konfiguriert.

Hinweis: In einer Umgebung mit konsolidiertem Storage funktioniert diese Konfiguration ebenso.

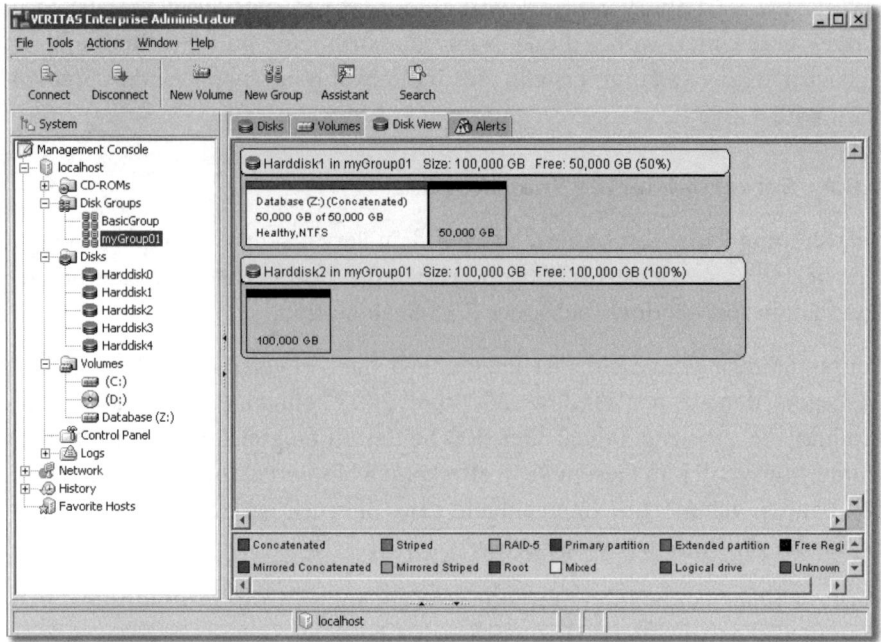

Abbildung 5.36 Plattenkonfiguration mit Veritas Storage Foundation

Die Datenbank liegt auf Laufwerk Z:\. In dessen Kontextmenü findet sich unter anderem der Menüpunkt »Snap« und in dessen Untermenü der Befehl »Snap Start …« (Abbildung 5.37).

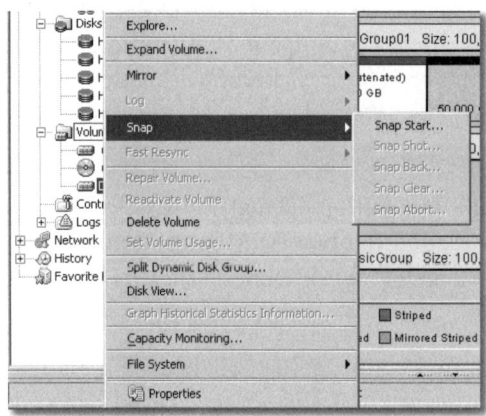

Abbildung 5.37 Kontextmenü eines Volumes, Starten des Snap-Shot-Vorgangs

Das Snapshotting unter Veritas Storage Foundation gliedert sich in zwei Phasen:

▶ Der erste Schritt ist das blockweise Spiegeln des Original-Volumes auf das Snap-Shot-Volume.

▶ Der zweite Schitt ist der eigentliche Snap Shot, bei dem die Spiegelung aufgetrennt wird und zwei Volumes entstehen (siehe die Erläuterungen im vorherigen Kapitel über den Split-Mirror-Snap-Shot).

Der Befehl »Snap Start« leitet den Spiegelungsvorgang ein. Nach der Auswahl dieses Befehls aus dem Menü erscheint der in Abbildung 5.38 gezeigte Dialog. Um die Schritte einzeln nachvollziehen zu können, sollten Sie die Checkbox »Snap Shot« deaktivieren. Ist diese gesetzt, wird im Anschluss an den Spiegelungsvorgang direkt der Snap Shot durchgeführt.

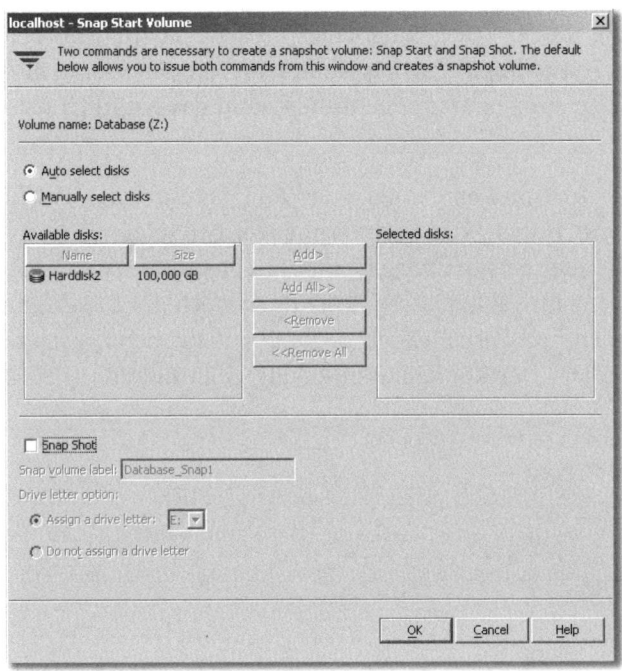

Abbildung 5.38 Dialog zur Initiierung der Spiegelung für den Snap Shot

Veritas Storage Foundation bietet wesentlich mehr Ansichten als der »normale« Logical Disk Manager. Wenn Sie sich beispielsweise die »Mirrors«-Ansicht des Volumes ansehen, wird das Original-Volume und das Snap-Shot-Volume zu sehen sein. Sie sehen dies in Abbildung 5.39, das Snap-Shot-Volume wird dort als »Snap Ready« gezeigt. Dies bedeutet, dass die Volumes synchron sind und nun der eigentliche Snap Shot durchgeführt werden kann.

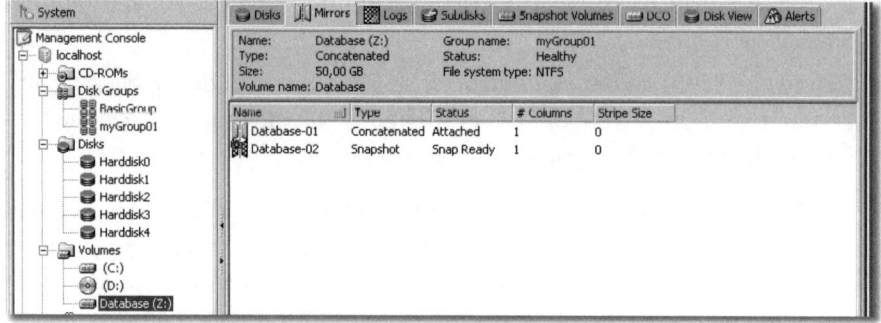

Abbildung 5.39 Anzeige der Spiegel eines Volumes

Die genaue Dauer für die initiale Spiegelung kann pauschal nicht angegeben werden. Bei der ersten Spiegelung muss das komplette Volume blockweise gespiegelt werden, bei sehr großen Plattenbereichen kann das natürlich dauern.

Der eigentliche Snap Shot wird im Kontextmenü des Volumes durch den Befehl »Snap Shot« eingeleitet. Das System wird noch fragen, welcher Spiegel verwendet werden soll, da in diesem Beispiel nur ein aktiver Spiegel vorhanden ist, kann man ruhig das System auswählen lassen. Wichtig ist noch die Zuweisung eines Laufwerksbuchstabens, um anschließend bequem auf das bereitgestellte Volume zugreifen zu können. Der Konfigurationsdialog ist in Abbildung 5.40 gezeigt.

Abbildung 5.40 Definition des zu erstellenden Snap Shots

Das Erstellen des Snap Shots dauert, in Abhängigkeit von der Größe des Volumes, zwischen wenigen Sekunden bis zu einer Minute. Vor diesem Snap-Shot-Vorgang wird man Datenbanken anhalten bzw. in den Backup-Modus setzen oder die Benutzer dazu bewegen, die Access-Anwendung für einen Moment zu schließen. Die einzelnen Schritte sind im Flussdiagramm in Abbildung 5.41 dargestellt:

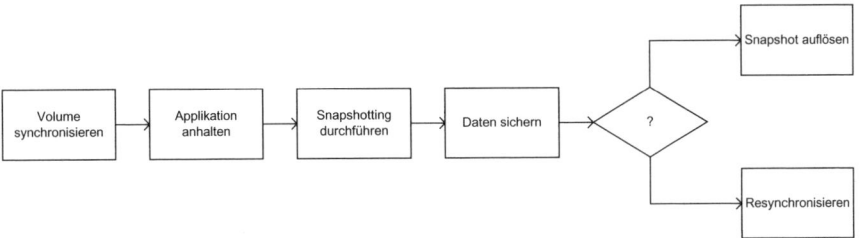

Abbildung 5.41 Flussdiagramm: Snapshotting mit Veritas Storage Foundation

Nachdem die Daten gesichert worden sind (oder was immer Sie mit den gesnappten Daten tun möchten), wird im Kontextmenü des Original-Volumes die Funktion »Snap Back« gewählt. In dem darauf hin erscheinenden Dialog (Abbildung 5.42) können Sie auswählen, wie die beiden Bereiche wieder re-synchronisiert werden sollen:

▶ Der Snap Shot kann entweder auf den aktuellen Stand des Original-Volumes gebracht werden.

▶ Das Original-Volume kann auf den Stand zum Zeitpunkt des Snap Shots zurückgefahren werden.

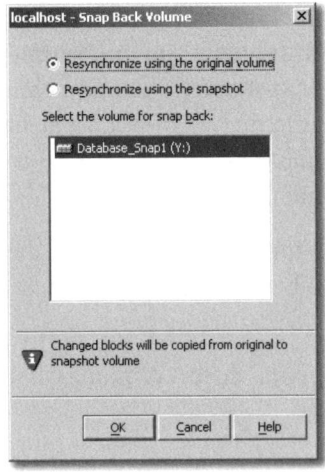

Abbildung 5.42 Auswahl der »Richtung« für die Resynchronisierung

Die Resynchronisierung funktioniert natürlich deutlich schneller, als die initiale Spiegelung, da nun lediglich die zwischenzeitlich geänderten Blöcke übertragen werden müssen.

Falls Sie die den für den Snap Shot reservierten Bereich wieder komplett freigeben möchten, steht im Kontextmenü des Original-Volumes der Befehl »Snap Abort« zur Verfügung.

Wenn Sie jedoch ein Volume regelmäßig per Snap Shot sichern möchten, ist es keine gute Idee, den Snap Shot komplett »wegzuwerfen«, da eine komplette Neusynchronisation in jedem Fall länger dauert, als die Resynchronisation. Die Frage ist nun noch, zu welchem Zeitpunkt man die Resynchronisation durchführt:

▶ Man könnte die Resynchronisation direkt nach Abschluss des Backup-Vorgangs durchführen. Das Snap-Shot-Volume würde dann allerdings bis zum nächsten Snap Shot gespiegelt mitlaufen.

▶ Die zweite Möglichkeit wäre, im Zuge des anlaufenden Backup-Jobs, die Synchronität wieder herzustellen, also erst synchronisieren, dann »snappen«. Der Nachteil ist, dass der Zeitpunkt, zu dem der Snap, also die Spiegelabtrennung erfolgt, nicht genau vorhersagbar ist – weil der Zeitbedarf der Synchronisation nicht genau vorhersagbar ist.

▶ Eine weitere, eigentlich auf der Hand liegende Möglichkeit ist, die Volumes beispielsweise eine Stunde vor dem Beginn des Backup-Jobs zu synchronisieren. Bei Beginn des Sicherungsjobs kann dann direkt gesnappt, also der Spiegel abgetrennt werden, so dass keine zeitliche Unsicherheit entsteht.

Die »Kommandozeilenversion«

Das zuvor gezeigte Beispiel war sicherlich nicht ganz uninteressant und vermittelt einen ersten Eindruck, wie server-seitiges Snapshotting funktionieren kann. Für die Integration in Backup-Konzepte ist das in dieser Form noch nicht geeignet, weil der Administrator natürlich nicht zum Backup-Zeitpunkt am System sitzen, und Spiegel synchronisieren und abtrennen kann.

Veritas Storage Foundation kann komplett über Skripts gesteuert werden, die entsprechenden Kommandozeilenwerkzeuge liegen bei einer Standardinstallation in C:\Programme\VERITAS\Volume Manager 4.0

Schauen wir uns einige einfache Befehle, die Sie von ihrer »Wirkung« her bereits kennen, an:

Wenn Sie bereits einen Spiegel mit `Snap Start` angelegt haben, kann der Snap, also das Abtrennen des Spiegels mit diesem Befehl passieren:

```
vxassist -g[DG] snapshot [ODL:] driveletter=[SnapDL:] [snapname]
```

▶ [DG]   Name der dynamischen Diskgroup

▶ [ODL:]   Laufwerksbuchstabe des »Original-Volumes«, von dem der Snap erstellt wird.

▶ [SnapDL:]   Laufwerksbuchstabe, den das durch den Snap entstandene Volume bekommen soll.

▶ [snapname] Volume-Name für das durch den Snap entstandene Volume.

In der Praxis könnte der Befehl beispielsweise heißen:

```
vxassist -gmygroup01 snapshot z: driveletter=y mysnap
```

Im Klartext: Das in der dynamischen Diskgroup mygroup01 befindliche Laufwerk Z: wird gesnappt; es entsteht das Laufwerk Y: mit dem Volume-Namen mysnap. Das ganze führt zu der in Abbildung 5.43 gezeigten Ausgabe.

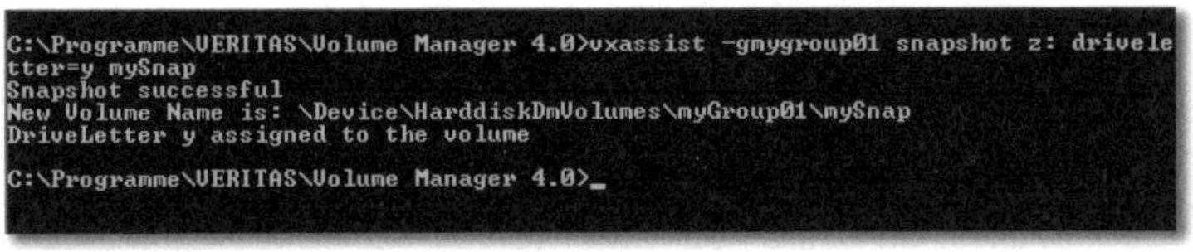

Abbildung 5.43 Snap-Shot-Vorgang auf der Kommandozeile

Das Snap-Volume wird wieder zurücksynchronisiert und das Laufwerk Y: entfernt, durch folgenden Befehl:

```
vxassist snapback [Snaplaufwerk:]
```

Richtung: Das durch Snapshotting entstandene Volumes empfängt die mittlerweile auf dem Original-Volume durchgeführten Änderungen!

Der Kommandozeilenschalter `-b` sorgt dafür, dass das Resynchronisieren im Hintergrund geschieht. Das hört sich verlockend an, aber seien Sie vorsichtig: Wenn Ihr Skript darauf angewiesen ist, dass es erst weitergeht, wenn der Resync-Vorgang abgeschlossen ist, ist das ein höchst ungeeigneter Schalter!

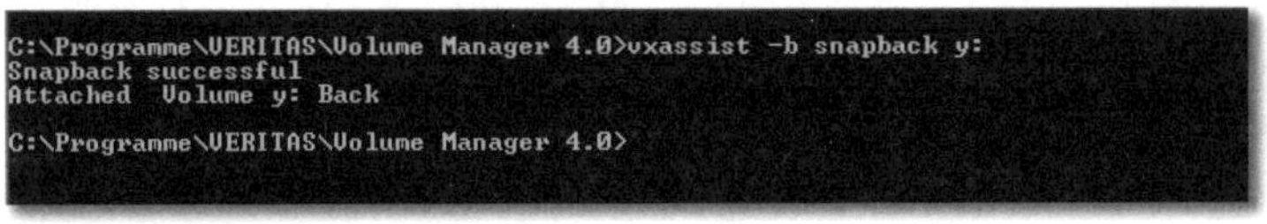

Abbildung 5.44 Resynchronisieren des gesnappten Volumes

Die verwendeten Befehle verfügen noch über viele weitere andere Parameter, darüber hinaus existieren in Storage Foundation viele weitere Kommandozeilen-Befehle. Hier sei auf die recht ausführliche Online-Dokumentation verwiesen!

Einbindung in die Backup-Software

Am Beispiel Veritas BackupExec zeige ich Ihnen, wie diese Snap-Shot-Funktionen in die Backup-Software integriert werden. Abbildung 5.45 zeigt eine Jobdefinition in BackupExec. Zu Beginn und Ende des Auftrags werden jeweils Skripts gestartet.

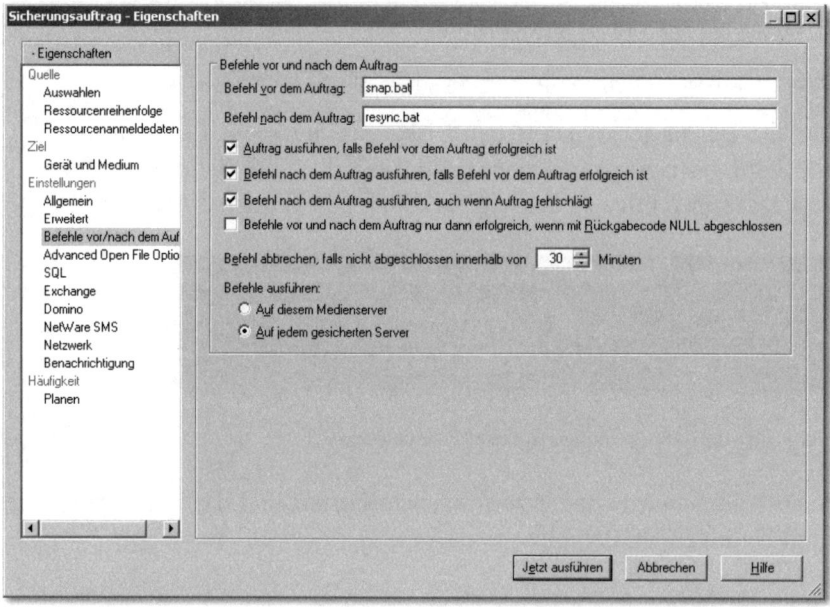

Abbildung 5.45 Jobdefinition mit Script-Ausführung in BackupExec

Wichtig: Veritas Storage Foundation mit FlashSnap-Option muss auf dem Server, auf dem der Snap Shot erstellt werden soll, installiert sein. Ob es auf dem Backup-Server installiert ist, ist letztendlich unerheblich. Die Kommandozeilen-Befehle können übrigens nur auf dem zu sichernden Server (auf dem auch Storage Foundation installiert) ausgeführt werden. Demzufolge müssen die Skripts dort und nicht auf dem Backup-Server ausgeführt werden, dieses wird bei BackupExec mit den Radiobuttons »Befehle ausführen« definiert – andere Backupsoftware-Produkte bieten ähnliche Einstellmöglichkeiten.

Vor dem Auftrag wird snap.bat ausgeführt. Diese enthält:

▶ Falls notwendig.: Snap-Shot-Volume resynchronisieren, z.B. `vxassist snapback y:`

▶ Applikationen anhalten, z.B. `net stop mssqlserver`

▶ Snap ausführen, z.B.: `vxassist -gmygroup01 snapshot z: driveletter=y mysnap`

▶ Applikation wieder starten, z.B. `net start msssqlserver`

Das nach dem Auftrag auszuführende Skript, braucht letztendlich nur das Resynchronisieren anzustoßen (`vxassist -b snapback y:`).

Noch ein kleiner BackupExec-Tipp: Sie werden bei der Definition eventuell auf das Problem laufen, dass Sie bei der Auswahl der zu sichernden Daten das Snap-Shot-Laufwerk in dem grafischen Auswahldialog nicht wählen können. Dies ist dann der Fall, wenn zum Zeitpunkt der Jobdefinition in BackupExec der Spiegel nicht abgetrennt ist – es existiert dann schlicht und ergreifend kein Laufwerk. In diesem Fall stellen Sie den Auswahldialog auf »Text« und geben manuell das Snap-Shot-Laufwerk ein (Abbildung 5.46). Fertig!

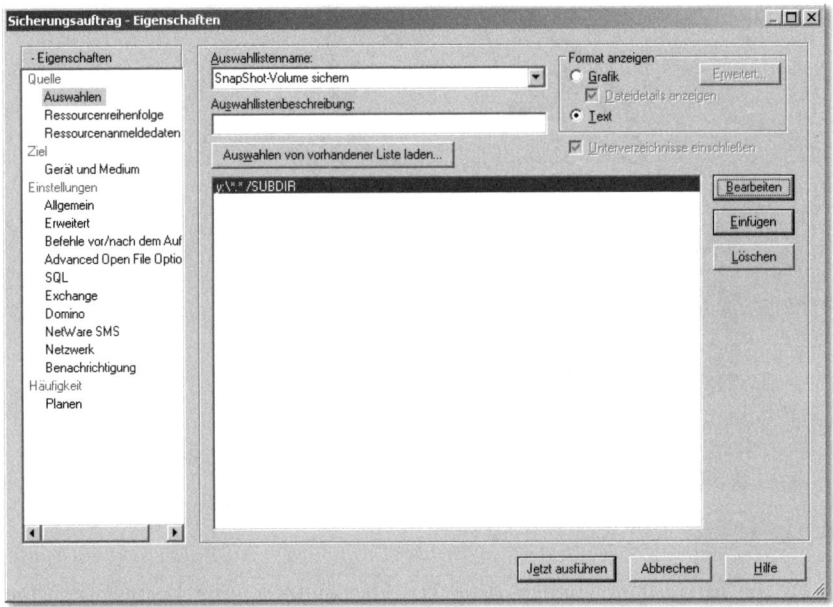

Abbildung 5.46 BackupExec: Auswahldefinition im »Textmodus«

5.6.3 Controller-basiertes Snapshotting

Das controller-basierte Snapshotting ist eine Funktion, die von SAN-Storage-Systemen bereitgestellt wird. Die Funktionsweise ist grundsätzlich der zuvor vorgestellten Methode mittels Storage Foundation ähnlich. Nach dem Auslösen des Snap Shots stellt das Storage-System eine zusätzliche LUN (Logical Unit Number) bereit, die vom Server gemountet werden kann. Da man diese Vorgänge im Allgemeinen skripten wird und eine der Hauptaufgaben der serverseitige Umgang mit den neu entstandenen Volumes sein wird, wird man auch in diesem Fall zu Storage Foundation greifen. Das Produkt stellt umfangreiche Möglichkeiten für das Management der Volumes zur Verfügung und verfügt darüber hinaus über ein leistungsfähiges Skript-Interface.

Die Funktion ist in Abbildung 5.47 nochmals schematisch dargestellt. Der Server hat das Original-Laufwerk als E:\ gemountet, das durch Snapshotting entstandene Volume wird als Y:\ angesprochen.

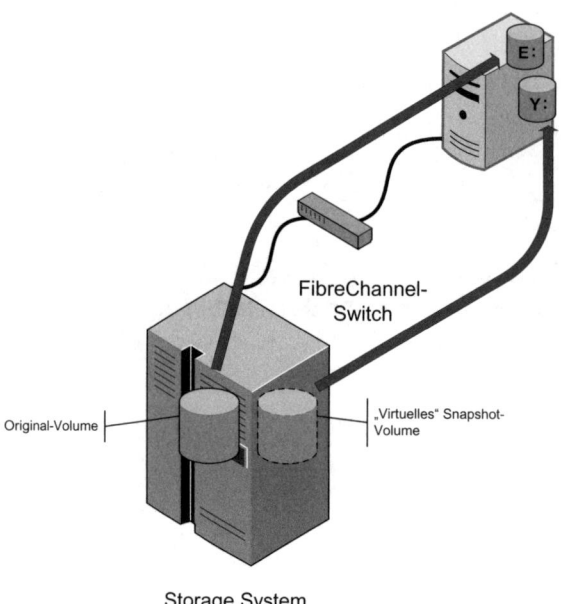

Abbildung 5.47 Controller-basiertes Snapshotting

Beachten Sie bitte, dass Snapshotting im Allgemeinen eine kostenpflichtige Option ist, die bei den Entry-Level-Systemen häufig nicht zur Verfügung steht. Wenn Sie Snap-Shot-Funktionalität benötigen, müssen Sie aber nicht unbedingt auf teurere Systeme ausweichen, Sie können genauso gut software-basiert mit Storage Foundation arbeiten.

Hier noch die Begriffe, unter denen die Snap-Shot-Erweiterungen von den unterschiedlichen Herstellern vertrieben werden:

- ▶ Hewlett Packard EVA: Business Copy
- ▶ IBM FastT/DS4x00:   FlashCopy
- ▶ EMC Clariion: SnapView
- ▶ Fujitsu-Siemens und Dell vertreiben EMC-Systeme => SnapView

5.6.4 Off-Host-Backup

Bei den bisherigen Erläuterungen zum Snapshotting haben wir das durch den Snap Shot entstandene Volume dem Ursprungsserver zugewiesen und ein Backup über diesen ausgeführt, wobei der Server entweder Backup-Server/Medien-Server (= er schreibt selbst auf ein Bandgerät) ist oder wird über das LAN gesichert.

Der Nachteil ist, dass der Server, zu dem das »gesnappte« Volume gehört, bei diesem Sicherungsvorgang belastet wird. Um dieses zu vermeiden, kann ein Off-Host-Backup verwendet werden. Hierbei ist der Grundgedanke, dass das durch den Snap Shot entstandene Volume einem anderen Server zugewiesen und von diesem bzw. über diesen gesichert wird.

Ich hatte Ihnen zuvor zwei Snap-Shot-Szenarien vorgestellt, nämlich serverbasiertes und controller-basiertes Snapshotting. In beiden Szenarien ist ein Off-Host-Backup möglich.

Off-Host-Backup mit controller-basiertem Snap Shot

Das controller-basierte Off-Host-Backup ist sehr einfach nachzuvollziehen, siehe Abbildung 5.48:

- ▶ Auf dem Server ist das Original-Volume als Laufwerk E: gemountet. Die Daten werden in einen konsistenten Zustand gebracht, z. B. durch Anhalten der Datenbanken.
- ▶ Auf dem Storage-System wird der Snap Shot des Volumes initiiert. Es entsteht ein weiteres, sozusagen virtuelles, Volume.
- ▶ Dieses Volume wird von dem Backup-Server gemountet, in der Skizze als Laufwerk Y:, und auf das Bandgerät gesichert

Bei diesem Szenario müssen Sie immer beachten, dass der Sicherungsvorgang im Falle eines Copy-on-Write-Snap-Shots durchaus einen signifikanten Performanceeinfluss auf das Original-Volume hat!

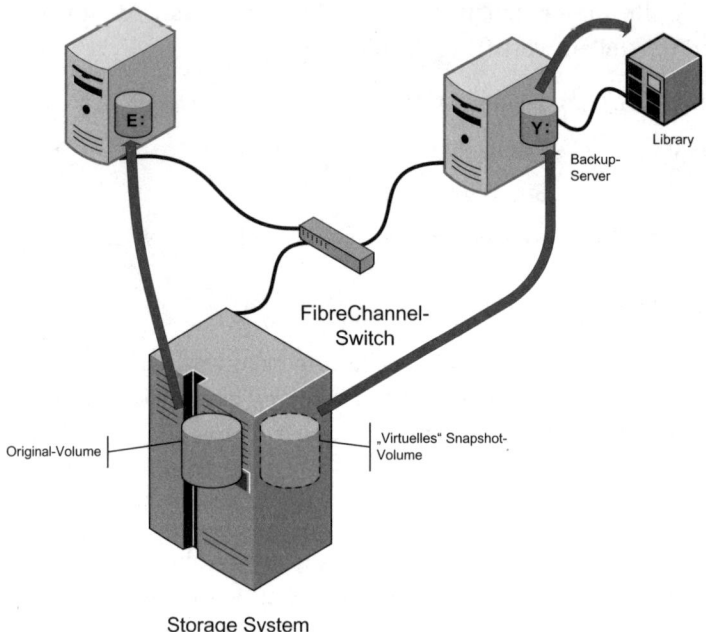

Abbildung 5.48 Off-Host-Backup mit controller-basiertem Snapshotting

Off-Host-Backup mit server-basiertem Snapshotting

Bei der zuvor gezeigten controller-basierten Off-Host-Backup-Variante ist der Zugriff des Backup-Servers auf das Snap-Shot-Volume leicht nachzuvollziehen, der Snap Shot wird ja im Storage-System erzeugt und kann somit leicht einem anderen Server »zugemountet« werden. Wie kann nun Off-Host-Backup in einer Umgebung mit server-basiertem Snapshotting funktionieren? Nochmals zur Abgrenzung: Wir sprechen nicht davon, auf einer Maschine einen Snap Shot zu machen und diesen dann via Agent zu sichern, denn hätten wir kein Off-Host-Szenario (= der Server wird durch das Backup seines Volumes nicht belastet) mehr.

Ein Szenario für ein auf server-basiertem Snapshotting aufbauendem Off-Host-Backup könnte so aussehen, wie in Abbildung 5.49 gezeigt:

▶ Zunächst wird ein Split-Mirror-Snap-Shot erzeugt, beispielsweise mit dem zuvor vorgestellten Veritas Storage Foundation mit FlashSnap-Option.

▶ Der Plattenbereich mit dem Snap Shot (wir haben einen Split-Mirror-Snap-Shot erstellt) wird zu dem Backup-Server verschoben. Die Betonung liegt auf »verschoben«: Nach diesem Vorgang ist das Snap-Shot-Volume nicht mehr auf dem ursprünglichen, sondern nur noch auf dem Backup-Server vorhanden.

▶ Der Backup-Server kann nun diesen Plattenbereich sichern, der ursprüngliche Server wird nicht belastet, da er nicht im Backup-Vorgang involviert ist.

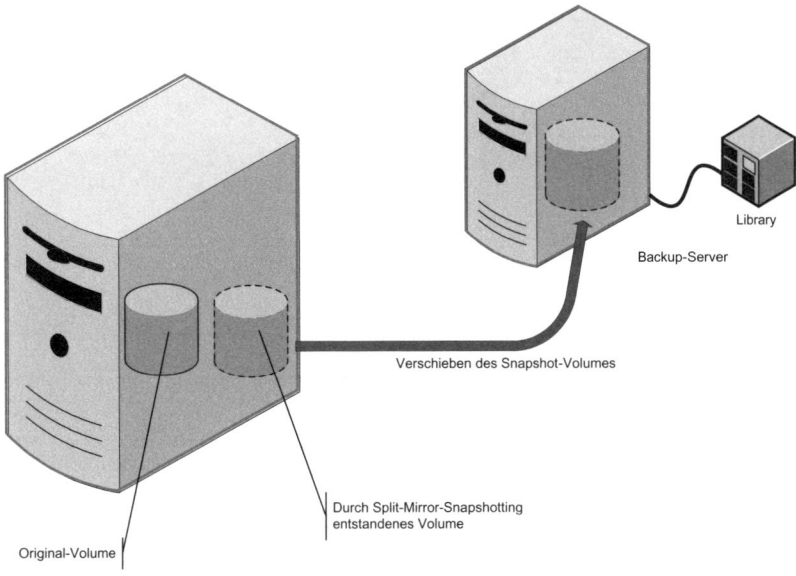

Library

Backup-Server

Verschieben des Snapshot-Volumes

Durch Split-Mirror-Snapshotting
entstandenes Volume

Original-Volume

Abbildung 5.49 Funktionsprinzip Off-Host-Backup mit server-basiertem Snap Shot

Wenn Sie die Funktionsskizze (Abbildung 5.49) ansehen, wird Ihnen eine entscheidende Problematik auffallen: Wie bekommt man das Snap-Shot-Volume an den Backupserver?

Ich werde Ihnen die Vorgehensweise vorstellen. Erste Anforderung ist ein Storage-Bereich, auf den beide Server zugreifen können (siehe Abbildung 5.50). Mit Veritas Storage Foundation wird ein server-basierter Split-Mirror-Snap-Shot erstellt. Alles funktioniert letztendlich so, wie einige Abschnitte zuvor beschrieben, einziger Unterschied ist, dass die Platten nicht lokal im Server, sondern in einem zentralen Storage-System eingebaut sind.

Nach Durchführung des Vorgangs liegen auf dem Storage-System das Original- und das Snap-Shot-Volume.

Sie erinnern sich vielleicht, dass sich die Platte (bzw. Hardware-RAID) mit dem Original-Volume und diejenige mit dem Snap Shot in einer Diskgroup befinden. Um die Snap-Shot-Platte einem anderen Server zuweisen zu können, muss diese zunächst aus der Diskgroup herausgelöst werden: Im Kontextmenü des Snap-Shot-Volumes findet sich der Befehl »Split Dynamic Diskgroup ...«. Dieser führt zu einem Assistenten, in dem die Platten, die aus dieser Diskgroup her-

ausgenommen und in eine neue verschoben werden, ausgewählt werden können. Wir wählen, wie in Abbildung 5.51 gezeigt, die Platte mit dem Snap Shot.

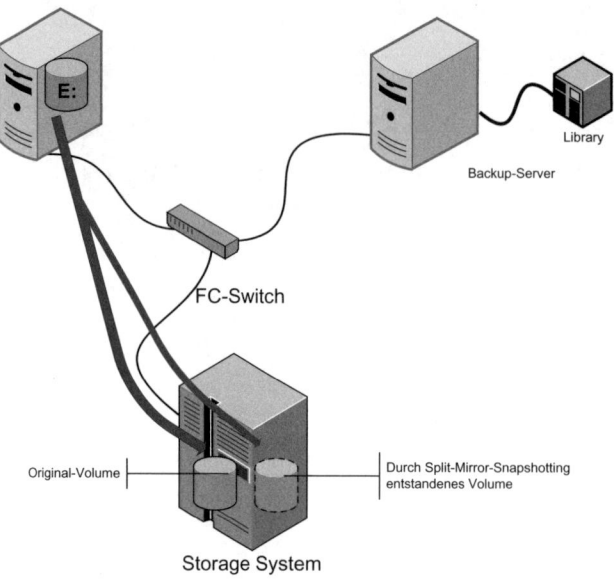

Abbildung 5.50 Server-basierter Split-Mirror-Snap-Shot auf Storage-System

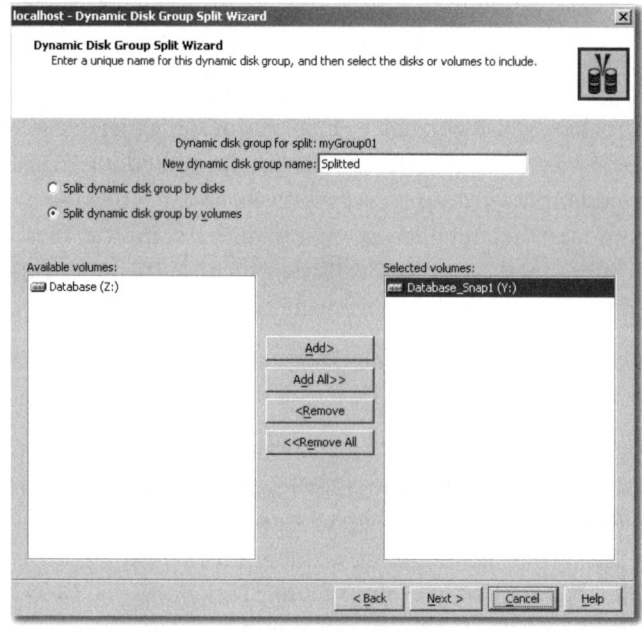

Abbildung 5.51 Splitten der Diskgroup. Die Platte mit dem Snap Shot wird in eine neue
Diskgroup verschoben.

Der nächste Schritt ist, die neu entstandene Diskgroup vom Server zu entfernen, hierzu wird im Kontextmenü der Diskgroup »Deport Dynamic Diskgroup« gewählt (Abbildung 5.52).

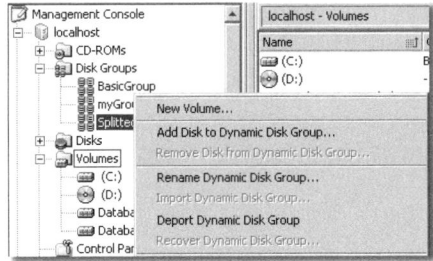

Abbildung 5.52 Entfernen der Diskgroup von dem Server (»Deport Dynamic Diskgroup ...«)

Das Ergebnis des »Deport Dynamic Diskgroup«-Vorgangs ist übrigens, dass die Festplatte als Offline angezeigt wird (Abbildung 5.53).

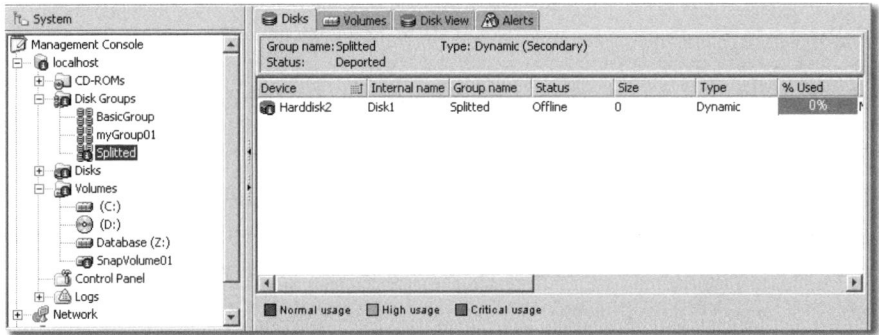

Abbildung 5.53 Nach dem Deport-Vorgang ist die Snap-Shot-Platte »offline«

Auf dem Backup-Server wird nun die auf dem Produktiv-Server »deportierte« Diskgroup importiert, das Volume gemountet und der Backup-Vorgang gestartet. Es ergibt sich somit das in Abbildung 5.54 abgebildete Szenario.

Wichtig: Damit alles so wie beschrieben funktioniert, müssen das Storage-System und die SAN-Infrastruktur natürlich entsprechend konfiguriert sein. Im Klartext: Wenn durch Hardwarefunktionen wie Zoning (Switches), Partitioning oder Selective Storage Presentation (Storage-System) der Zugriff der Server auf die zentralen Plattenbereiche verhindert wird, haben wir server-seitig natürlich keine Chance!

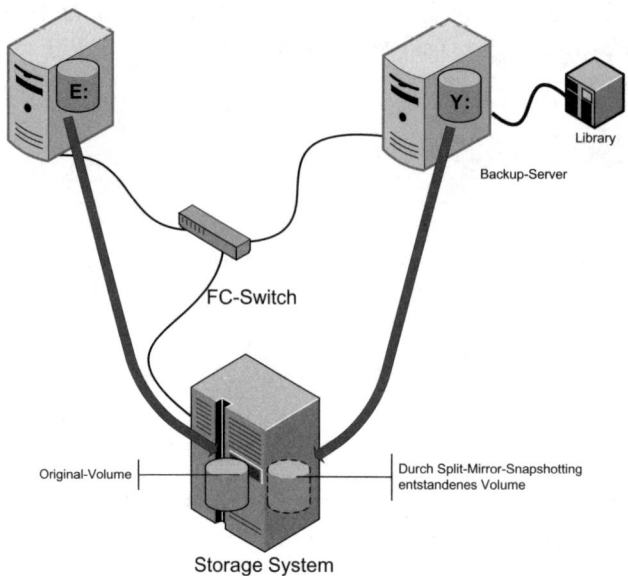

Abbildung 5.54 Das Snap-Shot-Volume ist nun dem Backup-Server zugeordnet

Bei der »Rückabwicklung« sind folgende Schritte zu unternehmen:

▶ Auf dem Backupserver: »Deport« der Diskgroup mit der Snap-Shot-Platte

▶ Auf dem Produktiv-Server: Zunächst wird ein »Rescan« durchgeführt, um sicherzustellen, dass alle Platten korrekt erkannt werden, anschließend wird die zuvor abgetrennte und auf dem Backup-Server gemountete Diskgroup wieder der ursprünglichen Diskgroup hinzugefügt. Hierzu wird ein »Join Dynamic Diskgroup« ausgeführt. In Abbildung 5.55 sehen Sie den dann erscheinenden Dialog: Die Platten der Diskgroup »Splitted« werden in dem Beispiel der Diskgroup »myGroup01« hinzugefügt (Abbildung 5.55).

▶ Anschließend wird ein Snap Back ausgeführt, welcher das Snap-Shot-Volume mit dem Original-Volume synchronisiert.

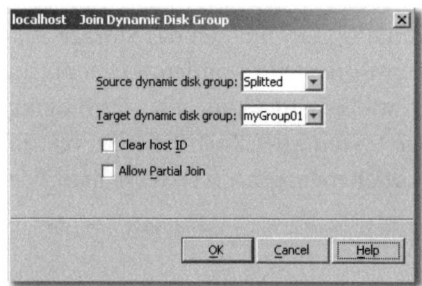

Abbildung 5.55 Auswahldialog des Befehls »Join Dynamic Diskgroup«

In der folgenden Tabelle sind die notwendigen Schritte für ein Off-Host-Backup mit server-basiertem Split-Mirror-Snap-Shot nochmals aufgeführt.

Produktiv-Server	Backup-Server
Vorbereiten des Snap-Shot-Vorgangs (»Snap Start«), sofern nicht bereits geschehen	
Sicherstellen eines konsistenten Dateisystems, Anhalten von Applikationen	
Durchführen des Snap Shots (»Snapshot«)	
Starten der Applikationen	
Trennen der Diskgroup (»Split Dynamic Diskgroup«)	
»Deportieren« der Diskgroup (»Deport Diskgroup«)	
	Rescan der Plattensysteme
	Importieren der Diskgroup
	Mounten des Volumes
	Backup der Daten
	»Deportieren« der Diskgroup (»Deport Diskgroup«)
Rescan der Plattensysteme	
Einfügen der Platte in die bisherige Diskgroup »Join Dynamic Diskgroup«	
Resynchronisieren des Snap-Shot-Volumes (»Snap Back«)	

Wie zuvor beim Snapshotting (also »ohne Off-Host«) gezeigt, können die Funktionen von Veritas Storage Foundation über die Kommandozeile aufgerufen werden. Einige recht ausführliche Skript-Beispiel findet sich auf der Storage Foundation-CD im Verzeichnis »FlashSnap scripts«.

Controller-basiertes oder server-basiertes Off-Host-Backup?

Nachdem Sie nun beide Varianten des Off-Host-Backups kennen gelernt haben, ergibt sich nun die Frage, welchen Weg Sie beschreiten möchten. Da auch bei Verwendung server-basierter Snap Shots letztendlich ein SAN Voraussetzung ist, liegt der Gedanke nah, die Snap Shots auf Controller-Ebene zu realisieren.

Einige Aspekte:

▶ Controller-basiertes Off-Host-Backup setzt Storage-Systeme voraus, deren Controller Snap Shots durchführen können. So trivial sich das anhört: Entry-Level-Storage-Systeme können das im Allgemeinen nicht und auch für die größeren Systeme sind recht teure Lizenzen erforderlich.

▶ Server-basiertes Off-Host-Backup kann nur funktionieren, wenn ein Split-Mirror-Snap-Shot durchgeführt wird, da schließlich ein vollständiges Volume verschoben (= an einem anderen Server gemountet) werden muss. Hieraus ergibt sich natürlich der Nachteil, dass doppelte Speicherkapazität vorhanden sein muss – das wird aber im Allgemeinen *deutlich* billiger sein als die Snap-Shot-Lizenzen für Storage-Systeme. Das gilt umso mehr, wenn man nur für die Snap-Shot-Funktionalität ein Storage-System der nächsthöheren Maschinenklasse beschaffen müsste (Entry-Level-Systeme lassen sich i. Allg. nicht aufrüsten!).

▶ Der Implementationsaufwand, dies umfasst in erster Linie die Erstellung von Skripts, dürfte bei beiden Varianten ähnlich sein.

Generell zu beachten ist, dass der Backup-Vorgang im Fall eines Copy-on-Write-Snap-Shots eventuell (!) eine signifikante Verschlechterung des Performance-verhaltens des Original-Volumes bewirken kann.

Pauschal in einem Buch den allgemein »besten Weg« zu propagieren, wäre sicherlich nicht seriös und schon gar nicht fundiert zu begründen. Fakt ist, dass server-basiertes Off-Host-Backup eine technisch sehr interessante und auch von der Kostenseite her attraktive Lösung ist. Man sollte diese selbst dann in die Bewertung einbeziehen, wenn man über ein Storage-System verfügt, das mittels Lizenzkauf um controller-basiertes Snapshotting erweitert werden kann.

5.6.5 Der Volume Shadow Copy Service (VSS)

Der Volume Shadow Copy Service dürfte vielen Administratoren als einfache Möglichkeit, Dateien zu »snapshotten« und mittels Explorer wiederherzustellen, bekannt sein. In den deutschen Windows-Versionen spricht man von »Volumen Schattenkopien«.

Für diejenigen, die diese Möglichkeit noch nicht kennen, hier eine kurze Funktionsbeschreibung:

Wenn die Volumen Schattenkopien aktiviert sind (in der Computerverwaltung eines 2003 Servers, siehe Abbildung 5.56), können ad hoc oder im Rahmen eines Zeitplans Schattenkopien erstellt werden.

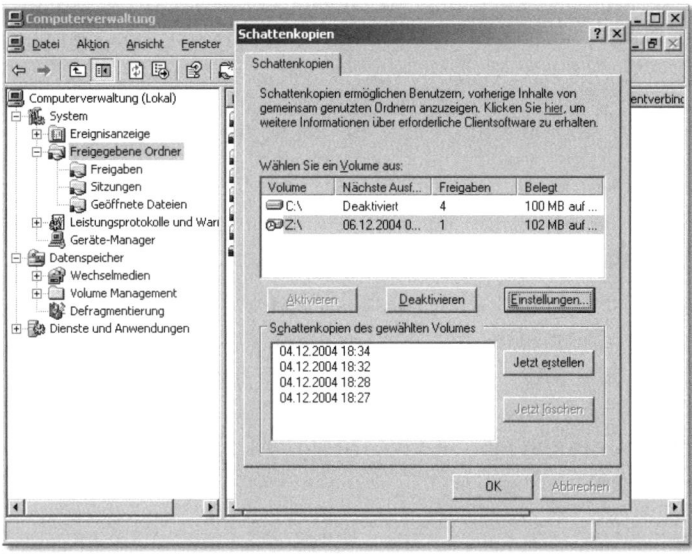

Abbildung 5.56 Aktivierung der Volumen Schattenkopien

Der Anwender (oder natürlich auch ein Administrator) kann mit dem Explorer im Kontextmenü einer Datei die durch Schattenkopien gespeicherten älteren Versionen anschauen, an einen anderen Speicherort kopieren oder Wiederherstellen (Abbildung 5.57).

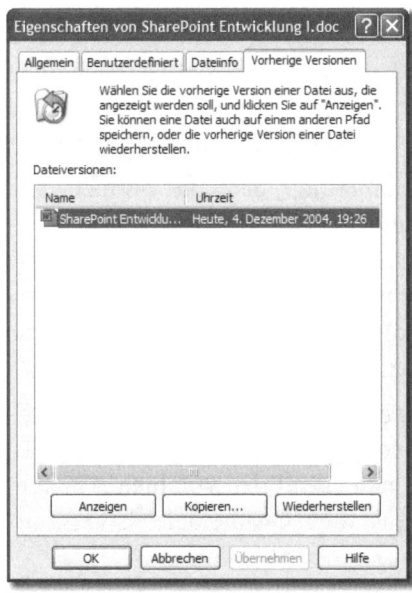

Abbildung 5.57 Durch Schattenkopien entstandene ältere Dateiversionen im Explorer

Diese Funktion steht übrigens nicht nur für einzelne Dateien zur Verfügung, sondern kann auch für Verzeichnisse oder komplette Volumes verwendet werden.

Zwei wichtige Punkte müssen allerdings erwähnt werden:

▶ Diese Funktion steht nur für freigegebene Ordner zur Verfügung. Greift man auf ein lokales Volume zu, ist die Karteikarte »Vorherige Versionen« nicht vorhanden – selbst wenn auf diesem Volumen Schattenkopien aktiviert sind.

▶ Damit die Benutzer im Eigenschaftendialog der Datei/Ordner/Laufwerk die Karteikarte »Vorherige Versionen« benutzen können, muss eine Erweiterung installiert werden. Diese findet sich auf einem 2003 Server unter `C:\WIN-DOWS\system32\clients\twclient\x86\twcli32.msi`. Die Verteilung auf die Client-Maschinen kann in einer Active Directory-Umgebung über Gruppenrichtlinien erfolgen.

Die Möglichkeit, den Benutzern eine einfache (integriert in den Explorer) und schnelle (es müssen keine Daten vom Band gelesen werden) Wiederherstellmöglichkeit zu geben, hört sich zunächst verlockend an, allerdings müssen diese Aspekte zumindest einmal hinterfragt werden:

▶ Der Schalter »Wiederherstellen« im Explorer kann durchaus zu unerwünschten Resultaten führen, denn die aktuelle Datei ist, wenn Sie von einer älteren Version überschrieben wird, schlicht und ergreifend »weg«. Insbesondere in einer Umgebung, in der mehrere Benutzer an denselben Dateien arbeiten, kann »unkontrolliertes« Wiederherstellen von älteren Versionen schnell zu großem Chaos führen! Die Praxis zeigt, dass viele Benutzer eigentlich nicht genau wissen, was sie tun … Ebenso dürften die meisten Benutzer mit dem Wiederherstellen gelöschter Dateien oder Verzeichnisse überfordert sein.

▶ Es erfolgt letztendlich keine exakte »Versionierung«, denn das würde bedeuten, dass bei jedem Speichern des Dokuments eine Version erstellt würde. Tatsächlich werden die Schattenkopien nur erzeugt, wenn dieser Vorgang durch einen Administrator oder per Zeitplan (z.B. alle zwei Sunden) ausgelöst wird. Mit anderen Worten werden die Benutzer nicht jede angefallene Zwischenversion wiederherstellen können.

▶ Es ergibt sich eigentlich aus dem vorgenannten Punkt: Wenn Sie eine Versionsverwaltung für Dateien benötigen, sollten Sie Systeme wie beispielsweise SharePoint einsetzen. Auch wenn man es mit den Volumen Schattenkopien irgendwie »hinfummeln« könnte, ist diese Technologie als Versionsverwaltung ungeeignet.

Technische Hintergründe und erweiterte Möglichkeiten

Der Volume Shadow Copy Service bietet wesentlich mehr, als nur die Möglichkeit, Snap Shots von freigegebenen Ordnern anzufertigen. Es handelt sich vielmehr um eine Technologie, die von Backup-Systemen und Applikationsservern genutzt werden kann, ebenso kann Storage-Hardware eingebunden werden. Dies alles funktioniert aber nicht ohne das Zutun der entsprechenden Hersteller.

Die Architektur des Volume Shadow Copy Service ist in Abbildung 5.58 dargestellt: Neben dem eigentlichen Dienst besteht das System aus Writer, Requestor und Provider.

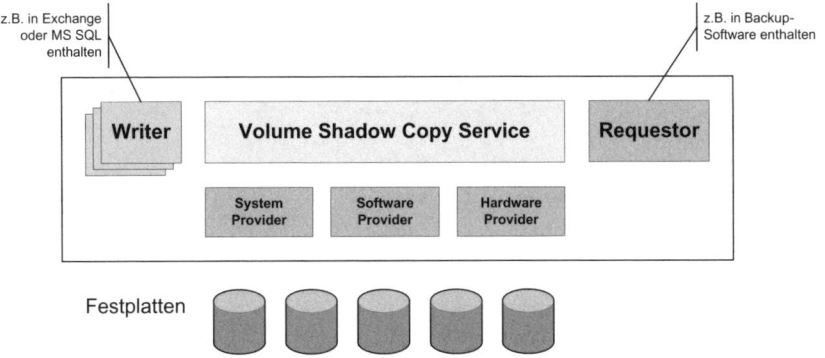

Abbildung 5.58 Schematische Darstellung des Volume Shadow Copy Services

▶ **Requestor**: Diese Komponente initiiert einen VSS-gestützten Backup-Vorgang. Im Normalfall wird dies eine Backupsoftware, die VSS unterstützt sein. Die meisten »gängigen« Backup-Produkte können als VSS-Requestor arbeiten, beispielsweise das mit dem Betriebssystem mitgelieferte NTBackup oder Veritas BackupExec.

▶ **Writer**: Ein Writer ist eine Funktionalität, die in der zu sichernden Applikation integriert ist, beispielsweise in Exchange oder SQL Server. Die Writer-Komponente sorgt beispielsweise dafür, dass eine Datenbank in einen konsistenten »sicherbaren« Zustand gebracht wird. Bei dem zuvor vorgestellten Verfahren über Nicht-VSS-Snap-Shots hatten wir die Datenbank angehalten bzw. in einen Backup-Mode versetzt. Beim VSS-Verfahren wird der Writer beauftragt, die Applikation entsprechend »vorzubereiten«. Darüber hinaus liefert der Writer beispielsweise Informationen, welche Dateien tatsächlich gesichert werden müssen etc. Mit dem Betriebssystem werden einige Writer mitgeliefert, einige Applikationen bringen ebenfalls Writer mit. Beispiele für VSS-vorbereitete Applikationen sind Exchange 2003 und SQL Server 2000.

▶ **Provider**: Der Provider übernimmt die eigentliche Arbeit der Erstellung des Snap Shots, initiiert also je nach Provider einen Copy-on-Write- oder Split-Mirror-Snap-Shot. VSS sieht drei Provider-Typen vor: System-, Software- und Hardwareprovider. Letzterer löst die Bildung eines Snap Shots auf einem RAID-Controller aus, beispielsweise in einem zentralen Storage-System. Der Systemprovider wird mit Windows 2003 mitgeliefert und erstellt einen Snap Shot auf Softwarebasis. Die dritte Gruppe sind Softwareprovider: Ein Beispiel wäre die Ihnen bereits bekannte Veritas Storage Foundation mit FlashSnap-Option. Dieses Sofwareprodukt kann ebenfalls als VSS-Provider arbeiten und beherrscht die Erstellung von Split-Mirror-Snap-Shots. Der mit Windows 2003 mitgelieferte Systemprovider kann nur Copy-on-Write-Snap-Shots erstellen.

Der Ablauf eines Backup-Vorgangs mit VSS-Unterstützung sieht wie auf Diagramm 5.59 gezeigt aus:

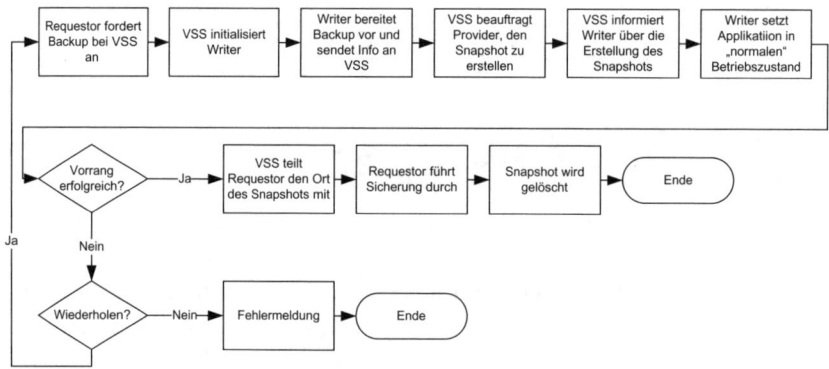

Abbildung 5.59 Ablauf eines Backup-Vorgangs mit VSS-Unterstützung

Schauen wir ein wenig in ein reales System. Hierzu verwenden wir das Kommandozeilenwerkzeug vssadmin.exe, das im Windows 2003 Server enthalten ist. Der Aufruf vssadmin.exe list writers zeigt die im System vorhandenen VSS-Writer, das Ergebnis ist in Abbildung 5.60 gezeigt:

Sie sehen mit dem Betriebssystem mitgelieferte Writer, beispielsweise für Active Directory (NTDS) oder die Registry, außerdem einen MSDEWriter (auf dem Demosystem ist die MSDE-Version des SQL 2000 Servers installiert).

Das Backup-Programm, das ja die Rolle des Requestors erfüllt, muss nun in der Lage sein, die Sicherung dieser initiieren. Werfen wir einen Blick in die Auswahllistendefinition von BackupExec (Abbildung 5.61): Sie finden dort unter »Shadow Copy-Komponenten« genau die acht Writer-Objekte, die auch die Kommandozeilenanfrage mit vssadmin.exe gefunden hat.

```
Z:\>vssadmin list writers
vssadmin 1.1 - Verwaltungsbefehlszeilenprogramm des Volumeschattenkopie-Dienstes

(C) Copyright 2001 Microsoft Corp.

Verfassername: "System Writer"
   Verfasserkennung: {e8132975-6f93-4464-a53e-1050253ae220}
   Verfasserinstanzkennung: {13eb895c-6d3e-4c3b-ba46-631cafb5550f}
   Status: [1] Stabil
   Letzter Fehler: Kein Fehler

Verfassername: "Registry Writer"
   Verfasserkennung: {afbab4a2-367d-4d15-a586-71dbb18f8485}
   Verfasserinstanzkennung: {d2c04c7e-e110-4834-b31a-84464a1058bc}
   Status: [1] Stabil
   Letzter Fehler: Kein Fehler

Verfassername: "MSDEWriter"
   Verfasserkennung: {f8544ac1-0611-4fa5-b04b-f7ee00b03277}
   Verfasserinstanzkennung: {73da4052-2e96-4dc1-929b-2242c8cba0a4}
   Status: [1] Stabil
   Letzter Fehler: Kein Fehler

Verfassername: "NTDS"
   Verfasserkennung: {b2014c9e-8711-4c5c-a5a9-3cf384484757}
   Verfasserinstanzkennung: {4083754c-3d9d-4048-93f4-06be7aebc490}
   Status: [1] Stabil
   Letzter Fehler: Kein Fehler

Verfassername: "Event Log Writer"
   Verfasserkennung: {eee8c692-67ed-4250-8d86-390603070d00}
   Verfasserinstanzkennung: {4a01c2d4-a2d1-498a-9192-2e1d0c5f476c}
   Status: [1] Stabil
   Letzter Fehler: Kein Fehler

Verfassername: "COM+ REGDB Writer"
   Verfasserkennung: {542da469-d3e1-473c-9f4f-7847f01fc64f}
   Verfasserinstanzkennung: {eab79838-2137-4f76-a50e-50e2b49b7dfa}
   Status: [1] Stabil
   Letzter Fehler: Kein Fehler

Verfassername: "FRS Writer"
   Verfasserkennung: {d76f5a28-3092-4589-ba48-2958fb88ce29}
   Verfasserinstanzkennung: {879b8aaa-db5b-4c4c-b072-30e58e9c8588}
   Status: [1] Stabil
   Letzter Fehler: Kein Fehler

Verfassername: "WMI Writer"
   Verfasserkennung: {a6ad56c2-b509-4e6c-bb19-49d8f43532f0}
   Verfasserinstanzkennung: {63cb5345-7e9d-4867-aab5-6c2e1cfcf5d4}
   Status: [1] Stabil
   Letzter Fehler: Kein Fehler

Z:\>
```

Abbildung 5.60 Liste der VSS-Writer, ausgegeben mit vssadmin

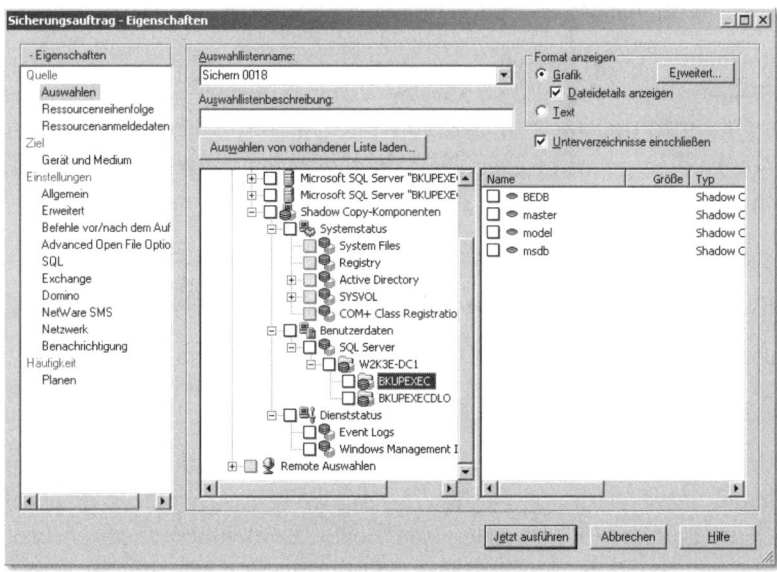

Abbildung 5.61 Auswahl von VSS-Datenquellen in BackupExec

Interessant ist vielleicht noch einen Blick auf die installierten Provider zu werfen. Hierzu bemühen wir wieder vssadmin und zwar mit folgendem Aufruf: `vssadmin.exe list provides`. Das Ergebnis sehen Sie in Abbildung 5.62.

```
Z:\>vssadmin list providers
vssadmin 1.1 - Verwaltungsbefehlszeilenprogramm des Volumeschattenkopie-Dienstes

(C) Copyright 2001 Microsoft Corp.

Anbietername: "VERITAS Volume Snapshot Service Dynamic Provider 1.0 "
    Anbietertyp: Software
    Anbieterkennung: {637528cf-81b2-4e05-8bd2-74b33b6f893c}
    Version: 1.0

Anbietername: "Microsoft Software Shadow Copy provider 1.0"
    Anbietertyp: System
    Anbieterkennung: {b5946137-7b9f-4925-af80-51abd60b20d5}
    Version: 1.0.0.7

Z:\>
```

Abbildung 5.62 Auflistung der installierten VSS-Provider

Auf dem Demo-Server ist neben dem Systemprovider »Microsoft Software Shadow Copy Provider 1.0« ein weiterer Softwareprovider installiert. Dieser Provider wird von Veritas Storage Foundation mit FlashSnap-Option bereitgestellt. Generell gilt, dass der Volume Shadow Copy Service die vorhandenen Provider in dieser Reihenfolge verwenden wird:

▶ Hardware-Provider

▶ Software-Provider

▶ System-Provider

Ein Requestor kann diese Reihenfolge übrigens überschreiben.

Der Volume Shadow Copy Service bietet noch einige weiterführende Möglichkeiten, von denen ich insbesondere Shadow Copy Transport nennen möchte. Hierbei geht in etwa um die Realisierung eines Off-Host-Backups, wie Sie es bereits zuvor kennen gelernt haben. Für Shadow Copy Transport gelten folgende Voraussetzungen:

▶ Serverbetriebssystem Windows 2003 Enterprise oder Datacenter

▶ Hardwareprovider muss genutzt werden, es wird also ein externes Storage-System mit Snapshotting und VSS-Unterstützung benötigt.

5.7 Datensicherung durch Replikation

Für viele Unternehmen ist die Datensicherung in Außenstandorten, in denen sich ein kleiner Server befindet, häufig ein sehr kritisches Thema. In dem auf Abbildung 5.63 gezeigten Bild werden sich viele Unternehmen wieder erkennen: Die kleinen Server in den Außenstandorten werden jeweils mit einem Bandlaufwerk bestückt. Häufig ist bereits das regelmäßige Wechseln von Bändern ein Problem, wenn darüber hinaus alle Bänder in einer neben dem Server stehenden Schachtel aufbewahrt werden, ist das natürlich bei genauerem Überlegen schon ein ernsthaftes Problem. Das Thema »Notfallvorsorge« besprechen wir allerdings in dem folgenden Kapitel, daher beschränken wir uns zunächst auf die konkreten Aspekte der Datensicherung und -wiederherstellung.

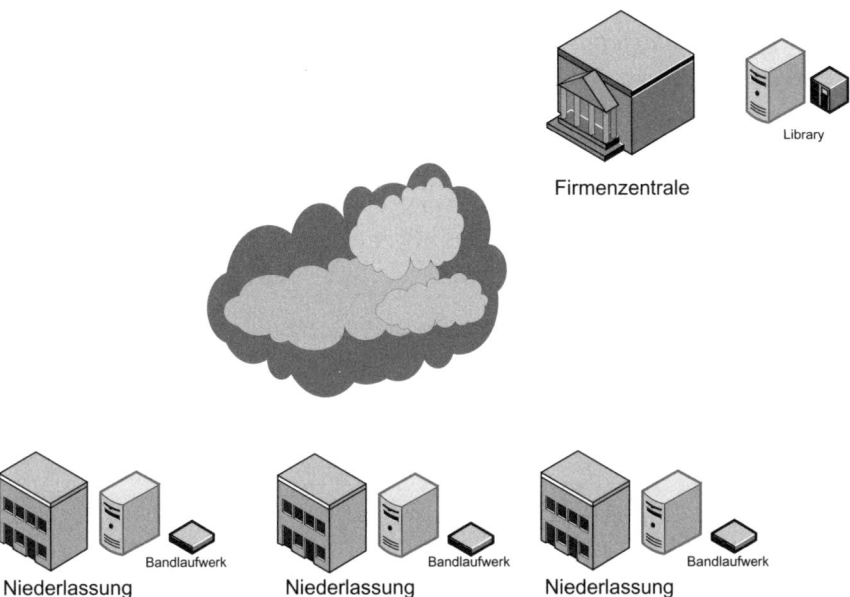

Abbildung 5.63 Datensicherungssituation in einem Unternehmen mit Außenstellen

5.7.1 Konzeptionelles

Man könnte über folgendes Konzept nachdenken:

▶ Bei Änderungen der Installation wird eine Sicherung derselben durchgeführt, diese kann beispielsweise auch per Image erfolgen (siehe auch nächstes Kapitel über Sicherung mit Images).

▶ Die tägliche Sicherung der eigentlichen Produktionsdaten erfolgt über ein Replikationswerkzeug.

Der »Plan« ist also, alle Produktionsdaten der Außenstandorte möglichst zeitnah in die Zentrale zu transportieren. Die Vorteile dieser Strategie:

▶ Sie müssen keine Bandlaufwerke für einzelne Server in den Außenstellen beschaffen.

▶ Es entfällt das tägliche Kontrollieren von Backup-Jobs nebst eventueller Fehlerbehebung.

- ▶ Sie brauchen sich über die Off-Site-Lagerung von Bändern keine Gedanken zu machen.

- ▶ Im Falle eines Ausfalls des Servers in dem Außenstandort stehen die Daten sofort auf der Replik zur Verfügung. Das ist auch vor dem Hintergrund nicht uninteressant, dass Außenstandorte mitunter einige hundert (oder gar tausend) Kilometer entfernt sind und man nicht »mal eben« hinfahren kann. Wenn die Daten den dortigen Mitarbeitern dann zumindest über eine langsame Verbindung zur Verfügung stehen, ist das sicherlich besser, als tagelang überhaupt keine Daten nutzen zu können.

»Klassisches« Backup scheitert über WAN-Strecken häufig daran, dass diese Systeme hin und wieder eine Vollsicherung benötigen. Änderungssicherungen sind selbst auf langsamen Strecken im Allgemeinen kein Problem, eine Vollsicherung dürfte häufig unmöglich sein.

Die entscheidende Frage ist natürlich, welche Datenvolumina über eine WAN-Strecke transportiert werden können. Die Tabelle (Abbildung 5.64) listet folgende Fälle auf:

- ▶ 64 k-Festverbindung, die nachts vollständig für die Replikation genutzt werden kann.

- ▶ VPN-Anbindung über das Internet, der ein asymmetrischer DSL-Anschluss, wie im Privatkundenbereich üblich, zu Grunde liegt. Wir gehen dabei von einer Upstream-Geschwindigkeit von 192 k aus. In diesem Beispiel gehen wir von einer Konfiguration aus, in der permanent repliziert wird, aber die Leitung nur zu maximal 50 % für Replikationsverkehr genutzt wird.

- ▶ VPN-Anbindung über einen symmetrischen DSL-Anschluss mit einer Up- und Downstream-Geschwindigkeit von 2.3 MBit. Die Bandbreite wird zu maximal 30 % für Replikationsverkehr genutzt.

Bezeichnung	Bandbreite [kB/s]	Nutzung [%]	Zeitraum [h]	Volumen [MB]
ISDN (64k) nachts (22-6 Uhr)	7	100%	8	197
ADSL (Upstream 192k), permanent, 50%	20	50%	24	844
SDSL 2,3 Mbit, permanent, 30%	250	30%	24	6.328

Abbildung 5.64 Mögliche Replikationsvolumina

Wenn man davon ausgeht, dass der Fall der ISDN-Festverbindung nur noch in wenigen Fällen (in Gegenden, in denen kein DSL zur Verfügung steht) zum Einsatz kommen wird, ist bezogen auf die Bandbreite ein einfacher asymmetrischer DSL-Anschluss mit Flatrate die »langsamste« Variante. Darüber hinaus ist letztgenannter auch die billigste Alternative. Natürlich ist es bei genauerer

Betrachtung nicht optimal, über einen Billig-DSL-Anschluss professionelle Datenkommunikation zu betreiben – in vielen Fällen ist eine solche Anbindung durchaus ausreichend. Wohlgemerkt: Wir sprechen bei dieser Betrachtung über kleine (z.B. bis 10 oder 15 Mitarbeiter) Außenstellen!

Selbst mit der »Billig-DSL-Variante« lassen sich über 800 MB tägliche Änderungsdaten übertragen. Wenn die Benutzer in der Außenstelle nicht ausgerechnet im Bereich Video-Schnitt-Bearbeitung tätig sind, dürfte dieses Volumen mehr als ausreichend sein.

Das Funktionsprinzip ist in Abbildung 5.65 gezeigt. Die Server in den Außenstellen replizieren jeweils auf Storage-Bereiche eines Servers in der Firmenzentrale. Dieser (oder ein anderer Backupserver) sichert die Daten auf Band.

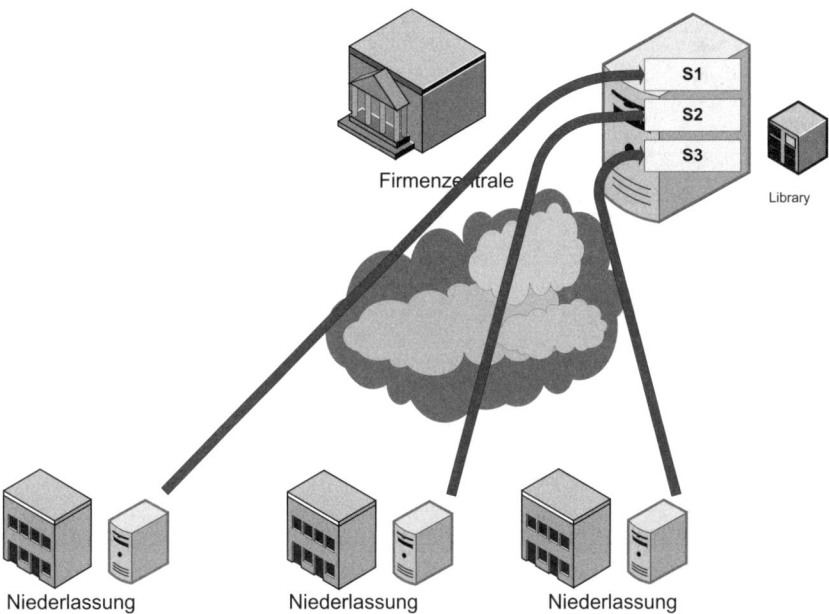

Abbildung 5.65 Funktionsprinzip der Replikation der Daten der Außenstellen

Es stellt sich nun natürlich die Frage, wie die Replikation der Daten technisch realisiert werden kann. Diesbezüglich gibt es zwei Varianten, die ich Ihnen in den nächsten Abschnitten vorstellen werde.

5.7.2 Replikation von Dateien im File-System

Der etwas einfachere Fall ist die Replikation auf Datei-Ebene. Die Architektur der Replikation auf File-Ebene ist stark vereinfacht in Abbildung 5.66. dargestellt:

▶ Die unterste Schicht stellen die Treiber dar, die den Zugriff auf die Festplattensysteme ermöglichen.

▶ Darüber findet sich der Volume Manager. Dieser ist dafür verantwortlich, zur Verfügung stehende Speicherbereiche zu partitionieren und Laufwerksbuchstaben zuzuweisen. Der Logical Disk Manager von Windows 2000/2003 beinhaltet diese Funktionen.

▶ Noch eine Schicht höher liegt dann das Filesystem.

▶ Die oberste Schicht bilden die Applikationen und Dienste, die das Filesystem nutzen (z.B. FileSharing, SQL Server etc.). Außerdem ist hier die Replikationssoftware angesiedelt.

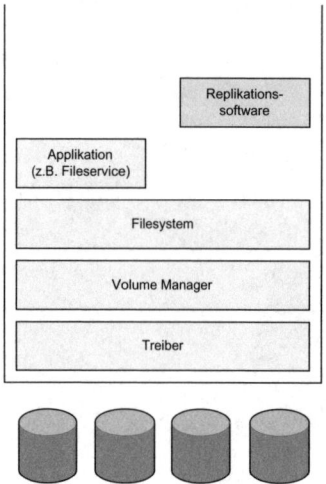

Abbildung 5.66 Replikation auf File-Ebene

Ein Merkmal der Replikation auf File-Ebene ist die Möglichkeit, genau zu definieren, welche Dateien und Verzeichnisse repliziert werden sollen. Hierzu ist es notwendig, dass der Replikator sozusagen über dem Filesystem sitzt und eben nicht nur rein auf Blocklevel-Basis arbeitet.

Implementation

Wir werden uns nun die praktische Implementation der zuvor beschriebenen Lösung anschauen. Als Replikator kommt Veritas ReplicationExec (vormals Veritas Storage Replicator) zum Einsatz. Auf jedem Server wird eine Komponente, der Replication Service Agent, benötigt. Die Installation dauert pro Server nur wenige Minuten, benötigt allerdings einen Neustart.

Für jeden Replikationsvorgang wird ein Job angelegt. Grundlage ist ein »Replication Pair«, das aus einem Source- und einem Target-Server besteht. Eine Einstellmöglichkeit eines Replication Pairs ist die Begrenzung der Bandbreite (Abbildung 5.67).

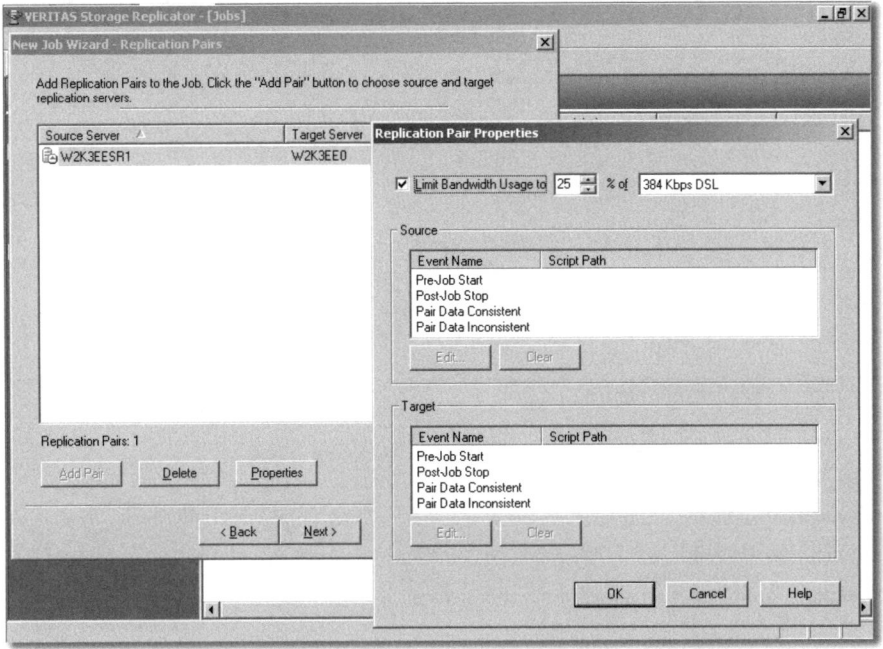

Abbildung 5.67 Konfiguration eines Replication Pairs

Im nächsten Schritt wird in Regeln beschrieben, welche Dateien zwischen den zuvor definierten Servern repliziert werden sollen. In Abbildung 5.68 ist eine Regel definiert, die alle Dateien (*.*) auf dem Laufwerk Z:\ des Quellservers in das Verzeichnis R:\Repliken\Kassel des Zielservers überträgt. Natürlich ist es möglich, beispielsweise *.tmp-Dateien auszuschließen.

Im letzten Dialog des Wizards (Abbildung 5.69) kann eingestellt werden, in welchen Zeiträumen repliziert werden soll. Generell gibt es zwei Möglichkeiten: Entweder wird jeweils zu Beginn eines Zeitabschnitts (blaues Kästchen) einmal repliziert – und dann erst wieder bei Beginn des nächsten Abschnitts. Die andere Variante ist die kontinuierliche Synchronisation zwischen den Servern – was letztendlich eine Online-Synchronisation bedeutet (Checkbox: »Continue Replicating After Synchronisation«).

Zum Abschluss muss der Job noch gestartet werden. ReplicationExec wird ohne weiteres Zutun neue oder veränderte Daten von dem Server der Außenstelle auf einen Plattenbereich in der Zentrale spiegeln.

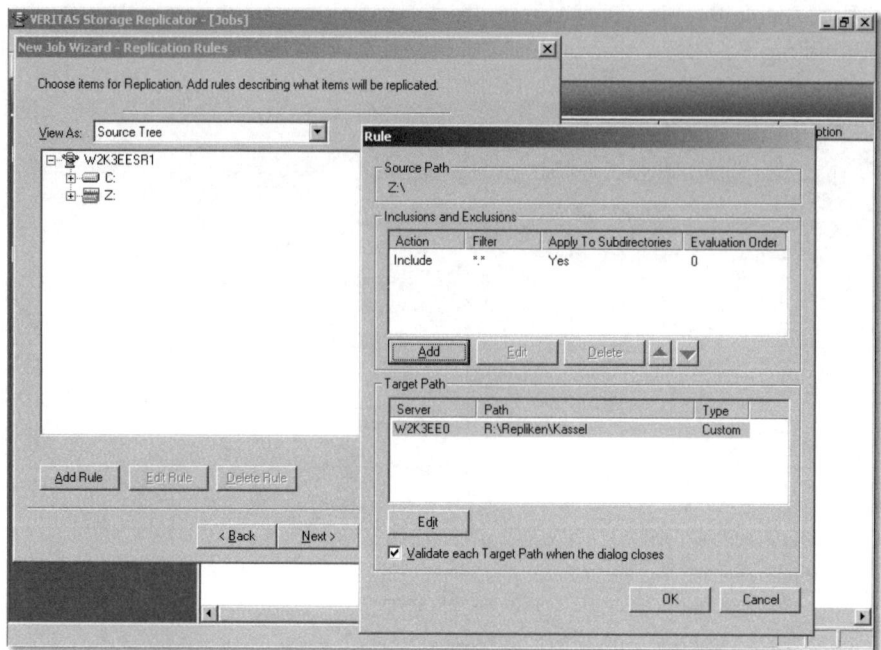

Abbildung 5.68 Einrichten einer Replikations-Regel

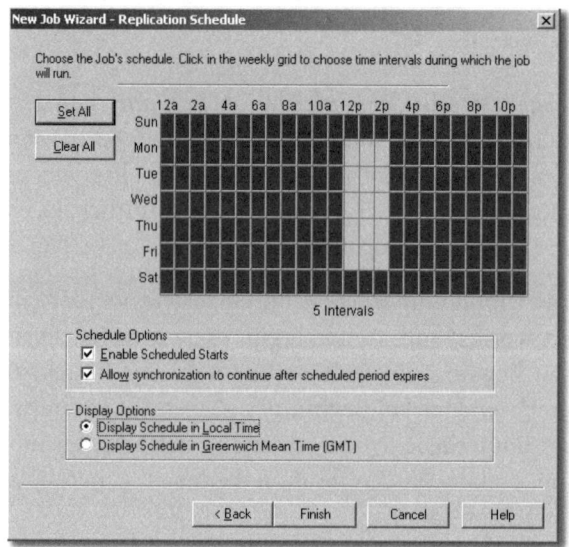

Abbildung 5.69 Definition der Replikationszeiträume

Die NTFS-Rechte bleiben bei der Spiegelung übrigens erhalten, werden also mitgespiegelt.

Sie sind natürlich nicht davon befreit, die Replikate auf Band zu sichern!

Anmerkung zu ReplicationExec

Die Darstellung zur Replikationsfunktion am Anfang des Kapitels ist eher eine allgemeine Betrachtung der Replikation auf File-Ebene. Das zuvor gezeigte Produkt »Veritas ReplicationExec« bringt noch einige angenehme Funktionalitäten mit, beispielsweise:

▶ ReplicationExec repliziert auch Änderungen in offenen Dateien. Ein kleines Beispiel zur Verdeutlichung: Befindet sich auf dem Quell-Server eine Access-Datenbank (*.mdb) auf der den ganzen Tag Benutzer aktiv arbeiten, ist diese Datei nicht geschlossen. ReplicationExec repliziert dennoch die Änderungen in der Datei, was man daran erkennen kann, dass man das Replikat auf dem Zielserver mit Access öffnen kann und Sie einen weitgehend aktuellen Datenbestand vorfinden werden (sofern kontinuierliche Replikation aktiviert ist, Checkbox: »Continue Replicating After Synchronisation«). Die Einschränkung »weitgehend« muss gemacht werden, weil es sich um ein asynchrones Replikationsverfahren handelt, d.h. der Stand auf dem Zielserver wird immer etwas »nachlaufen«.

▶ Wenn Sie nicht kontiniuerlich replizieren lassen, sondern beispielsweise nur zwei Replikationsvorgänge pro Tag durchführen, wird das Produkt bei großen Dateien (> 1 MB) die Änderungen blockweise replizieren. Im Klartext: Wenn sich eine 75 GB große Datei nur minimal ändert, wird diese nicht komplett übertragen werden.

Wichtig: Obwohl ReplicationExec offene Files repliziert, ist es nicht möglich, eine Spiegelung der kompletten Platte nebst Betriebssystem durchzuführen! Ein Desaster-Konzept würde, wie bereits eingangs erwähnt, aus einem Image des Servers und den Repliken der Datenbestände bestehen.

Ein vergleichbares auf dem Markt befindliches Produkt ist Legato RepliStor.

5.7.3 Replikation von Datenbanken

Im vorigen Abschnitt habe ich Ihnen die Replikation von Dateien vorgeführt, wobei Dateien entweder Dokumente (Word, Excel & Co.) aber auch Access-Datenbanken (*.mdb) sein können.

Es ist natürlich auch möglich, dass der zu sichernde Server in der Außenstelle auch über Datenbanken verfügt. Wie Sie zuvor gehört haben, kann die Replikation durchaus auch laufende Änderungen in offenen Files replizieren. Die Replikationssicherung einer kompletten SQL-Server-Datenbank möchte ich Ihnen vorstellen:

Das Szenario ist einfach einzurichten: Zunächst wird die Replikation zwischen dem Server, der die Produktionsdatenbank hält und dem Replikationsziel eingerichtet. Anschließend wird eine Regel definiert, die dafür sorgt, dass alle benötigten Datenbankdateien (*.mdf und *.ldf) repliziert werden (Abbildung 5.70).

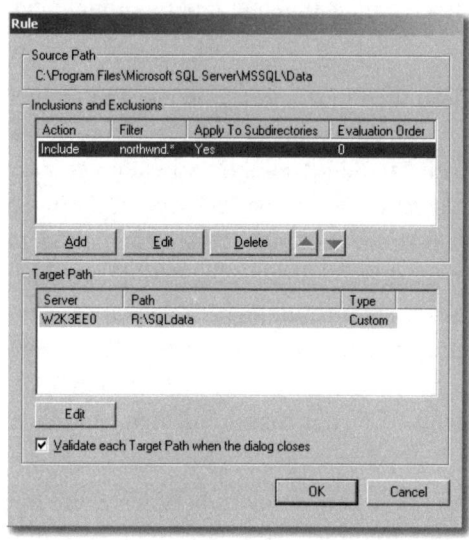

Abbildung 5.70 Regel zur Replizierung der SQL-Northwind-Datenbank

Je nach Anforderung müssen noch Parameter wie Bandbreite und Replikationszeiten konfiguriert werden, außerdem ist zu entscheiden, ob Sie kontinuierlich synchronisieren wollen.

Ziel der Replikation kann beispielsweise ein File-Server, auf dem die Replikationsdaten von verschiedenen Quellen gesammelt werden sein. Natürlich können die Datenbanken auch direkt auf ein System mit installiertem SQL Server repliziert werden.

Wenn Sie die replizierte Datenbank einspielen möchten, geschieht das durch den Vorgang des »Anhängens«. Falls Sie nicht direkt auf einen SQL Server, sondern auf einen File-Server replizieren, müssen die Daten zunächst auf eine lokale Platte (oder ein FC-SAN- oder iSCSI-Device) kopiert werden.

Hinweis: Falls Sie das Verfahren testen, vergessen Sie nicht, den Replikationsvorgang zu unterbrechen. Normaler Weise werden die Einstellungen so gesetzt sein, dass das Replikat während der Replizierung »Read-Only« ist.

Im Enterprise Manager wählen Sie den Befehl »Datenbank anhängen ...« (englische Version: »Attach Database ...«), worauf Sie den Pfad der Datenbankdateien, den zu verwendenden Datenbanknamen und den Datenbank-Besitzer auswählen können (Abbildung 5.71). Der Vorgang des Anhängens erfordert keine weiteren manuellen Eingriffe, allerdings müssen ggf. noch weitere Einstellungen am SQL Server vorgenommen werden.

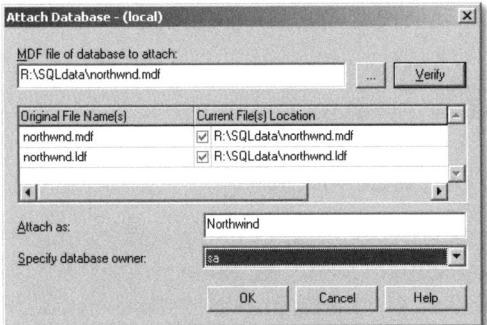

Abbildung 5.71 Anhängen einer Datenbank

Zu beachten ist, dass Sie zur Wiederherstellung des kompletten Datenbankservers nicht nur die »eigentlichen« Produktionsdatenbanken, sondern auch administrative Datenbanken wie »master« benötigen. Beispielsweise die Logins werden in der Master-Datenbank gespeichert; wird diese nicht repliziert oder sind die Logins nicht ohnehin auf dem neuen SQL Server vorhanden, müssen diese manuell nachgetragen werden.

Damit die Wiederherstellung eines kompletten Datenbankservers aus replizierten Datenbanken klappt, sind einige Voraussetzungen zu erfüllen und Vorgehensweisen zu beachten. Die einschlägigen Hilfequellen (Dokumentation, TechNet) bieten die notwendigen Informationen.

Da Sie jederzeit die Replikation aufbrechen können, können (und sollten) Sie das Verfahren ohne den Druck eines tatsächlichen Notfalls ausprobieren. Oft sind es nur Kleinigkeiten, die einen erfolgreichen Wiederanlauf behindern. Wenn Ihnen beispielsweise die Logins fehlen (diese sind in der Master-Datenbank gespeichert), kann auch die an sich vollständig replizierte Produktionsdatenbank nicht genutzt werden.

Beachten Sie hierzu bitte auf die Ausführungen in dem Kapitel »Störfall und Notfall«.

Sie sind natürlich nicht davon befreit, die Replikate auf Band zu sichern! Es ist zu berücksichtigen, dass die Replikate der Datenbanken in konsistenten Zustand auf Band (in der Zentrale) gesichert werden müssen.

Um letzteres zu erreichen, wäre es beispielsweise denkbar, folgende Vorgehensweise zu wählen:

▶ Die Datenbank wird zu einer gewissen Uhrzeit offline gesetzt.

▶ Die Replikation wird gestoppt (geht per Skript).

▶ Die Datenbank wird wieder aktiv gesetzt (Replikation ist aus!).

▶ Die Bandsicherung der Replikate in der Zentrale wird durchgeführt.

▶ Danach wird die Replikation wieder aktiviert.

5.7.4 Replikation von Datenbanken/LogShipping

Eine Alternative zu der Sicherung von SQL-Datenbanken durch Replikation der Dateien, ist die Verwendung des »Log Shipping«-Mechanismus. Dieses Verfahren steht bei vielen Datenbanksystemen zur Verfügung, beispielsweise auch beim Microsoft SQL Server und Oracle.

Das Verfahren ist einfach erklärt: Es beruht darauf, dass die Transaktions-Logs regelmäßig zu dem Zielserver der Replikation transportiert und dort »angewendet« werden. Auf diese Weise kommt ebenfalls eine zuverlässige Replikation zustande.

Log Shipping beim MS SQL Server wird nur in der Enterprise- und der Developer Edition unterstützt.

5.8 Sicherung per Image

Jedem Administrator dürfte die Aufbringung von Installationen mittels Imaging bekannt sein. Im Allgemeinen wird Imaging für Desktop-Deployment verwendet, beispielsweise mit Symantec Norton Ghost.

Untersuchen wir, ob ein solches Verfahren auch für die Sicherung und Wiederherstellung von Servern sinnvoll ist. Zunächst die unterschiedlichen Anforderungen, die zu erfüllen sind:

▶ Sichern und Wiederherstellen von Systembereichen (Betriebssystem und Applikationen)

▶ Sichern und Wiederherstellen von Produktivdaten

Da sich auf vielen Serversystemen die Systembereiche (Betriebssystem und Applikationen) nicht oder nur wenig (z.B. Einträge in der Ereignisanzeige) ändern, wäre eine Sicherung und Wiederherstellung dieser Bereiche per Image eigentlich attraktiv. Obwohl die gängigen Bandsicherungsprogramme über optionale IDR-Optionen (IDR = Intelligent Disaster Recovery) verfügen, wäre die Wiederherstellung der Systembereiche über ein Image »handlicher«.

Der wesentliche Nachteil bei Verwendung »konventioneller« Imaging-Werkzeuge wie Ghost ist, dass das System zur Image-Erstellung heruntergefahren werden muss. Es gibt also Downtimes und letztendlich muss ein Administrator den Vorgang beaufsichtigen, um die Maschine nach Abschluss des Image-Vorgangs wieder zu starten. Ich persönlich empfinde es immer als unangenehm, mit DOS-Bootdisketten zu hantieren, weil moderne RAID-Controller und DOS-Treiber häufig eine schwierige Kombination sind.

Da mittlerweile Image-Produkte verfügbar sind, die Festplattenimages der System-/Bootplatte mit gestartetem Serverbetriebssystem anfertigen können, wäre folgender Ansatz für ein Backup-/Restore-Konzept denkbar:

▶ Nach Änderungen an der Installation wird ein Image des Systems angefertigt. Dieses Image enthält lediglich die »Installation« (Betriebssystem und Applikationen), keine Produktivdaten!

▶ Die eigentlichen Daten werden täglich (oder auch häufiger) gesichert, beispielsweise über ein »klassisches« Backupsystem oder über Replikation. Zur Erinnerung: Die Replikation befreit Sie nicht von der Anfertigungen von Bandsicherungen. Diese können natürlich von den Replikaten angefertigt werden.

Im Flussdiagramm ergibt sich dann folgendes Bild (Abbildung 5.72):

▶ Nach erfolgter Problembehebung der Hardware, ist zu entscheiden, ob das System (Betriebssystem und Applikationen) wiederhergestellt werden muss. Dies geschieht ggf. per Image.

▶ Außerdem muss geprüft werden, ob Produktivdaten zurückgesichert werden müssen, dies würde dann per Bandsicherung geschehen.

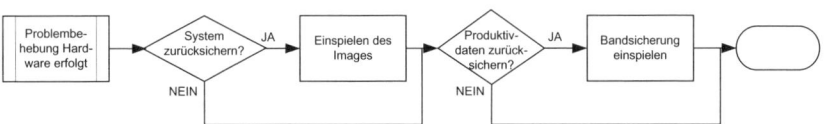

Abbildung 5.72 Rücksicherung mit Image und Bandsicherung

Die Rücksicherung des Systems könnte natürlich auch in Folge von Softwarefehlern notwendig sein, beispielsweise System startet nicht mehr o.Ä.

Der Vorteil der beschriebenen Vorgehensweise ist, dass die Rücksicherung des Systems vom Image schneller und einfacher durchzuführen sein wird, als jede andere Wiederherstellungsmethode. Die »anderen« Methoden wären:

▶ Installation des Betriebssystems und der Backupsoftware, dann Beginn der Rücksicherung

▶ Verwendung der IDR-Option des Backupsoftwareherstellers

5.8.1 Implementation

Systeme wie Symantec LiveStateRecovery Server oder Acronis True Image Server sind in der Lage, Images bei laufendem Windows Server zu erstellen – auch von System- und Boot-Laufwerk. Dies ist ein deutlicher Fortschritt gegenüber dem klassischen Ghost-Imaging mit DOS-Bootdisketten.

Hierbei ist allerdings Folgendes zu beachten: Die Imaging-Systeme sind in der Lage, die vom Betriebssystem geöffneten Dateien zu sichern (z.T. werden die Backup-APIs des Betriebssystems verwendet), einige Softwareprodukte können auch mit Datenbanken, die VSS unterstützen, umgehen. Es ist aber dringend zu empfehlen, sonstige Dienste, die Dateien geöffnet halten, vor der Imageerstellung anzuhalten. Auch diese Produkte können nicht zaubern: Wenn zum Zeitpunkt der Imageerstellung kein konsistenter Zustand erzeugt werden kann, wird die Sicherung einiger Dateien notwendiger Weise ebenfalls nicht konsistent sein.

In Abbildung 5.73 sehen Sie die Definition eines Jobs mit Symantec LiveState Recovery Server: Neben einem Zeitplan (z.B.: Jede Nacht ein Image erstellen) kann beispielsweise eingestellt werden, wie viele Sicherungen aufgehoben werden sollen oder welche Skripts vor und nach dem Vorgang ausgeführt werden sollen. Das System sichert übrigens grundsätzlich komplette Partitionen, keine einzelnen Dateien. Die Jobs für mehrere Systeme können zentral von einer Konsole konfiguriert werden.

Das Image kann entweder auf einem Netzwerkort oder einer lokalen Festplatte erstellt werden. Im Zuge eines Notfallkonzepts muss aber dafür gesorgt werden, dass die Sicherung an einem anderen Ort aufbewahrt wird und nicht gemeinsam mit dem Server verbrennt!

Im Restore-Fall wird eine spezielle Notfall-CD gestartet und dann das entsprechende Image zurückgespielt.

Das Zurücksichern einzelner Dateien aus dem Image ist ebenfalls möglich. Abbildung 5.74 zeigt einen Blick auf das Image einer Systemplatte mit dem Symantec-Produkt. Acronis True Image-Server beherrscht die Rücksicherung einzelner Dateien aus einem Image ebenfalls – auch in dem vergleichsweise »einfachen« Ghost ist diese Funktion enthalten (Ghost Explorer).

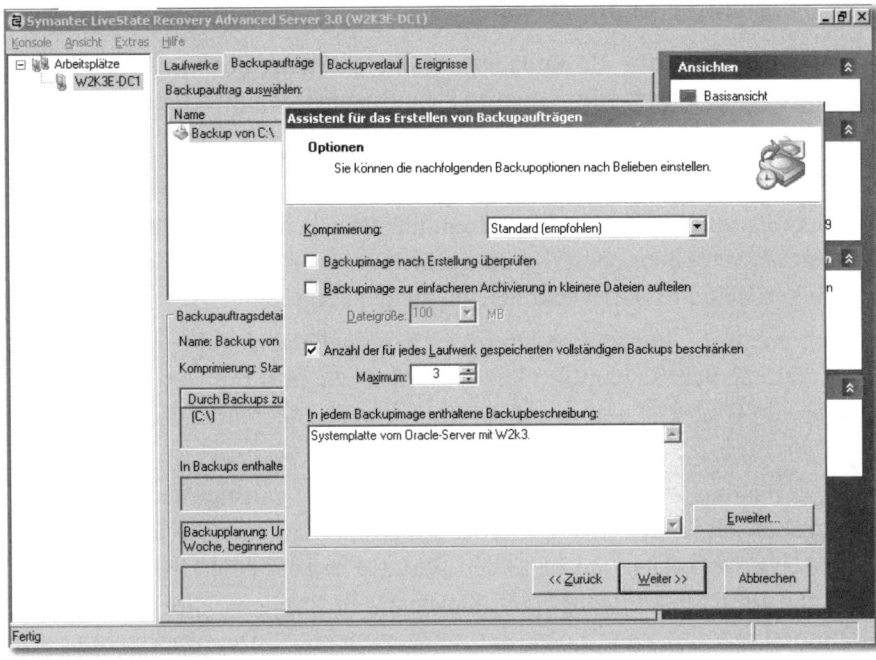

Abbildung 5.73 Konfiguration eines Backupjobs in Symantec LiveState Recovery Server

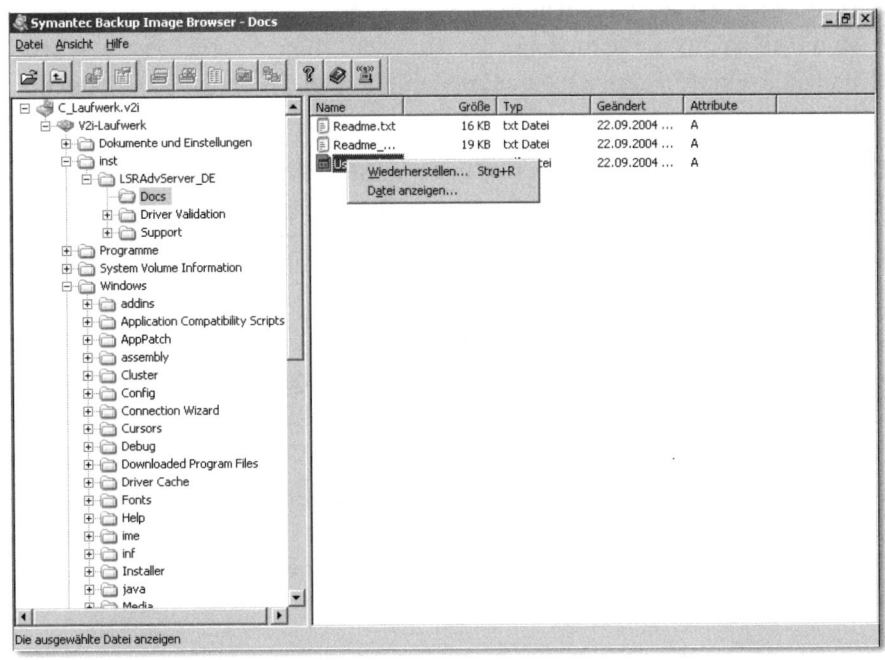

Abbildung 5.74 Wiederherstellen einzelner Dateien aus einem Image

5.8.2 Eignung und Abgrenzung

Es stellt sich nun natürlich die Frage, ob die Sicherung per Image die Bandsicherung obsolet macht. Die Antwort ist ein ganz klares NEIN. Hier die Gründe:

▶ Zu einem Backup-Konzept gehören Medienverwaltung, Medienrotation und Offsite-Lagerung von Medien. Eine Verwaltung dieser Vorgänge, die in »normaler« Backup-Software selbstverständlich ist, sucht man in den Image-Programmen vergebens. Des Weiteren fehlen zentrale Datenbanken, aus denen man gezielt ältere Dateiversionen aussuchen kann.

▶ Auch wenn die Image-Programme inkrementelle Jobs anbieten, sind diese bei weitem nicht so komplex konfigurierbar wie in »normaler« Backup-Software. Ein Grund ist natürlich auch das fehlende Medienmanagement.

▶ Im Allgemeinen wird es notwendig sein, auch ältere Bestände von Produktivdaten aufzubewahren. Bänder sind hierfür eine günstige Möglichkeit. Im Imagebereich könnte man entweder auf große Dateibereiche im Netz (NAS) oder USB-Wechselplatten schreiben. Ersteres ist zum einen früher oder später aus Gründen der benötigten Kapazität ein Problem, außerdem ist eine Offline-Lagerung von Daten nur schwer möglich. Die Verwendung von mehreren USB-Wechselplatten und deren Verwaltung und Handhabung ist umständlich, wenn dieses eine täglich zu erledigende Arbeit wird.

▶ Wenn man die entstandenen Images auf Band sichern würde, sähe der Restore-Fall so aus, dass zunächst das komplette Image zurückgesichert wird und dann einzelne Dateien daraus extrahiert werden können. Dies ist sicherlich nicht besonders effizient.

Die Sicherung mit Images eignet sich insbesondere für Szenarien, in denen sich die Plattenbereiche nur selten ändern, das wären beispielsweise:

▶ Grundsätzlich die System-Volumes der Server: Die System-Volumes (Betriebssystem, Applikationen) enthalten keine Produktivdaten und ändern sich somit nur bei Installationen.

▶ Terminal-/Citrix Metaframe-Server: Auf diesen Maschinen sind keine Produktivdaten vorhanden (sollten zumindest nicht). Die Installationen ändern sich somit auch nur bei Installationen.

▶ Domain Controller: Die Domaincontroller enthalten zwar Produktivdaten (nämlich die Domaindatenbank), diese kann aber am besten durch Replikation mit einem anderen aktiven Domaincontroller gesichert und wieder hergestellt werden.

Probleme bei der Wiederherstellung von Images sind immer dann zu erwarten, wenn diese nicht auf identische Hardware erfolgen kann. Durch die Hardwareerkennungsfähigkeiten von Windows 2000 und 2003/XP hat sich die Situation zwar gegenüber NT 4 deutlich entspannt. Problematisch ist nach wie vor, wenn die Hardware, auf die wiederhergestellt wird, einen anderen Festplattencontroller als die Maschine, auf der das Image erstellt wurde, verwendet. Die Fehlermeldung »Boot device not accessible« ist die Folge dieses Problems.

Wenn die Maschine zwar startet, anschließend aber diverse Treiber (Netzwerkkarte, Grafikkarte etc.) manuell nachinstalliert werden müssen, ist der Geschwindigkeits- und Vereinfachungsvorteil, den man sich eigentlich von diesem Verfahren erhofft, verloren.

Zu einem Störfall-Konzept gehört also nicht nur die Erstellung, Aktualisierung und Bereithaltung der softwaremäßigen Wiederherstellungsverfahren, sondern auch eine schnelle Versorgung mit identischer Hardware. Ob Sie selbst Komponenten bereithalten oder entsprechende Wartungsverträge mit Herstellern oder einem örtlichen Systemhaus abgeschlossen haben, spielt letztendlich keine Rolle – die Hauptsache ist, dass eine Ersatzteilversorgung existiert. Ansonsten wird der Wiederherstellungsfall umständlich und aufwendig!

Noch ein deutlicher Hinweis: Die Erstellung von Images des System-Volumes »befreit« Sie nicht von der Integration dieser Daten in die normale Bandsicherung. Es wäre denkbar, dass Sie, wegen der Notwendigkeit der Wiederherstellung auf deutlich andere Hardware, das Image nicht sinnvoll verwenden können. In solchen Fällen wird die »klassische« Wiederherstellung vom Band einfacher sein!

5.8.3 Imaging vs. Disaster Recovery-Werkzeuge

Das Imaging-Verfahren adressiert das schnelle Wiederherstellen des System- und Boot-Volumes. Eine schnelle Wiederherstellung bei Totalausfall des Servers versprechen auch die zu den meisten Produkten optional erhältlichen Disaster Recovery-Werkzeuge.

Genauso wie bei Konfigurationsänderungen der Server ein neues Image angefertigt werden muss, ist es bei den DR-Optionen erforderlich, die für den Wiederherstellvorgang benötigten DR-Datenträger zu aktualisieren. Wenn bei Installation des Backupsystems für alle Server die DR-Datenträger angefertigt worden sind, diese aber trotz diverser vorgenommenen Installationen nie aktualisiert worden sind, wird der Wiederherstellungsvorgang mit ziemlicher Sicherheit fehlschlagen!

Jeder Systemverantwortliche muss individuell entscheiden, welches Verfahren ihm sympathischer ist. Es gibt gute Gründe, sich für Imaging zu entscheiden (schnellstes Wiederherstellungsverfahren, einfach zu bedienen), sicherlich aber auch viele, die für die Disaster Recovery-Optionen der Backupsoftware-Produkte sprechen (ein Wiederherstellungsvorgang für System- und Daten-Volumes, Integration in »normale« Datensicherungsprozesse).

Schwächen werden beide Verfahren zeigen, wenn auf grundsätzlich andere Hardware wiederhergestellt wird. In diesem Fall könnte es letztendlich zeitsparender sein, einen Server manuell neu aufzusetzen, die Backup-Software zu installieren und dann mit der Datenrücksicherung zu beginnen.

5.8.4 Einbindung in das Sicherungskonzept für kleine Außenstellen

In einem der vorherigen Kapitel haben wir den Fall eines Unternehmens betrachtet, das ein oder mehrere Außenstellen mit kleinen Servern betreibt. Um zu vermeiden, eine komplette Datensicherungslösung für diese Außenstellen anschaffen und betreiben zu müssen, haben wir die Replikation der Daten in die Zentrale diskutiert. Diese löst zwar recht elegant das Problem der Sicherung der Produktivdaten, allerdings muss auch Vorsorge für den Komplettausfall des Servers getroffen werden. Folgende Vorgehensweise wäre denkbar:

▶ Auf den System-Volume wird sich nur dann etwas ändern, wenn eine Installation vorgenommen wird. Dies wird nur dann der Fall sein, wenn ein Administrator zwecks Installation/Update vor Ort ist. Er kann im Rahmen seiner Tätigkeit ein neues Image erstellen. Dieses Image kann beispielsweise auf DVDs gebrannt werden und am Standort und in der Firmenzentrale gelagert werden.

▶ Die kontinuierliche Sicherung der Produktivdaten erfolgt durch Replikation dieser in die Zentrale.

Im Fall einer Störung kann der Server durch Einspielen des Images relativ schnell wiederhergestellt werden. Das Einspielen des Images ist mit Telefonunterstützung auch durch einen Nicht-Administrator möglich.

Die spannende Frage ist nun noch, wie man die in die Zentrale gespiegelten Daten auf den wiederhergestellten Server transportiert: Eine einfache (nicht elegante aber zweckmäßige) Lösung wäre das Kopieren der Daten vom Replikationsziel auf eine externe Festplatte. Da vermutlich ohnehin ein Administrator zur Wiederherstellung des Servers zum Standort fahren wird, könnte er diese Daten einfach »mitnehmen«. Ansonsten lässt sich ein Datenträger mit den Kopien der in der Zentrale befindlichen Repliken sehr schnell an so ziemlich jeden Ort der Welt schaffen.

Die entscheidenden Vorteile dieser Sicherungsstrategie sind:

▶ Die Wiederherstellung des System-Volumes mittels Image ist schnell und einfach. Die Produktivdaten müssen lediglich kopiert werden.

▶ Das Backup läuft wartungsfrei – einfach deshalb, weil kein lokales Backup angefertigt wird.

▶ Die Daten liegen in der Zentrale, lagern also nicht in der Niederlassung – gut bezüglich der Notfallvorsorge. Im Übrigen kann man in den Planungen vorsehen, dass die Benutzer bei Ausfall des Servers über WAN-Verbindungen auf die Repliken der Daten in der Zentrale zugreifen.

Eventuelle Probleme:

▶ Wie bereits beschrieben ist eine Rücksicherung per Image problematisch, wenn nicht identische Hardware zum Einsatz kommen.

5.9 Backup-orientierte Optimierung des Primary Storage

Letztendlich kann natürlich jede Umgebung gesichert und wiederhergestellt werden. Bei der Konzeption des Primärspeichers (Festplattensysteme) sollte natürlich der Tatsache, dass Sicherung und Rücksicherung in sinnvollen Zeiträumen durchführbar sein müssen, Rechnung getragen werden.

5.9.1 Datenvolumina

Steigende Datenvolumen sind mittlerweile aus Sicht der Festplattensysteme kein wirkliches Problem mehr. Sowohl der rasante Preisverfall als auch die massive Steigerungen der Kapazität der einzelnen Platte sorgen dafür, dass das Nach-Oben-Skalieren der Plattenkapazität kein wirkliches Problem mehr ist – nicht einmal aus Kostensicht!

Ein ernsthaftes Problem ist viel mehr, dass diese Datenmengen gesichert und insbesondere in akzeptabler Zeit wiederhergestellt werden müssen. Wenn Ihr Filesystem im Laufe der Zeit auf eine Größe von 2 TB angewachsen ist und Sie von einer Rücksicherungsgeschwindigkeit von 500 MB/min ausgehen, benötigen Sie bei einer kompletten Wiederherstellung des Servers allein für die Rücksicherung ca. 69 Stunden, also knapp drei Tage! Das Problem ist nun, dass man diese Zeiten auch durch den Einsatz bessere Hardware nur begrenzt reduzieren kann.

Eine Untersuchung des Dateisystems (siehe Storage Resource Management) wird ergeben, dass ein beträchtlicher Teil der Daten nicht sicherungswürdig oder zumindest nicht täglich-sicherungsbedürftig sind:

▶ In Filesystemen ist zumeist ein signifikanter Teil der Daten (wenn nicht sogar die deutliche Mehrheit) seit Wochen, seit Monaten oder gar seit Jahren nicht mehr »angefasst« worden. Diese Dateien einmal wöchentlich im Rahmen einer Vollsicherung auf Band zu schreiben, ist eigentlich überflüssig, lässt sich aber nur schwer vermeiden.

▶ Benutzer neigen dazu, Daten mehrfach vorzuhalten, beispielsweise einmal auf Lauferk R: und nocheinmal auf Laufwerk T: – man will sich ja »Sicherungskopien für den Notfall« machen. Blöd nur, wenn R: und T: auf dem selben Server und dort auf dem selben RAID-Set liegen ... In vielen Fällen sind Daten deshalb vielfach redundant auf den File- und Mailsystemen vorhanden, weil die Benutzer und oder die Systeme nicht in der Lage sind, übersichtliche und für jeden nachvollziehbare Strukturen zu schaffen. Diese vielfach vorhandenen Dateien ziehen Sicherung und Rücksicherung um Faktoren in die Länge!

Wie bereits zuvor gesagt, sind die Kosten für den zusätzlichen Plattenplatz letztendlich nur die Spitze des Eisbergs. Konzeptionell sehr viel mehr Mühe macht es, Backup- und Restorekonzepte zu erstellen und umzusetzen, mit denen auch größte Datenmengen hinreichend schnell zurückgesichert werden können. Prinzipiell gibt es zwei mögliche Ansätze:

Die erste Variante ist, die Benutzer bezüglich Dateisystemen und E-Mail-Ordnern mit Quotas und Kontingenten zu beschränken. Es ist sicherlich nicht abzustreiten, dass dies vordergründig zu einer Verbesserung der Kapazitätssituation führt, in vielen Fällen aber mit diesen Nebenwirkungen:

▶ Viele Benutzer werden ständig am Rand der Quotenbeschränkung sein und sich somit ständig damit beschäftigen, welche Dateien eventuell wohin umkopiert werden können. Das ist vor dem Hintergrund des Ziels, nämlich effiziente und für die Benutzer leicht bedienbare Systeme zu schaffen, eher fragwürdig: Wenn 500 Benutzer sich im Schnitt jeden Tag 10 Minuten mit der »Dateiverwaltung« befassen, verliert das Unternehmen jeden Tag 5.000 Arbeitsminuten, das entspricht im Jahr ungefähr 2.300 Arbeitstagen (500 * 10 * 220 / 60 / 8). Hierzu zwei Anmerkungen: Die Erfahrung zeigt, dass in einer streng quotierten und kontingentierten Umgebung die durchschnittliche Zeit, die sich Benutzer täglich mit »Platz sparen« beschäftigen, im Allgemeinen eher länger als 10 Minuten sein wird. Hinzu kommt, dass das für die Benutzer überaus lästig sein wird – und dies führt zumeist nicht unbedingt zur Steigerung der Motivation.

▶ Wenn die Benutzer gezwungen sind, die Quoten einzuhalten, können diese entweder mit der Rasenmähermethode alte Dateien wegwerfen oder auf lokalen Festplattenlaufwerken speichern. Beide Varianten sind für das

Unternehmen in etwa gleich ungünstig: Im ersten Fall sind die Daten sofort weg, im zweiten Fall spätestens beim Festplattendefekt des lokalen Rechners.

Hierarchical Storage Management

Ein alternativer Ansatz wäre, eine technische Möglichkeit zu schaffen, um ältere Dateien (bzw. ältere Dateianhänge), auf die seit mehreren Monaten nicht mehr zugegriffen wurde, auf andere Systeme, beispielsweise S-ATA-Plattensysteme, auszulagern bzw. zu archivieren. Gleichzeitig sollen die Benutzer von dieser »Umschichtung« der Daten nichts merken, d.h. die Benutzer »sehen« die ausgelagerten Dateien an den ursprünglichen Stellen im Dateisystem.

Diesen Ansatz nennt man Hierarchical Storage Management (HSM), dieses wird in dem Kapitel über Primary Storage ausführlich behandelt.

Hierdurch entsteht zum einen ein Kostenvorteil, weil nicht-benutzte Daten auf billigere Speichermedien ausgelagert werden. Zum anderen lassen sich Sicherungs- und Rücksicherungsstrategie so planen, dass zunächst die Systeme mit aktuellen Daten wiederhergestellt werden und erst im zweiten Schritt die Systeme mit den ausgelagerten Daten (auf die ohnehin nur selten zugegriffen wird). Das heißt, dass beispielsweise nicht 1.500 GB, sondern nur 500 GB in zehn Stunden zurückgesichert werden müssen – diese deutliche Reduktion hilft natürlich auch beim Optimieren der Kosten.

Durch den HSM-Ansatz ersparen Sie es sich, Quotas und Kontingente für die Benutzer einzuführen. Abgesehen von den »Benutzerprotesten« vermeiden Sie auch, dass die Benutzer nach der Rasenmähermethode Dateien löschen (die dann von alten Bandsicherungen mühsam wiederhergestellt werden müssen) oder diese auf lokalen Festplatten ablegen.

5.9.2 Zentralisieren von Datenbeständen

Je verteilter in Ihrer Organisation Daten gespeichert werden, desto verteilter wird auch Ihre Datensicherungsumgebung sein. Je verteilter diese ist, desto höher wird der Administrationsaufwand (Überwachung und Problembehebung) sein. Nun lässt sich häufig das dezentrale Vorhalten von Daten nicht vermeiden, ein Designziel sollte nichts desto trotz sein, die Datenhaltung möglichst zu zentralisieren oder zumindest nicht zu sehr zu zersplittern.

Beachten Sie bitte hierzu auch die Anmerkungen zum Thema »Datensicherung durch Replikation« in diesem Kapitel.

5.10 Sicherung von Clients und Notebooks

Bei der Sicherung von Clientsystemen sind letztendlich zwei Szenarien zu unterscheiden: Die Sicherung der Installation und die Sicherung der Produktivdaten.

5.10.1 Desktop-Systeme im Büro

Zunächst könnte man davon ausgehen, dass für nicht-mobile Computer (= »normale« Desktop-Systeme) keine Sicherung notwendig sein sollte, weil Produktivdaten auf Servern gespeichert werden sollen. Dies kann man im Zweifelsfall durch Policies und Filesystemrechte erzwingen. Bei diesen Desktop-Maschinen liegt der Schwerpunkt insbesondere in der Wiederherstellung nach einem Fehlerfall. Dieser Fehlerfall kann sich sowohl auf einen Hardwaredefekt beziehen (Festplatte »verstorben«) als auch auf Softwareprobleme (»kernel.dll« nicht gefunden) zurückzuführen sein. Der Fall, dass eine Maschine komplett neu aufgesetzt werden muss, ist letztendlich nicht unwahrscheinlich.

Wenn der ausgefallene PC eine Standardmaschine ist, die sich per Image oder »unattended Installation« erzeugen lässt und der Benutzer sich aufgrund von Roaming Profiles ohne weitere Personalisierung anmelden kann, besteht eigentlich kein weiterer Handlungsbedarf.

Jeder PC, der von diesem Standard abweicht, weil weitere Softwarepakete installiert, zusätzliche Hardware (z.B. Scanner) angeschlossen ist oder umfangreichere Personalisierungsarbeiten notwendig waren, ist bei der Wiederherstellung problematisch. Wir wissen alle, dass es leicht mehrere Stunden dauern kann, bis ein PC wieder so weit hergestellt ist, dass der Benutzer zufrieden ist.

Sicherung per Image

Unter der Annahme, dass der PC keine täglich zu sichernden Produktivdaten enthält, ist eine Sicherung per Image durchaus ein sinnvoller Lösungsansatz. Die Vor- und Nachteile des Imaging-Verfahrens haben wir bereits einige Absätze zuvor diskutiert.

Auch im Desktop-Bereich muss Imaging nicht mehr wie zu »alten Zeiten« funktionieren, als die zu behandelnden Rechner mit DOS-Startdisketten gebootet werden mussten. Produkte wie Symantec LiveState Recovery oder Acronis True Image sichern die Systeme ohne Neustarts durchzuführen zu müssen.

Eine sinnvolle Vorgehensweise könnte so aussehen, dass die Desktops identifiziert werden, die einen erhöhten Installations- und/oder Personifizierungsaufwand erfordern. Diese werden regelmäßig, mindestens jedoch nach Installationsarbeiten, über das Imaging gesichert. Ziel der Sicherung kann eine Netzwerkshare sein.

Wenn man davon ausgeht, dass die durchschnittliche Installation ca. 1,5 GB groß sein wird, sollte das Imaging eines PCs in einem 100 MBit-Netzwerk in ca. 5 Minuten abgeschlossen sein.

Sowohl bei Symantec als auch bei Acronis lässt sich der Imagevorgang regelmäßig über eine Scheduler-Funktion starten. Da diese Systeme auch inkrementelle Images zulassen (also die Änderungen seit dem letzten Image werden aufgezeichnet), könnte man auf die Idee kommen, ein kontinuierliches Image-Backup der Maschinen zu fahren, beispielsweise einmal täglich um 14:00 oder immer, wenn die Maschine heruntergefahren wird (siehe Abbildung 5.75). Letztgenannte Möglichkeit bietet Vorteile:

▶ Zum Zeitpunkt der Erstellung des inkrementellen Images werden die »Arbeitsdateien« auf der Maschine geschlossen sein.

▶ Da sich nicht alle PCs gleichzeitig heruntergefahren werden, wird der Zeitpunkt der Datenübertragung entzerrt. Ich machte mir hier übrigens weniger Sorgen um das Netz an sich (= Switches etc.), sondern um den Server, auf den die Daten gesichert werden.

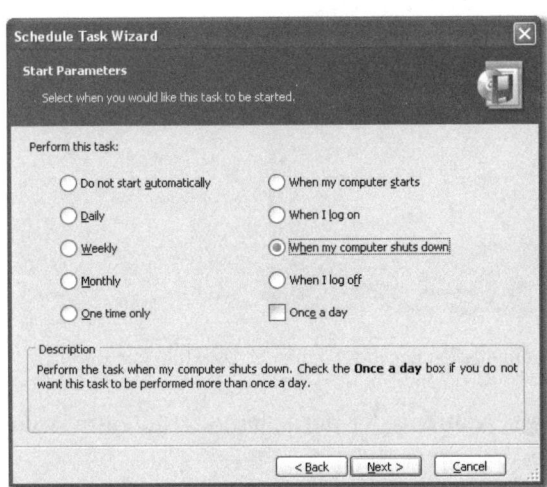

Abbildung 5.75 Erstellen inkrementeller Backups beim Herunterfahren des Computers (Acronis TrueImage)

Anmerkung: Zum Zeitpunkt der Erstellung dieses Buches kennt Symantec LiveState Recovery nicht das Ereignis »Computer herunterfahren«, sondern nur »Benutzer abmelden«. Den Imaging-Vorgang beim Abmelden des Benutzers durchzuführen, wäre letztendlich auch kein Problem, leider läuft das System aber auf ein Problem, wenn Abmelden und Herunterfahren in einem Schritt erledigt wird, was ja meistens der Fall sein dürfte. LiveState Recovery kann das Herunterfahren nicht aufhalten, so dass das Imaging zumeist nicht durchgeführt werden wird. Bei dem Symantec-Produkt kann man sich behelfen, in dem das inkrementelle Image beim Anmelden erstellt wird.

Die inkrementellen Images sind, wenn die Benutzer die eigentlichen Produktivdaten im Netz speichern, relativ klein.

Bei der Anfertigung von Incrementals muss man sich darüber im Klaren sein, dass hin und wieder eine »Vollsicherung« (= Full Image) angefertigt werden muss, weil es aus Handhabungs- aber auch aus Platzgründen sehr ungünstig ist, im Extremfall mit hunderten von Incremental-Dateien umzugehen.

Symantec bietet hier die Möglichkeit einer Konsolidierung der Incrementals zu einem einzigen Image (Abbildung 5.76 zeigt das manuelle Auslösen der Konsolidierung) – leider nicht bei allen Versionen vollautomatisch.

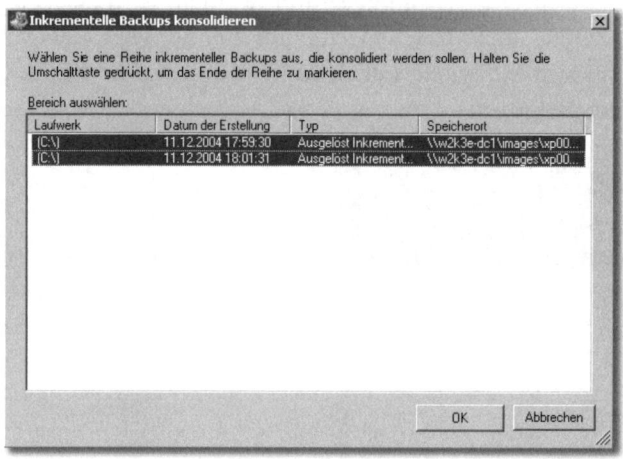

Abbildung 5.76 Konsolidieren der inkrementellen Backups (Symantec LiveState Recovery)

Bei der Erstellung von Full-Images während der normalen Arbeitszeit müssen Sie sich ein paar Aspekte vor Augen halten:

▶ Bei einer durchschnittlichen Installation in einem 100 MBit-Netzwerk ist die Imageerstellung in ca. fünf Minuten abgeschlossen. Der Benutzer wird ein schlechtere Performance bemerken, das ist aber nach kurzer Zeit vorbei.

▶ Problematisch ist, dass die Erstellung eines vollen Images zu einer konfigurierten Zeit gestartet werden muss. Würden Sie alle (oder zumindest viele) PCs zur selben Zeit starten, wird der File-Server, auf dem die Images vorgehalten werden, von dieser Belastung überfordert werden. Die PCs müssen also in Gruppen geteilt werden, und diese zeitversetzt gesichert werden.

Für den Server, auf den die Images geschrieben werden, gelten die üblichen »Regeln«, um einen Server, der große sequentielle Datenmengen verarbeitet, schnell zu machen:

▶ Das RAID-Set muss angemessen viele parallele Platten enthalten und sollte nicht RAID 5 sondern 0+1 fahren.

▶ Das Volume sollte mit möglichst großen Zuordnunungseinheiten formatiert werden, siehe Abbildung 5.77.

▶ Der Server sollte mit mindestens einem 1 GB-Link an den Backbone (oder Server-Switch) angebunden werden.

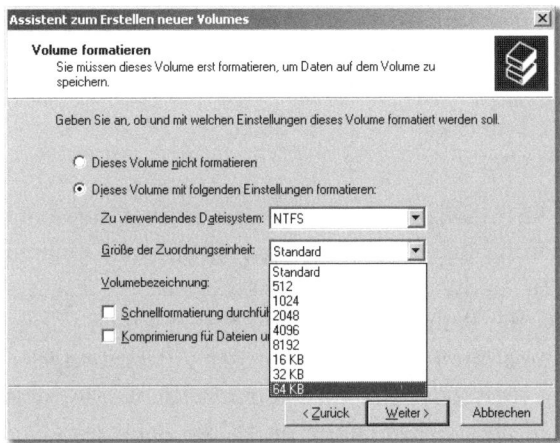

Abbildung 5.77 Datenvolumen mit hoher sequentieller Belastung sollten mit möglichst großen Zuordnungseinheiten formatiert werden.

Fazit

Bei Maschinen, die nicht durch ein operatorloses Verfahren wiederhergestellt werden können, weil umfangreichere Nachinstallations- oder Personifizierungsarbeiten notwendig sind, macht es sicherlich Sinn, zentrale Images abzulegen.

Plattenplatz auf S-ATA-Speicherbereichen ist preiswert bereitzustellen, so dass sich die Hardwarekosten in Grenzen halten.

Zu überlegen wäre, ob es sinnvoll ist, täglich inkrementelle Aktualisierungen der Images durchzuführen oder ob nur nach Installationen manuell ein Image erstellt wird. Insbesondere wenn automatische Softwareverteilung betrieben wird, dürfte die kontinuierliche Erstellung der Images sinnvoll sein.

5.10.2 Mobile Systeme

Grundsätzlich andere Anforderungen stellen mobile Systeme an eine Datensicherung. Natürlich ist auch hier die Notwendigkeit der Wiederherstellung des kompletten Systems notwendig, andererseits ist es bei mobilen Geräten unausweichlich, dass lokal gespeicherte Daten vorhanden sind.

Da Notebooks zumeist sehr individuelle Installationen sind (Applikationen, Personifizierung), empfiehlt sich natürlich von diesen regelmäßig nach Installationsänderungen ein Image zu erstellen – für eine schnelle Wiederherstellung!

Darüber hinaus gelten folgende Anforderungen:

▶ Die Dateien des Benutzers müssen gesichert werden, auch wenn dieser eventuell wochenlang unterwegs ist. Dann über WAN-Verbindungen.

▶ Eine Wiederherstellung der Dateien muss auf einfache Weise auch durch den Benutzer selbst möglich sein.

In vielen Unternehmen wird für mobile Benutzer die Vorschrift ausgegeben, dass diese selbst für die Sicherung ihrer Daten verantwortlich sind – hierzu werden dann beispielsweise ZIP-Laufwerke oder Wechselfestplatten ausgegeben. Die Erfahrung zeigt, dass die Benutzer in den seltensten Fällen konsequent diese Datensicherung durchführen, es scheitert an den unterschiedlichsten Problemen: Gründe sind beispielsweise mangelndes Know-how, das »Keine-Zeit«-Problem oder eine falsche Bedienung durch die Benutzer (= er sichert die falschen Daten). Nun ist zwar durch Vorschrift die Verantwortung an die Benutzer delegiert, trotzdem dürfte es dem Unternehmen schaden, wenn Daten verloren werden.

Konkrete Implementierung

Auf dem Markt befinden sich mehrere Produkte, die sich mit der Aufgabenstellung die Daten von mobilen Benutzern zu sichern, beschäftigen.

Da wir in diesem Buch bereits Veritas BackupExec vorgestellt haben, arbeiten wir weiter mit dieser Produktlinie und nutzen die »Desktop und Laptop-Option« für BackupExec. Hierbei handelt es sich um eine kostenpflichtige Option.

Die grobe Struktur der DLO (Desktop- und Laptop-Option) ist in Abbildung 5.78 dargestellt:

▶ Gesteuert wird die Funktionalität durch die auf einem BackupExec-Server installierte DLO.

▶ Die zweite Komponente ist ein (oder mehrere) File-Server, auf denen die gesicherten Daten abgelegt werden. Die DLO sichert die Daten ausschließlich in Dateisysteme, diese müssen dann anschließend separat auf Band gesichert werden.

▶ Die dritte Komponente sind Desktop-PCs oder Notebooks, die mit dem DLO-Agenten installiert werden.

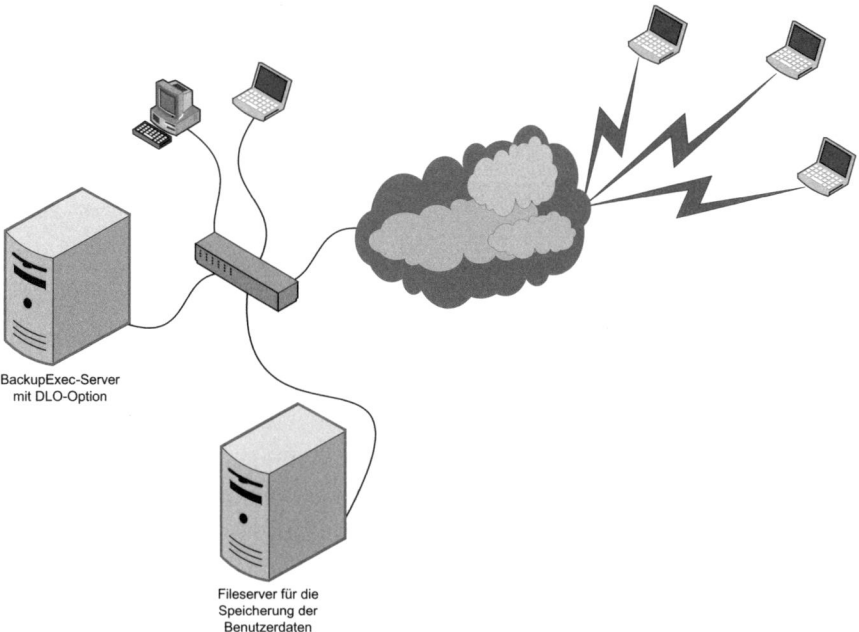

5

BackupExec-Server
mit DLO-Option

Fileserver für die
Speicherung der
Benutzerdaten

Abbildung 5.78 Grobe Struktur der »Desktop- und Laptop-Option« von Veritas BackupExec

Die Konfiguration der DLO wird aus dem BackupExec-Administrationsprogramm gestartet (Abbildung 5.79).

Die Philosophie hinter der DLO ist, dass letztendlich nicht dediziert Notebooks, sondern die Dateien eines Benutzers gesichert werden. Aus diesem Grunde finden sich die Konfigurationsmöglichkeiten »Benutzer« und »Automatische Benutzerzuweisungen«.

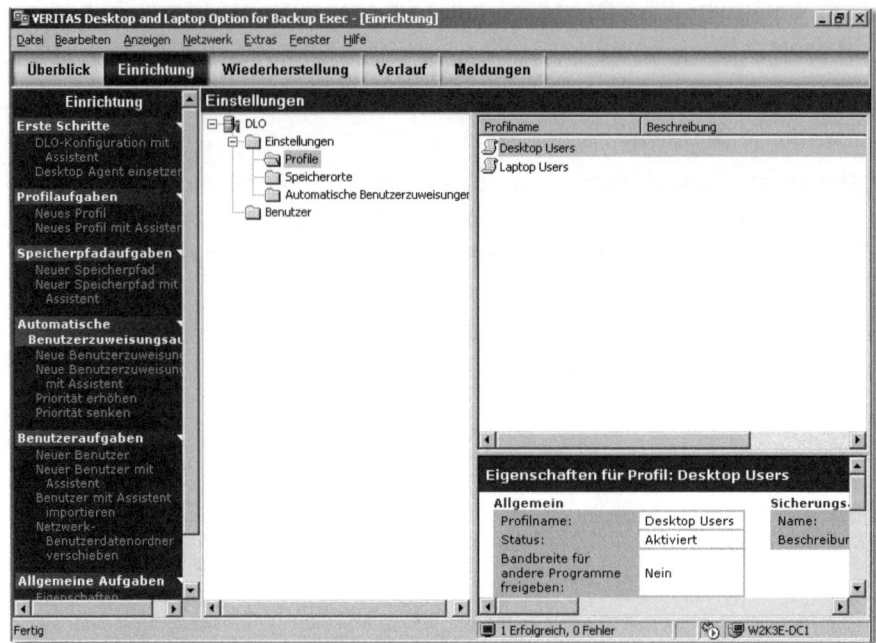

Abbildung 5.79 Konfiguration der Desktop- und Laptop-Option von BackupExec

Sie können sich bei der Konfiguration von einem Assistenten führen lassen, damit Sie auf die Fragen »richtig« antworten können, hier eine kurze Beschreibung der Grundelemente:

▶ Speicherort: Der Speicherort bezeichnet die Lokation, an dem die gesicherten Benutzerdaten gespeichert werden. Dies muss grundsätzlich ein Plattenbereich sein, die DLO kann nicht direkt auf Band schreiben. Dieser Speicherort muss nicht auf dem Backup-Server liegen, Sie können hier beispielsweise Ihren Standard-File-Server angeben.

▶ Benutzer/Automatische Benutzerzuweisung: Wie bereits erwähnt, orientiert sich die DLO nicht an Geräten, sondern an Benutzern. Die Einstellung, welche Inhalte zu sichern sind, erfolgt daher pro Benutzer. Da es recht unpraktisch wäre, wenn alle Benutzer von Hand angelegt werden müssten, kann mit Hilfe der »Automatischen Benutzerzuweisung« konfiguriert werden, welches Profil (»Welche Daten werden gesichert?«) und welcher Speicherort (»Wohin werden die Daten gesichert?«) zur Verwendung kommen soll. Als Kriterium wird die Gruppenzugehörigkeit herangezogen. Wird für einen Benutzer das erste Mal eine Sicherung durchgeführt, wird der Benutzer gemäß der hier getroffenen Einstellungen angelegt (Abbildung 5.80).

▶ Profile: Mit Profilen wird konfiguriert, welche Verzeichnisse gesichert werden sollen, wann die Daten übertragen werden sollen, welche Möglichkeiten den Benutzern zur Verfügung stehen sollen und vieles andere mehr. Jedem Benutzer wird genau ein Profil zugewiesen.

Abbildung 5.80 Mit der DLO-Konfigurationsoption »Benutzerzuweisungen« werden die Standardeinstellungen für ADS-Gruppen festgelegt.

Nachfolgend werde ich Ihnen noch einige Funktionen vorstellen, um Ihnen ein wenig die Philosophie des Produktes nahe zu bringen:

Welche Daten werden gesichert?

Die zu sichernden Daten werden in einer Sicherungsauswahl definiert. Hier werden die zu sichernden Pfade definiert, eventuelle Ausschlüsse (*.tmp etc.), ob mehrere Versionen gespeichert werden sollen und vieles andere mehr (Abbildung 5.81).

Wie wird gesichert?

Kernproblem der Sicherung von Geräten, die teilweise oder häufig nur über WAN-Strecken mit der Zentrale verbunden sind, ist die Datenübertragung. Prinzipiell lassen sich drei Strategien auswählen (Abbildung 5.82).

▶ Bei jeder Datenänderung: Diese Option führt bei jeder Datenänderung in einem zu sichernden Verzeichnis sofort eine Sicherung durch, die Sicherung läuft also kontinuierlich – solange eine Netzwerkverbindung zur Verfügung steht. Da sowohl eine Maximalbandbreite konfiguriert werden kann als auch einstellbar ist, dass der Datenübertragung anderer Applikationen Priorität eingeräumt wird, ist auch eine kontinuierliche Sicherung über WAN-Strecken möglich. Vermutlich werden sich mobile Benutzer über ein VPN auf die

Firmendaten zugreifen, so dass das zusätzliche Datenvolumen, das durch die Sicherung erzeugt wird, keine nennenswerte Rolle spielen wird.

▶ Nach Plan: Wenn keine kontinuierliche Sicherung erfolgen soll, kann mittels Zeitplan definiert werden, dass beispielsweise stündliche Sicherungen durchgeführt werden sollen.

▶ Nach Benutzeranforderung: Wenn kein Sicherungsautomatismus gewünscht ist, kann die Sicherung manuell initiiert werden.

Abbildung 5.81 Sicherungsauswahllisten beschreiben, welche Daten gesichert werden sollen.

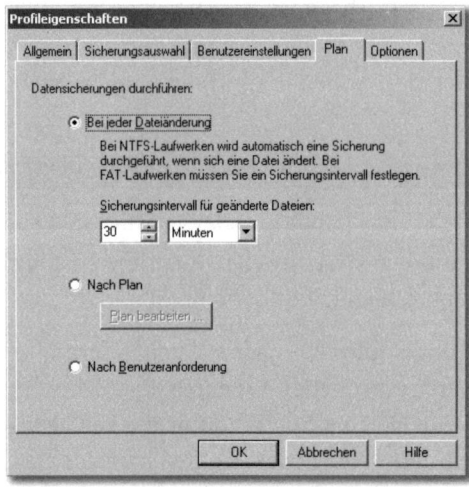

Abbildung 5.82 Für die Übertragung der Dateien können unterschiedliche »Strategien« gewählt werden.

Wiederherstellung aus Benutzersicht

Sofern es im Profil zugelassen ist, erhält der Benutzer eine recht umfangreiche Oberfläche, in der er unter anderem selbst die Rücksicherung von zuvor gesicherten Dateien anfordern kann. In Abbildung 5.83 sehen Sie die Auswahl der zurückzusichernden Dateien aus Benutzersicht. Wenn von einer Datei mehrere Versionen gesichert worden sind, kann die wiederherzustellende Version gezielt ausgewählt werden.

Die Administrationskonsole bietet die Möglichkeit, Daten aus allen Sicherungen wiederherzustellen.

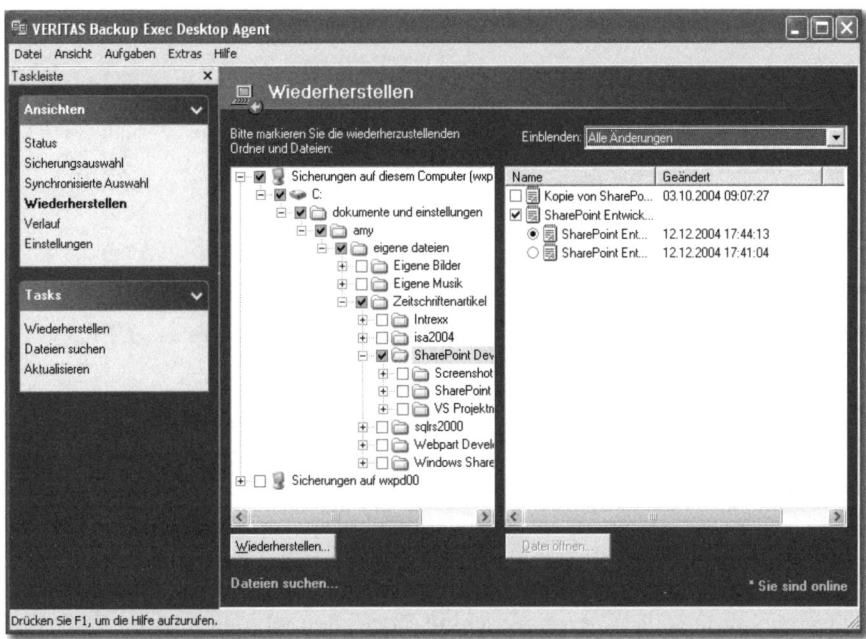

Abbildung 5.83 Rücksicherung von Dateien aus Benutzersicht

Synchronisation zwischen mehreren Computern

Wenn ein Benutzer mit mehreren Computern arbeitet, also beispielsweise mit einem stationären Gerät im Büro und mobil mit einem Notebook, möchte er natürlich seine persönlichen Dateien zwischen diesen Systemen synchronisieren. Dieses ist mit der DLO ebenfalls möglich, um die Funktionsweise zu verstehen, ist es zu empfehlen, einen Blick in die Ablagestruktur eines Speicherorts zu werfen. In Abbildung 5.84 ist ein Teil der Struktur eines Speicherorts (e:\dlo) zu erkennen, genauer gesagt der Teil des Baums, in dem die Dateien des Benutzers centince\Administrator gespeichert sind. Dieser Benutzer hat sich auf den Maschinen wxpd00 und wxpd002 angemeldet – hier sind jeweils gleichnamige Unterverzeichnisse vorhanden. In dem Verzeichnis der Maschine erkennt man die gesicherte Verzeichnisstruktur, also `c:\dokumente und einstellungen\administrator.centince\eigene dateien\...` Die Dateien selbst liegen als einzelne Files im Dateisystem, Ihnen wird allerdings eine Kennung vorgestellt.

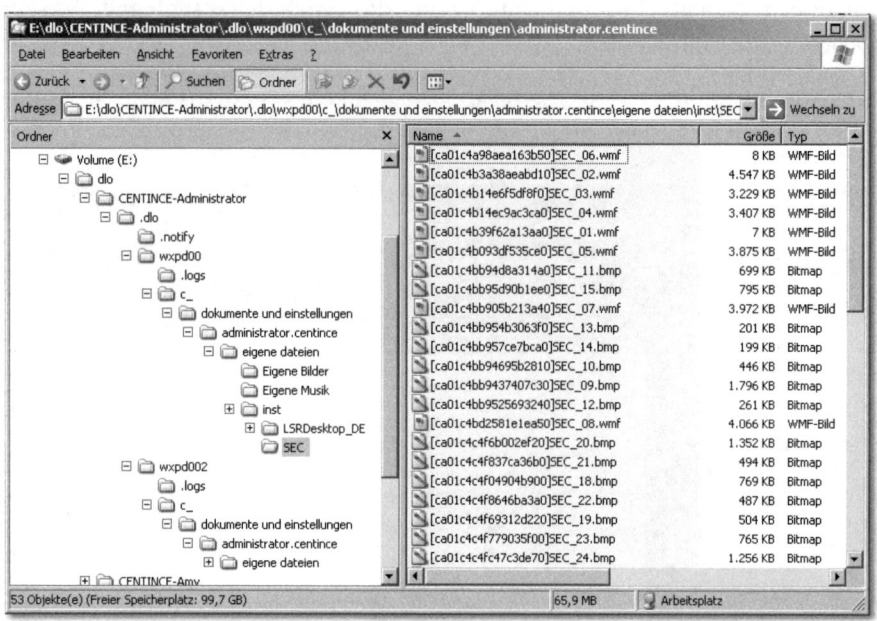

Abbildung 5.84 Die Ablagestruktur der DLO

Das Synchronisieren zwischen den Geräten kann vom Benutzer selbst initiiert werden. Im Endeffekt prüft die DLO, welche Dateien und Änderungen aus der Sicherung der jeweils anderen Maschine eingespielt werden müssen und führt dieses durch.

Fazit

Wenn es sich nicht vermeiden lässt, dass Produktivdaten auf lokalen Festplatten liegen, muss (!) dafür gesorgt werden, dass diese zentral und automatisch gesichert werden. Die Verantwortung auf die Benutzer zu delegieren und das Beste zu hoffen, ist sicherlich zu wenig.

Mit »normalen« Backupverfahren wird man diese Aufgabe nicht lösen können, u.a. auch deshalb, weil die Sicherung teilweise über schmalbandige VPN-Strecken erfolgen muss.

Produkte wie die Desktop- und Laptop-Option von Veritas BackupExec sind sicherlich auch finanziell recht gut zu verargumentieren, weil im Fall eines Defekts oder Verlusts eines Notebooks die Wiederherstellungsaufwendungen deutlich höher sein werden als die Softwarekosten – sofern überhaupt verwertbare Sicherungen vorhanden sind.

Wenn aus irgendwelchen Gründen Produktivdaten auf lokalen Festplatten von Desktop-PCs abgelegt werden, können diese mit dem vorgestellten Verfahren ebenfalls einfach gesichert werden.

5.11 Testen, Testen, Testen

Im vergangenen Kapitel haben Sie viel über unterschiedliche Backup- und Restoreverfahren gehört.

Auch wenn es sich trivial anhört, sollten Sie folgende Aspekte immer wieder hinterfragen:

▶ Sind für alle Server und ggf. auch Desktops und Notebooks Restore-Konzepte vorhanden?

▶ Sind die Restore-Verfahren für die Maschinen dokumentiert und sofort auffindbar?

▶ Funktionieren diese Restore-Konzepte? Wann ist es zuletzt getestet worden?

▶ Welche Wiederherstellungszeit ist für den einzelnen Server/Desktop/Notebook erforderlich und definiert? Sind diese Werte auch im Worst Case realistisch einzuhalten? Wann ist dies zuletzt getestet worden?

▶ Sind für die Systeme Datenausfallzeiten (»Wie viel Stunden Daten dürfen verloren werden?«) definiert? Können diese realistisch eingehalten werden?

▶ Wird regelmäßig kontrolliert, ob auch wirklich alle Daten gesichert werden? Dateistrukturen sind permanentem Wandel unterworfen!

▶ Sind Seriennummern und Produkt-CDs vorhanden und direkt auffindbar?

▶ Existiert ein Notfallkonzept (siehe nächstes Kapitel)?

Mir ist klar, dass IT-Verantwortliche und Administratoren anderes zu tun haben, als regelmäßig »Feuerwehrübungen« durchzuführen, bei denen Restore-Konzepte getestet werden. Trotzdem: Wenn Sie nicht zumindest bei den wichtigsten Maschinen den Worst-Case-Störfall (= Maschine muss komplett neu aufgesetzt werden) testen, werden Sie nicht sicher sein können, dass die Maschine und somit die darauf laufenden Dienste in angemessener Zeit wieder zum Leben erweckt werden können.

6 Störfall und Notfall

In letzter Zeit ist das Thema der Notfallvorsorge für die IT-Umgebung zunehmend in den Fokus der Geschäftsführung und IT-Leitung gerückt. Verständlicherweise, denn ein mehrtägiger Ausfall der IT einhergehend mit erheblichem Datenverlust kann für Firmen durchaus akut existenz-gefährdend sein.

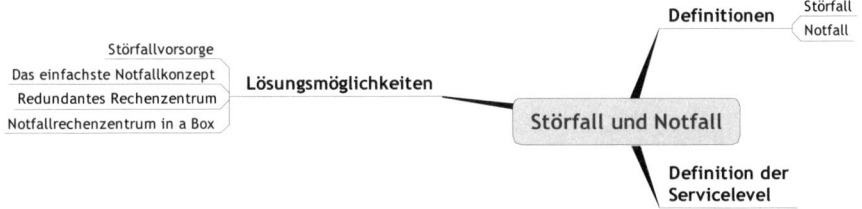

6

Abbildung 6.1 Die Themen des Kapitels im Überblick

Wir betrachten in diesem Kapitel eine mittelständische Beispielfirma (ca. 500 PCs), die grob in Abbildung 6.2 skizziert ist:

▶ Die Hälfte der PC-Benutzer arbeitet in der Zentrale.

▶ Die wesentlichen Server und Storage-Systeme stehen in der Zentrale.

▶ Es existieren diverse Standorte, an denen zwischen 10 und 50 Benutzer arbeiten, teilweise befinden sich kleine Server an den Standorten. Die kleinen Server in den Standorten dienen als Domain Controller und lokaler File-Server. Alle anderen Dienste werden von Servern in der Zentrale bereitgestellt.

▶ Es existiert ein weltweit verteilter mobiler Außendienst, der sich über VPN-Verbindungen mit Ressourcen der Zentrale verbindet.

▶ Kunden und Lieferanten greifen via Extranet auf diverse Informationen zu, elektronische Bestell- und Procurement-Systeme werden betrieben.

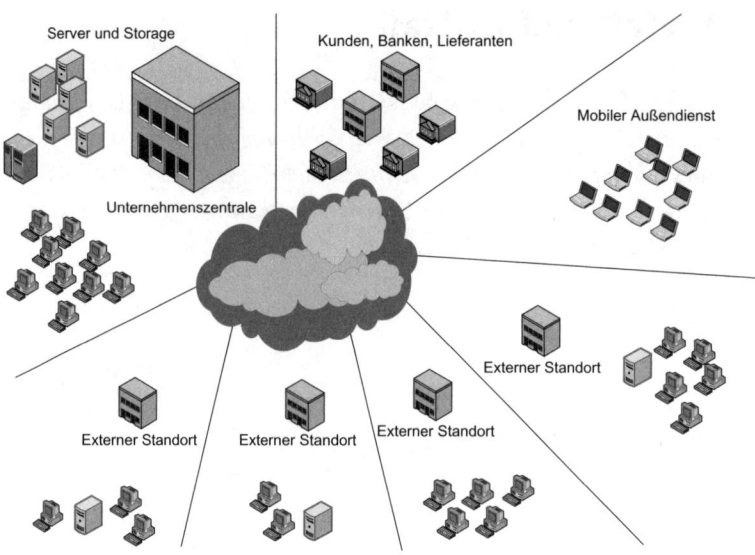

Abbildung 6.2 Eine Beispielfirma

6.1 Definitionen

Zunächst müssen wir definieren, was unter einem Störfall und einem Notfall zu verstehen ist. In Abbildung 6.3 sind einige mögliche Szenarien von leicht (Ausfall eines redundanten Netzteils) bis sehr schwer (Brand in der Firmenzentrale) aufgetragen. Die Abgrenzung zwischen einem schweren Störfall und dem Notfall ist nicht nur ein sprachliches Problem, sondern berührt die Planung insoweit, dass man normaler Weise für einen Störfall kürzere Wiederherstellungs- und Datenverlustzeiten fordern wird, als bei einem Notfall. Es ist natürlich durchaus denkbar, dass in Ihrer Firma/Organisation der Brand im EDV-Raum bereits als Notfall angesehen wird.

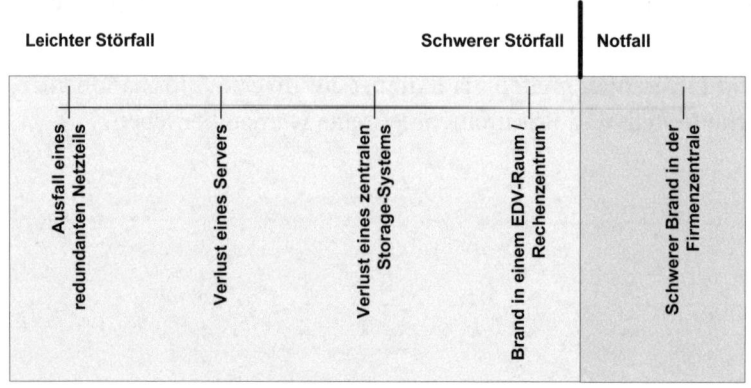

Abbildung 6.3 Wann endet der Störfall, wann beginnt der Notfall?

6.1.1 Störfall

Die Bandbreite eines Störfalls reicht von einem Ausfall eines Netzteils in einem Server bis hin zum Verlust eines kompletten Storage-Systems durch Kabelbrand. Im letztgenannten Fall werden sicherlich auch Server in Mitleidenschaft gezogen werden, dies dürfte der schlimmste anzunehmende Störfall sein.

Merkmal des Störfalls ist, dass es sich um ein mehr oder weniger auf die IT begrenztes Problem handelt und die übrigen Firma normal weiterarbeiten kann – vorausgesetzt, die EDV steht zur Verfügung. Der berühmte Kabelbrand oder Wasserschaden im EDV-Raum ist hier ein klassisches Beispiel: Dass Server und Storage »weg« oder schwer in Mitleidenschaft gezogen sind, ist schlimm genug, wenn in der Konsequenz aber tagelang die Produktion angehalten werden muss und keine Kommunikation mit Kunden und Lieferanten möglich ist, wird aus dem schweren EDV-Störfall ein Szenario, das unter Umständen existenz-gefährdend für die ganze Firma ist.

6.1.2 Notfall

Man kann sich darüber streiten, ob der Kabelbrand im Rechenzentrum bereits in die Kategorie »Notfall« fällt, oder ob es sich dabei noch um einen Störfall handelt. Natürlich ist es Definitionssache, ich würde mit dem Begriff »Notfall« sehr sparsam umgehen und die Situation, dass beispielsweise die Firmenzentrale von einem größeren Brand heimgesucht wird, als Notfall bezeichnen. Verwendet man die im vorherigen Kapitel beschriebene Abgrenzung, dass ein Notfall dann vorliegt, wenn nicht nur die IT-Systeme betroffen sind, sondern ein großer Teil der Firma nicht mehr arbeiten kann, ist der Brand in der Firmenzentrale der klassische Notfall: Kein Gebäude – keine Arbeitsmöglichkeit.

In einem solchen Notfall würde es nicht helfen, die EDV innerhalb von zwei Stunden wieder funktionsbereit zu haben, denn zumindest in der teilweise vernichteten Firmenzentrale wird zunächst niemand arbeiten können und bis Ausweichflächen gefunden sind, werden einige Tage vergehen.

Im Notfall liegt also ein Großteil der Firmenzentrale in Schutt und Asche. Vordergründig wird man sich dann zwar überlegen, ob man sich ausgerechnet über die IT Gedanken machen muss, aber:

▶ Auch wenn Sie die Zentrale verlieren, sollten die Außenstandorte und der mobile Außendienst nach einer angemessenen Zeit (und »angemessen« ist sicherlich nicht nach drei Monaten) weiterarbeiten können.

▶ Die Kommunikation mit Kunden und Lieferanten, letztendlich auch mit Banken, sollte natürlich nicht abreißen, also sind elektronische Kommunikationsmittel erforderlich. Kommunikation können Sie natürlich nur sinnvoll durchführen, wenn Sie über Informationen verfügen. Also brauchen Sie nach einer angemessenen Zeit »irgendwie« Zugriff auf möglichst aktuelle Daten.

▶ Vermutlich bedeutet der Brand in der Firmenzentrale nicht, dass der Geschäftsbetrieb nie wieder aufgenommen werden soll. Wenn die Firma aber keinerlei Daten mehr besitzt, weil mit dem Storage-System und den Servern auch alle Bandsicherungen verbrannt sind, dürfte es schwierig sein, überhaupt jemals wieder zu starten.

Wenn Sie mit diesem Buch in Ihrem Büro oder zu Hause auf dem Sofa sitzen, werden Ihnen diese »Horror-Szenarien« vielleicht reichlich übertrieben vorkommen. Bedenken Sie aber, dass ein Brand oder ein schwerer Wasserschaden durchaus nicht ganz unwahrscheinlich sind – sagen wir zumindest denkbar. Die Konsequenz aus den Überlegungen muss ja nicht notwendiger Weise sein, dass Sie einen riesigen Geldbetrag ausgeben müssen. Sie sollten sich aber über das »Was-wäre-wenn« schon Gedanken machen: Ich kenne viele kleinere Firmen, die die Bänder der Bandsicherung im Serverraum aufbewahren. Bei meinem nächsten Besuch lagen die Bänder dann im Schreibtisch des Geschäftsführers. Das ist zwar schon ein Fortschritt, aber wenn das Gebäude ausbrennt, dürfte ebendieser Schreibtisch auch nicht mehr allzu gut aussehen. Das »einfachste Notfallkonzept der Welt« wäre, die Bänder wöchentlich (Datenverlustzeit: 1 Woche) oder täglich (Datenverlustzeit: 1 Tag) extern auszulagern. Im Notfall verfügen Sie dann zumindest über Daten, die Sie zurücksichern können.

6.2 Definition der Servicelevel

Bei der Definition der Verfügbarkeit haben wir die Aspekte Wiederherstellzeit und Datenverlustzeit betrachtet. Zur Erinnerung:

▶ Wiederherstellzeit: Die Zeit, innerhalb derer die Funktion des Servers wiederhergestellt ist, also die Benutzer wieder mit dem ERP-System arbeiten können oder wieder per Mail mit der Außenwelt kommunizieren können.

▶ Datenverlustzeit: Der Ausfall eines Plattensystems führt im Allgemeinen zu Datenverlust, im Zweifelsfall müsste man bis zum jüngsten Backup zurück. Liegt dieses Backup bis zu zehn Stunden zurück, muss im ungünstigsten Fall eine Datenverlustzeit von zehn Stunden in Kauf genommen werden.

Mögliche Servicelevel für den Störfall und den Notfall finden Sie in der folgenden Tabelle. Diese Servicelevel sind für einen größeren Mittelständler, wie in Abbildung 6.2 gezeigt, durchaus realistisch.

Bei einem Notfall vom Kaliber eines größeren Brands in der Zentrale wird eine Wiederherstellzeit von fünf Tagen sicherlich akzeptabel sein.

	Wiederherstellzeit	Datenverlustzeit
Störfall	4 Stunden	1 Stunde
Notfall	5 Tage	2 Tage

Wenn es sich »nur« um einen Ausfall im Bereich der IT-Systeme handelt, wird es kaum akzeptabel sein, dass dreihundert Mitarbeiter in der Zentrale und weitere zweihundert an den Außenstandorten fünf Tage lang nicht arbeiten können.

Ähnliches gilt für die Datenverlustzeit: Nach einem Brand der Firmenzentrale wird eine Datenverlustzeit von zwei Tagen tragbar sein, ein auf den Bereich der IT-Systeme begrenztes Problem wird eine solche Datenverlustzeit vermutlich nicht rechtfertigen.

Eine kleinere Firma mit 30 Mitarbeitern, die in einem weniger zeitkritischen Geschäftsfeld tätig ist, wird vielleicht diese Servicelevel definieren:

	Wiederherstellzeit	Datenverlustzeit
Störfall	1 Tag	1 Tag
Notfall	10 Tage	5 Tage

6.3 Lösungsmöglichkeiten

Nach der Betrachtung der Probleme sollten wir nun über Lösungsmöglichkeiten sprechen. Wie immer ist die Geldmenge, die Sie investieren können, nach oben weitgehend offen, natürlich kann man auch einfache Konzepte, die fast gar keine Investitionen erfordern, verabschieden. Es kommt immer darauf an, was Sie erreichen möchten bzw. müssen.

Bevor Sie sinnvoll in die konkreten Planungen einsteigen können, sind einige Entscheidungen zu treffen – und zwar von der Geschäftsleitung in Absprache mit den verantwortlichen der Fachabteilungen.

Die Fragen lauten:

▶ Störfall (alle oder die meisten anderen Bereiche sind, abgesehen von der IT, arbeitsfähig)

　▶ Wie lange dürfen die IT-Systeme störfallbedingt ausfallen, bzw. wie schnell müssen die Systeme nach einem Ausfall wieder zur Verfügung stehen? (differenziert nach Funktionen, also ERP, Exchange, ...)

> ▶ Wie viele Daten dürfen verloren werden? Die Daten des kompletten aktuellen Tages, die Daten der letzten Stunde, etc.?

▶ Notfall (ein großer Teil der Zentrale ist nicht mehr arbeitsfähig, Teilbereiche, Außenstandorte und mobile Mitarbeiter könnten nach wie vor arbeiten).

> ▶ Wann müssen die Systeme nach einem Notfall wieder grundlegend (mit verminderter Performance) zur Verfügung stehen? Welche Systeme sind für den Notbetrieb am dringendsten notwendig?

> ▶ Wie viele Daten dürfen verloren werden? Die Daten der aktuellen Woche, des aktuellen Tages ...

Es macht Sinn, die Systeme in mehrere, beispielsweise drei, Kategorien zu teilen:

▶ Kategorie I: Systeme, die auch im Notbetrieb unverzichtbar sind, beispielsweise ERP, PPS, Exchange, Finanzwesen, SharePoint/Fileservices.

▶ Kategorie II: Systeme, die für den Geschäftsbetrieb wichtig sind, auf die im Notfall jedoch mehrere Tage verzichtet werden kann, beispielsweise Zeiterfassungssystem.

▶ Kategorie III: Systeme, die für den Geschäftsbetrieb nicht benötigt werden, beispielsweise Softwareverteilungs-Server.

Das Ergebnis der Entscheidung der Geschäftsführung müsste also eine Tabelle sein, die in etwa so aussieht wie die nachfolgend gezeigte:

	Wiederherstellzeit	Datenverlustzeit
Systeme der Kategorie I		
Störfall	4 Stunden	1 Stunde
Notfall	5 Tage	2 Tage
Systeme der Kategorie II		
Störfall	1 Tag	1 Tag
Notfall	10 Tage	5 Tage
Systeme der Kategorie III		
Störfall	3 Tag	1 Tag
Notfall	30 Tage	5 Tage

System bedeutet hier: Server nebst zugehörigem Storage. Ob die Platten in den Server eingebaut sind oder sich in einem zentralen Storage-System befinden, ist für diese Betrachtung irrelevant.

6.3.1 Vorsorge für den Störfall

Die Maßnahmen für die Behandlung bzw. Vermeidung von Störfällen sind in den vorherigen Kapiteln über Primary und Secondary Storage ausführlich besprochen worden.

In Kurzfassung einige Szenarien und Maßnahmen:

Wiederherstellzeit: 4 Stunden // Datenverlustzeit: 1 Stunde

Diese Vorgaben werden Sie nur erreichen können, wenn Sie ein gespiegeltes Rechenzentrum mit redundanten Servern und Storage-Systemen aufbauen.

Selbst wenn Sie einen weniger spektakulären Störfall betrachten, bei dem Sie »nur« ein RAID-Verband eines Servers oder im Storage-System verlieren, werden Sie mit »konventionellen« Mitteln das Ziel nicht erreichen:

Wenn das verlorene RAID-Set beispielsweise 500 GB groß ist, werden Sie allein für die Rücksicherung selbst bei recht hoher Restore-Leistung (z.B. 1.000 MB/min) mehr als acht Stunden benötigen.

Wiederherstellzeit: 1 Tag // Datenverlustzeit: 1 Tag

Wiederherstellzeit und Datenverlustzeit von einem Tag hört sich nach »problemlos zu schaffen« an. Betrachten wir drei Szenarien:

▶ Fällt Ihnen der RAID-Controller Ihres Exchange-Servers (Größe des Information Stores 100 GB) aus und zerstört die Daten auf Ihrem RAID-Set, kann dieser innerhalb eines Tages »wieder belebt« werden: Voraussetzungen sind natürlich, dass Sie einen entsprechend schnellen Servicevertrag für Ihre Hardware haben und dass das Restore-Konzept auch tatsächlich funktioniert. Datenverlustzeit: Sie müssen auf die letzte Sicherung zurück, bei einer täglichen Sicherung ist die maximale Datenverlustzeit von einem Tag aber gewahrt.

▶ Wenn Sie ein Storage-System mit einem Datenbestand von 2 TB verlieren (= Daten müssen komplett zurückgesichert werden), wird die Wiederherstellzeit von einem Tag nicht zu schaffen sein. Bei einer Restore-Geschwindigkeit von 1.000 MB/Min benötigt die Rücksicherung ungefähr 34 Stunden. Inklusive Reparatur der Hardware und »Nebenarbeiten« dürften eher 2 Tage für die Wiederherstellung realistisch sein.

▶ Wenn Sie, beispielsweise durch Kabelbrand, Ihren kompletten IT-Raum verlieren, werden Sie mit mehreren Problemen konfrontiert sein, die dafür sorgen, dass Sie die Servicelevel nicht schaffen:

- Im Rahmen von Wartungsverträgen werden normaler Weise Ersatzteile vorgehalten. Wenn Sie beispielsweise zehn komplette Server benötigen, wird das kaum durch einen Wartungsvertrag abgedeckt sein. Gleiches gilt für komplette Storage-Systeme. Mit anderen Worten: Wenn Sie wegen eines schweren Störfalls größere Mengen an Hardware verlieren, werden Sie innerhalb von 24 Stunden keine Neusysteme in ausreichender Menge auftreiben können – ganz zu schweigen von Installation, Konfiguration und Datenrücksicherung.

- Einen Server innerhalb eines Tages aufzusetzen und die Daten zurückzusichern ist normaler Weise kein Problem, vorausgesetzt, das Wiederherstellungskonzept funktioniert und der Server hat nicht allzu große Plattenkapazitäten. Wenn Sie das aber für zehn Server erledigen müssten (vorausgesetzt, Sie haben überhaupt die Hardware), ist das kaum zu schaffen.

Sie sehen, dass ein schwerer Störfall, der mehrere Server betrifft, auch bei eher moderaten Anforderungen an die Wiederherstellungszeit zu einem mehrtägigen Problem werden kann. Prinzipiell bieten sich zwei Möglichkeiten: Entweder die Geschäftsleitung legt fest, dass im Falle eines schweren Störfalls ein mehrtägiger Ausfall der IT-Systeme tragbar ist, oder Sie entscheiden sich für das redundante Rechenzentrum.

Ein dritter Weg ist denkbar: Das in Abschnitt 6.3.4 vorgestellte Verfahren ist zwar eigentlich für die Behandlung von Notfällen gedacht, eignet sich natürlich auch für schwere Störfälle.

Zur Datenverlustzeit:

Eine maximale Datenverlustzeit von einem Tag bedeutet, dass Sie auf die letzte Bandsicherung zurückgreifen müssen (bei täglicher Sicherung). Befindet sich das Bandgerät im Serverraum, **müssen** die Bänder täglich ausgelagert werden.

Alternativ könnte das Bandgerät in einem separaten Raum in einem anderen Brandabschnitt des Gebäudes oder in einem anderen Gebäude auf dem Firmengelände untergebracht werden. Die Anbindung des Bandgeräts kann über FibreChannel oder iSCSI erfolgen; je nach Backup-Struktur wäre es übrigens eine sehr gute Idee, den Backup-Server ebenfalls in den entfernten Raum zu stellen (Abbildung 6.4).

Gehen wir einmal kurz die möglichen Fälle durch:

- Der erste Raum geht verloren: Backup-Gerät nebst Bändern befindet sich im zusätzlichen Raum, die Daten können also zurückgesichert werden.

▶ Der Raum mit dem Backup-Gerät geht verloren: Nun ist zwar kein Backup mehr da, aber die Server und Plattenbereiche im ersten Raum sind ja noch vorhanden. Problem sind dann allerdings logische Fehler, insofern bleibt Ihnen das regelmäßige Auslagern von Bändern trotzdem nicht erspart, weil Backups eben nicht nur gegen physikalische Probleme helfen.

▶ Extremfall: Der Haupt-IT-Raum und derjenige mit dem Backup-Gerät gehen verloren: Ob dieser Fall überhaupt realistisch ist, ist individuell zu untersuchen. Befinden sich beide Räume innerhalb eines Gebäudes wäre dieses Szenario sicherlich denkbar – dann handelt es sich aber mit Sicherheit um einen Notfall und nicht mehr um einen Störfall.

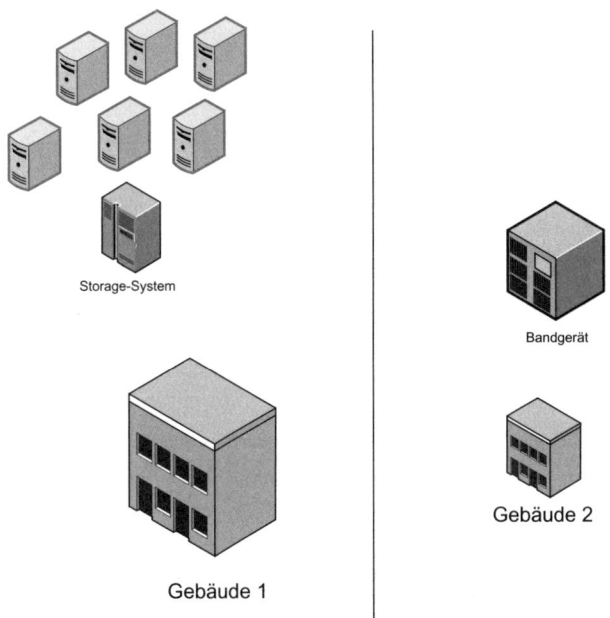

Storage-System

Bandgerät

Gebäude 2

Gebäude 1

Abbildung 6.4 Befindet sich das Bandgerät in einem anderen Brandabschnitt oder einem anderen Gebäude auf dem Firmengelände, kann das tägliche Auslagern der Bänder entfallen.

Wiederherstellzeit: 3 Tage // Datenverlustzeit: 1 Tag

Die Maßnahmen um eine Datenverlustzeit von einem Tag zu gewährleisten, habe ich im vorherigen Abschnitt besprochen.

Eine Wiederherstellzeit von drei Tagen beim Ausfall eines einzelnen Servers sollte auch kein sonderlich schweres Problem sein – vorausgesetzt, dass die Ersatzteilversorgung gesichert ist.

Sofern Sie sehr zügig Ersatzmaschinen bekommen, dürfte auch die Wiederinbetriebnahme beim Verlust mehrere kompletter Server in diese Zeitraum möglich sein, allerdings nur unter der Voraussetzung, dass Sie für jeden Server ein wirklich funktionierendes, also getestetes, Restore-Konzept entwickelt haben.

Allgemeines

Eigentlich hört es sich trivial an, muss aber trotzdem erwähnt werden: Ich habe schon einige Fälle erlebt, bei denen Systeme wiederhergestellt werden mussten und folgendes Problem auftrat: Die Hardware war instand gesetzt und bereit, die Bandsicherungen standen zur Verfügung, es war genügend Zeit da – aber keine Lizenzschlüssel, Freischalt-Codes, Originaldatenträger etc.

Sowohl zum Störfall- als auch zum Notfallkonzept gehört es, dass die Lizenzunterlagen und Datenträger zur Verfügung stehen. Leider sind diese teilweise gar nicht wiederbeschaffbar oder nur mit immensem zeitlichen Aufwand.

Des Weiteren lässt sich aus den vorherigen Überlegungen erkennen, dass es nicht sonderlich sinnvoll ist, diese ausgerechnet im EDV-Raum aufzuheben ...

Zu einer modernen IT-Umgebung gehören natürlich nicht nur Server, sondern auch Komponenten wie Switches, Router und letztendlich natürlich auch PCs und Drucker.

All diese Dinge dürfen natürlich ebenfalls nicht in Vergessenheit geraten.

6.3.2 Das einfachste Notfallkonzept der Welt

Das einfachste Notfallkonzept der Welt erfordert keine Investitionen. Es besteht einfach darin, die Bandsicherungen außerhalb des Firmengebäudes (ggf. Firmengeländes) aufzuheben.

Sie können durch die Häufigkeit der Auslagerung die Datenverlustzeit genau steuern: Lagern Sie jeden Tag aus, beträgt die Datenverlustzeit maximal einen Tag, lagern Sie einmal wöchentlich aus, verlieren Sie im ungünstigsten Fall die Daten von sieben Tagen.

Ich habe übrigens viele feuerfeste Tresore in IT-Räumen gesehen, in denen akribisch die Bänder eingelagert werden. Gut!

Im Notfall wird Ihnen das aber vermutlich nicht helfen: Der Notfall ist ein Brand des Gebäudes. Etwas plakativ gesagt: Wenn in der Mitte des ausgebrannten Schuttberg Ihres ehemaligen Firmengebäudes ein feuerfester Tresor mit Bändern lagert, kommen Sie schlicht und ergreifend nicht an diese heran. Nach einem Brand werden vermutlich zunächst Feuerwehr und Staatsanwaltschaft die Ursache ermitteln und auch danach wird es einige Tage dauern, bis der Tresor geborgen werden kann. Wenn Sie davor schon Daten benötigen, sieht es schlecht aus.

Die Anschaffung von großen Libraries macht oft etwas zu »optimistisch«: Auch bei der Verwendung von großen Libraries müssen Sie über das Thema »Auslagern für den Notfall« nachdenken. Und auch hier gilt, dass die Datenverlustzeit davon bestimmt wird, von welchem Datum die letzte ausgelagerte Sicherung ist.

Bitte halten Sie auch die Wiederherstellzeit im Auge: Wenn Sie alle Daten auf Band haben, können die Benutzer noch längst nicht darauf zugreifen. Die Beschaffung, Installation und Feinkonfiguration kann je nach Qualität der Bandsicherungen und Reifegrad Ihrer Restoreverfahren mehrere (= viele) Tage in Anspruch nehmen.

6.3.3 Redundantes Rechenzentrum

Der beste und natürlich auch bei weitem teuerste Weg ist der Aufbau eines redundanten Rechenzentrums, in dem Storage-Systeme, Backup-Systeme und alle wesentlichen Server ein zweites Mal vorhanden sind und kontinuierlich gespiegelt werden. Völlig klar ist, dass das zweite Rechenzentrum in einem Gebäudeteil stehen muss, der keinesfalls von einem Brand oder Wasserschaden oder sonstigen Problemen im ersten Gebäude in Mitleidenschaft gezogen werden kann.

In Deutschland ist das vermutlich noch vergleichsweise unproblematisch zu realisieren, in Gegenden mit hoher tektonischer oder vulkanischer Aktivität dürfte es schon schwieriger werden.

Seien wir aber realistisch: Ein völlig redundantes Rechenzentrum dürfte für die meisten mittelständischen Unternehmen und Organisationen keine realistische Option sein.

6.3.4 Das »Notfallrechenzentrum in a Box«

Zwischen den beiden Extremen, nämlich dem einfachen Auslagern und einem redundanten Rechenzentrum zeichnet sich ein dritter Weg ab, der nicht nur die Lösung für den Notfall, sondern auch für den schweren Störfall sein kann.

Schauen wir nochmals kurz auf Vor- und Nachteile der beiden Verfahren:

Redundantes Rechenzentrum

▶ Vorteil: Daten sind gespiegelt vorhanden.

▶ Vorteil: Installierte laufende Ersatzserver sind vorhanden und können direkt produktiv gehen.

▶ Nachteil: Extrem teuer

Notfallvorsorge durch Auslagerung

► Vorteil: Sehr preiswert

► Nachteil: Bei der Wiederherstellung haben Sie zwar die Bänder mit Daten aber keinen einzigen Server, bzw. zumindest keinen fertig installierten. Bei der Wiederherstellung von komplexeren Servern ist es häufig auch nicht damit getan, einfach nur die Bandsicherung zurückzuspielen.

Eine Art Kombination aus beiden Systemen könnte wie folgt aufgebaut werden (Abbildung 6.5).

► Das Problem, dass man eigentlich zehn Ersatzserver bräuchte, die sinnvoller Weise getestet vorinstalliert sein müssten, ließe sich mit einem »virtuellen Serversystem«, also VMware GSX/ESX oder Microsoft Virtual Server lösen. Die wesentlichen Server werden auf einem solchen System in virtuellen Maschinen nachgebildet. Der virtuelle Server wird also das »Notfallrechenzentrum in a Box«.

► Wenn es zwischen dem eigentlichen Rechenzentrum und dem virtuellen Server eine performante Verbindung gibt, können die Daten mit einer Software wie Veritas ReplicatonExec in die entsprechenden VMs (= virtuelle Maschinen) repliziert werden. Das sorgt natürlich für sehr geringe Datenverlustzeiten! Veritas ReplicatonExec ist in Abschnitt 5.8.2 recht detailliert besprochen.

► Wenn es keine performante Verbindung gibt, bzw. das Änderungsvolumen so hoch ist, dass eine Replikation über diese Leitung aus Gründen der Kapazität nicht möglich ist, wird man die Server in den virtuellen Maschinen vorbereiten und im Bedarfsfall aktuelle Daten von den ausgelagerten Bändern einspielen.

Betrachten wir einige Aspekte des Konzepts:

► Performance: Natürlich wird die Performance deutlich schlechter sein, als beim Betrieb im normalen Rechenzentrum, in dem sich die Last auf mehrere Server verteilt. Das ist aber auch nicht wirklich ein Nachteil: Im Notfall (und auch im schweren Störfall) geht es darum, überhaupt auf Daten zugreifen zu können, die Performance ist zunächst zweitrangig.

► Natürlich ist es wichtig, dass das Herzstück der Firma, nämlich die Server, wieder funktioniert, es sind natürlich für den Notbetrieb einige weitere Voraussetzungen zu schaffen:

  ▸ Benutzer müssen über PCs verfügen, mit denen auf die Server zugegriffen werden kann. Beim schweren Störfall kein Problem, beim Notfall mit Verlust der Firmenzentrale müssen in den Ersatzräumlichkeiten PCs aufgestellt werden, die möglichst schnell betankt werden.

▶ Das »Notfallrechenzentrum in a Box« braucht natürlich Netzwerk-Verbindungen, damit die Benutzer überhaupt auf die Dienste zugreifen können: Das beinhaltet die Verbindungen zu eventuellen anderen Gebäuden auf dem Gelände der Firmenzentrale. Des Weiteren sind natürlich die Verbindungen zu den Außenstellen, zum mobilen Außendienst und zum Internet wichtig.

▶ Das Konzept beruht darauf, dass die Server in den virtuellen Maschinen mehr oder weniger sofort einsatzbereit sind. Wenn Sie eine ständige Replikation der Daten mitlaufen lassen, sind die Systeme wirklich sofort startklar, wenn Sie zunächst eine Bandsicherung einspielen müssen, dauert es natürlich entsprechend länger. Damit es funktioniert, müssen die Konfigurationen im »Notfallrechenzentrum in a Box« synchron mit der jeweiligen Hauptinstallation gehalten werden. Das heisst, dass Sie die Patches und Konfigurationsänderungen entsprechend mitpflegen müssen.

▶ Die Planung wird in der Praxis nicht so einfach sein, wie es sich beim ersten Lesen anhört: Damit die Clients die Serverinstallation auch finden, wenn diese in virtuellen Maschinen des »Notfallrechenzentrums in a Box« laufen, müssen beispielsweise die Computernamen identisch sein: Da sich zwei Maschinen mit gleichem Namen weder in einer Domain noch in einem Netzwerksegment befinden dürfen, kann die jeweilige Notfallversion nicht permanent mitlaufen. Man könnte sich beispielsweise so behelfen, dass die Daten zunächst auf einen »Staging-Bereich« gespiegelt würden. Wenn die virtuellen Maschinen dann tatsächlich aktiviert werden, werden zunächst die Daten aus dem Staging-Bereich in die jeweiligen virtuellen Maschinen kopiert. Die Aktualität der Daten wird dadurch nicht verringert. Der Ablauf ist in Abbildung 6.6 skizziert.

▶ Bei Verwendung einer Replikation mit Storage Replicator ist die Replikation immer asynchron, der Datenbestand im Notfallrechenzentrum ist, je nach Bandbreite, einige Sekunden bis Minuten älter.

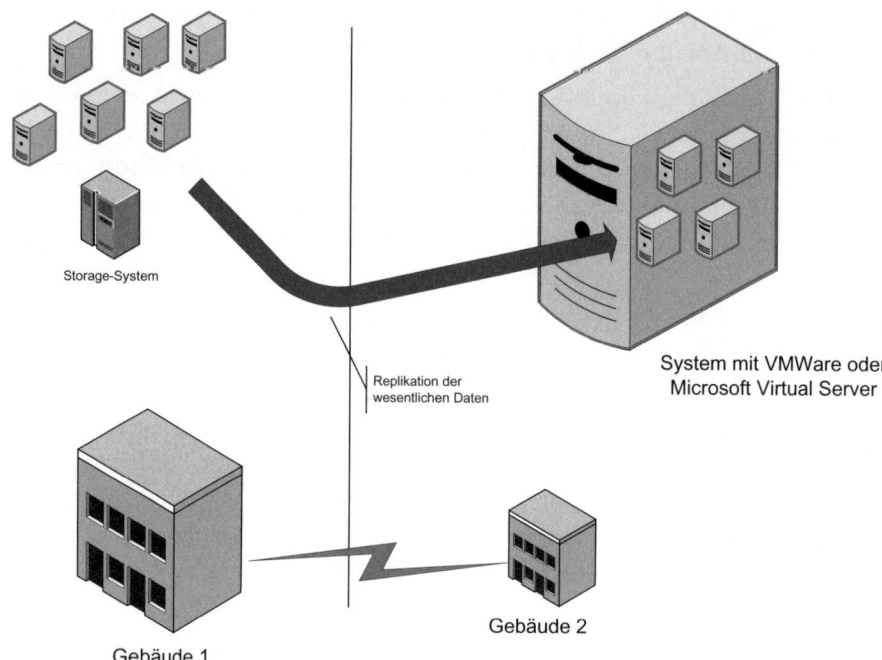

Abbildung 6.5 Konzept des »Notfallrechenzentrum in a Box«

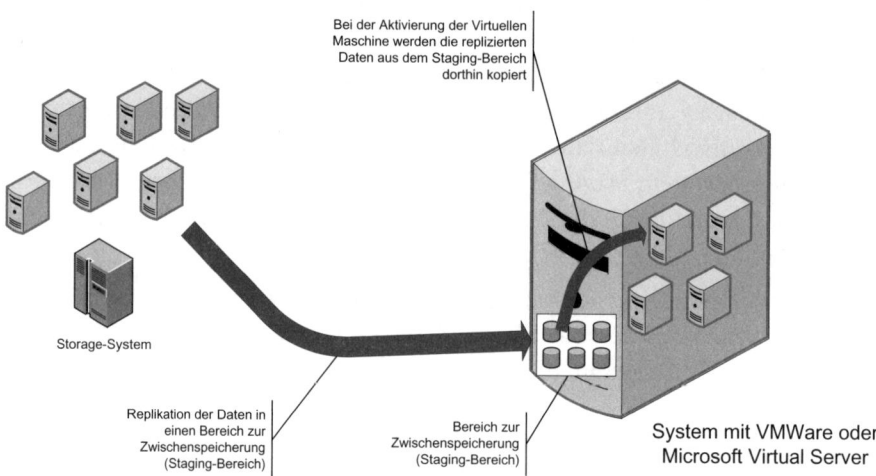

Abbildung 6.6 Spiegelung in einen Staging-Bereich. Die Daten werden erst im Bedarfsfall in die jeweilige virtuelle Maschine kopiert.

Betrachten wir nochmals die Vorteile dieses Verfahrens:

▶ Es ist vergleichsweise preisgünstig, zumindest im Vergleich zu einem »echten« redundanten Rechenzentrum.

▶ Es ist bei einem Notfall oder schweren Störfall nicht notwendig, kurzfristig mehrere Server zu beschaffen.

▶ Die Server müssen im Notfall oder Störfall nicht unter Zeitdruck aufgesetzt und konfiguriert werden, sondern können in Ruhe vorbereitet und getestet werden.

▶ Bei Verwendung der Replikation wird die Datenverlustzeit recht kurz sein.

▶ Die Wiederherstellzeit wird ebenso vergleichsweise kurz ausfallen – schließlich sind alle wesentlichen Server vorhanden.

Mehr über virtuelle Server erfahren Sie im Kapitel 12 dieses Buchs.

6.4   Fazit

Auch wenn es hoffentlich nie dazu kommen wird, ist die Vorsorge für den Notfall und den schweren Störfall wichtig.

Selbst wenn Sie gemeinsam mit Ihrer Geschäftsführung zu dem Ergebnis kommen, dass Sie für die Bewältigung dieser Szenarien keine weiteren Maßnahmen treffen, hat sich die Beschäftigung mit diesem Themenkomplex gelohnt:

▶ Vielleicht führt die Beschäftigung mit dem Thema dazu, dass Sie die Auslagerungsstrategie für Ihre Bänder überdenken und anpassen.

▶ Es ist wichtig, sich darüber im Klaren zu sein, was ein Ausfall der IT-Systeme bedeuten kann. Wenn Sie sich nach eingehender Analyse sicher sind, dass Sie keine Maßnahmen für den Notfall und schwere Störfälle treffen müssen, ist das zumindest ein fundiertes Ergebnis.

▶ In diesem Kapitel haben Sie gesehen, dass die Vorsorge für den Notfall und den schweren Störfall in einem mittelständischen Unternehmen nicht sechsstellige Investitionen voraussetzt.

7 Die Microsoft-Betriebssysteme

Es wäre sicherlich stark übertrieben zu sagen, dass die Palette der Microsoft-Betriebssysteme unüberschaubar wäre, denn so sonderlich viele Typen sind in der Tat nicht vorhanden. Trotzdem kann ein Vergleich der einzelnen Varianten und Editionen nicht schaden.

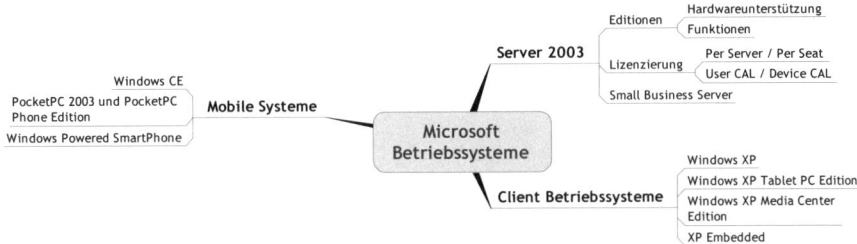

Abbildung 7.1 Die Themen des Kapitels im Überblick

Man kann die Microsoft-Betriebssysteme in drei große Familien unterteilen:

▶ Die Server-Betriebssysteme

▶ Die Client-Betriebssysteme, die sich an Desktop-PCs und Notebooks wenden.

▶ Die Betriebssysteme für Mobil-Geräte wie PocketPCs und SmartPhones

7.1 Windows Server 2003

Das erste Windows NT-Serverbetriebssystem war der Windows NT Advanced Server 3.1. Später folgte der Windows NT Server 3.5. Ich kann mich erinnern, dass zumindest das erstgenannte System noch mit deutlich mehr als 20 Stück 3.5"-Disketten ausgeliefert wurde – der Karton hat einen Ehrenplatz auf meinem Computerbuch-Schrank.

Richtig erfolgreich wurden die Microsoft Serverbetriebssysteme mit Windows NT 4, das es insgesamt in drei Versionen gab:

▶ Windows NT Server 4.0 Standard

▶ Windows NT Enterprise Server 4.0

▶ Windows NT Server 4.0 Terminal Server Edition. Diese Edition ist bekanntermaßen verschwunden, da seit Windows 2000 die Terminaldienste in das Betriebssystem integriert worden sind.

Der Windows 2000 Server war wieder in drei Varianten erhältlich, nämlich:

▶ Windows 2000 Server

▶ Windows 2000 Advanced Server

▶ Windows 2000 Datacenter Server, dieser war nur mit spezieller Hardware erhältlich.

7.1.1 Editionen

Das aktuelle Serverbetriebssystem, Windows Server 2003, ist in vier Editionen erhältlich:

▶ Web Edition

▶ Standard Edition

▶ Enterprise Edition

▶ Datacenter Edition

Die Datacenter Edition ist nur mit spezieller Hardware im Rahmen des »Windows Datacenter Programms« erhältlich. Technologisch ist diese Edition sicherlich sehr interessant, da sie aber doch eher selten anzutreffen ist, werden wir uns mit ihr nicht weiter beschäftigen, sondern uns auf die übrigen drei Versionen konzentrieren.

Schauen wir zunächst auf einige tabellarische Vergleiche.

Hardwareunterstützung:

	Web	Stand.	Ent.
Max. Anzahl Prozessoren (32 Bit) pro Server	2	4	8
Max. Anzahl Prozessoren (64 Bit) pro Server	n. v.	n. v.	8
Max. Arbeitsspeicher (32 Bit)	2 GB	4 GB	32 GB
Max. Arbeitsspeicher (64 Bit)	n. v.	n. v.	64 GB

Funktionsvergleich

	Web	Stand.	Ent.
Gleichzeitige FileShareing Verbindungen	10	Unbegrenzt	Unbegrenzt
Kann Print Server sein	Nein	Ja	Ja

	Web	Stand.	Ent.
Funktion im Active Directory	Member	Member und DC	Member und DC
Terminaldienste	Verw.-Modus	Verw. u. App-Modus	Verw. u. App-Modus
Terminaldienste Sitzungs-Verzeichnis	Nein	Nein	Ja
Clusterdienst (MSCS)	Nein	Nein	Ja (8 Knoten)
Internet Authentication Services	Nein	50 Radius Clients	Unbegrenzt
VPN Verbindungen	3 * 1	Bis 1.000	Unbegrenzt
Zertifikatsdienste	Nein	W 2000-Level	Ja
UDDI	Nein	Nur lokale Datenbank	Ja
Windows Media Server	Nein	Basis	Enterprise
Windows Systems Resource Manager (WSRM)	Nein	Nein	Ja

Anmerkungen

▶ VPN-Verbindungen bei der Web Edition: eine pro Medientyp (LAN, RAS, direkt)

▶ WSRM gestattet eine Einstellung der Ressourcenzuweisung (z. B. Prozessorzeit, Speicher) an bestimmte Applikationen.

▶ Windows Media Server ist ein System zur Bereitstellung von Media-Streams (Audio und Video). Die Enterprise Edition beherrscht beispielsweise auch Multicasting von Streams und einiges andere mehr.

▶ Mit den Enterprise UDDI-Services kann ein Katalog über vorhandene Web Services veröffentlicht werden.

Es hat sich in der Praxis gezeigt, dass es eine gute Idee ist, beim Planen immer wieder einmal auf diese Liste mit dem Vergleich der Editionen zu schauen. Die Hardwaregrenzen hat man vermutlich noch im Kopf und daran, dass ein Microsoft Cluster die Enterprise Edition benötigt, denkt man auch meistens noch. Die Begrenzung der Internet Authentication Services (IAS) auf 50 Radius Clients oder die Einschränkungen bei den Zertifikatsdiensten haben auch erfahrene Planer und System-Architekten schon mal »vergessen«.

7.1.2 Lizenzierung

Das Microsoft-Lizenzrecht ist recht kompliziert, da es neben der »normalen Paketware« diverse Volumenlizenzprogramme (Open, Select, EA) gibt, die sich an Unternehmen mit unterschiedlichen Lizenzierungsbedürfnissen richten. Dieses ist ein technisches Fachbuch, so dass wir auf die Volumenlizenzprogramme nicht weiter eingehen werden, wir werden uns aber einige wirklich allgemein gültige Fakten anschauen:

Grundregel im Umfeld der Windows Server (hier geht es wirklich um die Betriebssysteme, nicht um die darauf aufsetzenden Applikationsserver) ist, dass sowohl der Server als auch die Clientzugriffe lizenziert werden müssen. Dass ein XP-Client technisch ohne weiteres auf einen 2003 Server zugreifen kann ist schön und gut – trotzdem muss für jeden Client eine Client Zugriffslizenz, kurz CAL (= Client Access License), beschafft werden.

Per Server- vs. Per Seat-Lizenzierung

Früher oder später trifft jeder Administrator auf den in Abbildung 7.2 dargestellten Dialog, der in allen Windows Server-Betriebssystemen zu finden ist.

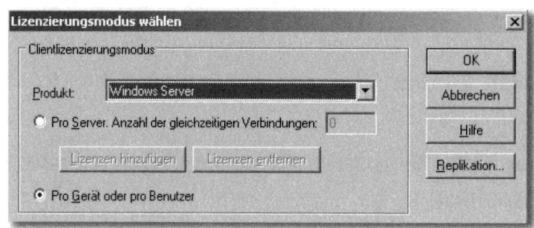

Abbildung 7.2 Konfiguration des Lizenzierungsmodus

Die Entscheidung, welche Lizenzierungsart gewählt werden soll, muss also getroffen werden. Obwohl es eigentlich nicht sonderlich komplex ist, herrscht hier häufig Unsicherheit, weshalb ich Ihnen die beiden Modi kurz erläutern möchte.

Zunächst zur Per Server-Lizenzierung. Hierbei handelt es sich übrigens um das Verfahren, das lange Jahre von Novell angewendet wurde. Grundgedanke ist, dass für jeden Server die **gleichzeitigen** Client-Zugriffe lizenziert werden müssen; greifen auf einen Server also gleichzeitig bis zu 70 Anwender zu, müssen 70 CALs gekauft werden.

Abbildung 7.3 zeigt ein Beispiel: Wir gehen davon aus, dass die vier Client-Systeme jeweils kontinuierlich auf sämtliche Server zugreifen. Für jeden Server müssen also vier Client-Zugriffe lizenziert werden (4 gleichzeitige Zugriffe), insgesamt werden also 16 Client Zugriffslizenzen benötigt

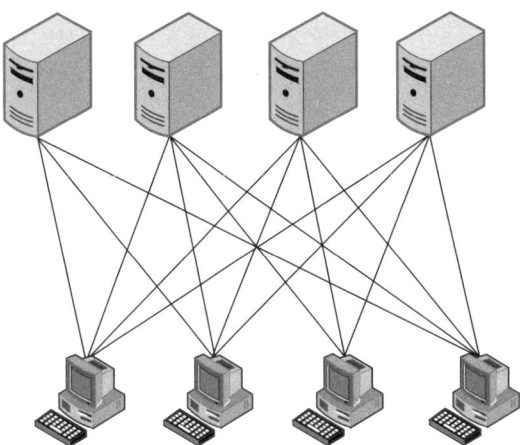

Abbildung 7.3 Die Per Server-Lizenzierung

Die Per Seat-Lizenzierung ist deutlich günstiger: Das Konzept hierbei ist, dass die CALs nicht an die Server gebunden werden, sondern für jeden Client eine CAL beschafft wird. In dem zuvor beschriebenen Beispiel würden also nur vier CALs benötigt, sprich für jeden Client wird eine CAL beschafft und es ist egal, auf wie viele Server er zugreift.

Ich kann mich nicht erinnern, ein Unternehmen oder eine Organisation kennen gelernt zu haben, die sich tatsächlich bewusst für eine Per Server-Lizenzierung entschieden hätte. Es ist auch ziemlich schwer, ein gutes Beispiel zu konstruieren, wo diese Variante günstiger wäre. Ein natürlich übertrieben dargestelltes Szenario könnte so aussehen: Ein Unternehmen besitzt nur einen Server und hat 150 mobile Notebook-Benutzer, die nur selten im Büro sind, um Daten umzukopieren. Wenn maximal 10 Notebook-Benutzer gleichzeitig im Büro sind, würde die Beschaffung von 10 CALs ausreichen – es wird beim Per Server-Modell nach gleichzeitigen Verbindungen lizenziert.

In den allermeisten realen Fällen wird man sich für die Per Seat-Variante entscheiden.

User CALs und Device CALs

Seit Windows Server 2003 stehen zwei CAL-Varianten in der Microsoft Preisliste: User CALs und Device CALs. Die beiden CAL-Typen sind von den Kosten her identisch, die Unterschiede bei der Per Seat-Lizenzierung sind nachfolgend beschrieben:

- User CAL: Diese CALs werden, wie der Name schon sagt, für zugreifende Benutzer beschafft. Wenn in Ihrem Unternehmen 500 Mitarbeiter über ein Benutzerkonto verfügen, werden dementsprechend 500 User CALs beschafft. Die Zugriffe der Benutzer auf sämtliche Microsoft Server-Betriebssysteme sind damit lizenziert (aber nicht die Zugriffe auf Applikationsserver).
- Device CAL: Diese CALs werden pro Gerät gekauft. Wenn in Ihrem Unternehmen 500 PCs vorhanden sind, werden 500 Device CALs beschafft. Das Ergebnis ist, dass von jedem PC aus auf alle Microsoft Server-Betriebssysteme zugegriffen werden kann.

Wichtig: Sie müssen nicht den Zugriff des Benutzers und den Zugriff des PCs lizenzieren – eine Lizenz genügt!

Die Frage ist nun, welcher CAL-Typ für Sie günstiger ist:

- Wenn jeder Benutzer genau einen PC hat (also 500 PCs für 500 Mitarbeiter) ist es letztendlich egal, wie Sie lizenzieren.
- Wenn Sie 1.500 Benutzer haben, die im Dreischichtbetrieb an 500 PCs arbeiten, sind die Device CALs günstiger. Statt 1.500 User CALs beschaffen Sie lediglich 500 Device CALs.
- Wenn jeder Benutzer über 2 PCs verfügt, also 1.000 PCs für 500 Benutzer vorhanden sind, sind natürlich die User CALs die günstigere Alternative. Das Szenario ist übrigens nicht so abwegig, wie es sich vielleicht anhört: Wenn Benutzer über Desktop-PC, Notebook, PocketPC und SmartPhone verfügen, hat jeder Benutzer mehrere Geräte, die prinzipiell für einen lizenzpflichtigen Zugriff auf die Serversysteme genutzt werden könnten.

Für die Lizenzierung gilt allgemein, dass die einzelnen Aspekte zwar zumeist durchaus verständlich und einleuchtend sind, bei der Betrachtung einer größeren Umgebung finden sich sowohl diverse Fallstricke als auch viele Optimierungsmöglichkeiten, so dass sich eine genauere Untersuchung mit einem Lizenzexperten durchaus lohnt.

Vergessen Sie bitte nicht, dass neben der Lizenzierung für den Zugriff auf das Server-Betriebssystem natürlich noch Lizenzen für die Desktop-Applikationen, die Applikationsserver und den Zugriff auf die Applikationsserver benötigt werden. Falls Sie die Microsoft Terminal Services oder Citrix MetaFrame verwenden, sind zusätzliche Lizenzregeln zu beachten!

Viele Details zur Lizenzierung finden Sie unter diesem Link:
`http://www.microsoft.com/germany/lizenzen/default.mspx`

7.1.3 Windows Small Business Server

Ein interessantes Produkt für kleinere Unternehmen ist der Windows Small Business Server. Diese Produktzusammenstellung ist in zwei Ausprägungen erhältlich:

▶ Small Business Server 2003 Standard Edition, enthält:
   ▶ Windows Server 2003
   ▶ Exchange-Server 2003 und Outlook 2003
   ▶ Windows SharePoint Services
▶ Small Business Server 2003 Premium Edition enthält:
   ▶ Windows Server 2003
   ▶ Exchange-Server 2003 und Outlook 2003
   ▶ Windows SharePoint Services
   ▶ FrontPage 2003
   ▶ SQL Server 2000
   ▶ ISA Server

Beide Varianten enthalten einige Small Business Server-spezifische Komponenten, wie einen Setup-Assistenten, den Shared Fax Service und den Health Monitor.

Die Produkte des Small Business Servers sind gegenüber den Einzelversionen der Produkte eingeschränkt, insbesondere:

▶ Der Small Business Server muss komplett auf einer physikalischen Maschine installiert werden. Eine Aufteilung auf mehrere Geräte, z.B. ein Exchange-Server, ein Datenbankserver, ein File-Server, ist nicht möglich.
▶ Auf den Small Business Server dürften maximal 75 Benutzer oder Geräte (man kann User- oder Device-CALs verwenden) zugreifen.
▶ Small Business Server kann nur auf einer Maschine mit maximal zwei Prozessoren betrieben werden.
▶ Der Small Business Server muss Root der Active Directory Domain sein.
▶ Es sind keine Vertrauensstellungen mit anderen Domains möglich.

Eine genaue Beschreibung der Lizenzbedingungen finden Sie unter dieser URL: `http://www.microsoft.com/germany/ms/sbserver/2003/lizenzierung/index.htm`

Wenn Ihr Unternehmen stark expandiert und Sie an die Grenzen des Small Business Servers stoßen, beispielsweise weil Sie mehr als 75 Benutzer oder

Geräte haben oder weil Sie die Dienste auf unterschiedliche Server verteilen möchten, ist ein »Transition Pack« erhältlich. Dieses enthält die normalen Versionen von Windows Server 2003, Exchange und ggf. SQL- und ISA Server.

Aus den Einschränkungen des Small Business Servers ergibt sich übrigens, dass folgendes Szenario **nicht** funktioniert: Wenn Sie einen einheitlichen Active Directory-Tree oder Forest betreiben möchten, ist es nicht möglich, in den Außenstellen des Unternehmens Small Business Server einzusetzen. Diverse Kunden haben über dieses Szenario nachgedacht, aber es ist nicht realisierbar, weil die Small Business Server nicht in ein firmenweites Active Directory eingebunden werden können.

Möchten Sie kein firmenweites Active Directory aufbauen, spricht natürlich nichts gegen den Einsatz von Small Business Server – das Szenario, dass jeder Standort ein unabhängiges AD fährt, ist aber absolut nicht sinnvoll.

7.2 Client-Betriebssysteme

Die Landschaft der Client-Betriebssysteme ist überschaubar: Windows XP. Allerdings existieren von XP mittlerweile 5 Versionen, die wir in den folgenden Abschnitten kurz betrachten werden.

7.2.1 Windows XP (Home und Professional)

Windows XP ist in zwei Editionen, nämlich Home und Professional, erhältlich. In einem Fachbuch, das sich vor allem mit der Planung und Konzeption von Netzwerken beschäftigt, kann man das Thema »Auswahl der XP Edition« schnell abhaken: Es kommt nur die Professional-Version von XP in Frage. Der Grund ist einfach, dass die **Home Edition nicht Mitglied einer Domain werden kann**.

Das ist für ein effizient aufgebautes, gut verwaltbares und leistungsfähiges Windows-Netz ein absolutes Ausschlusskriterium. Natürlich kann man mit diversen Workarounds auch XP Home Edition zur Arbeit im Netz bewegen, aber Sie machen sich das Leben absichtlich schwer.

Ohne auf technische Details einzugehen: Kommen Sie bitte niemals auf die Idee, bei der Beschaffung von neuen PCs ca. 60 Euro zu sparen und als Betriebssystem die Home Edition zu kaufen. Sie geben über die Nutzungsdauer des Geräts ein Vielfaches dieses Betrags für Einrichtung und Administration aus!

7.2.2 Windows XP Tablet PC Edition

Die Windows XP Tablet PC Edition macht nur Sinn, wenn Sie einen Tablet PC verwenden. Tablet PCs zeichnen sich dadurch aus, dass die Bedienung des Geräts anstatt mit der Tastatur mit einem speziellen Stift erfolgt, mit dem auf dem Bildschirm geschrieben wird. Mittlerweile gibt es interessante Hybrid-Geräte, die sowohl »normales« Notebook (= mit Tastatur) und Tablet PC sind.

7.2.3 Windows XP Media Center Edition

Diese spezielle XP-Variante ist nur der Vollständigkeit halber erwähnt, im Unternehmensalltag hat sie keinerlei Bedeutung. Wie der Name bereits vermuten lässt, ist die Media Center Edition ist für die Unterstützung multimedialen computergestützten Entertainments vorgesehen. Wenn Ihre Firma sich also nicht mit der Entwicklung von Home-Entertainment-Produkten beschäftigt, dürfte diese Edition für das Unternehmen nicht interessant sein.

7.2.4 XP Embedded

Diese XP-Variante sei in diesem Buch auch nur der Vollständigkeit halber erwähnt. Sie wird beispielsweise in ThinClient-Systemen, die ohne Festplatte auskommen, eingesetzt. Auf einem normalen PC oder Notebook ist XP embedded weder installierbar noch sinnvoll.

7.3 Mobile Systeme

In den vergangenen Jahren hat Microsoft sehr intensiv an Betriebssystemen für mobile Geräte gearbeitet. Die bekanntesten Vertreter dieser Produktlinien sind der PocketPC oder das Windows Powered SmartPhone, allerdings gibt es auch diverse Industriegeräte, beispielsweise zur mobilen Datenerfassung, auf Basis von mobilen Microsoft-Betriebssystemen.

7.3.1 Windows CE

Basis der mobilen Geräte PocketPC und SmartPhone ist Windows CE. Zu dem Zeitpunkt, in dem ich dieses Buch schreibe, sind PocketPC 2003 und Smart-Phone 2003 die aktuellen Softwareversionen dieser Geräte: Diese Systeme basieren auf Windows CE 4.20.

Momentan ist die aktuelle Windows CE-Version 5.0. Ein hierauf basierendes Betriebssystem für PocketPC und SmartPhone wird bei Microsoft entwickelt.

Mit einem nativen Windows CE werden Sie als »normaler« IT-Leiter oder Administrator nie zu tun haben. Spezielle Geräte, wie beispielsweise Datenerfassungsgeräte, sind Windows CE-**basiert**: Mit einer Applikation namens »Platform Builder for Microsoft Windows CE 5.0« werden speziell angepasste Windows CE-basierte Betriebssysteme für bestimmte Geräte erzeugt. Diese enthalten individuelle Applikationen, Bibliotheken, Treiber etc., die für das jeweilige Zielgerät benötigt werden.

7.3.2 PocketPC 2003 und Pocket PC Phone Edition

Wie bereits eingangs beschrieben, basieren diese beiden Betriebssysteme auf Windows CE 4.2. Die Geräte haben sich mittlerweile gegenüber der Konkurrenz aus dem Lager der Palm-Geräte behauptet.

Diese Geräte werden längst nicht mehr »nur« für die Verwaltung von Terminen und Kontakten genutzt. Mittlerweile sind viele branchenorientierte Lösungen für PocketPCs entwickelt worden. Die Anzahl von kunden-individuellen Applikationen, die auf diesen Geräten eingesetzt werden, ist in den letzten Jahren ebenfalls rasant gestiegen.

Ein Grund dafür ist sicherlich die Integration in das .NET-Konzept. Dank des .NET Compact Frameworks steht eine leistungsfähige Bibliothek zur Verfügung, die die Entwicklung auch komplexer Software für diese Geräte deutlich erleichtert. Das Compact Framework ist gegenüber dem »normalen« .NET Framework für Desktops, Notebooks und Server teilweise recht deutlich eingeschränkt, dennoch ist die Vielzahl und Leistungsfähigkeit der hier zur Verfügung gestellten Funktionen für mobile Geräte einzigartig.

Als Entwicklungsumgebung für die PocketPC-Systeme kommt Visual Studio .NET in Frage; es kann mit den Sprachen C# und VB.net gearbeitet werden.

Für PocketPC existiert sogar eine spezielle Version des SQL Servers. Aktuell ist momentan SQL Server 2000 Windows CE Edition, im Zuge des SQL Servers 2005 wird es SQL Server 2005 Mobile Edition geben.

Ein SQL Server auf einem PocketPC? Das erscheint zunächst etwas merkwürdig, aber bedenken Sie, dass für viele Anwendungen Daten auf dem mobilen Gerät abrufbar und veränderbar sein müssen. Neben der Möglichkeit des Datenzugriffs sind diverse Ansätze für die Replikation mit »normalen« SQL-Servern vorhanden.

Keine andere Familie von Mobilgeräten bietet diese Möglichkeiten!

Wenn Ihr Unternehmen Exchange-Server einsetzt, dürfte auch die Synchronisierung von Daten mit dem Exchange-Server interessant sein (siehe auch dazu das Exchange-Kapitel dieses Buchs).

Häufig sieht man mittlerweile Geräte, die auf PocketPC Phone Edition basieren. Diese Mobilgeräte verfügen zusätzlich über eingebaute Telefonfunktionen, d.h. man kann mit ihnen telefonieren und ohne ein zusätzliches Handy über GSM/GPRS Daten übertragen.

7.3.3 Windows Powered SmartPhone

Ein weiteres Gerät der Windows Mobile-Familie ist das Windows Powered SmartPhone. Die aktuelle Version 2003 basiert auf Windows CE 4.2.

Genauso wie beim PocketPC sind insbesondere die Möglichkeiten der Softwareentwicklung interessant. Das .NET Compact Framework ist für das SmartPhone 2003 verfügbar. Sogar der SQL-Server 2005 Mobile Edition wird auf dem SmartPhone laufen (SQL Server 2000, Windows CE Edition läuft nicht auf SmartPhones)!

Eine direkte Synchronisierung mit einem Exchange-Server ist ebenfalls möglich.

Wenn Sie über eine mobile Kommunikationsplattform für Ihren Außendienst nachdenken, würde ich Ihnen dringend empfehlen, die Möglichkeiten des SmartPhones 2003 zu evaluieren, insbesondere im Hinblick auf die individuellen Erweiterungsmöglichkeiten!

8 Verzeichnisdienst

Ein Verzeichnisdienst ist weit mehr als ein Speicher für Benutzerna-
men und die zugehörigen Passwörter. Dieses Kapitel vermittelt Ihnen
einige Planungsgrundlagen für die effektive Nutzung des Active
Directory, des Verzeichnisdiensts von Microsoft.

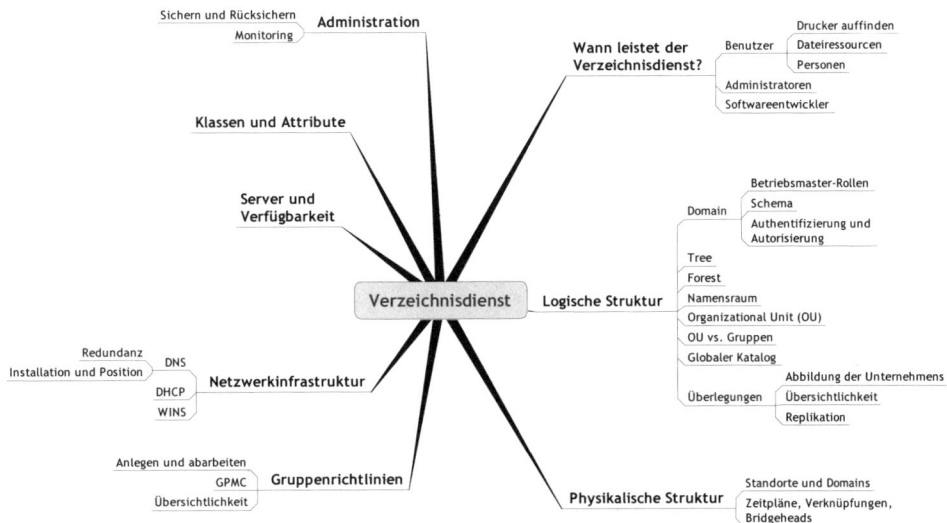

Abbildung 8.1 Die Themen des Kapitels im Überblick

Mit dem Windows 2000 Server wurde das NT-Domain-Modell durch einen Verzeichnisdienst, nämlich das Active Directory, abgelöst. Active Directory schafft letztendlich den Spagat, in einer sehr kleinen Umgebung mit zehn PCs als einfach zu verwaltender »Benutzerkontenverwaltungs-Dienst« zu fungieren, gleichzeitig aber auch für eine Umgebung mit 100.000 Anwendern ein extrem komplexer und skalierbarer Verzeichnisdienst zu sein.

Vermutlich liegen Ihre Anforderungen irgendwo zwischen diesen beiden Extremen.

Wenn Sie eine einigermaßen »moderne« Microsoft-Umgebung im Einsatz haben, wird Ihnen der Verzeichnisdienst natürlich bekannt sein, dennoch sind die im Folgenden vorgetragenen strategischen Überlegungen für Sie vielleicht nicht uninteressant.

8.1 Was kann der Verzeichnisdienst leisten?

Der Verzeichnisdienst ist (bzw. »soll sein«) das Herzstück der administrativen Arbeit mit dem System. Das bedeutet, dass er wesentlich mehr sein soll und sein kann, als »nur« der Ort, an dem die Benutzernamen, Passwörter und eventuell noch ein paar zusätzliche Informationen wie die Telefonnummer des Benutzers abgelegt werden.

Wenn Sie die Eigenschaften eines Benutzerobjekts anschauen, sehen Sie, dass neben den grundlegenden Eigenschaften wie Benutzername, Passwort, Profilpfad diverse weitere Informationen vorhanden sind, die mit der eigentlichen Authentifizierung nichts zu tun haben, beispielsweise die Telefonnummer, Name des Vorgesetzten etc. – alles Informationen, die einzutragen nur sinnvoll ist, wenn Sie die Informationen, die im Verzeichnis hinterlegt werden können, auch anderweitig nutzen (Abbildung 8.2).

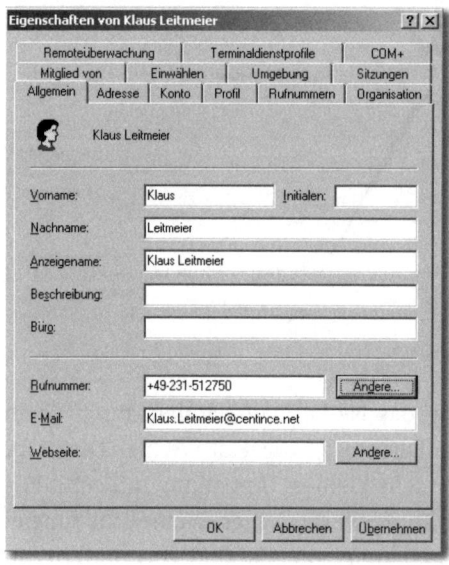

Abbildung 8.2 Eigenschaften-Dialog für ein Active Directory-Benutzerobjekt

8.1.1 Für Benutzer: Suchen und Auffinden von Ressourcen

Ein typisches Benutzer-Problem ist das Auffinden von Ressourcen. Im Normalfall wird ein Benutzer, der beispielsweise einen Drucker oder ein bestimmtes Laufwerk sucht, den IT-Helpdesk anrufen – der Verzeichnisdienst vereinfacht die Handhabung ganz erheblich.

Die folgenden Beispiele verdeutlichen dies:

Drucker auffinden

Wenn ein Benutzer in der Arbeitsumgebung seines PCs zwar den Netzwerkdrucker seines Teams konfiguriert hat, für einen speziellen Arbeitsschritt aber einen Farblaserdrucker, der beidseitig drucken und heften kann, benötigt, blieb bislang nur der Griff zum Telefon.

In einer Active Directory-Umgebung kann er die benötigten Merkmale eintragen, das Verzeichnis durchsuchen und sich durch Mausklick mit dem Drucker verbinden und darauf zugreifen. Abbildung 8.3 zeigt den Dialog zum Durchsuchen des Verzeichnisses nach Druckern.

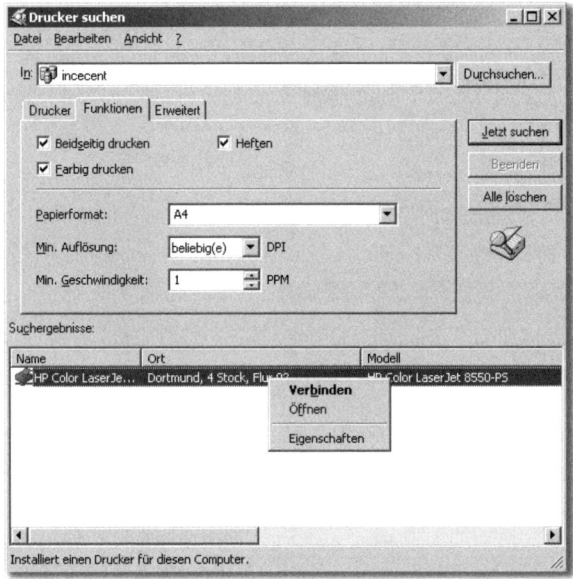

Abbildung 8.3 Suchen von Druckern mit bestimmten Merkmalen

Als Administrator müssen Sie nur sehr wenig unternehmen, um diese Funktion bereitzustellen: Im Freigabedialog des Druckers aktivieren Sie das Häkchen »Im Verzeichnis anzeigen« – fertig!

Dateiressourcen finden

Ähnlich wie im Bereich des Druckens kann das Verzeichnis den Benutzern beim Auffinden von Dateiressourcen behilflich sein.

Es besteht die Möglichkeit, Datei-Freigaben im Active Directory zu veröffentlichen. Die Benutzer können, sofern solche hinterlegt ist, nach Stichwörtern suchen oder sich alle Freigaben einer Organisationseinheit anzeigen lassen (Abbildung 8.3).

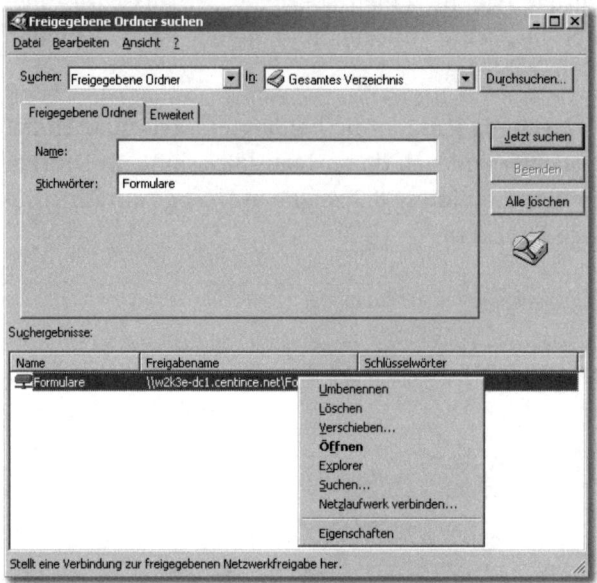

Abbildung 8.4 Benutzer können freigegebene Ordner unter Angabe von Schlüsselwörtern suchen

Das Suchen und Finden im Verzeichnis ist auch für unerfahrene Benutzer wesentlich einfacher als in der Netzwerkumgebung herumzunavigieren, um entsprechende Shares zu finden.

Auch wenn die wesentlichen Zuweisungen im Login-Script erledigt werden: Dass ein Benutzer zwischendurch auf eine weitere Freigabe zugreifen muss, ist ja nie auszuschließen.

Personen finden

Da im Active Directory zu jeder Person viele Zusatzinformationen, etwa eine Telefonnummer, hinterlegt werden können, liegt es nah, dass die Benutzer auf diese Informationen zugreifen könnten. Natürlich besteht diese Möglichkeit, wie Sie in Abbildung 8.5 sehen können. Ein Mausklick auf eine Ergebniszeile zeigt viele weitere Informationen über den jeweiligen Benutzer.

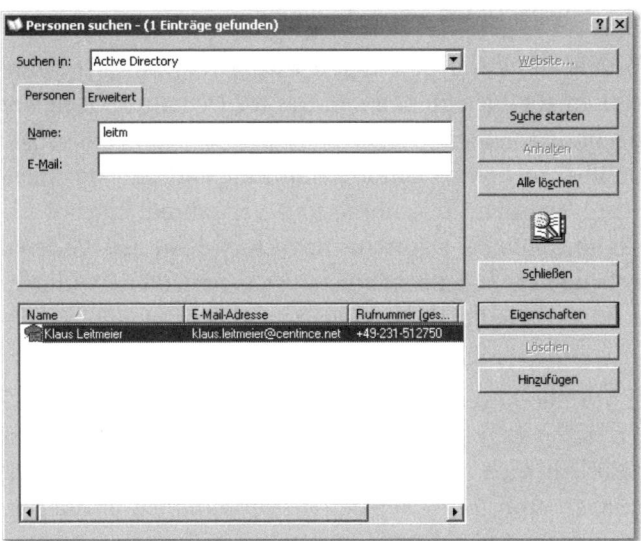

Abbildung 8.5 Angelegte Benutzeraccounts können gesucht werden

Fallbeispiel: Internes Telefonbuch

Die kleinen Suchapplikationen, die zum Durchsuchen des Verzeichnisses auf Windows 2000- und XP-Clients zur Verfügung stehen, sind natürlich nicht unbedingt die Applikationen, mit denen Benutzer die tägliche Arbeit erledigen wollen.

Die im Active Directory hinterlegten Benutzerinformationen enthalten genau die Informationen, die beispielsweise für ein elektronisches Telefonverzeichnis notwendig wären.

Denkbar wäre beispielsweise, die Entwicklung einer kleinen ASP.NET-Webapplikation die zwei Varianten anbieten könnte:

▶ Nach Eingabe eines Namens werden die zugehörigen Informationen aus dem Active Directory angezeigt.

▶ Die Benutzer können die Struktur des Active Directories durchsuchen und beispielsweise alle Benutzer der Abteilung Vertrieb anzeigen.

8.1.2 Für Administratoren

Die Vorteile für Administratoren lassen sich letztendlich in zwei Gruppen teilen: Technische Vorteile und administrative Vorteile.

Ohne an dieser Stelle zu sehr ins Detail gehen zu wollen:

▶ Die technischen Vorteile umfassen primär die Möglichkeiten, auch komplexe verteilte Strukturen abbilden zu können. Das NT Domain-Modell war in einer kleinen Umgebung an einem Standort durchaus ausreichend, sobald sich die Organisation über mehrere Standorte erstreckte und/oder aus mehreren Domains bestand, wurden Einrichtung und Verwaltung sowohl unübersichtlich als auch umständlich. Das Active Directory dient des Weiteren als Grundlage für viele weitere Möglichkeiten, angefangen von der Authentifizierung mit Kerberos über die Implementation einer PKI und vielem anderen mehr.

▶ Die administrativen Vorteile liegen insbesondere darin, dass der Verzeichnisdienst letztendlich in der Lage ist, alle Informationen über die Benutzer zu speichern und natürlich auch zur Verfügung zu stellen. Es ist also nicht notwendig, das Benutzerkonto in zig separaten Applikationen anzulegen, stattdessen wird es einmal im Active Directory angelegt und ggf. mit Attributen versehen, beispielsweise:

  ▸ Exchange 2000/2003 speichert alle notwendigen Informationen im Active Directory. Natürlich müssen bei dem Benutzer für Exchange relevante Informationen eingetragen werden, der Benutzer muss aber nicht mehrfach angelegt werden.

  ▸ SMS (und auch andere Werkzeuge zur Softwareverteilung) sind in der Lage, Applikationen in Abhängigkeit der Gruppenzugehörigkeit des Benutzers zu verteilen. Es muss also nicht separat erfasst werden, welcher Benutzer in der Buchhaltung arbeitet und demzufolge das neue Programm zur Cashflow-Analyse benötigt.

  ▸ Über Gruppenrichtlinien können Funktionen gesteuert und Einschränkungen konfiguriert werden. Die Gruppenrichtlinien werden in Abhängigkeit von der Zugehörigkeit zu Domain, Organisationseinheit und physikalischem Standort angewendet. Sie sind bei richtiger Anwendung ein extrem leistungsfähiges Werkzeug.

Die hier genannten Möglichkeiten sind letztendlich nur ein kleiner Auszug aus der Gesamtmenge der Vorteile, die eine Active Directory-Infrastruktur für den Administrator bereithält.

Ich erlebe es trotzdem häufig, dass ein Active Directory eingeführt, dann aber trotzdem wie eine NT4-Domain genutzt wird. Prüfen Sie doch bitte anhand der anschließend beschriebenen konzeptionellen Ansätze, ob Sie die Möglichkeiten des Active Directories ausnutzen!

8.1.3 Für Softwareentwickler

Egal ob Sie Standardsoftware oder Individuallösungen entwickeln, werden Sie in vielen Fällen am Zugriff auf das Active Directory nicht vorbeikommen. Es ist natürlich sehr administrations-freundlich, wenn die Benutzer für den Zugriff auf Ihre Applikation nicht nochmals angelegt werden müssen, sondern Sie auf die im AD angelegten Benutzerkonten zurückgreifen können. Vielleicht können Sie bereits aus der OU-Zugehörigkeit Rückschlüsse auf die benötigte Arbeitsumgebung des jeweiligen Benutzers ziehen, Berechtigungen ableiten oder auf persönliche Daten (Telefonnummer etc.) des Benutzers zugreifen.

Eigene Informationen können Sie natürlich ebenfalls im Verzeichnis speichern, müssen dann aber eine Schema-Erweiterung vornehmen. Seien Sie mit Schema-Erweiterungen bitte sparsam, dies wird bei Administratoren nicht gern gesehen!

Für den Zugriff auf das Active Directory stehen Ihnen drei Wege zur Verfügung:

▶ Active Directory Service Interface: Wenn Sie COM-Zugriff benötigen, ist ADSI der richtige Weg. Wenn Sie beispielsweise aus einer Java-Applikation oder per VBScript auf das Active Directory zugreifen möchten, ist dies über ADSI möglich.

▶ Leightweight Directory Access Protocol (LDAP): Active Directory »spricht« selbst LDAP, demnach ist der Zugriff mit diesem Protokoll natürlich auch aus externen Applikationen möglich.

▶ .NET-Programmierer werden den Namespace System.DirectoryServices nutzen. Dies ist meines Erachtens der am einfachsten zu nutzende Weg. Der Namespace setzt auf dem ADSI auf.

Da dies ein Konzept- und kein Entwicklerbuch ist, werde ich auf die Active Directory-Programmierung nicht näher eingehen, möchte Sie aber auf die MSDN verweisen, die recht umfangreiche Dokumentationen bietet:

```
http://msdn.microsoft.com/library/default.asp?url=/library/enus
/ad/ad/active_directory.asp
```

8.2 Die logische Struktur

Stürzen wir uns auf die Struktur und Planung einer Active Directory-Umgebung.

Die wichtigsten Begriffe beim Design einer logischen Struktur sind

▶ Domain
▶ Tree

- Forest

- Namensraum

- OU = Organizational Unit = Organisationseinheit

8.2.1 Domain

Die Domain ist die »Keimzelle« einer Active Directory-Umgebung. Sie muss aus mindestens einem Domain Controller bestehen. Da die Domain ohne einen Domain Controller nicht arbeitsfähig ist, wird man in einem produktiven Umfeld aus Redundanzgründen mindestens zwei DCs planen.

Weitere Objekte einer Domain sind:

- Member Server: Das sind Server, die Dienste wie Exchange, SQL, Fileservices etc. bereitstellen und eben keine Domain Controller sind.

- PCs

- Benutzer

- Benutzergruppen

- Organizational Units (hierüber hören Sie im weiteren Verlauf des Kapitels genaueres).

Einige weitere Objekte können ebenfalls in einer Domain angelegt werden, diese haben aber für den ersten groben Überblick keine Bedeutung.

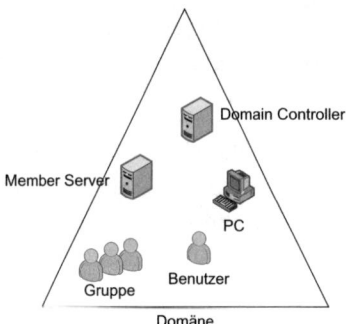

Abbildung 8.6 Eine Domain enthält mindestens einen Domain Controller.
Im Allgemeinen werden auch Member Server, PCs, Benutzer und Benutzergruppen
in einer Domain vorhanden sein.

Wenn Ihr Unternehmen nicht allzu groß und nicht allzu komplex strukturiert ist, werden Sie eventuell nur eine einzige Domain betreiben. Auch wenn Sie mehrere NT 4-Domains benötigt haben, bedeutet das nicht, dass dies im Active Directory-Umfeld beibehalten werden muss, da die OUs (Organizational Units) den Aufbau einer leistungsfähigen Struktur ermöglichen.

Im NT 4-Umfeld gab es Primary Domain Controller (PDC) und Backup Domain Controller (BDC). Alle Änderungen (z. B. Anlegen von Benutzerkonten) wurden auf dem PDC durchgeführt, der diese unidirektional an die untergeordneten BDCs synchronisiert hat. Im AD-Umfeld sind prinzipiell alle Domain Controller gleich, d. h. Änderungen können auf allen DCs durchgeführt werden, diese replizieren mit den anderen in einer Multimaster-Replikation. Über die Replikationstopologie brauchen Sie sich keine Gedanken zu machen, das System ermittelt selbstständig eine recht optimierte Topologie; manuelles Eingreifen und Optimieren ist i. A. nur in sehr großen und gleichzeitig sehr komplexen Umgebungen notwendig.

Betriebsmaster-Rollen

Im Active Directory geht es letztendlich so zu, wie in George Orwells »Animal Farm«: Die Domain Controller sind letztendlich doch nicht alle gleich, weil es einige gibt, die gleicher als die anderen sind.

Es gibt **pro Domain** jeweils einen Domain Controller für folgende Betriebsmaster-Rollen (FSMO = Flexible Single Master Operations):

▶ PDC Emulator

▶ RID Master

▶ Infrastruktur Master

Pro Forest, also einmal je Active Directory-Gesamtstruktur, gibt es noch folgende Betriebsmaster-Rollen:

▶ Domain Naming Master

▶ Schema Master

Diese fünf Betriebsmaster-Rollen können auf einem DC laufen oder auf mehrere Maschinen verteilt werden.

Warum gibt es diese speziellen Funktionen?

Bei verteilten replizierten Datenbanken sind natürlich stets Konflikte denkbar. In größeren verteilten Umgebungen wird es jeweils dauern, bis Änderungen auf alle DCs repliziert sind. So könnte es beispielsweise sein, dass die Telefonnummer des Benutzers innerhalb eines kürzeren Zeitraums auf zwei unterschiedlichen Domain Controllern geändert wird. Letztendlich wird die später durchgeführte Änderung die »endgültige Fassung« werden, d. h. die ältere Änderung wird bei einem Replikationskonflikt verworfen. Das ist eventuell ein wenig lästig, mehr aber auch nicht. Nun sind auch Änderungen denkbar, die für die Gesamtumgebung »stabilitätsgefährdend« wären, wenn die ältere Änderung einfach verworfen würde: Stellen Sie sich vor, dass an zwei Stellen im Unternehmen eine neue Domain »Vertrieb« angelegt würde – es gäbe dann zwei völlig unterschiedliche Domains mit demselben Namen. Das würde zu absolutem Chaos führen – damit der beschriebene Fall nicht auftritt, gibt es pro Gesamtstruktur einen Domain Naming Master: Der Domain Controller, der diese FSMO-Rolle inne hat, prüft, ob ein neu anzulegender Domain Name zulässig ist.

Schema

In den vorherigen Erläuterungen ist der Begriff »Schema« bereits gefallen. Das Schema ist sozusagen die Datenbankstruktur des Active Directory. Hierin ist beispielsweise definiert, dass es beim Benutzerobjekt eine Eigenschaft »E-Mail-Adresse« gibt. Mehr über den Aufbau des Schemas lesen Sie im Abschnitt »Von Klassen und Attributen«.

Das Schema ist übrigens für eine Active Directory-Gesamtstruktur einzigartig (= überall gleich). Um dies sicherzustellen, werden Änderungen am Schema nur auf einem DC vorgenommen, und zwar auf demjenigen mit der Betriebsmaster-Rolle Schema Master.

Authentifizierung und Autorisierung

Auch in einer Active Directory-Umgebung bleibt das Prinzip erhalten, dass die Benutzer sich am Domain Controller anmelden und dort anhand ihres Passworts, biometrischer Merkmale oder mittels einer Chipkarte authentifiziert werden. Ob der Benutzer auf eine Ressource (z.B. ein Dateisystem) tatsächlich zugreifen kann, wird von dieser anhand der dort konfigurierten Berechtigungen (z.B. NTFS-Berechtigungen) entschieden.

8.2.2 Tree

Wenn in Ihrer Organisation mehrere Domains benötigt werden, bildet man einen Tree (Abbildung 8.7).

Das wichtigste in Stichworten:

▶ Die Domains bleiben jeweils eigenständige »Sicherheits-Zonen«, d.h. der Administrator der höchsten Domain hat **nicht** automatisch Administrationsberechtigungen in den darunter angeordneten.

▶ Es werden automatisch transitive Vertrauensstellungen zwischen den Domains eingerichtet (»Kerberos Two Way Transitive Trusts«), das bedeutet, auch wenn es nicht explizit eingerichtet werden muss, existieren zwischen allen Domains Vertrauensstellungen.

- Der Tree ist ein einheitlicher Namensraum (mehr dazu später).

- Es gibt keine Vererbungen von Gruppenrichtlinien (mehr dazu später) über Domaingrenzen hinweg. Die Gruppenrichtlinien der obersten Domain vererben sich also nicht auf die darunter stehenden.

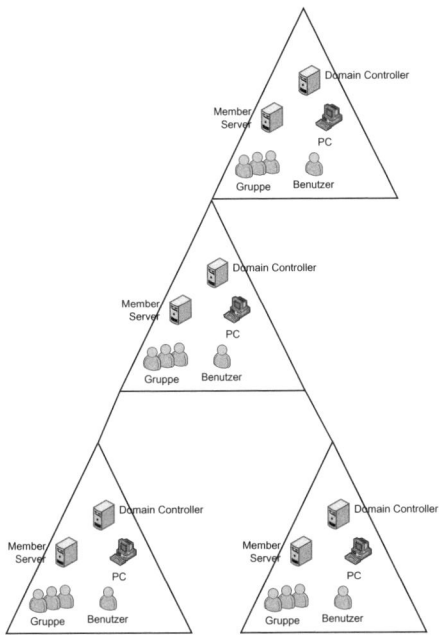

Abbildung 8.7 Mehrere Domains bilden einen Tree

Fazit: Jede Domain muss separat administriert werden. Das kann so gewollt sein, beispielsweise wenn zwei fusionierte Firmen zwar ein gemeinsames Active Directory einrichten, ansonsten aber weitgehend autark arbeiten wollen. Im Endeffekt gilt allerdings: »Viele Domains machen viel Arbeit«.

Vertrauensstellung

Da es oft Unklarheiten gibt, hier noch einige Anmerkungen zum Thema »Vertrauensstellungen«:

- Die Vertrauensstellung zwischen zwei Domains bedeutet, dass der Benutzer aus Domain 1, der auf eine Ressource in Domain 2 zugreifen will, von letzterer nicht nochmals authentifiziert wird.

- Wenn in Domain 1 festgestellt wurde, dass der Benutzer in Domain 2 ein gewisser »Ulrich B. Boddenberg« ist, wird die Ressource zwar prüfen, ob dieser Benutzer Zugriff hat – wird aber nicht nochmals die Prüfung der »Echtheit« vornehmen.

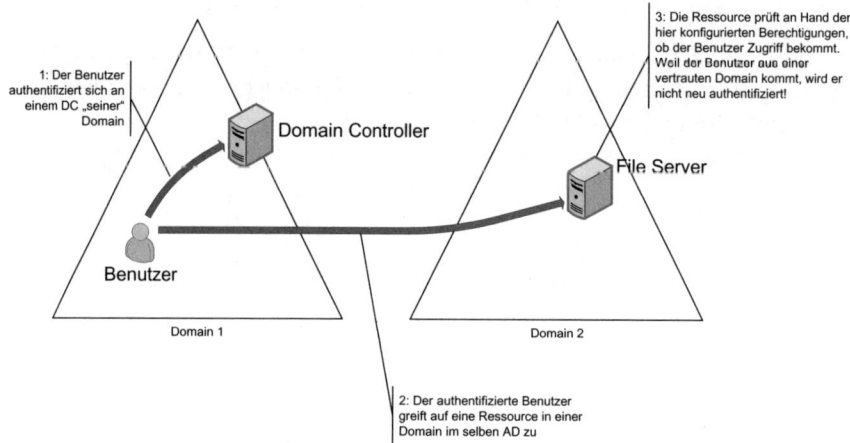

Abbildung 8.8 Zugriff auf einer Ressource einer anderen Domain

Ein Vergleich aus dem wahren Leben: Wenn Sie eine große Firma besuchen, wird der Empfang Ihnen einen Besucherausweis aushändigen, eventuell erst, nachdem Sie sich ausgewiesen haben. Mit dem Aushändigen des Besucherausweises ist festgestellt worden, wer Sie sind. Darüber, ob Sie jeden Büroraum des Gebäudes betreten dürfen, macht der Besucherausweis keine Angaben. Dies wird der jeweilige Benutzer des Büroraums individuell entscheiden.

8.2.3   Forest

Die nächst größere Organisationseinheit ist ein Forest. Er besteht (ganz wie im richtigen Leben) aus mehreren Trees (Abbildung 8.9).

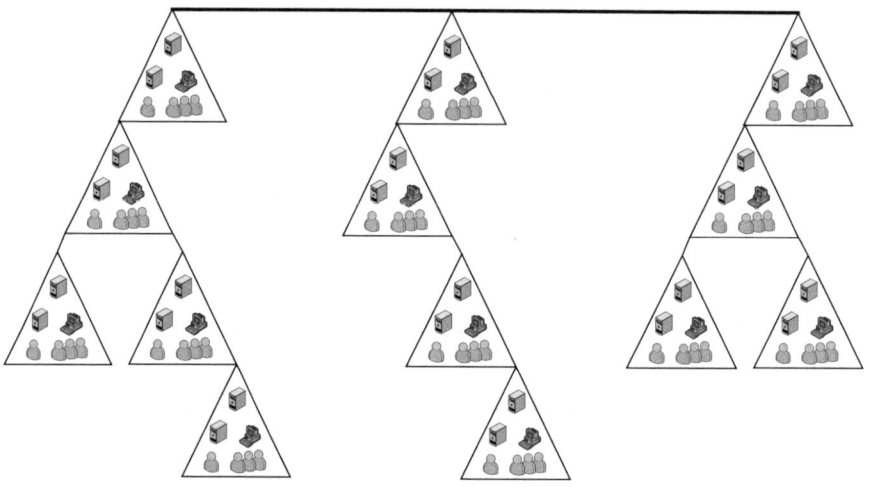

Abbildung 8.9 Ein Forest besteht aus mehreren Trees

Merkmal eines Forests ist insbesondere, dass jeder Tree einen eigenen Namens-raum (siehe nächster Abschnitt) darstellt. Diese Konstruktion würde Sinn machen, wenn ein multinationaler Großkonzern seine jeweils aus mehreren Firmen bestehenden Geschäftsbereiche weitgehend autark lassen will, aber trotzdem eine gemeinsame übergreifende AD-Struktur einführen möchte.

Für den gesamten Forest gibt es übrigens **ein** einheitliches Schema. Wenn jemand dem Schema ein Attribut hinzufügen möchte, wird dieses in der gesamten Organisation vorhanden sein.

8.2.4 Namensraum

Active Directory arbeitet mit einer auf DNS basierenden Namensstruktur. Sie haben beim Tree gesehen, dass die Anordnung der Domains keine Auswirkun-gen auf die Sicherheitseinstellungen hat, also der Administrator der »höheren« Domain ist nicht automatisch Administrator der darunter angeordneten.

Die Anordnung der Domains hat allerdings Auswirkungen auf die DNS-Namen der Domain. Am besten schauen Sie den Tree in Abbildung 8.10 an:

▶ Die oberste Domain heißt `centince.intra`. Die darunter angeordnete Domain heißt `deutschland.centince.intra`, etc.

▶ Für die in der Domain angesiedelten Objekte leiten sich entsprechende DNS-Namen ab: Die Maschine server01 in der obersten Domain etwa heißt `server01.centince.intra`.

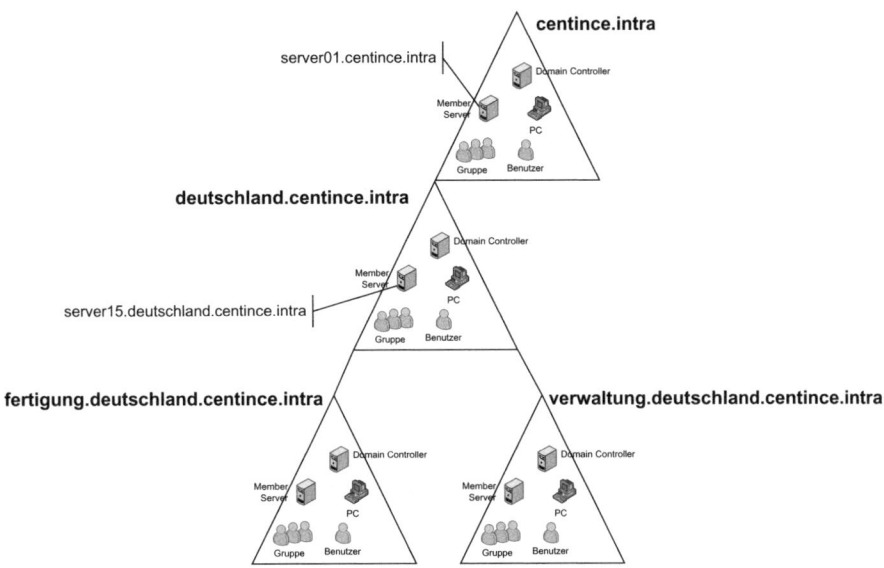

Abbildung 8.10 Der hierarchische Namensraum eines Trees

8.2.5 Organizational Unit

Im Gegensatz zu NT4-Domains können Active Directory Domains weiter unterteilt werden und zwar in Organizational Units (OUs), in den deutschen Windows-Versionen Organisationseinheiten genannt. In einer OU können sich Benutzer, Computer, Server oder auch andere OUs befinden.

In Abbildung 8.11 ist eine Domain mit sechs Organizational Units gezeigt:

▶ Die Domain Controller sind in der OU »DC« angelegt.

▶ Alle anderen Server befinden sich in der OU »Server«.

▶ In der OU entwicklung befinden sich die Benutzer, PCs und Gruppen der Entwicklungsabteilung. Die Abteilungsleiter nebst PCs sind in der Unter-OU leitung angesiedelt.

▶ Genauso wie die OU entwicklung ist die OU vertrieb aufgebaut.

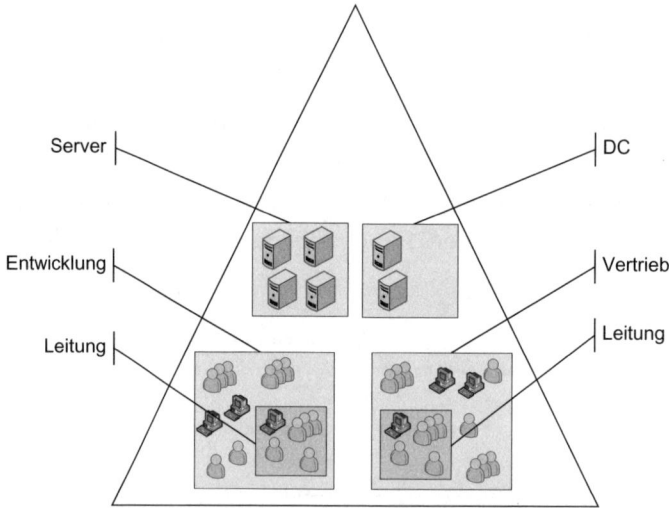

Abbildung 8.11 Eine Domain mit Organizational Units

Die skizzierte Domain Struktur sehen Sie in Abbildung 8.12 im Konfigurationswerkzeug. Neben einigen standardmäßig vorhandenen OUs wie beispielsweise »Builtin« oder »Computers« sehen Sie auch die sechs auf der Skizze gezeichneten OUs.

Sinn und Zweck der OUs ist es die Struktur Ihrer Firma abzubilden. Wenn Sie das Active Directory nur dazu verwenden würden, Benutzerkonten und die zugehörigen Passwörter einzutragen, wären OUs letztendlich überflüssig, aber es ergeben sich viele andere Möglichkeiten. Zum Beispiel:

- Mit Hilfe von Gruppenrichtlinien (= GPO = Group Policy Objects) können Sie gezielt Rechtezuweisungen und Konfigurationsanpassungen für Benutzer und Computer in einer OU vornehmen.

- Sie können mit Software-Verteilungswerkzeugen gezielt an die Mitglieder der OU Vertrieb den neuen CRM-Client verteilen.

- Sie können Login-Scripts in Abhängigkeit der OU-Zugehörigkeit definieren.

- Benutzer können die AD-Struktur durchsuchen und so herausfinden, wer zur Leitung des Vertriebs gehört (nämlich die Benutzer, die in dieser Unter-OU angesiedelt sind).

- Vielleicht setzen Sie demnächst Software ein, die anhand der OU-Zugehörigkeit bestimmte Funktionen bietet und Benutzerrechte ableitet.

- Und vieles andere mehr

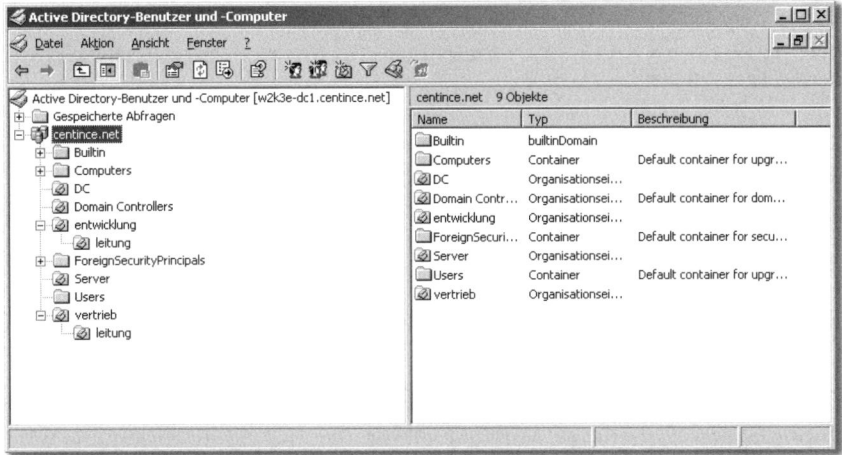

Abbildung 8.12 Die OU-Struktur im Konfigurationswerkzeug

Organizational Units sind übrigens bezüglich des Namensraums transparent, der DNS-Name eines Servers ist server.domain.intra, egal in welcher OU er sich befindet.

8.2.6 OUs vs. Gruppen

Man kann nicht direkt den Mitgliedern einer OU Ressourcenrechte gewähren. Wenn Sie eine Freigabe für die Benutzer der Vertriebsleitung angelegt haben, können sie also nicht direkt diese OU als berechtigt eintragen – leider!

Sie müssen in der OU vertriebleitung eine Gruppe anlegen, diese enthält als Mitglieder die in dieser OU angelegten Benutzer – das müssen Sie leider manuell zuweisen. Dieser Gruppe können Sie dann Berechtigungen für das Filesystem zuweisen (Abbildung 8.13).

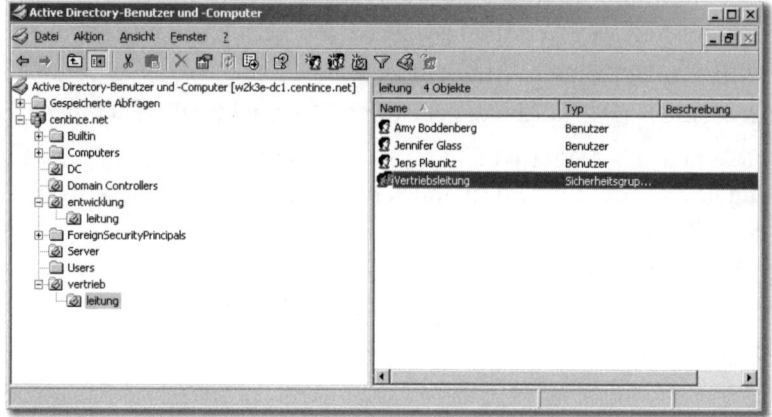

Abbildung 8.13 Da man an OUs keine Ressourcenberechtigungen zuweisen kann, empfiehlt sich das Anlegen einer Gruppe.

Generell sollten Sie sich bei der Planung Gedanken über die Gruppenstrukturen machen. Mit einer einfachen und durchgängigen Struktur können Sie viel Administrationsarbeit sparen.

Das klassische Beispiel: Wer darf auf eine Fileshare zugreifen?

▶ Sie richten eine »Lokale Gruppe« ein, der Sie die Berechtigung zum Zugriff auf die Fileshare erteilen.

▶ Wenn z. B. die Mitglieder der Vertriebsleitung Zugriff haben sollen, wird die Gruppe »Vertriebsleitung« Mitglied dieser Gruppe. Vertriebsleitung wird übrigens als globale Gruppe angelegt.

Daraus ergibt sich folgende Faustregel:

▶ Benutzer fasst man in globalen Gruppen zusammen.

▶ Ressourcenberechtigungen weist man lokalen Gruppen zu.

▶ Globale Gruppen werden Mitglied in lokalen Gruppen.

Und weil es auch nach dreimaligem Lesen verwirrend ist, hier noch als Skizze (Abbildung 8.14).

Stichwortartig einige weitere Anmerkungen zu Gruppen:

▶ Gruppen können verschachtelt werden, d.h. die Gruppe Vertrieb kann die Gruppen V_Innendienst und V_Aussendienst enthalten.

▶ Globale Gruppen werden nicht über Domain-Grenzen hinweg repliziert.

▶ Domain-übergreifend funktionieren Universelle Gruppen.

▶ Best Practice, wenn Sie eine domain-übergreifende Gruppe benötigen: Wenn Sie beispielsweise in jeder Domain eine globale Gruppe Vertrieb angelegt haben, würde man eine Universelle Gruppe U_Vertrieb einrichten, deren Mitglieder die Vertrieb-Gruppen der einzelnen Domains sind. Vorteil ist, dass sich die Mitgliedschaft der Universellen Gruppe sich nicht ändern (dort sind ja nur die globalen Gruppen Mitglied) und somit der Replikationsverkehr zwischen den Domains begrenzt bleibt. Die Gruppe U_Vertrieb würde dann Mitglied einer lokalen Gruppe, um die Berechtigung für den Ressourcenzugriff zu erteilen.

▶ Replikation: In sehr großen Umgebungen mit über schmalbandige WAN-Strecken angebundenen Außenstandorten, ist der durch Gruppenmitgliedschaften erzeugte Replikationsverkehr durchaus planungsrelevant.

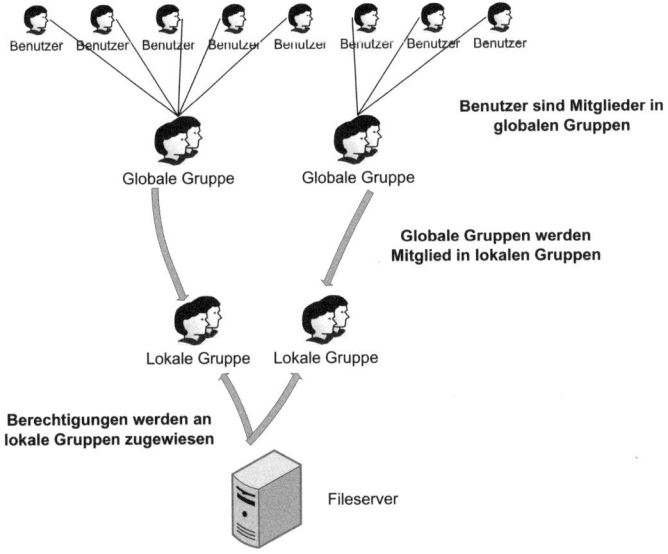

Abbildung 8.14 Benutzer werden Mitglied in globalen Gruppen. Diese werden Mitglied in lokalen Gruppen, denen Ressourcenberechtigungen zugewiesen sind.

Sie sehen, dass das Thema »Gruppen« nicht ganz trivial ist – es ist in den meisten Umgebungen durchaus sinnvoll, hin und wieder das Gruppenkonzept einer kritischen Prüfung zu unterziehen.

8.2.7 Globaler Katalog

Den Globalen Katalog wird man als Mensch zwar nie direkt zu Gesicht bekommen, trotzdem übernimmt er eine wichtige Rolle in einer Active Directory-Umgebung.

Ein technisch stark vereinfachtes Beispiel (Abbildung 8.15):

▶ Benutzer A möchte die Telefonnummer des Benutzers B aus dem Active Directory ermitteln.

▶ Benutzer B arbeitet zwar in derselben Organisation, ist aber in einer anderen Domain angelegt. Der Domain Controller der Domain von Benutzer A kennt also weder Benutzer B und schon garnicht dessen Telefonnummer.

▶ Ohne den Globalen Katalog müsste der Client von Benutzer B zunächst sämtliche Domains der Organisation (es könne ja mehr als die gezeichneten zwei Domains vorhanden sein) abklappern und prüfen, ob irgendwo der gesuchte Benutzer B angelegt ist – im Zweifelsfall weltweit über WAN-Strecken!

▶ Faktisch sieht es so aus, dass der Client von Benutzer A lediglich im Global Catalog nachschaut, da auf diesem grundlegende Informationen über die Benutzer, beispielsweise auch die Telefonnummer, gespeichert sind.

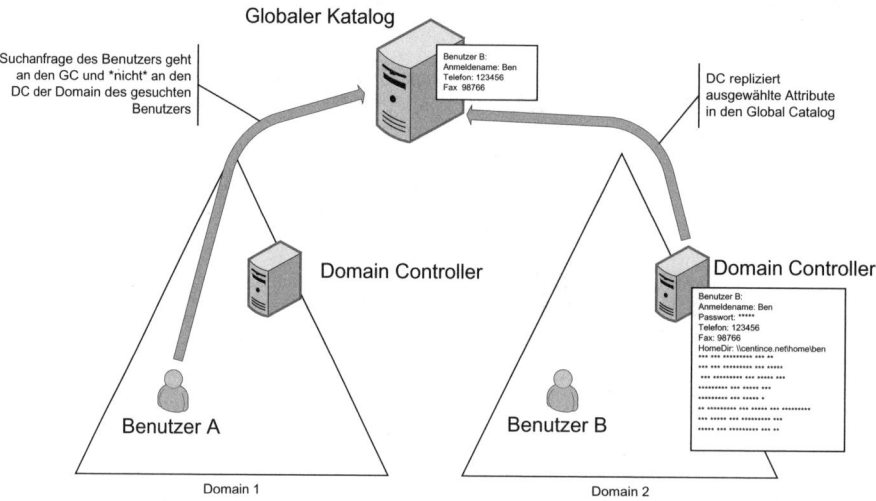

Abbildung 8.15 Funktionsweise des Globalen Katalogs

Der Global Catalog wird übrigens nicht nur für Suchanfragen von Benutzern vorgehalten, sondern beispielsweise auch für eine schnelle Prüfung von Gruppenmitgliedschaften und andere »AD-interne« Dinge verwendet.

Im Gegensatz zu der Darstellung in Abbildung 8.15 benötigt der Global Catalog keinen separaten Server, prinzipiell kann man jedem Domain Controller per Mausklick die Funktion Global Catalog hinzufügen.

Die Aufgabe bei der Planung ist nun, die beste Anzahl und Positionierung für Globale Kataloge zu ermitteln:

- Wenn ein Außenstandort keinen eigenen GC hat, werden die entsprechenden Anfragen über WAN-Strecken abgewickelt.

- Da der GC natürlich über die notwendigen Daten verfügen muss, findet permanenter Replikationsverkehr zu diesem statt.

- Globale Kataloge sollen/müssen redundant vorhanden sein. Der Ausfall des einzigen GCs führt zu schweren Einschränkungen der Funktion!

Das zuvor genannte Beispiel ist übrigens nicht ganz unrealistisch: Das Attribut »TelephoneNumber« wird tatsächlich in den Globalen Katalog repliziert. Dies können Sie im Schema-Manager Snapin (muss vor Verwendung registriert werden!) sehen (Abbildung 8.16).

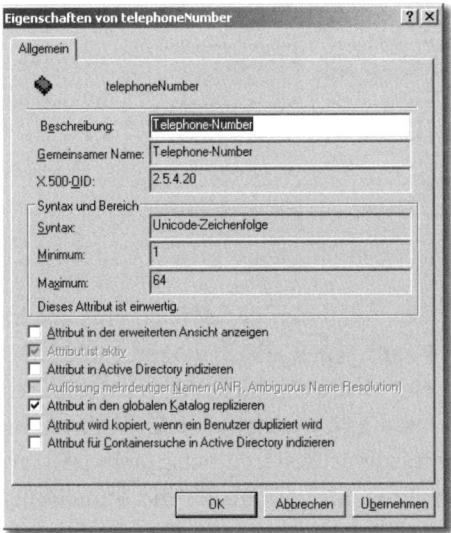

Abbildung 8.16 Konfiguration, ob ein Attribut in den Globalen Katalog repliziert wird.

Wenn Sie Ihrem Active Directory eigene Attribute hinzufügen, auf die häufig zugegriffen werden muss, werden Sie diese in den Globalen Katalog replizieren lassen!

8.2.8 Praktische Überlegungen zum logischen Design

Sie haben nun einiges über Grundlagen des Active Directory erfahren. Die Planung eines AD ist ein Thema, mit dem man leicht ein 1.000-seitiges Buch füllen könnte. Es gibt aber einige recht einfache Grundregeln beim Design, die letztendlich in jeder Umgebung Gültigkeit haben.

Abbildung des Unternehmens

Im Active Directory bildet man die Struktur des Unternehmens bzw. der Organisation ab. Ein Unternehmen könnte beispielsweise so strukturiert sein, wie in dem Organigramm, Abbildung 8.17, gezeigt (Organigramm ist natürlich nicht vollständig, sondern zeigt nur einen Ast vollständig).

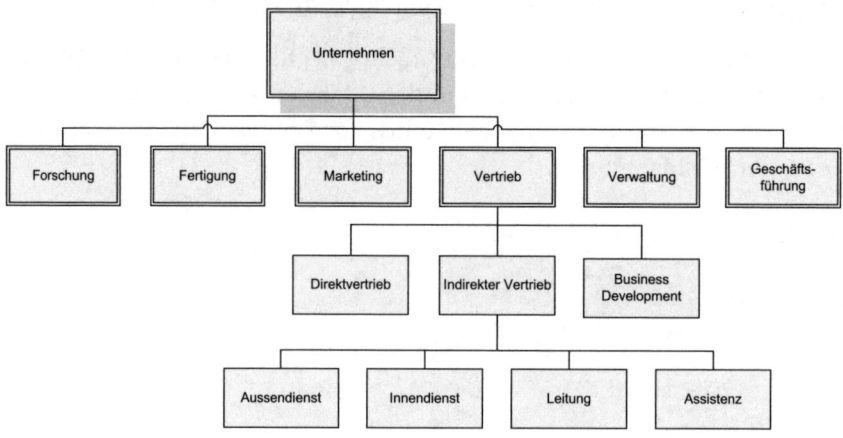

Abbildung 8.17 Beispiel für die Struktur eines Unternehmens

Sie sind natürlich nicht gezwungen, sich beim Design des ADs an eine solche Unternehmensstruktur zu halten. Man könnte auch alle Benutzer in eine OU werfen, alle PCs in eine weitere und in eine dritte sämtliche Server. Technisch würde das selbstverständlich funktionieren, hätte vielleicht bei der Verwaltung sogar einige Vorteile, ABER: Ein Verzeichnisdienst soll und muss mehr sein, als nur die Datenbank, in der die Benutzername und Passwort für die Anmeldung gespeichert werden.

Wenn ein Benutzer wissen möchte, wer in der Vertriebs-Assistenz arbeitet, kann er, wenn Sie die Firmenstruktur im Verzeichnis abbilden, diese Information aus dem Active Directory gewinnen. Wenn Sie hingegen alle Benutzerobjekte in einer flachen Struktur »aufbewahren« entfällt diese Möglichkeit.

In der Praxis hat sich gezeigt, dass AD-Strukturen, die sich nach Geschäftsführungsbereichen und Kostenstellenplänen richten, für die Benutzer ebenfalls nicht oder nur schwer durchschaubar sind. Der »normale« Benutzer denkt eben »Ich bin im Vertriebsinnendienst« und nicht »Ich bin im Geschäftsführungsbereich ‚External Relations' und mein Team hat die Kostenstelle 99837«.

Rein technisch gesehen ist ein Abbilden von unterschiedlichen Standorten in der Struktur des Active Directory nicht notwendig – hierzu gibt es mit Sites/Standorten weitere Konfigurationsmöglichkeiten.

Für das Abbilden der Standorte in der logischen Struktur gibt es prinzipiell zwei Gründe:

► Wenn der Benutzer das Verzeichnis durchsucht, wird er den geographischen Bezug als wichtige Orientierungshilfe ansehen.

► Für einzelne OUs können Administrationsaufgaben an bestimmte Benutzer delegiert werden, beispielsweise das Zurücksetzen von Passwörtern. Wenn es in München einen Mitarbeiter gibt, der dafür berechtigt werden soll, können Sie das natürlich nur konfigurieren, wenn der Standort in der Struktur auch auftaucht.

Für die Integration der Standorte in die logische Struktur gibt es natürlich mehrere Möglichkeiten, die »Extremfälle« sind in Abbildung 8.18 und 8.19 dargestellt.

Im ersten Fall ist der Standort die oberste »Organisationsinstanz«, im zweiten Fall wird erst zum Schluss der Standort angegeben. Beliebige Mischformen sind natürlich möglich – es hängt von Ihren individuellen Anforderungen ab.

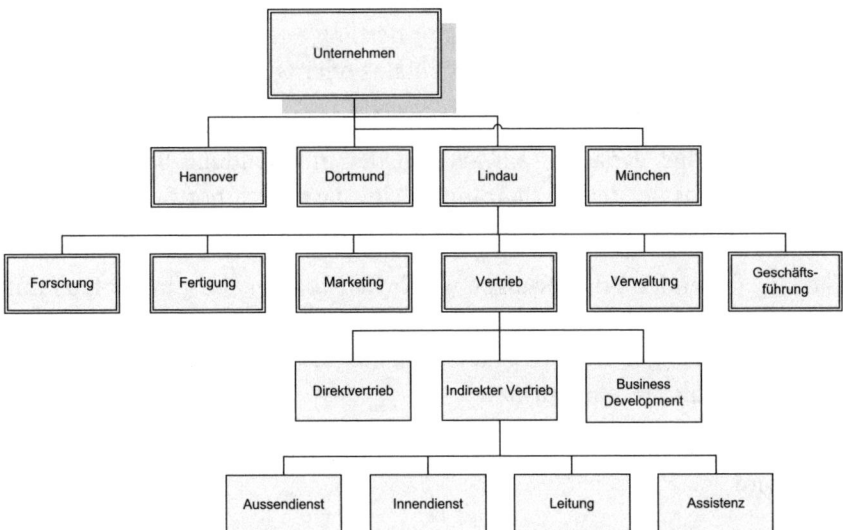

Abbildung 8.18 Eine Unternehmensstruktur mit Standorten

Die Unternehmensstruktur wie in den vorherigen Beispielen gezeigt, kann mit Domains und/oder Organizational Units abgebildet werden – mehr dazu im nächsten Abschnitt.

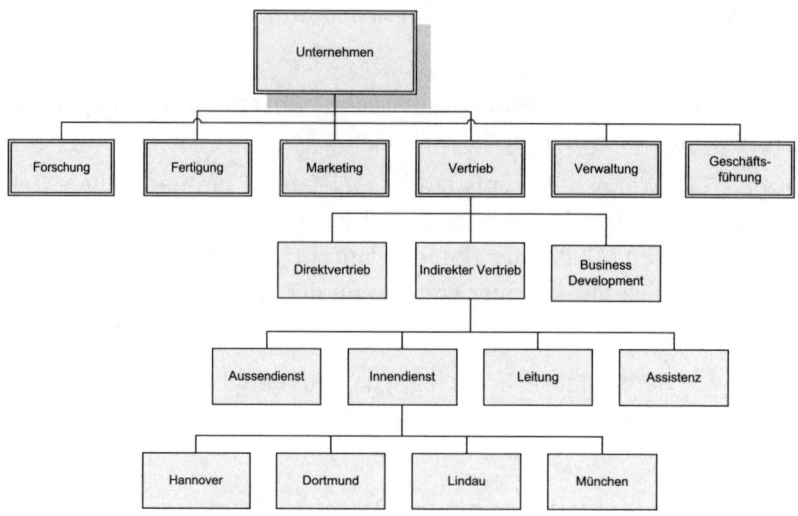

Abbildung 8.19 Alternative Struktur

Übersichtlichkeit und Verwaltbarkeit

Dieses Kapitel wird sich ausführlicher mit der Fragestellung befassen, ob man die Unternehmensstruktur lieber mit Domains oder OUs abbildet, bzw. in wie weit man welches Organisationsmittel einsetzt.

Ich erläutere einige Varianten am Beispiel der in Abbildung 8.18 gezeigten Konfiguration – das bedeutet allerdings nicht, dass diese notwendiger Weise die beste Variante ist.

Für die jetzt folgenden Erläuterungen weiche ich von der sonst in der Literatur üblichen Darstellung ab! Abteilungen/Bereiche, die als Domain implementiert werden, sind mit einem Dreieck gekennzeichnet, Organisationseinheiten ohne Dreieck werden als OU eingerichtet.

Abbildung 8.20 zeigt die Struktur, wenn relativ stark von Domains Gebrauch gemacht wird.

Vorteile:

▶ Der Replikationsverkehr zwischen Domains ist wesentlich geringer als innerhalb von Domains. Da das Beispiel von vier Standorten ausgeht, könnte das bezüglich der Belastung der WAN-Strecken ein Vorteil sein.

▶ An dem Namen des Servers lässt sich relativ einfach erkennen, an welchem Standort und für welchem Bereich er eingesetzt wird, also beispielsweise `server18.vertrieb.lindau.centince.intra`. Zur Erinnerung: OUs verhalten sich bezüglich des Namensraums neutral.

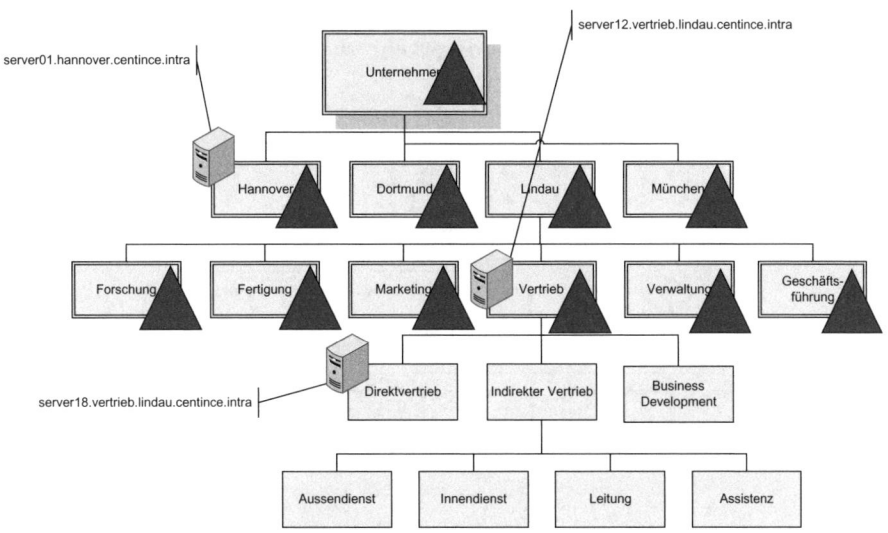

Abbildung 8.20 Abbildung der Struktur mit vielen Domains

Nachteile:

▶ Je mehr Domains Sie haben, desto höher ist der administrative Aufwand, weil jede Domain einzeln administriert werden muss. Es gibt beispielsweise keine Gruppenrichtlinien, die sich über Domaingrenzen hinweg vererben. Wenn Sie die einzelnen Bereiche getrennt voneinander administrieren wollen, macht die Trennung durch die Domaingrenzen andererseits wieder Sinn.

▶ Für jede Domain wird mindestens ein Domain Controller benötigt, aus Redundanzgründen werden eigentlich zwei Domain Controller pro Domain benötigt. Wenn Sie eine Struktur mit elf Domains aufbauen, brauchen Sie demzufolge 22 Server!

Die in Abbildung 8.20 gezeigte Vorgehensweise mit elf Domains macht eventuell (!) in einem Unternehmen mit 5.000 PC-Arbeitsplätzen Sinn. Wenn Sie lediglich 500 Arbeitsplätze haben, ist es mit Sicherheit der falsche Weg.

Abbildung 8.21 zeigt ein realistischeres Szenario: Hier gibt es eine Root-Domain (ganz oben), darunter ist für die Standorte jeweils eine Domain vorhanden. Die weitere Strukturierung erfolgt mittels OUs.

Dieses Szenario macht unter folgenden Voraussetzungen Sinn:

▶ Die einzelnen Standorte werden weitgehend autark administriert.

▶ Der Replikationsverkehr zwischen den Standorten soll auf ein Minimum begrenzt bleiben (der Replikationsverkehr zwischen Domains ist deutlich geringer als innerhalb von Domains).

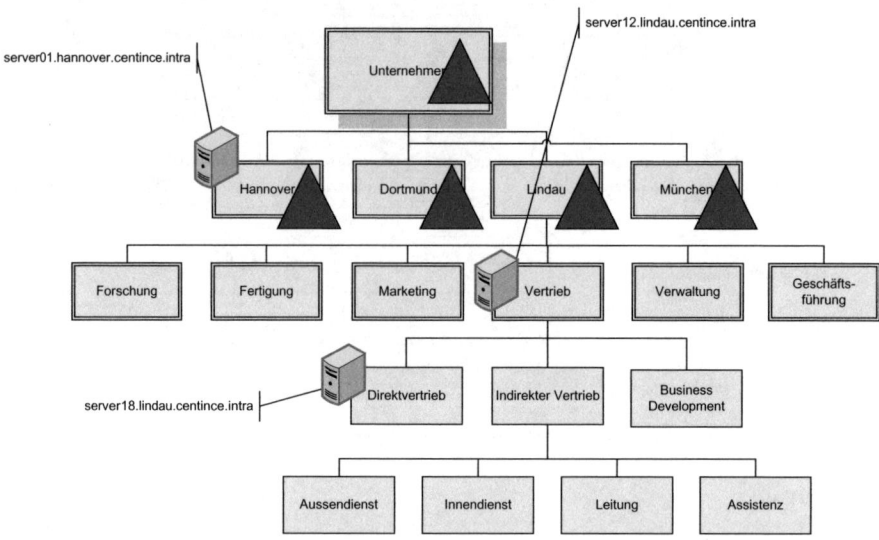

Abbildung 8.21 Abbildung mit einer Domain pro Standort, die restliche Strukturierung erfolgt mit OUs.

Die dritte Möglichkeit ist die Einrichtung einer einzigen Domain für die gesamte Organisation (Abbildung 8.22).

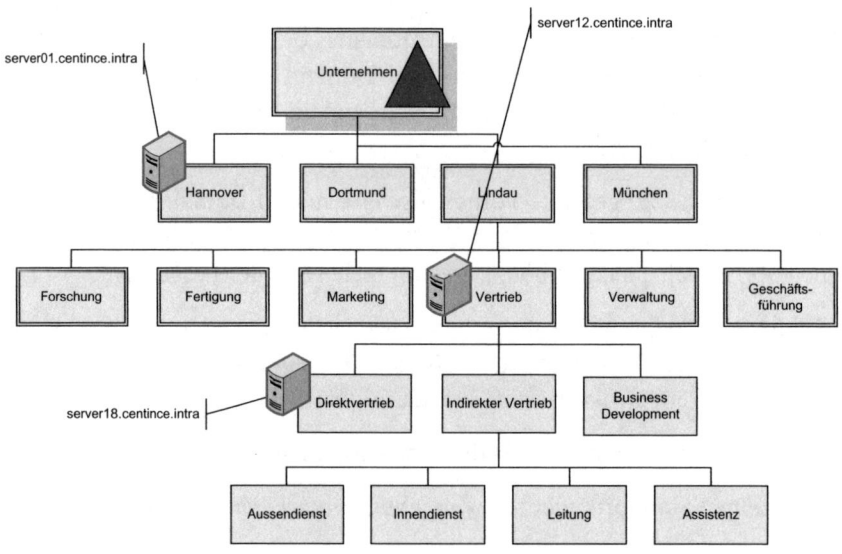

Abbildung 8.22 Abbildung der Struktur mit nur einer Domain

Sie werden in diesem letztgenannten Fall übrigens keine (oder kaum) Server einsparen können, weil Sie vermutlich an jedem Standort zwei Domain Controller einsetzen werden, denn schließlich muss auf das Active Directory zuverlässig zugegriffen werden können. Der Administrationsaufwand dürfte in diesem Szenario am geringsten sein, weil Sie beispielsweise für die Gruppenrichtlinien Vererbungen nutzen können. »Unterbereichs-Administratoren« lassen sich übrigens auch in diesem Szenario anlegen.

Replikation

Das Thema der Replikation ist in dem vorherigen Abschnitt bereits recht ausführlich angesprochen worden.

Aus Abbildung 8.23 sehen Sie eine sehr stark vereinfachte Darstellung. Sie zeigt die Replikationswege innerhalb einer Domain, diese sind recht breit gezeichnet, weil viel Replikationsverkehr zwischen DCs innerhalb einer Domain entsteht. Zwischen den Domains gibt es ebenfalls Replikationsverkehr, allerdings deutlich weniger.

Die Zeichnung ist sehr stark vereinfachend: Sie dürfen von den eingezeichneten Pfeilen keine Rückschlüsse auf tatsächliche Replikationswege ziehen! Des Weiteren fehlt in der Zeichnung der Replikationsverkehr zu Global Catalog-Servern.

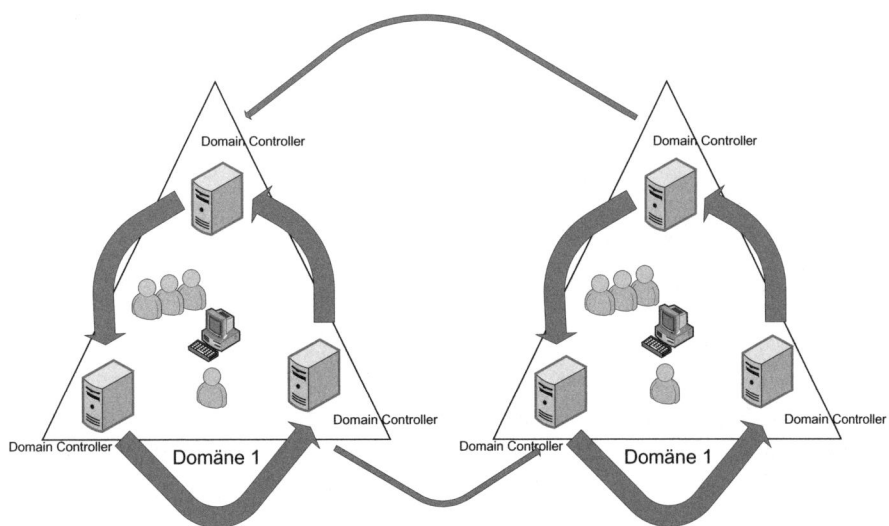

Abbildung 8.23 Sehr stark vereinfacht: Replikation innerhalb von Domains und zwischen Domains

Wenn Ihr Unternehmen aus drei weitgehend autarken Geschäftsbereichen besteht, die an drei unterschiedlichen Standorten sitzen, eventuell auch im Ausland, bietet es sich allein schon zur Reduzierung des Replikationsverkehrs an, drei Domains einzurichten. Wenn Sie Abbildung 8.23 anschauen, leuchtet es auch ein, weil Sie über die WAN-Strecken nur die durch die »dünnen Pfeile« dargestellten Daten übertragen müssen.

8.3 Physikalische Struktur

Die physikalische Struktur ist recht schnell erklärt. Es gibt den Begriff des Standorts – fertig. In der englischsprachigen Literatur sprich man übrigens von »Sites«. Ein Standort wird durch ein oder mehrere IP-Subnetze definiert.

8.3.1 Standorte und Domains

Betrachten wir den Zusammenhang zwischen Standorten und Domains.

Der erste Fall ist, dass Standort- und Domaingrenzen identisch sind, anders gesagt: Wo eine Domain ist, ist ein separater Standort (Abbildung 8.24).

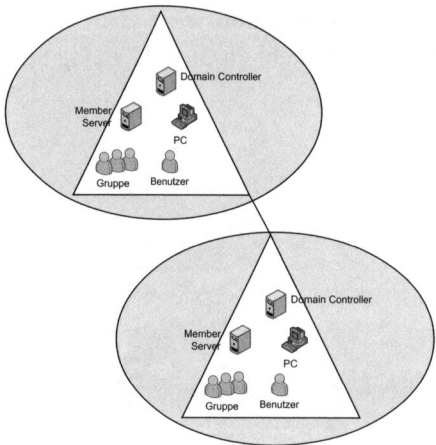

Abbildung 8.24 Jede Domain befindet sich an einem eigenen Standort.

Der zweite Fall ist, dass sich mehrere Domains in einem Standort befinden (Abbildung 8.25). Dieses Szenario macht übrigens durchaus Sinn: Wenn eine Organisation mehrere autarke Geschäftsbereiche hat, die in einem Gebäude sitzen, wird man genau diese Konstellation vorfinden.

Wenn zwischen mehreren physikalischen Standorten sehr schnelle WAN-Verbindungen liegen, könnte man sich auch überlegen, nur einen AD-Standort zu definieren, frei nach dem Motto: »Je weniger definiert wird, desto geringer der Administrationsaufwand«.

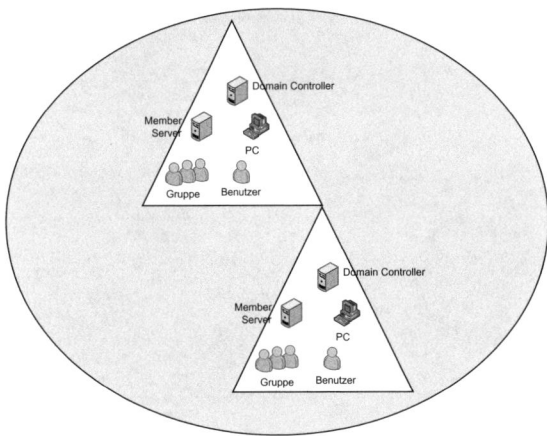

Abbildung 8.25 Mehrere Domains befinden sich an einem Standort.

Der dritte Fall ist, dass sich eine Domain über mehrere Standorte erstreckt (Abbildung 8.26). Auch dieser Fall kommt in der Praxis häufig vor: Gerade in mittelgroßen Organisationen macht es häufig Sinn, nur eine Domain einzurichten. Wenn die Firma sich über mehrere Standorte erstreckt, wird man genau den hier beschriebenen Fall vorfinden.

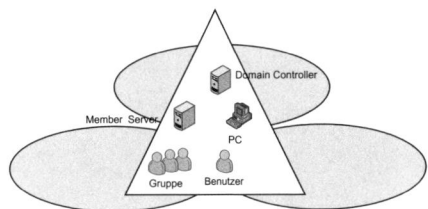

Abbildung 8.26 Eine Domain erstreckt sich über mehrere Standorte.

8.3.2 Von Zeitplänen, Verknüpfungen und Bridgeheads

Für die Replikation zwischen Standorten werden Verknüpfungen eingerichtet. Als Verknüpfungstypen stehen »IP« und »SMTP« zur Verfügung. Für sehr schmalbandige Verbindungen wählt man die letztgenannte Option.

Auf den ersten Blick ist die Konfiguration sehr einfach: Die Standortverknüpfung wird eingerichtet, dieser werden Kosten zugewiesen, außerdem die Häufigkeit der Replikation. Darüber hinaus lässt sich konfigurieren, zu welchen Zeiten die Replikation zur Verfügung steht (Abbildung 8.28).

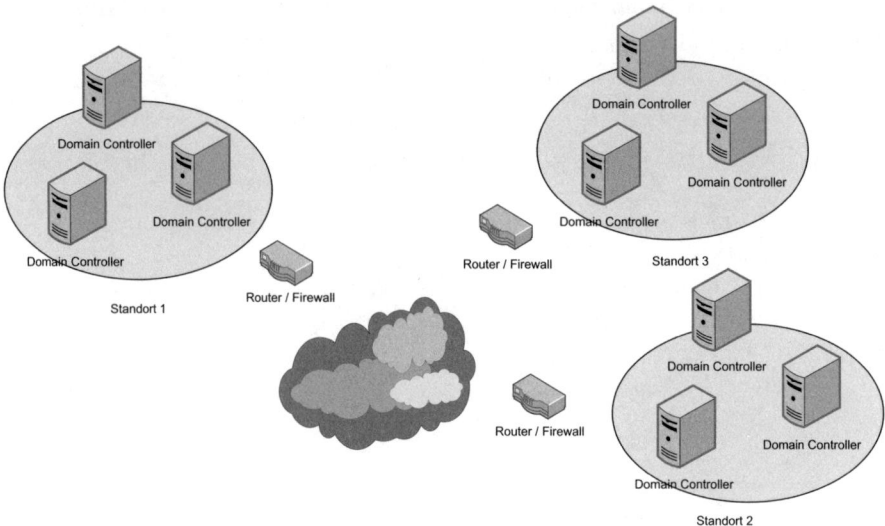

Abbildung 8.27 Beispielszenario für die Replikation zwischen mehreren Standorten

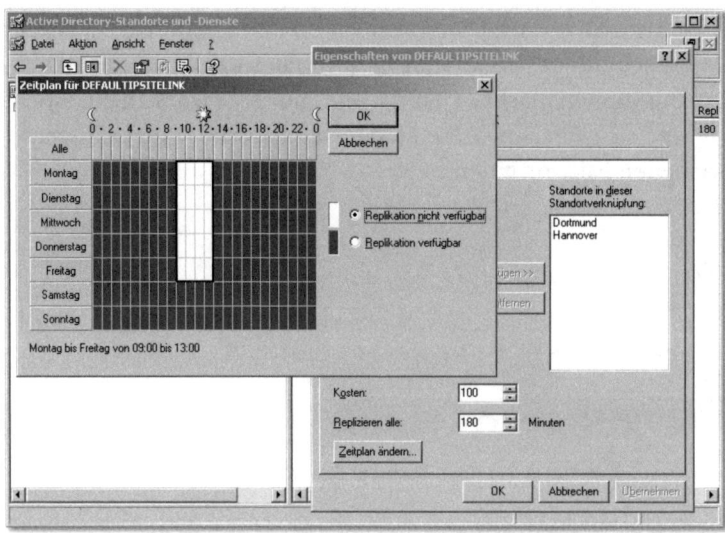

Abbildung 8.28 Replikationszeitplan und -häufigkeit für eine Standortverknüpfung

Da Kosten für die Standortverknüpfungen hinterlegt werden können, sucht sich das System jeweils den günstigsten Replikationsweg.

Bridgeheads

Wenn Sie wie zuvor gezeigt Verknüpfungen zwischen den Standorten angelegt haben, gibt es noch ein kleines Problem:

Das Active Directory legt selbstständig fest, welche Domain Controller über die Standortgrenzen miteinander replizieren. Das Problem ist, dass man hierfür die Firewalls vergleichsweise weit öffnen müsste – jeder DC müsste mit jedem anderen Daten austauschen dürfen.

Die Lösung ist die Definition von Bridgehead-Servern. Die standortübergreifenden Verbindungen werden dann nur über den oder die Bridgehead-Server geführt (Abbildung 8.29).

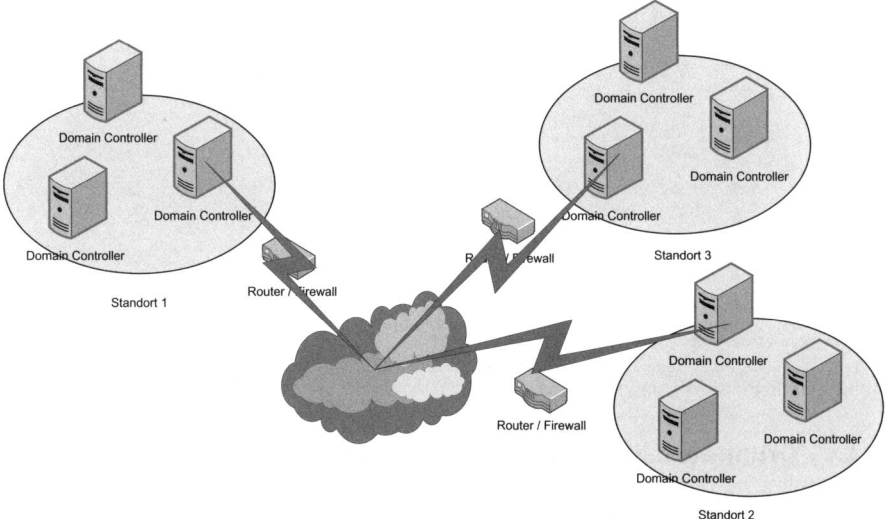

Abbildung 8.29 Die Replikation kann über Bridgehead-Server geführt werden.

8.4 Gruppenrichtlinien

Mit Gruppenrichtlinien können diverse Konfigurationen für Benutzer oder Computer vorgenommen werden – und zwar in Abhängigkeit von Standort, Domain und Organizational Unit, in der sich der Computer oder der Benutzer befindet.

Letztendlich werden bei der Anwendung von Gruppenrichtlinien Werte in der Registry modifiziert – und zwar genauer gesagt Werte in den Zweigen HKEY_CURRENT_USER und HKEY_LOCAL_MACHINE. Mit den Gruppenrichtlinien können also Einschränkungen für Benutzer konfiguriert, aber auch Einstellungen für Computer vorgenommen werden, z.B. zur Sicherheitskonfiguration für drahtlose Netzwerke.

In den Gruppenrichtlinien werden übrigens auch die anzuwendenden Login-Scripts konfiguriert.

Abbildung 8.30 zeigt das Modifizieren eines Eintrags im »Gruppenrichtlinien-objekt-Editor«. Hier wird festgelegt, dass der Benutzer in seinem Startmenü nicht die Abmelden-Funktion zur Verfügung hat.

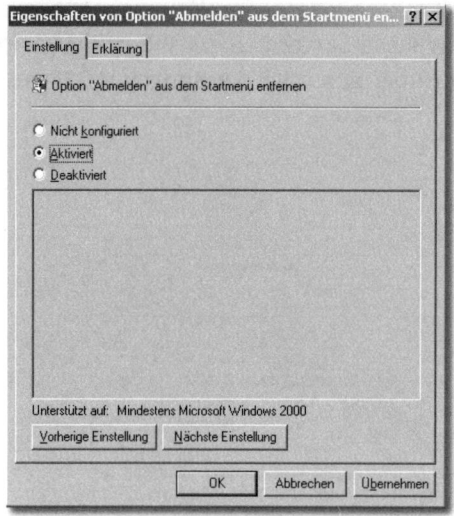

Abbildung 8.30 Konfiguration einer Eigenschaft

8.4.1 Gruppenrichtlinien anlegen und abarbeiten

Gruppenrichtlinien können an drei Positionen angelegt werden:

▶ Domain

▶ Organizational Unit

▶ Standort

Abbildung 8.31 zeigt, in welcher Reihenfolge die Gruppenrichtlinien für den mit Pfeil gekennzeichneten Benutzer abgearbeitet werden:

▶ 1: Zunächst wird die Gruppenrichtlinie des Standorts abgearbeitet.

▶ 2: Dann wird die Gruppenrichtlinie der Domain abgearbeitet.

▶ 3: Als Nächstes wird die Gruppenrichtlinie der »äußeren« Organizational Unit abgearbeitet.

▶ 4: Zuletzt wird die Gruppenrichtlinie der »inneren« OU verarbeitet.

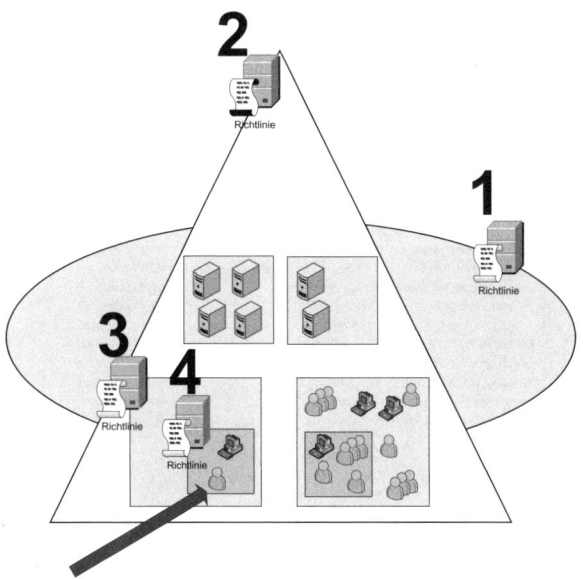

Abbildung 8.31 Abarbeitung von Gruppenrichtlinien

Die Gruppenrichtlinien überschreiben sich in der Reihenfolge der Abarbeitung und wirken additiv; ein »praktisches Beispiel« sehen Sie in der folgenden Tabelle:

Richtlinie	Konfiguration
Standort	Aktiviert
Domain	Deaktiviert
OU 1 (»äußere«)	Aktiviert
OU 2 (»innere«)	Nicht konfiguriert
Resultat	Aktiviert

In den Eigenschaften des Standorts, der Domain und der OUs findet sich ein Reiter »Gruppenrichtlinie«, hier können Sie Richtlinien anlegen und mit Gruppenrichtlinienobjekt-Editor bearbeiten (Abbildung 8.32).

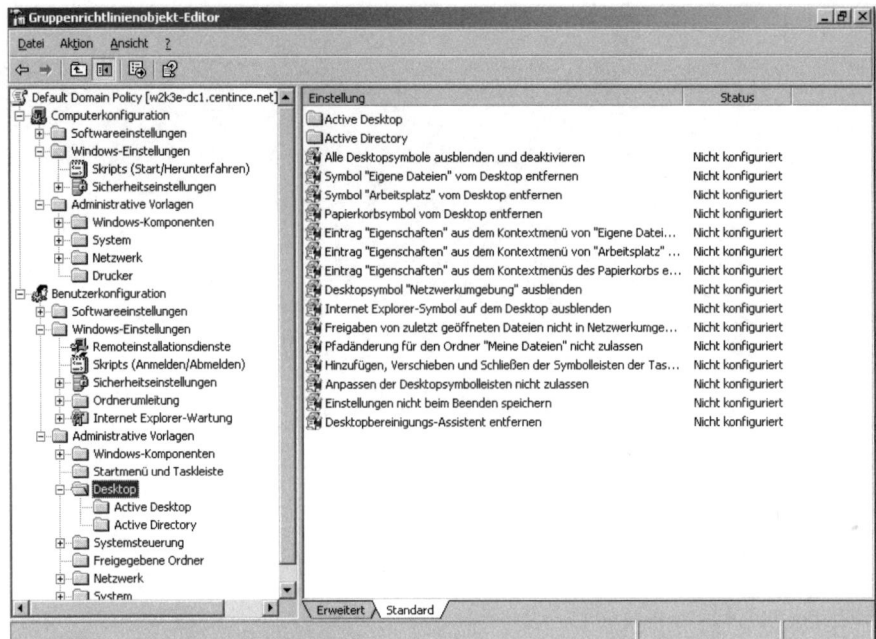

Abbildung 8.32 Der Gruppenrichtlinienobjekt-Editor

Die Gruppenrichtlinien, die Sie vorfinden werden, umfassen natürlich nicht alle denkbaren Einstellungen – von Office, das sich auch über Gruppenrichtlinien konfigurieren lässt, ist beispielsweise nichts zu sehen. Auch neue Service Packs, beispielsweise Windows XP SP2, bringen neue Möglichkeiten mit, die man über Gruppenrichtlinien steuern könnte. Im Allgemeinen liefert Microsoft Vorlagen-Dateien mit, die dann mit eingebunden werden können.

Anmerkung: Gruppenrichtlinien-Vorlagen (*.adm-Dateien) für Office finden Sie im Office Resource Kit, das Sie auf der Microsoft Website herunterladen können.

Ansonsten können Sie für spezielle Zwecke eigene Vorlagen erstellen.

Arbeiten mit der Group Policy Management Console (GPMC)

Wenn Sie etwas intensiver mit Gruppenrichtlinien arbeiten, werden Sie feststellen, dass die Administration derselben mit dem »Active Directory-Benutzer und -Computer«-Snapin etwas »unhandlich« ist.

Als sehr wertvolles Werkzeug hat sich die »Group Policy Management Console« herausgestellt, die Sie als kostenlosen Download von Microsoft erhalten können (im Downloadbereich nach GPMC suchen, Abbildung 8.33).

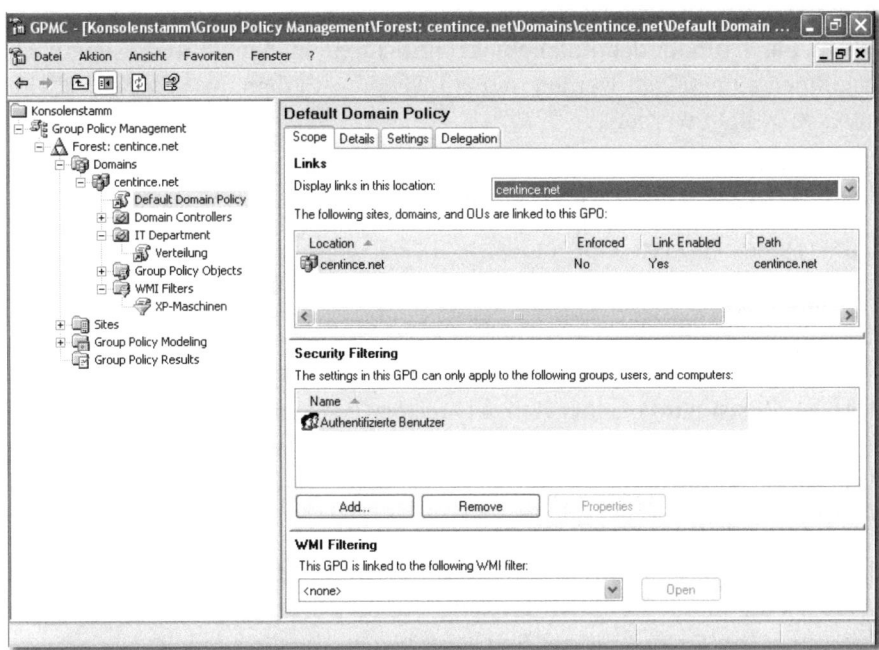

Abbildung 8.33 Zur Administration von Gruppenrichtlinien bietet sich die GPMC an.

8.4.2 Übersichtlichkeit gewährleisten

Für eine OU, Domain oder Standort können mehrere Gruppenrichtlinienobjekte definiert werden (Abbildung 8.34).

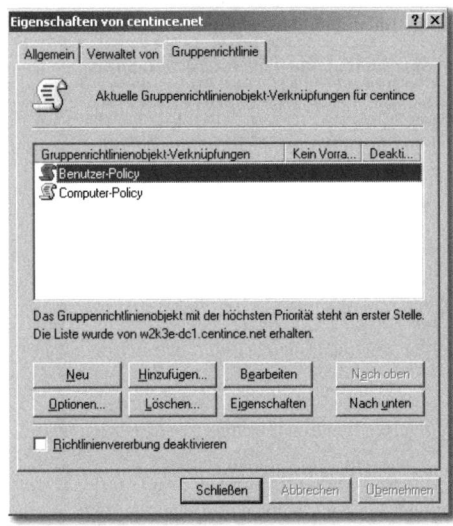

Abbildung 8.34 Mehrere Gruppenrichtlinienobjekte

Dies bietet die Möglichkeit, ein wenig mehr Übersicht zu schaffen: Ich würde jeweils ein Gruppenrichtlinienobjekt einrichten, in dem nur die Benutzer-Richtlinien eingetragen werden und ein weiteres, in dem die Computer-Richtlinien eingestellt werden.

8.5 Netzwerkinfrastruktur

Active Directory setzt eine moderne TCP/IP-basierte Netzwerkinfrastruktur voraus. Besondere Bedeutung kommt dem DNS-Dienst zu.

8.5.1 DNS

Der DNS-Dienst wird in einer Active Directory-Umgebung nicht »nur« verwendet, um Computernamen aufzulösen. Viel mehr verwenden die Clients den DNS-Dienst, um Ressourcen, wie beispielsweise die Domain Controller oder Global Catalog-Server zu finden.

Sie müssen übrigens nicht notwendiger Weise den Microsoft DNS-Server verwenden, eine »moderne« BIND-Implementation würde ebenfalls funktionieren – allerdings tun Sie sich meines Erachtens keinen Gefallen damit.

Abbildung 8.35 zeigt einen Screenshot des Konfigurations-Snapin für den Microsoft DNS-Server. Sie können darauf beispielsweise Service Locator Records von zwei Global Catalog-Servern (_gc) erkennen.

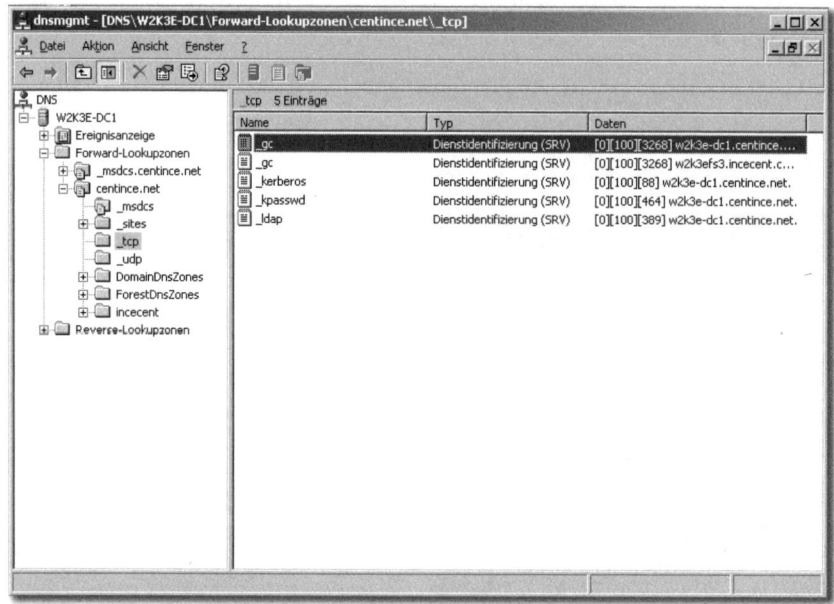

Abbildung 8.35 Diensteinträge im DNS-Management-Snapin

Im Normalfall brauchen Sie sich um das Anlegen der Service Locator Records nicht zu kümmern, allerdings sollten Sie sich darüber im Klaren sein, dass ein Client, der keinen DNS-Server mehr zur Verfügung hat, weitgehend »verloren« ist. Sprechen wir also über Redundanz:

Redundanz

DNS ist vergleichsweise einfach ausfallsicher zu gestalten, in dem Sie weitere DNS-Server einrichten, auf die die Clients bei Bedarf zugreifen können. Die Synchronisierung der DNS-Server ist durch die Nutzung Active Directory-integrierter Zonen einfach einzustellen – also wesentlich unproblematischer als die Einrichtung von Zonen-Transfers unter BIND.

Installation und Position

Im Normalfall wird man den DNS-Serverdienst auf Domain Controllern installieren. Genauso wie ein größerer Standort mit mindestens zwei Domain Controllern ausgestattet werden wird, wird man an einem solchen auch mehrere DNS-Server installieren.

An einem kleinen Standort, der nur über einen DNS-Server verfügt, wird man den sekundären DNS-Eintrag der Clients auf einen DNS-Server an einem entfernten Standort legen – wichtig ist natürlich, dass die entsprechenden Daten auch dorthin repliziert werden.

8.5.2   DHCP

DHCP, also die dynamische Zuweisung von IP-Adressen an Clients, müssen Sie zwar nicht zwingend benutzen, es bietet sich für eine moderne Umgebung allerdings an:

Zum einen ersparen Sie sich die manuelle Verwaltung der DHCP-Adressen, zum anderen können Sie vergleichsweise einfach IP-Optionen, wie z.B. die Adressen des DNS-Servers, auf den Clients ändern.

Redundanz

Damit der DHCP-Service ausfallsicher zur Verfügung steht, muss dieser auf zwei Maschinen installiert werden. Redundanz für DHCP-Server ist auf zweierlei Arten herzustellen:

▶ 80/20-Regel: Man kann nicht zwei DHCP-Server mit überlappenden IP-Bereichen installieren, demzufolge kann man nicht einfach beide Server mit dem vollen Adressbereich konfigurieren. Ein gängiger Weg ist, zwei DHCP-Server einzurichten, von denen der eine 80 % der Adressen, der andere die restlichen 20 % verwaltet. Da nicht alle Clients gleichzeitig neue IP-Leases anfordern werden, können für die Zeit des Ausfalls des »größeren« Servers die Anfragen aus dem kleineren Bereich bedient werden.

▶ Clustering: Falls Sie die 80/20-Regel nicht anwenden möchten oder können, können Sie den DHCP-Dienst clustern. Das Lästige bei Cluster-Konfigurationen ist, dass diese relativ teuer sind.

Über die Konfiguration der DHCP-Server nachzudenken, setzt natürlich voraus, dass ein belastbares IP-Konzept vorhanden ist. Damit DHCP über Routergrenzen hinweg funktioniert, muss auf denselben die Weiterleitung von DHCP-Requests konfiguriert sein bzw. DHCP Relay-Agents installiert werden.

8.5.3 WINS

Wenn in Ihrem Netz ältere Clients, wie beispielsweise NT4- oder Windows 95-Maschinen, betrieben werden, benötigen Sie den WINS-Dienst. Dieser kann auf Domain Controllern installiert werden und mitlaufen.

Exchange 2000/2003 benötigt übrigens ein funktionierendes WINS.

Die notwendige Redundanz kann erzeugt werden, in dem Sie mehrere WINS-Server installieren und Replikationsbeziehungen einrichten.

Auf den Clients können die Adressen von mehreren WINS-Servern eingestellt werden.

8.6 Server und Verfügbarkeit

Das Sizing für Domain Controller-Server ist bereits in Abschnitt 3.2.5 besprochen worden. Ein Domain Controller kann einige hundert Clients verwalten, in einer mittelständischen Umgebung werden Sie sich weniger mit Leistungsproblemen als mit der Ausfallsicherheit beschäftigen müssen.

An größeren Standorten sollten zumindest zwei Domain Controller vorhanden sein. An kleineren Standorten, an denen nur ein DC vorhanden ist, bedeutet der Ausfall desselben, dass die Clients sich über die WAN-Strecken anmelden werden.

Zur Erinnerung: Damit Clients die Domain Controller auch an entfernten Standorten finden können, müssen die Clients auf DNS-Server zugreifen können (siehe die Anmerkungen zu Server Locator Records, Abschnitt 8.5.1).

Auch wenn es hin und wieder gerüchteweise auftaucht: **Domain Controller werden nicht geclustert!**

Durch die Replikation werden die Domain Controller auf identischem Stand gehalten – fällt ein Domain Controller aus, werden die Clients auf den nächstverfügbaren zugreifen.

8.7 Von Klassen und Attributen

In diesem Abschnitt werden wir ein wenig in die Active Directory-Interna schauen. Den grundsätzlichen Aufbau des Active Directory können Sie erkennen, wenn Sie das Schema Manager-Snapin (muss separat installiert werden!) starten (Abbildung 8.36).

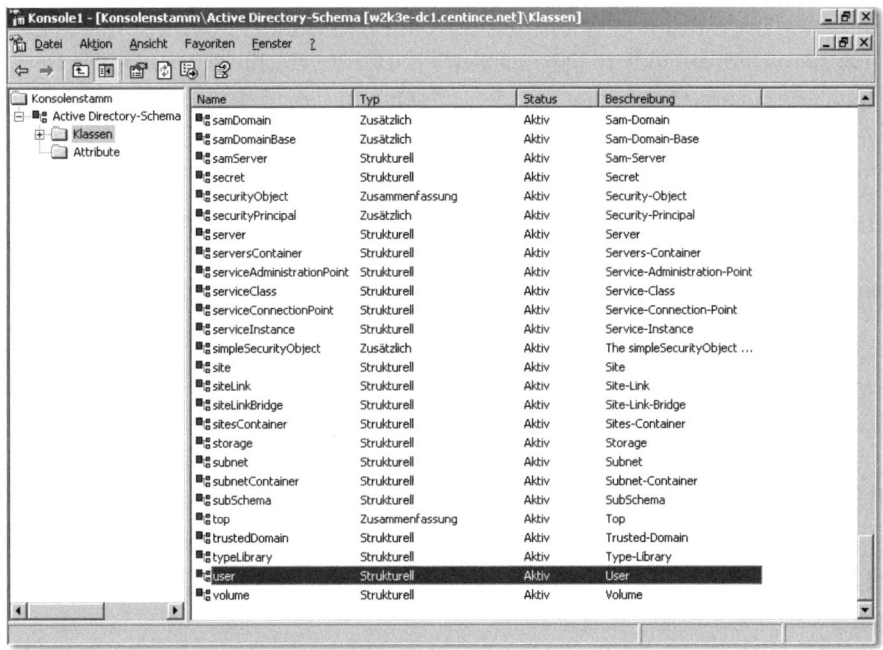

Abbildung 8.36 Das Schema Manager-Snapin

Im Active Directory finden Sie Klassen und Attribute. Benutzer (user) sind eine Klasse, der verschiedene Attribute zugeordnet sind. Attribute sind beispielsweise der Benutzername, die Telefonnummer, das Passwort und viele andere mehr. Der Klasse user sind knapp 280 Attribute zugeordnet.

Sie haben die Möglichkeit, weitere Attribute zu der Klasse user hinzuzufügen, so beispielsweise eine Personalnummer. Dieses Attribut wird nun zwar nicht in der standardmäßigen Benutzerkonfiguration auftauchen, Sie können die Werte aber mit eigenen Applikationen oder Skripts verändern bzw. darauf zugreifen.

Bedenken Sie aber, dass eine Schema-Erweiterung für die gesamte Organisation gilt und nicht rückgängig gemacht werden kann.

Warnung: Auch wenn es recht einfach ist, neue Klassen und Attribute anzulegen, sollten Sie auf dieser Low-Level-Ebene nur Veränderungen vornehmen, wenn Sie sich 100 %ig sicher sind, was Sie tun!

Gleiches gilt für Manipulationen, die man mit ADSIedit durchführen kann – normaler Weise sollten solche manuellen Eingriffe nicht notwendig sein.

8.8 Effektive Administration

Eine sorgfältige Planung beinhaltet nicht nur den Aufbau der Umgebung, sondern betrachtet auch den täglichen Betrieb. Der Verzeichnisdienst ist das Herzstück der IT-Umgebung (oder wird es zunehmend werden), ein Ausfall desselben oder Funktionsprobleme (z.B. Replikationsfehler, Performancemängel) führen zu mehr oder weniger großen Katastrophen.

Über die Administration des Active Directory sind bereits unzählige Bücher mit tausenden von Seiten erschienen – demzufolge halte ich es nicht für notwendig, in diesem Konzeptbuch nochmals detailliert darauf einzugehen.

Da die Aspekte Sicherung/Rücksicherung und Performance/Überwachung von elementarer Wichtigkeit sind, möchte ich Ihnen zwei Werkzeuge vorstellen, die sich in der Praxis bewährt haben.

8.8.1 Sichern und Rücksichern

Das Sichern des Active Directory ist eigentlich kein Problem, jede moderne Backup-Software ist heute in der Lage, ein AD korrekt zu sichern und wiederherzustellen.

In einer Umgebung mit mehreren Domain Controllern ist der Totalausfall eines DC kein sonderlich schwerwiegendes Problem: Sie setzen die Maschine neu auf (beispielsweise aus einem Image) und die Replikation wird die Active Directory-Daten auf dieser Maschine wieder herstellen.

Die üblichen Backup-Software-Produkte sind im Allgemeinen in der Lage, das AD komplett wiederherzustellen – ein Szenario, dass eigentlich nur im Notfall erforderlich sein dürfte.

Häufiger wird der Fall sein, dass Sie ein oder mehrere Objekte zurücksichern möchten, beispielsweise weil ein Administrator versehentlich ein Benutzerobjekt oder einen Container gelöscht hat. Leider ist die Rücksicherung einzelner AD-Objekte eine Anforderung, die im Allgemeinen von den Backup-Produkten nicht geleistet wird. Selbst wenn Sie auf einem DC komplett den Stand vom Vortag zurücksichern, wird die Replikation die zwischenzeitlich durchgeführten Änderungen direkt wieder anwenden – schließlich gibt es Objekte mit neuerem Zeitstempel!

Zusatzprodukte wie der Aelita Recovery Manager for Active Directory, der mittlerweile aufgrund von Firmenübernahme zum Portfolio von Quest gehört, leistet in der Praxis gute Dienste.

Das Produkt kann auf einem Server oder auch auf einer Administrator-Workstation installiert werden und kann dort zeitgesteuerte Sicherungen des Active Directory und einiger anderer Komponenten des entsprechenden Domain Controllers vornehmen (Abbildung 8.37). Die Maschine, auf der die Software ausgeführt wird, sollte also möglichst permanent in Betrieb sein. Die Sicherungsdaten werden im Filesystem abgelegt und müssen entsprechend von der Bandsicherung mitgesichert werden.

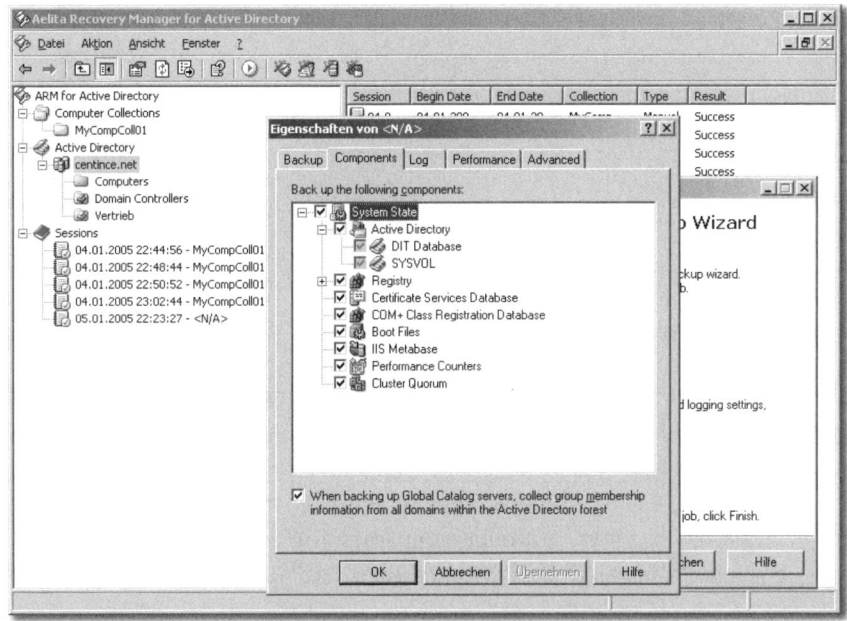

Abbildung 8.37 Sichern mit dem Quest/Aelita Recovery Manager for Active Directory

Beim Rücksicherungsvorgang, der übrigens im laufenden Betrieb durchgeführt werden kann, gibt es mehrere Möglichkeiten:

▶ Man kann sich die Änderungen im AD seit der zu Grunde liegenden Sicherungen anschauen. Diese Ansicht kann auf bestimmte Objekte oder Container (= Domains, OUs) begrenzt werden.

▶ Die Änderung können rückgängig gemacht werden, sprich durch den Wert zum Zeitpunkt der Datensicherung ersetzt werden. Hierbei sorgt das Programm dafür, dass die Zeitstempel so gesetzt werden, dass der zurückgesicherte Wert als neueste Version anerkannt und entsprechend auf die anderen DCs repliziert wird (Abbildung 8.38 zeigt die Objektauswahl bei der Rücksicherung).

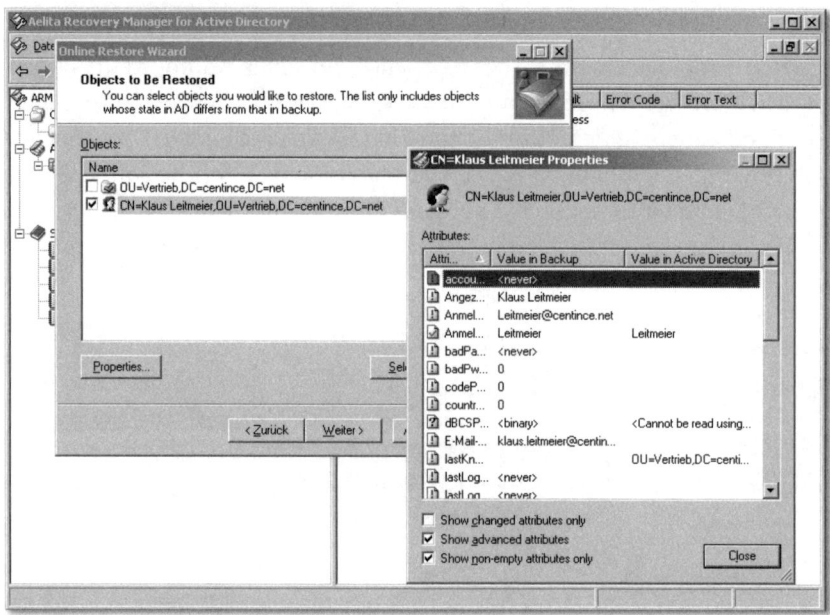

Abbildung 8.38 Zurücksichern eines einzelnen (!) AD-Objekts

Man muss an dieser Stelle sagen, dass die Rücksicherung einzelner Objekte mit einigen »Low-Level-Klimmzügen« durchaus auch ohne ein Zusatzprodukt möglich ist – es ist aber bei weitem nicht so einfach und komfortabel zu erledigen. Trotzdem empfiehlt es sich, Werkzeuge wie den Recovery Manager für Active Directory zunächst in einer Testumgebung sorgfältig auszuprobieren. So leistungsfähig solche Werkzeuge sind, so gefährlich sind Sie letztendlich auch.

8.8.2 Monitoring

Ein komplexes System wie ein Active Directory muss regelmäßig überwacht werden. Normaler Weise läuft es zwar stabil, trotzdem kann man natürlich nicht ausschließen, dass es hier und da Probleme geben könnte. Diese müssen prinzipiell gar nicht aus einer Fehlfunktion des ADs selbst resultieren, sondern können auch durch eine defekte Netzwerkkarte oder eine nicht sauber funktionierende WAN-Verbindung hervorgerufen werden.

Erster Indikator dafür, dass etwas nicht stimmt, sind natürlich die Einträge im Ereignisprotokoll. Darüber hinaus stellt Microsoft diverse Werkzeuge zur Verfügung, angefangen beim guten alten Performance-Monitor bis hin zu recht spezialisierten Werkzeugen wie dem »Replication Monitor« (Abbildung 8.39).

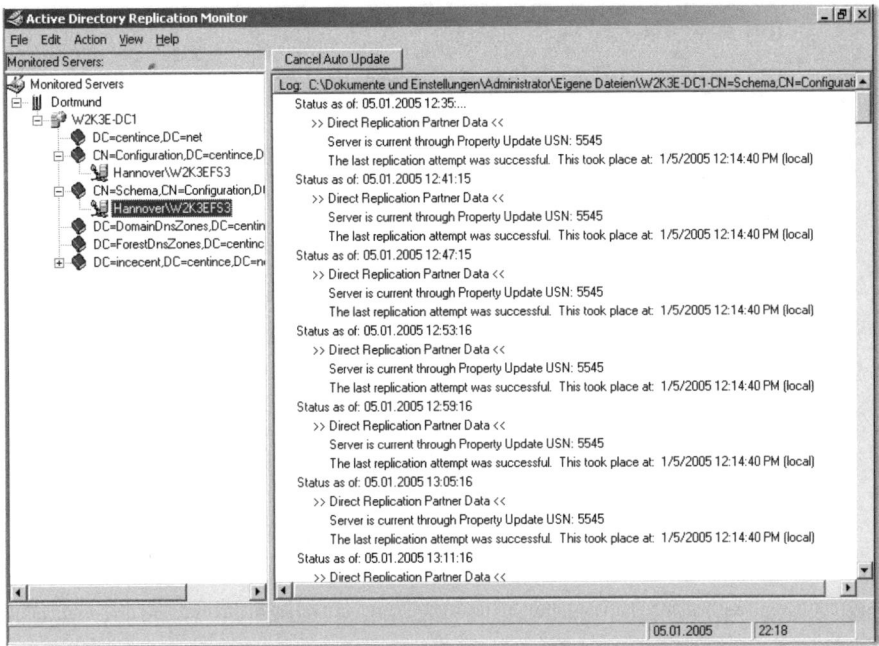

Abbildung 8.39 Mit dem Replication Monitor können einzelne Verbindungen untersucht werden.

Neben diversen Utilities, die von Microsoft zur Verfügung gestellt werden, gibt es interessante Dritthersteller-Produkte, die eine vereinfachte Überwachung und Diagnostik ermöglichen.

Ein interessantes Produkt aus dieser Kategorie ist »Spotlight on Active Directory« von Quest. Es besteht aus zwei Modulen: Das erste Modul (Abbildung 8.40) gibt einen groben Überblick über den Domain Controller, zeigt den Datenfluss der AD-Funktionen, die momentane Aktivität, Speicherverbrauch, CPU-Belastung und einiges andere mehr. Wenn Werte performance-mäßig in einen kritischen Bereich kommen, werden diese entsprechend rot gekennzeichnet; auf Wunsch kann der Administrator benachrichtigt werden. Es können dann zielgerichtete Gegenmaßnahmen getroffen werden, beispielsweise das Hinzufügen eines weiteren Domain Controllers zum Zwecke der Lastverteilung.

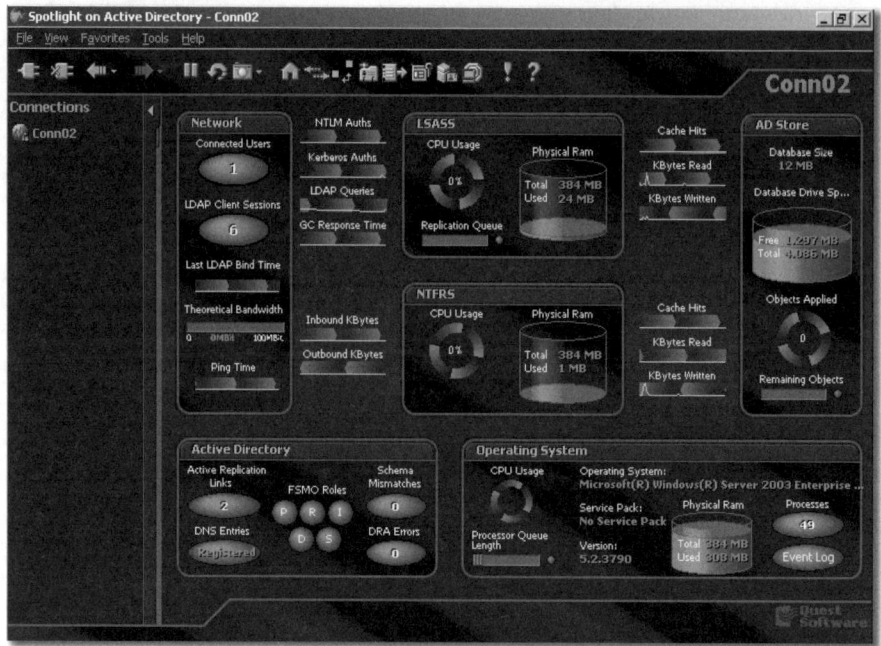

Abbildung 8.40 Quest Spotlight on Active Directory zeigt den Betriebszustand des Domain Controllers auf einen Blick.

Das zweite Modul ist der Spotlight on Active Directory Topology Viewer (Abbildung 8.41). Dieses Werkzeug kann zum einen die Domains, Domain Controller, Standorte und Replikationswege grafisch darstellen. Besonders interessant sind allerdings die Diagnose-Funktionen, mit denen man von Replikations-Problemen über DNS-Fehlfunktionen bis hin zu partiellen Ausfällen des File Replication Service viele Fehlersituationen entdecken kann. Fehler, die in vielen Fällen unbemerkt bleiben, weil sie »nur« zu merkwürdigem und unerklärlichem Verhalten führen.

Die Diagnostik-Tests können zeitgesteuert durchgeführt werden – man kann also beispielsweise jede Nacht die komplette AD-Umgebung durchprüfen lassen.

Natürlich kann man auch eine größere Active Directory-Umgebung betreiben, ohne Geld in Zusatzprodukte zu investieren. Im Grunde genommen liefert Microsoft sämtliche Werkzeuge mit oder stellt sie zum Download bereit.

Abbildung 8.41 Der Topology Viewer bietet diverse Testverfahren

Es zeigt sich häufig, dass eine Vereinfachung von Administration und Überwachung letztendlich zu einer Qualitätssteigerung führt. Natürlich kann man die unterschiedlichen Diagnosen auch mit Bordmitteln durchführen; allerdings ist dies teilweise recht umständlich, so dass es in der Praxis vermutlich unterbleibt. Und damit gibt es keine Früherkennung.

9 Was ist .NET?

Das Schlagwort ».NET« ist auf beinahe jeder Seite von microsoft.com mindestens einmal zu lesen. Viele IT-Verantwortliche können sich trotzdem nichts Konkretes darunter vorstellen – dieses Kapitel wird Ihnen einen ersten Einblick geben.

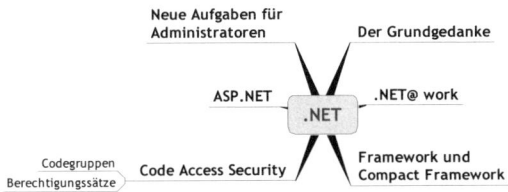

Abbildung 9.1 Die Themen des Kapitels im Überblick

Als der Windows Server 2003 sich noch im Beta-Stadium befand, hieß das Produkt .NET-Server. Erst relativ kurz vor Erscheinen wurde der Name auf das nun bekannte »Windows Server 2003« geändert.

Wenn man oberflächlich schaut, wo denn nun ».NET« drinsteckt, findet man auf den ersten Blick nur das etwas »unhandliche« .NET-Konfigurations-Werkzeug, dessen Sinn nicht so recht klar werden will (Abbildung 9.2).

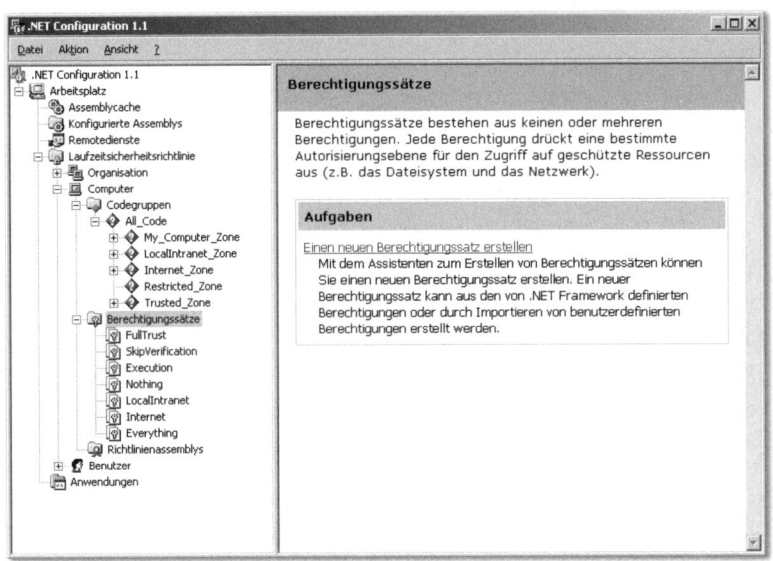

Abbildung 9.2 Das .NET Framework Konfigurations-Werkzeug

9.1 Der Grundgedanke

Der Grundgedanke hinter .NET ist eigentlich gar nicht kompliziert. In Abbildung 9.3 erkennen Sie, worum es in der heutigen IT geht: Es gibt die unterschiedlichsten Client-Systeme und verschiedenste Server/Applikations-Server. Damit die Anwender effizient mit den Systemen arbeiten können, ist Software notwendig, die Funktionen bereitstellt, mit denen die Geschäftsprozesse des Unternehmens oder der Organisation abgebildet werden können, in der Skizze bezeichne ich diese als »Anwendungs-Systeme«.

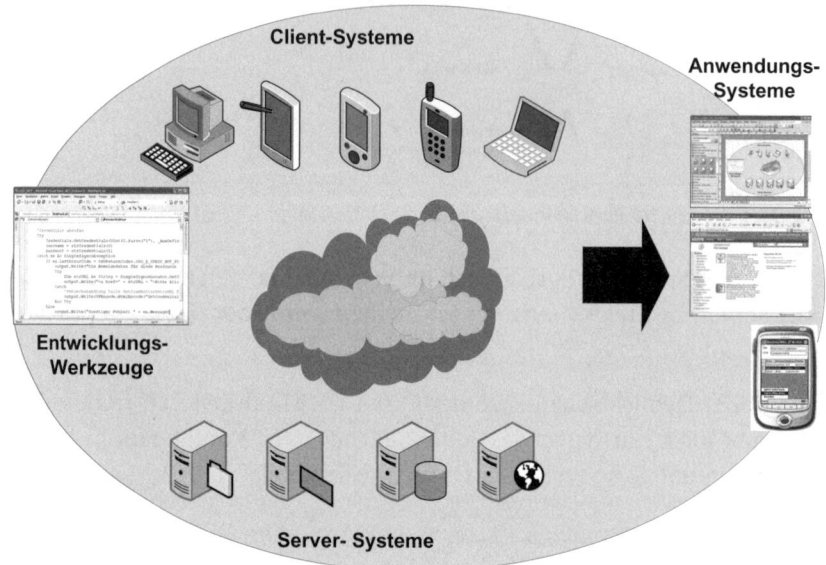

Abbildung 9.3 Ein Blick in die heutige IT-Landschaft

Heute reicht es beispielsweise häufig nicht mehr aus, einen Exchange-Server zu installieren, mit dem die Benutzer sich Nachrichten senden können oder gegenseitig auf die Terminkalender zugreifen können. Stattdessen wird das Messaging-System auch in die betrieblichen Abläufe integriert, um es beispielsweise als Transportmedium für den Workflow der CRM-Abläufe zu verwenden. Der Zugriff auf dieses Gesamtsystem soll natürlich nicht nur aus der Firma vom lokalen PC, sondern von jedem Ort der Welt erfolgen können. Und weil man nicht ständig PC und Notebook mit sich herumschleppen möchte, müssen auch mobile Clients wie PocketPC/PDA oder Handy den Zugriff ermöglichen.

Ein weiteres Beispiel: Eine Firma, die einen großen technischen Außendienst unterhält, wird stark daran interessiert sein, die Techniker enger in die Ablaufsteuerung einzubinden. Ziel ist es, die Fertigmeldung es Technikers, zeitliche Aufwände und verbrauchtes Material möglichst schnell in die zentralen Systeme zu übermitteln. Der Techniker soll sich nun weder schwerpunktmäßig mit einem Computer (Notebook auspacken, hochfahren, Eingaben vornehmen, herunterfahren, einpacken) beschäftigen, noch möchte man größere Investitionen, wie die Anschaffung von 300 Notebooks, vornehmen. Da jeder Techniker ein Handy hat, wäre es natürlich nahe liegend, dieses Kommunikationswerkzeug in die Prozesse einzubinden.

Die beiden Beispiele zeigen den Trend:

Es geht letztendlich darum, alle vorhandenen Clients (PCs, Notebooks, PocketPC, Handy/Smartphone) einzubinden, dabei alle Server zu nutzen, die sinnvoller Weise ebenfalls Daten miteinander austauschen.

Gut, werden Sie sagen, man muss also Software entwickeln, die auf allen Clients läuft, die auf alle Applikationsserver zugreifen kann und die in der Lage ist, auch über den Transportweg Internet kommunizieren zu können. Zudem soll die Software einen sicheren Betrieb gewährleisten und performant laufen.

Jedem wird klar sein, dass diese Anforderungen nicht ganz einfach zu erfüllen sind. Natürlich ist dies alles auch ohne .NET zu realisieren, aber dies ist alles schon nicht mehr ganz trivial: Unterschiedliche Clients, Zugriff auf Applikationsserver, die diversen Protokolle beherrschen – alles recht anspruchsvolle Aufgaben.

Halten Sie sich insbesondere vor Augen, dass wir nicht nur über Software sprechen, die zehntausend Mal verkauft wird. Die Geschäftsprozesse vieler Firmen sind so individuell, dass man zwar nicht komplette Systeme, aber die Bindeglieder zwischen und zu vorhandenen Applikationsservern entwickeln muss.

Kurz gesagt: Sehen Sie .NET als die integrative Komponente, sozusagen als den Leim, mit dem Sie Clients und Applikationsserver zusammenkleben können. Ob eine neues Standard-Anwendungssystem entsteht oder ob Sie zur Optimierung Ihrer individuellen Geschäftsprozesse Exchange und SharePoint mit Ihrem SAP-System »verheiraten« möchten, wird Ihnen .NET eine große Hilfe sein. Einen kurzen Überblick, wie dies geschieht, erhalten Sie im nächsten Abschnitt.

9.2   .NET @ work

Abbildung 9.4 zeigt einen groben schematischen Überblick über unterschiedliche Anwendungsarchitekturen:

▶ In jedem Fall befindet sich in der Mitte das Betriebssystem nebst darunter liegender Hardware.

- »Klassische« Applikationen, hier als »Unmanaged Applications« bezeichnet, setzen direkt auf dem Betriebssystem auf.

- Die linke Hälfte der Abbildung zeigt »Managed Application«. Gemanaged werden diese von der Common Language Runtime des .NET-Frameworks, das in jedem Fall zwischen der Managed Application und dem Betriebssystem liegt. Was nun tatsächlich »gemanaged« wird, erfahren Sie im nächsten Abschnitt.

- Die Managed Applications können die Klassenbibliothek des .NET-Frameworks verwenden (linker oberer Quadrant). Dies wird in den meisten Fällen auch geschehen, da diese für Entwickler eine signifikante Arbeitserleichterung darstellt. Außer auf die Klassenbibliothek können Managed Applications auf weitere Bibliotheken, die beispielsweise API-Funktionen zum Zugriff auf Applikationen wie Exchange oder SharePoint beinhalten, zugreifen.

- Die letzte Variante sind »Managed Web Applications«: Direkt über dem Betriebssystem liegen hier die Internet Information Services, darüber die ASP.NET-Runtime, auf der dann schließlich die Web-Applikation ausgeführt wird.

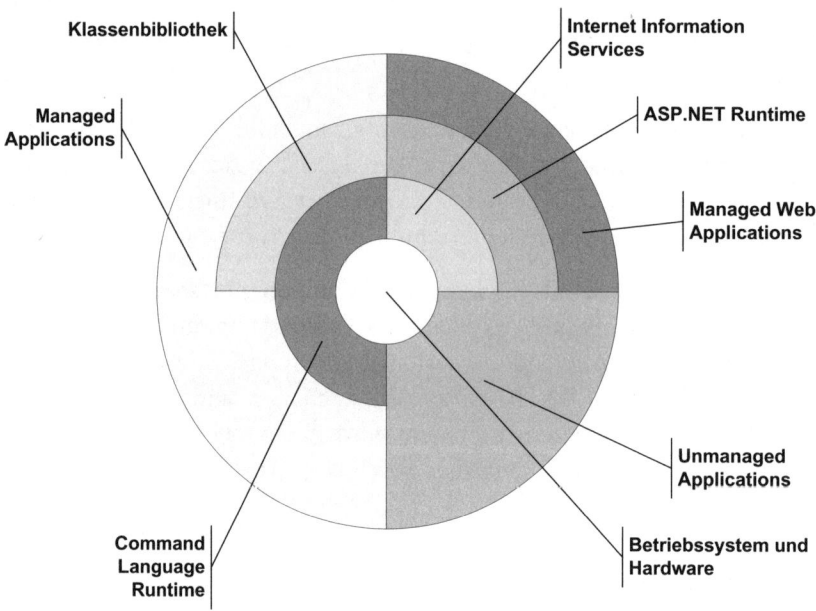

Abbildung 9.4 .NET-Anwendungsarchitektur

Zum einfacheren Verständnis sehen Sie in Abbildung 9.5 noch eine stark abstrahierte Darstellung: Eine Managed Application wird sozusagen in die Kiste ».NET- Framework Laufzeitumgebung« geworfen und darin ausgeführt.

Eine Unmanaged Application greift direkt auf das Betriebssystem zu.

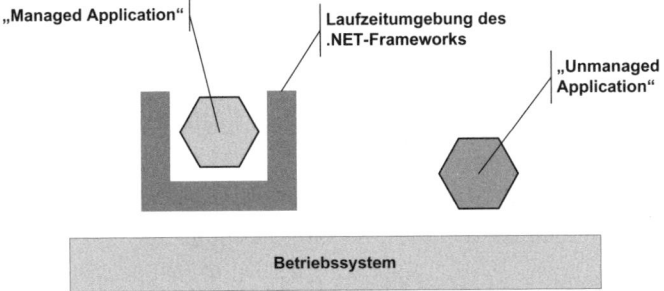

Abbildung 9.5 Managed Applications werden in der .NET Laufzeitumgebung ausgeführt.

Für Programmierer: Im .NET-Framework sind die meisten Betriebssystemfunktionen recht komfortabel gekapselt, ein direkter Aufruf von Betriebssystemfunktionen ist im Bedarfsfall über P/Invoke möglich.

9.3 .NET Framework und Compact Framework

Am Anfang habe ich erläutert, dass .NET eher ein Konzept oder Philosophie ist und nicht ein einzelnes fertiges Produkt. Trotzdem gibt es **den** .NET-Download, nämlich das .NET-Framework. Dieses benötigen Sie, wenn Sie .NET-Applikationen ausführen möchten. Beim Windows Server 2003 ist es standardmäßig integriert, bei den anderen Betriebssystemen müssen Sie es nachinstallieren. Verfügbar ist das .NET-Framework für diese Microsoft-Betriebssysteme (in chronologischer Reihenfolge des Erscheinungsdatums):

▶ Windows NT (SP6a)

▶ Windows 98/ME

▶ Windows 2000

▶ Windows XP

▶ Windows 2003

Interessanterweise gibt es ein Open Source-Projekt, das sich mit dem »Nachbau« des .NET Frameworks für Linux/Unix beschäftigt, es heißt Mono.

Nähere Informationen darüber finden Sie unter `www.mono-project.com`.

In wie weit dieses Projekt in der näheren Zukunft tatsächliche Bedeutung im Alltag der Unternehmens-IT erlangt, kann man sicherlich kontrovers diskutieren. Interessant ist aber in jedem Fall, dass sich etliche hochkompetente und teilweise renommierte Entwickler daran begeben, einen .NET-Clone zu entwickeln.

Schauen wir uns das .NET-Framework kurz an. In Abbildung 9.6 ist das übliche Schichtenmodell zu erkennen.

▶ Die Grundlage ist die Windows-Plattform, momentan Win32.

▶ In der nächst höheren Schicht finden sich bekannte Technologien wie COM+, MSMQ (Message Queuing), die Internet Information Services und als Technologie für den Datenzugriff ADO.

▶ Dann geht es richtig los mit .NET in Form der Common Language Runtime, der Klassenbibliothek und etlichen weiteren Komponenten.

▶ Die oberste Schicht bilden die Programmiersprachen, mit denen .NET-Code erzeugt werden kann. Es sind dies mittlerweile nicht nur die von Microsoft in Visual Studio bereitgestellten Programmiersprachen VB.net, C#, J# und C++, mittlerweile unterstützen auch andere Hersteller wie beispielsweise Borland mit dem Delphi-Produkt die .NET Entwicklung.

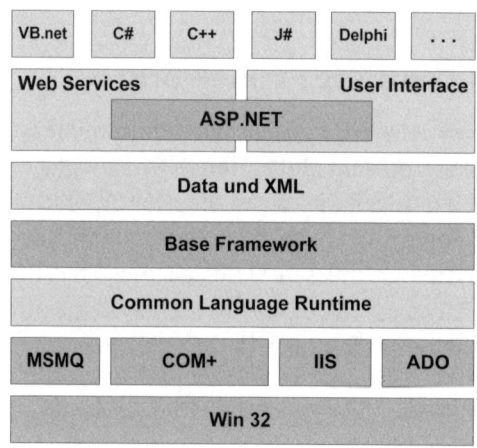

Abbildung 9.6 Das .NET-Framework im Schichtenmodell

Die Ausführung von .NET-Code unterscheidet sich grundlegend von der Ausführung »normaler« Programme. Bei letzterem erzeugt der Compiler nativen Code, der direkt ausgeführt werden kann. In einer .NET-Umgebung verhält es sich anders, wie Sie in dem Flussdiagramm (Abbildung 9.7) erkennen können:

▶ Der Compiler erzeugt zwar eine EXE- oder DLL-Datei, allerdings besteht diese aus einer Art Zwischencode, der Intermediate Language (IL). Diese Dateien sind ohne das .NET-Framework nicht ausführbar, obwohl sie die Extension EXE haben. Sie können das einfach verifizieren, in dem Sie eine .NET-Exe auf eine Maschine ohne installiertes Framework kopieren und versuchen diese zu starten – es wird eine Meldung erscheinen, dass ein .NET-Framework erforderlich ist.

- Startet man eine .NET-Exe wird die Common Language Runtime aktiv. Zunächst ermittelt der Class Loader, welche Assemblies zur Ausführung zusätzlich benötigt werden. Diese finden sich zumeist in DLL-Dateien.

- Als Nächstes erstellt der JIT-Compiler aus der Intermediate Language »echten« ausführbaren Code. Der JIT-Compiler benötigt für diese Kompilierung nur wenige Augenblicke, diese Vorgang ist vom Zeitbedarf nicht vergleichbar mit der Kompilierung in Visual Studio. Das Kompilieren zur Laufzeit bietet übrigens den Vorteil, dass eine auf die Maschine optimierte Übersetzung erfolgen kann. Herkömmlicher Code ist für den kleinsten gemeinsamen Nenner, letztendlich also für den ältesten noch unterstützten x86-Prozessor übersetzt. Bei Messungen hat sich herausgestellt, dass geJITteter Code in der Tat häufig schneller ist, obwohl am Anfang der Kompilierungsvorgang durchgeführt werden muss.

- Während der Ausführung des Codes achtet die Laufzeitumgebung auf die Einhaltung der definierten Sicherheitsrichtlinien der Code Access Security (hierzu mehr im nächsten Abschnitt).

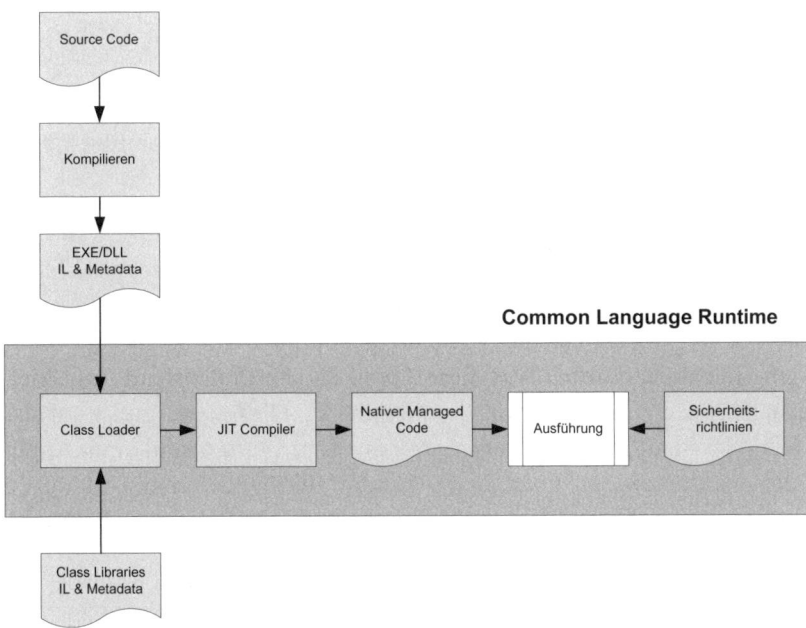

Abbildung 9.7 Die Ausführung von .NET Code

Neben dem .NET Framework existiert eine spezielle Variante des .NET-Frameworks für mobile Geräte mit WinCE-basierten Betriebssystemen also PocketPCs und Windows Powered SmartPhones.

Die Klassenbibliothek des Compact Frameworks ist eine Untermenge derjenigen des »großen« Frameworks, enthält allerdings deutlich weniger Funktionen. Das hängt zum einen damit zusammen, dass ein installiertes .NET-Framework mit deutschem Sprachpaket ca. 40 MB Speicher beansprucht, was für viele mobile Geräte deutlich zu viel ist. Darüber hinaus sind etliche Funktionen zu ressourcenintensiv, als das man diese sinnvoll auf einem Mobilgerät einsetzen könnte.

Dem Compact Framework 1.0 fehlen einige grundlegende Eigenschaften des großen .NET Frameworks. **.NET CF verfügt beispielsweise *nicht* über Code Access Security.**

Trotz Limitierungen ist das .NET Compact Framework ein innovativer wichtiger Schritt in die richtige Richtung, denn damit kann ein Entwickler, der Erfahrungen im .NET-Umfeld gesammelt hat, mit relativ geringem Einarbeitungsaufwand anspruchsvolle Applikationen für Mobilgeräte entwickeln. Die Klassenbibliothek, die von .NET CF zur Verfügung gestellt wird, dürfte im Umfeld der Entwicklung für Mobilgeräte in dieser Funktionsvielfalt einzigartig sein.

9.4 Code Access Security

Ein wichtiges Merkmal des .NET Frameworks (*NICHT* des .NET Compact Frameworks) ist die Code Access Security.

Normaler Weise kann eine Applikation auf alle Ressourcen zugreifen, auf die der Benutzer, der die Applikation startet, Zugriff hat. Der Schwachpunkt liegt auf der Hand: Häufig starten Benutzer recht unbedacht eine Applikation, die beispielsweise per E-Mail auf die Maschine gekommen ist, haben aber überhaupt keine Kontrolle darüber was diese Applikation nun überhaupt tut: Vielleicht installiert Sie eine Backdoor, durchsucht das Filesystem, greift auf das Internet zu oder klaut E-Mail-Adressen. Mit anderen Worten sind einer Applikation, die gestartet ist, nur noch Riegel in Form der Benutzerberechtigungen vorgeschoben. Das bedeutet, dass die gestartete Applikation, je nach Benutzerumgebung, relativ frei »schalten und walten« kann

Das Prinzip der Code Access Security-Richtlinien (CASpol) bringt hier sehr deutliche Verbesserungen – allerdings nur für Managed Applications!

Für jede einzelne Assembly (kann eine .exe- oder .dll-Datei sein) kann individuell definiert werden, auf welche Ressourcen diese zugreifen kann.

Abbildung 9.8 zeigt die Konfiguration eines Berechtigungssatzes: Eine Assembly darf den SQL-Client verwenden und im Verzeichnis c:\temp lesend und

schreiben auf Dateien zugreifen. Sonst nichts! Kein Zugriff auf andere Netzwerkressourcen, keine Manipulation der Registrierung etc.

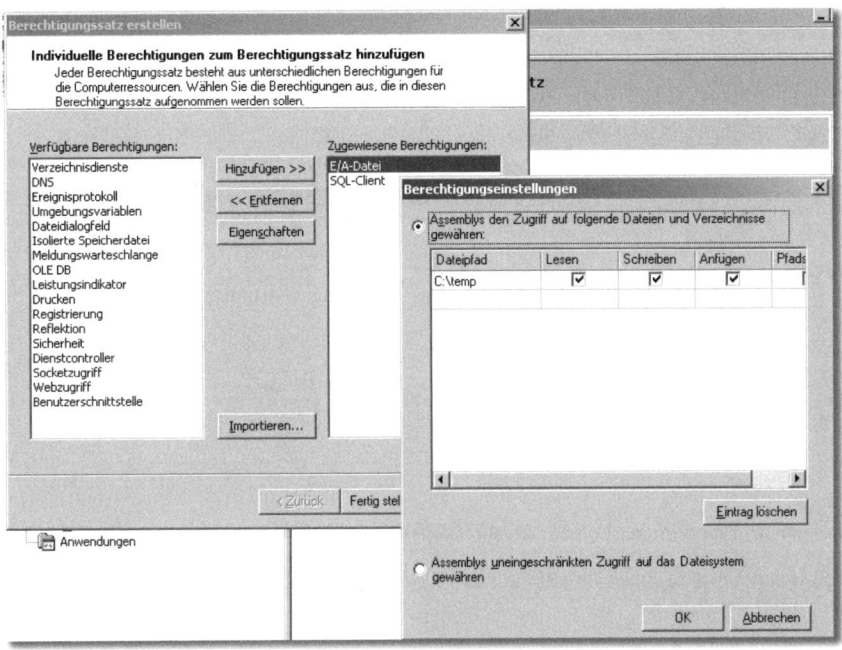

Abbildung 9.8 Erstellen eines Berechtigungssatzes mit dem Konfigurationswerkzeug des .NET
Frameworks

Im Klartext bedeutet das, dass **Sie** festlegen, was eine ausführbare Datei darf
und sich die ausführbare Datei eben nicht das holen kann, was sie gern hätte.
Obwohl diese Vorgehensweise eindeutig in die richtige Richtung weist, muss
man die Euphorie zunächst bremsen: Die Code Access Security funktioniert
ausschließlich mit Managed Code, der von der Laufzeitumgebung des .NET-
Frameworks ausgeführt wird. Solange Sie nicht Unmanaged Code auf den Systemen komplett ausschließen können, gibt es durch das Verfahren natürlich
keine verbesserte Gesamtsicherheit. Um bösartigen Unmanaged Code auszuschließen, können Sie beispielsweise auf die »Richtlinien für Softwareein-
schränkungen« (Gruppenrichtlinien) zurückgreifen.

Code Access Security kann natürlich nur funktionieren, wenn Sie das Konzept
nicht aushebeln und alle Assemblies mit »Full Trust«, also ohne Einschränkungen, laufen lassen.

Damit Sie einen »visuellen Eindruck« bekommen, wie es aussieht, wenn die
Code Access Security den Ressourcenzugriff verhindert, habe ich ein kleines
Programm geschrieben, das versucht, auf einen SQL Server zuzugreifen. Da die

Assembly (= Exe-Datei) keine Berechtigung dazu hat, wird der Zugriff verhindert (Abbildung 9.9).

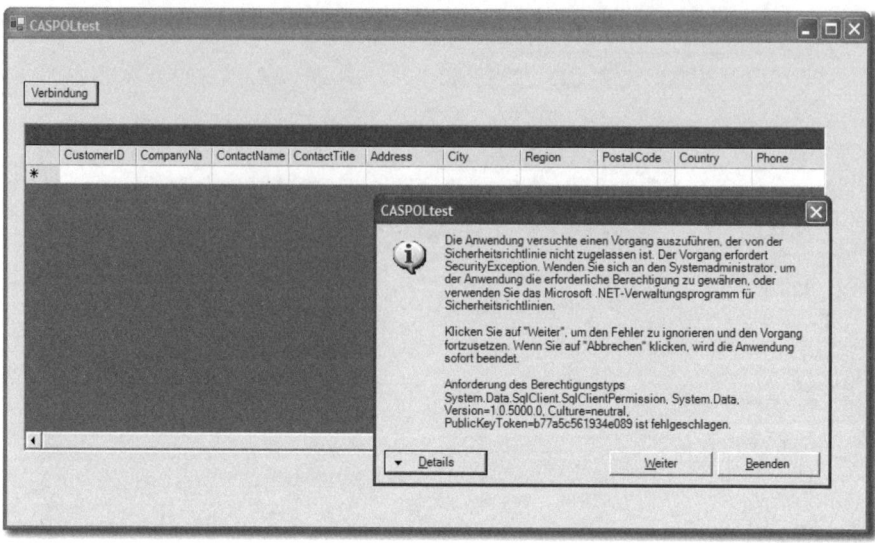

Abbildung 9.9 Ein Programm versucht auf den SQL Server zuzugreifen. Die Code Access Security verhindert den Zugriff.

9.4.1 Von Codegruppen und Berechtigungssätzen

Berechtigungssatz:

Das Erstellen eines Berechtigungssatzes haben Sie bereits in Abbildung 9.8 gesehen. In einem Berechtigungssatz wird festgehalten, welche Rechte eine Assembly hat, also auf welche Ressourcen Sie zugreifen kann.

Codegruppe:

Nun muss dem System noch mitgeteilt werden, auf welche Applikationen der zuvor erstellte Berechtigungssatz angewendet werden soll. Hierzu werden Codegruppen verwendet. Die Assembly kann beispielsweise anhand des Hashwerts, des Publishers, der Herkunfts-URL und einiger anderer mehr identifiziert werden.

Zum Schluss wird der Codegruppe ein zuvor erstellter Berechtigungssatz zugewiesen. Ab sofort gelten die neuen Einstellungen für die entsprechende Assembly (Abbildung 9.11).

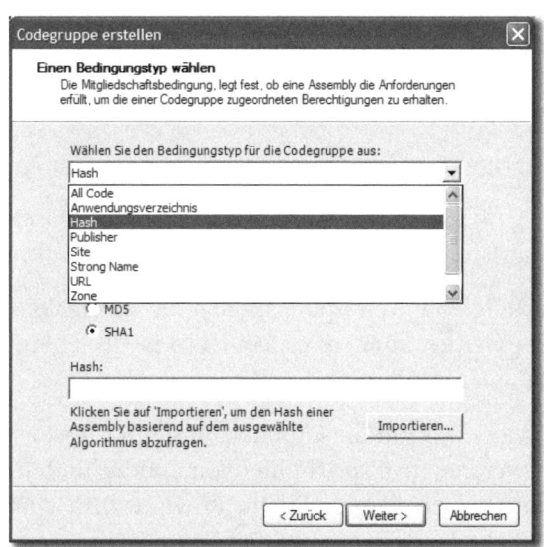

Abbildung 9.10 Ein Bedingungstyp für die Codegruppe wird ausgewählt. Dies dient zur Identifikation einer Assembly.

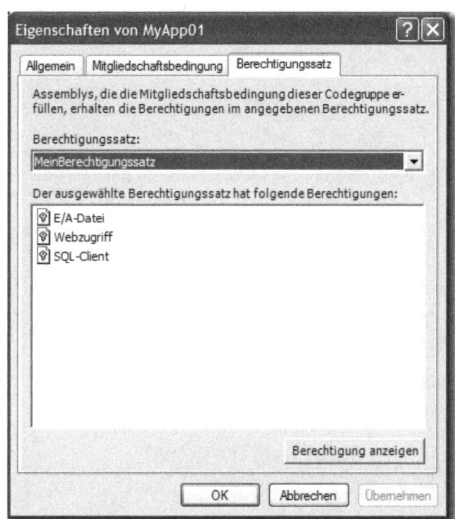

Abbildung 9.11 Den Assemblies dieser Codegruppe wird ein Berechtigungssatz zugewiesen.

Die vorangegangenen Screenshots stammten aus der .NET Framework-Konfigurations-Applikation. Alternativ können Sie den Assistenten verwenden und die Option »Einer Assembly vertrauen« wählen.

Die Konfigurationsdateien werden als XML-Dateien gespeichert und können demzufolge auch einfach mit einem Texteditor bearbeitet werden – für fortgeschrittene Benutzer ...

9.5 ASP.NET

ASP.NET ist der Nachfolger der Active Server Pages (ASP), steht aber technisch auf einer neuen und sehr leistungsfähigen Basis.

Interessant ist, dass zur Entwicklung von Web-Applikationen die »normalen« Programmiersprachen verwendet werden können, es kann also in Visual Studio mit VB.NET, C# oder J# gearbeitet werden.

Wenn Sie mit Visual Studio entwickeln, kann die »Applikationslogik« in einer separaten Assembly gespeichert werden, man spricht hier von CodeBehind. In Abbildung 9.12 ist das Funktionsprinzip dargestellt: Im Browser wird eine HTML-Datei (*.aspx) angezeigt. Klickt der Benutzer auf den Button »Eintragen« wird ein server-seitiger Event ausgelöst, der in der Code-Behind-Assembly behandelt wird. Für diese Assembly gilt das zuvor für die Ausführung von .NET-Assemblies gesagte: Der Compiler erzeugt IL-Code (= Intermediate Language), der bei der ersten Ausführung gejittet wird (= der Just-in-Time-Compiler erzeugt maschinen-ausführbaren Code).

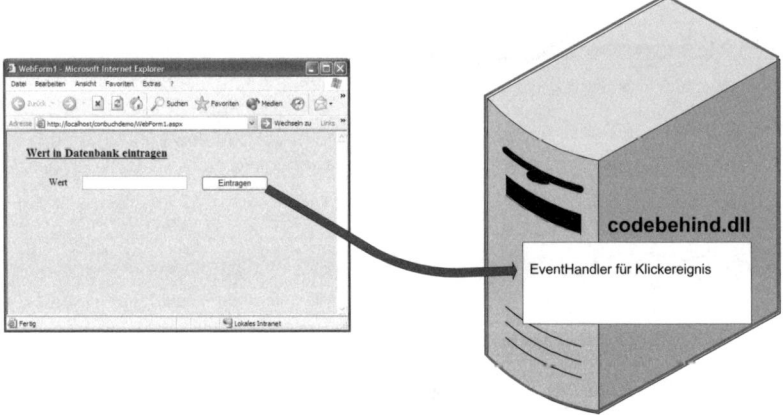

Abbildung 9.12 Konzept von ASP.NET mit CodeBehind-Datei

ASP.NET hast sich als sehr leistungsfähige Plattform für die Programmierung komplexer Applikationen mit Web-Interfaces herausgestellt.

Anmerkung: Anstelle des kostenpflichtigen Visual Studios können Sie zur Entwicklung von ASP.NET-Applikationen das von Microsoft kostenfrei bereitgestellte Web Matrix verwenden. Web Matrix hat allerdings für den professionellen Gebrauch einige Einschränkungen, beispielsweise kann es keine Code Behind-Dateien erzeugen.

Im Active Directory-Kapitel hatte ich angeregt, eine kleine Web-Applikation zu entwickeln, mit der die Benutzer im AD hinterlegte Kontaktdaten aller Mitarbeiter des Unternehmens abrufen können oder die Struktur des Verzeichnisses durchsuchen können: Mit ASP.NET kann man eine solche Applikation vergleichsweise einfach realisieren!

9.5.1 ASP.NET Mobile Controls/Mobile Internet Toolkit

Falls Sie Web-Applikationen entwickeln möchten, die von Devices mit Micro-Browsern angezeigt werden, können Sie die ASP.NET Mobile Controls verwenden, die Bestandteil des .NET Frameworks 1.1 sind – vor der Version 1.1 des .NET Frameworks konnte man das Mobile Internet Toolkit verwenden (Abbildung 9.13).

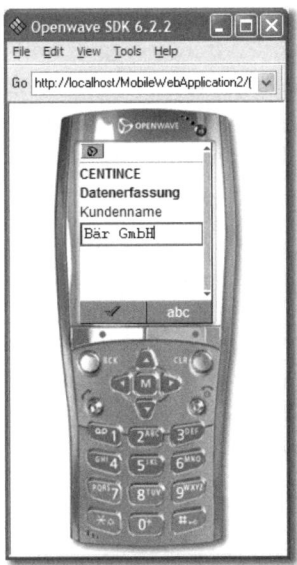

Abbildung 9.13 ASP.NET Mobile Controls auf einem Mobiltelefon

Merkmal der ASP.NET Mobile Controls ist, dass die Ausgaben passend für das jeweilige Zielgerät gerendert werden. Dies ist notwendig, weil die unterschiedlichen Mobiltelefone über Browser mit verschiedenen Fähigkeiten verfügen, angefangen von der Markup Language (HTML, cHTML, WML) über die Displaygröße bis hin zu speziellen Fragestellungen wie beispielsweise dem Support von Cookies.

Bei der klassischen Entwicklung von mobilen Web-Applikationen musste man letztendlich mehrere verschiedene Web-Applikationen entwickeln, um die jeweilige Mobiltelefon- bzw. PDA-Plattform zu unterstützen. Mit den ASP.NET Mobile Controls entwickeln Sie die Applikation einmal, der Rest geschieht automatisch.

Einen Überblick über die unterstützten Geräte finden Sie unter `http://www.asp.net/mobile/testeddevices.aspx`. Sie werden feststellen, dass die Liste die meisten gängigen Telefone umfasst.

9.6 Neue Aufgaben für Administratoren

Administratoren werden auf die Dauer nicht um eine intensivere Beschäftigung mit dem .NET-Framework herumkommen. Momentan finden sich zwar noch nicht allzu viele Anwendungen, die auf Managed Code basieren – allerdings mit stark steigender Tendenz!

Die »großen« Microsoft Applikationspakete wie beispielsweise Office bestehen zum größten Teil aus unmanaged Code. Wenn Sie Office durch Programmierungen erweitern, die mit den VSTO (= Visual Studio Tools for Office) erstellt worden sind, haben Sie übrigens .NET-Assemblies auf der Maschine: Und somit müssen Sie das Framework auf die Maschinen bringen und sich mit der Konfiguration auseinandersetzen.

Prinzipiell ist die Konfiguration des .NET-Frameworks nicht schwer; man muss sich mit dem Konzept der Code Access Security allerdings ein wenig beschäftigen.

Wenn Sie zum Testen eine .NET-Applikation benötigen, die auf Knopfdruck (bzw. Mausklick) gezielt einige »konfigurationspflichtige« Aktionen, wie den Zugriff auf das Filesystem, auf DNS oder einen SQL Server durchführt, können Sie mich gern ansprechen (ulrich@boddenberg.de).

9.7 Falls Sie Entwickler sind ...

Mittlerweile gibt es für die meisten Microsoft Serverprodukte ein Software Development Kit (SDK), in dem beschrieben ist, wie man auf Funktionen der Serversysteme zugreifen kann. Durch .NET ist dieses »Programmieren mit den Applikationsservern« wesentlich einfacher geworden. Die Server-Applikationen, die Sie von Microsoft kaufen können, sind Standardprodukte. Diese haben zwar mittlerweile eine sehr große Funktionsvielfalt, trotzdem kann ein Standardprodukt nie so individuell sein, wie es wünschenswert wäre. Oft sind es ja nur ein paar kleinere Funktionen zum Import oder Export von Daten oder zum Abgleich mit einer externen Datenbank: Die Tendenz ist zunehmend zu beobachten, dass die Implementation und Integration einer Anwendung in eine Unternehmenslandschaft häufig mit dem Programmieren von kleinen Erweiterungen und Schnittstellen einhergeht. Also interessante Aufgaben für Entwickler, die sich mit der .NET-Philosophie und den Microsoft Servern auskennen.

10 Client-Systeme

Eine hochwertige Serverinfrastruktur ist das Rückgrat des IT-Systems. Ohne funktionierende Client-Systeme sind die Serversysteme allerdings nicht allzu viel Wert – schließlich kann dann niemand auf die Informationen zugreifen, die auf den Servern abgelegt sind.

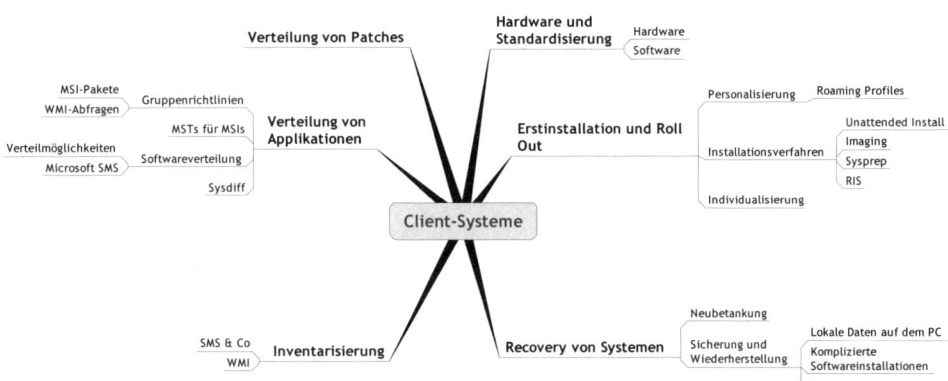

Abbildung 10.1 Die Themen des Kapitels im Überblick

Auf den ersten Blick scheint die Client-Landschaft technologisch bei weitem nicht so anspruchsvoll zu sein wie die Serversysteme. Bei genauerem Hinsehen wird man einerseits feststellen, dass die Client-Landschaft sehr viel Arbeit macht, zum anderen auch diverse technisch anspruchsvolle Fragestellungen bereithält.

Fakt ist, dass viele Unternehmen unnötige Zeit mit dem Verwalten der Client-Landschaft verschwenden. Die Aufwände lassen sich häufig bereits durch relativ einfach technische Maßnahmen reduzieren.

10.1 Hardware und Standardisierung

Die wesentlichen Voraussetzungen für eine leicht zu verwaltende Clientlandschaft sind eine möglichst einheitliche Hardware-Umgebung und ein möglichst hoher Standardisierungsgrad der Maschinen.

10.1.1 Standardisierung der Hardware

Es gibt viele mittelständische Kunden mit einigen hundert PCs, bei denen regelmäßig zehn bis zwanzig PCs ausgeschrieben, beschafft und ausgerollt werden. In solchen Umgebungen findet sich alles von Marken-PCs (HP, IBM, Dell), über »B-Brands« (Maxdata, Wortmann etc.) bis hin zu von kleineren Händlern selbst konfektionierten Systemen. Man kann sich recht einfach die Typenvielfalt vorstellen, wenn man einmal nachrechnet: In einer Umgebung mit 300 PCs, in der immer in 20er-Paketen beschafft wird, wird es 15 unterschiedliche PC-Typen geben. Vermutlich noch deutlich mehr, weil die Konstruktionsabteilung unbedingt eine andere Grafikkarte braucht, der Junior-Chef muss eine spezielle Soundkarte haben etc.

Selbst wenn wir die »Sonderfälle« einmal außer Acht lassen und davon ausgehen, dass sich fünfzehn verschiedene System-Typen im Einsatz befinden, ist das schon ziemlich unangenehm, sprich aufwendig:

▶ Wenn Sie nicht jeden PC individuell von Hand installieren, sondern für die Betankung ein Erstinstallationsverfahren per Imaging, RIS oder Unattended Install verwenden, müssen Sie das Verfahren für jeden PC-Typen neu anpassen. Selbstverständlich sind die Zeiten vorbei, in denen man für jeden Hardwaretypen ein eigenes Image benötigte, allerdings muss zum einen getestet werden, ob das Erstinstallations-Verfahren auf der Hardware funktioniert, zum anderen müssen Sie sicherlich Treiber ergänzen.

▶ Jeder kennt die Unverträglichkeiten und die »mystischen Effekte«, die manchmal von Treibern oder sonstigem recht hardware-nahen Code hervorgerufen wird. Wenn Sie sich mit den Eigenheiten von zwei oder drei Gerätefamilien beschäftigen müssen ist das schlimm genug – wenn es fünfzehn sind, bringt das so ziemlich jeden Administrator an den Rand des Nervenzusammenbruchs. Ich habe Fälle erlebt, wo Grafikkarten-Treiber die Verwendung einer Fernsteuerungssoftware verhindert haben, Druckertreiber eines großen Herstellers sich auf bestimmten Maschinen nicht installieren ließen und sonstige Inkompatiblilitäten auftraten. PCs sind komplexe Gebilde, die beschriebenen Probleme werden sich nie ganz vermeiden lassen, die Frage ist nur, wie häufig diese in Ihrer Umgebung gelöst werden sollen.

▶ Wenn neue Software oder ein Update eingesetzt werden soll, müsste diese Software eigentlich auf alle Maschinentypen getestet und validiert werden. Das Problem, dass bestimmte Grafikbibliotheken mit einigen Grafikkartentypen nicht oder zumindest nicht gut funktionieren, ist nach wie vor nicht vom Tisch. Speziell auch wenn recht hardware-nahe Erweiterungen wie Dongle, SmartCard-Leser oder USB-Sticks, die zum Speichern von Zertifikaten eingesetzt werden, ist zumindest ein grober Test mit allen eingesetzten Hardwaretypen erforderlich – je weniger, desto besser.

▶ Mal anders herum: Ein neuer Hardwaretyp muss streng genommen mit allen im Einsatz befindlichen Erweiterungen und Applikationen geprüft werden. Je seltener Sie diese Hardware-Validierung durchführen müssen, umso besser.

- Unterschiedliche Hardware bedeutet häufig, dass unterschiedliche Abläufe (vom Ansprechpartner bis zur Handhabung) im Fall einer Störung zu durchlaufen sind. Das ist zumindest zusätzlicher Verwaltungsaufwand.

- Selbst wenn Ihr Einkauf massiv Druck macht, wird vermutlich für zehn mal zwanzig PCs ein schlechterer Preis als für einmal 200 PCs zu erzielen sein. Auch Hardwarehersteller sind im Allgemeinen an einer »festen Bindung« interessiert und honorieren einen Rahmenvertrag im Allgemeinen mit recht attraktiven Konditionen. Gut, wenn Sie insgesamt »nur« fünfzig PC-Arbeitsplätze haben, haben Sie keine sonderlich große »Marktmacht«, bei einem Bestand von 500 und mehr PCs sind die Vertriebsleute der großen Hersteller im Allgemeinen schon recht aktiv.

- Zumindest die Marken-PCs sind heute mit Agenten für die jeweiligen Managementsysteme (z.B. Insight Manager bei HP und OpenManage bei Dell) ausgestattet. Ein herstellerübergreifender Zoo verschiedener Systeme bedingt im Allgemeinen auch den Einsatz mehrere Management-Systeme. Weil letztgenanntes einfach zu lästig ist, lässt man das Hardware-Management dann häufig ganz bleiben – schade!

Man kann sich natürlich noch viele weitere Argumente für eine möglichst einheitliche PC-Landschaft überlegen, aber ich denke, dass Sie bereits überzeugt sind. Wie ist nun die Vereinheitlichung der Hardware zu erreichen?

- Wenn Sie PCs bei einem B-Brand oder beim Händler um die Ecke, der die Systeme selbst zusammenbaut, kaufen, ist der einzige Weg einheitliche Systeme zu bekommen, größere Chargen abzunehmen, also beispielsweise den Jahresbedarf en bloc zu kaufen.

- Die großen Hersteller (Dell, HP, IBM) haben sich darauf eingestellt, eine gewisse Konstanz in den Hardwareprodukten sicherzustellen. Das bedeutet nicht, dass PCs über einen Zeitraum von zwei Jahren identisch wären, aber die Unterschiede sind, zumindest bei den als Business-PCs positionierten Geräten, nicht so eklatant groß. Auch hier gilt aber: Wenn Sie wirklich identische Geräte haben möchten, kaufen Sie diese am besten en bloc.

Es ist natürlich recht schwer, die durch Vereinheitlichung der Hardware gesparte Zeit in konkreten Euro-Zahlen zu beziffern. Dass Einsparungen, zumindest zeitliche, zu realisieren sind, liegt allerdings erkennbar auf der Hand.

10.1.2 Standardisierung der Software

Dieser Abschnitt müsste eigentlich korrekt »Standardisierung der Anwendungssoftware auf den Client-Installationen« heißen. Die Standardisierung der

Betriebssysteminstallation ist letztendlich ein Nebeneffekt der Standardisierung der Hardware, betrachten wir also die Anwendungssoftware.

Was ist das Ziel?

Das Ziel ist ein Erstinstallationsverfahren, das Sie auf alle Clients anwenden können und die Benutzer sofort befähigt, mit dem neu aufgesetzten System zu arbeiten – ohne das ein IT-Mitarbeiter noch irgendwelche Arbeiten vornehmen muss.

Ein Wunschtraum?

Der beschriebene Fall ist sicherlich das Optimum, das zugegebener Weise in der Praxis schwer zu erreichen sein wird. Man kann aber sicherlich versuchen, diesem Optimum möglichst nah zu kommen.

Beispiel 1:

Ein Unternehmen mit 500 Arbeitsplätzen ist wie folgt vorgegangen:

▶ Es existiert ein gemeinsamer Software-Standard für alle PCs. Dieser beinhaltet Office Standard Edition, Acrobat Reader, den Client für das ERP-System, den Citrix MetaFrame-Client und einige weitere allgemein nützliche Dinge. Es gibt durchaus PCs, die keine weitere Software benötigen.

▶ Ansonsten sind vier »Zusatzpakete« definiert worden und zwar für die Bereiche Entwicklung (insbesondere CAD-Programm), für die Fertigung (insbesondere Software für die Produktionssteuerung und Qualitätssicherung), für den Finanzbereich (Software für Zahlungsverkehr und Controlling-Aufgaben) und für Vertrieb/Marketing (CRM-Werkzeug). Ein solches Zusatzpaket umfasst alle Programme, die im jeweiligen Bereich benötigt werden. Aus Vereinfachungsgründen nimmt man in Kauf, dass beispielsweise ein »einfacher Buchhalter«, der eigentlich nicht den Client für die Controlling-Software benötigt, diesen trotzdem auf seiner Maschine installiert hat: Er hat zwar den Client, aber nicht die zum Zugriff notwendigen Rechte, insofern entsteht kein Schaden.

▶ Der Optimalfall wäre, dass die Grundinstallation automatisch durchgeführt wird und je nach Aufgabenbereich des Benutzers die Pakete nachinstalliert werden. Da der Kunde aber keine komplexe Softwareverteilung wünschte, sind fünf Master (Grundfunktion, Grundfunktion+Entwicklung, Grundfunktion+Fertigung, etc), erstellt worden. Je nach Bedarf wird einer dieser Master installiert – fertig.

▶ Letztendlich wird es immer Fälle geben, in denen individuell Softwareprodukte nachinstalliert werden müssen. Wichtig ist aber, dass der größte Teil der Applikationen schnell und möglichst ohne weiteren Eingriff eines Administrators installiert werden kann.

Beispiel 2:

Ein Unternehmen mit ca. 300 Arbeitsplätzen ist etwas anders vorgegangen:

▶ Ebenfalls vorhanden ist eine Grundinstallation, die neben dem Betriebssystem die Komponenten, die von allen Benutzern benötigt werden, enthält, beispielsweise das Office-Paket, den Acrobat Reader etc.

▶ Im Gegensatz zu dem zuvor besprochenen Fall existiert aber nur ein einziger Master, der immer installiert wird. Die individuellen Applikationen für die einzelnen Benutzergruppen werden über Gruppenrichtlinien verteilt.

▶ Diese Methode ist natürlich noch ein wenig perfekter, als die zuvor vorgestellte, allerdings ist die Voraussetzung, dass alle zu installierenden Pakete als MSI-Datei vorliegen – etwas anderes kann man mit Gruppenrichtlinien nicht verteilen.

▶ Wenn Sie über dieses Szenario nachdenken und in einer großen Organisation recht komplexe Installationsszenarien abdecken müssen, wird die »eingebaute« Softwareverteilung über Gruppenrichtlinien Ihren Ansprüchen vermutlich nicht genügen. Es kommen dann Werkzeuge wie beispielsweise Microsoft SMS oder die LANDesk Mangement Suite (LDMS) in Frage.

Egal für welchen Weg Sie sich entscheiden: Wichtig ist, dass Sie eine Methode finden, wie Sie auf möglichst einfache Art und Weise eine automatische Installation realisieren.

Dieser Abschnitt ist mit »Standardisierung« überschrieben. Völlig klar, wenn Sie nicht einheitliche Standards für Ihre Anwendungssoftware etablieren und stattdessen zig verschiedene Kombinationen von Softwareprodukten im Einsatz haben, wird eine automatisierte Installation sehr schwierig bis unmöglich sein.

Fakt ist: Je stärker Sie standardisieren, desto weniger Arbeit haben Sie!

10.2 Erstinstallation/Roll Out

Die erste Tätigkeit mit einem neuen PC ist die Erstinstallation mit dem Betriebssystem und den Anwendungsprogrammen, die vom jeweiligen Benutzer benötigt werden.

Auf jeden Fall zu vermeiden ist, dass Sie (oder Ihre Mitarbeiter) jeden einzelnen PC manuell installieren: Viele Wege führen nach Rom – nun gilt es, den besten zu identifizieren.

10.2.1 Personalisierung

Zunächst ein Problem: Software auf einer Maschine zu installieren, ist der erste Schritt, selbige für den Benutzer zu personalisieren der zweite: Denken Sie beispielsweise an Einstellungen wie das Outlook-Postfach, die Standarddokumentvorlage für Word oder die Farbe des Bildschirmhintergrundes.

Viele der personalisierten Informationen befinden sich in der Registry, insofern ist es hilfreich, einen kurzen Blick auf die Struktur derselben zu werfen.

Abbildung 10.2 zeigt den Registry-Editor. Auf der obersten Ebene sehen Sie Objekte, deren Bezeichnungen mit HKEY_ beginnen. Wichtig ist in diesem Zusammenhang der Zweig HKEY_CURRENT_USER, in dem sich die Benutzerkonfiguration findet. Hier sind beispielsweise die Netzwerkdrucker, die der aktuell angemeldete Benutzer verwendet, eingetragen, hier finden sich aber auch Konfigurationsinformationen, wie beispielsweise die Postfach-Einstellungen in Outlook.

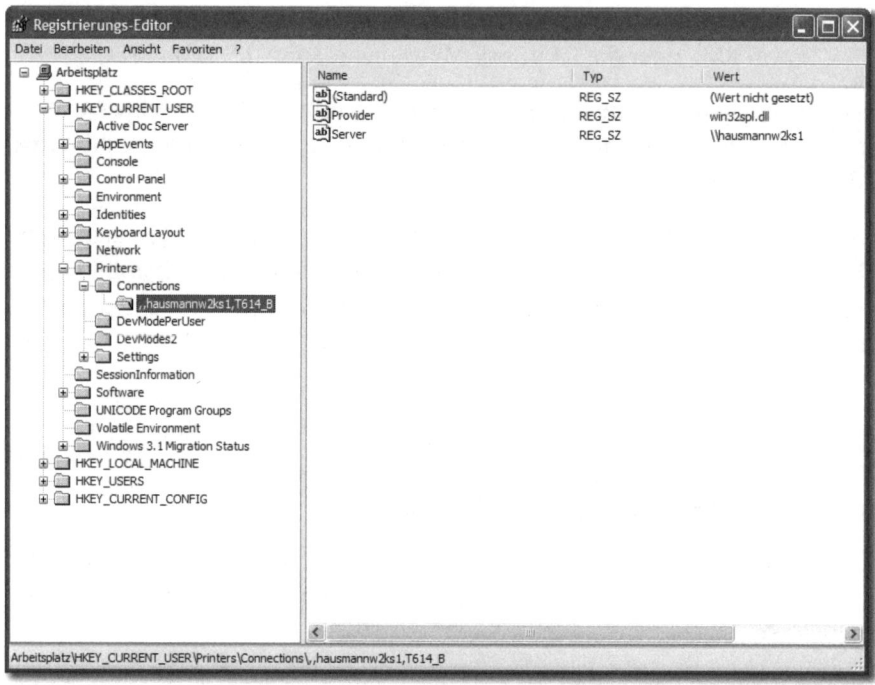

Abbildung 10.2 Der Registry-Zweig HKEY_CURRENT_USER enthält die Konfiguration des aktuell angemeldeten Benutzers

Sie haben es gelesen: In der Registry ist der Zweig des **aktuell angemeldeten** Benutzers gespeichert, die Daten der übrigen Benutzer stehen in deren Profilen, genauer gesagt in der Datei NTUSER.DAT, die in jedem Profil vorhanden ist (Abbildung 10.3).

Auf Windows 2000- und XP-Systemen finden sich die Profile standardmäßig in `C:\Dokumente und Einstellungen\benutzername`. In diesem Verzeichnis finden sich neben der besagten NTUSER.DAT-Datei diverse Unterverzeichnisse, in denen sich beispielsweise weitere Konfigurationsdateien, Office-Vorlagen, die auf dem Desktop abgelegten Dateien, die »Eigenen Dateien« und vieles andere mehr.

Meldet sich ein Benutzer an, wird der Inhalt der NTUSER.DAT in den Registry-Zweig HKEY_CURRENT_USER geschrieben.

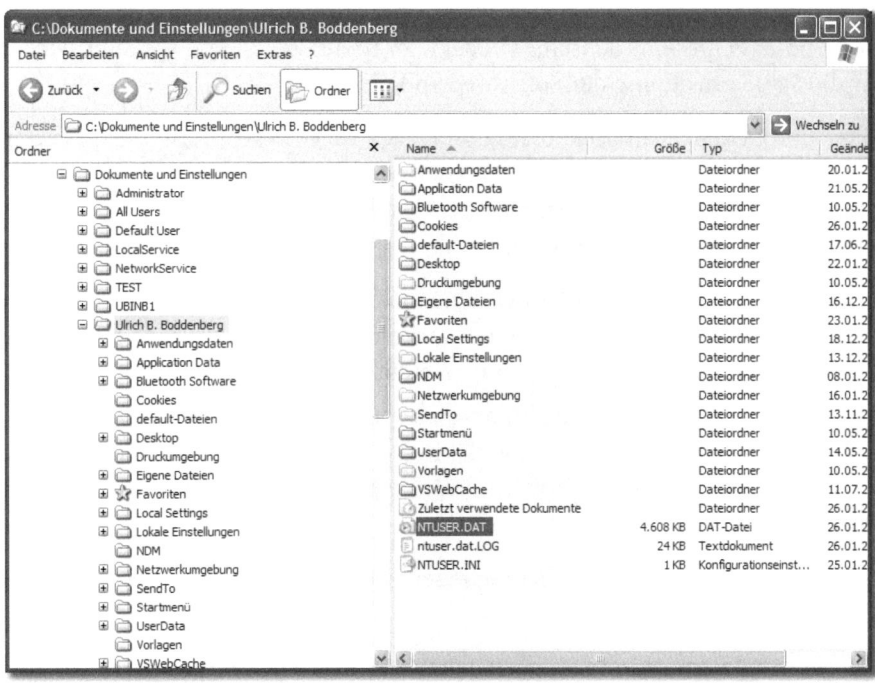

Abbildung 10.3 Die Benutzterprofile liegen im Dateisystem.

Kurz gesagt: Alle individuellen Konfigurationsinformationen sollten im Benutzerprofil liegen. Wenn Sie beispielsweise die aktuellen Microsoft Office-Programme verwenden, ist dies der Fall. Es gibt zwar durchaus Applikationen, die benutzerindividuelle Konfigurationsdaten in einem Verzeichnis wie `c:\applikation\daten` speichern – bei den meisten Programmen sollte es mittlerweile aber die Möglichkeit geben, die Benutzerkonfiguration im Profil zu speichern.

Wie können nun die Profile bei der Personalisierung neuer Maschinen helfen?

Das zugehörige Stichwort lautet Roaming-Profiles. Bei der Nutzung dieser wird das Profil (= ein Verzeichnis) auf einem File-Server gespeichert. Wenn der Benutzer sich einloggt, wird geprüft, ob auf der lokalen Maschine das Profil des Benutzers in aktueller Version vorhanden ist. Ist das nicht der Fall, wird das Profil im Rahmen des Anmeldevorgangs vom Server heruntergeladen und auf der lokalen Maschine im Pfad C:\Dokumente und Einstellungen\benutzer-name gespeichert. Beim Abmelden des Benutzers ist das Verfahren umgekehrt: Wenn es Änderungen gibt, wird das Profil auf den Server kopiert.

Bei einem frisch installierten PC wird natürlich kein Profil vorhanden sein. Bei der Anmeldung des Benutzers wird das Profil vom Server geladen – und der Benutzer hat seine individuellen Einstellungen zur Verfügung. Voraussetzung ist natürlich, dass auf dem neuen PC alle benötigten Applikationen installiert sind und dass diese in denselben Pfaden zu finden sind – ein weiterer Grund für die Standardisierung der Software-Landschaft.

Einer der Gedanken hinter Roaming-Profiles ist gewesen, dass die Benutzer sich an beliebigen PCs anmelden können und stets ihre individuelle Arbeitsumgebung zur Verfügung haben. Das ist letztendlich ein schönes Konzept, hat aber zwei wesentliche Schwächen:

▶ Zunächst die Sinnfrage: Ist es wirklich notwendig, dass sich jeder Mitarbeiter an jedem PC des Unternehmens anmelden kann? Vermutlich eher nicht, innerhalb einer Arbeitsgruppe oder Abteilung macht es aber sicherlich Sinn!

▶ Technisch klappt es dann nicht, oder nur begrenzt, wenn die PCs nicht exakt gleich installiert sind. Wenn Applikationen in anderen Versionsständen oder nicht in den gleichen Verzeichnissen installiert sind, gibt es ziemliches Chaos.

Trotz der kritischen Töne: Ich würde jedem Administrator raten, Roaming Profiles zu aktivieren:

▶ Unabhängig davon, ob Sie die Möglichkeit, dass die Benutzer Arbeitsplätze wechseln können, nutzen möchten, stellen die Roaming Profiles die einfachste Variante der Personalisierung von neu installierten PC-Systemen da.

▶ Wenn die Benutzerprofile nur auf den Clients vorhanden wären, müssten diese gesichert werden. Ein Verlust eines PCs (= Platte defekt o.Ä.) würde ansonsten das Einrichten sämtlicher Benutzereinstellungen zur Folge haben. Erfahrungsgemäß kann das durchaus dauern. Wenn hingegen sämtliche Benutzerprofile auf einem (oder mehreren) Servern gespeichert sind, kann die Datensicherung dort erfolgen. Der Verlust eines PCs ist dann zumindest nicht mit Neukonfiguration der Benutzereinstellungen verbunden.

Probleme mit Roaming Profiles

Ich kenne Administratoren, die sich massiv gegen Roaming Profiles sträuben. Die Gründe sind vor allem:

▶ Die Profile tendieren dazu, recht groß zu werden. Ursache hierfür sind insbesondere der »Temporary Internet Cache«, in dem der Internet Explorer die zuletzt aufgerufenen Seiten speichert. Dessen Größe wird standardmäßig als Prozentwert der auf dem System-Volume der lokalen Maschine verfügbaren Kapazität eingestellt – und das führt bei modernen Platten zu einer Größe von mehreren hundert Megabyte. Man kann diesen Wert aber signifikant verkleinern. Ansonsten werden die Daten, die der Benutzer auf dem Desktop oder in »Eigene Dateien« speichert, im Profil gespeichert. Auch hier sind Gegenmaßnahmen möglich (Das Verknüpfungsziel für »Eigene Dateien« kann man verschieben, das Ablegen von Daten auf dem Desktop lässt sich verhindern.).

▶ Oft genannt wird das Argument, dass auf den zentralen Servern keine freien Kapazitäten mehr vorhanden sind. Ganz klar: 500 Profile, die jeweils 150 MB groß sind, ergibt einen Kapazitätsbedarf von 75 GB (wobei Sie die hier zugrunde gelegten 150 MB nicht als Richtwert sehen sollten. Die durchschnittlich Profilgröße ist on Unternehmen zu Unternehmen sehr verschieden, so dass Sie um eine individuelle Ermittlung nicht herumkommen.). Wie auch immer: Wenn Sie Ablagekapazität auf den Servern sparen möchten, erkaufen Sie sich das durch Mehraufwände bei der Administration und eventuell auch Datenverlust. Beides ist sicherlich nicht sonderlich wirtschaftlich.

10.2.2 Installationsverfahren

Wir werden nun einen Blick auf die unterschiedlichen Möglichkeiten für die Grundinstallation des Betriebssystems werfen.

Wenn man mal die Möglichkeit, das Betriebssystem von Hand zu installieren ausschließt, kommen die nachfolgend besprochenen automatisierten Verfahren in Frage.

Unattended Install

Das Verfahren des »Unattended Install« ist letztendlich der Klassiker für die automatische Installation. Alle Antworten, die normaler Weise im Verlauf der Installation gegeben werden müssten, werden in einer Antwortdatei gespeichert. Weitere »einmalige« Einstellungen wie beispielsweise der Rechnername können in einer UDB-Datei (Uniqueness Database) gespeichert werden.

Zu den Antwortdateien der Unattended Installation gibt es ausführliche Dokumentationen, angenehmer Weise existiert mit setupmgr.exe ein Werkzeug, das die Erstellung der Antwortdateien deutlich vereinfacht. Einen Screenshot dieses Werkzeugs sehen Sie in Abbildung 10.9 im Abschnitt über RIS.

Sie finden es übrigens im Ordner \Support des Windows XP-Datenträgers.

Im lokalen Netz wird man vermeiden wollen, mit CDs herumlaufen zu müssen, sondern lieber aus einer Netzwerkfreigabe installieren. Diese Netzwerkfreigabe kann ebenfalls mit setupmgr.exe erzeug werden (Abbildung 10.4)

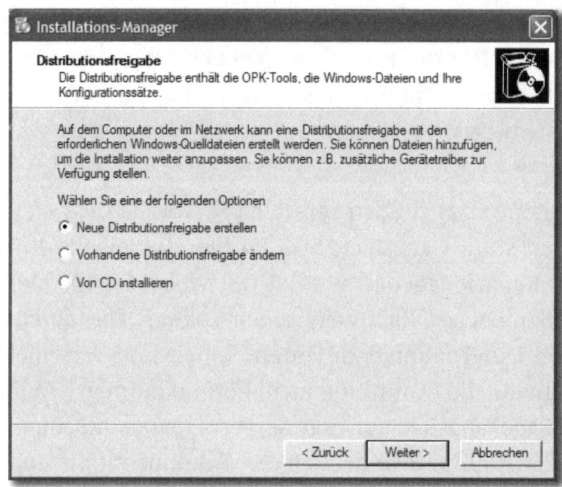

Abbildung 10.4 Erstellung einer Distributionsfreigabe mit setupmgr.exe

Generell muss man sich natürlich über drei Aspekte Gedanken machen:

▶ Um die Installation überhaupt starten zu können, müssen Sie die Maschine booten. Dies kann auf unterschiedlichste Weise geschehen, beispielsweise mit einer CD, Disketten, USB-Stick oder über das Netz. Ein Netzwerkboot (PXE-Boot) ist sicherlich die eleganteste Möglichkeit, setzt aber den Einsatz eines geeigneten Serversystems (beispielsweise Microsoft RIS, siehe übernächster Abschnitt) und die entsprechende Fähigkeit der Netzwerkkarten voraus.

▶ Mit der Installation des Betriebssystems sind die Installationsarbeiten natürlich nicht abgeschlossen, vielmehr müssen im nächsten Schritt die Applikationen, beispielsweise das Office-Paket, installiert werden. Dies könnte man mit den integrierten Möglichkeiten der Gruppenrichtlinien erledigen, alternativ natürlich mit einem speziellen System zur Softwareverteilung wie Microsoft SMS oder LANDesk LDMS.

- Die Maschine muss natürlich personalisiert werden. Im Optimalfall befinden sich alle diesbezüglichen Daten im Profil, so dass Roaming Profiles das Problem der Personalisierung schnell und elegant lösen.

Windows XP verfügt über die Fähigkeit, die Hardware eines Systems zu erkennen und entsprechend Treiber zu installieren – das ist nun wirklich keine neue Erkenntnis ... Damit die Installation erfolgreich ist, muss das System natürlich in der Lage sein, die benötigten Treiber zu finden; mit anderen Worten ist die Aufgabe, alle Treiber für die unterschiedlichen bei Ihnen verwendeten PCs der Installationsroutine zur Verfügung zu stellen. Der Einsatz von neuen Hardwaretypen bedingt also in jedem Fall die Bereitstellung der benötigten Treiber nebst Erprobung, ob die automatische Installation auf der neuen Plattform auch wirklich funktioniert.

Die Unattended Installation ist sehr »kompatibel«, weil hier in der Tat ein normales Installationsverfahren durchgeführt wird. Nachteil ist allerdings, dass dieses Verfahren nicht besonders schnell ist

Aufbringung von Images

Ein sehr beliebtes Verfahren ist die Aufbringung der Grundinstallation, bestehend aus Betriebssystem und ausgewählter Applikationen, mittels Images.

Das wohl am häufigsten verwendete Werkzeug für das Imaging ist Symantec Ghost. Neben dem Kernprodukt hat der Hersteller eine »Corporate Edition« herausgebracht, die sich recht umfassend um das Thema »Installation« kümmert, es gibt Features wie Multicasting, Migration von Benutzerdaten, eine Inventarisierungsfunktion und vieles andere mehr.

Die Vorteile des Image-Verfahrens sind:

- Die Image-Verteilung ist recht schnell, zumindest deutlich schneller als die Unattended Installation.
- Das Image kann neben der Betriebssytem-Installation beliebige Applikationen enthalten. Bei der Unattended Installation müssen Sie die benötigte Anwendungssoftware über geeignete Verfahren nachinstallieren. Zum einen kostet das zusätzliche Zeit, zum anderen ist dies unter Umständen nicht ganz trivial.

Keine Rose ohne Dornen – beim Imaging finden sich natürlich einige Aspekte, die beachtet werden müssen:

- Das Gerücht, dass für jeden Hardwaretyp ein separates Image benötigt wird, hält sich zwar nach wie vor – wenn Sie nicht Windows NT4 verwenden möchten, ist es nicht zutreffend. Wichtig ist natürlich, dass das Image über alle benötigten Treiber verfügen muss, die Hardwareerkennung von Windows XP erledigt die richtige Einbindung. Kritisch ist allerdings, wenn die Systeme unterschiedliche Festplattentreiber benötigen: Wenn sich eine mittels Image installierte Maschine nicht starten lässt und auf die Fehlermeldung »Boot Device not accessible« läuft, liegt vermutlich dieses Problem vor. Es kann durch die Verwendung des Utilities sysprep.exe gelöst werden.

► Ein Image kann nicht einfach auf einen PC kopiert und verwendet werden; es müssen gewisse Veränderungen vorgenommen werden. Notwendige Veränderungen sind beispielsweise die SID, der Computername, ein neues Domainkonto muss angelegt werden, eventuell müssen Netzwerkadressen angepasst werden und einge andere mehr. Der einfachste Weg zum Ziel ist auch in diesem Fall die Verwendung des sysprep.exe-Utilities.

► Obwohl Imaging eine sehr verbreitete Methode zur Verteilung von Betriebssystemen ist, gilt es als nicht so »kompatibel« wie eine »echte« Installation, wie sie beispielsweise durch das Unattended-Verfahren durchgeführt wird. In komplexen Support-Fällen wäre es möglich (ist bereits vorgekommen), dass ein Hersteller den Support für ein System ablehnt, weil es durch Imaging erstellt worden ist.

Auch bei der Image-Installation müssen Sie ein Verfahren bestimmen, wie die Maschine gebootet werden soll, damit überhaupt ein Image-Werkzeug gestartet werden kann. Im einfachsten Fall starten Sie von einer CD, im elegantesten Fall booten Sie über das Netzwerk via PXE-Boot.

Sysprep und die Vorgehensweisen beim Imaging

Wie bereits erwähnt, kann man ein Image nicht einfach auf einem PC installieren und ohne weitere Anpassungen einsetzen. Ein bewährtes und einfaches Verfahren ist die Verwendung des Utilities sysprep.exe, das von Microsoft kostenlos bereitgestellt wird.

Bei der Verwendung von Sysprep sind einige Vorgehensweisen zu beachten. Das Flussdiagramm (Abbildung 10.5) zeigt die Schritte zur Erstellung eines Sysprep-Images:

► Zunächst wird ein Master erstellt. Es wird auf einer Maschine das Betriebssystem installiert, zusätzlich werden die Applikationen, die von allen Anwendern genutzt werden, aufgespielt.

► Nicht vergessen: Dem Image müssen sämtliche Treiber mitgegeben werden, die in Ihrer Systemlandschaft benötigt werden.

► Im nächsten Schritt sollten Sie eine Image-Sicherung dieser Master-Installation durchführen. Dies ist wichtig, weil die Anwendung von Sysprep das

Image verändert. Da Sie ja vermutlich das Image später anpassen möchte, macht es Sinn, den »Original-Master« zur Verfügung zu haben.

▶ Als Nächstes wenden Sie Sysprep an. Das Utility nimmt einige Modifikationen an dem Image vor. Falls Sie ohne zusätzliche Benutzerinteraktion installieren möchten, können Sie in das Verzeichnis c:\sysprep eine Datei namens SYSPREP.INF kopieren (mehr dazu später). Nach der Ausführung von Sysprep wird die Maschine heruntergefahren.

▶ Der letzte Schritt ist das Erstellen des Images mit einem Werkzeug wie Ghost.

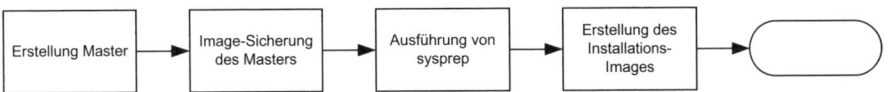

Abbildung 10.5 Ablauf zur Erstellung eines Sysprep-Images

WICHTIG: Ein recht schwerwiegendes Problem ist, dass auch ein Sysprep-Image den Start mit einem »Boot Device not Accessible«-Fehler abbricht, wenn unterschiedliche Treiber für den Festplatten-Controller benötigt werden. Hintergrund ist, dass das Windows XP-Systeme zwar standardmäßig die vorhandene Hardware überprüfen und die passenden Treiber installieren – leider gilt das nicht für den Festplattencontroller des System- und Bootlaufwerks.

Sie können allerdings mit Sysprep »eingreifen«, in dem Sie in der SYSPREP.INF-Datei eine Liste der Treiber für Festplattencontroller hinterlegen. Ein solcher Eintrag sieht wie folgt aus (eine genaue Beschreibung finden Sie in dem Archiv Deploy.cab, welches sich im Ordner \Support der Windows XP-CD findet):

```
[SysprepMassStorage]

PCI\VEN_1077&DEV_1080 = "C:\Sysprep\qlogic\qlogic.inf", "\nt",
"Qlogic Software Disk", "\qlogic"
```

Als Nächstes betrachten wir den Ablauf bei der Installation eines Sysprep-Images (Abbildung 10.6):

▶ Der erste Schritt ist die Aufbringung des Images auf den Ziel-PC. Symantec Ghost bietet die Möglichkeit, die SIDs zu wechseln, dies ist nicht nötig und wird durch Sysprep erledigt.

▶ Nach dem das Image installiert ist, starten Sie den PC. Zunächst wird eine Hardwareerkennung durchgeführt, die SIDs werden generiert etc.

▶ Nun wird geprüft, ob eine SYSPREP.INF-Datei vorhanden ist, diese muss in c:\sysprep liegen.

▶ Ist keine SYSPREP.INF vorhanden, startet das »Mini-Setup«. Dieser Assistent fragt Sie nach den grundlegenden Informationen wie beispielsweise dem Computernamen, den Netzwerkeinstellungen, dem Administratorpasswort etc. Auf Wunsch wird auch ein Computerkonto in der Domain erstellt. Das Mini-Setup sehen Sie in Abbildung 10.7. Es sieht ziemlich exakt so aus, wie der Assistent, der bei einer »normalen« Installation erscheint.

▶ Falls eine SYSPREP.INF vorhanden ist, werden die notwendigen Information aus dieser Datei gelesen – die Personifizierung des PCs läuft dann vollautomatisch ab. Falls die SYSPREP.INF-Datei nicht alle Informationen enthält, wird der Benutzer interaktiv gefragt, es erscheinen die entsprechenden Abfragen des Mini-Setups. Es ist beispielsweise möglich, alle Angaben vorzubelegen und einzig und allein den Computernamen abzufragen.

▶ Nach Abarbeitung des Mini-Setups wird die Maschine neu gestartet. Es besteht die Möglichkeit, ein oder mehrere Login-Vorgänge auszuführen, bei denen beispielsweise noch Installationsprogramme ausgeführt werden können.

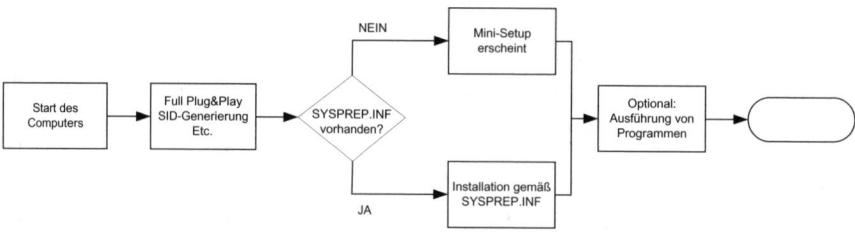

Abbildung 10.6 Ablauf beim Start eines Sysprep-Images

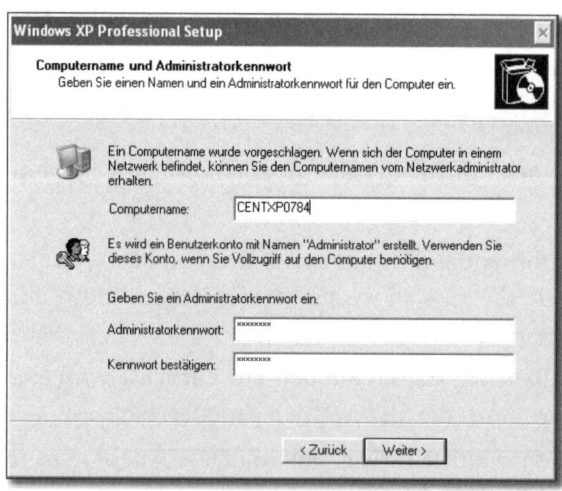

Abbildung 10.7 Das von Sysprep eingefügte Minisetup

SYSPREP.INF

Sie haben es schon gemerkt: Die Datei SYSPREP.INF spielt eine wichtige Rolle. Sie ist die Antwortdatei, um die Installation und die Anpassung des Computers zu automatisieren.

In Abbildung 10.8 sehen Sie eine SYSPREP.INF-Datei, es handelt sich um eine einfache Textdatei. Die bereits zuvor erwähnte Applikation setupmgr.exe ist in der Lage, SYSPREP.INF-Dateien zu erstellen (Abbildung 10.9 im Abschnitt über RIS).

Abbildung 10.8 Die Datei SYSPREP.INF ist eine einfache Textdatei

Eine gewisse Problematik ist, dass die SYSPREP.INF-Datei eine statische Datei ist, die im Image liegt. Das ist beispielsweise beim Thema des Computernamens recht lästig, denn dieser muss natürlich für jeden Computer individuell sein. Sysprep kann zwar Computernamen automatisch generieren, wenn Sie allerdings spezielle Anforderungen haben, wird Ihnen diese Automatik vermutlich nicht genügen.

Applikationen wie etwa die LANDesk LDMS Management Suite perfektionieren das Imaging auf zwei Wegen:

▶ Es wird ein Verfahren für ein Booten mittels PXE-Boot mit anschließendem Imaging bereitgestellt.

▶ Das System generiert im Rahmen des Betankungsvorgangs eine individuelle SYSPREP.INF, die nach dem Aufbringen des Images und vor dem Neustart der Maschine in das Image eingefügt wird.

Verwendung von RIS

Seit Windows 2000 Server ist RIS (Remote Installation Service, in den deutschen Versionen Remoteinstallationsdienste genannt) ein kostenloser Bestandteil des Serverbetriebssystems.

RIS ist ein sehr interessantes Werkzeug zur Betriebssystemverteilung. Ich würde jedem Administrator empfehlen, sich dieses kostenlose System genauer anzuschauen, denn es bietet recht leistungsfähige Möglichkeiten. Zu beachten ist, dass RIS ein Active Directory voraussetzt.

RIS ist kein image-basiertes System, die zu verteilenden Dateien werden als einzelne Dateien im Filesystem des RIS-Servers abgelegt und entsprechend auf die zu installierende Maschine kopiert. Grundlegende Installationsvoraussetzung für RIS ist ein separates Volume für die zu verteilenden Dateien. Hintergrund hierfür ist, dass RIS über einen Single Instance Store verfügt, das bedeutet, dass Dateien, die mehrfach vorhanden sind, nur einmal auf der Festplatte gespeichert werden. Dateien können deshalb mehrfach vorhanden sein, weil Dateien in mehreren »RIS-Abbildern« vorhanden sein können.

RIS kann auf zwei Arten genutzt werden:

▶ Die erste Möglichkeit ist das Kopieren kompletter Installations-CDs auf den RIS-Server. In diesem Fall führen Sie mit RIS letztendlich eine optimierte »Unattended Installation« durch.

▶ Die zweite Möglichkeit ähnelt dem Imaging: Sie erstellen einen Master-PC, auf dem neben dem Betriebssystem auch die benötigten Applikationen vorhanden sind. Diesen Master können Sie mit einem Programm namens RIPprep auf dem RIS-Server speichern und auf andere Maschinen installieren. Zur Erinnerung: RIS arbeitet nicht mit einem Image-Verfahren, sondern legt einzelne Dateien ab.

Die Automatisierung einer RIS-Installation geschieht über Antwort-Dateien. Diese können mit setupmgr.exe erstellt werden. Dieses Utility kennen Sie bereits von der Erstellung von Antwortdateien für Unattended- und Sysprep-Installationen (Abbildung 10.9).

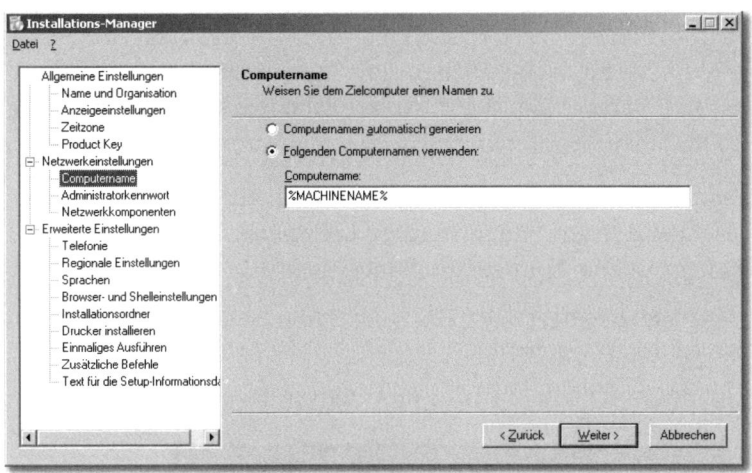

Abbildung 10.9 Mit setupmgr.exe können Antwortdateien für RIS-, SYSPREP- und Unattended Installationen erzeugt werden.

Mit den Antwortdateien kann eine RIS-Installation so weit automatisiert werden, dass während der Installation keine Interaktionen mit einem menschlichen Installateur notwendig sind. Setupmgr.exe kann übrigens nicht alle Feinheiten konfigurieren. Wenn Sie RIS intensiv nutzen, sollten Sie sich also mit der Dokumentation vertraut machen. Die Antwortdateien sind einfache Textdateien, die mit jedem Editor angepasst werden können (Abbildung 10.10).

Abbildung 10.10 Dieses ist eine Antwortdatei für eine RIS-Installation.

Wie läuft eine Installation mit RIS typischer Weise ab?

Die effektivste Methode für die Installation eines Systems mit RIS ist die Durchführung eines PXE-Boots, also eines Netzwerkboot-Vorgangs (Abbildung 10.11). Damit PXE funktioniert, müssen einige Voraussetzungen erfüllt sein:

▶ Die Netzwerkkarten der Client-Systeme müssen dieses Verfahren beherrschen und es muss aktiviert sein. Ersteres ist bei einem modernen PC immer der Fall, zweitens ist eine Konfigurationsangelegenheit.

▶ In Ihrem Netz muss der DHCP-Dienst installiert und verfügbar sein. Vorsicht in gerouteten Netzwerksegmenten!

▶ DHCP und RIS müssen im Active Directory autorisiert sein.

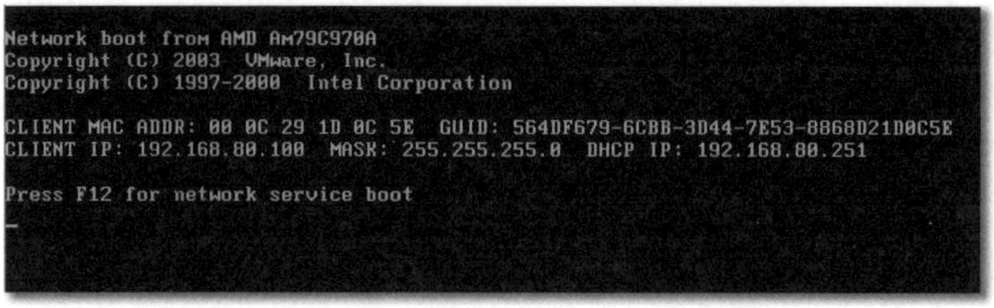

```
Network boot from AMD Am79C970A
Copyright (C) 2003   VMware, Inc.
Copyright (C) 1997-2000  Intel Corporation

CLIENT MAC ADDR: 00 0C 29 1D 0C 5E   GUID: 564DF679-6CBB-3D44-7E53-8868D21D0C5E
CLIENT IP: 192.168.80.100  MASK: 255.255.255.0  DHCP IP: 192.168.80.251

Press F12 for network service boot
_
```

Abbildung 10.11 Startsequenz beim PXE-Boot. Um den Netzwerkboot-Vorgang auszulösen, muss bei den meisten Systemen F12 gedrückt werden.

Wichtig ist natürlich, dass nicht jeder beliebige Nutzer einfach durch Drücken von F12 die Installation seines PCs anstoßen kann. Dies wird dadurch verhindert, dass Installationsberechtigungen definiert werden. Nachdem der Netzwerkboot-Vorgang angelaufen ist, wird das System nach Passwort und Benutzernamen fragen (Abbildung 10.12).

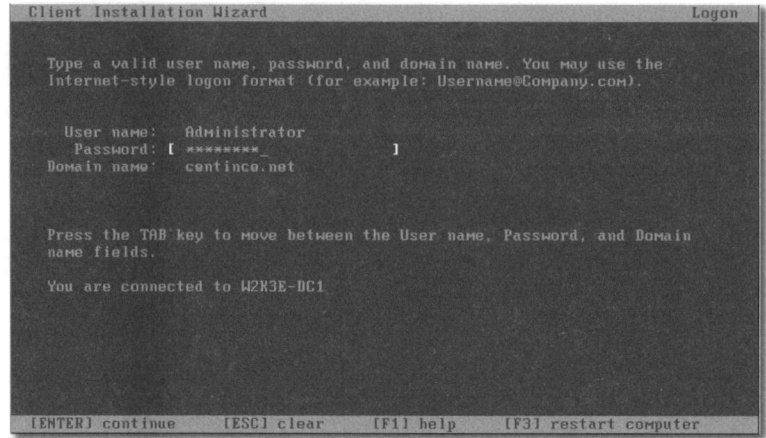

Abbildung 10.12 Ein Benutzerkonto mit Installationsberechtigung muss angegeben werden.

Nachdem der Benutzer authentifiziert ist, kann das zu installierende RIS-Abbild ausgewählt werden, anschließend startet der Installationsvorgang. Sofern Sie mit setupmgr.exe eine vollständige Antwortdatei erstellt haben, wird die Installation automatisch ablaufen.

RIS ist recht komfortabel, da es bereits die Funktionalität für den Netzwerkboot enthält, arbeitet aber nicht so performant wie ein Image-Verfahren.

10.2.3 Individualisierung der Installation/Installation von Applikationen

Nachdem die Erstinstallation abgeschlossen ist, müssen eventuell noch Applikationen nachinstalliert werden. Diverse Wege führen hier zum Ziel, also zu der Installation der von den Benutzern benötigten zusätzlichen Programme.

Die einzelnen Verfahren besprechen wir im Kapitel »Verteilung von Applikationen«, daher hier zunächst nur stichwortartig die Möglichkeiten:

▶ Gruppenrichtlinien: In einer Active Directory-Umgebung können Sie mittels Gruppenrichtlinien Softwareprodukte verteilen. Vorteilhaft ist, dass dieses System kein zusätzliches Geld kostet und recht einfach zu handhaben ist. Nachteile sind, dass nur MSI-Pakete verteilt werden können, dass keine weiteren Systemmanagement-Fähigkeiten vorhanden sind und dass häufig »Workarounds« notwendig sind, um die gestellten Anforderungen zu realisieren.

▶ Softwareverteilungswerkzeug: Für komplexere Szenarien wird man spezielle Softwareverteilungswerkzeuge einsetzen. Man könnte hier beispielsweise über Microsoft SMS (Systems Management Server) nachdenken, allerdings sind noch viele andere vergleichbare Softwareprodukte auf dem Markt erhältlich. Wir werden in einem späteren Kapitel Microsoft SMS ein wenig genauer betrachten, dieses System geht allerdings weit über eine Softwareverteilung hinaus – es bedient vielmehr die Aufgabenstellung »Systemmanagement«. Vorteil dieser Systeme ist die enorme Leistungsfähigkeit. Dies ist aber gleichzeitig ein Nachteil, denn SMS einzuführen, zu nutzen und zu administrieren ist nicht ganz trivial.

Egal, mit welchen Werkzeugen Sie arbeiten möchten: Ziel ist, dass Sie einen PC ohne weitere manuelle Eingriffe mit der benötigten Anwendungssoftware betanken können. Wenn Sie nicht alle Applikationen in der Grundinstallation (Image oder RIS) unterbringen können, müssen Sie sich über einen der genannten Verteilungsmechanismen Gedanken machen.

10.3 Recovery von ausgefallenen oder gestörten Systemen

Ebenso wie bei Serversystemen müssen Sie sich auch bei Clientsystemen Gedanken über die Wiederherstellung ausgefallener Systeme machen. Systemausfälle können aus folgenden Gründen vorkommen:

▶ Ausfall einer Hardwarekomponente. Der ungünstigste Fall ist ein Defekt der Festplatte, was natürlich bedeutet, dass die Installation neu vorgenommen werden muss. Der Ausfall eines Netzteils wäre deutlich unproblematischer, weil der PC nach Reparatur desselben wieder funktionsfähig wäre.

▶ System startet wegen eines Betriebssystemproblems nicht mehr: Diese Fehlersituation ist zwar in Zeiten von Windows XP deutlich seltener geworden als früher unter NT4, auszuschließen ist er aber nicht. Eine Wiederherstellung von Systemen mit diesem Softwaredefekt ist einerseits aufwendig, andererseits ist nicht gesagt, dass ein wiederhergestelltes System überhaupt stabil läuft. Die sinnvollste Lösung ist die Neubetankung des PCs.

▶ Sonstige Softwareprobleme: Jeder Administrator kennt das Problem, dass PC-Systeme softwaremäßig instabil werden. Dies kann verschiedene Gründe haben, sei es, dass Softwareupdates nicht zuverlässig funktionieren, lebenswichtige Betriebssystem- oder Applikationsdateien beschädigt werden oder der Benutzer »herumgebastelt« hat und nun Applikationen nicht mehr funktionieren. Mit der Behebung solcher Softwarefehler kann man sich unter Umständen stundenlang beschäftigen, so dass eine Neubetankung des PCs die effizienteste Methode sein wird; vorausgesetzt, Sie haben entsprechende Verfahren etabliert.

Grundsätzlich sind zur Wiederherstellung zwei Verfahren zu unterscheiden:

▶ PC-Installationen, die automatisiert wiederherstellbar sind, können einfach neu betankt werden.

▶ In jedem Unternehmen und jeder Organisation wird es PCs geben, die mit »Sondersoftware« ausgestattet sind und demzufolge nicht so einfach automatisiert wiederhergestellt werden können. Bei diesen PCs muss man sich Gedanken über die Sicherung der Installation machen, um zu verhindern, dass unter Umständen mehrere Stunden Arbeit anfallen, um einen funktionierenden Zustand wiederherzustellen.

10.3.1 Neubetankung

Auf den Fall der Neubetankung müssen wir technisch nicht weiter eingehen, weil hier die identischen Verfahren wie bei der Erstinstallation angewendet werden können, also Unattended Install, Imaging oder RIS.

Damit Sie die Neubetankung als Alternative in Betracht ziehen können, sind drei wesentliche Voraussetzungen zu erfüllen:

▶ Es dürfen keine Benutzerdaten auf der Maschine vorhanden sein. Im Klartext: Es ist essentiell wichtig, dass die Benutzer keine Produktivdaten auf lokalen Platten ablegen, sondern die Daten im Netz speichern.

▶ Damit der Benutzer auch nach der Betankung eine (= seine) personalisierte Arbeitsumgebung vorfindet, muss das Benutzerprofil zur Verfügung stehen. Der einfachste Weg ist die Nutzung von Roaming Profiles, also servergespeicherten Profilen.

▶ Dritte Voraussetzung ist natürlich, dass alle Programme des Benutzers automatisch wiederhergestellt werden können. Wenn alle benötigten Applikationen in einem Image oder im Rahmen der RIS-Installation mitverteilt werden, ist die Angelegenheit natürlich am unproblematischsten, ansonsten müsste man die Applikationen über Gruppenrichtlinien oder die Softwareverteilung »nachziehen«.

10.3.2 Sicherung und Wiederherstellung

Es wird genügend Fälle geben, in denen die zuvor beschriebene Neubetankung eines PCs nicht so problemlos durchgeführt werden kann. Mögliche Hinderungsgründe sind:

▶ Der Benutzer verfügt über lokale Daten auf seinem PC. Das ist bei Notebook-Benutzern fast nicht zu vermeiden.

▶ Der PC hat eine spezielle (= komplizierte) Software-Installation, die nicht automatisch wiederhergestellt werden kann. Dies kann daran liegen, dass die Software so selten eingesetzt wird, dass es keinen Sinn macht, diese in das Image aufzunehmen oder dass sie nicht über eine Softwareverteilung aufgebracht werden kann. Darüber hinaus gibt es natürlich durchaus Softwareprodukte, die die Personalisierungsdaten nicht in der Registry oder im Profil speichern und somit nach der Installation von Hand angepasst werden müssen.

▶ Wenn Sie keine Roaming Profiles verwenden, dürfte eine einfache Neubetankung ebenfalls ausfallen, weil der Benutzer mit einem nicht-personalisierten PC vermutlich wenig anfangen kann – denken Sie allein an die Konfiguration des Exchange-Postfachs in Outlook.

Dieses Buch soll natürlich nicht nur die Probleme nennen, sondern auch mögliche Lösungswege aufzeigen:

Lokale Daten auf dem PC

Wenn auf PCs lokale Daten vorhanden sind, müssen Sie für eine Sicherung derselben sorgen, bevor der PC oder das Notebook in eine Problemsituation läuft. Wenn die Festplatte defekt ist, war das ohnehin die einzige Chance. Eine »Notfallsicherung« der Produktivdaten im Falle eines Softwaredefekts ist zwar im Allgemeinen möglich, aber mit ziemlich hohem Aufwand verbunden.

Eine intelligente ressourcenschonende Sicherung von Client-Systemen, auch über WAN-Strecken, kann beispielsweise mit der Desktop- und Laptop-Option für Veritas BackupExec durchgeführt werden. Dieses Produkt habe ich Ihnen im Kapitel »Secondary Storage« dieses Buches ausführlich vorgestellt (Abschnitt 5.11). Von anderen Herstellern gibt es vergleichbare Produkte.

Ich kann nur davor warnen, ein Sicherungskonzept für Client-Systeme zu etablieren, dessen Strategie im Wesentlichen darin besteht, dass »jeder Benutzer selbst für die Sicherung seiner Daten verantwortlich ist«. Dieses Verfahren wird zwar häufig bei Notebook-Usern angewendet, es wird davon aber trotzdem nicht besser: Erstens sind die Benutzer meistens nicht diszipliniert genug und zweitens häufig zu unerfahren, um wirklich eine Sicherung hinzubekommen. Ich habe Fälle erlebt, in denen ZIP-Drives ausgegeben worden sind. 20 % der Benutzer haben es sogar regelmäßig verwendet, haben aber zumeist die wichtigen Dateien nicht auf ihre ZIP-Medien transportieren können. Denken Sie immer daran: Was für einen IT-Spezialisten mit mehrjähriger Erfahrung selbstverständlich ist, beispielsweise das Kopieren der »Eigenen Dateien«, ist für den berühmten Durchschnittsbenutzer eine echte Herausforderung, die nur allzu oft nicht gelingt.

Natürlich ist es vordergründig der Benutzer, der »seine« Daten verliert – aber letztendlich sind es Firmendaten und deren Rekonstruktion verschlingt Arbeitszeit.

Komplizierte Softwareinstallation

In jeder Firma oder Organisation dürfte es einige PCs geben, auf denen recht spezielle Applikationen installiert sind, die ggf. schwer zu installieren waren oder nur mit viel Mühe zur Koexistenz mit anderen Programmen überredet werden konnten. Ich denke hier an die berüchtigten Installationen, an denen ein Administrator zwei Nachmittage herumbastelt, mit fünf unterschiedlichen Hotlines telefoniert hat und irgendwann läuft alles – aber keiner weiß warum.

Die Existenz solcher Szenarien wird zwar zumeist geleugnet, trotzdem existieren solche Maschinen. Der einfachste Weg ist die regelmäßige Erstellung eines Images. Mit Produkten wie Symantec LiveState Recovery oder Acronis True Image lassen sich Client-Systeme im Hintergrund sichern, ohne dass diese heruntergefahren werden müssen. Wenn Sie über die Scheduler-Funktion, über die beide Produkte verfügen, regelmäßig ein Image erzeugen, sollten die Ausfälle solcher »kritischen Systeme« schnell den Schrecken verlieren (siehe auch Abschnitt 5.11.1 dieses Buchs).

Natürlich kostet eine solche Sicherungsmaßnahme Geld: Zum einen fallen Kosten für die Softwarelizenz an, zum anderen für den Speicherplatz. Wenn Sie die Kostensituation ganzheitlich betrachten, wird man feststellen, dass die Kosten einer manuellen Wiederherstellung des Systems ohne ein Image dramatisch teurer sein wird: Wenn ein Administrator insgesamt acht Stunden beschäftigt ist, bis alles funktioniert, ist das sicherlich kaum als wirtschaftlich zu bezeichnen. Denken Sie auch an den Anwender, der einen gewissen Zeitraum ohne funktionierendes System auskommen muss. Was passiert, wenn der einzige Administrator, der den Client der Controlling-Software installieren kann, im Urlaub ist?

Ich würde übrigens nicht so weit gehen und jeden Client per Image sichern. Im Zuge der Standardisierung sollte der deutlich größte Teil Ihrer Client-Systeme automatisch zu installieren sein, bei diesen ist eine Image-Sicherung natürlich nicht notwendig.

Wenn Sie zu dem Ergebnis kommen, dass 750 Ihrer 800 Clients so speziell sind, dass diese nicht automatisch wiederherstellbar sind, sehe ich zwei Möglichkeiten:

▶ Sie eskalieren das Problem zu Ihrer Geschäftsleitung. Ein dermaßen hohe Individualisierungsgrad kann eigentlich nur daher rühren, dass sich jahrelang die Fachabteilungen hartnäckig allen Standardisierungsbemühungen widersetzt haben. Wenn die IT-Abteilung eine dermaßen heterogene Landschaft betreuen muss, kann das nicht wirtschaftlich sein. Eine komplexe Umgebung standardisiert sich nicht von allein, aber die Arbeit dürfte sich mittelfristig auszahlen.

▶ Wenn Sie, warum auch immer, die Situation nicht verbessern können, halte ich es für den besseren Weg, regelmäßig alle Maschinen zu imagen. Bei 800 Maschinen werden Sie für das Imaging ca. 2 TB Speichervolumen benötigen, was mit einem preisgünstigen RAID-System auf S-ATA-Basis recht problemlos zu realisieren lässt. Auch die Beschaffung der Lizenzen für ein Imaging-System (z. B. Acronis True Image oder Symantec LiveState Recovery) wird wirtschaftlicher sein, als ständig PCs von Hand wiederherzustellen.

Keine Roaming Profiles

Ich hatte bereits weiter vorn angemerkt, dass ich ein großer Fan von Roaming Profiles bin. Sie sind der einfachste Weg, um die Arbeitsumgebung (= Konfiguration) des Benutzers zu sichern und wiederherzustellen.

Wenn Sie, aus welchen Gründen auch immer, keine Roaming Profiles einsetzen können oder wollen, müssen Sie sich über einen anderen Weg zur Sicherung der Profile Gedanken machen. Es gibt natürlich diverse Werkzeuge zur Profilsicherung – meines Erachtens ist das aber wesentlich umständlicher als die Nutzung der servergespeicherten Profile.

10.4 Inventarisierung

Zu den Aufgaben einer IT-Abteilung gehört letztendlich nicht nur die Aufrechterhaltung des Betriebs, sondern auch administrative Arbeiten, wie zu wissen, wie viele PCs im nächsten Jahr ausgetauscht werden müssen oder welche Systeme momentan überhaupt die technischen Voraussetzungen erfüllen, um die neueste Version der SAP GUI auszuführen. Wir sprechen also über Inventarisierung.

10.4.1 Inventarisieren mit SMS und anderen Systemmanagement-Werkzeugen

Die Profis in Inventarisierung und Reporting sind die mächtigen Softwarewerkzeuge für das Systemmanagement wie beispielsweise Microsoft SMS (Systems Management Server) oder die LANDesk LDMS Management Suite. Diese Systeme sammeln täglich (oder in beliebigen anderen Intervallen) die aktuellen Inventardaten, speichern diese in einer Datenbank und geben Ihnen alle Antworten auf alle nur denkbaren Fragestellungen bezüglich Ihres IT-Inventars.

Abbildung 10.13 zeigt die standardmäßig vorhandenen Inventarabfragen des Systems Management Servers 2003.

Sie haben die Möglichkeit, nach mehreren hundert Eigenschaften und Attributen zu fragen, natürlich in beliebigen Kombinationen. Eigene Abfragen definieren Sie in SMS in einem einigermaßen intuitiven Dialog (Abbildung 10.14). Zugegebener Maßen ist SMS ein wenig »spröde«, andere Produkte sind deutlich smarter zu bedienen, allerdings erreichen Sie das Ziel, nämlich einen guten und stets aktuellen Überblick über Ihre Systemumgebung zu erhalten. Dies gilt übrigens nicht nur für das Hardwareinventar, sondern auch für die installierte Software.

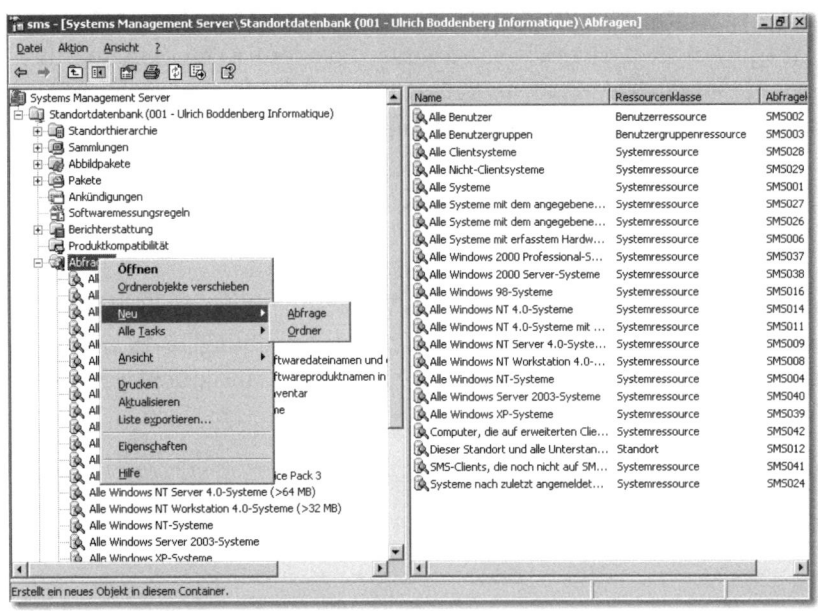

Abbildung 10.13 Die standardmäßig vorhandenen Inventarabfragen in Microsoft SMS 2003

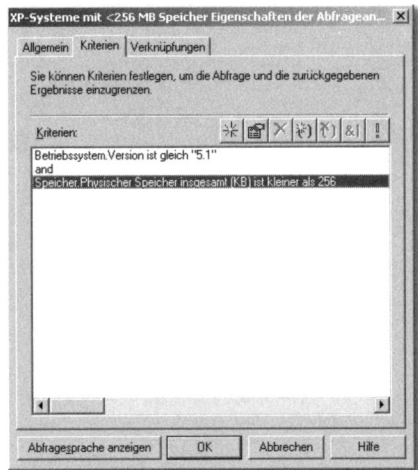

Abbildung 10.14 Definition eigener Abfragen in Microsoft SMS

Der Gedanke liegt natürlich nah, dass es sinnvoll wäre, die automatisch erfassten Daten in Ihrer vorhandenen Inventardatenbank zu verwenden. Ich kenne viele Unternehmen, die im Laufe der Jahre ein eigenes Datenbank-System aufgebaut haben, in dem zu jedem PC Informationen wie das Kaufdatum, die Garantiebedingungen, der aktuelle Standort, die Kostenstelle, alle aufgetretenen technischen Probleme und vieles andere mehr gespeichert werden.

Schön wäre es natürlich, wenn Sie die automatisch gesammelten Informationen nicht »nur« als Report anschauen könnten, sondern wenn diese mit Ihrer jeweiligen IT-System-Datenbank verknüpft wären. Dies ist natürlich realisierbar, denn SMS nutzt als Datenbank Microsoft SQL Server – und auf diesen kann man mit Datenbankwerkzeugen zugreifen. Sie könnten beispielsweise einen Schnittstelle zu Ihrem eigenen System implementieren oder, wenn Sie zum Beispiel Crystal Reports Poweruser sind, mit diesem eigene komplexe Abfragen entwerfen. Microsoft hat die Datenbanken im SMS-SDK (Software Development Kit) beschrieben, so ganz trivial ist der Zugriff allerdings nicht, da immerhin 262 Tabellen und 251 Views vorhanden sind. Abbildung 10.15 zeigt eine SMS-Standort-Datenbank im SQL Enterprise Manager – eine komplexe Angelegenheit!

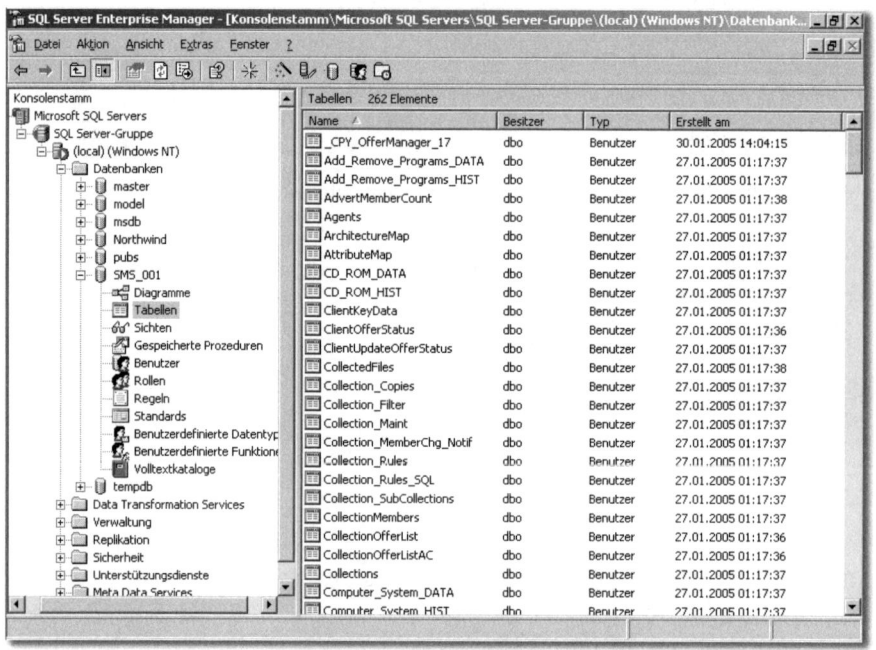

Abbildung 10.15 Blick auf die SMS Datenbank im SQL Server Enterprise Manager

10.4.2 Selber machen mit WMI

Wenn Sie kein sowohl technisch als auch finanziell aufwändiges Produkt zum Systemmanagement einsetzen möchten, können Sie grundlegende Abfragen selbst im Rahmen einer kleinen Applikation oder eines Skripts vornehmen.

Moderne Windows Systeme unterstützen WMI, Windows Management Instrumentation. WMI sammelt hunderte von Informationen über das jeweilige System, die aus einer Applikation oder skriptgesteuert abgefragt werden können. Wenn Sie mit ausreichenden Rechten ausgestattet sind, können Sie übrigens nicht nur die lokale, sondern auch entfernte Windows PCs und Server abfragen.

Wenn Sie »nur« hin und wieder Inventardaten abfragen möchten (»Wie viele PCs haben weniger als 128 MB Speicher?«) und eigentlich keine weiteres Features eines Systems Management Werkzeugs benötigen, ist Skript-Schreiben und die Informationen von WMI zu erfragen, vermutlich der preisgünstigste Weg.

Die MSDN bietet viele Informationen nebst vielen fertigen Skript-Beispielen. Einen ersten Überblick über die Mächtigkeit von WMI können Sie erhalten, wenn Sie die WMI Tools von Microsoft downloaden und im darin enthaltenen CIM Studio auf Forschungstour gehen (Abbildung 10.16). Sie werden feststellen, dass es nur wenige Informationen zu den Systemen gibt, die Sie nicht über WMI beschaffen können. Kehrseite der Medaille: Man muss teilweise schon recht ausführlich suchen, um die benötigte Information zu finden.

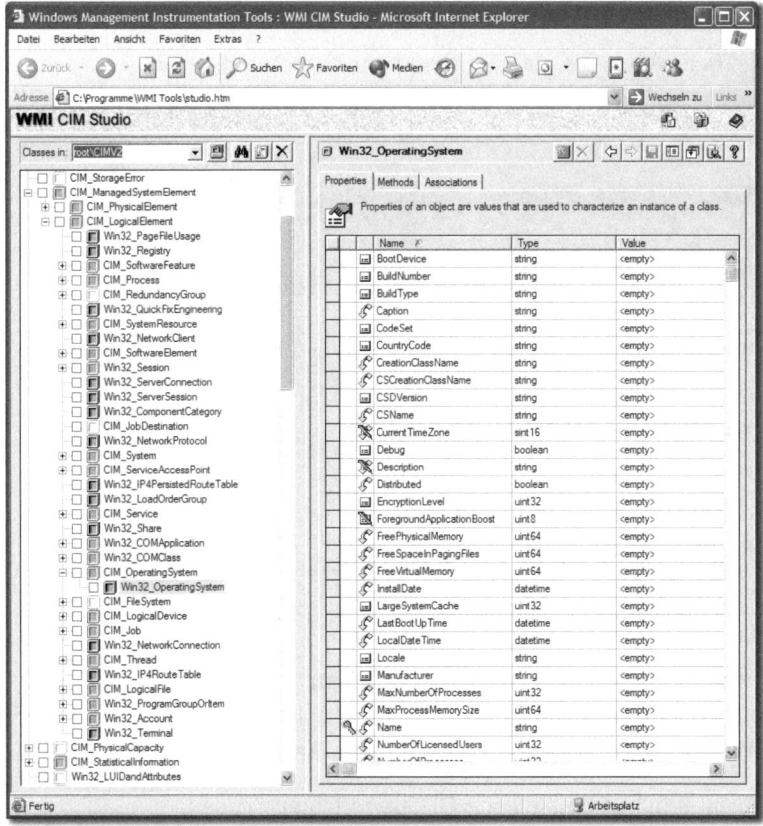

Abbildung 10.16 Das kostenlose WMI CIM Studio bietet einen umfassenden Überblick über die Informationen, die WMI bereitstellen kann.

10.5 Verteilung von Applikationen

Die »hohe Schule« im Bereich der Client-Verwaltung ist die Verteilung von Applikationssoftware.

10.5.1 Gruppenrichtlinien

Eine in die Active Directory-Umgebung bereits integrierte Möglichkeit der Softwareverteilung ist die Nutzung von Gruppenrichtlinien. Mit Gruppenrichtlinien können Pakete entweder an Computer oder an Benutzer verteilt werden, d.h. im letztgenannten Fall: Wenn ein Benutzer sich an einer Maschine anmeldet, werden die für ihn vorgesehenen Applikationen installiert.

Die wesentliche Einschränkung der Verteilung mit Gruppenrichtlinien ist, dass nur Software verteilt werden kann, die als MSI-Paket vorliegt. Diese Einschränkung ist vielleicht gar nicht so dramatisch, da viele Produkte mittlerweile als MSI-Paket vorliegen, außerdem sind Produkte auf dem Markt erhältlich, mit denen man selbst MSI-Pakete erzeugen kann.

In Abbildung 10.17 sehen Sie, dass im Gruppenrichtlinienobjekt-Editor sowohl in der Computer- als auch in der Benutzerkonfiguration eine Softwareinstallation konfiguriert werden kann.

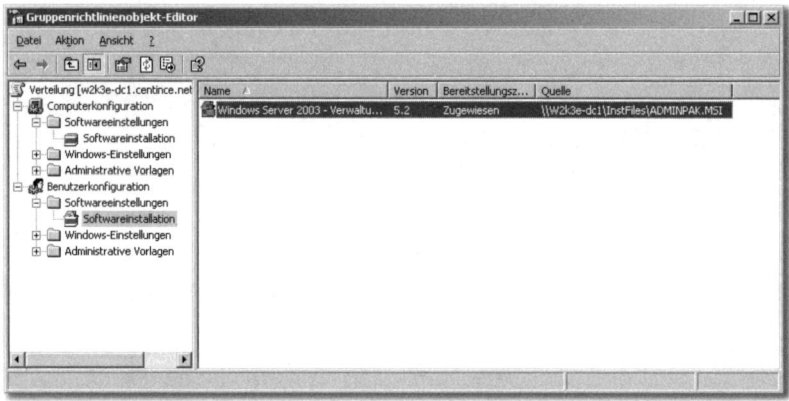

Abbildung 10.17 Konfiguration der Softwareinstallation in einer Gruppenrichtlinie

Wie Sie im Kapitel über Active Directory gesehen haben, können Gruppenrichtlinien für Domains, Organisationseinheiten (OUs) und Standorte definiert werden. In Abbildung 10.18 sehen Sie ein kleines Beispiel:

▶ Für die IT-Abteilung ist eine eigene OU eingerichtet worden.

▶ Darin befindet sich eine weitere OU, in der die Administratoren angelegt werden.

- Alle Mitarbeiter der IT-Abteilung sollen den Client für die Inventardatenbank erhalten. Aus diesem Grunde wird eine Gruppenrichtlinie für diese OU erstellt, die die Verteilung dieses Softwarepakets zum Inhalt hat.

- Die Administratoren sollen auf Ihren PCs die Werkzeuge zur Serveradministration nutzen können. Aus diesem Grund wird für die OU Administratoren eine entsprechende Gruppenrichtlinie zur Softwareverteilung konfiguriert. Durch die Vererbung der Gruppenrichtlinien erhalten die Administratoren den Client für die Inventardatenbank und die Admin-Werkzeuge.

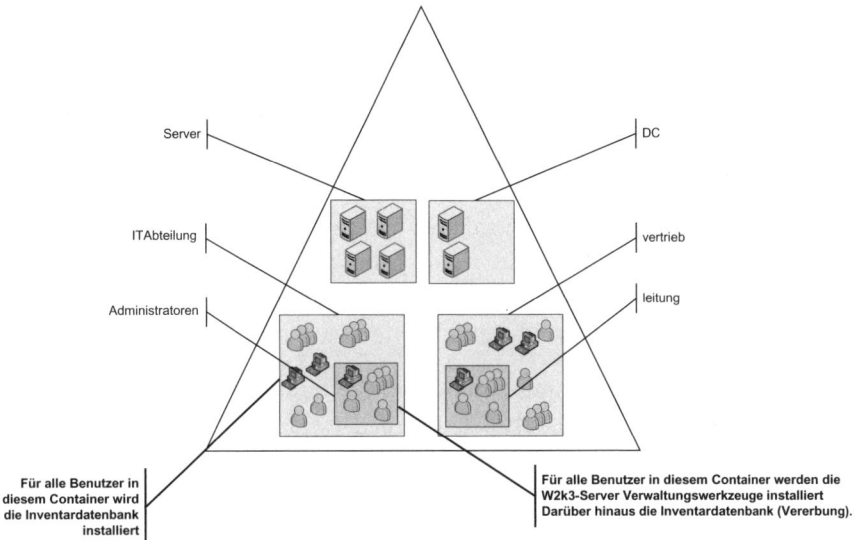

Abbildung 10.18 Über Gruppenrichtlinien kann gesteuert werden, für welche Benutzer und welche Computer Installationen vorgenommen werden sollen

In dem genannten Beispiel erfolgte die Verteilung an die Benutzer, darüber hinaus kann eine Verteilung an Computer erfolgen. Einige Aspekte zum Vergleich:

- An Benutzer zu verteilen bedeutet, dass die Softwareprogramme überall dort installiert werden, wo sich der Benutzer anmeldet. Angenommen einem Administrator sind per Gruppenrichtlinie die Administrationswerkzeuge zugewiesen. Loggt sich dieser Administrator zu Testzwecken auf dem PC eines Benutzers ein, wird dieses Softwarepaket bei dessen Anmeldung auf dem Benutzer-PC installiert – dieses Verhalten ist ja vermutlich eher nicht gewünscht.

- Wenn Sie an Computer verteilen, muss natürlich sichergestellt sein, dass die Computerobjekte sich in den »richtigen« OUs befinden. Ich betone diesen Aspekt, weil mir viele Installationen bekannt sind, bei denen die Benutzer recht akribisch auf die OUs verteilt werden, die Computerobjekte aber häufig in einer OU »Desktops« liegen. Wenn die OU-Zugehörigkeiten gepflegt sind, können Sie über eine Gruppenrichtlinie auf allen PCs, die im Bereich »Buchhaltung« eingeordnet sind, den neuen Client für die Controlling-Software installieren lassen.

▶ Hinweis: Besonders häufig müssen Patches verteilt werden, bei diesen ist die automatische Verteilung also besonders wünschenswert. Der Ansatz ist bei diesen nicht die Verteilung über Gruppenrichtlinien, sondern die Nutzung von Microsoft SUS (Software Update Service) oder dessen Nachfolger WUS (Windows Update Service).

▶ Bedenken Sie, dass Sie nun an Computer mit den Betriebssystemen Windows 2000, XP oder 2003 Server verteilen können. Andere Betriebssysteme können schlicht und ergreifend nicht mit Gruppenrichtlinien umgehen!

Eigene MSI-Pakete

Es sind natürlich Fälle denkbar, in denen Sie gar nicht fertige Applikationen installieren möchten, sondern »nur« eine Datei auf einem Computer ablegen möchten, einen Registry-Key ergänzen möchten oder den Benutzern ein zusätzliches Icon auf den Bildschirm kleben möchten.

Wenn Sie dies über die Gruppenrichtlinien-Verteilung realisieren möchten, müssen Sie ein eigenes MSI-Paket erstellen. Diverse Produkte helfen Ihnen dabei, beispielsweise der WinInstall MSI Packager Professional von OnDemand Software (Abbildung 10.19).

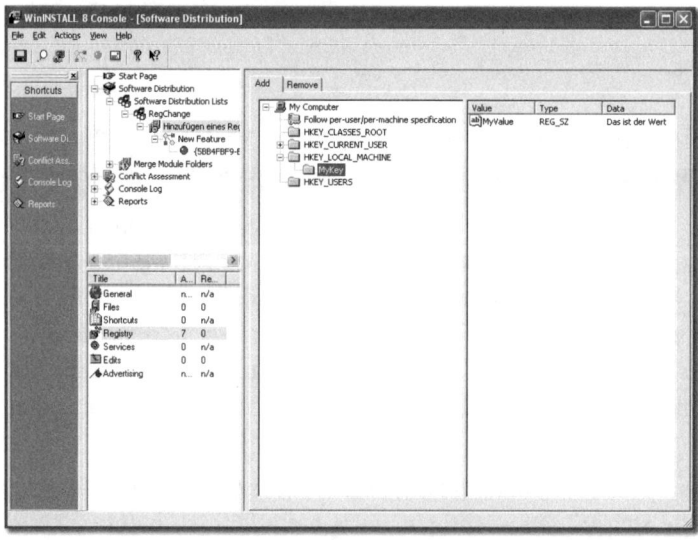

Abbildung 10.19 Mit dem WinInstall MSI Packager können Sie selbst MSI-Pakete erstellen, die dann über Gruppenrichtlinien verteilt werden können.

WMI-Abfragen

Ein weiteres Problem ergibt sich bei der Verteilung über Gruppenrichtlinien: Es ist ja nicht ganz unwahrscheinlich, dass ein Softwarepaket zwar an Computer in der OU »Buchhaltung« verteilt werden soll, aber nur auf Computern mit bestimmten Voraussetzungen installiert werden kann: Beispielsweise nur auf Computern mit dem Windows XP-Betriebssystem oder mit mindestens 512 MB Hauptspeicher. In einer Umgebung mit einem Windows 2000-basierten Active Directory und Windows 2000 Professional-Clients ist diese Anforderung ein ernstes Problem. Da man im Allgemeinen nicht bereit sein wird, die Unterschiede in der Hardwareausstattung in seiner logischen AD-Struktur abzubilden, gibt es keine Lösung!

Die Kombination Windows Server 2003 und XP Professional Workstations bietet eine interessante Lösung in Form von WMI-Filtern an. Hinter WMI verbirgt sich »Windows Management Instrumentation«. Wir nutzen die WMI-Funktionalität, um Abfragen zu formulieren, anhand derer entschieden werden kann, ob eine Gruppenrichtlinie angewendet wird oder nicht. Wie funktioniert dies konkret?

▶ Sie sollten für jeden Verteilauftrag eine separate Gruppenrichtlinie einrichten. Zur Erinnerung: Gruppenrichtlinie können für eine Domain, eine OU oder einen Standort definiert werden. Mischen Sie nicht die Gruppenrichtlinien für die Verteilung mit den Gruppenrichtlinien, die Sie für sonstige Konfigurationseinstellungen verwenden. Technisch ginge das zwar, führt aber zu heillosem Durcheinander, wenn Sie auch WMI-Filter einsetzen!

▶ Der Eigenschaftsdialog der Gruppenrichtlinien verfügt über eine Karteikarte »WMI-Filter«. Hier können Sie einen WMI-Filter definieren; es können nicht mehrere WMI-Filter als Ausführungsbedingung für eine Gruppenrichtlinie festgelegt werden.

▶ Das Definieren eines WMI-Filters ist in Abbildung 10.20 gezeigt. Die Filterbedingung wird in einer SQL-ähnlichen Anweisung formuliert.

▶ Die Gruppenrichtlinie wird nur auf Computern angewendet, die den Bedingungen der Abfrage entsprechen. Die Auswertung erfolgt zur Ausführungszeit.

▶ Windows 2000-Maschinen können diese Filter nicht auswerten. Diese Systeme ignorieren die Filterbedingungen und wenden die Gruppenrichtlinie in jedem Fall an.

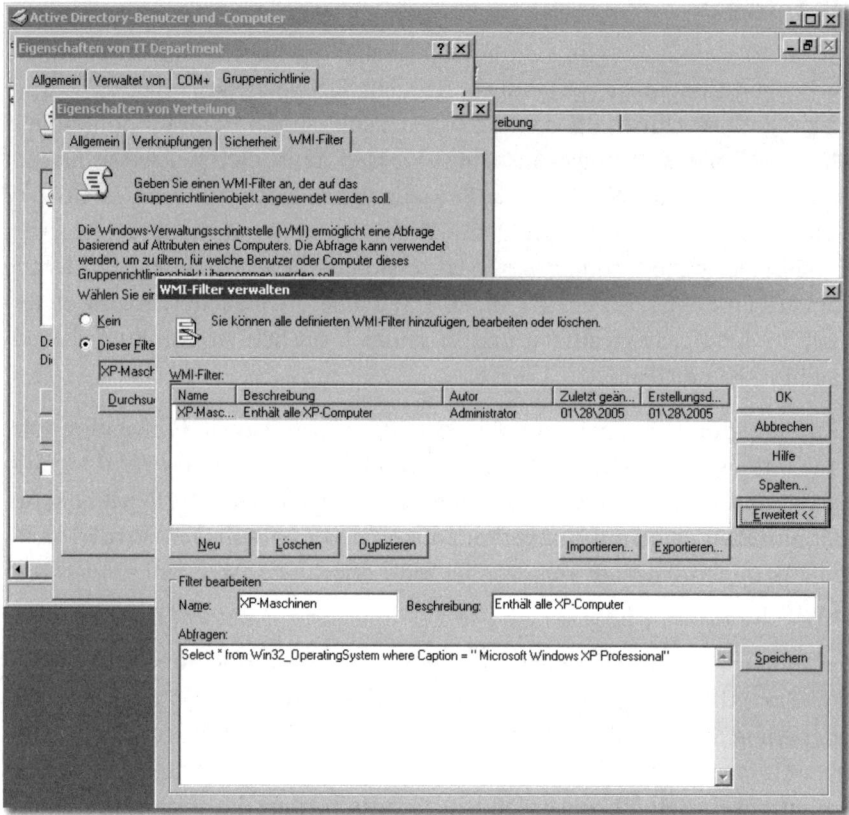

Abbildung 10.20 Definition eines WMI-Filters

Wenn Sie die Softwareverteilung über Gruppenrichtlinien nebst WMI-Filtern intensiv nutzen möchten, werden Sie die Group Policy Management Console (GPMC), die Sie als kostenlose Ergänzung von der Microsoft-Website laden können, schätzen. Anhand der Darstellung in der GPMC (Abbildung 10.21) können Sie übrigens das Konzept erkennen: In einer Domain können beliebig viele WMI-Filter definiert werden, die ihrerseits an beliebig viele Gruppenrichtlinien gebunden werden können.

Ich hatte zuvor geschrieben, dass an eine Gruppenrichtlinie nur ein WMI-Filter gebunden werden kann. Was ist zu tun, wenn Sie eine Gruppenrichtlinie nur auf Maschinen ausführen lassen möchten, deren Betriebssystem Windows XP ist, die mindestens über 128 MB Speicher verfügen und mehr als 500 MB freien Speicherplatz auf dem System-Volume haben?

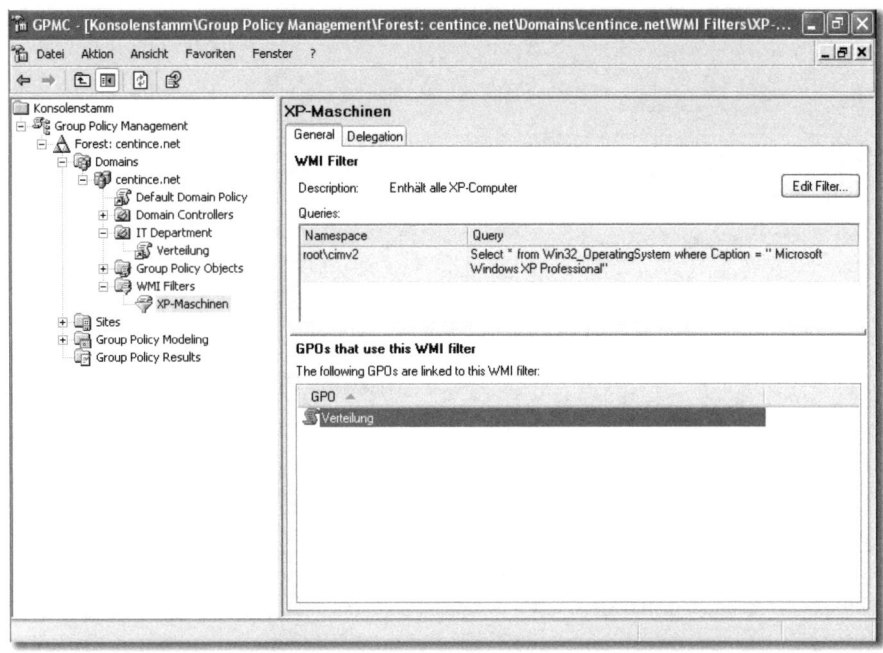

Abbildung 10.21 Die Group Policy Management Console kann zum komfortablen Verwalten der WMI-Filter genutzt werden.

Sie können zwar in der Tat nicht drei einzelne WMI-Filter auf eine Gruppenrichtlinie anwenden, es hindert Sie aber niemand daran, einen WMI-Filter zu definieren, in dem alle drei Parameter gleichzeitig abgefragt werden.

Wenn Sie selbst Abfragen für WMI-Filter definieren möchten, finden Sie zum einen viele Beispiele auf der Microsoft-Website. Zum anderen sollten Sie sich unbedingt die WMI Tools (kostenloser Download) beschaffen. Das zuvor bereits vorgestellte CIM Studio betrachtet die vorhandenen WMI-Objekte eher »abstrakt« (Abbildung 10.16), der ebenfalls in dieser Sammlung vorhandene WMI Object Browser liest die konkreten Werte der aktuellen Maschine aus (Abbildung 10.22). Dies ist sehr hilfreich, um die Vergleichswerte zu ermitteln, die Sie in Ihren Abfragen verwenden können.

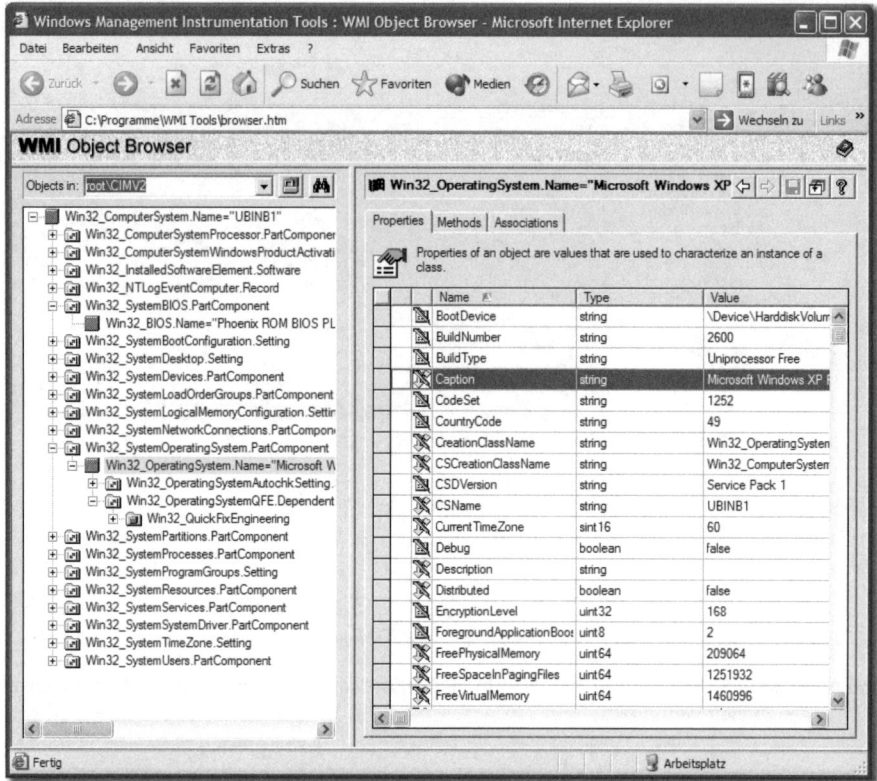

Abbildung 10.22 Der Object Browser aus den WMI Tools zeigt die Konfiguration der aktuellen Maschine.

10.5.2 MSTs für MSIs

Dass mit Gruppenrichtlinien nur MSI-Pakete verteilt werden können, haben Sie ja bereits erfahren.

Was ist zu tun, wenn Sie das Office Paket installieren möchten, in einigen OUs aber nur Outlook und Word, nicht aber Excel installiert werden soll?

Die Lösung für diese Anforderung ist vergleichsweise einfach, denn MSI-Pakete können recht weitgehend durch Transform-Files (*.MST) angepasst werden. Das MSI-Paket muss die Veränderung durch Transform-Files allerdings explizit unterstützen. Einem MSI-Paket, das von vornherein »dumm« ist und nur Dateien kopieren kann, können Sie auch durch Transform-Files nicht im Nachhinein Intelligenz einhauchen.

Einer der häufigsten Installationsfälle dürfte das Office Paket sein. Schauen wir uns die Vorgehensweise zur Erzeugung spezialisierter Konfigurationen einmal genauer an (Abbildung 10.23).

▶ Zunächst müssen Sie sich das Office Resource Kit von der Microsoft Website herunterladen und installieren. Eine Applikation des Resource Kits ist der Custom Installation Wizard.

▶ Wenn Sie den Custom Installation Wizard starten, wird dieser Sie zunächst auffordern, dass MSI-Paket auszuwählen, zu welchem Sie ein Transform-File erstellen möchten.

▶ Dann werden Sie durch 24 (!) Dialogseiten geführt, in denen Sie zig Einstellungen vornehmen können, zum Beispiel: Welche Applikationen sollen installiert werden, soll der Hintergrund-Druck in Word ausgeschaltet werden und vieles andere mehr.

▶ Der Custom Installation Wizard speichert die Konfiguration in einer Datei ab. Selbstverständlich können Sie beliebig viele dieser Transform-Dateien erstellen und je nach Installationsaufgabe anwenden. Auf diese Weise können Sie sehr individuelle Installationen von Office erzeugen.

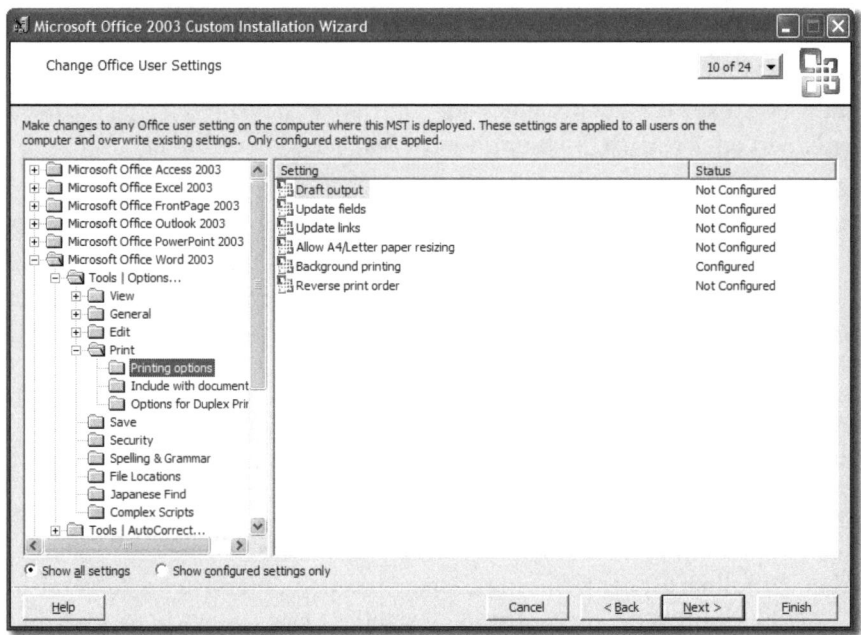

Abbildung 10.23 Die Installation des Office-Pakets kann durch Transform-Dateien (*.mst) gesteuert werden. Die Transform-Dateien werden mit dem Custom Installation Wizard aus dem Office Resource Kit erstellt.

Die Erstellung von Transform-Files ist natürlich nicht nur hilfreich, wenn Sie mit Gruppenrichtlinien verteilen möchten. Auch wenn Sie mit anderen Werkzeugen (z. B. SMS, LDMS, NetInstall etc.) Office verteilen möchten, werden Sie auf die beschriebene Weise Transform-Files erstellen.

10.5.3 Werkzeuge zur Softwareverteilung

Die Verteilung über Gruppenrichtlinien ist natürlich vergleichsweise »primitiv«. Unbestritten ist, dass diese in vielen Fällen sogar ausreichen dürfte, wenn Sie eine große komplexe Umgebung verwalten, wird ein leistungsfähiges Softwareverteilungssystem notwendig werden.

Welche Verteilmöglichkeiten gibt es?

Bei der Besprechung der Software-Verteilung mit Gruppenrichtlinien haben Sie die Verteilung von MSI-Paketen kennen gelernt. Dies ist natürlich nicht die einzige Möglichkeit, diverse andere Möglichkeiten stehen zur Verfügung. Zu verteilende Software wird ansonsten in diesen »Formen« vorgefunden:

▶ Einzelne EXE-Dateien: Viele Installationen bestehen aus einer einzelnen EXE-Datei, die sich beim Aufruf selbst entpackt. Diese Variante findet sich häufig bei Downloads aus dem Internet.

▶ SETUP.EXE mit mehreren Quelldateien: Auf CDs findet sich im Allgemeinen eine setup.exe, die zu installierende Dateien aus mehreren Quelldateien extrahiert oder einfach unkomprimiert vorhandene Files kopiert.

▶ MSI-Pakete: Diese Pakete beinhalten die zu installierenden Dateien und zusätzlich »Installations-Logik«. Komplexere Installationen können durchaus aus mehreren MSI-Paketen bestehen. Die Verwendung von MSI-Paketen setzt den Windows Installer voraus – die modernen Windows-Versionen bringen diesen standardmäßig mit. Beachten Sie bitte auch den Abschnitt »MSTs für MSIs«.

Generell gilt: Wenn die Möglichkeit besteht, Software mit den Original-Installationsmechanismen zu installieren, sollten Sie diese nutzen.

Die Alternative ist, eigene Installationspakete zu erstellen. Ein beliebtes Verfahren zur Generierung von Installationspaketen ist das Snap-Shot-Verfahren: Hierbei wird zunächst der Ursprungszustand des Computersystems aufgezeichnet. Anschließend wird die Software installiert. Danach zeichnet man mit einem Werkzeug wieder den Zustand des Systems auf und prüft, welche Dateien neu hinzugekommen, gelöscht oder verschoben worden sind, welche Änderungen in der Registrierung vorgenommen worden sind etc. Diese Änderungen werden in ein »Paket« geschrieben, in dem alle neu hinzugekommen

Dateien gespeichert werden. Darüber hinaus enthält das Paket ein Skript, dass die durch die Installation vorgenommenen Veränderungen auf einer anderen Maschine durchführen kann, also neue Dateien kopieren, bereits vorhandene Dateien verschieben, Registry-Werte setzen und vieles andere mehr.

Diese Snapshot-Methode hat den Vorteil, dass man wirklich jede Installation aufzeichnen kann. Wenn Sie eine Software aufbringen möchten, bei deren Aufruf drei verschiedene Installationsprogramme aufgerufen werden müssen und zusätzlich etliche Änderungen mit der Hand notwendig sind, lässt sich dies am einfachsten in einem Snapshot-Paket festhalten: Sie halten den Ursprungszustand fest, nehmen die Installation vor, ermitteln den Endzustand und die Software zur Paketerzeugung erledigt den Rest.

Nachteile der Snapshot-Methode sind insbesondere:

▶ Ein einigermaßen intelligentes Installationsprogramm stellt sich auf die Gegebenheiten der Maschine, auf der installiert wird ein. Beispielsweise kann es sein, dass das Installationsprogramm bestimmte Dateien nicht installiert und registriert, weil sie an anderer Stelle bereits vorhanden oder sogar in neuerer Version vorhanden sind. Die Aufbringung eines Installations-Snapshots nimmt hierauf keine Rücksicht, es werden im Allgemeinen »ohne Rücksicht auf Verluste« Dateien ausgetauscht, verschoben und überkopiert. Wenn alle PCs wirklich exakt (!) identisch sind, ist das letztendlich kein Problem – ansonsten ist mit »Verlusten« zu rechnen. Diese liegen noch nichtmals darin, dass die neu aufgebrachte Software nicht funktionieren würde, Sorgen muss man sich eher um bereits vorhandene Programme machen.

▶ Dieser Punkt ist ein Spezialfall des vorherigen: Wenn Sie unterschiedliche Betriebssystemversionen (Service Pack genügt schon als Unterschied) im Einsatz haben, müssten Sie für jedes System ein eigenes Paket anfertigen. Komplexere Softwareprogramme tauschen teilweise DLLs und sonstige systemnahe Dateien aus: Wenn Sie ein Paket auf einer XP-Workstation erstellt haben und wenden es auf eine Windows 2000-Maschine an, kann es sein, dass einige XP-Dateien kopiert werden – unter Umständen verträgt Windows 2000 das nicht allzu gut.

▶ Applikationen, die mit dem Original-Installationsprogramm installiert worden sind, lassen sich im Allgemeinen recht gut wieder deinstallieren. Meiner Erfahrung nach ist generell bei Snapshot-Installationen die Deinstallation ein ernsthaftes Problem – nicht, dass die zu deinstallierende Software nicht verschwinden würde, leider funktionieren häufig auch etliche andere Programme nicht mehr. Es ist also Vorsicht geboten!

Fazit: Wann immer es möglich ist, sollten Sie die Installationen mit den Original-Installationsroutinen durchführen. Es gibt sicherlich Spezialfälle, in denen dies aus den unterschiedlichsten Gründen nicht möglich ist. Hier sind dann allerdings umfangreiche Tests notwendig!

Microsoft SMS – Systems Management Server

Das Microsoft-Produkt für das Management von Clientsystemen ist der Systems Management Server, den wir in diesem Abschnitt etwas genauer betrachten werden. SMS ist Ihnen in diesem Kapitel über Client-Systeme bereits mehrfach begegnet, beispielsweise habe ich das System bereits im Abschnitt über Inventarisierung erwähnt.

In der Tat deckt SMS mehrere Bereiche ab:

- ▶ Inventarisierung
- ▶ Verteilung von Software
- ▶ Verteilung von Betriebssystemen: Für die Verteilung von Betriebssystemen gibt es ein kostenloses FeaturePack. Für die Betankung von neuen Systemen wird übrigens RIS verwendet.
- ▶ Unterstützung des Helpdesks: Im Helpdesk werden häufig Funktionen wie die Fernsteuerung benutzt. SMS enthält mit den Remotetools einige grundlegende in die SMS-Konsole integrierte Funktionen wie Fernsteuerung, Chat, Neustart.
- ▶ Überwachung der Programmnutzung: Dieses Feature ermöglicht Aussagen darüber zu treffen, wie oft beispielsweise PowerPoint (auf das bei der letzten Erhebung des Softwarebedarfs kein Benutzer verzichten konnte) tatsächlich geöffnet worden ist.

SMS ist sicherlich eines der komplexesten Systeme unter den Microsoft-Server-produkten. Ich werde Ihnen in diesem Abschnitt die bezüglich der Software-verteilung wesentlichen Unterschiede gegenüber der Verteilung per Gruppen-richtlinien erläutern. Sie werden dann entscheiden können, ob die weitere Beschäftigung mit SMS für Sie lohnend sein wird.

Wie bereits gesagt: Die Verteilung von Softwarepaketen ist nicht die einzige Funktion von SMS. Ich glaube aber nicht, dass jemand realistisch SMS einsetzen wird, wenn er ausgerechnet die Softwareverteilung nicht nutzen möchte.

In Abbildung 10.24 sehen Sie die SMS-Administrationskonsole. Auf zwei besonders wichtige Knoten möchte ich Sie gern hinweisen:

► Sammlungen: SMS verteilt grundsätzlich an Sammlungen. Sammlungen sind Gruppen von Computern, die aufgrund von Inventareigenschaften zusammengefasst werden, beispielsweise »Alle Computer mit Windows XP, die mindestens 256 MB Hauptspeicher haben«. Im Gegensatz zu den WMI-Filtern, die Sie im Zusammenhang mit den Gruppenrichtlinien kennen gelernt haben, erfolgt die Prüfung des Inventars nicht zur Laufzeit, sondern die Sammlungszugehörigkeiten werden aus der SMS-Datenbank ermittelt. Ein Clientsystem kann sich selbstverständlich in beliebig vielen Sammlungen befinden.

► Sammlungen mit Benutzerdaten: Zusätzlich zu den Sammlungen, die sich auf Hardwareinventar beziehen, können Sammlungen aufgebaut werden, die Benutzerkonten enthalten. Beispielsweise lässt sich eine Sammlung anlegen, die alle Benutzerkonten einer bestimmten OU enthält. SMS kann also nicht nur an Computer, sondern auch an Benutzer verteilen, präziser: Er verteilt an eine Sammlung, die Benutzerkonten enthält.

► Pakete: Die Applikationen (oder Dateien), die verteilt werden sollen, werden in Paketen definiert. SMS verteilt nicht nur MSI-Pakete, sondern kann auch SETUP.EXE-basierte Installationen starten, einzelne Daten ablegen und anderes mehr.

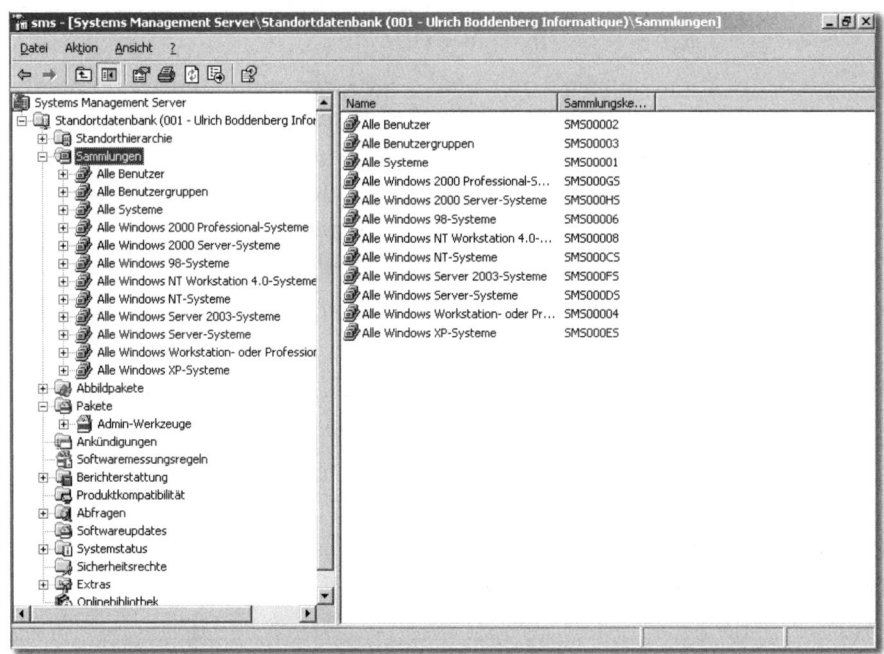

Abbildung 10.24 Die Administrationskonsole des Systems Management Servers 2003

Werfen wir einen Blick auf die Architektur von SMS:

▶ Die grundlegende Organisationseinheit von SMS sind Standorte.

▶ Es gibt primäre und sekundäre Standorte. Primäre Standorte verfügen über eine eigene Datenbank, sekundäre SMS-Standorte verwenden die Datenbank des übergeordneten primären Standortes.

▶ In sehr großen komplexen Installationen können viele primäre Standorte hierarchisch angeordnet werden.

▶ Die kleinste SMS-Installation besteht aus einem einzigen primären Standort.

▶ SMS setzt kein Active Directory voraus, es kann aber von SMS genutzt werden. SMS fragt bei der Installation, ob eine Schema-Erweiterung durchgeführt werden soll. Sie müssen dieser zwar nicht zustimmen, allerdings sind die sich hieraus ergebenden Mehrwerte nicht uninteressant: Das schemaerweiterte Active Directory hilft SMS-Clients, die jeweils nächstgelegenen Verwaltungs- und Verteilungspunkte zu finden.

Abbildung 10.25 zeigt die Komponenten eines primären SMS-Standorts:

▶ Kernelement ist der SMS-Standortserver. Dieser übernimmt die Steuerung der SMS-Umgebung.

▶ Der Standortserver nutzt zur Ablage seiner Daten einen SQL Server (Es muss ein Microsoft SQL Server sein, kein Oracle etc.).

▶ Die Clients kommunizieren mit einem SMS-Verwaltungspunkt. Beispielsweise senden die Clients ihre Inventardaten an den Verwaltungspunkt und erhalten Anweisungen, beispielsweise zur Installation einer bestimmten Software (Ältere SMS-Clients kommunizieren nicht mit einem Verwaltungspunkt, sondern mit Client Access Points. Technisch gibt es zwar diverse Unterschiede, die grundlegenden Aufgaben sind ähnlich).

▶ Die zu verteilenden Softwarepakete finden sich auf SMS-Verteilungspunkten.

▶ Die Clients benötigen eine Clientsoftware, die übrigens automatisch ausgerollt werden kann. Für moderne Clientsysteme (Windows 2000 und XP) existiert ein »Erweiterter Client«. Für ältere Systeme (Windows 95/98, NT4) wird der »Legacy Client« verwendet, der deutlich weniger intelligent ist.

Der Ablauf einer Softwareverteilung ist ebenfalls in Abbildung 10.25 zu erkennen. Vereinfacht sieht der Ablauf wie folgt aus:

▶ SMS verteilt grundsätzlich Pakete an Sammlungen. Die Sammlungen werden vom Standortserver mit den Inventarinformationen, die im SMS Datenbankserver gespeichert sind, generiert.

▶ Über den Verwaltungspunkt »erfährt« der Client, dass er ein Softwarepaket installieren soll. Das passiert dann, wenn ein Paket einer Sammlung, in der der Client enthalten ist, zugewiesen ist.

▶ Dieses Paket erhält er vom Verteilungspunkt.

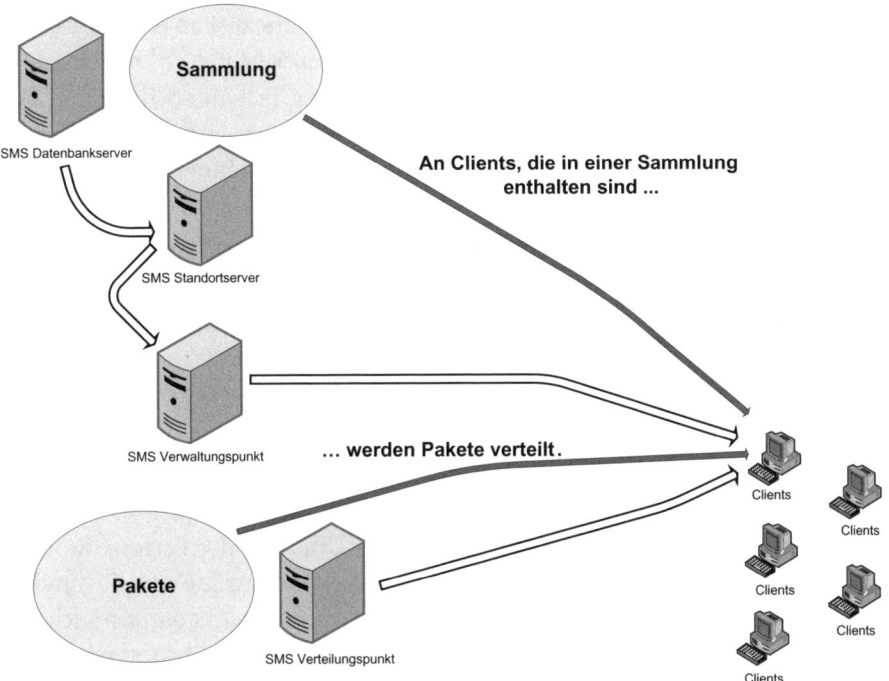

Abbildung 10.25 SMS-Komponenten und der Ablauf der Softwareverteilung

Wenn Sie sich die Skizze (Abbildung 10.25) anschauen, könnte man auf die Idee kommen, dass zum Betrieb von SMS mindestens vier Server erforderlich seien: Dem ist aber nicht so, denn es ist möglich, alle Funktionen auf einem Server zusammenzufassen. Letztendlich ist es eine Frage der Anzahl der mit SMS verwalteten Clients, wie viele Server benötigt werden. Wenn Sie einhundert Systeme managen, kann das ein einzelner Server durchaus sinnvoll schaffen, wenn es zehntausend Systeme sind, werden Sie die SMS-Rollen über mehrere Server verteilen müssen.

In Abbildung 10.26 sehen Sie einige Szenarien für die Architektur von SMS in einer verteilten Umgebung.

▶ In der Firmenzentrale wird der erste primäre Standort eingerichtet. Ein primärer Standort benötigt in jedem Fall eine Datenbank. Je nach Anzahl der Clients lassen sich die übrigen Rollen über mehrere Server verteilen.

- Ein Home Office User wird von der SMS-Installation des primären Standorts betreut, vermutlich baut der Benutzer ja ohnehin häufig eine Verbindung zur Firmenzentrale auf.

- Sehr kleine Niederlassung: Dieses Szenario ist zwar in der Skizze nicht abgebildet, hierunter ist eine Niederlassung mit 5 bis 15 Mitarbeitern zu verstehen. Man könnte sich überlegen, ob man in einem solchen Standort einen SMS-Verteilungspunkt einrichtet: Damit lässt sich verhindern, dass das 600 MB große zu installierende Office-Paket unter Umständen fünfzehn Mal über die WAN-Leitung transportiert wird. Stattdessen wird es einmal übertragen, nämlich zum Verteilungspunkt, anschließend können die Clients das Paket direkt von diesem, also aus dem lokalen Netz, ziehen.

- Eine kleine Niederlassung könnte man als sekundären SMS-Standort einrichten. Man würde einen dedizierten Server aufsetzen, der alle SMS-Rollen mit Ausnahme der Datenbankfunktion wahrnimmt. Der sekundäre SMS-Standort benötigt eine zuverlässige Kommunikationsweg zum primären Standort, da er eben über keine eigene Datenbank verfügt.

- Eine große Niederlassung würde man als untergeordneten primären Standort einrichten. Wie Sie bereits gehört haben, verfügt ein primärer Standort über eine eigene Datenbank. Je nach Größe der Niederlassung könnte man sich überlegen, ob man die SMS-Rollen aus Gründen der Performance auf mehrere Serversysteme verteilt. Wenn Ihre Niederlassung einige hundert Mitarbeiter hat, sind sowohl die übertragenen Inventardaten als auch die sonstige Kommunikation zwischen den SMS-Systemen, insbesondere zur Datenbank, nicht mehr ganz gering. Aus diesem Grunde macht es Sinn, für einen größeren Standort einen lokalen Datenbankserver vorzusehen, also einen primären Standort einzurichten.

Wichtig ist bei der Planung, sich genau anzuschauen, welche Daten zwischen den einzelnen Standorten bewegt werden und danach zu entscheiden, welche SMS-Systeme Sie wo benötigen.

Bei einem Verteilungspunkt (hierüber beziehen die Client-Systeme die Softwarepakete) ist alles noch recht einfach: Unter Umständen riesige Pakete vielfach über WAN-Leitungen zu übertragen, ist sicherlich ein sehr offensichtliches Problem, das sich mit einem zusätzlichen Verteilungspunkt recht einfach lösen lässt. Die Abwägung, ob man in einer eher kleinen Niederlassung einen eigenen Verwaltungspunkt einsetzt oder gar einen sekundären Standort etabliert, bedarf sorgfältiger Analysearbeit. Microsoft stellt im Internet diverse Werkzeuge zur Kapazitätsberechnung zur Verfügung, zudem gibt es hunderte Seiten mit Planungsunterlagen.

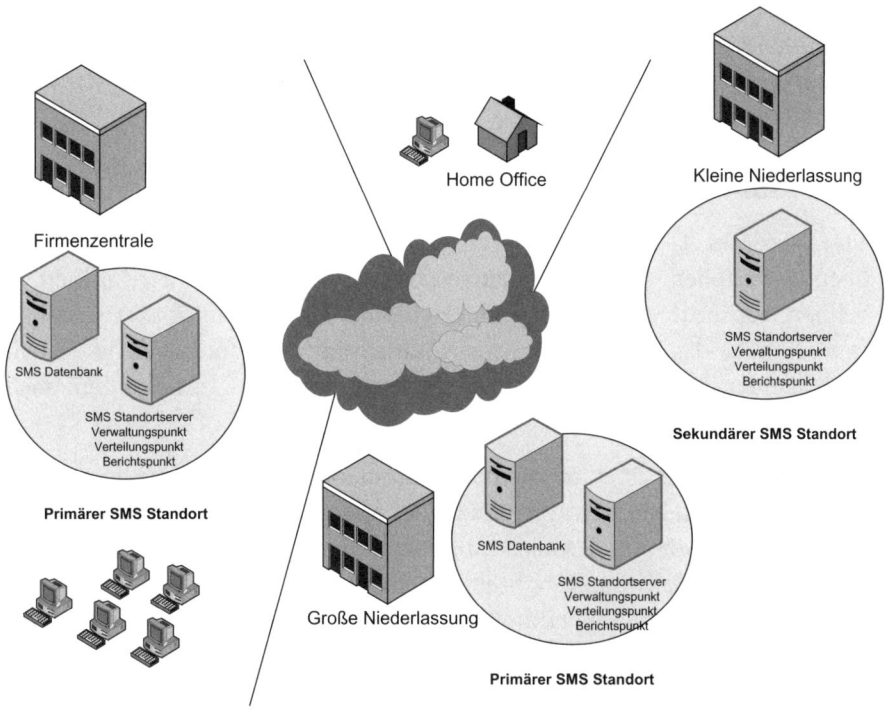

Abbildung 10.26 Unterschiedliche Szenarien für die Architektur von SMS

Dieses Beispiel hat natürlich nicht alle denkbaren Fälle im Detail aufgelistet. Sie haben aber sicherlich einen ersten Überblick erhalten, was mit SMS möglich ist. Gleichzeitig wird aber auch klar, dass es sich hierbei wirklich um ein komplexes System handelt, das man weder »mal eben nebenbei« einführen, noch ohne tiefere Kenntnisse verwalten kann.

Zum Vergleich: Die Verteilung mit Gruppenrichtlinien bietet solche verteilten Strukturen nicht. Natürlich kann man für eine Domain eine Richtlinie veröffentlichen. Wenn sich diese Domain unter Umständen über viele Außenstandorte erstreckt, wird das zu installierende Paket von jedem Client über die WAN-Leitung geholt.

Durch Workarounds lässt sich das natürlich verhindern: Wenn Sie in Ihrer logischen AD-Struktur nach Standorten gegliedert haben, können Sie für jede Standort-OU eine separate Gruppenrichtlinie definieren, die das MSI-Paket jeweils von dem nächstgelegenen Dateiserver bezieht.

Da auch an Active Directory-Standorte Richtlinien gehängt werden können, könnte man auch diese Möglichkeit nutzen, um die Clients jeweils auf lokale Server zu verweisen.

Der Nachteil ist, dass diese Workarounds, aber in einer gewissen Größenordung außerordentlich lästig für die Administration ist. Insofern macht es sicherlich Sinn, ab einer gewissen Größenordnung und Komplexität über ein System wie SMS nachzudenken.

10.5.4 SYSDIFF

Unter Windows NT 4 war SYSDIFF ein recht populäres Werkzeug, um Applikationen zu verteilen. SYSDIFF ist ein Werkzeug, das einen Vorher- und einen Nachher-Snapshost des Systems anfertigt und ein Differenzpaket erstellen kann. Ich habe das Verfahren recht ausführlich im Abschnitt »Welche Verteilmöglichkeiten gibt es« (etwas weiter oben) beschrieben – insbesondere auch die Nachteile.

SYSDIFF stammt aus einer Zeit, in der die Installations-Technologie bei weitem nicht so weit fortgeschritten war, wie heute. Auch wenn dieses Werkzeug noch sehr aktiv durch die Köpfe vieler Administratoren geistert, würde ich immer versuchen, die Installationsverfahren der einzusetzenden Software zu verwenden und keine SYSDIFF-Experimente wagen. Die Gefahr, dass es dann hinterher doch nicht so stabil läuft, ist einfach zu groß.

10.6 Verteilung von Patches

Die Software, die am häufigsten verteilt wird (oder verteilt werden sollte) sind Patches. Microsoft veröffentlicht angenehmer Weise recht zügig Patches, die erkannte Sicherheitslücken schließen. Es stellt sich nun die Frage, wie man diese Patches einerseits schnell, andererseits mit möglichst geringem Aufwand auf die Systeme bringt.

Ein bewährter Weg ist die Verwendung des Software Update Services (SUS), eine erweiterte Nachfolgeversion namens Windows Update Service (WUS) ist zu dem Zeitpunkt der Erstellung dieses Buches noch in der Beta-Phase.

Die Kernfunktionalität ist schnell erklärt:

▶ Das System bezieht über das Internet alle neu herausgebrachten Patches von den Microsoft Servern. Sie können einstellen, welche Sprachversionen Sie herunterladen möchten, es ist also nicht notwendig, dass Sie alle Patches auch in »Traditional Chinese« übertragen.

▶ Als Administrator können Sie entscheiden, welche Patches Sie für die Verwendung in Ihrem Netz freigeben möchten. Über SUS/WUS werden also nicht unkontrolliert alle Patches auf alle Maschinen Ihres Netzes installiert.

Sinnvoller Weise wird man auf einer Testmaschine die Kompatibilität eines Patches mit Ihrer Systemumgebung prüfen und erst dann freigeben.

▶ Die Clients prüfen regelmäßig den SUS- bzw. WUS-Server auf neue Patches und installieren diese.

Stichwort Clients: Ein SUS- bzw. WUS-Client kann natürlich auch ein Serversystem sein. Gerade für diese ist es natürlich wichtig, auf möglichst aktuellem Patchlevel zu sein, um Sicherheitsprobleme zu vermeiden.

Neben den Microsoft-Werkzeugen für die Patch-Verwaltung existieren einige andere Produkte von Drittherstellern, die nicht nur die Patch-Aufbringung für Microsoft-Produkte unterstützen, sondern auch Applikationen anderer Hersteller mit Patches versorgen. Da der größte Teil des Patch-Aufkommens Microsoft-Produkte betreffen wird, sehe ich den Mehrwert, den ein Produkt bietet, dass auch Applikationen anderer Hersteller patchen kann, als eher begrenzt an.

Der Software Update Service (SUS), also der »erste Versuch« ist zwar prinzipiell kein schlechtes Produkt, hat aber durchaus etliche Wünsche offen gelassen. Der Nachfolger WUS, den wir uns im Folgenden ein wenig genauer anschauen werden, bietet etliche zusätzliche Verteiloptionen.

10

Ebenso wie SUS wird WUS mittels einer Weboberfläche verwaltet und administriert. Die Administration beinhaltet vor allem die Entscheidung, welche Patches und sonstigen Softwareprodukte im Netz verteilt werden sollen.

WUS benötigt eine SQL Server 2000-Datenbank. Falls Sie keine hierfür verwendbare Datenbank in Ihrem Netz betreiben, kann die im Installationspaket enthaltene WMSDE verwendet werden.

Gegenüber dem Vorgänger SUS wurde die Palette der Produkte, die WUS »betreuen« kann, deutlich erweitert. SUS konnte lediglich Patches für die Betriebssysteme bereitstellen, in WUS neu hinzugekommen ist die Unterstützung für Office (XP und 2003) und Exchange (2000 und 2003). Sie können auswählen für welche Produkte WUS Updates und Patches bereitstellen soll (Abbildung 10.28).

Sowohl SUS als auch WUS können nur Betriebssysteme ab Windows 2000 fortfolgende mit Patches versorgen, also kein NT4, Win95/98/ME.

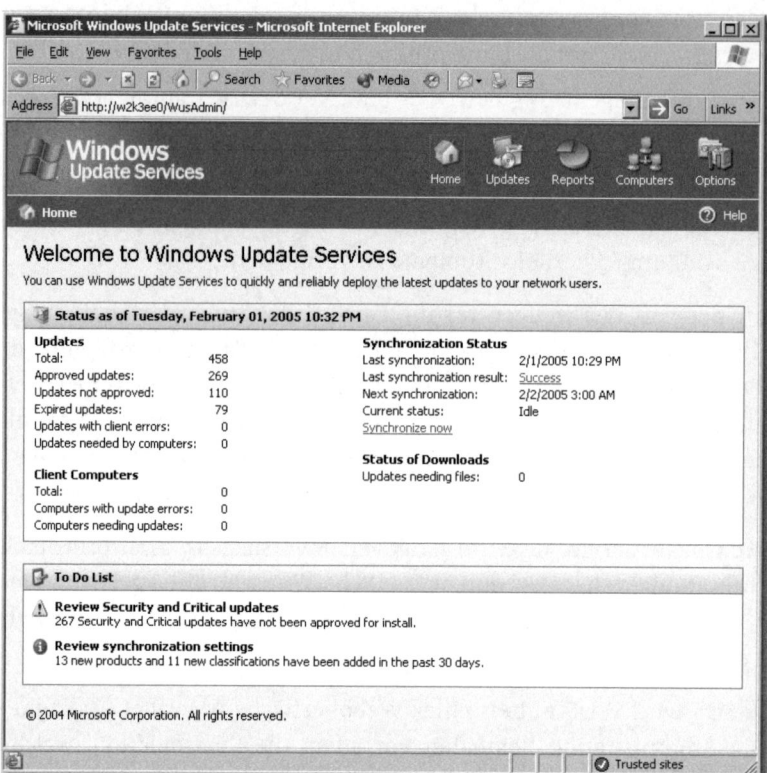

Abbildung 10.27 WUS wird über eine Weboberfläche konfiguriert und administriert

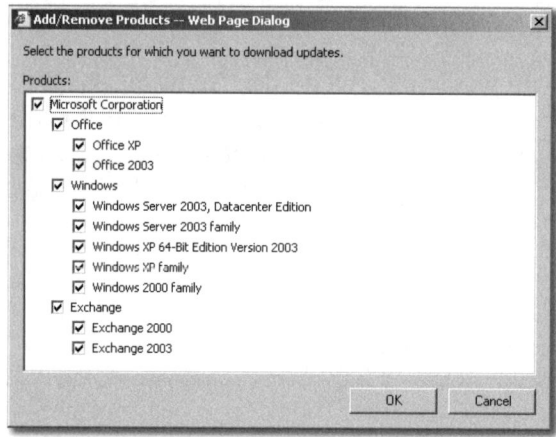

Abbildung 10.28 In diesem Dialog wird konfiguriert, für welche Microsoft-Produkte WUS Updates bereitstellen soll.

SUS konnte lediglich kritische Updates, Sicherheitsupdates und Service Packs herunterladen und den Clients bereitstellen. Mit WUS ist die Palette deutlich erweitert worden, unterstützt werden nun:

- ▶ Kritische Update
- ▶ Software Development Kits
- ▶ Treiber
- ▶ Feature Packs
- ▶ Anleitungen und Beispiele
- ▶ Service Packs
- ▶ Tools
- ▶ Update Rollups (Sammlungen von mehreren Updates)
- ▶ Updates (umfasst nicht-kritische und nicht-sicherheitsrelevante Updates)
- ▶ Konnektoren

Ich persönlich finde, dass es bei einigen Elementen, die mit WUS verteilt werden können, durchaus fraglich ist, ob diese ausgerechnet durch ein automatisiertes System bereitgestellt werden müssen, insbesondere die Software Development Kits, die Anleitungen und Beispiele wird man sich im Allgemeinen eher bei Bedarf downloaden. Nicht desto trotz ist es ein gewaltiger Fortschritt gegenüber SUS, dass nun sämtliche Update-Typen verarbeitet werden können.

Sie müssen sich darüber im Klaren sein, dass das aktivieren sämtlicher Optionen zu erheblichen Datenmengen führen kann. Zum einen betrifft das natürlich Ihre Verbindung zum Internet, zum anderen müssen die Daten natürlich auch gespeichert werden, hier wird aber sicherlich kein hochverfügbarer Plattenspeicher benötigt. Wenn beispielsweise 1.000 Clients auf einen einzigen WUS-Server zugreifen, sollten Sie sich aber über Performance Gedanken machen.

WUS-Server können kaskadiert werden, d.h. Sie können an jedem größeren Standort einen eigenen WUS-Server aufstellen, der von einem zentralen WUS-System versorgt wird.

Wenn Sie mit WUS testen, sollten Sie auf einen Aspekt achten: Zumindest in der mir vorliegenden Beta-Version sind per Default alle Sprachen aktiviert. Mit anderen Worten bekommen Sie alle Dateien in sämtlichen Sprachversionen, inklusive den in Deutschland eigentlich ständig benötigten Sprachen wie Koreanisch, Chinesisch (drei Versionen!), Japanisch und Portugiesisch/Brasilien. Dieses Verhalten kann man ihm leicht abgewöhnen, da Sie die tatsächlich benötigten Sprachversionen gezielt auswählen können (Abbildung 10.30).

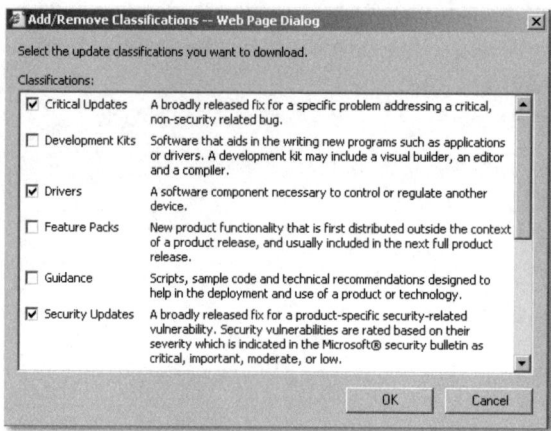

Abbildung 10.29 In WUS kann konfiguriert werden, welche Update-Typen von WUS bereitgestellt werden sollen

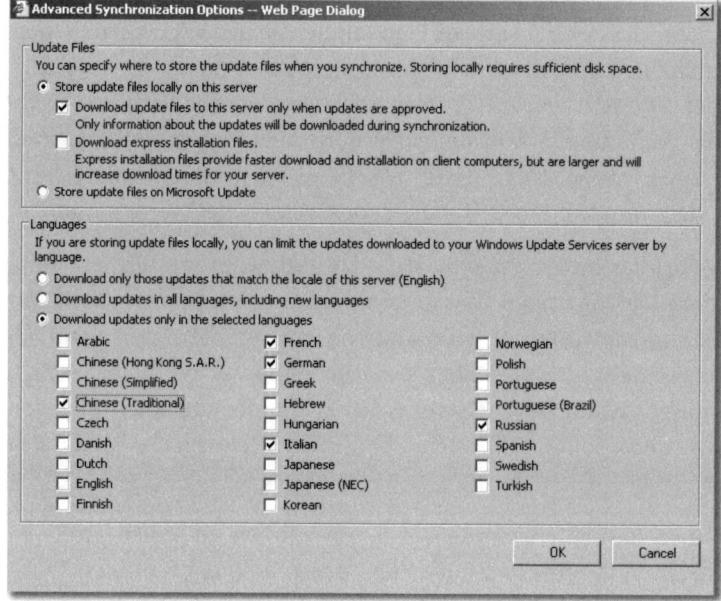

Abbildung 10.30 Einer der ersten Konfigurationsschritte sollte die Festlegung der benötigten Sprachen sein.

Die administrative Arbeit besteht im Wesentlichen darin, zu entscheiden, welche Patches und Updates für die Verwendung in Ihrem Netz freigegeben werden sollen. Zu jeder Datei kann eine Beschreibung angezeigt werden, so dass Sie sich ein Bild über die jeweilige Bedeutung machen können (Abbildung 10.31).

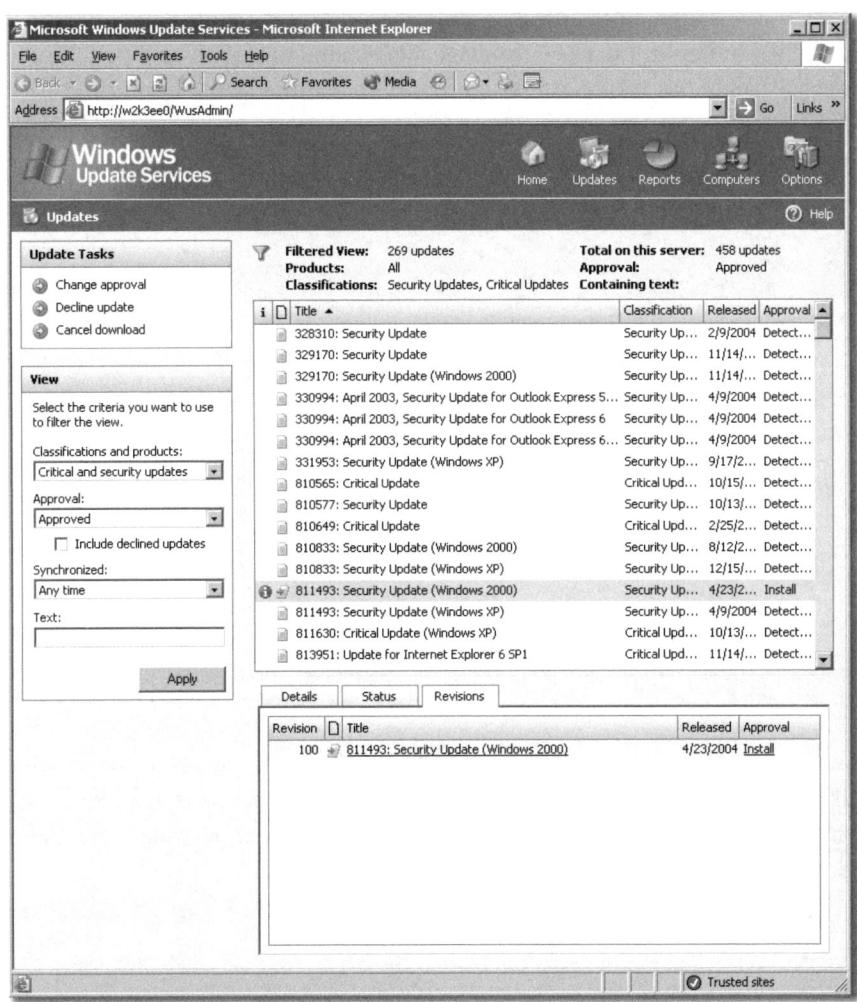

Abbildung 10.31 In der Weboberfläche können die von Microsoft bereitgestellten Updates freigegeben werden.

Ich persönlich würde folgende Konfiguration favorisieren:

▸ Updates, Patches etc. für »normale« PCs werden direkt freigegeben und von WUS installiert.

▸ Für Serversysteme und besonders kritische PCs würde ich ungern jedes Update ungetestet anwenden, weshalb ich bei diesen eine manuelle Freigabe erforderlich machen würde.

Offensichtlich hatten andere Leute identische Wünsche, denn WUS unterstützt eine solche Konfiguration. Die Grundlage hierfür sind Computergruppen, für die Sie das Verhalten des WUS-Systems konfigurieren können (Abbildung 10.32).

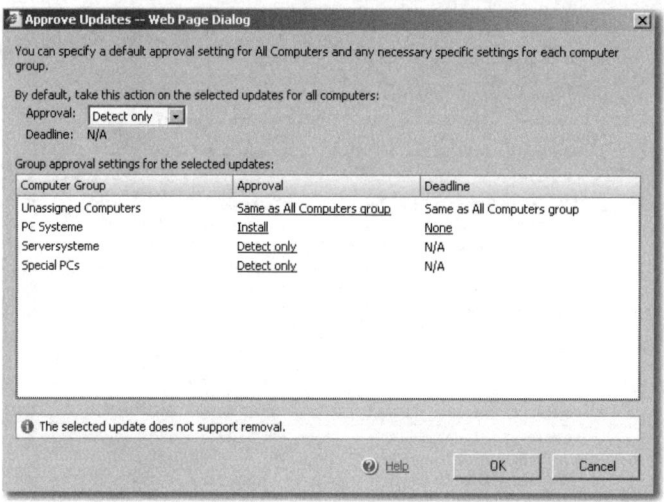

Abbildung 10.32 Das Verhalten von WUS kann für verschiedene Computergruppen individuell festgelegt werden.

Ich kenne viele Umgebungen, in denen SUS erfolgreich eingesetzt wird. Der nochmals deutlich verbesserte Nachfolger WUS verbessert das Verfahren zur Patch-Aufbringung, die von Microsoft übrigens als sehr wichtig angesehen wird, nochmals deutlich.

Empfehlung: Unbedingt einsetzen!

11 Terminalserver

*Die Terminalserver-Technologie hat in den vergangenen Jahren eine
enorme Verbreitung gefunden. Obwohl die Terminal Server-Technolo-
gie in viele Fällen außerordentlich sinnvoll eingesetzt werden kann, ist
sie kein Allheilmittel. Damit eine Terminalserver-Umgebung die
gesetzten Erwartungen in Performance und Stabilität erfüllt, sind
viele Aspekte zur berücksichtigen.*

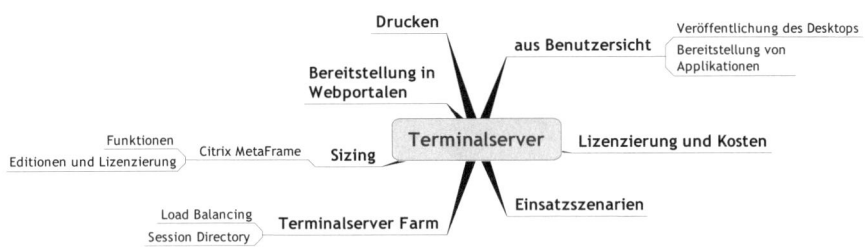

Abbildung 11.1 Die Themen des Kapitels im Überblick

Das Prinzip der Terminalserver ist schnell erklärt. Schauen wir uns zunächst
eine klassische Umgebung an (Abbildung 11.2).

Auf den Client sind Applikationen installiert, beispielsweise ein Office-Paket,
mit dem auf Serverressourcen wie Datenbanken oder File-Server zugegriffen
wird.

Eine gewisse Herausforderung sind Benutzer, die an einem entfernten Standort
oder im Home Office mit zentralen Daten arbeiten möchten. Wenn es sich um
eine Client-Applikation, die auf eine SQL Server zugreift, handelt, klappt das
zumeist noch ganz gut, wenn auf einer Access-Datenbank (*.mdb) gearbeitet
werden muss, ist das eine mittlere Katastrophe. Letzteres ist vor allem deshalb
problematisch, weil der Client für die Arbeit mit Accessdatenbanken recht
intensiv auf dem Dateisystem schreiben und lesen muss – sehr ungünstig bei
einer schmalbandigen WAN-Strecke.

Nun kommt der Terminalserver in Spiel (Abbildung 11.3):

▶ Die Applikationen (z.B. Office) werden nicht mehr auf dem PC ausgeführt,
sondern auf dem Terminalserver. Dieser führt also beispielsweise viermal
Access (für jeden Client einmal) aus.

▶ Zwischen Client und Terminalserver werden lediglich Tastatur-, Maus- und Bildschirmausgaben übertragen. Darüber hinaus ist die Übertragung von Schnittstellendaten oder Sound möglich.

▶ Der Terminalserver greift auf weitere Serverressourcen zu.

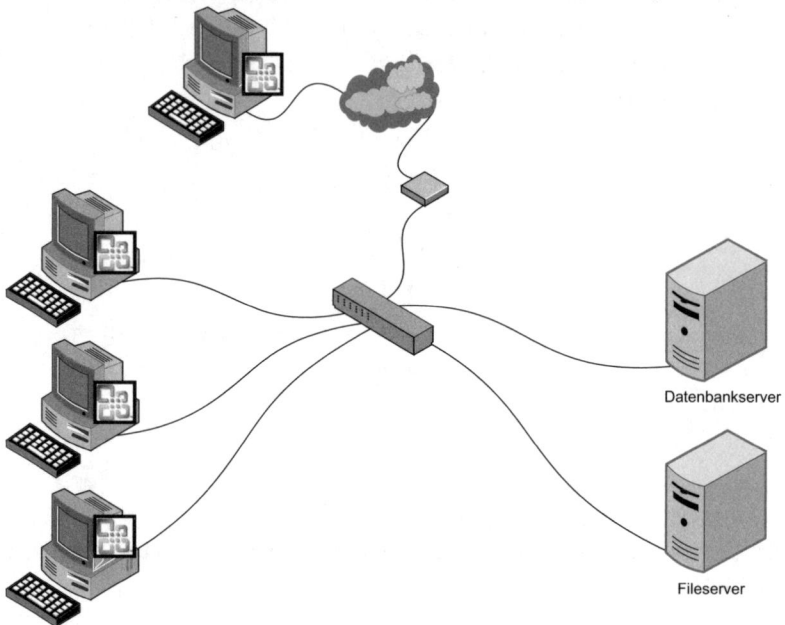

Abbildung 11.2 Die klassische Architektur: Eine auf den Clients ausgeführte Applikation greift auf Serverressourcen zu.

Der PC wird letztendlich zum dummen Terminal, wie es früher in Großrechner- und AS400-Umgebungen üblich war.

Die Terminalserver-Architektur bietet folgende Vorteile:

▶ Applikationen müssen nicht auf jedem einzelnen Client, sondern nur auf dem Terminalserver installiert werden. Wenn Sie keine automatische Softwareverteilung im Einsatz haben, erspart das sehr viel Installations- und Administrationsaufwand.

▶ Wenn Sie wirklich alle Applikationen auf dem Terminalserver installiert haben, ist der Ausfall eines Benutzer-PCs kein Problem, denn bis auf den Terminalserver-Client sind dort keine Applikationen notwendig.

▶ Da der PC nur noch ein Anzeigegerät ist und dort keine Applikationen mehr ausgeführt werden, sind die Leistungsanforderungen natürlich geringer. Sie ersparen sich eine eventuelle Aufrüstung der PCs und können diese länger einsetzen.

▶ Da der Netzwerkverkehr zwischen Client und Terminalserver in vielen Fällen deutlich geringer sein wird als derjenige zwischen Applikation (auf dem Client) und Serverressource, eignet sich dieses Konzept natürlich ganz hervorragend zur Anbindung von Remote-Benutzern an die Unternehmensdaten.

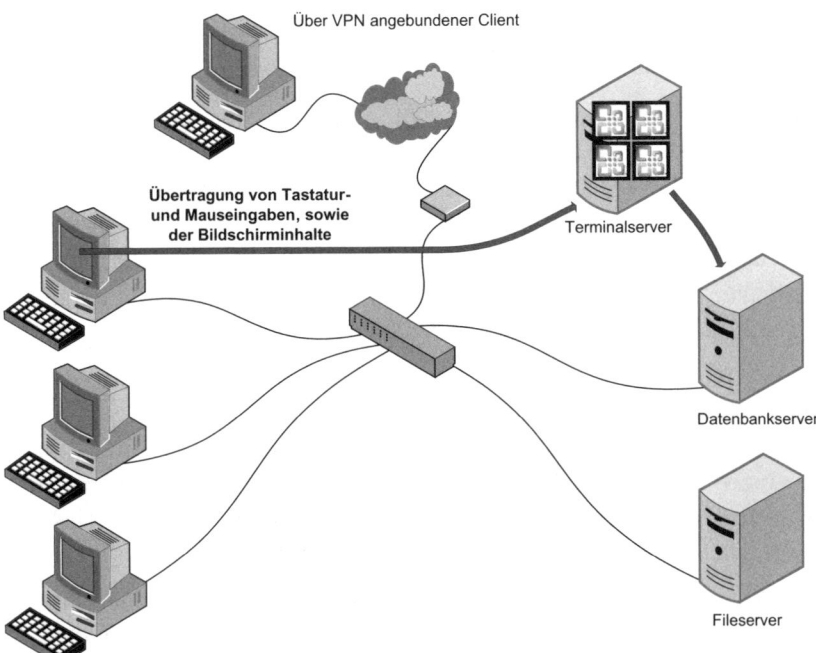

Abbildung 11.3 Bei der Verwendung von Terminalservern werden die Applikationen auf diesen und nicht auf den Clients ausgeführt.

Die folgenden Aspekte kann man vielleicht nicht unbedingt als Nachteil der Terminalserver-Architektur bezeichnen, dennoch müssen sie bei der Planung berücksichtigt werden:

▶ Kritisch ist natürlich die Leistung des Servers. Moderne Applikationen sind weder besonders sparsam in Bezug auf Prozessorleistung noch beim Speicherverbrauch. Auf dem Terminalserver läuft nun nicht nur einmal Word, sondern eventuell zwanzig oder dreißig Mal. Es ist also eine sorgfältige Dimensionierung notwendig.

▶ Aufallsicherheit: Es ist einleuchtend, dass die Benutzer nicht mehr arbeiten können, wenn der Terminalserver nicht zur Verfügung steht. Je intensiver Sie diese Technologie nutzen, desto mehr sind Sie auf eine hohe Ausfallsicherheit und Redundanz angewiesen. Das gilt natürlich auch für die WAN-Verbindungen.

▶ Ich persönlich würde zwar unbedingt vermeiden, dass Benutzer Daten auf lokalen Festplatten speichern, in vielen Umgebungen ist dies aber üblich. Wenn beispielsweise Office auf einem Terminalserversystem läuft, steht die Client-Festplatte nicht mehr (so ohne weiteres) zur Verfügung. Im Klartext: Alle Daten müssen auf Fileserversystemen abgelegt werden (Anmerkung: Es gibt die Möglichkeit, dem Terminalserver lokale Laufwerke zuzuweisen, solche Tricksereien sollten aber unbedingt vermieden werden – auch wenn nur ein Mausklick notwendig ist).

▶ Dieser Punkt ist letztendlich eine Erweiterung des vorherigen: Wenn komplette Niederlassungen Office auf einem Terminalserver in der Zentrale nutzen, müssen/sollten sich deren Daten ebenfalls in der Zentrale befinden, ansonsten würde der Terminalserver über die WAN-Verbindung Daten aus der Niederlassung holen. Im Sinne einer zentralisierten Datenhaltung ist dies prinzipiell zu begrüßen, die Serverkapazitäten in der Zentrale müssen aber vermutlich deutlich ausgebaut werden.

▶ Wenn ein Benutzer an seinem lokalen PC »herumbastelt« und Einstellungen ausprobiert, ist das fatal genug. Wenn er das auf einem Terminalserver, auf den er ja Benutzerzugriff hat, tut, hat das unter Umständen Auswirkungen auf mehrere Dutzend Kollegen. Über Berechtigungen, insbesondere auch über Gruppenrichtlinien, muss sichergestellt werden, dass die Benutzer keine Möglichkeit zum Basteln und Experimentieren haben.

▶ Der wichtigste Punkt: Nicht alle Applikationen eignen sich für den Einsatz auf dem Terminalserver. Moderne Applikationen wie Office (2000, XP, 2003) oder die SAP GUI laufen problemlos auf Terminalservern. Ältere oder sehr »spezielle« (was die technische Umsetzung betrifft) Applikationen sind eventuell nicht stabil zu implementieren. Jede Applikation muss erst auf Terminalserver-Tauglichkeit geprüft werden.

▶ Sie müssen sich auch darüber im Klaren sein, dass Sie nicht beliebig viele Applikationen auf einem Terminalserver installieren können. Wenn Ihr Unternehmen über 100 Applikationen verfügt, ist es ausgeschlossen, dass diese alle auf einer Maschine funktionieren. Denken Sie allein an die üblichen Probleme mit den DLL-Versionen: Was auf einem einzelnen PC schon sehr lästig ist, ist auf dem Terminalserver vermutlich schlicht und ergreifend nicht lösbar. Es muss also nicht nur geprüft werden, ob eine Applikation einzeln auf dem Terminalserver ausgeführt werden kann, viel mehr müssen Sie die einzusetzenden Programmpakete in der Kombination testen.

▶ 16-Bit-Applikationen sind für die Ausführung auf Terminalservern nicht geeignet.

► Programme, die auf spezielle Hardware zugreifen müssen, beispielsweise spezielle Dokumentenscanner oder Steuerungshardware, sind regelmäßig nicht terminalserver-fähig.

11.1 Der Terminalserver aus Benutzersicht

Der Einführung einer Terminalserverumgebung bedeutet für den Benutzer letztendlich keine Umstellung, da er mit den normalen Applikationen arbeiten kann.

Aus Benutzersicht gibt es zwei Nutzungsmöglichkeiten, die Veröffentlichung eines kompletten Desktops und das gezielte Starten einzelner Applikationen.

11.1.1 Veröffentlichung des Desktops

Wenn ein Benutzer lediglich Standardanwendungen, die über einen Terminalserver bereitgestellt werden, nutzt und zudem nur über einen alten und leistungsschwachen PC verfügt, könnte man ihm einen kompletten Desktop bereitstellen. Abbildung 11.4 zeigt den Remotedesktop-Client, in dem ein vollständiger Desktop zu sehen ist. Die Anzeige kann auch im Vollbild-Modus erfolgen, d.h. ohne die Umrandung mit dem Windows-Fenster. Es ist dann für den Anwender nicht mehr zu erkennen, dass er auf einem Terminalserver arbeitet.

Der Benutzer kann Applikationen öffnen, mit dem Windows Explorer arbeiten – kurz gesagt kann er die bereitgestellte Umgebung wie gewohnt nutzen. Dies bedeutet aber auch, dass es dringend notwendig ist, die Berechtigungen auf das lokale System sehr sorgfältig zu setzen und Einschränkungen über Gruppenrichtlinien vorzunehmen. Bedenken Sie, dass die Anwender auf einem Serversystem arbeiten!

Auf dem Markt sind so genannte ThinClients erhältlich. Hierbei handelt es sich um sehr kleine festplatten- und lüfterlose Systeme, die als Arbeitsplatzsystem für Terminalserver-Umgebungen gedacht sind. Diese Systeme können beispielsweise auf Windows CE basieren, so dass dem Anwender auf lokalen Systemen die üblichen Werkzeuge wie der Windows Explorer nicht zur Verfügung stehen. In einem solchen Fall bietet es sich an, den Anwendern einen kompletten Desktop zur Verfügung zu stellen.

Der Hauptvorteil der ThinClients ist, dass die Systeme ohne weitere Installationsarbeiten aufgestellt werden können. Auch im Fall eines Defekts ist der Austausch schnell erledigt. Ein weiterer Vorteil ist, dass in den ThinClients umfangreiche Möglichkeiten zum Management der Hardware integriert sind.

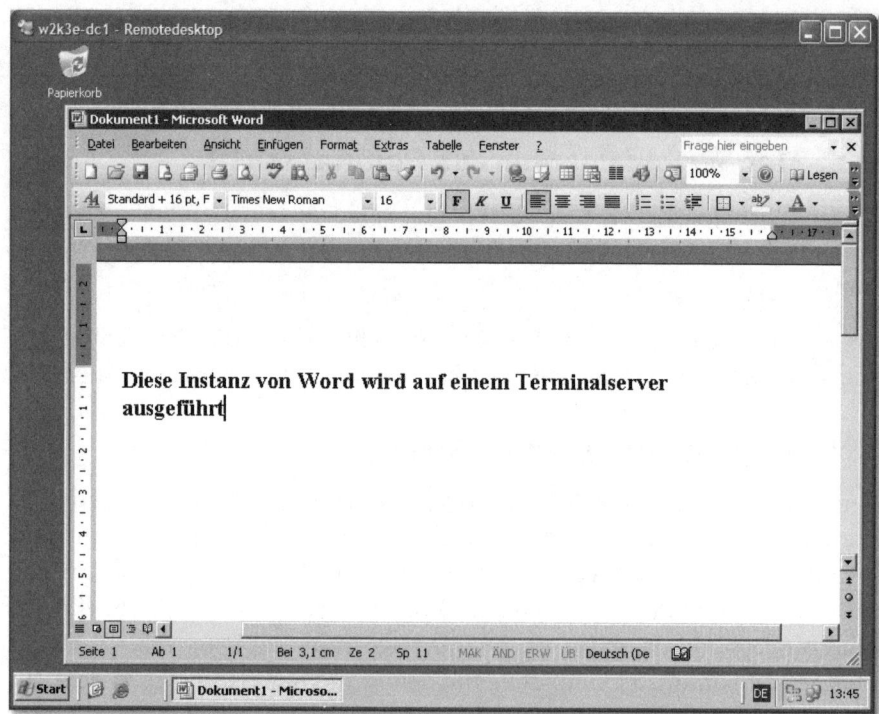

Abbildung 11.4 Veröffentlichung des vollen Desktops

11.1.2 Bereitstellung einzelner Applikationen

Wenn Sie nicht den kompletten Desktop veröffentlichen möchten, können auch gezielt einzelne Applikationen gestartet werden. Dies bietet sich an, wenn Ihre Anwender viele lokal installierte Applikationen verwenden und darüber hinaus ausgewählte Anwendungen über Terminalserver nutzen.

Wenn beispielsweise Word über den Terminalserver bereitgestellt werden soll, wird eine entsprechende Verknüpfung eingerichtet, die den Remotedesktop-Client startet und direkt die Applikation aufruft (Abbildung 11.5). Ein wenig unschön ist, dass das Windowsfenster des Clients um Word herum angezeigt wird. Der ICA-Client von Citrix Metaframe beherrscht eine »seamless« Darstellung, dann ist für den Benutzer nicht mehr zu unterscheiden, ob die Applikation auf dem lokal PC läuft oder auf dem Terminalserver.

Wenn gezielt eine einzelne Applikation gestartet wird, wird die Terminalserver-Sitzung beendet, sobald der Anwender diese Applikation schließt.

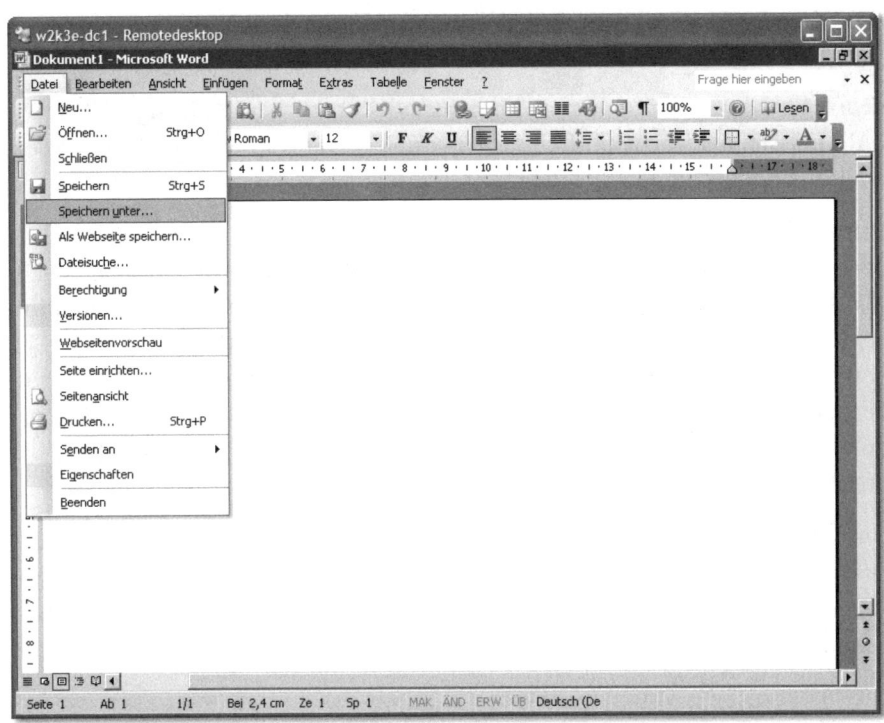

Abbildung 11.5 Word wird über den Terminalserver bereitgestellt, ohne dass der Benutzer den vollen Desktop erhält.

11.2 Lizenzierung und Kosten

Die Lizenzierung der Terminalserver ist seit Windows 2003 Server vergleichsweise einfach geworden. Ein Client (Device CAL) oder ein Benutzer (User CAL), der Dienste des Terminalservers verwenden möchte benötigt:

▶ Windows 2003 CAL- Dies ist die »normale« Zugriffslizenz, die auch beim Zugriff eines PCs auf einen Server benutzt wird.

▶ Windows 2003 TS-CAL: Diese Terminalserver-CAL wird zur Lizenzierung des Zugriffs auf den Terminalserver benötigt.

Früher, also bei der Nutzung von NT 4 Terminal Server Edition oder der Windows Server 2000 Terminal Services, gab es bei Lizenzierung die Betriebssystemäquivalenz zu berücksichtigen. Diese besagte, dass keine zusätzliche TS-CAL erforderlich war, wenn der zugreifende Client aus der gleichen Betriebssystem-Generation wie das Serverbetriebssystem stammte (z.B. Windows Server 2000 und Windows 2000 Professional). Mit Windows Server 2003 ist dieses Konstrukt aufgegeben worden, Sie benötigen also in jedem Fall

Terminalserver CALs. Diese sind sowohl als Device- als auch auf User-CAL verfügbar. Der Preis einer TS-CAL liegt ca. bei 95 Euro (zzgl. MwSt.).

Kein Planungsaspekt ist aber bei der Installation zu berücksichtigen: Die TS-CALs müssen bei Microsoft freigeschaltet und in der Applikation »Terminalserververlizenzierung« eingetragen werden.

Historisches zu der TS-CAL: Microsoft geht davon aus, dass ein Benutzer durch den Terminal Server ein Äquivalent zu einem Desktop-Betriebssystem erhält. Als der erste Terminalserver, nämlich NT 4 Server Terminal Server Edition erschienen war, musste für jeden Client eine NT 4 Workstation-Lizenz beschafft werden. Dies ist insofern auch nachvollziehbar, weil der Benutzer in der Tat in der Terminal-Sitzung so arbeiten konnte, wie mit einer NT4-Workstation. Ein wenig später wurde dann die TS-CAL aus der Taufe gehoben, die preislich für die Kunden deutlich günstiger war.

Um keine falsche Hoffnung aufkommen zu lassen: Wenn dreißig Benutzer das Office-Paket über einen Terminalserver nutzen, müssen auch dreißig Office-Lizenzen beschafft werden – auch wenn nur eine physikalische Installation vorgenommen worden ist. Diese Regelung gilt für die meisten Softwareprodukte, nicht nur für diejenigen von Microsoft.

11.3 Einsatzszenarien

Es ist völlig einleuchtend, dass es einfacher ist, wenige Installationen einer Software (nämlich auf den Terminalservern) zu verwalten als viele hundert Installationen auf den Desktop-PCs. Der Gedanken ist natürlich sowohl verlockend als auch nahe liegend, alle Applikationen über Terminalserver bereitzustellen und die Anwender lediglich mit ThinClients auszurüsten. Auf diese Weise entfiele die Administration der PC-Systeme, die allein schon durch die Masse der installierten Geräte recht aufwändig ist. Diese Idee ist zwar nicht schlecht, wird aber in der Praxis nicht zu realisieren sein:

▶ Vermutlich wird es in Ihrer Landschaft einige Applikationen geben, die schlicht und ergreifend nicht auf dem Terminalserver laufen können.

▶ Auch wenn Applikationen jeweils einzeln auf dem Terminalserver lauffähig sind, bedeutet das nicht, dass diese gemeinsam funktionieren.

Der primäre Grund für den Einsatz von Terminalservern ist die Verringerung des Administrationsaufwands. Völlig klar: Fünf Mal Office auf den Terminalservern zu installieren, ist wesentlich schneller erledigt als fünfhundert Mal auf den Clients.

Wenn eine Applikation ohnehin nur auf zehn Arbeitsplätzen benötigt wird, fällt die Bewertung nicht mehr so günstig aus. Generell ist eine Installation auf dem Terminalserver recht aufwändig, weil zunächst die Applikation auf Terminalserver-Tauglichkeit geprüft werden muss. Dann muss verifiziert werden, ob die Applikation überhaupt gemeinsam mit den sonstigen Anwendungen auf einem Terminalserver lauffähig ist. Diese Tests sind bereits zeitintensiv.

Wenn nur wenige Benutzer auf Applikationen zugreifen möchten, ist es wesentlich einfacher und insgesamt auch kostengünstiger, diese lokal auf PCs zu installieren.

Die Installation auf Terminalservern lohnt sich nur für Anwendungen, die von vielen Benutzern verwendet werden. Eine konkrete Zahl anzugeben, ist immer heikel, man kann aber sicherlich sagen, dass der Aufbau einer Terminalserverlandschaft sich keinesfalls lohnt, wenn Sie nur fünf Benutzer im Netz haben.

Ein Szenario für eine Firma mit 500 PC-Arbeitsplätzen könnte wie folgt aussehen:

▶ Jeder Anwender erhält sein Office-Paket über den Terminalserver.

▶ 100 Benutzer erhalten den Client des ERP-Systems über Terminalserver.

▶ 40 Vertriebsmitarbeitern wird das CRM-System über Terminalserver bereitgestellt.

▶ Drei Mitarbeiter der Buchhaltung benötigen eine Applikation zum Abruf von Bankdaten. Diese Applikation wird lokal auf den PCs installiert.

▶ Acht Entwicklungsingenieure erhalten das CAD-Programm als lokale Installation.

▶ Beim Leiter des Fuhrparks und seinem Vertreter wird das Fleet-Management-System lokal installiert.

Viele Mitarbeiter werden mit den über Terminalserver bereitgestellten Applikationen auskommen, beispielsweise die Mitarbeiter der Auftragssachbearbeitung und des Vertriebs. Bei Benutzern, die speziellere Applikationen benötigen, werden diese lokal auf den PCs installiert.

Fakt ist, dass das Ziel, sämtliche PCs gegen ThinClients zu ersetzen und alle Applikationen über Terminalserver bereitzustellen, in den meisten Umgebungen absolut unrealistisch ist. Das stellt die Terminalserver-Technologie keinesfalls in Frage, denn die Einspareffekte bei der Administration ergeben sich ohnehin bei Applikationen, die zumindest auf einigen Dutzend besser auf einigen hundert Systemen installiert sind.

Da die Kommunikation zwischen Clients und Terminalservern recht schmalbandig ist, eignet sich diese Technologie sehr gut für die Anbindung von Außenstellen oder Homeoffice-Benutzern, die zentral abgelegte Daten nutzen müssen.

11.4 Eine Terminalserver-Farm/Load Balancing

Aus Gründen der Verfügbarkeit werden Sie nicht mit einem einzelnen Terminalserver auskommen, denn der Ausfall dieses Systems würde bedeuten, dass mehrere Benutzer nicht mehr arbeitsfähig sind. Sie können einen einzelnen Server noch so redundant ausstatten – wirklich redundant wird die Umgebung nur sein, wenn mindestens zwei Server vorhanden sind.

Terminalserver werden nicht im herkömmlichen Sinne geclustert, sondern es wird eine Terminalserver-Farm aufgebaut. Teilweise wird in der Literatur der Ausdruck »Terminalserver-Cluster« verwendet, trotzdem kommt nicht etwa der Microsoft Clusterdienst zum Einsatz!

Eine Terminalserver-Farm kann aus zwei Servern bestehen, besser ist eine Anzahl von mindestens drei Servern. Anhand eines Beispiels möchte ich Ihnen den Grund erläutern: Sie versorgen ca. 80 Benutzer mit Terminalserver-Diensten, durch Load Balancing werden die Benutzer einigermaßen gleichmäßig auf die Server verteilt. 40 Benutzer sind eine durchaus realistische Anzahl von Benutzern für einen einzelnen Server (Doppelprozessor-System). Fällt einer dieser Server aus, werden alle Benutzer auf einem einzigen Server arbeiten, also 80 Benutzer auf einem System. Diese Anzahl von Benutzern ist von einem einzelnen Server nicht mehr zu bearbeiten, hierfür hat er vermutlich viel zu wenig Speicher und verfügt nicht über genügend Rechenleistung.

Besser wäre es, eine Farm so zu dimensionieren, dass der Betrieb realistisch mit einem ausgefallenen Server funktionieren kann. Bei drei Servern arbeiten im Mittel knapp 30 Benutzer auf einem Server. Beim Ausfall eines Systems steigt die Benutzerzahl auf 40, was noch immer ein realistischer Wert ist.

Errechnen Sie also die Zahl der Server, die Sie aus Performancegründen mindestens benötigen. Erhöhen Sie diese Zahl der Server um eins. Zum einen verbessert sich die Leistung, da die Server nicht ständig am Leistungslimit betrieben werden, zum anderen verkraftet die Farm den Ausfall eines Systems.

Es mag Ihnen vielleicht »unangenehm« oder unwirtschaftlich erscheinen, ein System mehr zu kaufen, als unbedingt benötigt: Ihre Farm ist aber nicht wirklich redundant, wenn der Ausfall eines Servers letztendlich doch nicht verkraftet wird und daher kein Benutzer mehr vernünftig arbeiten kann, weil alle verbliebenen Server mit massivsten Performanceproblemen kämpfen.

Man könnte nun ein ganz einfaches Load Balancing aufbauen und die Benutzer in der Reihenfolge des ersten Verbindungsaufbaus auf den ersten Server, den zweiten Server, den dritten, dann wieder den ersten, zweiten usw. senden. Dies nennt man übrigens ein Round-Robin-Verfahren, es wurde beim NT4 Terminal Server und den Terminal Services von Windows 2000 eingesetzt.

Es ist allerdings eine Besonderheit zu beachten: Die Benutzer haben die Möglichkeit, eine Terminalserver-Sitzung zu trennen. Im Gegensatz zum Beenden einer Sitzung laufen die Applikationen weiter und der Benutzer kann jederzeit eine getrennte Sitzung wieder aufnehmen – übrigens unabhängig von dem Arbeitsplatz, an dem er sich anmeldet (Abbildung 11.6).

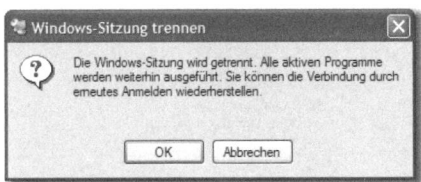

Abbildung 11.6 Eine getrennte Sitzung läuft weiter. Der Benutzer kann sich jederzeit anmelden und weiterarbeiten.

Da die Session natürlich nur auf dem Terminalserver verfügbar ist, auf dem sie angelegt wurde, muss sichergestellt werden, dass der Benutzer bei erneutem Anmelden wieder auf diese Session geleitet wird. Bei dieser Anforderung stößt das Round Robin-Verfahren natürlich auf seine Grenzen, denn die Zuweisung der Benutzer an einen Server ist hierbei zufällig.

Die Terminal Services des Windows Servers 2003 bieten mit dem Session Directory eine Lösung an:

Zunächst fragt der Client beim Session Directory an, mit welchem Terminalserver eine Verbindung aufgebaut werden soll. Wenn sich auf einem Terminalserver eine aktive Session für den Benutzer befindet, wird er zu dieser Maschine geleitet (Abbildung 11.7).

Das Verfahren funktioniert natürlich, hält aber leider einige Nachteile bereit:

▶ Die Terminalserver müssen mit der Enterprise Edition des Betriebssystems ausgestattet sein. Das führt natürlich zu nicht ganz unerheblichen Kosten.

▶ Der Server, der das Session Directory hält, muss zwar kein Enterprise Edition-Server sein, er ist allerdings absolut kritisch für die Gesamtumgebung: Fällt das Session Directory aus, können die Clients keine Verbindung mehr zu der Farm aufbauen. Es ist also streng genommen unbedingt notwendig, den Session Directory-Server zu clustern.

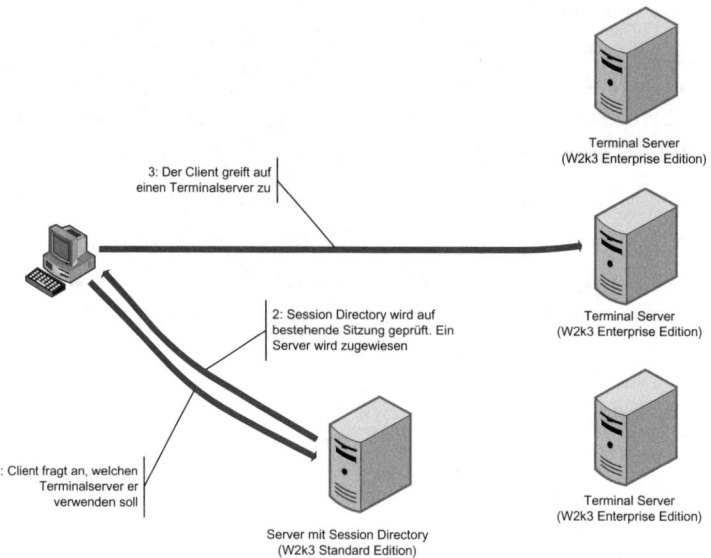

Abbildung 11.7 Funktionsprinzip des Load Balancing mit dem Session Directory

11.5 Sizing der Terminalserver

Aspekte zur Dimensionierung von Terminalservern finden Sie in Abschnitt 3.2.7.

Grundsätzlich gilt:

▶ Jede Umgebung muss individuell dimensioniert werden. Man kann natürlich Pauschal- und Erfahrungswerte heranziehen – für größere Umgebungen empfiehlt sich auf jeden Fall eine Pilotphase, deren Ergebnis ein genaues Sizing ist.

▶ Terminalserver sollen Anwendungen für Clients bereitstellen – nichts anderes! Ein Terminalserver soll kein Domain Controller sein, keine Fileshares bereitstellen, keine Netzwerkdienste wie DNS etc. übernehmen und schon gar keine Applikationsserverprodukte wie Datenbanken betreiben.

11.6 Citrix MetaFrame Presentation Manager

Wie Sie vielleicht wissen, stammt die Terminalserver-Technologie von der Firma Citrix und wird von Microsoft lizenziert und in dem eigenen Produkt, den Windows Terminal Services, verwendet.

Citrix vertreibt das Produkt MetaFrame Presentation Manager, das ein Erweiterung zu den Microsoft Terminal Services darstellt. In der Praxis wird in den meisten größeren Terminalserver-Projekten MetaFrame eingesetzt.

Einige Argumente, die für den Einsatz von MetaFrame sprechen sind:

▶ Load Balancing: Vielleicht das wichtigste Merkmal von MetaFrame ist das wesentlich intelligentere Load Balancing:

  ▷ Die Zuweisung des Benutzers zu einer Maschine folgt definierbaren Regeln, in denen beispielsweise die Benutzerlast des Servers, die CPU-Auslastung oder die Speicherbelegung berücksichtigt werden kann (Abbildung 11.8).

  ▷ Selbstverständlich werden auf einem Server vorhandene getrennte Sitzungen berücksichtigt und wieder aufgenommen.

  ▷ In der Microsoft Terminal Services-Umgebung kann das Session Directory nur verwendet werden, wenn die Terminal Server die Enterprise-Version des Betriebssystems verwenden. Bei Citrix MetaFrame funktioniert das Load Balancing auch mit der Standard-Edition von Windows Server 2003.

  ▷ Da der Server für das Session Directory der Windows Terminal Services bei hohen Verfügbarkeitsanforderungen streng genommen geclustert werden muss, entstehen recht hohe Zusatzkosten. Das Load Balancing von MetaFrame wird auf einem der MetaFrame-Server ausgeführt, eine separate Maschine wird nicht benötigt.

11

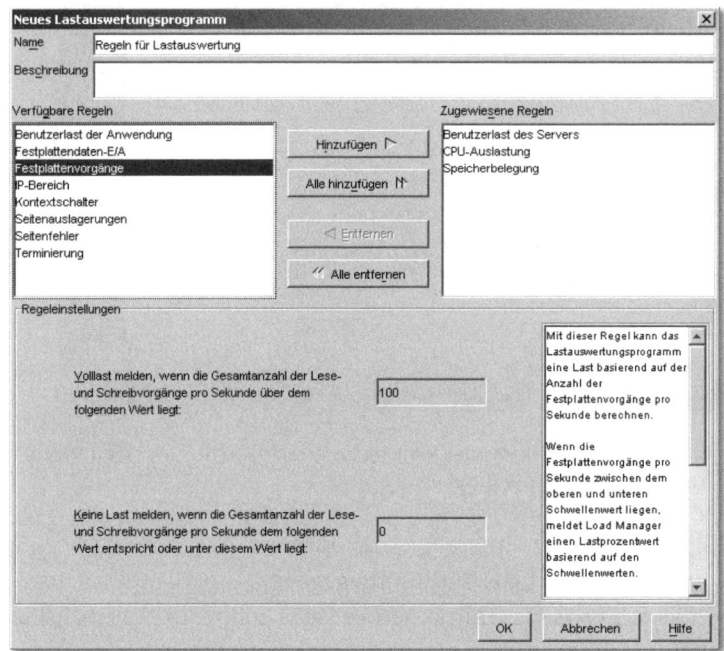

Abbildung 11.8 Flexible Konfiguration der Lastauswertung in Citrix MetaFrame

▶ ICA-Protokoll: MetaFrame nutzt nicht das RDP-Protkoll von Microsoft, sondern das hauseigene ICA-Protkoll. Das ICA-Protkoll ist etwas effizienter, was insbesondere auf WAN-Strecken interessant ist.

▶ Der MetaFrame-Client bietet etliche zusätzliche Merkmale, beispielsweise die Darstellung in »Seamless Windows«: Wenn Sie diesen Darstellungsmodus wählen, werden die Benutzer kaum noch unterscheiden können, ob eine Applikation auf dem MetaFrame-Server oder auf dem lokalen PC läuft (Abbildung 11.9). Im Gegensatz zu der Darstellung einer einzelnen Anwendung mit dem Terminalserver-Client von Microsoft (Abbildung 11.5) werden keine zusätzlichen Windows-Fensterelemente des Clients gezeichnet. Einige weitere Konfigurationsmöglichkeiten des ICA-Clients sehen Sie in Abbildung 11.10.

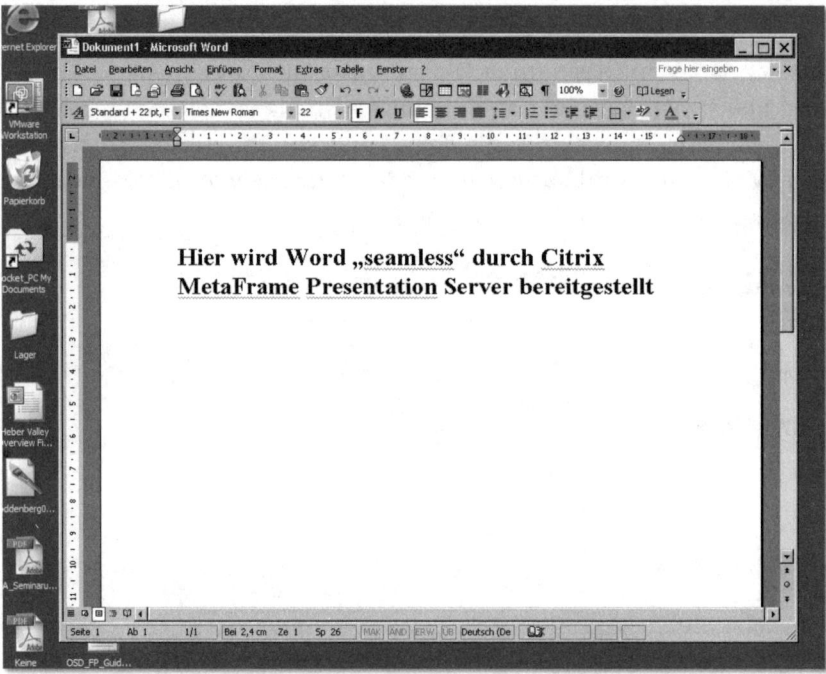

Abbildung 11.9 Seamless-Darstellung eines über MetaFrame veröffentlichten Microsoft Word. Es sind keine Fensterelemente des Clients zu sehen.

▶ Program Neighborhood: Der Program Neighborhood ist letztendlich eine Anwendung, in der dem Benutzer für ihn freigegebene Applikationen angezeigt werden, die er durch Mausklick starten kann (Abbildung 11.11). Ein wesentlicher Vorteil hierbei ist, dass neue freigegebene Applikationen von zentraler Stelle im Program Neighborhood zur Anzeige gebracht werden können (Abbildung 11.12).

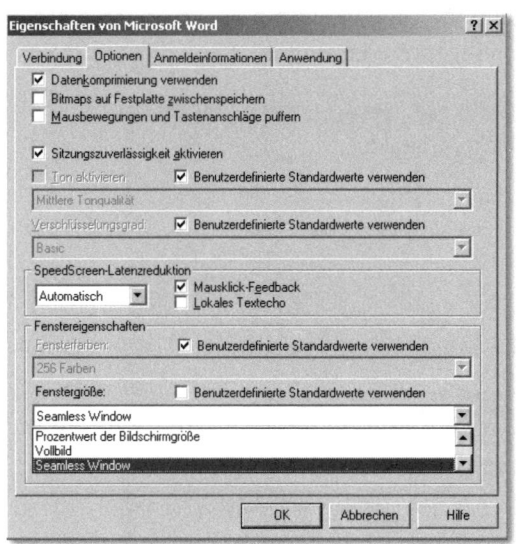

Abbildung 11.10 Erweiterte Konfigurationsmöglichkeiten des Citrix ICA-Clients, beispielsweise Darstellung in Seamless Windows

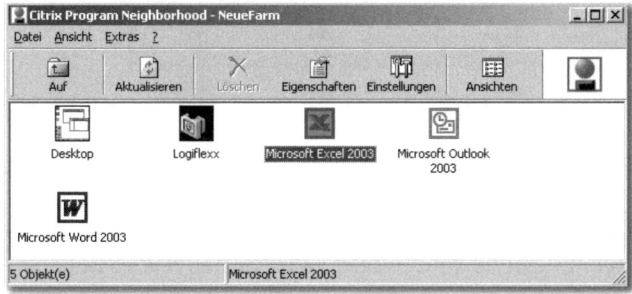

Abbildung 11.11 Die Benutzer können veröffentlichte Applikationen aus dem Program Neighborhood starten.

▶ Client-Support: Microsoft liefert lediglich Clients für Windows 32-bit Betriebssysteme (Win 98 und höher bzw. NT 4 und höher), MacOS (OS X ab 10.2.8) und Windows CE-Geräte. Wenn Sie beispielsweise von einer Linux-Maschine auf terminalserver-basierte Applikationen zugreifen möchten, kommen Sie um Citrix MetaFrame nicht herum. Citrix stellt ICA-Clients zu alle gängigen Unix-Varianten, für Java und vielen anderen bereit. Sogar für 16-bit Windows, DOS (!) und OS/2 finden sich Clients, ebenso für einige Handies mit Symbian OS-Betriebssystem. Bei letzteren würde ich zwar die »Sinnhaftigkeit« in Frage stellen. Es ist zwar schön, wenn Sie die SAP GUI auf dem Handy starten können, sinnvoll arbeiten kann man damit sicherlich nicht; auch wenn es einen MetaFrame-Client für Handies gibt, ist das Display einfach zu klein, selbst wenn nur einige Kennzahlen abgerufen werden sollen. Hier gibt es sicherlich intelligentere Lösungsansätze.

Abbildung 11.12 Mit einem Assistenten können Anwendungen in einer MetaFrame-Farm veröffentlicht werden. Diese erscheinen als Objekte im Program Neighborhood – vorausgesetzt, der Benutzer verfügt über ausreichende Berechtigungen.

Citrix MetaFrame enthält noch diverse andere Erweiterungen und Verbesserungen, im mittelständischen Umfeld sind in sehr vielen Fällen das Load Balancing und die deutlichen Verbesserungen im Client-Bereich (Program Neighborhood, Seamless-Darstellung) die Entscheidungskriterien (Version XPa, siehe nächster Abschnitt).

In großen Installationen mit zehn oder mehr Terminalservern sind natürlich auch Funktionen wie der Installation Manager kaufentscheidende Alleinstellungsmerkmale von Citrix MetaFrame (Version XPe, siehe nächster Abschnitt).

11.6.1 Editionen und Lizenzierung

Vom MetaFrame Presentation Manager sind folgende Editionen erhältlich:

▶ XPs: Diese Edition ist für kleine Umgebungen gedacht, in der nur ein Meta-Frame-Server zum Einsatz kommt. Diese Version enthält keine Loadbalancing-Funktion.

- XPa: Dieses ist die Produktversion, die in den meisten mittelständischen Umgebungen zum Einsatz kommt. XPa enthält ein intelligentes Load Balancing, mit dem leistungsfähige Server-Farmen aufgebaut werden können.

- XPe: Die Enterprise Edition enthält zusätzlich (Auszug):

  - Installation Manager: Wenn Sie beispielsweise 15 MetaFrame-Server haben, müssen neue Anwendungen oder Updates für bestehende Applikationen natürlich auf allen 15 Servern installiert werden. Mit dem Installation Manager können Sie eine Anwendung paketieren und innerhalb kurzer Zeit auf alle Systeme ausrollen.

  - Resource Manager: Hierbei handelt es sich um ein Monitoring- und Alerting-Werkzeug. Mit dem Resource Manager können Sie sich beispielsweise bei Überschreitung definierter Schwellenwerte (insbesondere Belastung von Servern) benachrichtigen lassen. Weiterhin kann mit dem Resource Manager ein Abrechnungssystem aufgebaut werden; dies ist ein interessantes Feature, wenn die IT-Kosten nutzungsabhängig auf die Fachabteilungen umgelegt werden sollen.

  - Network Manager: Mit dem Network Manager kann die MetaFrame-Umgebung in HP OpenView, CA Unicenter und Tivoli Netview. Weiterhin ist ein Management Pack für den Microsoft Operations Manager (MOM) verfügbar.

Lizenzierung

MetaFrame Presentation Manager wird grundsätzlich nach der Anzahl der gleichzeitig auf die Server-Farm zugreifenden Clients lizenziert. Die Zahl der eingesetzten Server ist nicht relevant, mit anderen Worten kaufen Sie Lizenzen für Ihre 500 Clients; ob Sie 5 oder 25 Server einsetzen ist für die Lizenzierung nicht interessant.

Da MetaFrame auf den Windows Terminal Services aufsetzt, müssen diese ebenfalls korrekt lizenziert sein. Wenn Sie auf Windows Server 2003 aufsetzen, müssen Sie also in jedem Fall Serverlizenzen (Betriebssystem), CALs und TS-CALs beschaffen. Zusätzlich benötigen Sie dann die MetaFrame-Lizenzen in der entsprechenden Anzahl.

Die MetaFrame-Lizenzen sind nicht ganz billig. Sie sollten aber nicht vergessen, dass der Aufbau einer Load Balancing-Umgebung mit den Windows Terminal Services bei Verwendung des Session Directories ebenfalls nicht ganz kostengünstig ist: Alle Terminalserver müssen die Enterprise-Edition des Betriebssystems fahren und der Session Directory-Server muss streng genommen geclustert werden – für den Cluster benötigen Sie dann entsprechende Hardware und wiederum die Enterprise-Edition des Betriebssystems.

11.7 Bereitstellung in Webportalen

Sowohl die Microsoft Terminal Services als auch Citrix MetaFrame Presentation Manager bieten die Bereitstellung von Applikationen in Webportalen an. Wenn Sie MetaFrame einsetzen, sollten Sie einen näheren Blick auf den Secure Access Manager werfen.

Der Grundgedanke ist, dass die Benutzer in einer Weboberfläche zu der benötigten Applikation navigieren können und diese starten. Der RDP-Client (Microsoft Terminal Services) oder der ICA-Client (Citrix MetaFrame) wird dann als Browser-Plugin gestartet und die vom Server bereitgestellte Applikation steht bereit.

Abbildung 11.13 zeigt das Webinterface des Citrix MetaFrame Presentation Servers. Dieses entspricht in etwa dem Program Neighborhood. Durch Mausklick kann eine Applikation gestartet werden – Voraussetzung ist, dass auf dem Client-System der Citrix Webclient installiert ist. Je nach Konfiguration wird diese Applikation »seamless« angezeigt.

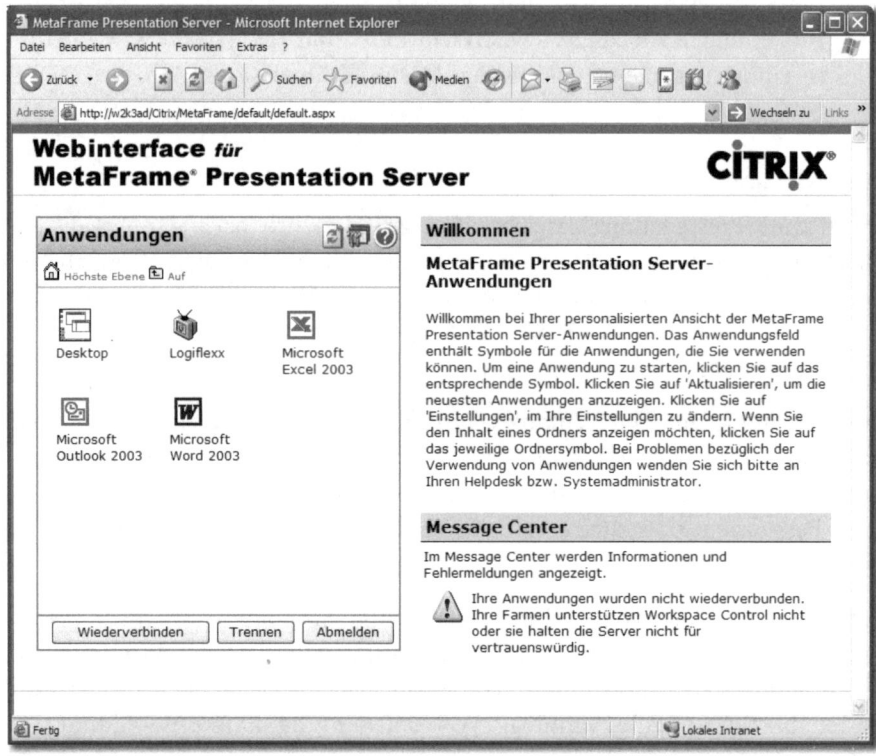

Abbildung 11.13 Dieses Webinterface entspricht von seiner Funktionalität in etwa dem Citrix Program Neighborhood.

Wenn Sie über generell über die web-basierte Bereitstellung von Informationen und Applikationen nachdenken, sollten Sie das Kapitel über Microsoft SharePoint (Kapitel 14) in diesem Buch lesen.

▶ Wenn die Benutzer eine Portallösung als zentrale Schaltstelle ihrer Arbeit mit dem PC nutzen, ist das web-basierte Starten von Terminalserver-Anwendungen eine logische Konsequenz

▶ Bedenken Sie aber, dass insbesondere mobile Benutzer garnicht unbedingt die Applikation, sondern die Information benötigen. Ein Vertriebsmitarbeiter ist an einer Übersicht seiner Umsätze und an einer Backlog-Liste für seine Kunden interessiert. Sie helfen ihm vielmehr, wenn Sie in einem SharePoint-Webpart die benötigten Daten bereitstellen, als wenn Sie ihm einen Aufrufmöglichkeit für die SAP GUI geben. In letztgenannter kann er die Informationen zwar auch abrufen, mit dem SharePoint-Webpart erhält er seine Informationen wesentlich schneller und einfacher.

11.8 Drucken in Terminalserver-/MetaFrame-Umgebungen

Als problematisch in Terminalserver- und MetaFrame-Umgebungen hat sich das Drucken in verteilten Umgebungen herausgestellt. Beachten Sie hierzu bitte das in Abbildung 11.14 gezeigte Beispiel:

▶ Ein Client an einem über eine WAN-Verbindung angebundenen Standort arbeitet mit einer zentral bereitgestellten Applikation. Dies kann ein Produkt des Office-Pakets, der Client des ERP-Systems oder jede beliebige andere Anwendung sein.

▶ Wenn der Anwender einen Ausdruck vornimmt, wird er natürlich wollen, dass auf einem Drucker in seiner Niederlassung gedruckt wird. Dies ist zunächst auch kein Problem, ein Ausdruck auf einem Netzwerkdrucker in der Niederlassung ist kein Problem – solange dieser über TCP/IP erreichbar ist.

▶ Das Problem ist allerdings, dass die Druckdatenströme im Allgemeinen sehr groß sind. Seit zum Drucker nicht nur ASCII-Datenströme, sondern »grafikhaltige« Druckdaten gesendet werden, sind diese schnell einige MB, eventuell auch einige Dutzend MB groß. Die Übertragung dieser Datenströme sorgt natürlich für eine sehr hohe Auslastung der WAN-Verbindung.

Dem Problem des Druckens in der Terminalserver-Umgebung haben sich einige Hersteller angenommen, unter anderem die Berliner Firma ThinPrint (www.thinprint.de). Trotz aller Optimierungsmöglichkeiten gilt, dass bei der Planung einer Terminalserver- bzw. MetaFrame-Lösung der Themenbereich

»Drucken« nicht außer Acht gelassen werden darf. Wenn Sie am Ende des Projekts feststellen, dass eine Niederlassung zwar wunderbar Aufträge erfassen jedoch keine Lieferscheine und Rechnungen drucken kann, ist das sicherlich kritisch.

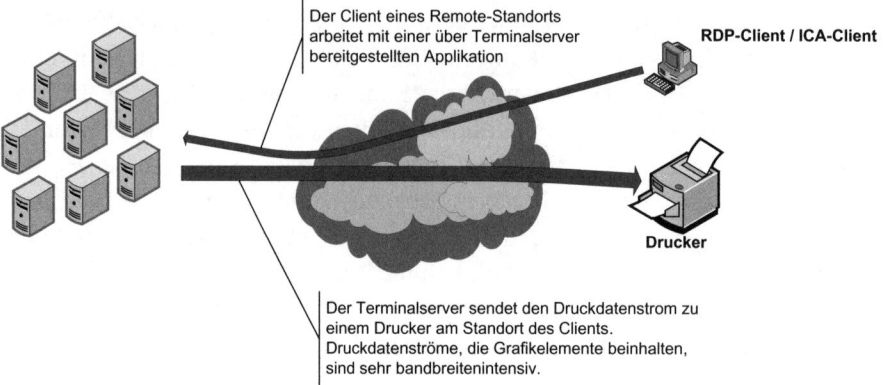

Abbildung 11.14 Ein signifikantes Problem in verteilten Terminalserver-Umgebungen ist das Drucken.

12   Virtuelle Server

Virtuelle Serversysteme gehören zu den derzeitigen »Hypes«. Viele IT-Verantwortliche und Administratoren sind ganz begierig darauf, deren Möglichkeiten für die eigene Umgebung zu nutzen – das ist auch richtig! Trotzdem muss man sich auch in diesem Fall darüber im Klaren sein, dass diese Systeme weder zaubern, noch physikalische Gesetze und Limitierungen außer Kraft setzen können.

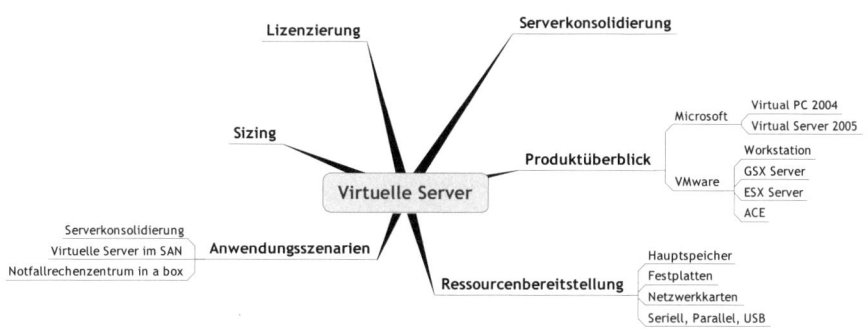

Abbildung 12.1 Die Themen des Kapitels im Überblick

Man könnte es als eine goldene Designregel bezeichnen:

Pro Dienst ein Server

Anders gesagt, Server werden nicht unbedingt stabiler, wenn sie mit Applikationen und Serverkomponenten überfüllt werden. Ein Server der Domain Controller, SQL Server, Exchange-Server und File-Server ist und darüber hinaus noch den Clients Office über die Terminaldienste bereitstellt, kann schlicht und ergreifend nicht stabil und performant laufen. Das ist definitiv keine spezielle Schwäche des Windows-Betriebssystems, sondern hat für alle Betriebssysteme dieser Welt Gültigkeit. Die Windows-Systeme stellen sich zwar durch die »DLL-Hölle« (= zig unterschiedliche Versionen einer DLL, die bei jeder Installation wieder fröhlich überschrieben wird) häufig selbst ein Bein; Abhängigkeiten zwischen Applikationen gibt es in anderen Betriebssystemen aber ebenfalls.

Dass die ersten Administrationsschritte auf einem Windows Server recht einfach sind und selbst die Installation eines SQL – oder Exchange-Servers keine größeren Probleme bereitet (wohlgemerkt die Installation), hat sich in der Vergangenheit durchaus nicht nur als Vorteil herausgestellt: Ich habe mehr als einen Fall erlebt, in dem mir ein aufgebrachter IT-Leiter oder Administrator gesagt hat, dass »Windows Server eben nicht stabil laufen«. Eine Besichtigung des »Angeklagten« hat dann ergeben, dass auf dem Server so ziemlich jedes denkbare Produkt installiert war, teilweise Vorgängerversionen unsauber deinstalliert worden sind, kurzum, das System einfach in einem desolaten Zustand war. An die zunächst schwerer zu beherrschenden Unix-Systeme geht nicht so ohne Weiteres jeder heran und fängt ohne weitere Planung eine Installation an. Die Windows Server sind aber häufig genau davon betroffen! Es versteht sich übrigens von selbst, dass eine klare Dienstetrennung im UNIX-Umfeld seit jeher übliche Praxis ist.

Trotzdem: Wenn man die Leistungsfähigkeit, die moderne Serversysteme bereits im Entry-Bereich mitbringen, betrachtet, sieht es eigentlich nach »Verschwendung« aus, wenn die Applikation für die Zeiterfassung nebst Oracle Runtime-Version auf einem eigenen Server läuft und nie über 4 % Prozessorauslastung hinaus kommt. Das Zusammenlegen von Diensten auf einem Server ist zumindest verlockend.

12.1 Serverkonsolidierung mit virtuellen Servern

Mit virtuellen Servern wird erstmals eine sinnvolle Serverkonsolidierung ermöglicht. Mit Serverkonsolidierung meine ich die Zusammenfassung von Funktionen und Diensten auf wenigen physikalischen Systemen.

Das Funktionsprinzip eines virtuellen Servers ist in Abbildung 12.2 zu sehen. In einer physikalischen Maschine werden mehrere virtuelle Server betrieben. Über einen virtuellen Switch können diese auf die physikalische Netzwerkkarte des physikalischen Servers zugreifen.

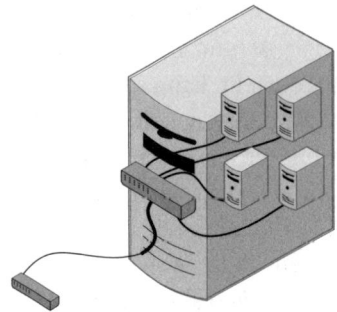

Abbildung 12.2 Funktionsprinzip eines virtuellen Servers

Ab jetzt orientieren wir uns an den Sprachregelungen der Hersteller:

▶ Host: Physikalische Maschine
▶ Guest oder VM: Virtuelle Maschine, die auf dem Host ausgeführt wird.

Der Host benötigt ein eigenes Betriebssystem, auf dem ein »Virtualisierer« betrieben wird. Bei diesem handelt es sich um ein Stück Software, beispielsweise VMware GSX-Server oder Microsoft Virtual Server 2005. Die virtuellen Maschinen (Guests) laufen in voneinander abgeschotteten Bereichen (Abbildung 12.3). Ein Betriebssystem, das in einer virtuellen Maschine ausgeführt wird, weiß übrigens nichts von einem virtuellen Server ... Die einzige Kommunikationsmöglichkeit, die die virtuellen Maschinen untereinander haben, ist die Nutzung der Netzwerkschnittstelle.

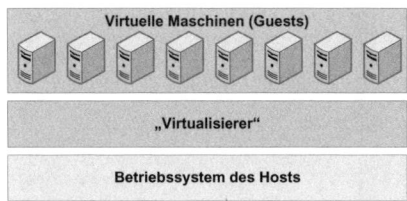

Abbildung 12.3 Stark vereinfachter Aufbau eines virtuellen Servers

Damit Sie einen Eindruck davon bekommen, wie solche Systeme in der Praxis aussehen, zeige ich Ihnen zunächst einige Screenshots:

Abbildung 12.4 zeigt die Administration-Website des Microsoft Virtual Server 2005. Im oberen Bereich des rechten Feldes erkennen Sie, dass momentan eine virtuelle Maschine ausgeführt wird.

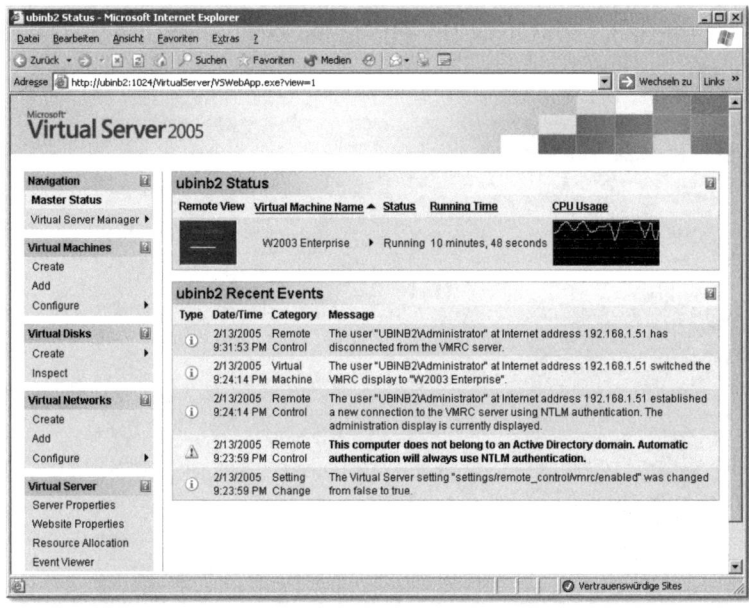

Abbildung 12.4 Die Administration Website des Microsoft Virtual Server 2005

Abbildung 12.5 zeigt die Fernsteuerung einer virtuellen Maschine unter Virtual Server 2005. Diese VM hat gerade von der Windows 2003 Server-CD gebootet und wird mit diesem Betriebssystem installiert. Die Installation eines Guest-Betriebssystems in einer VM unterscheidet sich nicht von einer »normalen« Betriebssysteminstallation.

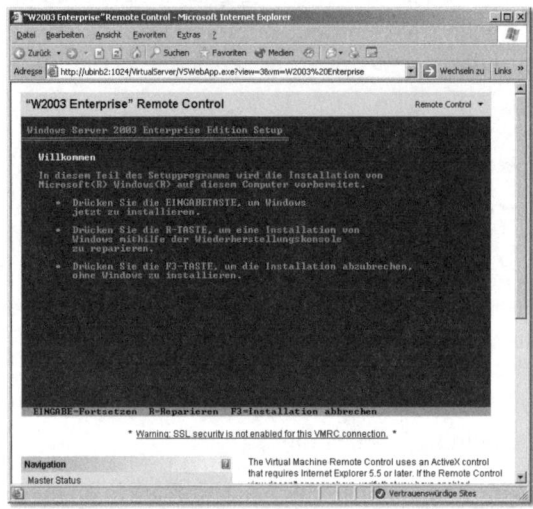

Abbildung 12.5 Fernsteuerung einer VM in Virtual Server 2005

Abbildung 12.6 zeigt ein anderes Produkt im Einsatz, nämlich die VMware Workstation des Herstellers VMware. Die Abbildung zeigt zwei auf einem Host laufende VMs.

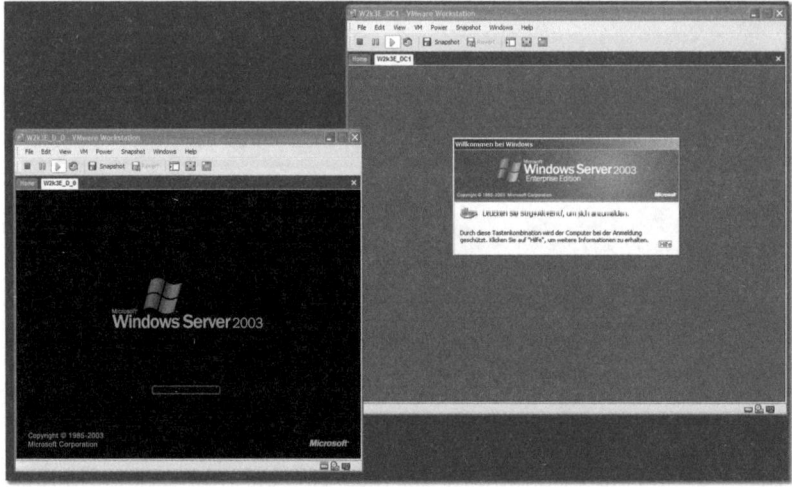

Abbildung 12.6 Zwei VMs unter VMware Workstation

12.2 Produktüberblick

Nachdem Sie einen ersten Überblick über virtuelle Server erhalten haben, wird es Zeit für einen Blick in den Markt, auf dem momentan Produkte von zwei Herstellern erhältlich sind: Microsoft und VMware.

12.2.1 Microsoft-Produkte

Im Februar 2003 kündigte Microsoft an, den Hersteller Connectix zu übernehmen. Connectix verkaufte damals unter anderem das Produkt Virtual PC, das in einer weiterentwickelten Version heute von Microsoft erhältlich ist. Das Serverprodukt von Connectix war damals im Entwicklungsstadium. So weit zu Geschichte und Herkunft der Microsoft-Lösung. Heute sind zwei Produkte erhältlich und zwar:

▶ Virtual PC 2004

▶ Virtual Server 2005, hiervon existieren eine Standard- und eine Enterprise-Edition.

Virtual PC 2004

Virtual PC 2004 ist die Desktop-Variante der Microsoft Produktlinie. Es ist für folgende Anwendungsfälle gedacht:

▶ Testen von Software: Sowohl Administratoren als auch Softwareentwickler sind darauf angewiesen, ausführliche Produkttests durchzuführen. Häufig muss auch das Zusammenspiel von verschiedenen Maschinen, eventuell mit unterschiedlichen Betriebssystemen ausprobiert werden. Ohne ein Werkzeug wie Virtual PC wird recht viel Hardware benötigt. Mit Virtual PC genügt prinzipiell eine gut ausgestattete Maschine. Ein »zerschossenes« Guest-Betriebssystem kann einfach durch Kopieren von einer Datei wiederhergestellt werden (mehr dazu im Abschnitt »Nutzung von Hardware-Ressourcen«, 12.3.2).

▶ Testen von Vorgehensweisen: Wenn Sie beispielsweise eine Migration planen, ist es natürlich sinnvoll, die Vorgehensweise im Labor durchzuspielen. Mit Virtual PC können Sie mehrere Server in virtuellen Maschinen aufsetzen, die Migration hiermit durchführen und den geplanten Prozess validieren.

▶ Schulungen: Sehr praktisch ist der Virtual PC für Schulungszwecke. Unterschiedliche Konfigurationen können einfach durch Umkopieren von zwei Dateien aufgespielt werden – ohne ständig die physikalischen PCs neu installieren zu müssen.

Virtual PC ist lauffähig auf:

- Windows 2000 Professional
- Windows XP Professional
- Windows XP Tablet PC Edition

Als Guest ist so ziemlich jedes Betriebssystem lauffähig, dass auf einer Intel 32-bit-Architektur aufsetzt – genau diese wird emuliert. Microsoft unterstützt natürlich nicht offiziell Linux, Novell oder BSD – es funktioniert aber trotzdem.

Virtual PC ist übrigens auch für MacOS verfügbar. Dieses Produkt ermöglicht Mac-Anwendern die Nutzung von Windows Software.

Virtual Server 2005

Während der Virtual PC primär zum Testen und für Schulungszwecke vorgesehen ist, ist der Virtual Server für die Bereitstellung von VMs im Produktivbetrieb vorgesehen.

Schon rein optisch unterscheiden die Systeme sich deutlich voneinander: Während Virtual PC die VMs in einem Fenster auf dem Desktop eines eingeloggten Benutzers ausführt, ist Virtual Server für einen »headless«-Betrieb vorgesehen: Virtual Server kann beim Hochfahren ausgewählte VMs automatisch starten, so dass diese im Netz aktiv werden.

Die Konfiguration von Virtual Server geschieht über eine Weboberfläche, die in Abbildung 12.4 gezeigt ist.

Von Virtual Server 2005 existieren zwei Produktversionen, deren einziges Unterscheidungsmerkmal die Anzahl der unterstützten Prozessoren ist:

- Standard Edition, bis zu 4 Prozessoren
- Enterprise Edition, bis zu 32 Prozessoren

Beide Editionen unterstützen maximal 64 GB Hauptspeicher.

Virtual Server nutzt als Host-System Windows Server 2003 (Standard, Enterprise, Datacenter und Small Business). Windows XP kann als Host-Betriebssystem verwendet werden, dies wird allerdings nur für Testzwecke empfohlen, keinesfalls für den Einsatz in einer Produktionsumgebung.

Zertifizierte Guest-Betriebssysteme sind die Microsoft Windows Server ab Version NT 4 SP 6a. Wie bereits auch beim Virtual PC erläutert, dürfte jedes 32-Bit-Betriebssystem ausführbar sein – von Microsoft wird dies aber offiziell nicht unterstützt.

12.2.2 VMware-Produkte

Der Pionier in Bezug auf virtuelle Serversysteme ist die Firma VMware, die diese Technologie bereits im Firmennamen trägt. Von VMware sind vier Produktlinien erhältlich, die wir kurz anschauen werden.

Workstation

Die VMware Workstation ist vergleichbar mit dem Microsoft Virtual PC. Es handelt sich um ein Werkzeug, das vor allem für den Test von Produkten und Szenarien sowie für Schulungszwecke vorgesehen ist.

Die VMware Workstation ist nicht für die Bereitstellung von produktiven Servern gedacht. Abbildung 12.6 zeigt VMware Workstation im Einsatz.

Im Gegensatz zum Virtual PC ist eine Version, die Linux als Host-System nutzt, erhältlich.

GSX-Server

Der GSX-Server ist das Äquivalent zum Virtual Server 2005. GSX-Server ist für die Bereitstellung von produktiven VMs vorgesehen, er unterstützt einen »Headless«-Betrieb und kann von einem entfernten System verwaltet werden.

Als Hostsystem für den GSX-Server können Windows Server 2000/2003 und diverse Linux-Systeme eingesetzt werden. Ebenso wie Virtual Server können als Guest generell alle Betriebssysteme, die eine Intel 32-Bit-Umgebung nutzen, installiert werden.

ESX-Server

Die Enterprise-Version von VMware ist der ESX-Server. Im Gegensatz zum GSX-Server setzt er auf einem eigenen proprietären Betriebssystem auf.

Ein interessantes Merkmal des ESX-Servers ist die Unterstützung von mehreren virtuellen Prozessoren in einer VM, hierfür ist ein Zusatzprodukt namens »Virtual SMP« erforderlich.

Der ESX-Server ist die richtige Wahl, wenn Sie nicht nur diverse »kleinere« Systeme auf einem virtuellen Server betreiben möchten, sondern auch kritische Systeme mit hohem Leistungsbedarf dorthin verschieben wollen.

ACE

ACE ist das neueste Produkte der VMware-Familie. ACE ist die Abkürzung für Assured Computing Environment.

Die Idee hinter ACE ist, dass die produktiven Client-Betriebssysteme nebst Applikationen nicht direkt auf den PC aufgespielt, sondern in einer virtuellen Maschine betrieben werden. Beim Start eines PCs wird also zunächst eine VMware-Umgebung gestartet, die dann die VM mit der eigentlichen produktiven Installation hochfährt und dem Benutzer zur Verfügung stellt.

Die Vorteile, die sich hieraus ergeben sind:

▶ Mehr Kontroll- und Sicherungsmöglichkeiten

▶ Es kann ein Ablaufdatum für das Funktionieren der VM definiert werden.

▶ Installationen auf mobilen PCs können gesichert werden, weil die VM nur nach Eingabe der korrekten Credentials startet.

▶ Eine Standardinstallation kann verwendet werden, weil durch die Virtualisierung wirkliche Hardwareunabhängigkeit gegeben ist.

12.3 Ressourcenbereitstellung und -nutzung

Dieses Kapitel wird Ihnen einige Grundlagen zur Verwendung von Ressourcen bei virtuellen Servern vorstellen. Ich werde meine Erläuterungen am Beispiel des Microsoft Virtual Servers 2005 vornehmen, sie gelten analog für Virtual PC und die VMware-Produkte.

12.3.1 Hauptspeicher

Einer der wichtigsten Konfigurationsparameter einer VM ist der Hauptspeicher, der ihr zur Verfügung gestellt wird. Da auch der Virtual Server nicht zaubern kann, ist es nicht möglich, den laufenden VMs mehr als den physikalisch vorhandenen Speicher zur Verfügung zu stellen, abzüglich des Bedarfs des Host-Betriebssystems.

12.3.2 Virtuelle Festplatten

Interessant ist zunächst die Konfiguration der virtuellen Festplatten. In dem Konfigurationsdialog können Sie einer VM Festplatten zuweisen. Diese virtuellen Platten sind »in Wahrheit« Dateien im Filesystem, dies ist wichtig zu wissen, wir werden darauf im Abschnitt »Sizing des Host-Servers« (12.5) zurückkommen.

Emuliert werden können zum einem IDE-Platten, zum anderen auch SCSI-Platten. Für die Unterstützung von SCSI-HDs muss im Virtual Server zunächst ein virtueller SCSI-Controller hinzugefügt werden (Abbildung 12.7).

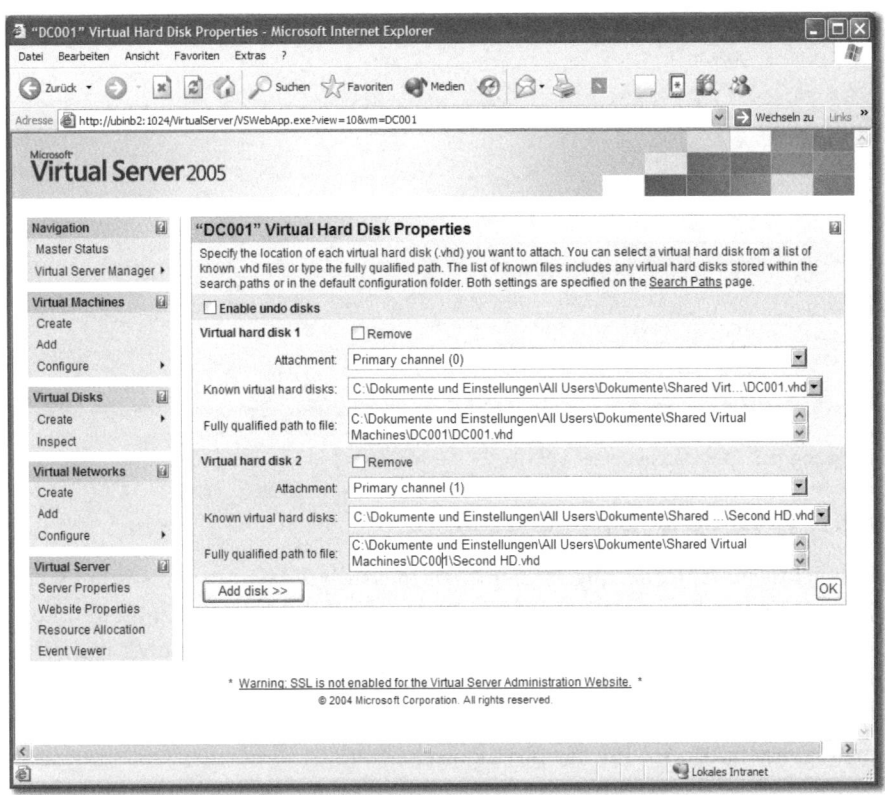

Abbildung 12.7 Konfiguration der Festplatten einer VM

In Abbildung 12.8 sehen Sie die für eine VM benötigten Dateien. Die *.VHD-Datei ist ein Festplatten-Volume der Maschine. Sind der Maschinen mehrere Platten zugewiesen, liegen in diesem Verzeichnis entsprechend mehr *.VHD-Files.

Die VMC-Datei enthält die Konfiguration, hierbei handelt es sich um eine XML-Datei.

In VMware-Umgebungen sieht das Verzeichnis der VM ähnlich aus, es gibt eine oder mehrere Dateien für die virtuellen Festplatten und eine Konfigurationsdatei. Zu einer VMware VM gehört zusätzlich noch eine nvram-Datei, die die virtuellen BIOS-Einstellungen speichert.

Sie sehen das Potential dieses Aufbaus in Testszenarien? Wenn Sie die Dateien dieses Verzeichnis bei gestoppter VM kopieren, können Sie, sollte die VM »ver-konfiguriert« sein, einfach die alten Dateien wieder hineinkopieren – und schon ist der alte Stand wiederhergestellt.

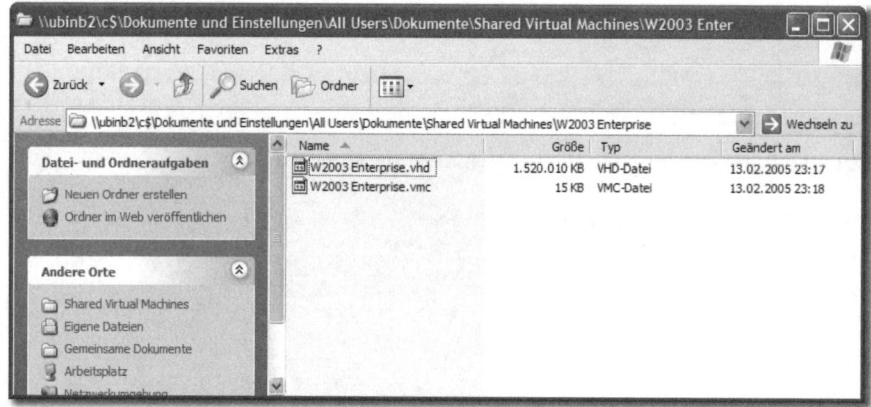

Abbildung 12.8 Die Dateien einer VM

12.3.3 Virtuelle Netzwerkkarten

Die wichtigste Anforderung ist natürlich, dass die VMs mit der »Außenwelt« kommunizieren können, also auf alle Ressourcen im Netzwerk zugreifen können und natürlich auch für alle erreichbar sind. Dies wird dadurch realisiert, dass es ein virtuelles Netz mit einem virtuellen Switch gibt, an dem auch die physikalische Netzwerkkarte des Servers »angeschlossen« ist. Jede VM erhält eine eigene IP-Adresse für das physikalische Netz.

Wenn Sie umfangreiche Szenarien mit mehreren VMs durchspielen oder beispielsweise eine DMZ innerhalb des virtuellen Servers aufbauen möchten, ist es notwendig, weitere virtuelle Netze einzurichten. Genau das ist in Abbildung 12.9 dargestellt:

▶ Neben dem virtuellen Netzwerk, an dem die physikalische Netzwerkkarte angeschlossen ist, gibt es zwei weitere Netze mit jeweils einem virtuellen Switch.

▶ Sie sehen, dass alle VMs an dem Netz mit der externen Netzwerkkarte angeschlossen sind (das muss übrigens nicht so sein), zusätzlich verfügen Sie über Verbindungen zu einem oder beiden internen virtuellen Netzen.

▶ Der Fall, dass der Host über mehrere physikalische Netzwerkkarten verfügt, ist übrigens auch unterstützt. Es entstehen dann mehrere virtuelle Netze, in denen jeweils eine physikalische Netzwerkkarte enthalten ist.

In Abbildung 12.10 ist die Konfiguration einer VM mit drei Netzwerkkarten gezeigt. Sie müssen lediglich angeben, mit welchem Netz (= virtueller Switch) der virtuelle Netzwerkadapter verbunden werden soll.

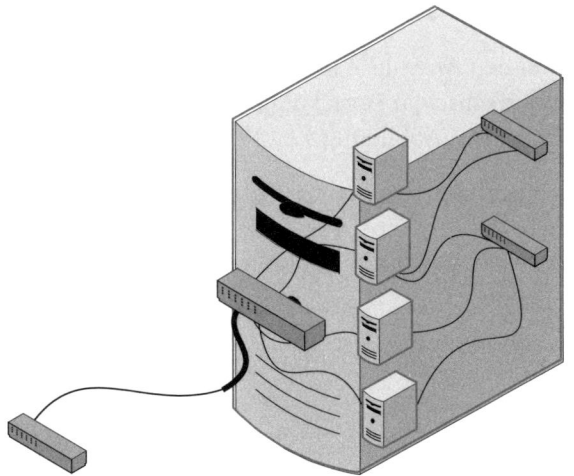

Abbildung 12.9 Komplexere virtuelle Netzwerktopologien können aufgebaut werden.

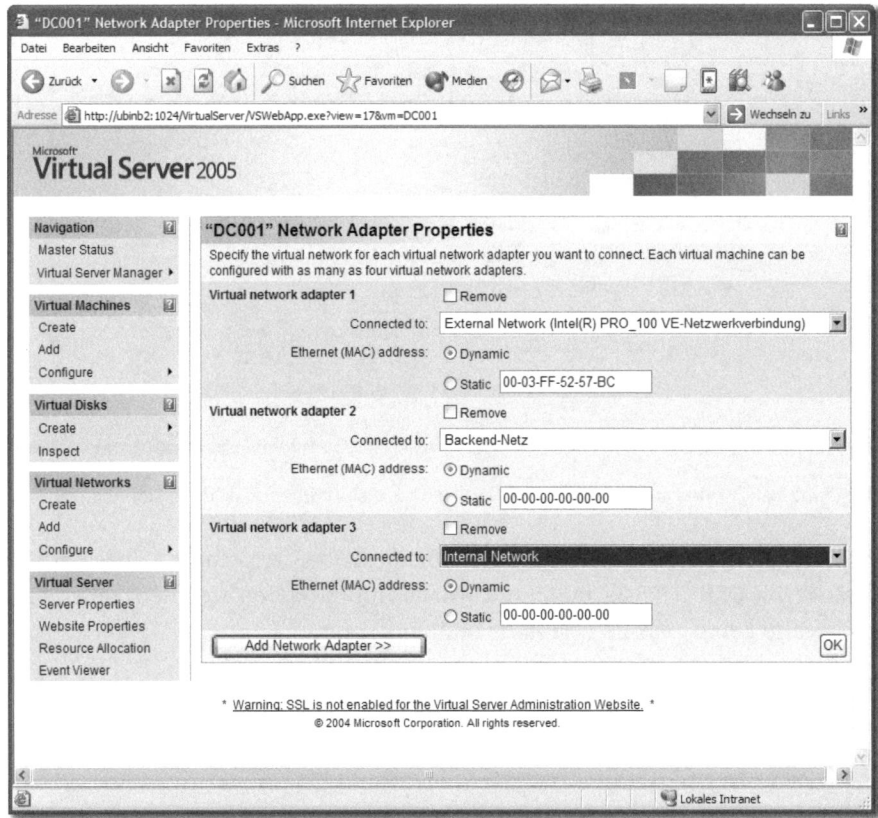

Abbildung 12.10 Konfiguration einer VM mit drei Netzwerkkarten

12.3.4 Serielle, parallele und USB-Ports

Microsoft Virtual Server gestattet den Anschluss von Geräten an seriellen oder parallelen Schnittstellen. Die physikalischen Ports können zu virtuellen COM- oder LPT-Ports durchgeschleift werden (Abbildung 12.11).

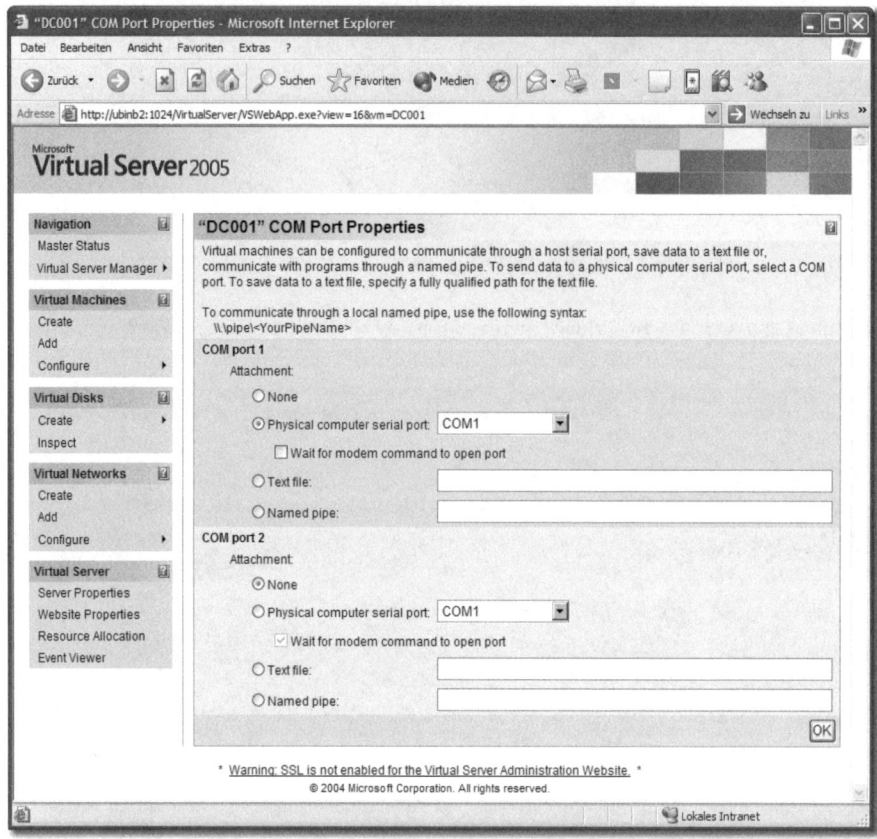

Abbildung 12.11 Konfiguration des Zugriffs auf externe Geräte über die serielle Schnittstelle

Die beiden Microsoft Produkte unterstützen keinen Anschluss von externen Geräten via USB. USB-Tastatur und -Maus funktionieren trotzdem, aber beispielsweise keine externe Festplatte oder ein Scanner.

Die USB-Unterstützung der VMware-Produkte ist etwas weitergehender, aber auch dort funktioniert beispielsweise nicht der Anschluss einer Webcam.

12.4 Anwendungsszenarien

Nachdem Sie nun die Idee hinter den virtuellen Servern und einige technische Hintergründe kennen gelernt haben, werden wir über mögliche Anwendungsszenarien sprechen.

12.4.1 Konsolidierung von mehreren Serversystemen

Der offenkundigste Fall ist die Konsolidierung von Serversystemen. Insbesondere die »kleinen« Systeme mit geringem Performancebedarf lassen sich recht problemlos auf einem virtuellen Server unterbringen. Auf diese Weise kann die Anzahl der physikalischen Server eingeschränkt werden, ohne dass die Stabilität dadurch beeinträchtigt wäre, dass plötzlich verschiedene Dienste auf einer Instanz des Serverbetriebssystems ausgeführt werden müssten.

Falls Sie Niederlassungen ausstatten müssen, könnte man hier auch anstelle von drei Servern (z.B. Domain Controller, Exchange und File-Server) eine einzige stärker ausgestattete Maschine als virtuellen Server einsetzen.

Für das Backup der VMs gibt es übrigens zwei Möglichkeiten:

▶ Sie beenden die VMs, sichern vom Host-System aus die Files und starten die VM wieder.

▶ Sie installieren den Agent der Backup-Software und führen eine normale Sicherung durch.

Bei der Risikobewertung ist natürlich zu beachten, dass der Ausfall des virtuellen Servers notwendiger Weise alle VMs nach sich zieht.

12.4.2 Virtuelle Server im SAN

Einige interessante Szenarien können mit virtuellen Servern in einer SAN-Umgebung aufgebaut werden (Abbildung 12.12):

▶ Grundsätzlich werden in einer SAN-Umgebung die *.vhd (virtuelle Festplatten) und *.vmc (Konfigurationsdateien) auf dem zentralen Storage-System abgelegt. Wenn Sie eines der Host-Systeme verlieren, können die VMs einfach auf einem Ersatzsystem gestartet werden. Das Szenario erfordert in der beschriebenen Form etwas Handarbeit, der Aufwand ist allerdings vergleichsweise gering und recht schnell erledigt.

▶ Alternativ haben Sie die Möglichkeit, die VMs zu clustern. Man würde jeweils eine VM des linken und eine des rechten Systems zu einem »normalen« Microsoft Cluster zusammenführen.

▶ Die zentrale Datenablage auf einem Storage-System wird durch den virtuellen Server ein wenig preiswerter: Normaler Weise verzichtet man auf die Anbindung kleinerer Systeme an das SAN, weil die FibreChannel Host Bus Adapter vergleichweise teuer sind. In dem hier gezeigten System benötigen Sie nur FC-Konnektivität für den Host, die Guests greifen sozusagen automatisch auf das SAN zu, wenn deren Festplattendateien (*.vhd) auf dem SAN liegen. Zum Verständnis: Es werden in den VMs keine virtuellen FC-HBAs emuliert, die *.vhd-Dateien liegen schlicht und ergreifend auf einem Volume, das nun zufällig ein SAN-Speicherort ist.

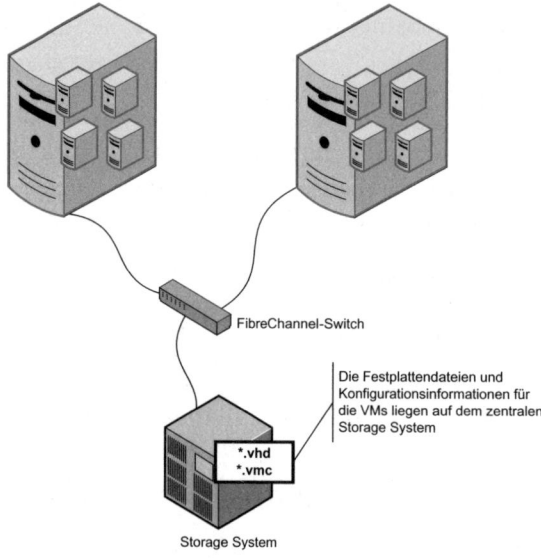

FibreChannel-Switch

Die Festplattendateien und Konfigurationsinformationen für die VMs liegen auf dem zentralen Storage System

*.vhd
*.vmc

Storage System

Abbildung 12.12 Virtuelle Server im SAN: Die Festplattendateien und Konfigurationsinformationen werden zentral gespeichert, so dass eine VM recht einfach auf einem anderen Server gestartet werden kann.

12.4.3 »Notfallrechenzentrum in a box«

Eine sehr interessante Anwendung für virtuelle Server ist das »Notfallrechenzentrum in a box«, das in Abschnitt 6.3.4 ausführlich beschrieben wurde.

12.5 Sizing des Host-Servers

Bei der Dimensionierung eines virtuellen Servers müssen Sie vor allem drei Aspekte berücksichtigen:

▶ Prozessorleistung
▶ Speicherbedarf
▶ Plattensizing

Prozessorleistung und Speicherbedarf sind hier vergleichsweise schnell abgehakt. Wenn Sie für die Systeme, die zusammengefasst werden sollen, bisher Systeme mit 1 GB, 2 GB und 500 MB Hauptspeicher verwendet haben, werden Sie für diese auch in einer virtuellen Umgebung 3,5 GB Speicher benötigen. Zuzüglich des Bedarfs des Hosts wäre in diesem Beispiel 4 GB ein sinnvoller Speicherausbau.

Auch das Thema »Prozessorlast« ist schnell erklärt: Es ist notwendig, Lastprofile der zu installierenden Anwendungen zu erstellen und entsprechend viel Prozessorleistung (= Anzahl der Prozessoren) in dem virtuellen Server bereitzustellen.

Sehr sorgfältig und mit Bedacht muss das Plattensizing durchgeführt werden:

Beginnen wir mit einem Anti-Beispiel: Wenn Sie zwar im virtuellen Server für SQL-Datenbanken, SQL-Logs, Exchange-Datenbank, Exchange-Logs und die Fileservices separate virtuelle Laufwerke anlegen, die Dateien aber auf dem selben physikalischen RAID-Set platzieren, ist das unter Performancegesichtspunkten ein sehr ungünstiges Sizing (Abbildung 12.13).

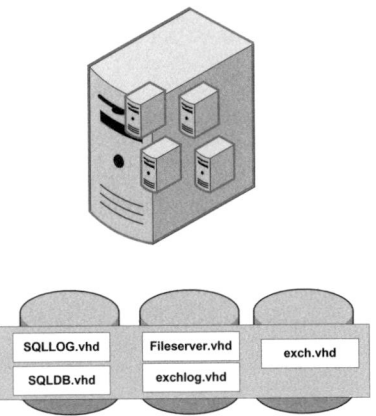

Abbildung 12.13 Anti-Beispiel: Wenn die Laufwerke aller VMs auf dem selben RAID-Set liegen, kann das System nicht performant laufen.

Auch in einer Umgebung mit einem virtuellen Server gilt, dass die Plattenbereiche voneinander getrennt werden sollten. Ermitteln Sie also das korrekte Plattensizing für die einzelnen Server so, als wenn Sie eine konventionelle Umgebung aufbauen würden. Das ermittelte Plattenlayout sollten Sie auch für die Plattenbereiche des virtuellen Servers anwenden (Abbildung 12.14).

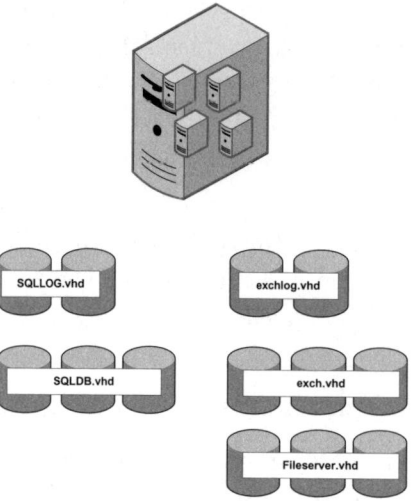

Abbildung 12.14 Das Plattenlayout muss den Storage-Performance-Anforderungen jeder einzelnen VM genügen.

12.6 Lizenzierung

Die Lizenzierung in einer Umgebung mit virtuellem Server ist recht unkompliziert – alles muss lizenziert werden (Abbildung 12.15).

▶ Zunächst muss das Host-Betriebssystem lizenziert werden.

▶ Die Software für den eigentlichen virtuellen Server, also Microsoft Virtual Server 2005, VMware GSX-Server oder eins der Workstation-Produkte muss lizenziert werden.

▶ Für jedes Betriebssystem und jede Applikation/Applikationsserver in den VMs ist jeweils eine Lizenz notwendig.

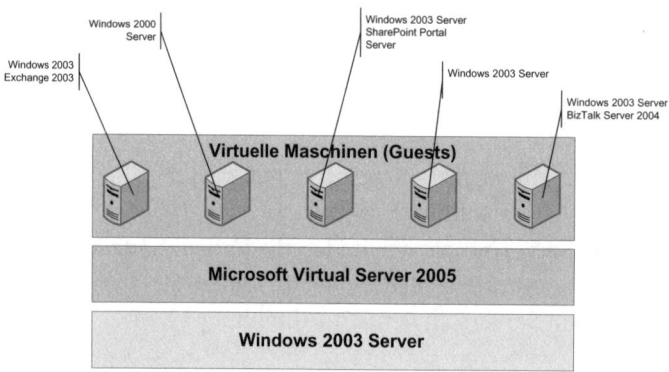

Abbildung 12.15 Der Lizenzbedarf des virtuellen Servers: Alle installierten Produkte müssen lizenziert werden.

13 Mail und Messaging

Microsofts Plattform für Mail und Messaging ist der Exchange-Server. In diesem Kapitel werde ich Ihnen natürlich nicht erzählen, dass man mit Exchange Mails versenden und Gruppenkalender einrichten kann – das dürfte allgemein bekannt sein. Wir werden vielmehr einen Blick auf die Exchange-Architektur, die Optionen bei der Anbindung an das Internet und die Möglichkeiten des Client-Zugriffs werfen und eine effektive Administration beschreiben.

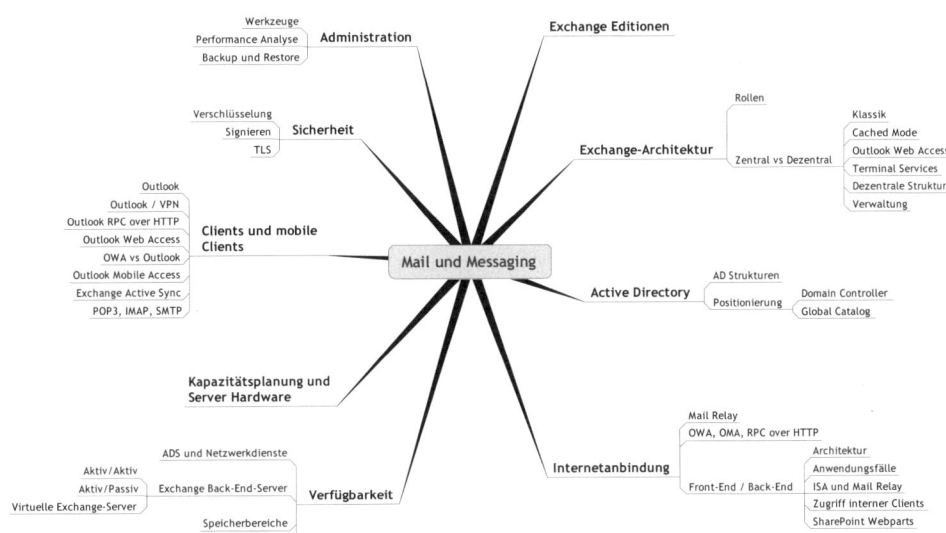

Abbildung 13.1 Die Themen des Kapitels im Überblick

Im Kapitel über das Active Directory hatte ich beschrieben, dass Applikationen das Active Directory als Benutzerdatenbank verwenden und ggf. demselben eigene Klassen und Attribute hinzufügen können. Exchange 2000 war vor einigen Jahren die erste »große« Applikation, die von dieser Möglichkeit Gebrauch machte.

Ich beschäftige mich seit Exchange 5.5 mit diesem System. Seitdem hat es mit Exchange 2000 und 2003 zwei neue Produktversionen gegeben, die das »Konzept Exchange« deutlich nach vorn gebracht haben – an dieser Stelle möchte ich Ihnen aber die seitdem stark gewachsene Bedeutung des Bereichs »Mail und Messaging« vor Augen führen: Vor ein paar Jahren, sagen wir zu Ende des vorigen Jahrtausends, war Mail ein Beiwerk, das zwar schon intensiv genutzt wurde, aber die primären Kommunikationswege waren das Telefon und das Fax. Die heutige Bedeutung von Mail als Kommunikationsmedium im Geschäftsbetrieb brauche ich hier wohl weiter nicht zu betonen: Ohne Mail geht mittlerweile nichts mehr!

In den meisten Firmen, mit denen ich Anforderungslisten für die Verfügbarkeit (= Wiederherstellzeit und Datenverlustzeit) von Diensten erstelle, steht die Verfügbarkeit von Exchange auf gleicher Stufe mit dem ERP- oder PPS-System. Diese Anforderungen rühren übrigens nicht nur daher, dass die Kommunikation mit der Außenwelt nicht ausfallen soll, der weitere Grund ist, dass in vielen Unternehmen und Organisationen die Mailkommunikation ein fester Bestandteil der definierten Prozesse ist; dabei ist es unabhängig, ob nur simple Benachrichtigungen verschickt werden oder ein komplexes automatisiertes Workflow-System, als dessen Transportmedium und Frontend die Kombination Exchange/Outlook fungiert, implementiert worden ist.

Bereits am vergleichsweise simplen Beispiel des Kalenders lässt sich die Bedeutung der Verfügbarkeit des Exchange-Systems erkennen: Alle Anwender tragen die Termine in ihrem Outlook-Kalender ein, vielleicht werden Gruppenkalender gepflegt – wenn der Exchange-Server ausfällt, stehen keine Kalenderinformationen zur Verfügung, in der Folge gibt es keine Meetings mehr, keine Kundenbesuche etc. Höchstens die Mitarbeiter, die ihre Termine auf einen PocketPC synchronisieren, wissen noch, was terminlich geplant ist.

Anmerkung: Ja, ich weiß, Outlook 2003 im Cached Mode würde das Kalenderproblem auch lösen. Ein durchgängig aktueller Office-Stand auf den PCs ist aber nicht unbedingt in jedem Unternehmen, jeder Organisation gegeben.

Viele Mitarbeiter sind darauf angewiesen, mehr oder weniger ständigen Zugriff auf ihre Mails zu haben. Ein Kunde, der nicht anruft, sondern eine E-Mail schreibt, erwartet eine ebenso schnelle Reaktion, als wenn er angerufen hätte. Wenn die E-Mail drei Tage unbeantwortet bleibt, weil der entsprechende Mitarbeiter auf einer längeren Dienstreise ist, wird das nicht auf großes Verständnis stoßen. Was ist also zu tun? Die Forderung, dass die Benutzer ohne großen Aufwand auf Mails, letztendlich auch auf Kontakte und Kalenderinformationen, zugreifen können, ist also nahe liegend. Da die moderne Version des Homo sapiens heute nicht mehr ohne Handy aus dem Haus geht, vielleicht auch einen PocketPC oder sonstigen PDA dabei hat, wäre es wünschenswert, diese Geräte als Frontend für die Mail-, Kalender- und Kontaktinformationen nutzen zu können.

13.1 Exchange-Editionen

Bekanntlich gibt es von Exchange 2003 zwei Editionen, nämlich die Standard und die Enterprise Edition.

Die wichtigsten Unterscheidungsmerkmale auf einen Blick:

	Standard Edition	Enterprise Edition
Clusterfähigkeit	Nein	Ja
Gesamtgröße pro Datenbank	16 GB	8 Terabyte
Anzahl Storage Groups	1 (+1 Recovery Storage Group)	4 (+1 Recovery Storage Group)
Anzahl Datenbanken pro Speichergruppe	2	5
X.400 Connector	Nicht enthalten	Enthalten

Kurz gesagt benötigen Sie die Enterprise Edition von Exchange in folgenden Szenarien:

▶ Sie möchten Exchange clustern.

▶ Sie möchten mehr als 16 GB Daten in einer Datenbank speichern, einfacher: Ihre Benutzer müssen mehr als 16 GB Mails speichern.

Ja, ich weiß, ich habe den X.400 Connector nicht genannt, aber die Fälle, in denen dieser ganz dringend benötigt wird, sind meiner Erfahrung nach eher selten.

13.2 Exchange-Architektur

Die für Ihr Unternehmen oder Organisation »passende« Exchange-Architektur zu finden, setzt zunächst eine eingehende Analyse voraus, einige Szenarien möchte ich in den folgenden Abschnitten diskutieren.

13.2.1 Rollen von Exchange-Servern

Zunächst betrachten wir die möglichen Rollen, die von einem Exchange-Server übernommen werden können. Wenn in Ihrem Unternehmen nur ein einziger Exchange-Server vorhanden ist, wird dieser natürlich alle Rollen übernehmen.

▶ Postfachserver: Die ureigenste Funktion von Exchange ist das Speichern von Postfächern von Benutzern.

- Server für öffentliche Ordner: Inhalte von öffentlichen Ordnern können im Gegensatz zu denen von Postfächern zwischen Servern repliziert werden. Auf diese Weise können Sie direkte Zugriffe der Benutzer über WAN-Strecken vermeiden.

- Frei/Gebucht-Server: Die Frei/Gebucht-Informationen werden beim Planen von Besprechungen verwendet. Letztendlich handelt es sich hierbei um einen Sonderfall eines öffentlichen Ordners, es muss genau geplant werden, an welchen Stellen Repliken mit Frei/Gebucht-Informationen vorgehalten sollen und wie häufig diese aktualisiert werden sollen.

- Server für Offlineadresslisten: Exchange-Server erstellen aus den im Active Directory enthaltenen Benutzerinformationen Listen, die von Clients downgeloadet werden können. Wenn Sie einen großen Standort mit einem eigenen Exchange-Server und 100 Benutzern haben, wäre es ziemlich ungünstig, wenn die Clients die Adresslisten über eine WAN-Verbindung laden würden, »nur« weil keine lokale Offlineadressliste vorhanden ist. Die Offlineadresslisten werden übrigens ebenfalls in einem speziellen öffentlichen Ordner vorgehalten.

- Front-End-Server: Die Funktion eines FrontEnd-Servers wird ausführlich in einem der nächsten Abschnitte behandelt.

13.2.2 Zentrale vs. dezentrale Architektur

Wenn Ihr Unternehmen über Außenstellen verfügt, stellt sich die Frage, ob Sie eine zentrale oder eine dezentrale Struktur wählen möchten. Die Szenarien sind schnell erklärt: Im Fall einer zentralen Struktur befinden sich sämtliche Exchange-Server in der Hauptstelle der Firma und die Clients der Niederlassungen greifen über WAN-Strecken auf die zentralen Server zu. Bei einer dezentralen Struktur greifen die Benutzer in den Außenstandorten auf lokale Exchange-Server zu.

Wenn Sie Exchange bereits im Einsatz haben, werden Sie diese Entscheidung ja bereits getroffen haben, dennoch ist es durchaus sinnvoll, in größeren zeitlichen Abständen (insbesondere vor Neubeschaffung von Hardware oder vor Softwareupdates) eine Neubewertung der einmal getroffenen Entscheidung durchzuführen.

»Klassik«

Die klassische Exchange-Architektur für ein kleineres mittelständisches Unternehmen ist in Abbildung 13.2 gezeigt. Wir gehen davon aus, dass in der Zentrale ca. 150 Personen und in den Außenstandorten zwischen 10 und 20 Mitarbeiter beschäftigt sind.

▶ Die Zentrale verfügt über einen Exchange-Server, der den Mailverkehr mit der Außenwelt via Internet abwickelt. Diese Maschine ist auch das Serversystem für die Clients der Zentrale.

▶ Die beiden Standorte sind jeweils über eine 64 k-Verbindung angebunden. Die Exchange-Server in den Außenstandorten bedienen jeweils die lokalen Benutzer und sind über entsprechende Konnektoren an den Server in der Zentrale angebunden. Mailverkehr ins Internet wird über den Server in der Zentrale geroutet.

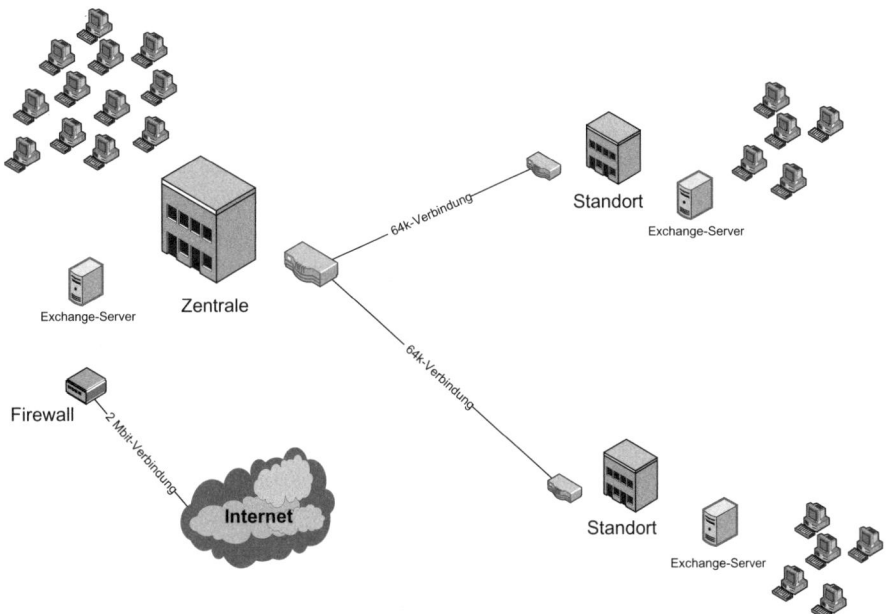

Abbildung 13.2 »Klassische« Exchange-Architektur für ein kleineres mittelständisches Unternehmen

Die Struktur ist prinzipiell auch nicht ganz schlecht, der Hauptgrund für diese Architektur dürfte gewesen sein, dass man die Clients anders nicht performant mit Exchange-Diensten versorgen konnte. Bereits mit einem einzigen Outlook-Client ist die Arbeit über eine 64 k-Verbindung nicht die wahre Freude. Wenn an einem Standort fünf, zehn oder zwanzig Mitarbeiter damit arbeiten wollen, gibt es zwei Möglichkeiten, nämlich entweder einen Exchange-Server an den Standort zu stellen oder die Terminal-Services zu nutzen.

Nachteile:

▶ Je nach Anzahl der Außenstandorte benötigen Sie eine relativ große Anzahl Server. Und das betrifft natürlich nicht nur die Hardware, sondern auch die Lizenzen. Bedenken Sie auch die Wartungskosten der Hardware!

▶ Viele Server bedeuten viel Administrationsaufwand. Das beginnt bei der eigentlichen Installation oder dem Upgrade, zieht sich über zwischendurch fällige Patches und endet bei Überwachung und Fehlerbehandlung.

▶ Wenn Produktivdaten auf Servern liegen, müssen diese natürlich gesichert werden. Sicherungsvorgänge an Remote-Standorten sind immer problematisch – häufig ist bereits das Wechseln von Bändern und Auslagern derselben an einem entfernten Standort nicht sicherzustellen. Für jeden Server wird ein Recovery-Konzept benötigt, das natürlich entwickelt werden muss – vermutlich werden Sie bei einem schwerer wiegenden Ausfall des Servers trotzdem zu dem betroffenen Standort reisen müssen.

Zentrale Struktur, Outlook 2003 Cached Mode

Eine zentrale Struktur, in der nur in der Firmenzentrale Exchange-Server vorhanden sind, ist zunächst eine Frage der Bandbreiten zwischen den Standorten und der Zentrale.

Bei älteren Softwareversionen als Exchange 2003 und Outlook 2003 ist problematisch, dass eine (mehr oder weniger) ständige Kommunikation zwischen Exchange und Outlook notwendig ist. Außerdem werden die Benutzer das »zähe« Antwortverhalten von Exchange bemängeln.

Die Lösung für dieses Problem ist der Cached Mode, der von der Kombination aus Exchange 2003 und Outlook 2003 bereitgestellt wird.

Kurz gesagt arbeiten die Benutzer im Cached Mode grundsätzlich auf einer lokalen Kopie der Maildatenbank. Outlook synchronisiert diese im Hintergrund mit dem Exchange-Server, aus diesem Grunde haben weder langsame Verbindungswege noch eventuelle Ausfälle derselben einen Einfluss auf das Arbeiten der Benutzer.

So interessant sich diese Vorgehensweise anhört, ist sie natürlich kein Verfahren, das grundsätzlich immer passt:

▶ Wenn in einem größeren Standort viele Benutzer sehr intensiv untereinander kommunizieren, unter anderem große Dateianhänge austauschen, intensiv auf Frei/Gebucht-Informationen zugreifen oder häufig mit öffentlichen Ordnern arbeiten, wird ein eigener Exchange-Server sinnvoll sein.

- Die Outlook-Replikation zieht »gnadenlos« die Leitungen zu. Man kann hier aber beispielsweise mit Routern, die die Bandbreite für bestimmte Kommunikationstypen begrenzen, gegensteuern.

- Halten Sie die Kapazität, die täglich übertragen werden muss, im Blick! Gegebenenfalls müssen die Leitungskapazitäten erhöht werden – das natürlich auch, wenn ein Exchange-Server im Standort vorhanden ist.

Bei der Planung wird sicherlich die Prämisse sein, mit möglichst wenigen Servern auszukommen, dies bedeutet, dass an Standorten, wo nicht zwingend ein Exchange-Server benötigt wird, auch keiner installiert bzw. ein vorhandener zurückgezogen werden sollte.

Nicht vergessen: Der Cached Mode setzt Outlook 2003 voraus!

Anmerkung zur Skizze in Abbildung 13.2: Die gezeigte Konstellation für die Anbindung der Standorte ist ohnehin nicht mehr wirklich zeitgemäß: Da man mittlerweile fast überall für vergleichsweise »vertretbares« Geld eine recht breitbandige symmetrische DSL-Anbindung bekommen kann, ist der Aufbau eines VPNs mit Sicherheit die deutlich wirtschaftlichere Alternative mit dem wesentlich besseren Preis-Leistungsverhältnis.

Zentrale Struktur, Outlook Web Access

Wenn Sie über eine zentrale Struktur nachdenken, ist natürlich ein weiterer Gedanke zu beleuchten: Zu prüfen ist, ob die Anwender in den Außenstandorten zwingend den »normalen« Outlook-Client benötigen, oder ob eventuell Outlook Web Access genügt (Abbildung 13.3).

Wir werden die konzeptionelle Planung für den Einsatz von Outlook Web Access im Kapitel über Exchange-Clients ausführlich behandeln.

Die Einschränkungen von Outlook Web Access (OWA) sind speziell:

- OWA benötigt natürlich jederzeit Online-Zugriff auf den Exchange-Server. Fällt die Verbindung aus, haben die Benutzer keinerlei Daten mehr. Mit Outlook im Cached Mode wird der Benutzer den Ausfall gar nicht bemerken – abgesehen davon, dass er keine neuen Mails bekommt.

- Wenn Sie intensiv mit Formularen oder Outlook Add-Ins arbeiten, kommt OWA nicht in Frage.

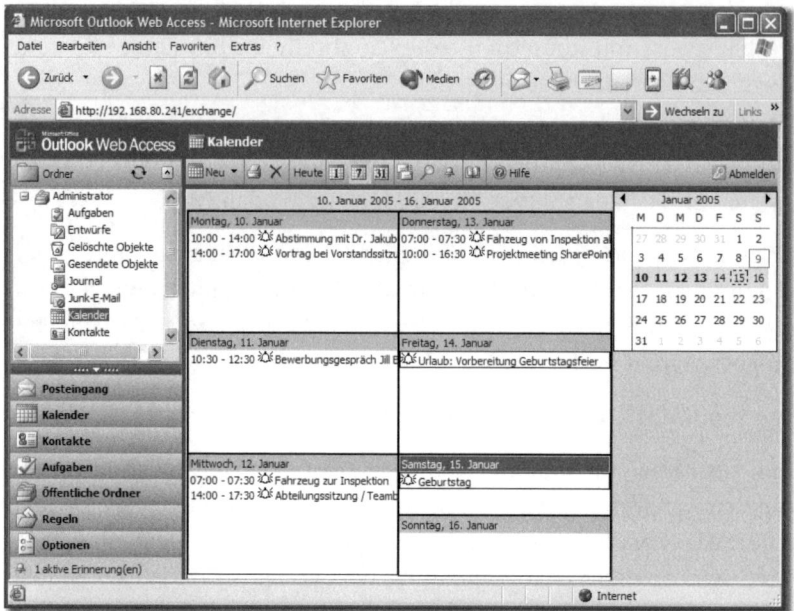

Abbildung 13.3 Mit Outlook Web Access kann über einen Browser auf die in Exchange gespeicherten Daten zugegriffen werden.

Zentrale Struktur, Terminal Services

Die dritte Möglichkeit, eine zentrale Exchange-Struktur zu implementieren, wäre die Bereitstellung der Clients via Terminal-Services oder Citrix Meta-Frame.

Wenn Sie für die Bereitstellung der sonstigen Office-Applikationen ebenfalls Terminal Services nutzen oder nutzen werden, ist das natürlich genau der richtige Bereitstellungsweg.

Wenn es »nur« um die Bereitstellung von Outlook geht, ist die Einführung von Terminal Services sicherlich nicht der richtige Ansatz:

▶ Der Umgang mit Anlagen, die ja im Allgemeinen mit anderen Office-Programmen erstellt, gelesen oder bearbeitet werden, ist für meinen Geschmack nicht optimal, wenn Outlook in der Zentrale auf einem Terminal Server läuft und der »Rest« von Office lokal ausgeführt wird.

▶ Terminal Services benötigen eine redundante Server-Infrastruktur – allein für den Betrieb von Outlook dürfte das zu teuer sein.

▶ Für die Terminal Services gilt dasselbe wie für Outlook Web Access: Fällt die WAN-Verbindung aus, arbeiten die Benutzer nicht mehr. Kein WAN – kein Outlook.

Dezentrale Struktur

Wirklich nicht überraschend: Eine dezentrale Struktur zeichnet sich dadurch aus, dass in den größeren Standorten Exchange-Server vorhanden sind. Bei der Planung sind folgende Aspekte zu beachten:

▶ Ein Sicherungs- und Wiederherstellungskonzept für die dezentralen Server ist erforderlich.

▶ Beachten Sie bitte die »Regeln« für die Zusammenarbeit von Exchange und Active Directory.

▶ Überlegen Sie, welche Daten repliziert werden sollen; neben den öffentlichen Ordnern geht es beispielsweise auch um die Schedule+ Frei/Gebucht-Ordner und das Offline-Adressbuch. Replikation von riesigen öffentlichen Ordnern, die an dem Standort ohnehin nicht verwendet werden, macht genauso wenig Sinn wie der umgekehrte Fall (= öffentliche Ordner, die nirgendwo anders verwendet werden, werden »herausrepliziert«).

▶ Achten Sie auf die benötigten Bandbreiten: Zum einen steigen in den meisten Netzen die Übertragungsvolumina (insbesondere wegen Anlagen), zum anderen können bei der Replikation öffentlicher Ordner beträchtliche Datenmengen entstehen.

Anmerkung: Die Replikationseinstellungen können für jeden öffentlichen Ordner individuell festgelegt werden. Es kann bestimmt werden, auf welche Server die öffentlichen Ordner repliziert werden, wie häufig repliziert werden soll und zu welchen Zeiten die Replikation zulässig ist (Abbildung 13.4).

Und noch eine Anmerkung: Die Frei/Gebucht-Informationen werden in einem öffentlichen Ordner gespeichert. Bei der Planung von Terminen (Prüfung der Verfügbarkeit anderer Mitarbeiter) wird auf diese Ordner zurückgegriffen. Seltene Replikation bedeutet, dass die bereitgestellten Informationen eventuell nicht aktuell sind. Wenn auf einem Exchange-Server keine Replik dieses Ordners vorhanden ist, müssen die Benutzer über WAN-Verbindungen auf einen zentralen Frei/Gebucht-Ordner zugreifen (Abbildung 13.5).

Genauso wie die übrigen öffentlichen Ordner werden Frei/Gebucht-Informationen *nicht* von Outlook 2003 gecached.

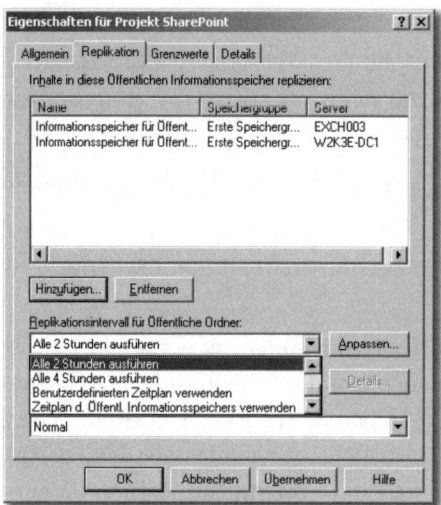

Abbildung 13.4 Die Replikationseinstellungen können für jeden öffentlichen Ordner individuell festgelegt werden.

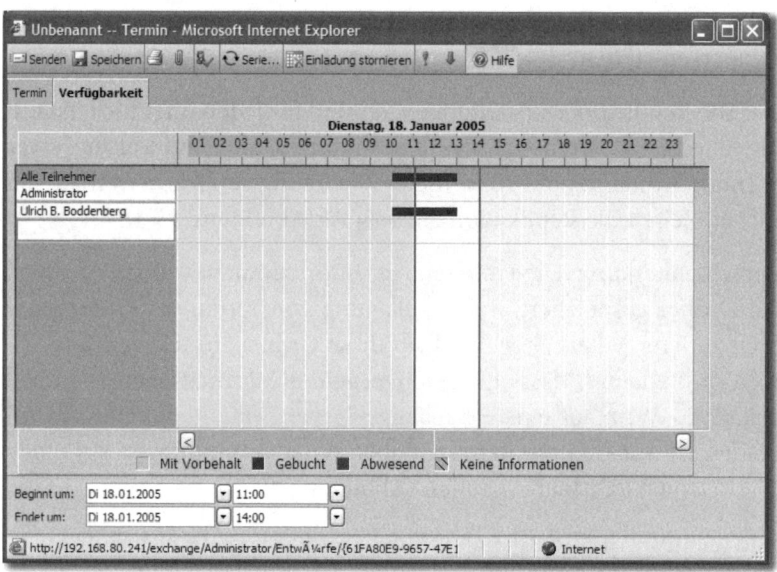

Abbildung 13.5 Diese Informationen stammen aus dem öffentlichen Ordner »SCHEDULE+ FREE BUSY«.

Verwaltung von zentralen und dezentralen Strukturen

Die Einrichtung eines zentralen oder dezentralen Modells hat keinen Einfluss auf die Verwaltung Ihrer Exchange-Organisation. Wenn sich in Ihrer Organisation ein Standort befindet, der weitgehend selbstständig administriert werden soll, kann eine eigene administrative Gruppe eingerichtet werden. Die administrativen Gruppen sind unabhängig von den Standorten, an denen sich die Server befinden (Abbildung 13.6).

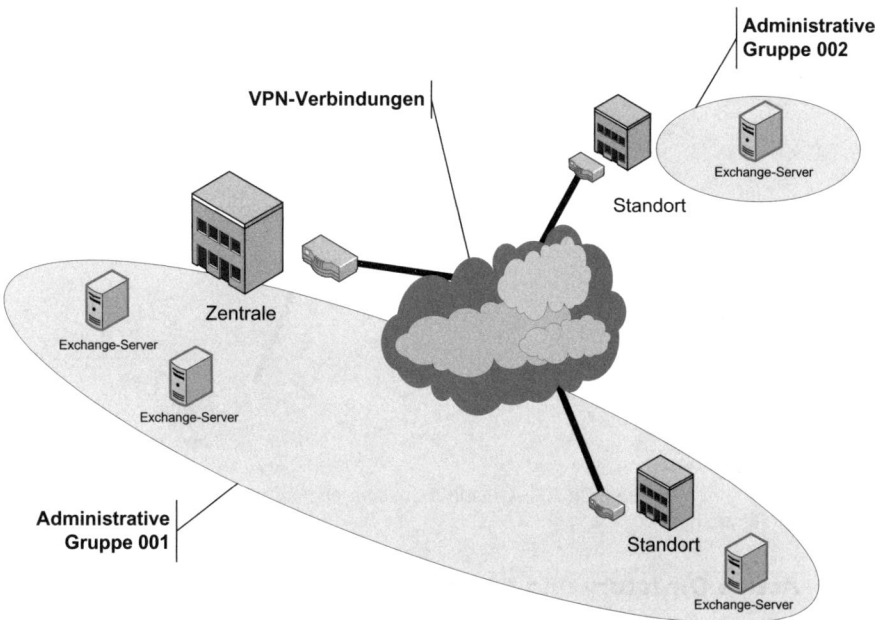

Abbildung 13.6 Administrative Gruppen erlauben eine Aufteilung der Zuständigkeiten bei der Administration der Exchange Organisation – hier mit einer dezentralen Exchange-Organisation.

Bei einer zentralen Exchange-Organisation, bei der alle Exchange-Server in der Firmenzentrale stehen, können ebenfalls mehrere Administrative Gruppen angelegt werden (Abbildung 13.7).

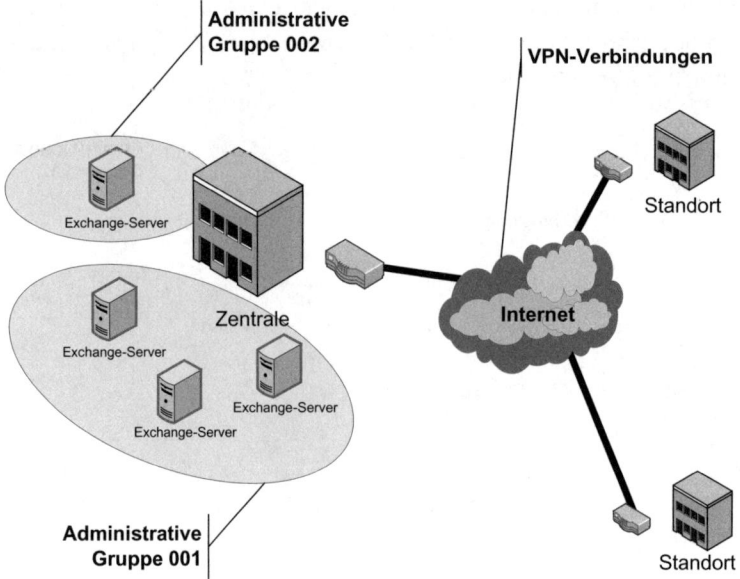

Abbildung 13.7 Eine zentrale Exchange-Organisation kann ebenfalls in mehrere Administrative Gruppen geteilt werden.

13.2.3 Active Directory und Exchange

Exchange verwendet das Active Directory sowohl für die Speicherung der Benutzerdaten als auch für die Speicherung sonstiger Konfigurationsinformationen.

Active Directory-Strukturen

Es gibt nun mehrere Active Directory-Szenarien, in denen ein Exchange-System installiert werden kann:

▶ **Eine AD-Gesamtstruktur**: Dies wird in mittelständischen Umgebungen der häufigste Fall sein. Eine Active Directory-Gesamtstruktur kann aus mehrere Domains oder Trees bestehen (= Forest), die **ein** AD bilden. In diesem wird die Exchange-Organisation installiert. Die Verwaltung der Exchange-Organisation kann bei Bedarf in mehreren administrativen Gruppen erfolgen, ebenso wie auch die Active Directory Domains separat verwaltet werden können, obwohl sie sich innerhalb einer Gesamtstruktur befinden. Die Nutzung einer einzigen AD-Gesamtstruktur und einer einzigen Exchange-Organisation ist der empfohlene Weg und bietet die meisten Funktionen (siehe Liste am Ende dieses Abschnitts).

- **Mehrere AD-Gesamtstrukturen**: Es könnte in Ihrem Unternehmen den Fall geben, dass mehrere Active Directory-Gesamtstrukturen vorhanden sind: Dies könnte an einer Fusion liegen, an einer firmenpolitisch gewollten organisatorischen Trennung von Unternehmensteilen oder an Schema-Änderungen, die nur einen Teil der Firma betreffen dürfen (ein Schema gilt immer für die Gesamtstruktur – wenn Sie unterschiedliche Schemata verwenden müssen, ist der einzige Weg der Aufbau mehrere getrennter AD-Strukturen). In diesem Fall würde man Exchange in jeder AD-Gesamtstruktur installieren, erhält dann aber auch mehrere Exchange-Organisationen. Der Betrieb mehrere Exchange-Organisationen ist nicht empfehlenswert, da der Funktionsumfang deutlich eingeschränkt und der Administrationsaufwand erheblich höher ist. Wenn Sie es nicht vermeiden können, müssen Sie ein Werkzeug einsetzen, dass die Benutzerdaten zwischen den Gesamtstrukturen synchronisiert, hier käme beispielsweise der Microsoft Identity Integration Server (MIIS 2003) in Frage.

- **Dedizierte Exchange-Gesamtstruktur (Ressourcengesamtstruktur):** Wenn Sie Exchange nicht in Ihre »normale« Domain-Struktur integrieren wollen, sondern eine separate Struktur aufbauen möchten, spricht man von einer Ressourcengesamtstruktur. Ganz deutlich: Es geht hierbei nicht darum, eine separate Domain aufzusetzen, sondern um den Aufbau eines zweiten eigenständigen Active Directories, das nur Exchange beinhaltet. Wirklich sinnvolle Gründe, dies zu tun (zumindest in einem mittelständischen Umfeld) fallen mir nicht ein, höchstens ein extrem hohes Sicherheitsbedürfnis oder der Wunsch, auf keinen Fall im Haupt-AD eine Schema-Erweiterung durchzuführen. Nachteile sind ein erheblich höherer Administrationsaufwand und ein doppelt so hoher Bedarf an Servern (DCs und GCs). Zudem müssen Sie noch einen Weg finden, die Konten des Haupt-ADs in die Exchange-Struktur zu migrieren (MIIS beherrscht nicht die Synchronisation für eine separate Ressourcenstruktur).

Hier ein kurzer Überblick über die wichtigsten Funktionen, die in einer Umgebung mit mehrere Gesamtstrukturen *nicht* übergreifend möglich sind:

- **Stellvertreter für Postfächer:** Nein, da Benutzer oder Gruppen einer anderen Gesamtstruktur als Kontakte dargestellt werden, können Sie den Zugriff auf ein Postfach nicht an eine Person einer anderen Gesamtstruktur vergeben. In den Zugriffsrechten eines Postfachs können keine Kontakte eingetragen werden.

- **Anzeigen des Kalenders:** Nein, obwohl Sie Frei/Gebucht-Informationen gesamtstrukturübergreifend synchronisieren und diese dann zur Planung von Besprechungen verwenden können, können Sie Kalenderinformationen eines

13

Benutzers einer anderen Gesamtstruktur nicht in Outlook mit der Funktion »Ordner eines anderen Benutzers öffnen« anzeigen.

- **Anzeigen von Gruppenmitgliedschaften:** Nein, da eine Gruppe einer anderen Gesamtstruktur als Kontakt dargestellt wird, können Sie die Gruppenmitglieder nicht anzeigen.

- **Senden als:** Nein, hierzu müssen sich die Benutzer in derselben Gesamtstruktur befinden.

- **Front-End-Server für mehrere Gesamtstrukturen:** Nein, ein Front-End-Server kann für einen Back-End-Server einer anderen Gesamtstruktur nicht als Proxyserver dienen. Diese Einschränkung gilt auch, wenn Sie einen Front-End-Server für Outlook Web Access oder Outlook Mobile Access verwenden.

Andere Funktionen wie beispielsweise eine gemeinsame globale Adressliste können nur mit Zusatzprodukten wie dem Microsoft Identity Integration Server realisiert werden.

Genaue Details zum Aufbau von Exchange-Installationen in mehreren AD-Gesamtstrukturen und mit einer Ressourcengesamtstruktur finden Sie im Microsoft Technet.

In diesem Buch möchte ich es dabei belassen, die Varianten erwähnt zu haben und Ihnen den Aufbau mit **einer** AD-Gesamtstruktur und **einer** Exchange-Organisation zu empfehlen – sofern dies irgendwie möglich ist.

Positionierung von Domain Controllern und Global Catalogs

Für Exchange nebst Clients sind folgende Dienste erforderlich:

- **Domain Controller:** Der Zugriff auf Domain Controller ist für Exchange absolut lebensnotwendig. Schließlich speichert Exchange dort sämtliche (Konfigurations-) Informationen. Für Domain Controller und Exchange gelten zwei Designhinweise:

  - Domain Controller sollten redundant vorhanden sein. Völlig einleuchtend: Sind nach einem Ausfall keine Domain Controller vorhanden, ist Ihre IT-Landschaft kaum mehr arbeitsfähig.

  - Exchange-Server sollten nicht auf Domain Controllern installiert werden. Hierfür gibt es wiederum zwei Gründe: In stärker belasteten Installation ist es aus Gründen der Performance empfehlenswert, die Exchange-Maschine nicht auch noch mit DC-Diensten zu beschäftigen. Ein Exchange-Server, der auf einem Domain Controller installiert ist, wird auf keinen anderen DC mehr zugreifen. Fällt also der DC-Dienst auf dem Exchange-Server aus, kann er kein Failover zu einem anderen DC durchführen (eine Begründung hierfür ist mir allerdings nicht bekannt). Wenn Sie einen Außenstandort mit zehn Benutzern haben, wird man natürlich keinen größeren Server-Park mit separatem Exchange und separatem Domain Controller aufbauen. Technisch funktioniert die Installation von Exchange auf einem DC, Sie sollten sich aber stets vor Augen halten, dass dies keine empfohlene Konfiguration ist!

▶ **Global Catalog Server:** Eine Struktur ohne Exchange ist nach Ausfall eines nicht-redundanten globalen Katalogs noch einigermaßen »überlebensfähig", für Exchange trifft das nicht zu. Anmeldevorgänge der Clients schlagen gnadenlos fehl, wenn Outlook keinen globalen Katalog ausfindig machen kann. Beim Auflösen von Adressen, was über die Global Address List (GAL) geschieht, wird übrigens ebenfalls auf den Global Catalog zugegriffen. Dies bedeutet, dass an größeren Standorten lokale GC-Server vorhanden sein sollten (zur Erinnerung: Ein Domain Controller kann durch Mausklick zum Global Catalog-Server gemacht werden). Die Zugriffe auf den Global Catalog würden ansonsten über WAN-Strecken durchgeführt. Stichwortartig noch zwei weitere Design-Aspekte:

  ▶ Der Exchange-Master sollte nicht auf einem Global Catalog-Server installiert sein (Exchange sollte ohnehin nicht auf einem Domain Controller installiert sein).

  ▶ Faustregel: Das Verhältnis von Exchange-Servern zu Global Catalog-Servern sollte 4:1 betragen.

▶ **DNS:** Stellen Sie sehr akribisch sicher, dass DNS an allen Standorten mit Exchange-Servern oder an Standorten, von denen auf Exchange-Server mit Outlook zugegriffen wird, einwandfrei funktioniert. Wenn die DNS-Konfiguration nicht einwandfrei funktioniert, werden Sie teils merkwürdige und kuriose, in jedem Fall aber äußerst lästige Seiteneffekte sehen: Das fängt an bei Clients, die teilweise nicht auf Exchange zugreifen können und endet bei Replikationsproblemen zwischen Servern.

▶ WINS: Exchange 2003 benötigt WINS!

13.3 Anbindung an das Internet

Da Sie aller Voraussicht nach nicht nur innerhalb Ihres Unternehmens oder Organisation mit Exchange kommunizieren wollen, sondern sicherlich mindestens genauso dringend mit externen Kommunikationspartnern Mails austauschen wollen, müssen Sie sich Gedanken über eine Anbindung an das Internet machen. Wenn Sie bereits Exchange verwenden, haben Sie dieses Problem natürlich schon einmal gelöst, ein kleines Review kann aber sicherlich nicht schaden.

Da man für die Anbindung mobiler Mitarbeiter heute im Allgemeinen keine Remote Access-Installation mit eigenen Routern etc. aufbauen wird, sondern auch hierfür das Internet nutzt, wird das Thema der Internetanbindung komplexer – ein weiterer Grund, den Ist-Zustand zu durchleuchten …

13.3.1 So auf keinen Fall!

Beginnen wir mit einem »Anti-Beispiel« (das man übrigens immer wieder sieht, wodurch es aber auch nicht richtiger wird).

Ich gehe davon aus, dass Ihr Unternehmen eine Firewall zum Internet hat, was man heutzutage wohl voraussetzen kann. Diese Firewall wird über eine DMZ (= Demilitarized Zone) verfügen.

Für Einsteiger: In der DMZ platziert man beispielsweise einen Proxy Server, so dass ein Webzugriff des Clients niemals direkt, sondern immer über den Proxy Server durchgeführt wird.

Anmerkung: Ich würde zumindest in einer größeren Organisation den Webzugriff nicht so wie in Abbildung 13.8 gezeigt realisieren, dazu später aber mehr! Die Skizze ist zumindest aber nicht falsch.

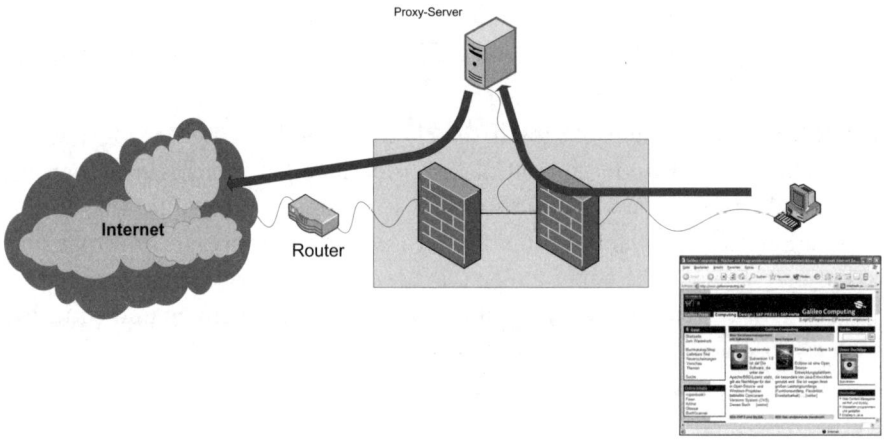

Abbildung 13.8 Zur Erinnerung und für »Einsteiger«: Der Proxy Server steht in der DMZ der Firewall. Es gibt keine direkte Kommunikation des Clients mit dem Internet.

Zurück zum eigentlichen Thema, dem »Anti-Beispiel«: Man könnte nun auf die Idee kommen, dass erstens der Exchange-Server mit dem Internet kommunizieren muss und dass zweitens die Clients nicht direkt mit dem Internet verbunden werden sollen und daraus folgern, dass der Exchange-Server in die DMZ gestellt wird (Abbildung 13.9): **TODSÜNDE!**

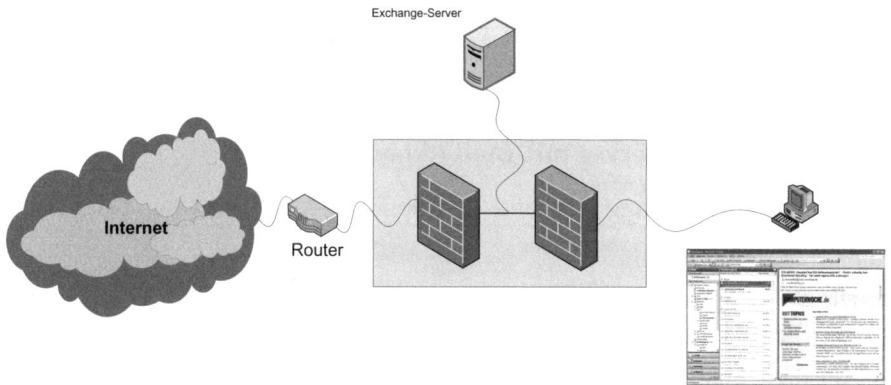

Abbildung 13.9 So nicht: Ein Exchange-Server gehört NIEMALS in die DMZ!

Aus diesen Gründen gehört Exchange nicht in die DMZ:

▶ Ein System, das Daten trägt, sollte niemals direkt mit dem Internet in Kontakt treten. Ein Exchange-Server ist nun ganz eindeutig ein datentragendes System, denn schließlich sind zum einen Ihre gesamten Mails, Kalendereinträge etc. auf diesem vorhanden, zum anderen benötigt ein Exchange-Server Zugriff auf das Active Directory, das ja ebenfalls wertvolle Informationen enthält.

▶ Wird Ihr Exchange-Server durch einen Angriff von außen, beispielsweise eine Denial-of-Service-Attacke lahm gelegt (immerhin ist er ja in der DMZ direkt mit dem Internet verbunden und eventuell verweist ein MX-Record auf ihn), haben Sie keinen Zugriff mehr auf Mails, Kalenderinformationen, Kontakte etc. Im Übrigen ist E-Mail in etwas größeren Unternehmen ja auch ein wichtiges internes Kommunikationsmedium geworden.

▶ Steht der Exchange-Server in der DMZ, müssten alle Clients Zugriff auf dieselbe haben. Sie müssten dann entscheiden, ob Sie die Clients an der Firewall authentifizieren möchten oder »einfach pauschal« den Zugriff erlauben. In jedem Fall muss die Firewall ein ganzes Stück geöffnet werden – und das ist sicherlich nicht wirklich gewollt.

Man kann noch einige weitere Gründe finden, warum Exchange nicht in die DMZ gehört, aber ich denke, dass es schon deutlich genug geworden ist ... Halten Sie sich immer vor Augen, dass in vielen Unternehmen die Bedeutung von Mail und Messaging nicht weit hinter dem ERP-System rangiert – und das würde man ja auch nicht weitgehend ungeschützt dem Internet aussetzen.

Im Übrigen ist es ein weit verbreiteter Irrtum, dass ein Exchange Front-End-Server in die DMZ gehört. **Auch ein Front-End-Server gehört nicht in die**

DMZ! Bei diesen ist es zwar nicht solch eine Riesenkatastrophe, wenn sie in die DMZ gestellt werden, Sie sollten es aber dennoch vermeiden. Mehr dazu später.

13.3.2 Exchange-Server mit Mail Relay

Wie wird es nun richtig gemacht? In Abbildung 13.10 ist eine »belastbare« Architektur gezeigt:

▶ Die aus dem Internet empfangene Mail wird an ein in der DMZ stehendes Mail Relay übermittelt.

▶ Auf dem Mail Relay können bereits grundlegende Sicherheitsmaßnahmen wie ein Virenscan durchgeführt werden.

▶ Das Mail Relay leitet die Mails dann ebenfalls via SMTP weiter zum Exchange-Server.

▶ Die Clients greifen auf den im Innenbereich stehenden Exchange-Server zu, ohne dass die Firewall für die Client-Systeme geöffnet werden müsste.

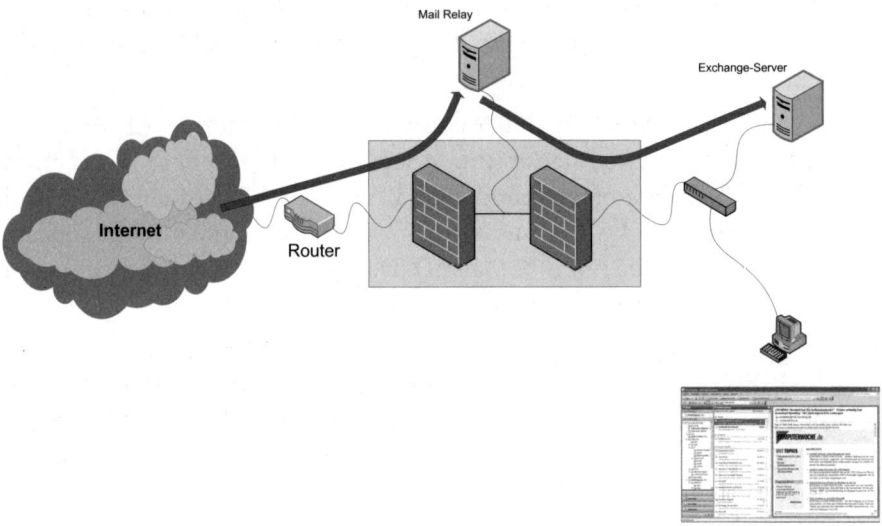

Abbildung 13.10 So ist es richtig! In der DMZ steht ein Mail Relay, der Exchange-Server steht im »Innenbereich«.

Das Versenden von Mails funktioniert analog: Der Exchange-Server übermittelt die Mail via SMTP an das Relay in der DMZ und von dort aus wird dieselbe ins Internet übermittelt.

Vorteile dieser Vorgehensweise (eigentlich brauchen Sie nur die Nachteile aus dem vorherigen Abschnitt »umzudrehen«):

▶ Kein System, das Produktivdaten trägt, hat direkten Kontakt mit dem Internet. Falls das Mail Relay auf einem Windows Server installiert ist, ist dieser natürlich kein Domain-Mitglied, sondern ein Stand Alone-System.

▶ Wenn das Relay durch eine »Attacke« (z.B. Denial of Service, DoS) lahm gelegt wird, haben Sie zumindest weiterhin Zugriff auf Ihre Daten, außerdem funktioniert die interne Kommunikation.

▶ Sie brauchen keine Clientzugriffe in die DMZ zuzulassen.

▶ Je nach Typ und Funktionsumfang des Mail Relays können bereits hier erweiterte Funktionen wie Virenscan, Spam-Filterung etc. durchgeführt werden.

Für das Mail Relay brauchen Sie letztendlich keine Hochleistungs-Hardware zu planen. Für eine kleinere Organisation (bis 100 Benutzer) genügt prinzipiell moderne PC-Hardware – wenn ich Ihnen auch nahe legen würde, einen kleinen »echten« Server zu verwenden.

Beispiel für ein Mail Relay

Für das Mail Relay gibt es verschiedenste Lösungen, angefangen von einer Linux-Maschine mit einem sendmail-basierten Relay bis zu komplexen Hochleistungslösungen wie der Trend Micro Messaging Security Suite oder MIMEsweeper von Clearswift. Neben diesen Softwarelösungen gibt es diverse Hardware-Appliances, die letztendlich aus einem kleinen Server mit vorkonfigurierter Software bestehen.

Damit Sie einen kurzen Eindruck darüber bekommen, was die ein Mail Relay leisten kann, zeige ich Ihnen einige Screenshots der Messaging Security Suite von Trend Micro.

In den heutigen Spam-Zeiten ist eine der wichtigsten Konfigurationsmaßnahmen zu verhindern, dass Ihr Mail Relay von Spammern missbraucht werden kann. Wenn Sie einfach jede Mail, die Sie bekommen weiterleiten, könnte man beispielsweise 100.000 Spams bei Ihnen abladen, die Ihr Relay dann in alle Welt versendet. Um dies zu verhindern, kann man definieren, für welche Domains überhaupt Mails weitergeleitet werden sollen (Abbildung 13.11). Hier tragen Sie Ihre eigenen Domains ein.

Als Nächstes muss man dem Mail Relay klar machen, dass es die Mails für Ihre Domains an den im Innenbereich stehenden Exchange-Server weiterleiten soll. Diese SMTP-Verbindung muss natürlich auf der Firewall geöffnet sein (Abbildung 13.12)!

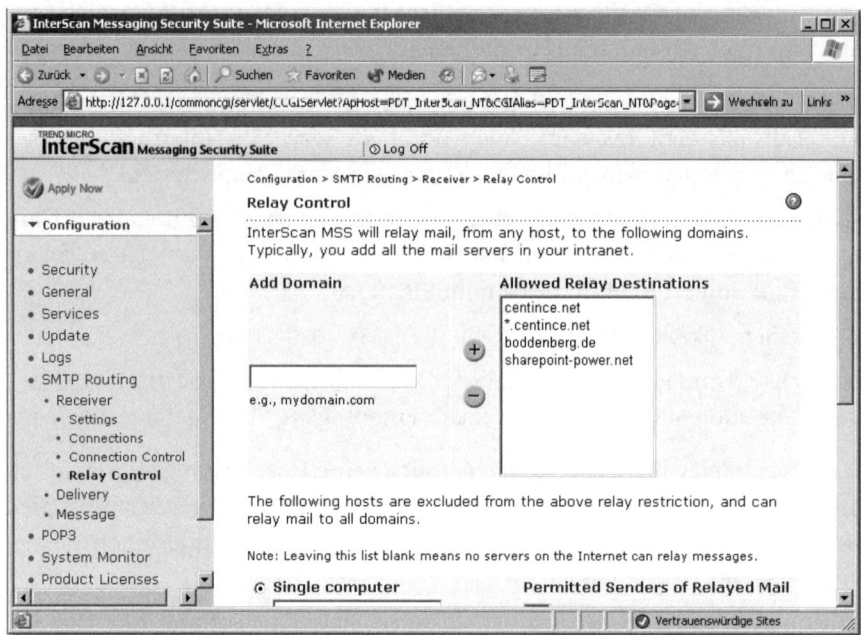

Abbildung 13.11 Verhindern, dass das Mail Relay von Spammern missbraucht wird.

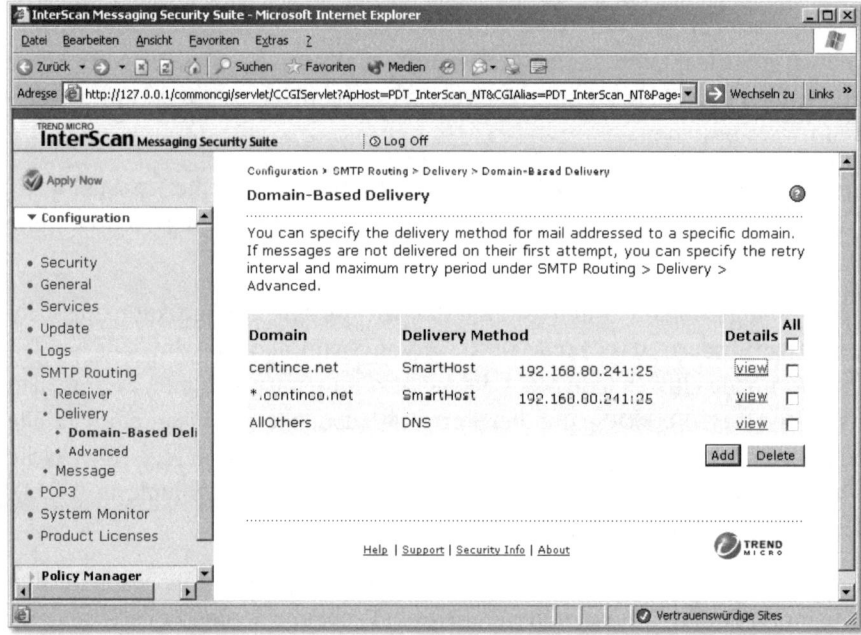

Abbildung 13.12 Die Weiterleitungsziele eintragen. Hier wird der im Innenbereich stehende Exchange-Server eingetragen.

Die grundlegenden Relay-Funktionen, nämlich das Empfangen und anschließende Weiterleiten von Mails ist damit konfiguriert.

Nun kommt die Kür: Die Messaging Security Suite bietet, wie andere Produkte auch, diverse Filterfunktionen an, um unerwünschte Mails bereits vor der Weiterleitung abzufangen.

In Abbildung 13.13 sehen Sie die Konfiguration der Filter für eingehende Mails. Mit Filtern kann man Funktionen wie den Virenscan, die Suche nach Spam-Mails, das Blockieren bestimmter Anlagen und vieles andere mehr konfigurieren.

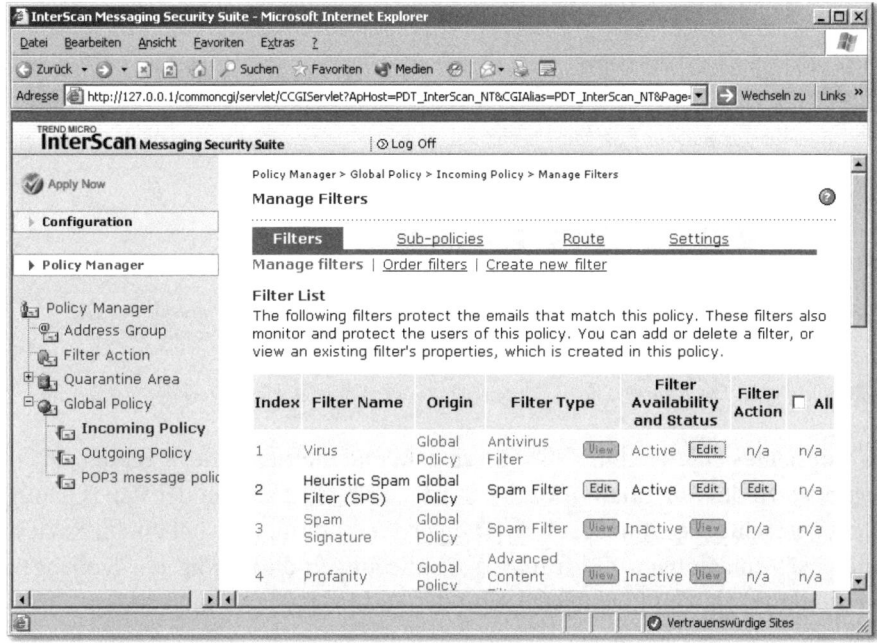

Abbildung 13.13 Funktionen wie Virenscan, Spam-Filter, Blockieren von Anlagen u. v. a. m. werden über Filter gesteuert.

Neben den vorgefertigten Filtern können eigene Definitionen angelegt werden. Sie könnten beispielsweise ausgehenden Mails Disclaimer hinzufügen, verhindern, dass Mails größer 5 MB oder Word-Dokumente verschickt werden (Abbildung 13.14).

Die Definition der Anforderung an das Mail Relay und die Umsetzung derselben ist durchaus komplex: Sie müssen sich beispielsweise darüber Gedanken machen, wie Sie mit als Spam erkannten Mails umgehen wollen: Sollen diese kommentarlos gelöscht werden oder soll der Benutzer die Möglichkeit haben, diese anzuschauen (Spam-Erkennung unterliegt einer gewissen Fehlerquote).

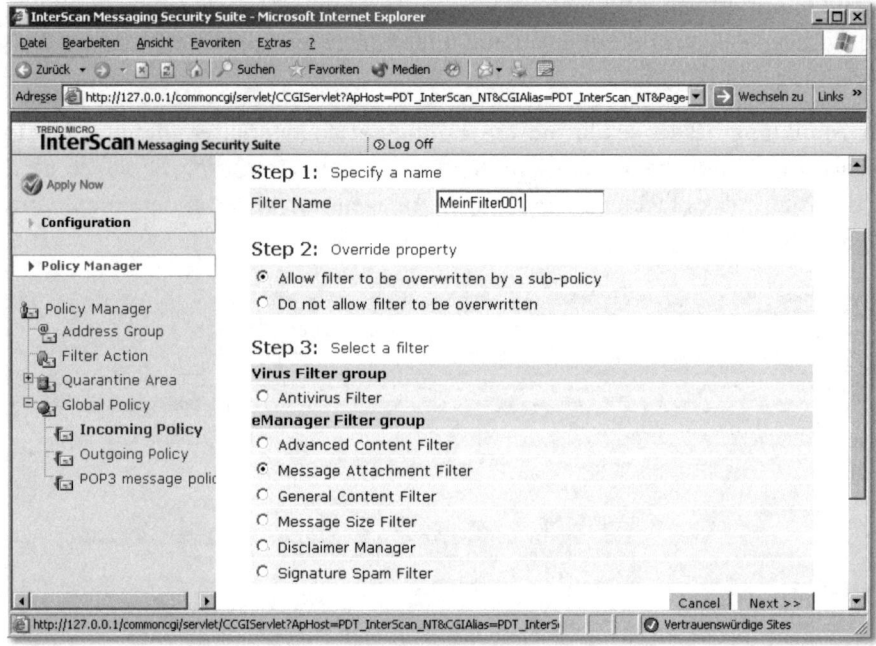

Abbildung 13.14 Mit eigenen Filtern können viele zusätzliche Funktionen ausgeführt werden.

Es empfiehlt sich unbedingt, die Filterregeln und die zugrunde liegenden Überlegungen zu dokumentieren! Hört sich trivial an, wird aber in der Praxis häufig nicht gemacht. Das führt fast notwendiger Weise dazu, dass bei einem Review oder bei Anpassungen die früheren Überlegungen aufwändig nachvollzogen werden müssen – im Zweifelsfall wird das Rad jedes Mal neu erfunden.

Wo muss man sonst noch nach Viren suchen?

Man könnte nun auf die Idee kommen, dass mit dem viren-scannenden Mail Relay ausreichende Maßnahmen getroffen sind. Das ist leider ein Irrtum.

Wie in Abbildung 13.15 gezeigt, muss auf dem Mail Relay, auf dem Exchange-Server und auf den Clients nach Viren gescannt werden.

Warum?

▶ Es ist denkbar, dass in Ihrem Netz bereits Viren vorhanden sind. Wenn es keine internen Maßnahmen gibt, könnten diese verschickt und so verbreitet werden.

- Das Mail Relay könnte den Wettlauf »Gibt-es-Gegenmaßnahmen-bevor-der-Virus-eintrifft« verlieren; im Klartext: Wenn das Mail Relay noch keine geeignete Signatur hat, kann ein Virus eventuell unerkannt durchkommen. Er würde dann aber am nächsten Tag auf dem Exchange-Server erkannt.

- Generell gilt, dass Sie an so vielen Stellen wie möglich eine Virenbekämpfung planen und implementieren sollten. Es gibt keine 100 %ige Sicherheit, aber je mehr Sie tun, desto höher ist die Chance, dass aus potentiellen Bedrohungen kein Ernstfall wird.

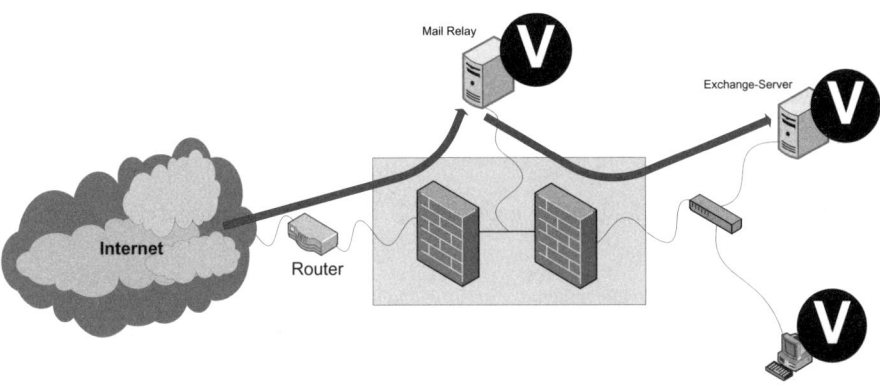

Abbildung 13.15 Es reicht nicht, auf dem Mail Relay nach Viren zu scannen. Auf dem Exchange-Server und auf den Clients muss dies ebenfalls geschehen!

13.3.3 Outlook Web Access, Outlook Mobile Access und Outlook RPC over HTTP

Im vorherigen Abschnitt haben wir die Internetanbindung immer vor dem Hintergrund der Kommunikation mit externen Servern betrachtet.

Wenn Sie mobile Benutzer haben (Und welche Firma hat das in den heutigen Tagen nicht?), müssen Sie sich überlegen, wie diese an die Mails und sonstigen in Exchange gespeicherten Informationen kommen.

Der Fall ist schnell abgehakt, wenn folgende Voraussetzungen bei Ihnen gegeben sind:

- Die Benutzer wählen sich per ISDN oder Modem auf ein RAS-System (= Router oder RAS-Server) ein. Nachteil: Diese Lösung ist im Endeffekt sehr teuer. Die RAS-Infrastruktur kostet Geld, zudem fallen eventuell immense Fern- oder Auslandstelefon-Gebühren an.

- Die Benutzer verbinden sich mittels VPN-Technologie über das Internet mit dem Unternehmensnetzwerk. Der Ansatz über ein VPN zu gehen ist zwar generell gut, wenn die Benutzer aber »nur« auf Exchange und nicht auf sonstige Server zugreifen sollen, ist das recht nah an dem berühmten »mit Kanonen auf Spatzen schießen«. Zudem werden Sie sich zunehmen damit auseinander setzen müssen, dass Benutzer auch von Handies, PocketPCs oder vielleicht auch öffentlichen Internet-Terminals in Hotels oder Flughäfen auf Mails zugreifen möchten. Dabei hilft Ihnen die teure VPN-Infrastruktur unter Umständen vergleichsweise wenig (im Klartext: gar nicht).

Einen Überblick über die geforderte Konnektivität sehen Sie in Abbildung 13.16:

▶ Notebook-Benutzer mit installiertem Outlook 2003 möchten Mails und sonstige Informationen abrufen. Es ist aber kein VPN-Client installiert.

▶ Benutzer möchten von einem öffentlichen Internet-Terminal oder dem PC des Geschäftspartners »mal eben schnell« auf wichtige Informationen zugreifen.

▶ Der Zugriff von Geräten wie PocketPC oder SmartPhone wird ebenfalls zunehmend wichtiger.

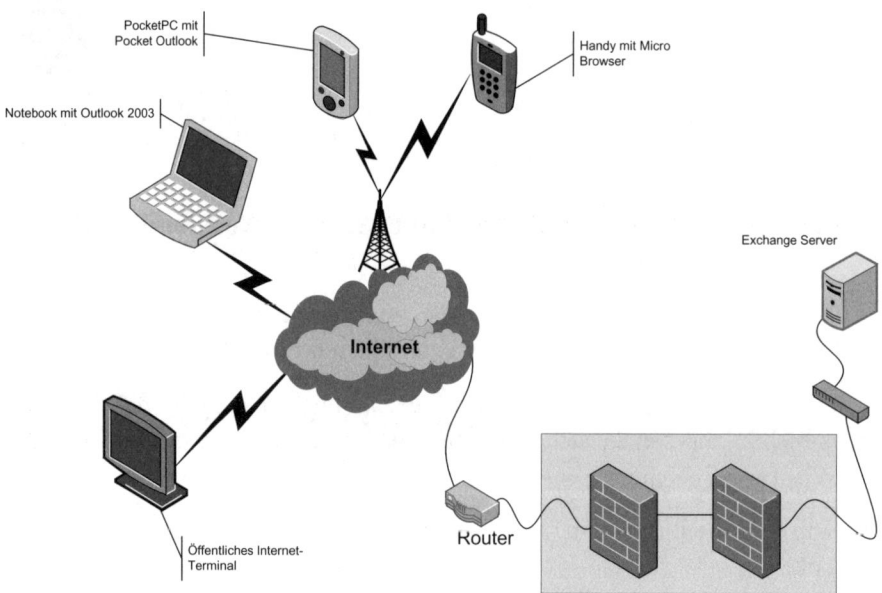

Abbildung 13.16 Diese Zugriffswege werden Sie entweder direkt oder zumindest mittelfristig ermöglichen müssen.

Allen Geräten gemeinsam ist, dass sie über das Internet auf den Exchange-Server zugreifen möchten; fragt sich, wie man eine Verbindung zu diesem aufbaut – der Server steht **nicht** in der DMZ!

Die Lösung für das Problem ist ein Reverse-Proxy. Von Microsoft sind sehr ausführlich diverse Konfigurationen mit dem ISA Server dokumentiert, der mit der Web Server Publishing-Funktion genau die Anforderung, auf sichere Art und Weise aus dem Internet auf den Exchange-Server zuzugreifen, abdeckt (Abbildung 13.17).

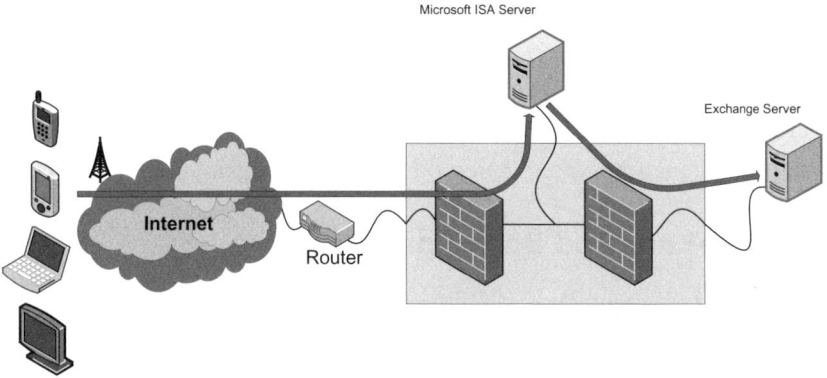

Abbildung 13.17 Sicherer Zugriff auf einen Exchange-Server über Microsoft ISA Server

Die Veröffentlichung eines Outlook Web Access-Servers mit dem ISA Server kann mit einem Assistenten konfiguriert werden (Abbildung 13.18).

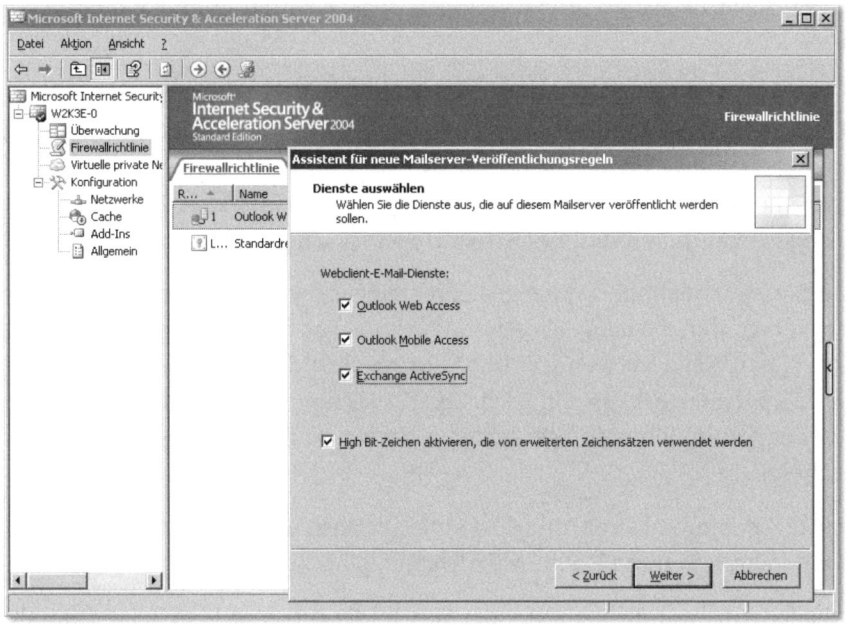

Abbildung 13.18 Das Erstellen einer Veröffentlichungsregel für einen Mailserver wird beim ISA Server mit einem Assistenten vorgenommen.

Genauere Details über die genannten Clients und deren Zugriffs-Methodik erfahren Sie im Abschnitt »Clients und mobile Clients« (13.7). Den ISA Server besprechen wir in einem separaten Kapitel (Kapitel 15) ebenfalls ausführlicher!

Da man es nicht oft genug wiederholen kann: Stellen Sie keinesfalls einen Exchange-Server in die DMZ! Der ISA Server löst auf intelligente Weise das Problem des Zugriffs ohne dass Sie das Sicherheitsniveau absenken müssten!

Es versteht sich übrigens von selbst, dass zwischen Client und ISA Server eine gesicherte Verbindung Pflicht ist. Um eine SSL-Verschlüsselung zu realisieren, benötigen Sie ein entsprechendes Zertifikat, dass Sie entweder bei einem kommerziellen Anbieter kaufen oder selbst erzeugen können.

13.4   Front-End- und Back-End-Server

Immer wieder drängt sich bei Exchange-Design-Workshops das Thema »Front-End-Server« in die vorderste Reihe. So interessant dieses Konzept auch ist, macht es keinen Sinn, nun krampfhaft in jeder Exchange-Umgebung einen Front-End-Server einzuführen.

13.4.1 Wann brauchen Sie keinen Front-End-Server?

Starten wir dieses Kapitel mit einer »Negativ-Auswahl«: Wenn Sie nur über einen einzigen Exchange-Server verfügen, macht ein Front-End-Server wenig Sinn.

Der Front-End-Server ist übrigens auch nicht dazu da, als Mail Relay in der DMZ zu dienen, dies erledigt man wie zuvor gezeigt mit Produkten wie Trend Micro Messaging Security Suite oder MIMEsweeper von Clearswift. Grundsätzlich ist ein Front End-Server schützenswert, weil er direkten Zugriff auf die Exchange-Organisation und das Active Directory hat.

Wenn Sie zwar mehrere Exchange-Server nutzen, werden Sie vermutlich nur einen Server der Exchange-Organisation zum Senden und Empfangen von Mails via Mail Relay verwenden. Das Szenario sieht dann in etwa wie in Abbildung 13.19 dargestellt aus: Ein Exchange-Server fungiert als Bridgehead für die Verbindung zum Internet, alle anderen Server routen entsprechende Mails über diesen.

Wenn die Kommunikation mit dem Internet ausschließlich aus dem Senden und Empfangen von Mails via SMTP besteht, gilt:

Es schadet nun zwar nichts, wenn der Server, der mit dem Mail Relay kommuniziert, ein Front-End-Server ist, allerdings bietet es keine weiteren Vorteile.

Die Abschottung der Exchange-Servers vom Internet wird ja bereits durch das Mail Relay in der DMZ übernommen.

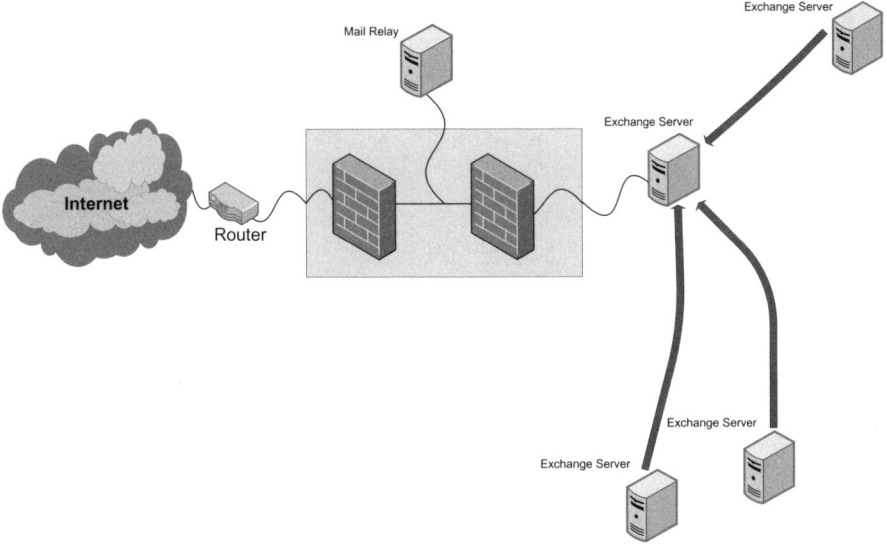

Abbildung 13.19 Typischer Aufbau einer Umgebung mit mehreren Exchange-Servern: Ein Server fungiert als Brigehead, alle anderen Server routen entsprechenden Mailverkehr über diesen.

13.4.2 Typische Anwendungsfälle für eine Front-End-/Back-End-Architektur

Ein typisches Nutzungsszenario für einen Front-End-Server sehen Sie in Abbildung 13.20:

▶ Clients möchten beispielsweise per Outlook Web Access (OWA) oder Outlook Mobile Access (OMA) auf Exchange zugreifen.

▶ Zunächst erfolgt der Zugriff auf den in der DMZ stehenden ISA Server, auf dem eine Veröffentlichungsregel konfiguriert ist.

▶ Der ISA Server ruft für den anfragenden Client die gewünschten Informationen vom Front-End-Server ab.

▶ Der Front-End-Server wiederum beschafft die Informationen von dem Exchange-Server, auf dem das Postfach des Benutzers liegt (Bitte merken Sie sich den letzten Teil des Satzes!).

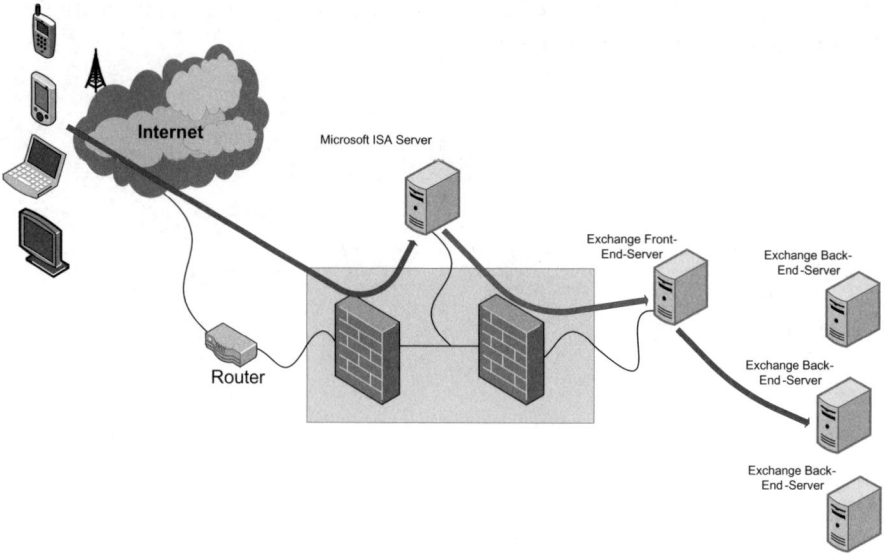

Abbildung 13.20 Typisches Szenario eines Client-Zugriffs über ISA – und Exchange-Front-End-Server.

Welche Vorteile bringt der Front-End-Server in dieser Konstellation?

▶ Sie müssen auf Ihrer Firewall nur die Verbindung zum Front-End-Server öffnen, nicht zu anderen Exchange-Servern.

▶ Sie können den externen Benutzern einen einheitlichen Namensraum, beispielsweise `http://webmail.centince.net/exchange` zur Verfügung stellen. Zur Erklärung muss ich ein wenig ausholen:

  ▷ Outlook-Benutzer im inneren des Netzes müssen sich letztendlich keine Gedanken darum machen, auf welchem Exchange-Server sich ein Postfach findet.

  ▷ Wenn Sie im Fall von Outlook Web Access oder Outlook Mobile Access nur einen einzigen Link zur Verfügung stellen möchten, müssen Sie sicherstellen, dass der Benutzer zum »richtigen« Exchange-Server (= auf dem das Postfach liegt) geleitet wird. Der ISA Server kann dies nicht leisten, er weiß nicht, auf welchem Server das Benutzerpostfach liegt und kann im Übrigen pro Veröffentlichungsregel ohnehin nur einen Server veröffentlichen, bei vier Exchange-Postfach-Servern müssen Sie den Benutzern beibringen, dass sie auf `https://exch1.centince.net/exchange`, `https://exch2.centince.net/exchange` usw. zugreifen müssten. Wenn Sie so etwas implementieren, werden Sie eine deutliche Aktivität am Helpdesk bemerken ...

▷ Der Front-End-Server nimmt die Benutzeranfragen, die vom ISA Server »reverse-geproxied« wird, entgegen. Es wird übrigens keine direkte Verbindung zwischen dem Benutzer und dem Postfachserver aufgebaut – der Front-End-Server übernimmt Proxy-Funktionalität.

▶ Sofern die Datenströme zwischen Clients und Exchange SSL-verschlüsselt übertragen werden, kann der (oder die) Front-End-Server die Ver- und Entschlüsselung übernehmen und somit die Postfachserver entlasten.

In dem Beispiel wurde Outlook Web Access (OWA) genannt. Weitere Zugriffsmöglichkeiten für externe Clients sind:

▶ Outlook Mobile Access (OMA)

▶ Outlook 2003 mit RPC over http

▶ Exchange ActiveSync

Bei diesen funktioniert der Zugriff wie bei dem soeben beschriebenen OWA-Szenario. Die Hintergründe für diese einzelnen Client-Versionen werden später in diesem Kapitel besprochen.

Front-End-Server in der DMZ

Wenn ich es auch nicht empfehlen würde, können Sie den ISA Server weglassen und den Exchange Front-End-Server in die DMZ stellen (Abbildung 13.21).

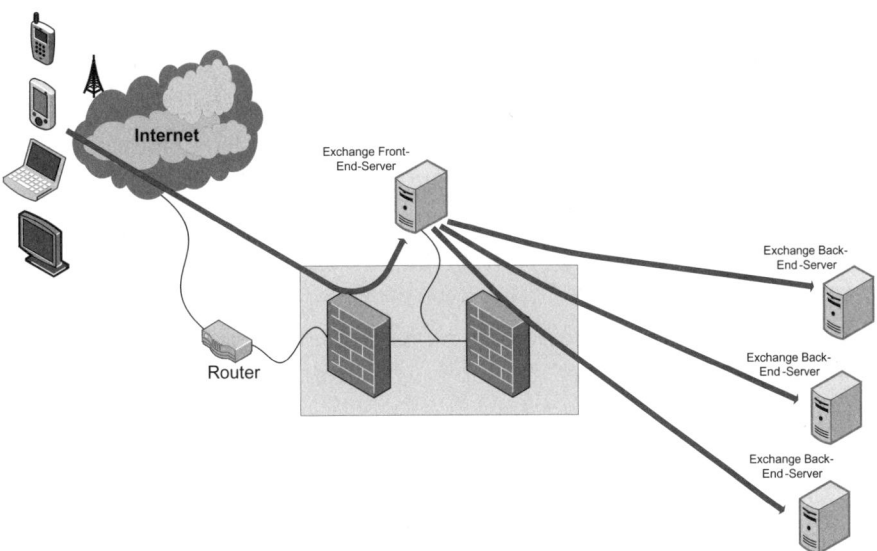

Abbildung 13.21 Es ist technisch möglich, den Front-End-Server in der DMZ zu platzieren – dies wird allerdings nicht empfohlen.

Dieses Verfahren spart Ihnen zwar einen Server, bringt aber ansonsten nur Nachteile:

▶ Der Exchange Front-End-Server steht vergleichsweise ungeschützt in der DMZ und hat direkten Internet-Kontakt. Die zusätzliche Sicherheitsstufe »ISA Server« fehlt.

▶ In der DMZ muss ein Domain-Member-Server stehen, was bedeutet, das Active Directory-Informationen auf einer Maschine in der DMZ verfügbar sein müssen.

▶ Sie müssen zusätzliche Ports der Firewall öffnen, weil die Daten aus der DMZ auf mehrere innere Server geleitet werden.

13.4.3 Gesamtbild: ISA Server und Mail Relay

Sie haben in diesem Kapitel bereits von zwei Systemen, die in die DMZ gestellt werden, gehört, nämlich dem Mail Relay und dem ISA Server.

Obwohl es natürlich möglich wäre, mit einer Server Publishing-Regel des ISA Servers eingehenden SMTP-Verkehr (= eingehende Mails) zu einem Exchange-Server im innern durchzuleiten, ist ein »richtiges« Mail Relay empfehlenswert. Schließlich bietet dieses einige Vorteile:

▶ Virenversuchte Mails oder solche mit Trojanern und Ähnlichem kommen erst gar nicht auf den Exchange-Server, sondern werden bereits vorher abgefangen und vernichtet.

▶ Mit dem Mail Relay wird eine vollständige Entkopplung der Exchange-Organisation vom Internet realisiert. Sollte der ISA Server beispielsweise eine gegen Exchange gerichtete Denial-of-Service-Attacke »übersehen«, würde das unter Umständen den Exchange-Server lahm legen.

▶ Eingehender Spam-Verkehr, der Ihr Relay missbrauchen möchte (= adressiert an fremde Domains), kann direkt dort abgefangen werden und stellt keine zusätzliche Belastung für den Exchange-Server dar.

▶ Spam-Verkehr, der an Ihre Domain adressiert ist, kann je nach Relay gefiltert werden, somit muss sich der Exchange-Server oder darauf aufsetzende Lösungen nicht damit beschäftigen.

13.4.4 Front-End-Server und Exchange Edition

Ein Front-End-Server kann sowohl mit der Exchange Standard- als auch mit der Enterprise-Edition aufgebaut werden (Exchange 2003!). Als Back-End-Server werden ebenfalls beide Editionen unterstützt.

13.4.5 Front-End-Server und Zugriff von internen Clients

Bisher haben wir in diesem Kapitel stets den Fall betrachtet, dass der Front-End-Server für den Zugriff von Clients, die über das Internet zugreifen, verwendet wird. Der Grund hierfür ist einfach: Wenn Ihre Benutzer intern Outlook verwenden, also über das MAPI-Protokoll auf Exchange zugreifen, hilft Ihnen der Front-End-Server nichts, da in diesem Fall der Zugriff direkt auf die Postfachserver erfolgt.

Wenn in Ihrem Unternehmen allerdings etliche Benutzer auch »intern« mit Outlook Web Access arbeiten und in Ihrer Zentrale mehrere Exchange-Server stehen, würde ein Front-End-Server durchaus Sinn machen: Ich hatte ja bereits erläutert, dass Sie bei der Benutzung von OWA gezielt auf den »richtigen« Server navigieren müssen, also explizit auf `http://ex1.centince.net/exchange` oder `http://ex1. centince.net/exchange`. Der Front-End-Server ermöglicht es, auf beliebig viele Exchange-Postfach-Server mit nur einer URL zuzugreifen.

Exchange-Webparts für SharePoint

Ein ähnliches Szenario finden Sie beispielsweise auch, wenn Sie die mit dem SharePoint Portal Server mitgelieferten Exchange-Webparts verwenden möchten. Als Parameter wird dort die URL des Exchange-Servers, auf dem das Postfach des jeweiligen Benutzers liegt, angegeben. Wenn Sie an einem Standort drei Exchange-Server und 800 Benutzer haben, muss in der Konfiguration des Webparts für alle 800 Benutzer der korrekte Postfach-Server eingestellt sein (Abbildung 13.22). Umzüge von Postfächern bedeuten (im Gegensatz zur Verwendung von Outlook), dass die Zugriffs-URL angepasst werden muss.

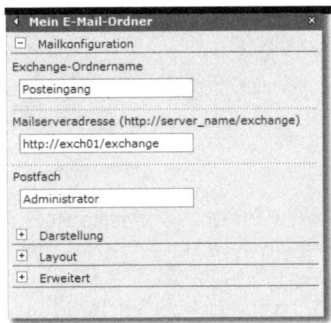

Abbildung 13.22 In den Exchange-Webparts des SharePoint Portal Servers muss die URL auf den Postfach- oder Front-End-Exchange-Server angegeben werden.

Haben Sie einen Front-End-Server zur Verfügung, tragen Sie dessen URL, der Front-End-Server agiert als Proxy und holt die Daten von dem richtigen Exchange-Server.

Vorsicht: Dieser Aufbau bietet aber durchaus Fallstricke, wie Abbildung 13.23 verdeutlicht:

▶ Der Benutzer in einer Außenstelle greift auf einen SharePoint Portal Server zu. Er nutzt eines der mitgelieferten Exchange Webparts, um von einer Portal-Seite auf sein Postfach, seinen Kalender etc. zuzugreifen.

▶ In dem Exchange-Webpart ist aus den zuvor aufgeführten Gründen (einheitlicher Name) der Front-End-Server konfiguriert. Entsprechend greift er über das Webpart auf diesen zu (das ist technisch nicht ganz exakt, als Gedankenmodell genügt diese Beschreibung).

▶ Der Front-End-Server fungiert als Proxy und holt die Postfach-Daten von dem Exchange-Server mit dem Benutzerpostfach – in diesem Fall also aus der Lokation.

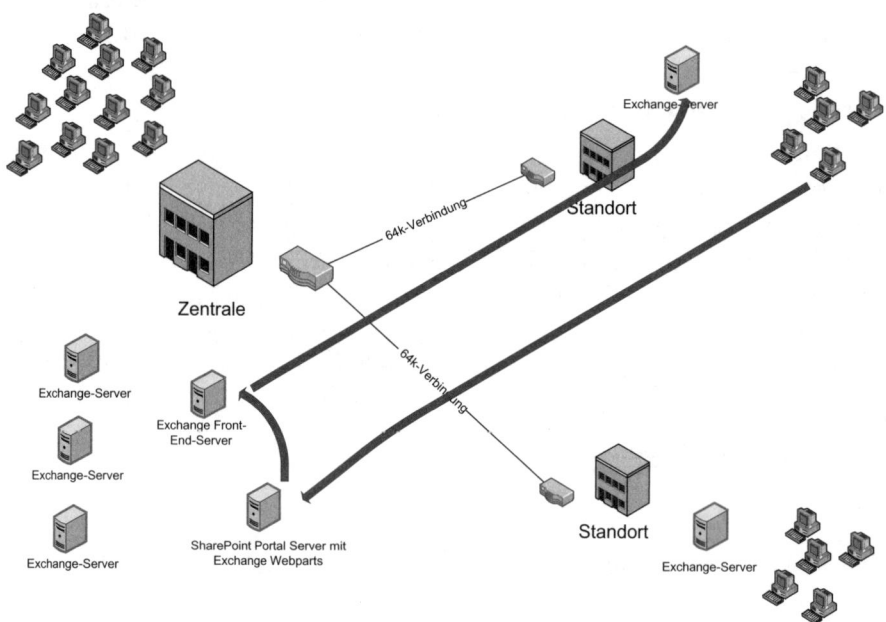

Abbildung 13.23 Ungünstig: Der Zugriff über einen zentralen Front-End-Server kann aus einer Niederlassung mit eigenem Exchange-Postfach-Server zu doppeltem Datenverkehr führen.

▶ Erster Kommentar: Das beschriebene Szenario ist natürlich vermeidbar, allerdings nur mit relativ hohem Konfigurationsaufwand. Da die Datenströme von Outlook Web Access vergleichsweise schmalbandig sind, ist es vermutlich einfacher, den doppelten Datenverkehr in Kauf zu nehmen. Auf der Skizze sind die WAN-Leitungen mit »64k« beschriftet, in so einem Szenario zählt natürlich jedes Byte. Es wäre vielleicht der richtige Moment, über eine breitbandigere VPN-Anbindung nachzudenken, die dann vermutlich sogar billiger als eine 64k-Festverbindung ist.

▶ Zweiter Kommentar: Die erste Frage, die ich in dem o.g. Fall stellen würde wäre die, ob es nicht denkbar ist, den Exchange-Server in der Niederlassung abzubauen und die Postfächer auf Maschinen in der Zentrale zu legen. Durch den Outlook 2003 Cached Mode kann man so etwas sehr elegante realisieren. Vielleicht genügt den Benutzern in den Außenstandorten ja auch der Zugriff über Outlook Web Access.

Dieses Beispiel untermauert auf geradezu exemplarische Art zwei beim Design von IT-Lösungen zu beachtenden Fakten:

▶ Viele Server, die letztendlich das Gleiche tun, erschweren die Administration. Will sagen: Sie könnten natürlich durch Konfiguration erzwingen, dass nicht über den Front-End-Server zugegriffen wird – das heisst aber, dass diese Konfiguration in jeder Außenstelle individuell gepflegt werden muss.

▶ Viele Server, die letztendlich das Gleiche tun, erschweren das Design eines Gesamtsystems. Je mehr Sonderfälle berücksichtigt werden müssen, desto aufwendiger die Planung.

13.5 Verfügbarkeit

Die Bedeutung des Exchange-Systems wird in viele Unternehmen und Organisationen mittlerweile als sehr hoch angesehen. Das bedeutet zwangsläufig, dass Sie sich Gedanken über die Verfügbarkeit des Systems machen müssen.

Letztendlich besteht Exchange aus vier Bestandteilen, deren Verfügbarkeit wir uns planen müssen:

▶ Active Directory, DNS, Global Catalog

▶ Exchange Backend-Server (= Postfachserver)

▶ Für Exchange genutzte Speicherbereiche

▶ Front-End-Server

Darüber hinaus finden sich natürlich noch diverse Komponenten, die nicht direkter Bestandteil von Exchange sind aber dennoch nicht vernachlässigt werden dürfen, das wären beispielsweise:

▶ Mail Relay

▶ Firewall

▶ ISA Server

In den nächsten Abschnitten betrachten wir die Möglichkeiten zur Steigerung der Verfügbarkeit der einzelnen Komponenten. Zuvor möchte ich Sie aber auch hier auf folgende Grundüberlegungen, die in vorherigen Kapiteln detailliert erörtert worden sind, hinweisen:

▶ Definieren Sie gemeinsam mit der Geschäftsleitung eine Richtlinie für die Wiederherstellzeit, also wann soll Exchange nach einem Worst-Case-Störfall wieder zur Verfügung stehen.

▶ Ebendies gilt für die Datenverlustzeit, also die Frage, wie viele Stunden an Mails und Messagingdaten beim Worst-Case-Störfall verloren werden dürfen. Die Frage ist deshalb recht brisant, weil Mails nicht reproduzierbar sind: Wenn Sie außer Haus waren und nicht gesehen haben, wer Ihnen geschrieben hat, können Sie diese Personen nicht um ein erneutes Versenden bitten.

▶ Definieren Sie, wie wichtig Exchange im Notfall (siehe Definition im Kapitel »Störfall und Notfall«, Kapitel 6) ist. Bedenken Sie, dass Mail heute eines der wichtigsten Kommunikationsmedium ist. Um auch nach einem Notfall Kontakt zu Kunden und Lieferanten zu halten, ist Exchange essentiell wichtig. Ich würde es auf die »Notfall-Liste« setzen!

13.5.1 Erhöhung der Verfügbarkeit für Active Directory, DNS, WINS, Global Catalog

Das Sicherstellen der Verfügbarkeit dieser Dienste ist im Kapitel über das »Active Directory« recht ausführlich erläutert. An jedem Standort sollten nach Möglichkeit mindestens zwei Domain Controller vorhanden sein.

Die Aufgabe ist auch nicht sonderlich schwer zu lösen, weil dies durch redundante Domain Controller zu erreichen ist, auf denen auch zusätzliche Dienste wie DNS oder WINS ausgeführt werden können. Näheres zur Redundanz von Active Directory und der von den zugehörigen Netzwerkdiensten finden Sie in Kapitel 8.

Der Global Catalog ist technisch gesehen zwar »nur« eine Zusatzfunktion eines Domain Controllers, dieser Dienst ist im Exchange-Umfeld außerordentlich wichtig. Zur Erinnerung: Ohne Global Catalog keine Client-Anmeldungen an Exchange!

Nach Möglichkeit sollte also jeder Standort über redundante Global Catalog-Server verfügen.

In diesem Zusammenhang möchte ich nochmals erwähnen, dass Exchange nicht auf einem Domain Controller installiert werden sollte. Ausnahme: Sehr kleine Standorte, an denen ein lokaler Exchange-Server benötigt wird und nur ein Server vorhanden ist.

Es ist übrigens absolut sinnvoll, die Betriebsparameter des Active Directory zu überwachen, beispielsweise die Replikation oder LDAP-Wartezeiten. Ein nicht einwandfrei funktionierendes Active Directory ist ein erhebliches Problem für eine Exchange-Organisation!

13.5.2 Erhöhung der Verfügbarkeit für Exchange-Backend-Server (= Postfachserver)

Um die Verfügbarkeit der Postfachserver zu steigern, können diese geclustert werden. Die Clusterfunktion setzt Exchange Enterprise Edition voraus, die auf einem Windows 2003 Server Enterprise Edition, alternativ Windows 2000 Advanced Server, ausgeführt wird.

In den nachfolgenden Abschnitten werden die grundlegenden Konfigurationsvarianten beschrieben.

Aktiv/Passiv-Cluster

Der Aktiv/Passiv-Cluster ist die empfohlene Konfiguration für Exchange-Cluster. Im einfachsten Fall, dem Zwei-Knoten-Cluster, ist ein Knoten aktiv, der andere passiv. Fällt der ursprünglich aktive Knoten aus, übernimmt der zweite dessen Aufgaben.

Mit der Kombination Exchange 2003 und Windows 2003 können Aktiv/Passiv-Cluster mit bis zu acht Knoten angelegt werden – vorausgesetzt natürlich, dass beide Softwareprodukte in der Enterprise-Edition vorliegen (Windows 2003 Server Datacenter-Edition ist ebenfalls möglich).

Wird Exchange 2003 aus welchen Gründen auch immer auf Windows 2000 Advanced-Servern installiert, können bis zu zwei Knoten im Cluster betrieben werden (Windows 2000 Datacenter: vier).

In Abbildung 13.24 sehen Sie die schematische Darstellung eines Cluster-Systems:

▶ Vier Knoten sind vorhanden, von denen drei aktiv und einer Standby ist.

▶ VES bedeutet: Virtueller Exchange-Server, mehr dazu später.

▶ Die Exchange-Server greifen auf einen gemeinsamen über FibreChannel oder iSCSI angeschlossenen Storage-Bereich zu.

▶ Für die Clients ist es unerheblich, ob sie auf ein geclustertes System zugreifen oder nicht – es macht keinen Unterschied!

▶ Eigentlich überflüssig darauf hinzuweisen: Schön, wenn Sie Ihr System für viel Geld geclustert haben – und dann fällt der einzig vorhandene Global

Catalog Server aus (kein Global Catalog = kein Zugriff auf Exchange): Wichtig ist natürlich, dass alle anderen Voraussetzungen wie Active Directory, Global Catalog, DNS, WINS ebenfalls entsprechend redundant ausgelegt sind.

▶ Wenn Sie das Kapitel über Primary Storage gelesen haben, wird Ihnen in Abbildung 13.24 ein weiterer Schwachpunkt auffallen: Fällt das zentrale Storage-System aus, gibt es kein Exchange mehr. Machen Sie sich also Gedanken darüber, ob es nicht sehr sinnvoll wäre, das Storage-System redundant auszulegen!

▶ Selbstverständlich sollten die Server in einer Produktivumgebung redundant an das Storage-System und an das LAN angebunden werden. Das ist in Abbildung 13.24 aus Gründen der Übersichtlichkeit (zu viele Kabel) nicht gezeichnet, aber trotzdem eine elementare Design-Regel.

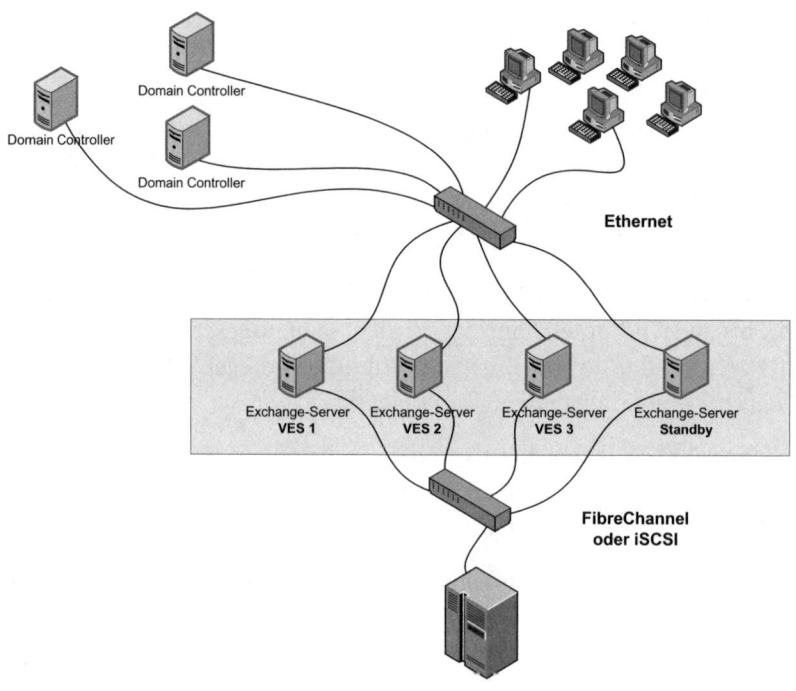

Abbildung 13.24 Schematische Darstellung eines Clusters mit vier Knoten

Generell gilt, dass man in Aktiv/Passiv-Konstellationen einen Knoten als Standby-Knoten vorhält, man spricht auch von n + 1-Clustern. Prinzipiell sind natürlich auch n + 2-Konfigurationen denkbar.

Welche Szenarien könnten also den Einsatz von Aktiv/Passiv-Clustern sinnvoll erscheinen lassen?

► Zwei-Knoten-Cluster: Der einfachste Fall, nämlich ein aktiver und ein passiver Cluster-Knoten, kommt zum Einsatz, wenn schlicht und ergreifend der Ausfall eines Servers abgefangen werden soll. Sinnvoll wäre natürlich auch, die beiden Knoten in zwei unterschiedlichen Rechenzentren aufzustellen. Vergessen Sie dabei nicht, dass konsequenter Weise auch die Storage-Systeme redundant auf zwei Rechenzentren verteilt werden müssten.

► Mehrknoten-Cluster: Wenn Sie beispielsweise 3.000 Exchange-Benutzer haben, könnte man einen Vier-Knoten-Cluster aufbauen: Auf drei Knoten werden jeweils 1.000 Postfächer gespeichert, der vierte Server läuft als Failover-Knoten mit und übernimmt bei Ausfall eines Systems dessen Postfächer (und sonstige Funktionen).

► Zur Vertiefung: In einem Mehrknoten-Cluster, in dem **ein** Standby-Server vorhanden ist, führt der Ausfall des ersten Servers zu einem Failover auf den Standby-Server. Falls noch ein weiterer Server ausfällt, kann auf dessen Postfächer und sonstigen Dienste nicht mehr zurückgegriffen werden, da Failover-Vorgänge immer nur auf einen Standby-Server durchgeführt werden – ist kein »freier« Standby-Server vorhanden, gibt es auch kein Failover.

Diese Szenarien sind übrigens ein gutes Argument für eine Zentralisierung der Exchange-Dienste: Wenn Sie die Verfügbarkeit der Mail-Systeme als wichtig für Ihr Unternehmen definiert haben, ist es sicherlich finanzierbar und administrierbar, ein großes Cluster-System in der Zentrale aufzubauen. In den Außenstellen wird sich der Aufbau dezentraler Exchange-Cluster vermutlich nicht lohnen.

Die Mehrknoten-Cluster sind übrigens recht einfach skalierbar. Ich habe durchaus Fälle erlebt, wo ein größerer Mittelständler dreißig dezentrale Exchange-Server abgebaut und die 750 weitere Benutzer auf den zentralen Exchange-Cluster gehängt hat. Für die vormals dezentralen Postfächer wurde ein weiterer Cluster-Knoten angeschafft, zudem musste der zentrale Plattenspeicher erweitert werden und teilweise die Leitungskapazitäten ausgebaut werden. Voraussetzung für ein bandbreitenschonendes Arbeiten ist natürlich Outlook 2003 im Cached Mode oder eine Anbindung der Clients via Terminalserver bzw. Citrix Metaframe.

Die Vorteile eines zentralen verfügbaren Systems liegen auf der Hand:

► Es dürfte völlig illusorisch sein, in jedem Außenstandort einen Exchange-Cluster mit redundantem Storage aufzubauen.

► Zentrale Systeme sind grundsätzlich einfacher zu administrieren als dezentrale Systeme. Zumal die Anzahl natürlich deutlich geringer ist. In dem Beispiel: Ein weiterer Cluster-Knoten gegenüber dreißig dezentralen kleinen

Servern. »Administrieren« bedeuten natürlich nicht nur Fehlerbehebung und Anlegen von Benutzern etc., sondern beispielsweise auch das Aufbringen von Patches.

▶ Die höheren Kosten für einen Vertrag mit schnellen Instandsetzungszeiten für die WAN-Verbindungen dürften trotzdem geringer sein als allein die Wartungskosten für die dezentralen Server.

▶ Sie sparen unter Umständen erhebliche Geldmengen für Server, Lizenzen und Wartung.

Aktiv/Aktiv-Cluster

Die zweite Cluster-Variante ist ein Aktiv/Aktiv-Cluster. Es ist einleuchtend, was hierunter zu verstehen ist, beide Cluster-Knoten sind aktiv und stellen Exchange-Dienste zur Verfügung. Fällt ein Knoten aus, übernimmt der übrig gebliebene Knoten die Funktion beider Exchange-Server.

Aktiv/Aktiv-Cluster können nur aus zwei Exchange-Knoten bestehen.

Folgende Einschränkungen sind bei einem Aktiv/Aktiv-Cluster zu beachten:

▶ Die Summe der gleichzeitigen MAPI-Benutzerverbindungen darf pro Knoten 40 % nicht überschreiten.

▶ Die durchschnittliche Prozessorauslastung pro Maschine darf 40 % nicht überschreiten.

Wenn Sie diese Einschränkungen überschreiten, wird im Failover-Fall die Leistung des Systems sehr bescheiden sein. Außerdem besteht die Gefahr, dass die Funktion des ausgefallenen Systems nicht übernommen wird, also der Failover-Vorgang nicht gelingt.

Wenn Sie Aktiv/Aktiv-Cluster implementieren, sollten Sie in regelmäßigen Abständen die Leistungswerte des Systems überwachen. Gut, eigentlichen sollte die Leistungsüberwachung von Servern grundsätzlich durchgeführt werden. Bei Aktiv/Aktiv-Clustern ist dies noch lebenswichtiger, denn eine sehr hohe Auslastung auf einem oder beiden Knoten könnte dazu führen, dass der Failover-Vorgang fehlschlägt. Die zu überwachenden Parameter sind:

▶ `Performance/%Processor time/_Total counter`. Dieser Wert sollte nicht über einen längeren Zeitraum (10 Minuten) 40 % überschreiten. Es geht hier wohlgemerkt nicht um einen einzelnen Prozessor, sondern um die Gesamtprozessorleistung.

▶ `MSExchangeIS/Active Connection Count` oder `MSExchangeIS Mailbox(_`
`Total)/Active Client Logons`. Diese Werte sollten nicht für eine längere
Zeit (10 Minuten) 1.900 überschreiten.

Ein weiterer Fallstrick in einer Aktiv/Aktiv-Konfiguration:

Exchange 2003 Enterprise Edition kann bis zu vier Speichergruppen verwalten.
Wenn in einer Aktiv/Aktiv-Konfiguration ein Knoten drei Speichergruppen
und der andere zwei Speichergruppen verwaltet, würden bei einem Failover
fünf Speichergruppen auf einem Server liegen. Das geht schlicht und ergreifend
nicht, der Failover-Vorgang würde fehlschlagen, der Cluster ist also wirkungs-
los. **Im gesamten Aktiv/Aktiv-Cluster dürfen also maximal vier Speichergruppen vorhanden sein.**

Von virtuellen Exchange-Servern

In einer geclusterten Umgebung kommunizieren die Clients nicht mit dem
physikalischen Exchange-Server, sondern mit einem virtuellen Exchange-Server, in der Literatur im Allgemeinen »VES« abgekürzt.

Auf einem Cluster-Knoten, auf dem Exchange installiert worden ist, erstellen
Sie eine Clustergruppe, der folgende Ressourcen hinzugefügt werden:

▶ Statische IP-Adresse

▶ Netzwerkname

▶ Phyische Laufwerke

▶ Exchange 2003 Systemaufsichtsressource

Nach Hinzufügen der Systemaufsichtsressource zu der Clustergruppe werden
etliche Angaben abgefragt und diverse Ressourcen (z.B. MTA, SMTP, Informa-
tionsspeicher etc.) nachinstalliert.

Für jeden virtuellen Exchange-Server wird eine separate Clustergruppe angelegt.

Sofern auf die virtuellen Exchange-Server über einen Exchange Front-End-Server zugegriffen werden soll, muss auf jedem virtuellen Exchange-Server ein virtueller HTTP-Server installiert werden. Die hierzu notwendigen Schritte sind
ausführlich in der Exchange-Dokumentation erläutert.

13.5.3 Erhöhung der Verfügbarkeit für die von Exchange genutzte Speicherbereiche

Im vorherigen Abschnitt haben wir das Clustering von Back-End-Servern
beschrieben. Der Ausfall eines solchen Systems wird im Rahmen einer Cluster-

Installation automatisch behoben, der GAU ist natürlich, wenn Sie nicht »nur« einen Cluster-Knoten, sondern das zentrale Storage-System, auf dem die gemeinsamen Daten liegen, verlieren.

Konsequenter Weise müsste also das komplette Storage-System redundant ausgelegt werden, so dass sich ein Szenario wie in Abbildung 13.25 ergibt.

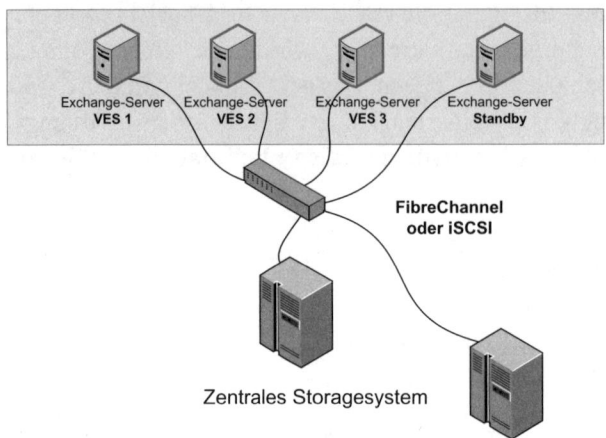

Abbildung 13.25 Exchange-Cluster mit redundanten Storage-Systemen

Vorgehensweisen für die Spiegelung der Systeme finden Sie in dem Kapitel über Primary Storage (Kapitel 4) in diesem Buch.

Im Übrigen gibt es auch jenseits der Welt der komplexen Cluster-Installationen viele Aspekte bei der Dimensionierung der Plattenbereiche für Exchange-Systeme zu beachten. Diese haben häufig unmittelbaren Einfluss auf die Verfügbarkeit.

Beachten Sie bitte die Ausführungen im Kapitel über das Sizing von Exchange-Servern im Server-Abschnitt (3.2.4).

13.5.4 Erhöhung der Verfügbarkeit für Front-End-Server

Erste Nachricht: **Front-End-Server werden nicht geclustert**. Zumindest nicht im Sinne des zuvor geschilderten Cluster-Aufbaus.

Stattdessen werden zur Verbesserung der Performance und Erhöhung der Verfügbarkeit ein Network Load Balancing-Cluster (NLB Cluster) eingesetzt. In den deutschen Versionen von Windows Server 2003 finden Sie das zugehörige Konfigurationswerkzeug unter dem schönen Namen »Netzwerklastenausgleich-Manager«.

Wie man in Abbildung 13.26 erkennt, steht nach außen eine IP-Adresse zur Verfügung, die eingehenden Anfragen werden dynamisch auf die im NLB-Cluster verfügbaren Server verteilt.

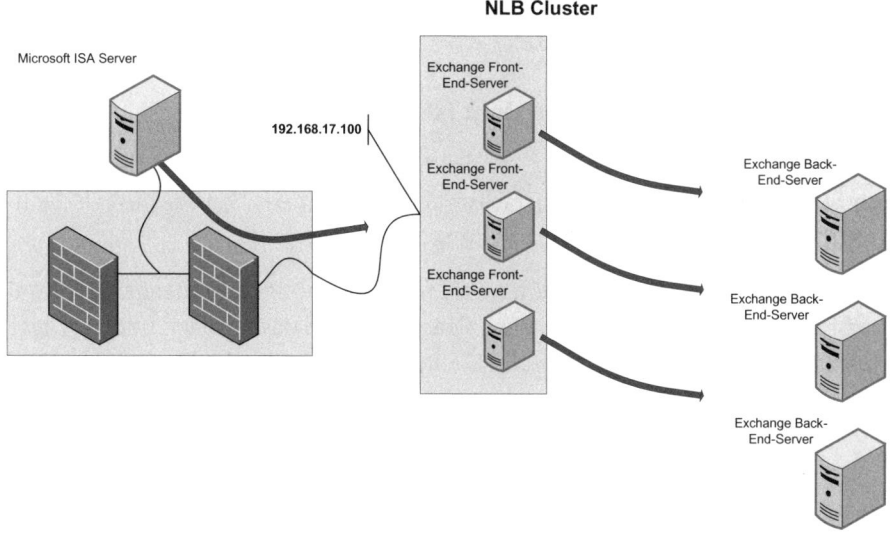

Abbildung 13.26 Load Balancing und Verfügbarkeit von Front-End-Servern

Der Microsoft NLB-Cluster stellt recht hohe Anforderungen an die Überwachung der Systeme, denn das System ist in erster Linie ein System für den **Netzwerklastenausgleich**. Fällt einer der Knoten aus, muss dieser schnellstmöglich aus dem NLB-Cluster entfernt werden, da das System keine automatisches Failover bietet.

Bisher war immer von dem Microsoft-Variante des Netzwerklastenausgleichs die Rede. Alternativ können hardware-basierte Lösungen eingesetzt werden.

13.6   Kapazitätsplanung und Server-Hardware

Zum Thema der Dimensionierung von Exchange-Servern finden Sie im Server-Abschnitt dieses Buchs (3.2.4) ausführliche Informationen.

Microsoft bietet diverse Werkzeuge zur Planung (diverse Excel-Tabellen) und zur Verifikation der ermittelten Konfigurationen im Labor (Utilities wie Jet-Stress oder LoadSim) an.

Konkrete Hardware-Konfigurationen erstellt der im Server-Abschnitt genannte Hewlett Packard Active Answers-Konfigurator.

13.7 Clients und mobile Clients

Die »normale« Client-Applikation für Exchange ist Outlook, das über MAPI auf die Exchange-Server zugreift. Neben dem »klassischen« Outlook-Client gibt es einige weitere Möglichkeiten für die Benutzer, an Mails-, Kalender- und sonstige Informationen zu gelangen.

13.7.1 Outlook: Zugriff aus dem lokalen Netz

Die »normale« Zugriffsvariante ist die Nutzung von Outlook zum direkten Zugriff auf den jeweiligen Postfachserver. Dies ist der klassische Fall beim Zugriff aus dem lokalen LAN (Abbildung. 13.27).

Das Verschieben von Postfächern zwischen Servern einer Exchange-Organisation ist für den Outlook-Client kein Problem, er wird das Postfach finden (Diese Aussage gilt übrigens *nicht*, wenn Sie Ihren einzigen Exchange-Server umbenennen!).

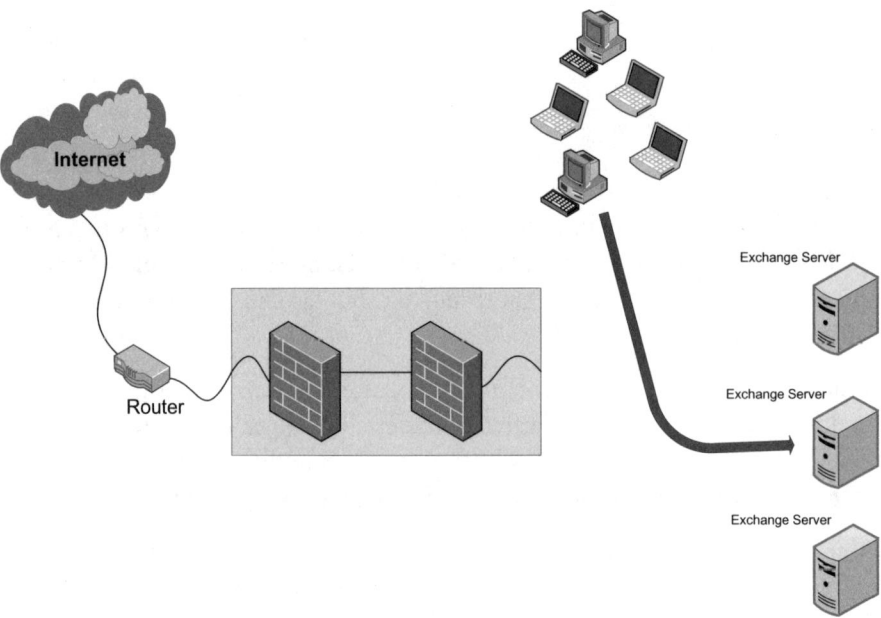

Abbildung 13.27 Outlook greift direkt auf die Postfachserver zu.

13.7.2 Outlook: Zugriff über VPN

Viele Organisationen nutzen VPNs (= Virtual Private Networks) um einen Zugriff für externe Systeme (einzelne PCs oder ganze Niederlassungen) zu realisieren. Aus Outlook- und Exchange-Perspektive ändert sich hierdurch nichts, bedenken Sie aber, dass die Clients Zugriff auf Domain Controller und Global Catalog-Server benötigen!

Zwischen dem Client (oder der Niederlassung) und dem VPN-Gateway wird ein verschlüsselter Tunnel aufgebaut, durch den die Daten übertragen werden. Das VPN-Gateway codiert bzw. decodiert die Datenströme. Für Exchange und Outlook ist die VPN-Strecke transparent – also keine besondere Konfiguration notwendig, wichtig ist, dass das Routing stimmt (Abbildung 13.28).

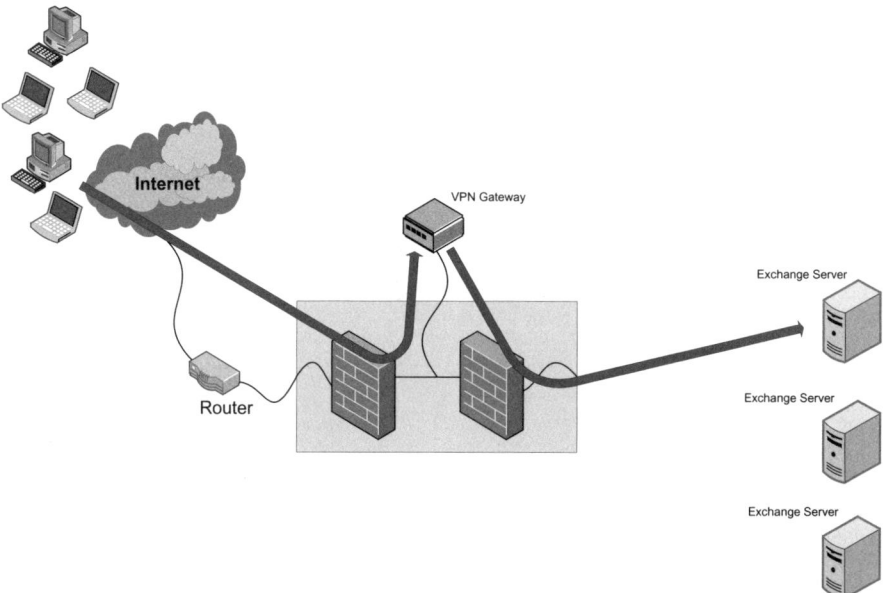

Abbildung 13.28 In einer VPN-Konfiguration greift Outlook ebenfalls direkt auf den Exchange-Server zu.

13.7.3 Outlook: RPC over HTTP

Viele Firmen und Organisationen verfügen über mobile Mitarbeiter, die primär Zugriff auf ihre Mails und Messaging-Informationen sowie auf diverse webbasierte Dienste benötigen (z.B. SharePoint). In diesem Fall ist der Aufbau eines VPNs nicht unbedingt notwendig, um einen sicheren Exchange-Server-Zugriff für die Outlook-Clients zu realisieren, das Stichwort lautet »RPC over HTTP«.

Das Funktionsprinzip ist schnell erklärt (Abbildung 13.29):

▶ Der Zugriff auf Exchange erfolgt über Remote Procedure Calls (RPCs), diese werden in das HTTP-Protokoll eingekapselt transportiert.

▶ In der Firmenzentrale muss sichergestellt werden, dass die eingehenden Kommunikationsanforderungen der Outlook-Clients an die Exchange-Server weitergeleitet werden. Die Möglichkeit der Anbindung mit ISA Server und Front-End-Server(n) haben wir bereits zuvor ausführlich besprochen.

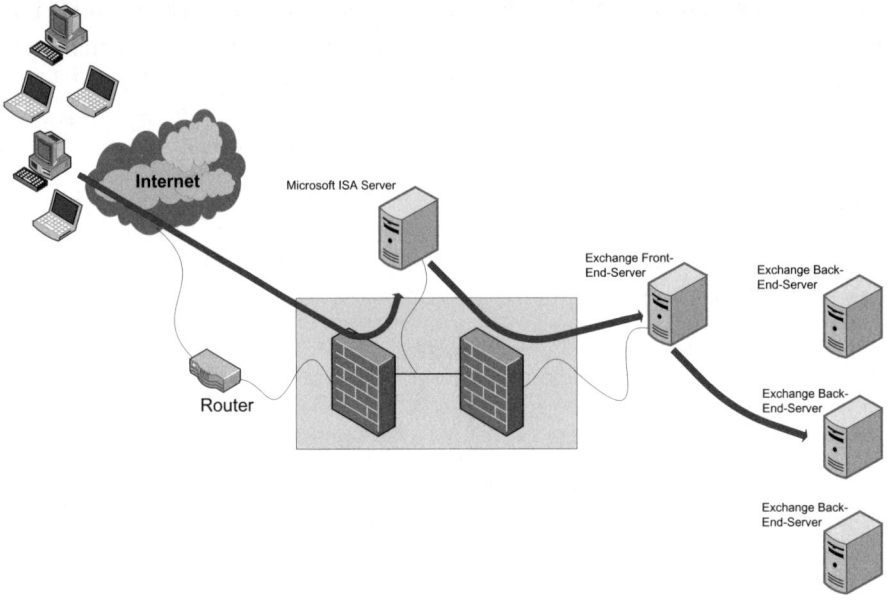

Abbildung 13.29 Wenn Outlook mittels RPC over HTTP auf Exchange zugreift, empfiehlt sich die Verwendung eines ISA Servers und eines Front-End-Servers.

Die Vorteile dieses Ansatzes sind:

▶ Sie brauchen kein teures VPN aufzubauen.

▶ Die Benutzer können den »vollen« Outlook-Client verwenden.

▶ Bei Verwendung des Cached Mode von Outlook 2003 kann auch über schmalbandige und wenig stabile Verbindungen komfortabel gearbeitet werden.

Wenn Sie über mehr als einen Exchange Postfach-Server verfügen, sollten Sie unbedingt einen oder mehrere Front-End-Server einsetzen. Abbildung 13.29 zeigt die Architektur.

Die technischen Voraussetzungen für den Einsatz von RPC over HTTP sind:

▶ Die Clients müssen Outlook 2003 verwenden und als Betriebssystem Windows XP SP1 (oder höher) mit entsprechendem Update (`http://go.micro-soft.com/fwlink/?LinkId=16687`) verwenden. Alternativ ist als Client-Betriebssystem Windows Server 2003 verwendbar.

- Auf allen Exchange-Servern, auf die via RPC over HTTP zugegriffen werden soll, müssen Exchange-Server 2003 und Windows Server 2003 laufen.
- Die Exchange Front-End-Server müssen als RPC Proxy Server installiert sein (und somit auch Exchange 2003/Windows 2003 sein).
- Die Global Catalog-Server, auf die von Outlook oder Exchange zugegriffen wird, müssen Windows 2003 Server sein.

Darüber hinaus muss natürlich für eine sichere Kommunikation gesorgt werden:

- Die Verschlüsselung über SSL ist das unterstütze Verfahren. Sie müssen hierzu ein entsprechendes Zertifikat beschaffen/erzeugen und installieren.
- Die Konfiguration in Abbildung 13.29 nutzt einen Microsoft ISA Server als zusätzliche »Sicherheitseinrichtung«. Alternativ könnten Sie einen Front-End-Server in der DMZ platzieren, was ich Ihnen aber **keinesfalls** empfehlen kann.

Wenn Sie in einer kleineren Organisation nur einen Exchange-Server betreiben und die Vorteile einer Anbindung mittels RPC over HTTP nutzen möchten, benötigen Sie keinen Front-End-Server, sondern einen ISA Server in der DMZ Ihrer Firewall. Ich reite auf diesem Thema in diesem Buch ausführlich herum, weil hier viel falsch gemacht wird! Abbildung 13.30 zeigt die Architektur für ein kleineres Unternehmen.

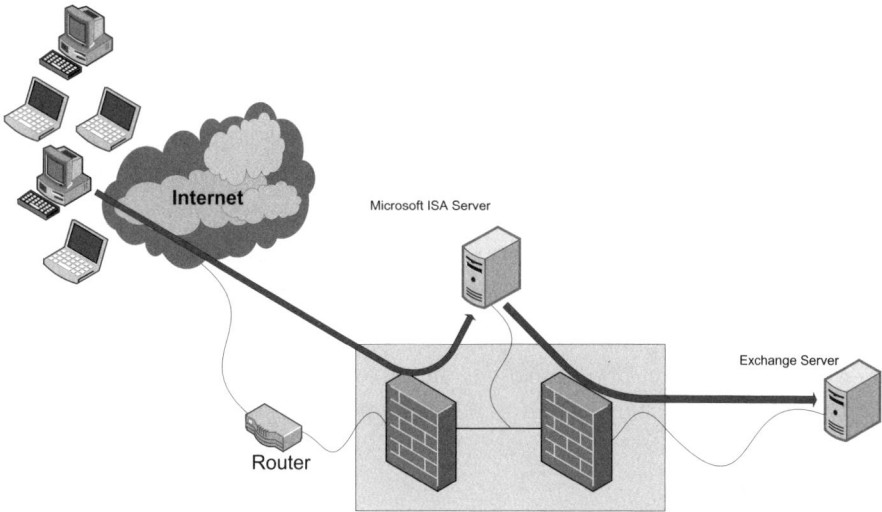

Abbildung 13.30 Architektur für die Anbindung von Outlook mittels RPC over HTTP für ein Unternehmen mit einem Exchange-Server.

13.7.4 Outlook Web Access (OWA)

Sie müssen nicht unbedingt Outlook verwenden, um Zugriff auf die von Exchange bereitgestellten Möglichkeiten zu haben. Mit Outlook Web Access steht Ihnen eine leistungsfähige Web Applikation zur Verfügung, die in vielen Fällen die Outlook-Applikation überflüssig machen könnte.

Die Vorteile der Web-Applikation liegen auf der Hand:

▶ Auf den Clients muss nichts installiert werden – zumindest, wenn ein moderner Browser vorhanden ist.

▶ Da nichts installiert werden muss, muss auch nichts gepflegt werden. Sie haben keine Last mit Patches, Updates etc.

▶ Die Benutzer können sowohl von beliebigen PCs in der Firma, mobilen Notebooks, öffentlichen Internetterminals in Flughäfen oder von einem PC des Geschäftspartners auf die Exchange-Informationen zugreifen. Der Benutzer wird also unabhängig von einem bestimmten (= seinem) PC.

Natürlich gibt es auch einige Nachteile, bzw. Aspekte, die bei der »normalen« Outlook-Applikation besser gelöst sind:

▶ Ein »Power-User«, der mit sehr großen Informationsmengen arbeitet, wird sich Outlook wünschen. Dies gilt letztendlich nicht nur für OWA vs. Outlook: Eine Windows-Applikation bietet immer ein leistungsfähigeres Benutzerinterface als eine Webapplikation.

▶ Wenn die Benutzer auf Outlook-Formularen oder sonstige Programmierung angewiesen sind, genügt Outlook Web Access nicht, weil diese Funktionen dort nicht zur Verfügung stehen.

▶ Das zuvor gesagte gilt natürlich auch für auf Outlook aufsetzende Applikationen wie den Business Contact Manager: OWA ist nicht Outlook, bzw. eine Outlook-Applikation läuft nicht auf einem OWA-System.

▶ Eine Web-Applikation setzt immer eine Online-Verbindung voraus: Wenn der Benutzer auch offline mit seinen Mails und Messaging-Daten arbeiten möchte, ist OWA definitiv ungeeignet.

▶ Wenn die Online-Anbindung des Benutzers [an das Internet] nur sehr schmalbandig ist, wird er mit der Web-Applikation nicht sonderlich glücklich werden. In diesem Fall wäre Outlook 2003 im Cached Mode die beste Variante.

In jedem Fall bietet Outlook Web Access eine sehr leistungsfähige Oberfläche, mit der man die grundsätzlichen Arbeiten des Mail- und Messaging-Alltags erledigen kann. Aus Outlook Web Access lassen sich übrigens auch grundlegende Einstellungen wie beispielsweise die Aktivierung des Abwesenheitsassistenten konfigurieren (Abbildung 13.31).

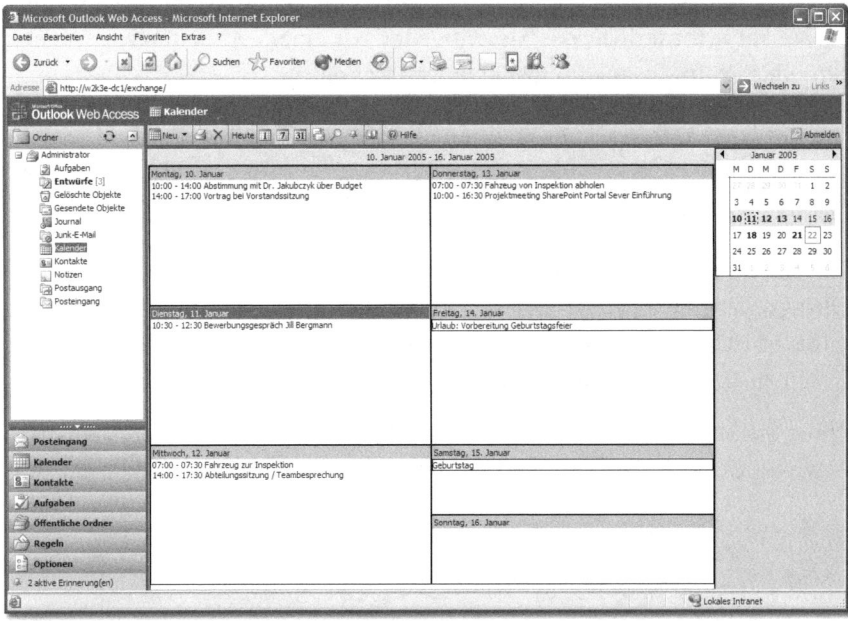

Abbildung 13.31 Die Oberfläche von Outlook Web Access – hier die Kalenderansicht für eine komplette Woche.

Outlook Web Access ist in vielen Unternehmen und Organisationen dabei, der Standard-Mail-Client für Nicht-Power-User zu werden. Mit »modernen« Browsern werden auch Funktionen wie die Erinnerung an Termine in einem Pop-Up-Fenster (Abbildung 13.32) oder die Benachrichtigung über den Eingang neuer Mails bereitgestellt.

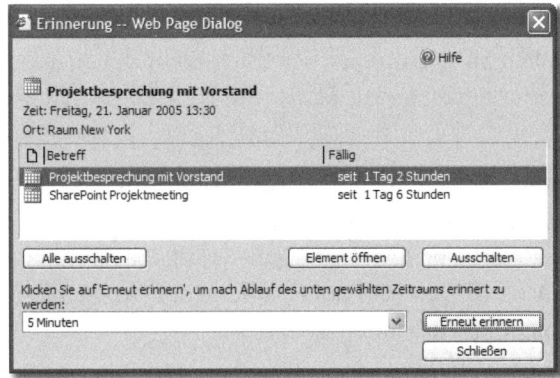

Abbildung 13.32 Erinnerung an Termine mit Outlook Web Access

OWA und Sicherheit

Der erste Sicherheitsaspekt ist natürlich die Sicherung des HTTP-Verkehrs zwischen Client und Server durch SSL-Verschlüsselung. Hierzu ist ein entsprechendes Zertifikat erforderlich, das Sie entweder bei einem Anbieter wie Versign kaufen oder alternativ auch selbst erzeugen können.

Ein weiterer Sicherheitsaspekt beim Thema »Mail« ist natürlich die Verschlüsselung und Signierung von Mails. Mit Outlook Web Access können die Benutzer sowohl verschlüsselte als auch signierte Mails senden, allerdings muss auf den entsprechenden Clients das S/MIME-Steuerelement installiert werden (geschieht durch Mausklick im Optionen-Dialog von OWA). Als Ergebnis erhält das Browserfenster zum Verfassen und Senden einer Mail links neben der Schaltfläche »Optionen« zwei weitere Möglichkeiten, um Verschlüsseln oder Signieren zu aktivieren (Abbildung 13.33).

Beachten Sie bitte, dass Verschlüsseln und Signieren natürlich eine installiertes und aktiviertes »Zertifikatswesen« erfordert!

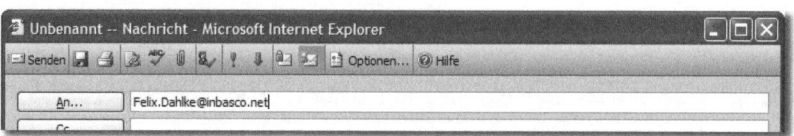

Abbildung 13.33 Wenn das S/MIME-Steuerelement installiert ist, können Nachrichten nebst Anlagen verschlüsselt und/oder signiert werden.

Ein Problem bei Outlook Web Access sind die Dateianhänge, zumindest dann, wenn die Benutzer tatsächlich von fremden PCs (Geschäftspartner, öffentliche Internet-Terminals) Mails einsehen und dabei Anlagen öffnen. Die Wahrscheinlichkeit, dass in diesem Fall »verwertbare Rückstände« auf diesen Systemen zurückbleiben ist vergleichsweise hoch, zumal den meisten Benutzern die Sensibilität für den Umgang mit Dateianhängen mit OWA auf fremden Systemen fehlen wird. Die Anlagen gänzlich zu sperren, ist sicherlich nicht der richtige Weg, weil dies den Informationsgehalt vieler Mails auf Null zurückfahren würde.

Wie so häufig bieten Dritthersteller intelligente Lösungen. Das Produkt »AttachView« der Firma Messageware konvertiert die meisten gängigen Dateianhänge in non-cached HTML-Code: Der Benutzer kann so auf Dateianhänge zugreifen, ohne dass diese als Original-Datei auf der Festplatte des anzeigenden Systems gespeichert werden müssten (Abbildung 13.34).

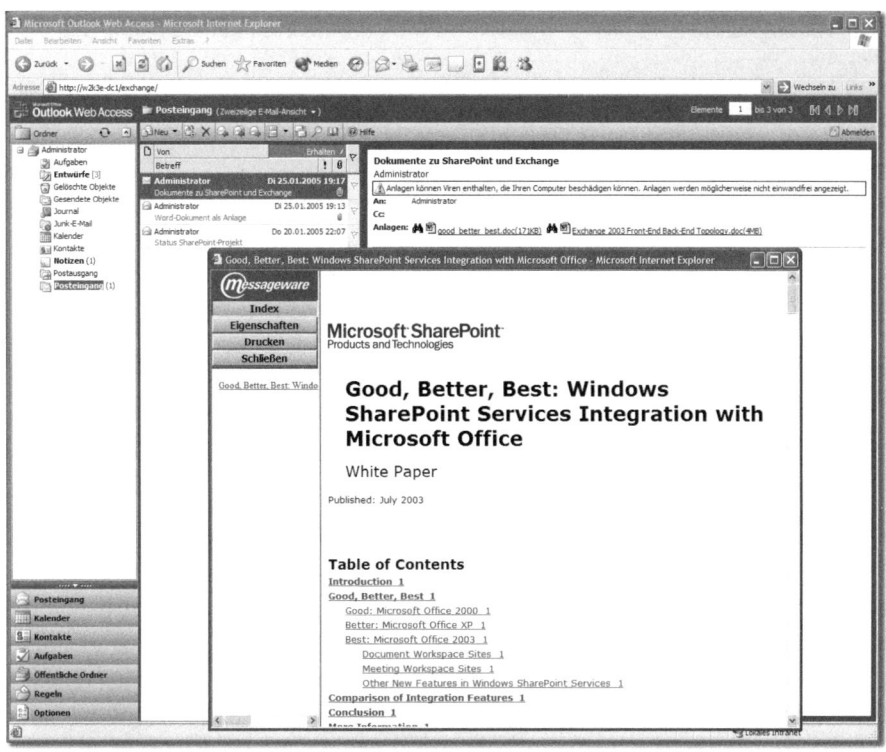

Abbildung 13.34 AttachView von Messageware konvertiert Dateianhänge in nicht-gecachetes HTML. So bleiben auf öffentlichen Computern keine Dateianhänge zurück.

13.7.5 OWA vs. Outlook

In den vorherigen Beschreibungen von Outlook und Outlook Web Access sind die Systeme beschrieben und Stärken und Schwächen dargestellt worden. Da es aber durchaus eine strategische Überlegung ist, ob Sie in bestimmten Bereichen lieber ein »volles« Outlook installieren müssen, oder ob Outlook Web Access genügt, nachfolgend eine tabellarische Übersicht:

Anwendungsfall bzw. Anfor-derung	Outlook	Outlook via RPC over HTTP	Oulook Web Access
Kein Installationsaufwand			***
Nutzung im lokalen Netz	***		***
Nutzung über ein WAN (ohne VPN)		***	***
Zugriff von »fremden« Geräten aus			***

Anwendungsfall bzw. Anforderung	Outlook	Outlook via RPC over HTTP	Oulook Web Access
Nutzung von Formularen, Applikationen	***	***	
Nutzung über langsame WAN-Strecken		*** (OL2003 Cached Mode)	*
Offline-Betrieb	***	***	
Voller Funktionsumfang für »Power-User«	***	***	
Ausreichender Funktionsumfang für »normale« Anwender	***	***	***
Zugriff auf öffentliche Ordner	***	***	***

13.7.6 Outlook Mobile Access (OMA)

Viele Personen haben mittlerweile das Bedürfnis, ständig auf Mails zugreifen zu wollen (ich gehöre übrigens auch zu dieser Gruppe und kann das daher gut nachvollziehen). Das »ständig« bezieht sich insbesondere auch auf die Zeit-räume, in denen die entsprechenden Personen unterwegs sind. Dieser Wunsch ist übrigens gar nicht so abwegig, denn in Zeiten immer schneller werdender Geschäftsprozesse ist es heute in der Tat ein Problem, wenn man zwei Tage kei-nen Zugriff auf seine Mails hat, »nur« weil man unterwegs ist.

Nun ließe sich mit Outlook 2003 (RPC over HTTP) oder Outlook Web Access durchaus der Zugriff auf das Exchange-Postfach realisieren, allerdings ist es natürlich recht umständlich, ein Notebook auszupacken, hochzufahren, mit dem Internet zu verbinden, Mail abzurufen, runterzufahren, wieder einzupa-cken etc.

Die Lösung für dieses Problem ist, dass folgende zwei Gerätetypen zunehmend Grundausstattung des berufstätigen Menschen unserer Zeit werden:

▶ Handys, die schon seit Jahren mit Browsern ausgestattet sind. Diese Mi-crobrowser beherrschen zwar nicht unbedingt den aktuellen HTML-Stan-dard nebst CSS etc., können mittels WAP oder cHTML aber trotzdem Infor-mationen darstellen.

▶ PDAs und PocketPCs: Diese Geräte gehören auch zunehmend zur Ausstat-tung des arbeitenden Menschen. Interessant ist, dass viele Geräte in diesem Formfaktor mittlerweile mit eingebautem Mobiltelefon erhältlich sind. Ansonsten kann die Konnektivität zum Internet aber auch recht einfach mit-tels des Mobiltelefons aufgebaut werden – kabellos dank Bluetooth.

Auch wenn diese Geräte über Browser verfügen, scheidet der Zugriff auf Outlook Web Access gleich aus drei Gründen aus:

▶ Wenn Sie die OWA-Darstellung gesehen haben, erkennen Sie, dass hier die Darstellungs- und Skriptmöglichkeiten eines modernen Browsers auf sehr hohem Niveau genutzt werden – keine Chance für die Microbrowser, zumal es sich bei diesen teilweise auch »nur« um WAP-Browser handelt.

▶ Selbst wenn die Darstellung einigermaßen gelänge, sind die Displaygrößen viel zu klein, um sinnvoll mit OWA arbeiten zu können. Dies gilt für einen PocketPC und erst recht für ein SmartPhone.

▶ OWA ist nicht sonderlich bandbreitensparend. Bei sehr schmalbandigen Verbindungen (z. B. GSM/GPRS im »Funkloch«) ist OWA recht »zäh«. Neben dem Bandbreitenbedarf ist natürlich auch Übertragungsvolumen ein Thema, da die modernen Mobilfunkdatendienste wie GPRS und UMTS im Allgemeinen nach Volumen abgerechnet werden.

In Exchange 2003 können die beschriebenen Anforderungen mit Outlook Mobile Access (OMA) realisiert werden. Unter Exchange 2000 konnte der Zugriff für mobile Geräte mit dem Zusatzprodukt Mobile Information Server 2002 realisiert werden. Da die Funktionen nun in der aktuellen Exchange-Version integriert sind, ist der Mobile Information Server obsolet geworden.

Der Zugriff auf Outlook Mobile Access geschieht über die URL `http://servername.domain.ext/oma`. Der Zugriff funktioniert ebenso wie bei OWA über HTTP. Der Zugriff wird, wie in diesem Kapitel bereits mehrfach beschrieben, über einen ISA Server in der DMZ realisiert. Falls Sie mehrere Exchange-Postfachserver betreiben, sollten Sie Front-End-Server nutzen.

Outlook Mobile Access kann sich auf unterschiedliche Browsertypen einstellen. Grundsätzlich gilt, dass die Darstellung generell etwas »spartanisch« aussieht, ist aber funktionell und bandbreitensparend. OMA unterstützt die meisten marktgängigen Handys und PDAs – nicht nur Geräte, die auf der Windows Mobile Plattform basieren.

Die Abbildungen 13.35, 13.36 und 13.37 zeigen den Zugriff von einem Handy und mit einem PocketPC (jeweils auf Emulatoren).

In OMA können folgende Informationstypen gezeigt werden:

▶ Posteingang
▶ Kalender
▶ Kontakte
▶ Aufgaben

▶ Darüber hinaus kann das Verzeichnis (= Active Directory) durchsucht werden, um Informationen wie beispielsweise Telefonnummern zu ermitteln.

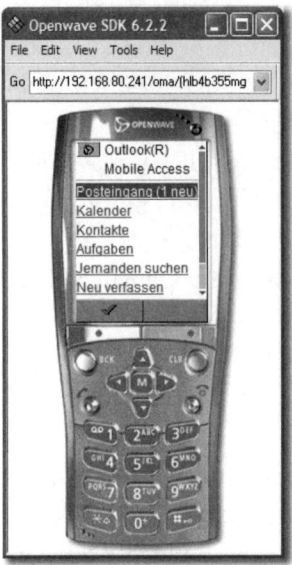

Abbildung 13.35 Outlook Mobile Access gestattet den Zugriff auf die Exchange-Daten von vielen marktgängigen Handies.

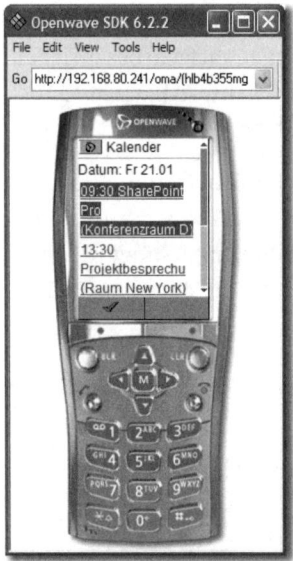

Abbildung 13.36 Kalenderanzeige in Outlook Mobile Access

Natürlich können die Benutzer mit OMA nicht nur Daten lesen, sondern auch neue Mails, Kalendereinträge etc. erfassen.

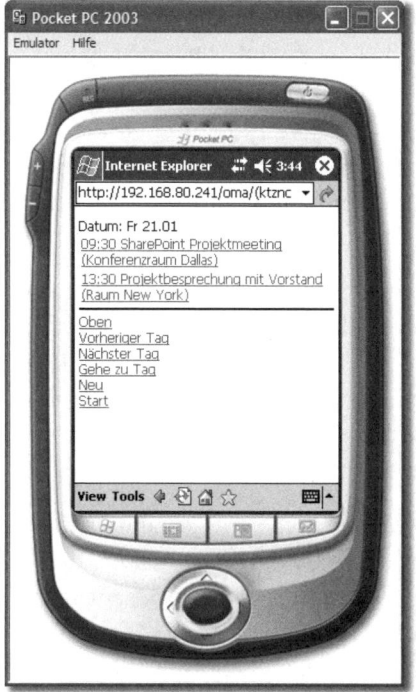

Abbildung 13.37 Outlook Mobile Access auf einem PocketPC

Beachten Sie bitte, dass Outlook Mobile Access generell eine Online-Verbindung erfordert. Da so gut wie jedes einigermaßen moderne Handy über einen Browser (HTML, cHTML, WAP) verfügt, können Sie den Zugriff für Ihre mobilen Mitarbeiter ohne einen aufwendigen Geräteaustausch realisieren. Die aktuelle Liste der unterstützten mobilen Endgeräte finden Sie unter `http://www.microsoft.com/exchange/evaluation/features/owa_mobile.mspx`.

Wenn das verwendete Gerät nicht explizit erkannt und unterstützt wird, verwendet OMA einen generischen Modus.

Es empfiehlt sich, für die SIM-Karten der Mitarbeiter, die mobilen Zugriff nutzen sollen, ein Datenkontingent zuzubuchen. Mit Ausnahme von »Extrem-Nutzern« dürfte das geringste Datenkontingent, bei den meisten Providern 10 MB, den meisten Benutzern genügen – OMA ist sehr sparsam mit Übertragungsvolumina. Ein 10 MB-Datentarif ist preislich sehr »erträglich«.

Auf dem Markt existieren andere Ansätze, mit denen mobiles Messaging realisiert werden kann, wie beispielsweise das momentan recht erfolgreiche Black-Berry-System der kanadischen Firma Research in Motion. Um dieses System zu nutzen, benötigen Sie zum einen spezielle Endgeräte, zum anderen den (recht teuren) BlackBerry Enterprise Server für Exchange. Das BlackBerry-System verfolgt einen etwas anderen Ansatz als OMA, in dem es die Mails tatsächlich auf das mobile Gerät überträgt. Ein wesentliches BlackBerry-Feature ist die Push-Zustellung von E-Mails, d.h. die Mails müssen nicht abgeholt werden, sondern werden wir beispielsweise eine SMS von einem Server auf das mobile Gerät geschoben.

Es stellt sich natürlich immer die Frage, wie viel Features wie die Push-Zustellung von Mails tatsächlich wert sind. Ich persönlich bekomme pro Stunde deutlich mehr als eine Mail. Wie sieht es in der Praxis aus: Ich frage meine Mails ab, wenn ich aus einer Besprechung oder einem Kundentermine komme oder während einer längeren Fahrt eine Pause mache. Wenn mir die Mails in Echtzeit zugestellt würden, könnte ich trotzdem nicht früher darauf zugreifen.

Entscheidende Argumente sind, dass OMA letztendlich keine separaten Lizenzkosten verschlingt und keine spezielle Hardware benötigt. Ich denke, dass in den meisten Fällen, in denen mobiler Zugriff benötigt wird, OMA ausreichen dürfte. Die beim Zugriff erforderliche Online-Verbindung sollte bereits heute kein Problem sein – zukünftig wird die Netzabdeckung aber noch besser und die Datenübertragung noch billiger werden.

Wie bereits erwähnt, benötigt OMA dieselbe Infrastruktur zum Zugriff auf dem Internet wie Outlook Web Access.

13.7.7 Exchange ActiveSync

Outlook Mobile Access setzt eine Online-Anbindung voraus und ist funktionell aber nicht komfortabel. Mobile Geräte mit Microsoft-Betriebssystem, also Windows Powered SmartPhone, PocketPC und PocketPC Phone Edition (letzterer ist ein PocketPC, mit dem man telefonieren kann), bieten die Möglichkeit, mit dem Exchange-Postfach zu synchronisieren.

Die Synchronisation erfolgt über das HTTP-Protokoll, so dass dieselbe Infrastruktur (ISA Server, ggf. Front-End-Server) wie für OWA und OMA verwendet wird.

Wenn Sie die Synchronisation nutzen möchten, sind Sie natürlich nicht mehr frei und unabhängig in der Auswahl der Endgeräte, sondern auf solche beschränkt, die Exchange ActiveSync unterstützen – das sind die aktuellen auf Windows Mobile basierenden Geräte.

Die Hauptvorteile bei der Nutzung von Exchange ActiveSync gegenüber OMA sind:

▶ Der Benutzer kann offline arbeiten bzw. auch im Funkloch.

▶ Die Bedienung ist komfortabler – OMA ist etwas spartanisch.

13.7.8 POP3, IMAP, SMTP

Die Benutzer können natürlich auch über die Standard-Protokolle POP3 und IMAP Mails abrufen und per SMTP verwenden.

Wenn die Benutzer über das Internet mit diesen Protokollen zugreifen möchten, kommen wieder der ISA Server und ggf. ein oder mehrere Front-End-Server zum Einsatz.

Sie müssen sich allerdings darüber im Klaren sein, dass Sie mit einem POP3- oder IMAP-Client wirklich auf Mails und öffentliche Ordner (nur via IMAP) beschränkt sind. Die Messaging-Funktionen wie der Kalender, Kontakte, Aufgaben etc. entfallen.

Es ist natürlich möglich, dass Client-Systeme mit Nicht-Microsoft-Betriebssystemen, auf denen kein Outlook installiert werden kann, auf die Mails zugreifen müssen. Natürlich könnten Sie sich mit einem POP3-Mailsystem helfen, ich denke aber, dass der Einsatz von Outlook Web Access in vielen Fällen die bessere Möglichkeit wäre.

13.8 Einiges zum Thema »Sicherheit«

Beim Thema »Sicherheit« fällt einem natürlich zunächst das Stichwort »Mail-Verschlüsselung« ein. Ein zweiter wichtiger Aspekt ist die sichere Anbindung an das Internet. Die sichere Platzierung von Exchange-Servern haben wir in diesem Kapitel bereits ausführlich besprochen, wir werden uns in diesem Kapitel daher auf die Mailverschlüsselung konzentrieren.

13.8.1 Verschlüsselung von Mails

Für die Verschlüsselung von Mails wird ein PKI-basiertes Verfahren verwendet. PKI ist die Abkürzung für Public Key Infrastructure, d.h. es wird ein Verfahren verwendet, bei dem jeder Benutzer über ein Schlüsselpaar, bestehend aus einem privaten und einem öffentlichen Schlüssel, verfügt. In einer Exchange-Umgebung werden die Schlüssel im Active Directory gespeichert.

Das Verfahren ist stark vereinfacht in Abbildung 13.38 gezeigt:

▶ Der Sender fordert den öffentlichen Schlüssel des Empfängers an, diesen erhält er aus dem Active Directory. Der Schlüssel wird übrigens in den Global Catalog repliziert, so dass auch in sehr großen Organisationen ein schneller Zugriff gewährleistet ist.

▶ Der Sender verschlüsselt die Mail mit dem öffentlichen Schlüssel des Empfängers.

▶ Die verschlüsselte Mail wird übertragen.

▶ Der Empfänger kann mit seinem privaten Schlüssel die mit dem zugehörigen öffentlichen Schlüssel verschlüsselte Mail entschlüsseln.

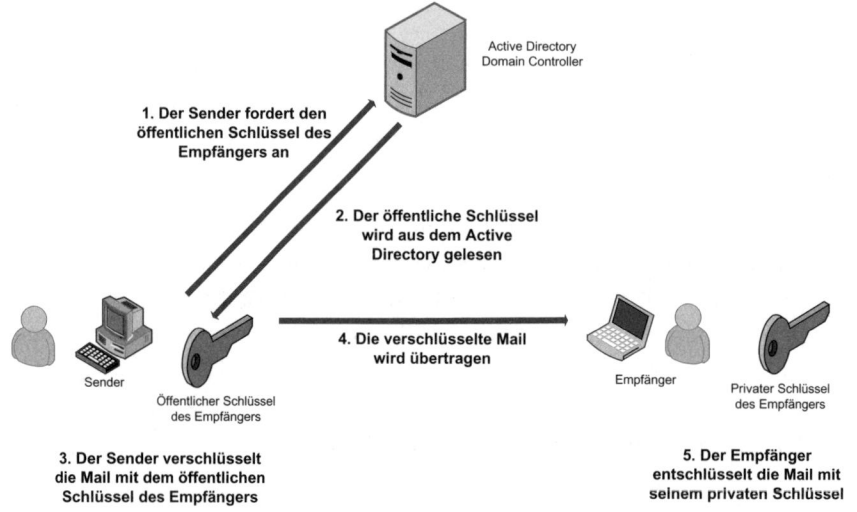

Abbildung 13.38 Verschlüsselung von Mails

Einige weiterführende Anmerkungen:

▶ Das Verfahren mit öffentlichen Schlüsseln ist außerordentlich interessant, weil es nicht notwendig ist, dass die Benutzer Schlüssel für ihre Kommunikation austauschen. Man könnte natürlich versuchen, für alle Kommunikationsmöglichkeiten innerhalb Ihrer Organisation, also A mit B, B mit C, A mit C etc., Schlüssel zu hinterlegen. Für 100 Benutzer würde man 4.950 Schlüssel benötigen, für 1.000 Benutzer 499.500 und für einen kleinen Konzern mit 5.000 Mitarbeitern müssten fast 12,5 Millionen Schlüssel erzeugt und verteilt werden – das ist kaum sinnvoll zu realisieren. Hinzu kommt natürlich, dass Sie eventuell auch mit Benutzern außerhalb Ihrer Organisation kommunizieren möchten – wie sollte da der Austausch von Schlüsseln realisiert werden?

- Leider ist die asymmetrische Verschlüsselung kein besonders performantes Verfahren. Aus diesem Grund wird das oben beschriebene Verfahren in der Praxis leicht abgewandelt: Der Sender erzeugt einen Schlüssel für eine symmetrische Verschlüsselung, mit dem dann Mailinhalt und gegebenenfalls Anhänge codiert werden. Dieser symmetrische Schlüssel wird mit dem öffentlichen Schlüssel des Empfängers asymmetrisch verschlüsselt und ebenfalls in der Mail mitgesendet. Der Empfänger decodiert nun zunächst den vom Sender erzeugten symmetrischen Schlüssel mit seinem privaten Schlüssel. Darauf hin entschlüsselt er mit erstgenanntem den Mailinhalt und die Anhänge (Eigentlich ganz einfach, man muss es aber vermutlich zweimal lesen.).

- Das beschriebene Verfahren setzt natürlich voraus, dass eine Public Key Infrastructure (PKI) vorhanden ist, die die öffentlichen Schlüssel bereitstellt. Innerhalb eines Unternehmens oder einer Organisation ist das letztendlich kein Problem, weil Windows Server 2003 und das Active Directory alle notwendigen Bestandteile zum Aufbau eines solchen Systems mitbringen. Wenn zwischen den Benutzern mehrerer Unternehmen, die sich nicht in einem gemeinsamen AD befinden, verschlüsselte Mails ausgetauscht werden sollen, muss auf Zertifikate unabhängiger Zertifizierungsstellen wie beispielsweise VeriSign zurückgegriffen werden.

13.8.2 Signieren von Mails

Die soeben besprochene Fragestellung bezog sich auf die Verschlüsselung der auszutauschenden Informationen. In vielen Fällen ist es ebenfalls wichtig, dass die Echtheit einer Mail überprüft werden kann. Auch diese Aufgabenstellung kann mit einer Public Key Infrastructure, wie sie auch mit Active Directory und Exchange aufgebaut werden kann, realisiert werden.

Die Vorgehensweise ist in Abbildung 13.39 dargestellt:

- Der Sender ermittelt einen Hash-Wert über die Mailinhalte nebst eventueller Anlagen. Das resultierende »Datenpaket« wird übrigens als Digest bezeichnet. Dieser wird mit der Mail übermittelt.

- Wenn der Empfänger die Echtheit des Mail überprüfen will, um sicherzustellen, dass diese nicht unauthorisiert verändert worden ist, fordert er den öffentlichen Schlüssel des Senders an. Diesen erhält er wieder aus dem Active Directory.

- Mit dem öffentlichen Schlüssel kann er testen, ob der übermittelte Digest zu dem Mailinhalt (ggf. nebst Anlagen) passt. Passt der Inhalt nicht, ist entweder an der Mail oder am Digest manipuliert worden.

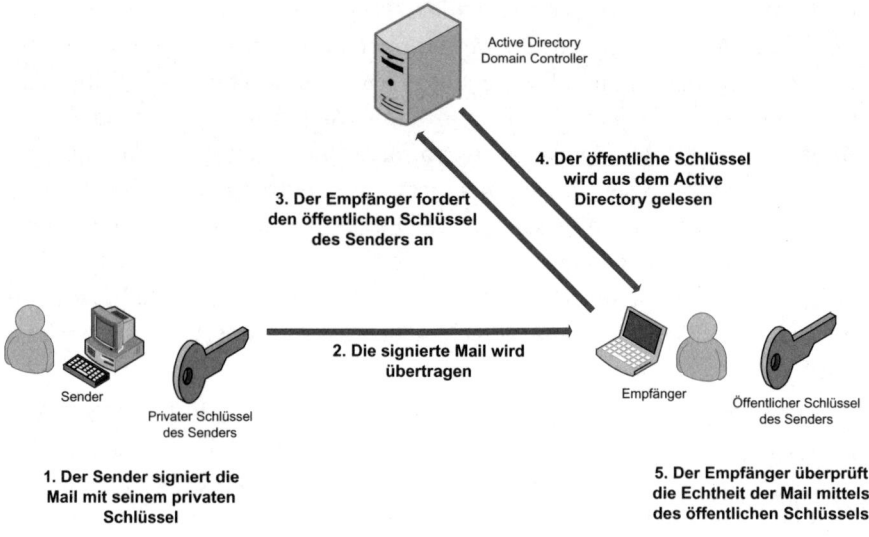

Abbildung 13.39 Signieren von Mails

Das unterzeichnen (= signieren) von Mails ist im Geschäftsverkehr eine sehr wichtige und dringend benötigte Funktionalität: Wenn Sie von einem Lieferanten eine Mail mit einem Angebot erhalten, in dem ein Laserdrucker für EUR 1.500 angeboten worden ist, möchten Sie ja sicher sein, dass die Mail erstens wirklich von Ihrem Lieferanten stammt und er zweitens auch tatsächlich bei vollem Bewusstsein den Preis anbietet. Ist die Mail nicht signiert, könnte er ja entweder behaupten, dass die Mail gar nicht von ihm stammt oder der richtige Preis eigentlich EUR 1.900 beträgt und die Mail »irgendwo« manipuliert worden sei. Diese Probleme lassen sich durch die digitale Signatur lösen, Herkunft und inhaltliche Unversehrtheit lassen sich problemlos prüfen.

Noch ein paar Fakten:

▶ Das digitale Signieren von Mails setzt eine Public Key Infrastructure voraus. Wenn die Signatur nur innerhalb Ihres Unternehmens benötigt wird, können Sie selbst eine PKI aufbauen. Wenn Sie mit fremden Teilnehmern Informationen austauschen wollen, müssen Schlüssel einer kommerziellen Zertifizierungsstelle wie VeriSign genutzt werden.

▶ Mails können natürlich signiert **und** verschlüsselt werden.

▶ Komplexe Systeme, bei denen zum Signieren jeweils eine SmartCard eingeschoben und eine PIN eingegeben werden muss, können natürlich ebenfalls realisiert werden.

▶ Es ist durchaus empfehlenswert, für die Signatur und die Verschlüsselung zwei unterschiedliche Schlüsselpaare zu erzeugen.

13.8.3 Transport Layer Security (TLS)

Neben den zuvor beschriebenen Verfahren zur Verschlüsselung und Signieren von einzelnen Mails, besteht die Möglichkeit, nicht Mails zu codieren, sondern den Übertragungsweg zwischen zwei Servern gezielt zu sichern. In Abbildung 13.40 sehen Sie ein mögliches Beispiel: Hier haben sich zwei Unternehmen darauf verständigt, die eigentliche Mailübertragungen abzusichern, technisch gesprochen, den SMTP-Verkehr zu verschlüsseln. Man spricht hier von Transport Layer Security, etwas frei übersetzt geht es um die Sicherheit bei der Übertragung der Mails.

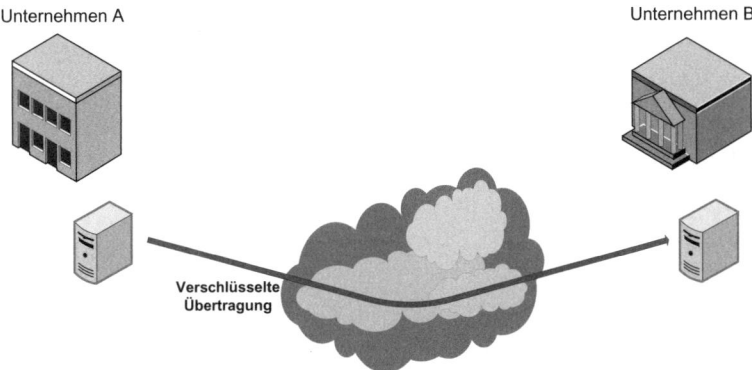

Abbildung 13.40 Verschlüsselung von Mails beim Transport

Das in Abbildung 13.40 gezeigte Szenario ist übrigens gar nicht unbedingt eine Exchange-Aufgabe: Ich habe Ihnen ja zuvor empfohlen, Exchange-Server nicht direkt mit dem Internet kommunizieren zu lassen, sondern den SMTP-Verkehr generell über ein in der DMZ stehendes Mail-Relay abzuwickeln. In einem solchen Fall ist es also notwendig, dass das Relay in der Lage ist, mit dem Kommunikationspartner verschlüsselt zu kommunizieren.

13.8.4 Sonstiges zum Thema »Sicherheit«

Mit dem Thema »Exchange und Sicherheit« könnte man leicht ein eigenes Buch füllen. Neben den zuvor erläuterten Möglichkeiten der Verschlüsselung und des Signierens von Mails, sind notwendige essentielle Sicherheitsmaßnahmen:

▶ Sorgen Sie für eine sichere Anbindung an das Internet. Die passenden Konzepte habe ich in den vorherigen Abschnitten bereits ausführlich besprochen.

▶ Ergreifen Sie Maßnahmen, um gegen Viren, Würmer und Trojaner gewappnet zu sein. Das bedeutet, dass auf dem Mail Relay, auf den Exchange-Servern und auf den Clients nach solchem schadhaften Code gescannt werden muss.

▶ Der Verkehr mit von extern zugreifenden Clients muss gesichert werden. OWA- und OMA-Benutzer sollten beispielsweise grundsätzlich nur über SSL-Verbindungen zugreifen dürfen.

▶ Achten Sie darauf, dass Ihre Mailserver und Relays nicht für den missbräuchlichen Versand von Spam missbraucht werden können.

▶ Exchange-Server gehören keinesfalls in die DMZ!

▶ Spielen Sie Service Packs, Patches etc. ein. Diese Empfehlung gilt übrigens sowohl für die Server- als auch für die Clientsysteme. Patches lösen so gut wie immer Sicherheitsprobleme, bei Service Packs ist die Behebung von Sicherheitslücken ebenfalls ein großer Bestandteil.

13.9 Administration

Die Administration von Exchange ist natürlich ein sehr weites Thema. Ich möchte Ihnen hier einige Hinweise geben, die Sie bereits bei der Planung beachten sollten.

13.9.1 Werkzeuge

Wie zu allen »großen« Serverprodukten gibt es auch für Exchange eine mittlerweile unüberschaubare Menge von Werkzeugen, die entweder die Administration oder den Roll-Out erleichtern, spezielle Aufgabenstellungen lösen, bei der Massendatenpflege helfen und vieles andere mehr.

Von Microsoft selbst gibt es zig Exchange-Werkzeuge und Erweiterungen; navigieren Sie zu `http://www.microsoft.com/exchange/downloads/2003/default.mspx` und schauen Sie in die Rubrik »Tools«.

Ich habe noch keine Exchange-Installation gesehen, in der nicht einige dieser Werkzeuge zum Einsatz kommen würden.

Darüber hinaus gibt es einen sehr regen Markt an Utility-Herstellern, die sich ebenfalls dem Thema »Exchange« widmen. Die Auswahl reicht von einfachen »Mini-Werkzeugen« bis hin zu hochkomplexen Systemen zur Funktionsüberwachung und Administration sehr großer Exchange-Organisationen.

13.9.2 Performance-Analyse

Auch für Exchange gilt, dass eine der grundlegenden Arbeiten bei der Administration die kontinuierliche Überwachung der Leistungsdaten der Exchange-Systeme ist. Zum einen ist das eine Frage der Stabilität und der »Usability«, denn mit Systemen, die im Grenzbereich laufen, ist das Arbeiten für die Benutzer nicht wirklich die reine Freude. Bedenken Sie auch, dass bei einem extrem belasteten Aktiv/Aktiv-Cluster die Gefahr, dass der Failover nicht funktioniert, durchaus gegeben ist.

Ansonsten ist ein ständiger Überblick über die Systeme auch sehr hilfreich, um eventuelle Sicherheitsprobleme zu erkennen, hierzu ein Beispiel: Wenn ein Exchange-Server einer Firma mit 200 Benutzern ständig mehrere tausend Mails in der Warteschlange für ausgehenden SMTP-Verkehr hat, ist das ein recht sicheres Zeichen für einen Missbrauch durch Spam, Viren/Trojaner und weiteren Unrat.

Wie alle Microsoft Server-Produkte bringt auch Exchange viele Datenquellen für den Performance-Monitor mit. In Abbildung 13.41 können Sie erkennen, dass es hier durchaus viel zu messen und zu analysieren gibt. Einen Überblick über die wesentlichen Datenquellen finden Sie im Microsoft TechNet oder guter Exchange-Fachliteratur.

Wichtig sind im Wesentlichen:

▶ Warteschlangenlängen der SMTP- und MTA-Queues (in und out)
▶ Warteschlangenlänge der Information Stores
▶ Anzahl der aktiven Verbindungen
▶ Fundamentale Betriebssystem-Daten: Prozessorlast, Speicherverbrauch, Länge der Disk-Warteschlangen

Falls Sie die Hardware eines bestehenden Exchange-Systems erneuern möchten, sollten Sie unbedingt die Performance-Daten heranziehen, um ein wirklich fundiertes Sizing vornehmen zu können.

Mir ist bewusst, dass die meisten Administratoren effektiv keine Zeit haben werden, sich täglich mit dem Performance-Monitor auseinander zu setzen, obwohl das eigentlich wichtig wäre – aber man kann sich ja helfen lassen: Von Quest gibt es das Produkt »Spotlight on Exchange«, das in Abbildung 13.42 zu sehen ist.

Dieses Produkt zeigt wesentliche Daten zu Exchange auf einer einigermaßen übersichtlichen Oberfläche an; es kann Sie warnen, wenn Grenzwerte überschritten worden sind und vieles andere mehr.

13

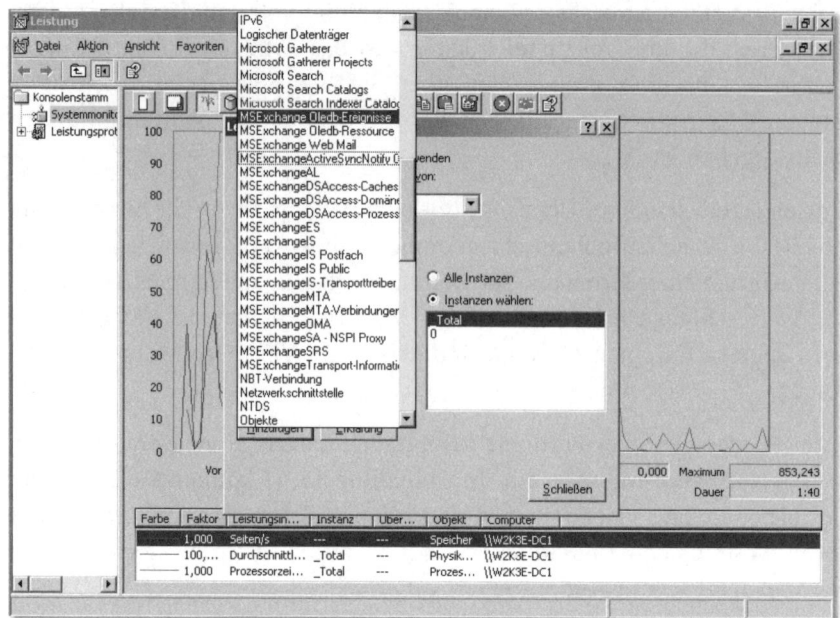

Abbildung 13.41 Exchange installiert viele Performance-Monitor-Datenquellen.

Abbildung 13.42 Konsolidierte Darstellung der Exchange-Leistungsdaten in »Spotlight on Exchange« von Quest

Im Verlauf dieses Buchs habe ich Ihnen bereits das eine oder andere Produkt aus der »Spotlight on ...«-Serie vorgestellt. Auch in diesem Fall gilt, dass dieses Produkt nicht zaubern oder sonst wie Unmögliches doch möglich macht. Es ist schlicht eine Arbeitserleichterung für Administratoren, die durch einen Blick auf die Spotlight-Konsole gegenüber der Arbeit mit dem Performance-Monitor deutlich Zeit sparen können.

Spotlight on Exchange bringt darüber hinaus diverse Diagnose-Möglichkeiten mit, die zeitgesteuert Exchange-Funktionen überwachen und im Fehlerfall informieren können.

13.9.3 Backup und Restore

Exchange-Systeme enthalten normaler Weise ebenso viele wie wichtige Daten, so dass die Aspekte Sicherung und Wiederherstellung eine entscheidende Rolle spielen.

Jede ernst zu nehmende Backup-Software ist heute in der Lage, Exchange-Server zu sichern. Mit Windows 2003 und Exchange 2003 steht Ihnen ein System zur Verfügung, das mittels Volume Shadow Copies gesichert werden kann (mehr dazu in Abschnitt 5.7.5).

Gerade im Exchange-Bereich ist das Wiederherstellen einzelner Postfächer oder gar einzelner Mails ein immer wieder viel diskutiertes und dringend nachgefragtes Thema. Wenn Sie bereits mit den älteren Versionen von Exchange gearbeitet haben, kennen Sie die Vorgehensweise für das Restaurieren eines einzelnen Postfachs: Einen weiteren Exchange-Server aufsetzen, Information Store auf diesen wiederherstellen, das Postfach in eine PST-Datei kopieren und den Inhalt dieser PST-Datei in das Postfach auf dem produktiven Exchange-Server kopieren. Die Alternative zu diesem nicht gerade komfortablen Restore-Weg ist das »Brick-Level-Backup«, bei dem die Backup-Software letztendlich wie ein Outlook-Client auf die Postfächer zugreift und die Daten auf diesem Weg sichert. Das »Brick-Level-Backup« ermöglicht zwar das Zurücksichern einzelner Postfächer, leider ist es dramatisch langsam.

Die gute Nachricht ist, dass Exchange 2003 mit der Recovery Storage Group ein Hilfsmittel geschaffen hat: Der Information Store wird komplett in die Recovery Storage Group zurückgesichert und mittels eines Assistenten kann ein Postfach von dort in die entsprechende produktive Storage-Group verschoben werden.

Die schlechte Nachricht ist, dass das ganze Verfahren noch immer recht umständlich ist – finde ich.

Eine Brick-Level-Sicherung ist übrigens auch mit Exchange 2003 möglich, aber guten Gewissens kann man das niemandem empfehlen. Selbst bei leistungsfähiger Serverhardware ist diese Backup-Variante so dermaßen langsam, dass Sie einigermaßen moderne Bandlaufwerke nicht in den Streaming-Mode bekommen werden.

Von Seiten der Dritthersteller gibt es Produkte, die direkt aus den gesicherten Exchange-Datenbankdateien (*.edb) Postfächer und sogar einzelne Mails lesen können. Zwei Produkte sind:

▶ Quest Aelita Recovery Manager (ARM) for Exchange
▶ Ontrack Power Controls

Wenn Sie in Ihrem Unternehmen keine Richtlinie haben, die die Wiederherstellung von einzelnen Postfächern oder einzelnen Mails ausschließt (= für nicht-möglich erklärt), sollten Sie sich über solch ein Zusatzprodukt Gedanken machen – es ist eine deutliche Arbeitserleichterung!

14 Collaboration

Am Anfang des PC-Zeitalters war jeder PC eine Insel für sich und der Benutzer konnte ein wenig Textverarbeitung und Tabellenkalkulation betreiben. Der nächste Schritt war die Vernetzung der PCs, die uns eine gemeinsame Dateiablage, zentrale Datenbanken und Netzwerkdrucker gebracht hat. Mittlerweile ist der PC ein wesentliches Kommunikationsmittel geworden. Neben den klassischen Kommunikationsanwendungen Mail und Web gilt es vor allem, die Zusammenarbeit zwischen den Benutzern zu optimieren – letztendlich auch eine Form der Kommunikation.

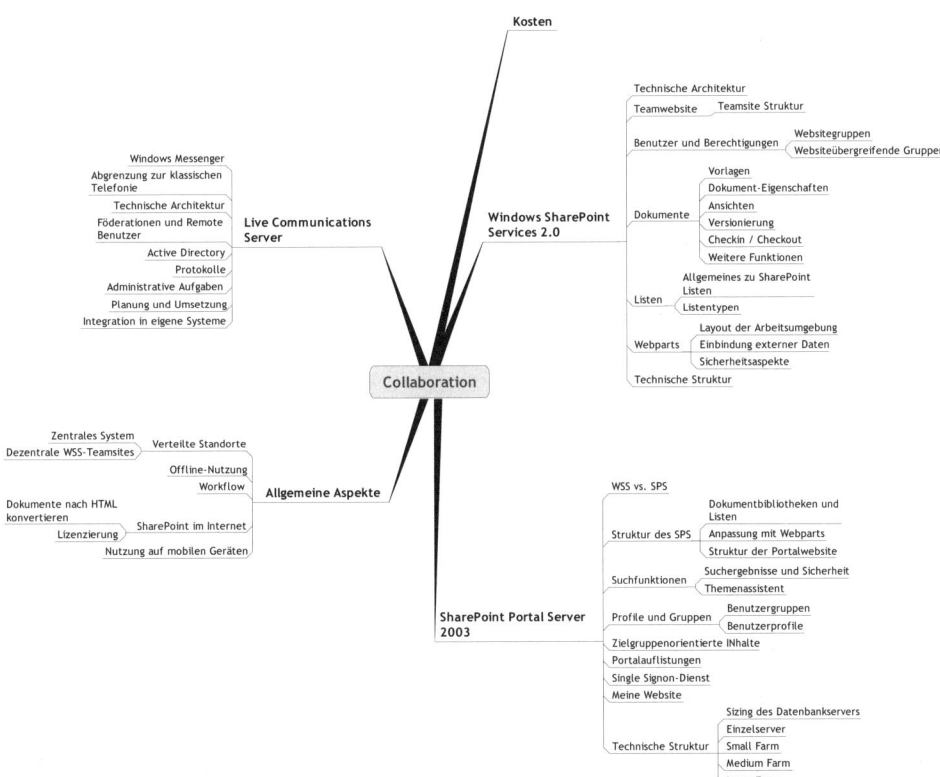

Abbildung 14.1 Die Themen des Kapitels im Überblick

Trotz enormen technischen Fortschritts im Bereich der Serversysteme, Clients und der darauf laufenden Software kann man nun wirklich nicht behaupten, dass die Benutzer die Möglichkeiten, die Ihnen eine moderne Systemumgebung bietet, auch nur ansatzweise ausschöpfen. Ganz im Gegenteil würde ich behaupten, dass viele Benutzer sogar ausgesprochen ineffizient mit den ihnen zur Verfügung gestellten Arbeitsmittel umgehen. Gern gebe ich Ihnen einige Beispiele:

▶ Der Klassiker ist die Dateiablage: Wenn man ernsthaft hinterfragen würde, wie viele Benutzer nicht wissen, was sich eigentlich hinter Dateien, Ordnern, Verzeichnissen und Laufwerken verbirgt, würde das Ergebnis vermutlich einigermaßen schockierend sein. Man kann sicherlich den Benutzern keinen Vorwurf machen, dass sie sich nicht für diese »technisch abstrakten Computerdinge« interessieren. Wenn das Speichern und Aufrufen von Dateien häufig in ein Ratespiel ausartet, ist das sicherlich nicht besonders effizient.

▶ Das Chaos wird perfekt, wenn mehrere Benutzer gemeinsam mit Dateien arbeiten sollen, was ja heute nicht mehr die Ausnahme, sondern der Normalfall ist. Einige Aspekte und Effekte:

  ▷ Es hat sich als recht schwierig erwiesen, sinnvolle Dateistrukturen zu etablieren. Es ist zwar nun nicht kompliziert, sinnvolle Strukturen vorzugeben, aber diese weichen meistens schnell auf, weil die Benutzer sie entweder nicht verstehen oder akzeptieren oder anfangen, selbst wilde Unterstrukturen aufzubauen. Resultat ist in jedem Fall, dass das Ablegen und Wiederfinden von Dateien zumindest kompliziert wird. Fragen Sie Ihre Benutzer einmal, wie lange sie realistisch mit Suchen von Dateien, die Kollegen gespeichert haben, zubringen. Natürlich wissen die Benutzer sich zu helfen, greifen zum Telefon und rufen den Kollegen an. Das ist sicherlich nicht auch nicht im Sinne eines effizienten Arbeitsablaufs, denn nun beschäftigt sich nicht nur ein Mitarbeiter mit der Suche nach Dateien, es sind jetzt sogar schon zwei!

  ▷ Es ist ungemein schwierig, die Benutzer dazu zu bringen, eine einheitliche Struktur für Dateinamen zu verwenden. Auf der einen Seite gibt es Benutzer, die sehr akribisch versuchen, den Inhalt der Datei in deren Namen zu beschreiben, andere nennen ihre Dateien Brief1.doc, Brief2.doc und Kalkulation0001.xls. Der größte Teil der Benutzer wird sich irgendwo zwischen diesen beiden Extremen finden. Das Filesystem gibt es eben nicht her, dass zu den Dateien jeweils durchsuchbare Attribute wie Kurzinhalt, Kunde, Projekt etc. gespeichert werden.

  ▷ In vielen Firmen ist die Rechtestruktur im Filesystem und das, was die Benutzer letztendlich daraus machen, ein echtes Highlight. Häufig wird ein Bereich für den Vertrieb, die Buchhaltung, die Geschäftsleitung und andere Abteilungen eingerichtet. Jede Abteilung kann dabei nur auf ihre eigenen Daten zugreifen. Da häufig abteilungsübergreifender Datenaustausch notwendig ist, wird ein »Transferlaufwerk« eingerichtet, auf das alle Benutzer lesend und schreibend zugreifen können. Der Gedanke ist natürlich, dass die Benutzer die Dateien hier nur temporär ablegen und direkt wieder löschen. In der Praxis sieht es aber häufig so aus, dass das »Transferlaufwerk« das meistgenutzte Volume überhaupt ist. Der Effekt ist, dass eine vollkommen chaotische und sehr dynamisch wachsende Ablagestruktur entsteht und sämtliche Zugriffsrechte und Sicherheitsmaßnahmen außer Kraft gesetzt sind.

▶ Die Suche in Dateisystemen gestaltet sich übrigens auch nicht ganz einfach. Natürlich kann man die im Windows Explorer enthaltene Suchfunktion nutzen (Wie viele Benutzer kennen diese Funktion überhaupt?). Diese setzt allerdings voraus, dass Dateinamen einigermaßen sinnvoll gewählt werden, zudem ist dies bei sehr großen Dateiablagen keine besonders ressourcenschonende Funktion. Auch die Volltextsuche des Explorers (»Ein Wort oder Begriff innerhalb der Datei«) ist eine Funktion, bei der man täglich beten muss, dass die Benutzer sie nicht eines Tages begeistert entdecken: Wenn mehrere Dutzend Benutzer ständig ein mehrere hundert Gigabyte großes Dateiarchiv durchforsten, laufen die Server in ein ernsthaftes Performanceproblem. Fakt ist, dass es streng genommen keine wirklich gute Suchfunktion für Dateisysteme gibt. Im Übrigen kann man ja gar nicht unbedingt davon ausgehen, dass die gesuchte Information sich tatsächlich im Dateisystem findet: Andere Speicherorte wären beispielsweise ein öffentlicher Exchange-Ordner oder das Intranet. Wenn man sich eine Suchfunktion wünschen dürfte, müsste diese also alle Ressourcen der Firma berücksichtigen.

▶ Selbst wenn mehrere Benutzer tatsächlich in der Lage sind, eine Datei zu finden und an dieser zu arbeiten, stellt sich das Problem der Versionierung. Im Dateisystem wird eine Datei geöffnet, verändert und gespeichert. Ältere Versionen gibt es nicht mehr. Trotzdem könnte der Zugriff auf ältere Versionen durchaus interessant oder notwendig sein.

▶ Die Informationsbeschaffung ist in den meisten Organisationen mittlerweile recht schwierig geworden, weil es einfach zu viele Informationsquellen gibt, deren »Bedienung« jeweils erlernt werden muss.

▶ Denken Sie beispielsweise an einen Vertriebsmitarbeiter, der lediglich seine Umsätze des Tages, der Woche, des Monats und des Quartals sehen möchte. In den meisten Unternehmen benötigt er den Client des ERP-Systems, in dem er sich täglich durch zig Menüs und Untermenüs wählen muss, um dann Reports erstellen zu können.

▶ Firmeninterne Informationen finden sich vielleicht in einem Intranet – fragt sich, wie aktuell und gepflegt die Daten hierin sind.

▶ Andere Informationen, beispielsweise die aktuelle Image-Broschüre des Unternehmens, finden sich irgendwo im Dateisystem – an einer Stelle, die sich ohnehin niemand merken und schon gar nicht intuitiv erreichen kann.

Natürlich fallen die beschriebenen Probleme gar nicht unbedingt so hart auf, wie ich es gerade beschrieben habe. Das liegt unter anderem daran, dass die Anwender häufig mehr oder weniger kreative Workarounds finden und im Zweifelsfall Kolleginnen und Kollegen um Hilfe bitten.

Beispiele:

▶ Findet ein Benutzer nicht die aktuelle Version der Firmenbroschüre, ruft er eben die Kollegin aus der Marketingabteilung an, die ihm die Datei per Mail schickt. Da man sich aber nie sicher sein kann, ob man wirklich die aktuellste Version hat, wiederholt sich dieser Vorgang entsprechend häufig. Sorge bereitet mir garnicht der Platzverbrauch, den mehrere Dutzend Firmenbroschüren im Mailsystem einnehmen, sondern die Tatsache, dass diese Vorgehensweise schlicht und ergreifend für alle Beteiligten sehr aufwändig ist.

▶ Überhaupt gilt, dass massiv Arbeitszeit dadurch verschwendet wird, dass die Benutzer sich gegenseitig beim Auffinden von elektronischen Informationen helfen müssen.

Man könnte noch seitenweise über die Probleme, die die Benutzer mit einer modernen IT-Umgebung haben, schreiben. Ich denke aber, dass diese Beispiele völlig genügen, um Sie dafür zu sensibilisieren, dass die Steigerung der Benutzereffizienz in den meisten Umgebungen ein sehr wichtiger Aspekt sein wird.

Natürlich ist dieses Kapitel eigentlich mit »Collaboration«, also Zusammenarbeit, überschrieben. Aber was ist in letzter Konsequenz das Ziel der Einführung von Systemen zur computergestützten Zusammenarbeit? Die Steigerung der Benutzereffizienz!

Die Benutzer sollen einfacher auf die von anderen Anwendern erzeugten Daten zugreifen können, sich schneller die benötigten Informationen beschaffen können und besser und zeitsparender miteinander kommunizieren können.

Man kann beobachten, wie die Geschäftsprozesse immer schneller werden und somit auch die Anforderungen an die Menschen, die diese Prozesse mit Leben füllen, steigen. Man kann aber auch beobachten, dass die meisten Mitarbeiter mit ihren vernetzten PCs noch immer so umgehen wie vor acht Jahren. Gut es gibt einige Unterschiede, denn die Programme liegen in neueren Versionen vor und der Internet Explorer ist ständig geöffnet – aber abgesehen davon hat sich nicht viel verändert. Denken Sie einmal darüber nach!

Im Microsoft Portfolio finden sich vier Applikationsserver, die die elektronische Zusammenarbeit zwischen Menschen verbessern sollen:

▶ **Exchange:** Es dürfte hinlänglich bekannt sein, dass man mit Exchange nicht nur Mails austauschen, sondern diverse Zusatzfunktionen wie die gruppen- oder unternehmensübergreifende Verwaltung von Kalendern, Kontakten oder Aufgaben nutzen kann. Mit den öffentlichen Ordnern steht eine interessante Möglichkeit zur Bereitstellung von Informationen zur Verfügung. Zudem eignet sich Exchange als Transportsystem für Workflow-Informationen aller Art. Ich nehme an, dass Ihnen diese Möglichkeiten bekannt sind, daher werde ich diese im Buch nicht weiter besprechen. Ich möchte Sie aber auf das recht ausführliche Exchange-Kapitel verweisen, das sich mit der Architektur von Exchange beschäfigt.

▶ **SharePoint:** Diese Produktfamilie, bestehend aus den Windows SharePoint Services und dem SharePoint Portal Server, kann die meisten der oben beschriebenen Probleme bei der elektronischen Zusammenarbeit lösen. SharePoint kann man schlecht mit einem Begriff beschreiben: Es ist ein Dokument-Management-System, eine Intranet-Lösung, eine Portalsoftware und einiges andere mehr. Ich werde Ihnen die beiden SharePoint-Produkte und deren Möglichkeiten in diesem Kapitel ausführlich vorstellen.

▶ **Live Communications Server:** Der Live Communications Server ist ein Instant Messaging-System. Wenn Sie an den MSN Messenger denken, haben Sie in etwa die grobe Richtung dieses Systems erfasst. Der LCS kann aber viel mehr und lässt sich im Geschäftsalltag durchaus sinnvoll einsetzen. Mehr dazu später.

▶ **Project Server:** Microsoft Project ist eigentlich eine auf dem Arbeitsplatz-PC laufende Applikation, die letztendlich eine mpp-Datei bearbeitet. Der Project Server ist ein interessantes Hilfsmittel für Arbeitsgruppen, die gemeinsam an der Koordination von großen und komplexen Projekten arbeiten. Der Project-Server hat einen recht speziellen Verwendungszweck, nämlich Optimierung der Zusammenarbeit mehrere Projektmanager und -planer und wird deshalb in diesem allgemeinen Konzeptbuch nicht weiter behandelt.

14.1 Kosten

In den heutigen Zeiten knapper Budgets wird niemand mehr Nice-to-have-Projekte beginnen. Das in IT-Systeme investierte Geld soll wirtschaftliche Ziele verfolgen, also entweder Kosten sparen oder dafür sorgen, dass die Firma mehr Geld verdienen kann.

Die vergangenen Jahre standen eindeutig unter dem Stern der »Kostensenkung«. Hier hat es sicherlich viele sinnvolle und erfolgreiche Projekte gegeben. Angefangen von der Ablösung von Systemen, die sehr hohe Wartungs- und Betriebskosten verursacht haben, über die Einführung von Managementsystemen, die den Administrationsaufwand deutlich senken bis hin zu einer generellen Optimierung der IT-Prozesse. Der Markt hat natürlich ebenso viele erfolglose Versuche der Kostensenkung gesehen, darunter fallen insbesondere diverse »Outsourcing-um-jeden-Preis«-Projekte, bei denen im Vorfeld das Blaue vom Himmel herab versprochen ist, die aber im Endeffekt horrende Kosten, den Verlust von Flexibilität und unzufriedene Anwender zum Ergebnis hatten.

Mittlerweile hat sich die Erkenntnis durchgesetzt, dass die IT ein dermaßen kritischer Produktionsfaktor geworden ist, dass Investitionen in deren Sicherheit und Verfügbarkeit ebenfalls gut angelegtes Geld sind. Wenn die IT-Kosten zwar gering sind, die Systeme dafür aber auch so instabil, dass regelmäßig die Produktion gestoppt werden muss und Daten regelmäßig aufwändig rekonstruiert werden müssen, wird das sicherlich nicht dazu beitragen, dass die Gewinne höher ausfallen.

Im Übrigen gibt es kaum etwas, was peinlicher ist, als dem Kunden erzählen zu müssen, dass die Ware nicht pünktlich geliefert werden konnte, weil die IT mal wieder für zwei Tage stand.

In vielen Landschaften dürften die Möglichkeiten zur Kostenoptimierung ausgereizt und die Verfügbarkeit der Systeme auf ein angemessenes Maß angehoben worden sein. Es stellt sich nun die Frage, was zur weiteren Optimierung getan werden kann – unter der Maßgabe, dass jede Investition auch dazu führen soll, dass entweder mehr Geld eingenommen wird, Kosten gespart werden oder zumindest mögliche Verluste vermieden werden.

Sie haben es sicher schon geahnt: Die dritte Säule ist die Steigerung der Benutzereffizienz. Auch wenn allgemeine Rechenbeispiele häufig einen faden Beigeschmack haben, möchte ich Ihnen dennoch ein paar Werte präsentieren.

Wenn man annimmt, dass man es schaffen kann, dass jeder Benutzer pro Tag 15 Minuten spart, weil er aufgrund einer »besseren« Arbeitsumgebung seine Aufgaben besser und schneller erledigen kann, bedeutet das:

▶ In einem Jahr (240 Arbeitstage) spart jeder Anwender 60 Stunden Zeit. Das sind immerhin 1,5 Arbeitswochen. Man kann es anders formulieren: Um diese Steigerung der Produktivitätszeit anders zu erreichen, müsste man den Mitarbeitern 7,5 Tage Urlaub streichen.

▶ Eine Firma mit 500 PC-Arbeitsplätzen gewinnt jeden Tag 125 »Produktivitätsstunden«, das sind immerhin mehr als 15 Personentage.

Im Übrigen ist die angenommene Zeitersparnis von 15 Minuten pro Tag und Benutzer eine sehr pessimistische Annahme, vermutlich liegt diese, zumindest nach einer Einschwingphase, deutlich höher. Lassen Sie uns aber ruhig mit diesem sehr vorsichtigen Wert weitermachen:

Wenn man die durchschnittlichen monatlichen Personalkosten (inkl. aller Nebenkosten) eines Mitarbeiters im »Bürobereich« (Verwaltung, Entwicklung, Vertrieb etc.) mit EUR 3.000 ansetzt, realisiert eine Firma mit 500 Mitarbeitern im »Bürobereich« jeden Monat Einsparungen von 15 * 3.000 = EUR 45.000,00 (Die 15 eingesparten Tage ergeben sich aus einer Zeitersparnis von 15 Minuten bei jedem der 500 Mitarbeiter.).

Ja, ich weiß, dass diese Berechnungen immer deutlich hinken:

▶ Die 15 Personentage, die eingespart werden, sorgen nicht direkt für einen Kosteneffekt, weil ja nicht direkt 15 Leute entlassen werden.

▶ Ein positiver Effekt stellt sich natürlich auch nur ein, wenn jeder Mitarbeiter die eingesparte Zeit in produktive Arbeit »umwandelt«. Das wird man vielleicht nicht generell voraussetzen können, in vielen Fällen wird das aber der Fall sein.

▶ Auch wenn Sie nicht direkt ein in Euro messbares Ergebnis erhalten: Die Verbesserung der Handhabbarkeit der Systeme wird mit Sicherheit zu einer Verbesserung der Qualität der Bearbeitung der Geschäftsprozesse führen. Im Übrigen nehmen Benutzer einen umständlichen Umgang mit IT-Systemen immer recht negativ auf; eine deutliche Vereinfachung dürfte auch zu einer Verbesserung der Motivation führen.

Fakten sind:

▶ Eine Reduzierung der IT-Kosten führt zu einem direkt messbaren Ergebnis. In den meisten Umgebungen dürfte mittlerweile das Kostensenkungspotential ausgeschöpft sein.

▶ Eine Verbesserung der Verfügbarkeit führt bei einer Bewertung im Rahmen des Risk-Managements sicherlich zu positiven Effekten – oder ist schlicht und ergreifend zwingend notwendig. Sie verdienen dadurch vermutlich aber nicht mehr Geld, sondern verlieren im Schadensfall weniger.

▶ Die Steigerung der Benutzereffizienz bietet ein enormes Potential, weil die meisten Unternehmen und Organisationen in dieser Richtung noch keinerlei Anstrengungen unternommen haben. Die Ergebnisse sind allerdings recht schwer in Euro messbar – zumindest wenn man seriöse Zahlen liefern möchte. Trotzdem liegt der Nutzen auf der Hand!

14

14.2 Windows Sharepoint Services 2.0

Wie bereits zu Beginn dieses Kapitels kurz erwähnt, hat Microsoft zwei Share-Point-Produkte im Programm, nämlich die Windows SharePoint Services (WSS) und den SharePoint Portal Server (SPS).

Die Windows SharePoint Services sind eine kostenlos erhältliche Erweiterung des Windows Servers 2003. Die WSS sind auf älteren Serverversionen definitiv *nicht* lauffähig, was insbesondere daran liegt, dass der Internet Information Server 6 (IIS6) benötigt wird.

Die WSS adressieren in erster Linie die Zusammenarbeit von Teams. Wenn Sie auf der Suche nach einer Lösung sind, mit der eine ganzheitliche Informations-bereitstellung für das komplette Unternehmen realisiert werden kann, greifen Sie lieber direkt zum großen Bruder, nämlich dem SharePoint Portal Server – der dann allerdings kostenpflichtig ist! Sie sollten den vorherigen Satz nun allerdings nicht so verstehen, dass man mit dem kostenlosen Produkt keine interessanten Lösungen realisieren könnte: Die Windows SharePoint Services bieten durchaus eine ganze Menge Lösungsansätze für die Probleme, mit denen sich Ihre Benutzer täglich herumschlagen. Ich finde es generell aber wichtig, ganz deutlich zu sagen, wo die Grenzen eines Produkts liegen – und die WSS sind eben nicht als zentrales Informationsportal gedacht, sondern wenden sich an Teams.

Die Vorgängerversion der Windows SharePoint Services hieß übrigens »Share-Point Team Services«. Der alte Name hat das Produkt eigentlich besser charak-terisiert.

Der SharePoint Portal Server ist letztendlich eine Erweiterung der Windows SharePoint Services, im Portal Server finden sich also sämtliche WSS-Funktio-nen wieder.

14.2.1 Technische Architektur

Die Architektur der Windows SharePoint Services ist recht schnell erklärt:

► Sämtliche Daten werden in einer SQL Server 2000-Datenbank gespeichert. Das Installationspaket enthält eine WMSDE, die Nutzung dieser führt aller-dings zu einigen funktionalen Einschränkungen, beispielsweise ist eine Suche nur möglich, wenn Sie das Vollprodukt SQL Server einsetzen. Hinter-grund ist, dass WSS für die Suchfunktionen die Volltextsuche des SQL Ser-vers verwendet; bei der WMSDE ist keine Volltextsuche enthalten.

Anmerkung: Die WMSDE ist eine kostenlose Version des SQL Servers. Im Vergleich zur MSDE entfällt die Beschränkung der maximalen Größe und die

Limitierung der gleichzeitigen Benutzerverbindungen. Bei der WMSDE kann das Datenbankschema allerdings nicht geändert werden (abgesehen von Microsoft natürlich). Ansonsten unterliegt die WMSDE den gleichen funktionalen Einschränkungen wie die MSDE, beispielsweise ist keine Volltextsuche möglich und es gibt kein grafisches Administrationswerkzeug (= Enterprise Manager).

▶ Da die SharePoint-Produkte in erster Linie für den Zugriff via Webbrowser vorgesehen sind, ist das Kernstück des Systems der Internet Information Server in der Version 6 (Windows 2003), auf dem sich natürlich sehr viel ASP.NET-Code findet.

▶ Dritter Bestandteil ist Programmcode, der im Hintergrund läuft und die eigentlichen SharePoint-Funktionen implementiert. Die für die Benutzer sichtbare SharePoint-Webapplikation macht übrigens letztendlich nichts anderes, als auf diesen Programmcode zuzugreifen.

Wie bereits erwähnt, erfolgt der Zugriff auf SharePoint im Allgemeinen via Webbrowser. Wenn Sie aus Applikationen lesend oder schreibend auf die SharePoint-Daten zugreifen möchten, gibt es zwei Möglichkeiten:

▶ Verwendung von Webservices: SharePoint bringt bereits recht umfangreiche Zugriffsmöglichkeiten über Webservices mit.

▶ SharePoint-Objektmodell: Die zweite Möglichkeit ist die Nutzung des SharePoint-Objektmodells. Diese Variante steht aber nur zur Verfügung, wenn die zugreifende Applikation auf einem SharePoint Server ausgeführt wird. Wenn Sie programmatisch von einem beliebigen Server oder Client auf SharePoint-Daten zugreifen möchten, steht nur der Weg über Webservices zur Verfügung.

14.2.2 Die Teamwebsite

Das Hauptelement der Windows SharePoint Services ist eine Teamwebsite. Diese ist sozusagen die »Informationszentrale« des Teams. Über die Teamwebsite können die Benutzer auf Dokumente, Listen und sonstige Informationen zurückgreifen.

In Abbildung 14.2 ist eine Teamwebsite abgebildet. Sie erkennen diese Elemente:

▶ Am oberen Rand (blaue Zeile mit »Homepage«, »Dokumente und Listen« etc.) befindet sich das Navigationsmenü. Über diese Links gelangt man zu allen Informationen und Einstellmöglichkeiten.

▶ Auf der linken Seite findet sich ein hellblau unterlegtes Feld, das mit »Schnellstart« beschrieben ist. Hier können Links zu häufig verwendeten Inhalten der Teamsite platziert werden.

▶ Der größte Teil der Arbeitsfläche wird von Webparts eingenommen. In Abbildung 14.2 sind vier Webparts zu erkennen: Bei den mit »Ankündigungen«, »Ereignisse« und »Hyperlinks« überschriebenen Kästchen handelt es sich um Webparts, ebenso befindet sich das SharePoint-Logo in einem solchen – auch wenn in diesem Fall keine Titelleiste vorhanden ist. In den frei positionierbaren Webparts können beliebige Informationen angezeigt werden. Auf der gezeigten Abbildung werden die Inhalte von in der Teamsite angelegten Listen angezeigt, ebenso können »externe« Informationen angezeigt werden, wie beispielsweise eine Liste der Umsätze, die aus dem ERP-System abgefragt wird.

Das Erscheinungsbild der Teamsite kann weitgehend Ihrer Corporate Identity angepasst werden. Es existieren einige Vorlagen, darüber hinaus können Sie mittels Cascading Style Sheets eigene gestalterische Vorstellungen umsetzen.

Wenn Sie tiefergehende Änderungen am Erscheinungsbild der Teamsite vornehmen möchten, ist FrontPage 2003 ein gut geeignetes Werkzeug, da es von Hause aus mit den »Besonderheiten« von SharePoint-Sites umgehen kann.

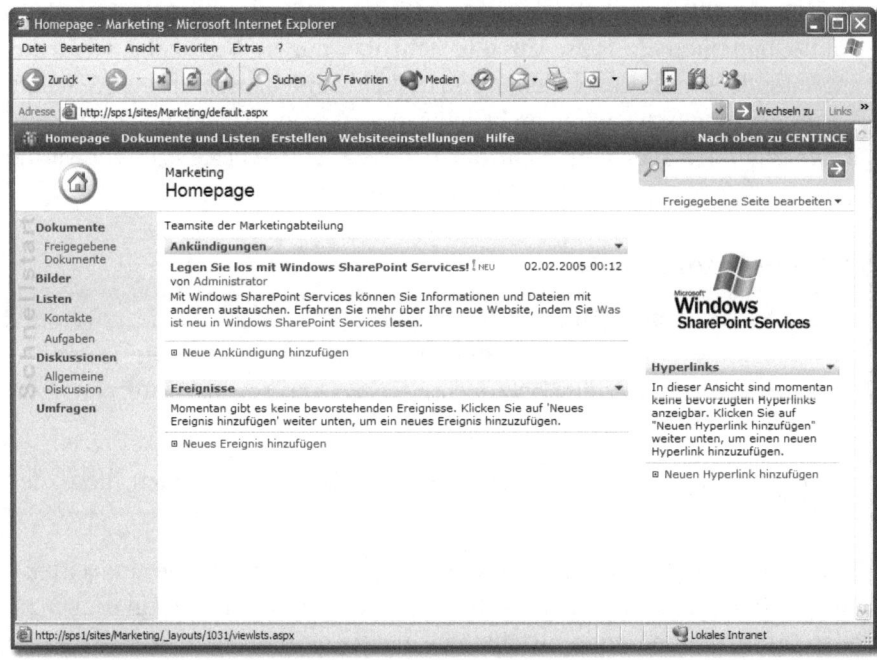

Abbildung 14.2 Eine Teamsite der Windows SharePoint Services

Teamsite-Struktur

Der Grundgedanke der Windows SharePoint Services ist, dass für jedes Team eine eigene Teamwebsite bereitgestellt wird. Nun stellt sich natürlich die Frage, was aus WSS-Sicht ein »Team« ist. Ein nahe liegender Gedanke wäre zu sagen, dass sich die Teams an den Abteilungen in Ihrem Unternehmen orientieren, es gibt also ein »Team Vertrieb«, ein Team »Marketing« etc, die jeweils über eine eigene Teamwebsite verfügen.

In einem größeren Unternehmen könnte man Untergliederungen einführen und für die unterschiedlichen Vertriebsbereiche, also »Vertrieb Deutschland«, »Vertrieb Europa« etc. jeweils eigene Arbeitsbereiche schaffen, sprich eigene Teamwebsites anlegen.

Das Beispiel einer möglichen Struktur für Teamwebsites ist in Abbildung 14.3 dargestellt.

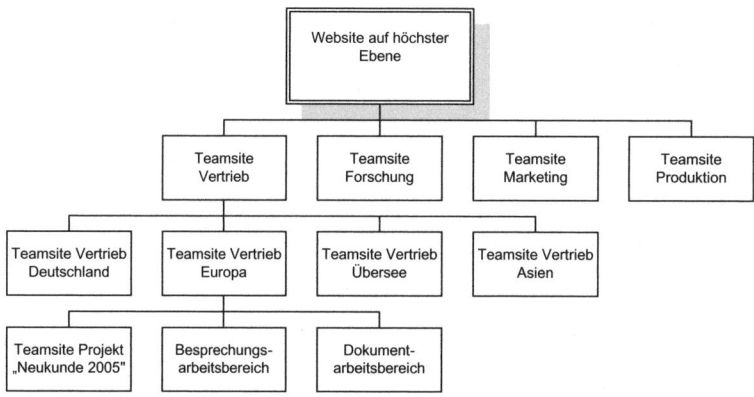

Abbildung 14.3 Teamwebsites können beispielsweise für Abteilungen und Unterabteilungen angelegt werden.

Bleiben wir noch ein wenig bei diesem Beispiel: Jeder Benutzer kann Mitglied verschiedener Teamwebsites sein. Er könnte beispielsweise Zugriff auf die Teamsites »Vertrieb«, »Vertrieb Europa« und »Neukunde 2005« haben, wobei letzteres eine spezielle Projektgruppe des europäischen Vertriebsteams ist. Je nachdem, mit welchen Informationen er arbeiten möchte, wählt er den entsprechenden Arbeitsbereich (= Teamsite) an: Wenn er allgemeine vertriebsorientierte Informationen, beispielsweise Produktdatenblätter sucht, findet er diese in der obersten Vertriebs-Teamsite. Aktuelle Listen mit Kundenzuordnungen und Kontaktlisten, die Angebotsdokumente und vieles andere mehr finden sich in der Teamsite »Vertrieb Europa«. Da der Mitarbeiter zusätzlich beim Projekt »Neukunde 2005« mitarbeitet, hat er auch Zugriff auf diese Teamsite, in der alle Informationen zu diesem Projekt abgelegt sind.

In Abbildung 14.3 ist die oberste Site mit »Website auf höchster Ebene« beschrieben. Wie Sie sehen, werden die Teamwebsites in einer Baumstruktur angeordnet. Ein Baum muss notwendiger Weise eine Wurzel haben; diese Wurzel ist die »Website auf höchster Ebene«.

Sie sind übrigens nicht auf einen Baum begrenzt, Sie können jederzeit eine weitere »Website auf höchster Ebene« anlegen und einen weiteren Baum aufbauen. Die Baumstruktur findet sich übrigens auch in den Namen der einzelnen Teamwebsites wieder. Die »Website auf höchster Ebene« könnte im Root des virtuellen Webservers liegen und hieße demnach wss.centince.intra. Wenn wir uns den Baum weiter hinunterhangeln, ergeben sich folgende Namen:

- ▶ `wss.centince.intra/Vertrieb`
- ▶ `wss.centince.intra/Vertrieb/Europa`
- ▶ `wss.centince.intra/Vertrieb/Europa/Neukunde2005`

Einen Nachteil der Windows SharePoint Services möchte ich Ihnen nicht verschweigen: Die Navigation innerhalb dieser Site-Struktur ist für die Benutzer nicht so einfach, wie die Skizze von dem Baum vielleicht vermuten lässt. Eine übergreifende Navigation ist in den Windows SharePoint Services *nicht* vorgesehen. Da man auf jeder Teamwebsite problemlos Hyperlinks auf andere Websites platzieren kann, lässt sich aber eine grundlegende Navigationshilfe konstruieren, z.B. innerhalb der Sites des Vertriebs.

Wenn ein Benutzer beispielsweise auf Teamwebsites des Vertriebs zugreift und in diversen Projektteams mitarbeitet, deren Sites an völlig anderen Stellen der Struktur aufgehängt sind, ist der einzige wirklich sinnvolle Weg, wenn der Benutzer »seine« Sites als Favoriten im Internet Explorer speichert.

Ein weiteres Beispiel für einen Anwendungsfall, der mit den Windows SharePoint Services nicht optimal zu realisieren ist: Im Allgemeinen werden alle Abteilungen über Informationen und Dokumente verfügen, die firmenübergreifend interessant sind: Das Marketing hat die aktuellen Versionen der Firmenbroschüren, der Entwicklung informiert über aktuelle Trends und Produkte, die Geschäftsleitung kommuniziert Informationen über die Lage der Firma und vieles andere mehr.

Könnte jeder Benutzer problemlos im Baum der Teamwebsites navigieren, könnte er für ihn zugängliche Informationen selbst finden: Das Marketing könnte einen öffentlichen Dokumentbereich bereitstellen, auf den jeder Mitarbeiter lesend zugreifen kann, um die Firmenbroschüren abzurufen.

Mit viel »Trickserei« und eventuell etwas Programmierung ließe sich durchaus eine Navigationssteuerung durch den Teamsitebaum realisieren – der beschriebene Anwendungsfall wird aber im SharePoint Portal Server ziemlich perfekt abgedeckt.

Dass ich Ihnen so ausführlich erkläre, was mit den Windows SharePoint Services nicht funktioniert, soll Sie keinesfalls zu dem Schluss bringen, dass die WSS nicht sinnvoll einsetzbar wären und in jedem Fall der SharePoint Portal Server gebraucht würde.

Damit Sie eine fundierte Entscheidung treffen können, welches der beiden Produkte das geeignetere für Sie ist, muss man diese natürlich deutlich voneinander abgrenzen. Auf den Punkt gebracht:

▶ Zusammenarbeit innerhalb von Teams: Windows SharePoint Services

▶ Zusammenarbeit und Informationsbereitstellung im kompletten Unternehmen: SharePoint Portal Server

Wie die WSS die Zusammenarbeit von Teams optimieren, erfahren Sie im weiteren Verlauf des Kapitels. Zunächst schauen wir uns zwei alternative Strukturen für Teamsites an.

Eine projektorientierte Teamsite-Struktur

In vielen Firmen und Organisationen arbeiten nicht nur die Benutzer einer Abteilung zusammen, sondern benötigen eine abteilungsübergreifende Plattform zur Zusammenarbeit. Diese abteilungsübergreifende Zusammenarbeit lässt sich mit den WSS sehr gut abbilden.

Stellen Sie sich beispielsweise ein Unternehmen vor, dessen Business die Abwicklung von Projekten für Kunden ist. Dies könnte ein Maschinen- und Anlagenbauer oder auch ein IT-Systemhaus sein.

Eine geeignete Teamsite-Struktur ist in Abbildung 14.4 dargestellt:

▶ Für jeden Kunden wird eine Teamwebsite eingerichtet. In dieser Site können allgemeine Informationen wie Kontaktdaten, Besuchsberichte etc. gespeichert werden. Man könnte natürlich ebenso gut Angebotsdokumente und Verträge hinterlegen. Auf diese Teamsite müssen alle Mitarbeiter zugreifen können, die mit dem Kunden zu tun haben, also Vertrieb, Entwicklung, Service etc.

▶ Unterhalb der allgemeinen Kunden-Website werden für die einzelnen Projekte Teamwebsites angelegt. Hier werden Projektpläne, Statusberichte, Dokumentationen etc. abgelegt. Jeder Mitarbeiter, der an diesem Projekt arbeitet, erhält Zugang zu dieser Website.

- Bei sehr großen und komplexen Projekten könnte es durchaus sinnvoll sein, Teamwebsites für einzelne Unterprojekte anzulegen.

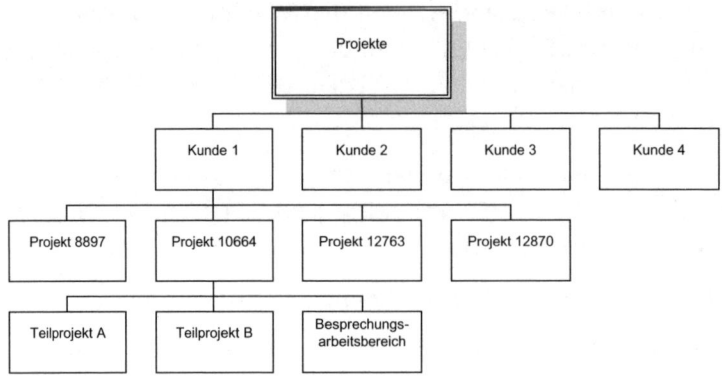

Abbildung 14.4 Eine Teamsitestruktur, die nach Kunden und Projekten orientiert ist.

Zum technischen Aufbau der Struktur:

- Die Wurzel des Baums ist eine »Website auf höchster Ebene«, beispielsweise könnte diese unter dem DNS-Namen `kunden.centince.net` erreichbar sein.

- Die darunter angelegte Strukur besteht dann aus den Sites:
  - `kunden.centince.net/Kunde1`
  - `Kunden.centince.net/Kunde1/10664`
  - `kunden.centince.net/Kunde1/10664/TeilprojektB`

Man könnte übrigens auch auf die Idee kommen, dass Mitarbeiter des Kunden, für den das Projekt durchgeführt wird, auch auf bestimmte Bereiche des Projekt-Teamsite zugreifen können. Der aktuelle Projektstatus, Dokumentationen etc. könnten so auf einfache Weise dem Kunden zugänglich gemacht werden, auf andere interne Informationen gewährt man ihm keinen Zugriff.

Eine noch andere Vorgehensweise ist in Abbildung 14.5 zu erkennen: Wenn ein Unternehmen bei ihren Projekten vier Themenschwerpunkte setzt, beispielsweise SAP, Collaboration, Storage und Networking, könnte man natürlich die Struktur auch an diesen orientieren:

- Unterhalb der Website auf höchster Ebene findet sich eine Teamsite, in der beispielsweise allgemeine Informationen zum Tätigkeitsbereich »Collaboration« abgelegt werden, beispielsweise allgemeine Produktinformationen, Dokumentationen, Projektablaufpläne etc.

- Darunter werden Teamwebsites für die einzelnen Projekte angelegt, in denen sämtliche Informationen zu diesen gespeichert werden.

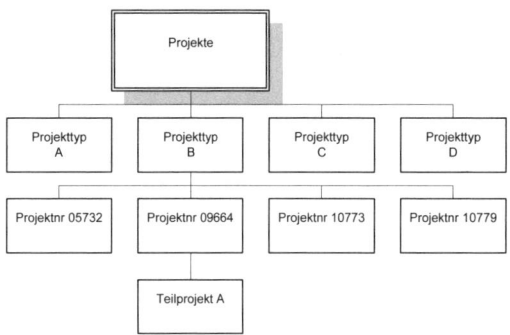

Abbildung 14.5 Eine Struktur, die die Projekte nach Projekttyp anordnet.

Es gibt kein Patentrezept, wie die beste Teamwebsite-Struktur aussieht. Es ist letztendlich wie immer: Um die beste Lösung zu finden, muss man die Anforderungen analysieren, die Vor- und Nachteile des einzelnen Lösungsansatzes betrachten und daraus die Entscheidung für die beste Lösung treffen.

Es ist absolut kein Problem, mehrere Strukturen (= mehrere Bäume) aufzubauen. Sie könnten beispielsweise einen abteilungsorientierten und einen kundenorientierten Baum anlegen.

Sie müssen sich aber im Klaren sein, dass der Benutzer den Überblick über seine Arbeitsbereiche behalten muss. Wenn Sie die Struktur so feingliedrig aufbauen, dass jeder Benutzer zwischen zwanzig und dreißig Arbeitsbereiche im Auge behalten muss, wird man das Ziel einer einfach zu beherrschenden Arbeitsumgebung nicht erreichen. Kurz gesagt: Die beste Struktur besteht aus genügend Teamsites, um eine sinnvolle thematische Trennung zu realisieren, gleichzeitig überfordert sie den Benutzer nicht durch eine übertrieben komplexe Struktur.

14.2.3 Benutzer und Berechtigungen

Zuvor haben Sie einiges über Teamsites und mögliche Teamsite-Strukturen gehört. Natürlich muss gesteuert werden, welche Benutzer mit welchen Berechtigungen auf die Websites zugreifen dürfen. Erste Voraussetzung ist, dass der Benutzer über ein Konto in der Domain verfügen muss.

> Streng genommen ist diese Aussage nicht ganz korrekt. Eine Domain ist nicht Voraussetzung für den Einsatz der Windows SharePoint Services. Diese würden auch auf einem einzelnen Server laufen, die Benutzer müssten dann lokal angelegt werden. Dieses Szenario erscheint mir aber nicht realistisch, da vermutlich jede Organisation, die Microsoft-Server einsetzt, über eine Domain verfügen wird.

Jede SharePoint Teamsite verfügt über einen Dialog zur Benutzerverwaltung, den Sie in Abbildung 14.6 sehen. Hier können Sie einzelne Benutzer oder Gruppen mit unterschiedlichen Berechtigungsstufen für den Zugriff auf die Teamsite autorisieren. Es ist übrigens nicht möglich, allen Benutzern einer Active Directory Organizational Unit (OU) ein Zugriffsrecht einzuräumen. SharePoint verhält sich diesbezüglich so, wie beispielsweise das Filesystem, bei dem Sie ebenfalls den Gruppen nicht aber den OUs Berechtigungen zuweisen können.

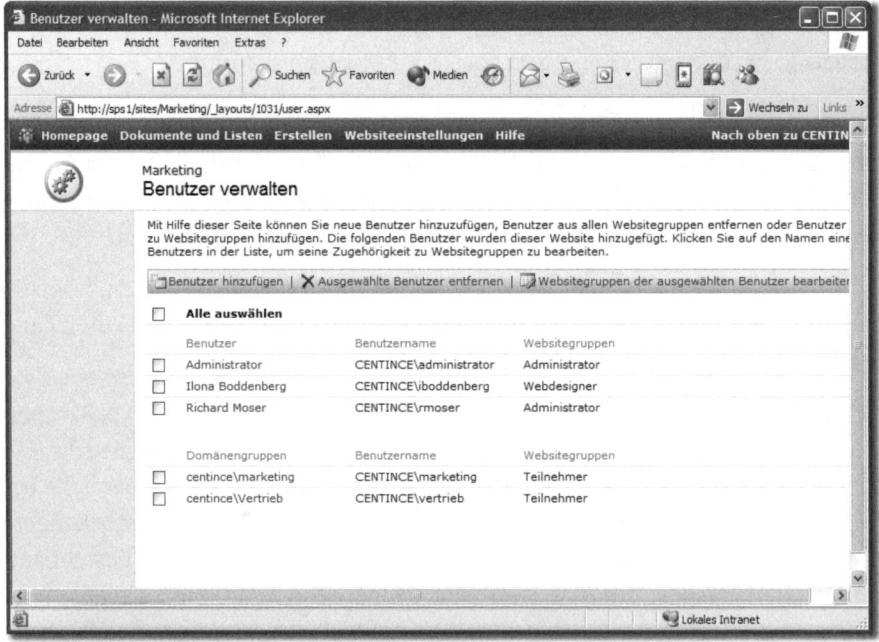

Abbildung 14.6 Die Benutzerverwaltung für eine Teamwebsite

Die zugewiesenen Berechtigungen können sich übrigens innerhalb der Baumstruktur vererben. Rufen Sie sich bitte Abbildung 14.3 in Erinnerung: Eine in der Struktur untergeordnete Website kann die Berechtigungen der im Baum übergeordneten Website übernehmen.

Wenn Sie Abbildung 14.6 betrachten, sieht die Berechtigungsverwaltung klar und einfach aus: Benutzer und Domaingruppen werden mit den Berechtigungsstufen Administrator, Webdesigner oder Teilnehmer ausgestattet.

Leider ist es nicht ganz so einfach, denn ich muss Sie noch mit Websitegruppen und websiteübergreifenden Gruppen bekannt machen.

Websitegruppen

Wenn Sie Abbildung 14.6 genau anschauen, sehen Sie, dass die Benutzer und Domain-Gruppen zu Mitgliedern von Websitegruppen gemacht haben; »Administrator«, »Webdesigner« und »Teilnehmer« sind Websitegruppen und keine statisch festgelegten Rollen.

Sie können selbst beliebige Websitegruppen anlegen und detailliert Rechte vergeben. In Abbildung 14.7 sehen Sie, dass die Rechtestruktur recht granular festgelegt werden kann.

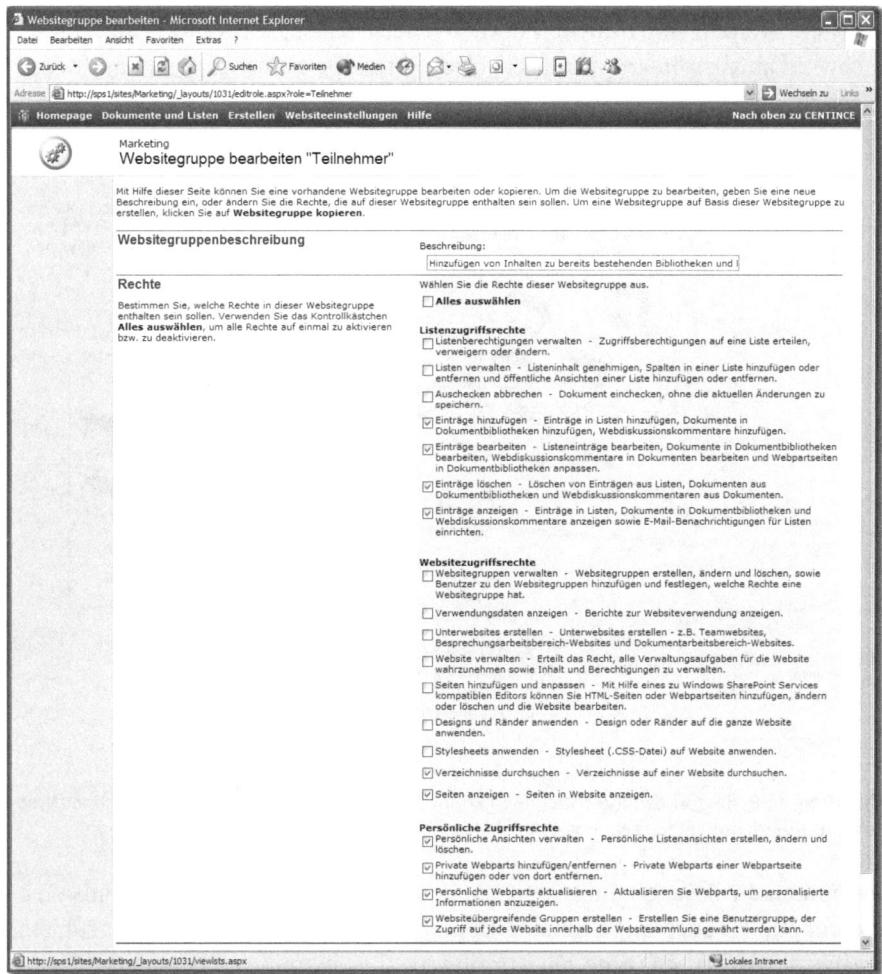

Abbildung 14.7 Die Rechte von Websitegruppen können recht feingliedrig festgelegt werden.

Leider müssen wir die Komplexität noch ein wenig steigern: Eine Teamwebsite enthält Dokumentbibliotheken und Listen, in denen die eigentliche Speicherung der Informationen geschieht. Die Zugriffsrechte können für jede Dokumentbibliothek und jede Liste individuell festgelegt werden.

Dabei ist es möglich, die Zugriffsrechte entweder an Domaingruppen (oder auch einzelne Domain-Benutzer) oder an Websitegruppen zu vergeben.

Verwirrt? Abbildung 14.8 schafft hoffentlich die notwendige Klarheit:

▶ Um überhaupt auf die Teamwebsite zugreifen zu können, müssen die Domain-Benutzer und/oder -Gruppen Mitglied einer Websitegruppe sein.

▶ Bei den Ressourcen der Teamwebsite, das sind Dokumentbibliotheken und Listen, werden individuelle Zugriffsrechte festgelegt. Diese Rechte können sowohl an Websitegruppen als auch direkt an Domain-Gruppen und -Benutzer zugewiesen werden.

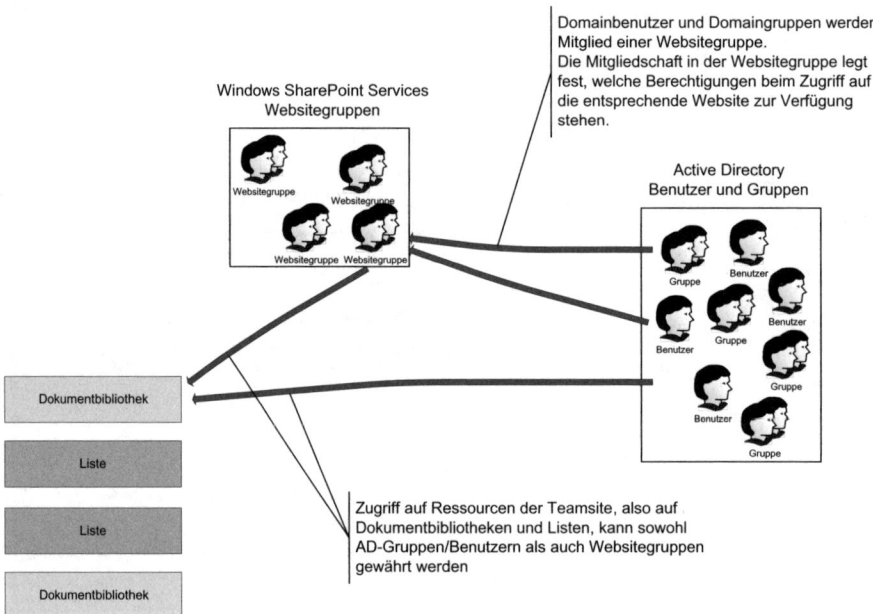

Abbildung 14.8 Ressourcenberechtigungen können an Websitegruppen und/oder Active Directory Gruppen/Benutzer vergeben werden.

Sie können die Berechtigungszuweisungen an Ressourcen gleichzeitig mit Websitegruppen als auch mit Domaingruppen realisieren. Technisch kein Problem, organisatorisch ist das eine Katastrophe, weil es extrem unübersichtlich wird. Mag sein, dass ein Benutzer Zugriffsrechte hat, weil er Mitglied einer Websitegruppe ist bzw. weil er einer Domaingruppe angehört, die Mitglied einer Websitegruppe ist. Denkbar ist natürlich, dass derselbe Benutzer durch die Mitgliedschaft in einer Domaingruppe, an die direkt Ressourcenrechte vergeben worden sind, ganz andere Zugriffsrechte erhält. Vermutlich müssen Sie die letzten beiden Sätze zweimal lesen, um sie inhaltlich zu verstehen – und genau so geht es Ihnen beim »auseinander friemeln« der Rechte, wenn Sie sich nicht für eine klare Rechtevergabestruktur entscheiden.

Sie sollten festlegen, ob Sie generell die Berechtigungen auf Ressourcen mit Websitegruppen oder mit Domaingruppen steuern möchten:

▶ Ich würde Ihnen empfehlen, dies mit Domaingruppen zu tun. Domaingruppen werden Sie ohnehin pflegen müssen. Sie ersparen sich dann zumindest die zusätzliche Pflege der Websitegruppen.

▶ Alternativszenario: Wenn in Ihrem Unternehmen die Domaingruppen partout nicht geeignet sind, um SharePoint-Berechtigungen abzubilden und Sie vielleicht darüber hinaus garnicht für die Verwaltung der Domaingruppen verantwortlich sind, können Sie natürlich zu Websitegruppen greifen und mit diesen eine sinnvolle Struktur realisieren.

Sie kommen mit beiden Wegen zu einem vernünftigen Ergebnis, Sie sollten sich für einen Weg entscheiden und diese Entscheidung konsequent umsetzen.

Es ist übrigens möglich, einen anonymen Zugriff auf Teamwebsites und deren Ressourcen zu ermöglichen. Sie können so beispielsweise Internet-Benutzern (lesenden) Zugriff auf bestimmte Informationen ermöglichen.

Wenn Sie SharePoint mit dem Internet verbinden, sollten Sie sehr genau die Lizenzsituation prüfen. Die WSS sind zwar kostenlos, wenn Sie aber nicht die WMSDE, sondern den SQL Server zur Speicherung der Daten verwenden, muss bei dessen Lizenzierung darauf geachtet werden, dass Internet-Benutzer Daten dieses Servers abrufen. Wenn Sie genau wissen, welche Benutzer zugreifen werden, können Sie für jeden dieser Benutzer eine Client-Zugriffslizenz (CAL) beschaffen, alternativ bietet sich der Erwerb von Prozessorlizenzen für den SQL Server an.

Websiteübergreifende Gruppen

Ich hatte weiter vorn erwähnt, dass Sie zwischen den Teamwebsites eines Baums die Vererbung der Benutzerrechte aktivieren können. Eine untergeordnete Teamwebsite nutzt dann die Websitegruppen (nebst zugewiesener Domaingruppen) der übergeordneten Site.

Es ist nun durchaus denkbar, dass Sie diese Vererbung nicht aktivieren möchten, weil eben nicht jeder, der auf die Website »Vertrieb« zugreifen darf, ebenfalls Zugriff auf die untergeordnete Site »Vertrieb Europa« erhalten soll (siehe Abbildung 14.3). Ich erweitere das Beispiel um folgende Anforderung:

- Die Vertriebsleiter der einzelnen Bereiche (Deutschland, Europa etc.) sollen Zugriff auf die Teamwebsites der jeweils anderen Vertriebsbereiche haben.
- Es gibt keine Domaingruppe »Vertriebsleiter«. Eine solche soll auch nicht eingerichtet werden.

In diesem Fall können Sie sich mit einer websiteübergreifenden Gruppe helfen. Websiteübergreifende Gruppen stehen im kompletten Baum zur Verfügung, also auf allen Teamsites unterhalb der »Website auf höchster Ebene«. Einige Fakten:

- Websiteübergreifende Gruppen können Mitglieder in Websitegruppen werden.
- Ressourcenberechtigungen können an websiteübergreifende Gruppen vergeben werden.
- Websiteübergreifende Gruppen können Domainbenutzer aber keine Domaingruppen beinhalten.
- Websiteübergreifende Gruppen funktionieren nicht über »Baumgrenzen« hinweg.

Letztendlich gilt für websiteübergreifende Gruppen das, was ich bereits zum Thema »Websitegruppen vs. Domaingruppen« geschrieben habe: Entscheiden Sie sich für eine Vorgehensweise zur Rechtevergabe und halten Sie diese konsequent durch. Wenn Sie Berechtigungen mal an Domaingruppen, ein anderes Mal an Websitegruppen und hin und wieder auch an websiteübergreifende Gruppen zuweisen, versinken Sie in absehbarer Zeit im Chaos.

14.2.4 Dokumente

Zu Beginn dieses Kapitels hatte ich erwähnt, dass eine Ablage von Dateien mit diversen Problemen behaftet ist, beispielsweise:

- Die Auswahl des »richtigen« Speicherorts ist für die Benutzer häufig schwierig.
- Festlegen eines sinnvollen Dateinamens. Dies ist insbesondere deshalb wichtig, weil das Dateisystem keine zusätzlichen Attribute zur Charakerisierung des Dokuments speichern kann.
- Es gibt keine Versionierung.
- Dateisysteme sind in der Handhabung weder sonderlich komfortabel noch intuitiv bedienbar.

In diesem Abschnitt werden wir untersuchen, wie SharePoint mit Dokumenten umgeht, einige Fakten vorab:

- In einer Teamsite der Windows SharePoint Services können beliebig viele Dokumentbibliotheken eingerichtet werden.

- Es können beliebige Dokumenttypen in einer Bibliothek abgelegt werden, die Dokumenttypen des Microsoft Office-Pakets werden speziell unterstützt.

- Dokumente können mit beliebig zu definierenden Eigenschaften charakterisiert werden.

- Auf Wunsch kann eine Versionierung verwendet werden.

- Dokumente können ausgecheckt werden.

- Die Benutzer können sich über Änderungen in der Dokumentbibliothek benachrichtigen lassen.

- Berechtigungen können für die komplette Dokumentbibliothek vergeben werden, jedoch nicht (!) für einzelne Dokumente (= keine Per-Item-Security).

- Wenn Sie SQL Server verwenden (und nicht »nur« WMSDE) steht Ihnen die Volltextsuchfunktion zur Verfügung.

In Abbildung 14.9 sehen Sie die Ansicht einer Dokumentbibliothek. Die Dokumente werden nebst frei definierbaren Eigenschaften (hier: Datum, Thema und Leiter) angezeigt. Das Kontextmenü ermöglicht den Zugriff auf verschiedene Funktionen, wie dem Bearbeiten des Dokuments in Word, das Anpassen der Eigenschaften, das Auschecken des Dokuments oder den Zugriff auf die Versionierung.

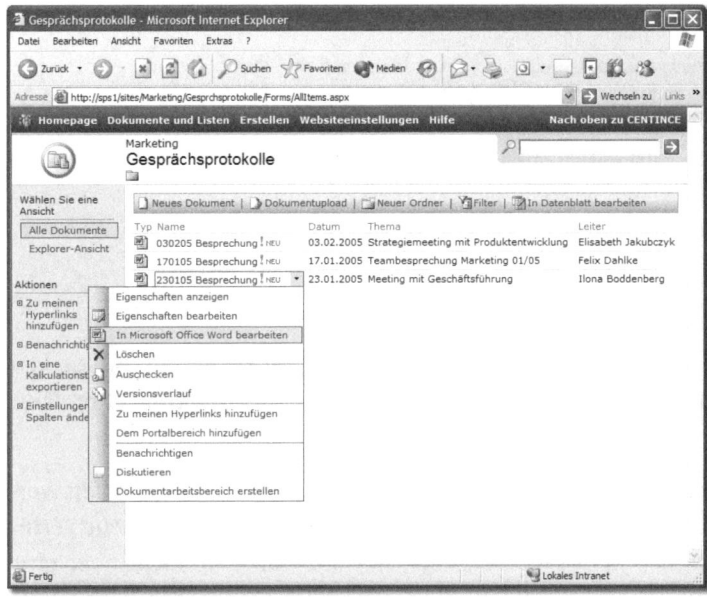

Abbildung 14.9 Blick in eine Dokumentbibliothek

Microsoft Office unterstützt ab Version 2000 die Zusammenarbeit mit Share-Point. Wenn Ihre Benutzer intensiv mit SharePoint arbeiten, lohnt sich der Einsatz des Office 2003-Pakets. Auf der Microsoft Website findet sich eine Datei namens good_better_best.doc, in dem die unterschiedlichen Fähigkeiten der Office-Versionen 2000, XP und 2003 bezüglich der Unterstützung von SharePoint verglichen sind. Das Fazit des Vergleichs lässt sich so beschreiben: Die Office 2000-Applikationen können rudimentär mit SharePoint umgehen. Die beste Unterstützung der SharePoint-Arbeitsumgebung bietet das 2003er-Paket. Office XP liegt »irgendwo dazwischen«.

Die folgende Tabelle listet die SharePoint-Funktionen der einzelnen Office-Applikationen (Version 2003) auf:

Funktion	Applikation
Öffnen und Speichern von Dokumenten über das Datei-Menü der Applikation	Excel, FrontPage, InfoPath, Microsoft Project, OneNote, Outlook, PowerPoint, Publisher, Visio, Word
Task Pane: »Freigegebener Arbeitsbereich«	Excel, Microsoft Project, OneNote, PowerPoint, Visio, Word
Freigegebene Anlage senden	Outlook
Synchronisieren von Kontakten und Kalendereinträgen	Outlook
Updates von Dokumenten in Dokument-Bibliotheken	Excel, PowerPoint, Visio, Word
Abfrage nach Metadaten beim Speichern	Word, Excel, PowerPoint
Check-in/check-out	Word, Excel, PowerPoint
Unterstützung der SharePoint-Versionsverwaltung	Word, Excel, PowerPoint
Importieren von SharePoint-Listen	Excel, Access
Exportieren von Daten in SharePoint-Listen	Excel, Access

Die Office-Applikationen greifen auf die SharePoint-Dokumentbibliotheken über FrontPage Remote Procedure Calls (FP-RPC) zu. Die Kommunikation läuft also letztendlich über das HTTP-Protokoll.

Alternativ kann auf die Dokumentbibliotheken über WebDAV zugegriffen werden. Da Windows XP-Systeme über einen integrierten WebDAV-Client verfügen, ist es letztendlich kein Problem, auch mit Software, die nicht über eine SharePoint-Unterstützung verfügt, auf die Dokumente zuzugreifen.

In Abbildung 14.10 sehen Sie die Inhalte der zuvor gezeigte Dokumentbibliothek (Abbildung 14.9) im Windows Explorer. Die Bibliothek kann als »normales« Laufwerk gemountet werden.

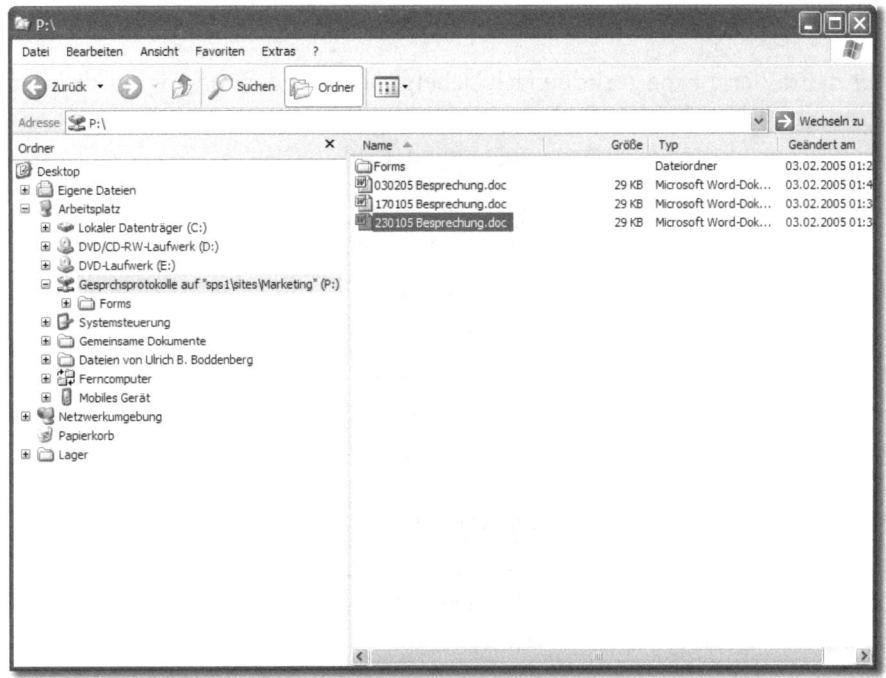

Abbildung 14.10 Auf die in Dokumentbibliotheken gespeicherten Dateien kann auch über Web-DAV zugegriffen werden.

14

Sie müssen sich allerdings darüber im Klaren sein, dass Sie zwar auf diesem Wege auf die Dokumentbibliothek zugreifen können, Sie können allerdings über WebDAV keine Eigenschaften (wie Datum, Thema und Leiter) setzen. Zudem funktioniert beim Zugriff über WebDAV die Versionierung nicht.

Wenn Sie mit dem Windows Explorer Dateien in Dokumentbibliotheken kopieren, können Sie allerdings nachträglich mit der SharePoint-Weboberfläche die Eigenschaften der Dokumente setzen.

Zur Erinnerung: SharePoint speichert die Dateien einer Dokumentbibliothek im SQL Server. Das Filesystem, das im Explorer vorgegaukelt wird, ist lediglich emuliert.

Vorlagen

Sie können in jeder Teamwebsite beliebig viele Dokumentbibliotheken anlegen. Man könnte so vorgehen, dass man für verschiedene thematische Bereiche jeweils eine Dokumentbibliothek einrichtet, beispielsweise für Gesprächsprotokolle, Projektpläne etc. Bleiben wir bei den Gesprächsprotokollen: Diese werden vermutlich immer auf derselben Word-Vorlage basieren, diese kann als Vorlage in der Dokumentbibliothek hinterlegt werden. Ein Klick auf »Neues Dokument« öffnet Word und lädt direkt die Vorlage.

Auf diese Weise kann recht einfach sichergestellt werden, dass wirklich jeder Benutzer, die für den Anwendungszweck vorgesehene Vorlage verwendet. Aus Benutzersicht sieht der Vorgang folgendermaßen aus:

▶ Der Benutzer möchte ein Gesprächsprotokoll schreiben. Er öffnet im Internet Explorer die entsprechende Teamwebsite.

▶ Da er ein Gesprächsprotokoll schreiben möchte, ruft er innerhalb der Teamwebsite die hierfür vorgesehene Dokumentbibliothek auf.

▶ Dort klickt er auf »Neues Dokument«, worauf Word sich öffnet und die hinterlegte Vorlage öffnet.

▶ Der Benutzer schreibt sein Protokoll und speichert dieses.

Abfrage der Dokument-Eigenschaften

Wenn das Dokument das erste Mal gespeichert wird, müssen zunächst ein Dateiname und dann die von Ihnen definierten Eigenschaften des Dokuments eingegeben werden.

Der Dateiname wird zur eindeutigen Identifizierung des Dokuments benötigt. Da Benutzer sich im Allgemeinen mit Dateinamen schwer tun, könnte man automatisch einen »maschinellen« Dateinamen vergeben. Ohnehin sind die selbst definierbaren Eigenschaften zur Beschreibung des Dokuments wesentlich interessanter.

Sie können individuell für jede einzelne Dokumentbibliothek beliebig viele Eigenschaften setzen, die zur Beschreibung des Dokuments verwendet werden. In dem zuvor genannten Beispiel (Besprechungsprotokolle) werden das Datum, das Thema und der Leiter der Besprechung erfasst. Für eine Dokumentbibliothek, in der Besuchsberichte gespeichert werden, könnte man den Namen des eigenen Mitarbeiters, den Namen des Kunden, Datum und Ort der Besprechung sowie das Thema des Gesprächs als Dokumenteigenschaft definieren.

Word, Excel und PowerPoint fragen in Version 2003 beim erstmaligen Speichern direkt die Dokumenteigenschaften ab (Abbildung 14.11). Diese Eigenschaften können nachträglich jederzeit mit der Weboberfläche modifiziert werden.

Die folgende Abbildung zeigt ein Dialogfeld mit dem Titel »Webdateieigenschaften«:

Marketing
Gesprächsprotokolle

Datum * `3.2.2005`
Geben Sie das Datum im T.M.JJJJ-Format ein.

Thema

Leiter *

* markiert ein erforderliches Feld

OK   Abbrechen

Abbildung 14.11 Automatische Abfrage der Dokumenteigenschaften in Word, Excel und Power-Point 2003

Ansichten für Dokumentbibliotheken

Die frei definierbaren Eigenschaften zur Beschreibung des Inhalts der Dokumente sind natürlich schon ein großer Fortschritt im Vergleich zu einem System, das lediglich auf Dateinamen basiert. Zudem sind die Dokumente durch das Speichern in den Teamwebsites und darin enthaltenen Bibliotheken bereits in einer leicht verständlichen Struktur untergebracht.

Wenn aber nicht nur einige wenige Dokumente in einer Bibliothek gespeichert sind, sondern mehrere Dutzend oder gar einige hundert Dokumente vorhanden sind, muss man sich Gedanken über die Art der Darstellung machen (Abbildung 14.12).

Für jede Dokumentbibliothek kann eine beliebige Anzahl von Ansichten definiert werden, zwischen denen die Benutzer selbst wechseln können. Beim Erzeugen von Ansichten stehen Ihnen diverse Optionen zur Verfügung, die sich auch kombinieren lassen:

▶ Definition, welche Spalten an welcher Position angezeigt werden sollen.

▶ Zweistufiges Anpassen der Sortierreihenfolge

▶ Filtern der Ansichten, beispielsweise um nur die Dokumente des aktuellen Jahres anzuzeigen.

▶ Eine »Gruppieren nach« Funktion. Diese Funktion kennen Sie von Outlook.

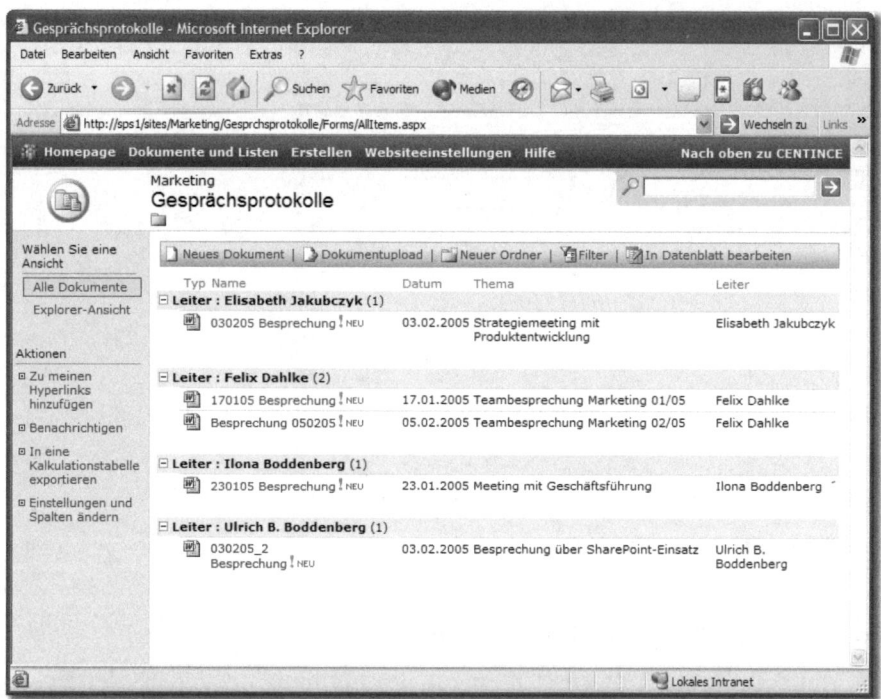

Abbildung 14.12 Verwendung der »Gruppieren nach«-Funktion für die Anzeige einer Dokumentbibliothek

Versionierung

Wenn mehrere Benutzer mit einem Dokument arbeiten, ist es unter Umständen wünschenswert, auch auf frühere Versionen zurückgreifen zu können. Eine Dokumentbibliothek kann durch einen einfachen Mausklick so konfiguriert werden, dass bei Änderungen des Dokuments automatisch eine neue Version erstellt wird. Die Benutzer müssen also nicht mit unterschiedlichen Dateinamen »herumhantieren«, um ältere Dateiversionen beizubehalten: Ein Klick auf Versionsverlauf im Kontextmenü eines Dokuments genügt und schon werden alle vorhandenen Versionen aufgelistet und können angesehen werden (Abbildung 14.13).

Vorsicht: Wenn Sie über WebDAV auf Dokumente zugreifen, funktioniert die Versionierung nicht.

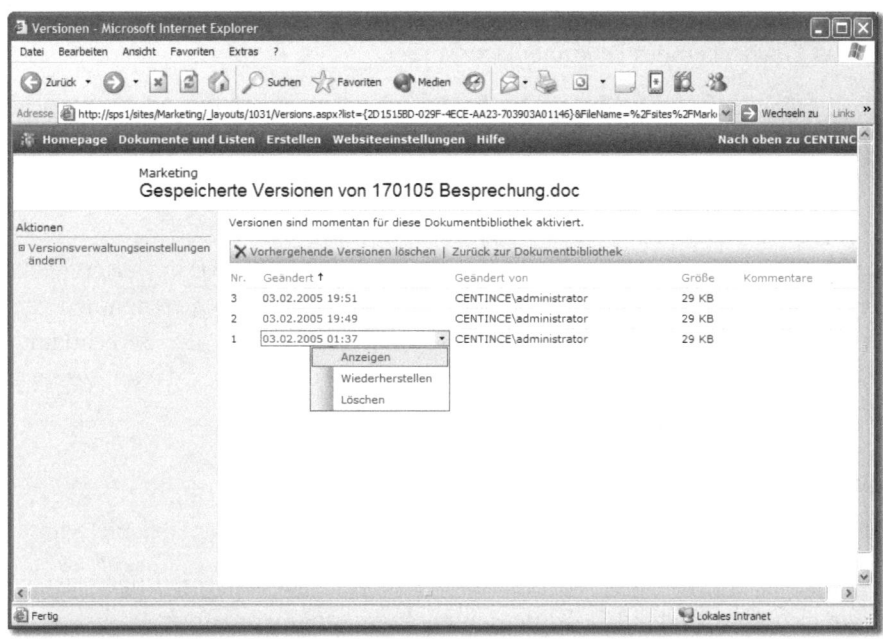

Abbildung 14.13 Zugriff auf die gespeicherten Versionen eines Dokuments

Checkin/Checkout

Beim Umgang mit Dokumenten muss sichergestellt werden, dass nicht zwei Benutzer gleichzeitig ein Dokument öffnen und Änderungen daran vornehmen. In einem klassischen Filesystem wird dies dadurch geregelt, dass Word & Co. erkennen, wenn eine Datei bereits geöffnet ist und melden dieses dem Benutzer. Genauso funktioniert es (zumindest aus Sicht des Benutzers) in SharePoint: Ist eine Datei aktuell von einem anderen Benutzer geöffnet, erhält der Anwender eine entsprechende Meldung.

Problematisch wird es, wenn ein mobiler Benutzer eine Datei auf seinem Notebook mitnehmen möchte, in Ruhe bearbeitet und nach einer Woche wieder zur Verfügung stellt. Während dieses Zeitraums werden schreibende Zugriffe von anderen Benutzern nicht zurückgewiesen, denn die Datei ist ja aktuell auf dem Server nicht geöffnet.

Die »klassische« Lösung ist das Auschecken eines Dokuments, das auch von SharePoint unterstützt wird. Im Kontextmenü des Dokuments findet sich eine entsprechende Option, mit der es als ausgecheckt markiert wird.

Ebenso einfach kann das Dokument wieder eingecheckt werden: Entweder mittels des Kontextmenüs in der Weboberfläche oder beim Speichern mit einem Office 2003-Produkt (Word, Excel, PowerPoint). Letztgenannte erkennen, wenn ein ausgechecktes Dokument gespeichert wird und bieten an, direkt für das Einchecken des Dokuments zu sorgen.

Ob ein Dokument ausgecheckt ist, können die Benutzer leicht in der Ansicht der Dokumentbibliothek sehen. Unter der Voraussetzung, dass die Spalte »Ausgecheckt von« nicht ausgeblendet ist, wird dort der Benutzername des »Auscheckers« angezeigt.

Eine beliebte Frage ist: Was passiert, wenn ein Benutzer eine Datei ausgecheckt hat und er ist für eine längere Zeit erkrankt oder hat gar das Unternehmen verlassen? Die Antwort ist einfach: Sie können Anwendern die Berechtigung zuweisen, einen Checkin-Vorgang zu erzwingen – unabhängig davon, wer das Dokument zuvor ausgecheckt hat.

Weitere Funktionen

Die Dokumentbibliotheken bieten viele weitere Möglichkeiten, beispielsweise:

▶ Benachrichtigungen: Benutzer können sich per Mail benachrichtigen lassen, wenn Änderungen an Dokumenten vorgenommen worden sind.

▶ Inhaltsgenehmigungen: Wenn Dokumentbibliotheken zum Veröffentlichen von Dokumenten verwendet werden, könnte es wünschenswert sein, dass vor Veröffentlichung eine Prüfung stattfinden muss. Dies kann mit Inhaltsgenehmigungen umgesetzt werden. Ein Dokument wird erst sichtbar, wenn ein mit entsprechenden Rechten ausgestatteter Benutzer es mittels eines Mausklicks genehmigt.

Wenn Sie als Datenbank den SQL Server und nicht »nur« die WMSDE verwenden, steht Ihnen eine Volltextsuche zur Verfügung. Die Volltextsuche der Windows SharePoint Services sucht allerdings immer nur innerhalb der Teamwebsite, auf der die Suche gestartet worden ist und nicht über alle Teamsites. Da die Benutzer im Allgemeinen vermutlich ohnehin Dokumente innerhalb ihrer eigenen Arbeitsumgebung suchen, ist das zumeist kein Problem; wenn Sie eine leistungsfähige unternehmensübergreifende Suchmöglichkeit benötigen, sollten Sie einen Blick auf den SharePoint Portal Server werfen, dort ist eine sehr leistungsfähige Suchfunktion enthalten.

Fazit

Die Verwaltung von Dokumenten in Dokumentbibliotheken ist sicherlich eine deutliche Vereinfachung gegenüber der Nutzung eines »normalen« Dateisystems.

Sie müssen sich aber darüber im Klaren sein, dass Sie SharePoint nicht mit einem klassischen Dokument-Management-System (DMS) vergleichen können, denn SharePoint verfolgt letztendlich einen Ansatz: SharePoint ist nicht als DMS konzipiert, sondern es ist ein System, das dem Benutzer eine **integrierte Arbeitsumgebung** zur Verfügung stellt. In seiner integrierten Arbeitsumgebung, beispielsweise der Teamsite eines bestimmten Projekts, kann der Benutzer alle Informationen, die er für die aktuelle Tätigkeit benötigt, erhalten und eigene einstellen. Die Anwender arbeiten nun eben nicht nur mit Dokumenten, sondern auch mit Listen und Informationen, die aus anderen Systemen, beispielsweise dem ERP-System, beschafft werden müssen.

Ich möchte es so ausdrücken:

▶ SharePoint ist **nicht** ein System, mit dem man Dokumente verwalten kann.

▶ SharePoint ist ein System, mit dem man **auch** Dokumente verwalten kann, wobei Dokumente ein Teil der integrierten Arbeitsumgebung sind.

14.2.5 Listen

Wenn man in die Arbeitsabläufe hineinschaut, kommt man zu dem Ergebnis, dass meistens in irgendeiner Form Listen bei der Erledigung der Aufgaben zum Einsatz kommen:

▶ Sie suchen eine Telefonnummer in der Kontaktliste.

▶ Die Vertriebsmitarbeiter haben täglich die Kundenliste im Blick.

▶ Sie schauen in den Urlaubskalender (= Terminliste), um zu prüfen, welche Mitarbeiter nächsten Montag eventuell nicht zum Dienst kommen werden.

▶ Sie erfassen die Anrufe mit Störungsmeldungen Ihrer Anwender in einer Liste.

▶ Sie schreiben auf Ihren Einkaufszettel (= Einkaufsliste), welche Produkte Sie auf dem Heimweg aus dem Lebensmittelladen mitbringen müssen.

▶ Wenn Sie in eine relationale Datenbank schauen, ist diese letztendlich auch eine Ansammlung von miteinander verknüpften Listen – gut, diese heißen dort Tabellen, aber die Ähnlichkeit ist doch auffällig, oder?

Kurz: Viele Informationen lassen sich in Listenform bringen. Um so erstaunlicher ist es eigentlich, dass es auf dem Markt kein richtig gutes »Listenprogramm« gibt. Natürlich kommt Access den Anforderungen schon recht nah, aber wie viele einfache Benutzer können »mal eben schnell« mit Access eine Datenbank erzeugen, um damit in der Gruppe eine Liste zu verwalten?

In der Praxis wird häufig Excel zur Verwaltung von Listen aller Art missbraucht – gut ist das aber nicht, denn Excel ist eine Tabellenkalkulation und kein Programm zur Datenverwaltung.

Da sich der »Vortrag«, den Sie im Moment lesen, über Listen im SharePoint-Kapitel dieses Buches findet, liegt der Verdacht sicherlich nahe, dass SharePoint ausgefeilte Möglichkeiten zur Verwaltung von Listen bietet. Ja, stimmt. Zuvor möchte ich aber formulieren, worin überhaupt die Anforderungen bei der Verwaltung von Listen bestehen:

▶ Es muss mit wenigen Mausklicks möglich sein, eine individuelle Liste zu erzeugen.

▶ Es muss unterschiedliche Ansichten der Liste geben. Das fängt mit Sortieren und Filtern an und endet bei komplexen Funktionen wie »Gruppieren nach«.

▶ Mehrere Benutzer müssen gleichzeitig auf die Liste zugreifen können und Änderungen vornehmen können (natürlich nicht an demselben Listenelement). Hier liegt übrigens ein ganz wesentlicher Schwachpunkt von Excel als Listenverwaltungsprogramm: Wenn ein Benutzer die Excel-Tabelle öffnet, ist die komplette Tabelle in Bearbeitung, es kann also kein anderer Benutzer ein weiteres Element anfügen; bei einer Liste, die kontinuierlich von verschiedenen Personen genutzt wird, ist das außerordentlich lästig.

Selbstverständlich werden viele »Listenthemen« in einem Unternehmen von Datenbanken erledigt, beispielsweise von Ihrem ERP-System. Bei genauerem Hinsehen werden Sie aber feststellen, dass mindestens ebenso viele Listenthemen mit Excel oder Papier behandelt werden. Ich denke, dass eine einfach zu handhabende und flexible Lösung hier tatsächliche Mehrwerte für die Anwender bringen kann. Und damit kommen wir zu den SharePoint-Listen.

Eine Hintergrundinformation: In SharePoint ist letztendlich alles eine Liste. Auch bei den Dokumentbibliotheken, die Sie zuvor kennen gelernt haben, handelt es sich um spezielle Listen, nämlich um solche, die neben den üblichen Inhaltsspalten über eine angehängte Datei verfügen. Wenn wir uns nun die SharePoint-Listen ein wenig genauer ansehen, werden Sie nicht viel Neues entdecken, das meiste kennen Sie bereits von den Dokumentbibliotheken.

Allgemeines über SharePoint-Listen

Ebenso wie Dokumentbibliotheken (= Spezialform einer Liste!) sind Listen Elemente von Teamwebsites. Eine Teamwebsite kann beliebig viele Listen enthalten.

Für jede Liste können eigene Zugriffsberechtigungen vergeben werden, wobei die Berechtigungen recht fein abgestuft werden können (Lesen, Schreiben, Ändern der Listenstruktur, Hinzufügen von Ansichten etc.).

Die Listentypen

Wenn Sie eine neue Liste anlegen, wird SharePoint Ihnen zunächst diverse Standardlisten vorschlagen (Abbildung 14.14). Diese Standardlisten enthalten bereits diverse Spalten, diese können ergänzt, geändert oder gelöscht werden. Einige Listenvorlagen enthalten besondere Ansichten, so verfügt die Vorlage »Ereignisse« über eine Kalenderansicht. Teilweise verfügen die Listen über besondere Funktionen, zum Beispiel für die Synchronisierung mit Outlook.

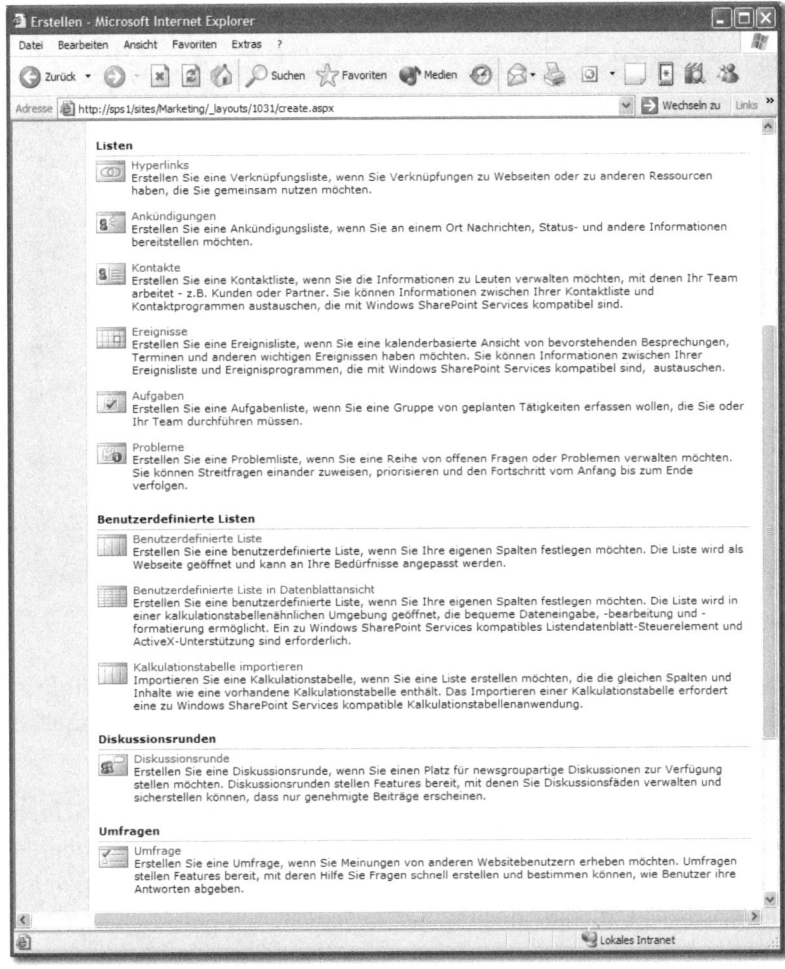

Abbildung 14.14 Beim Anlegen einer neuen Liste können Sie aus verschiedenen Vorlagen auswählen.

Selbstverständlich können Sie auch ganz von vorn anfangen und eine benutzerdefinierte Liste erstellen.

Die eingangs formulierte Forderung, dass es einfach und schnell möglich sein muss, neue Listen zu definieren, wird von den SharePoint-Listen erfüllt.

Schauen wir uns eine Liste vom Typ »Aufgaben« an. Ein Projektteam oder eine Arbeitsgruppe könnte auf ihrer Teamsite eine solche Liste anlegen, um die zu erledigenden Aufgaben zu verwalten und somit auch die Abarbeitung zu dokumentieren. Die verwendete Aufgabenliste sehen Sie in Abbildung 14.15.

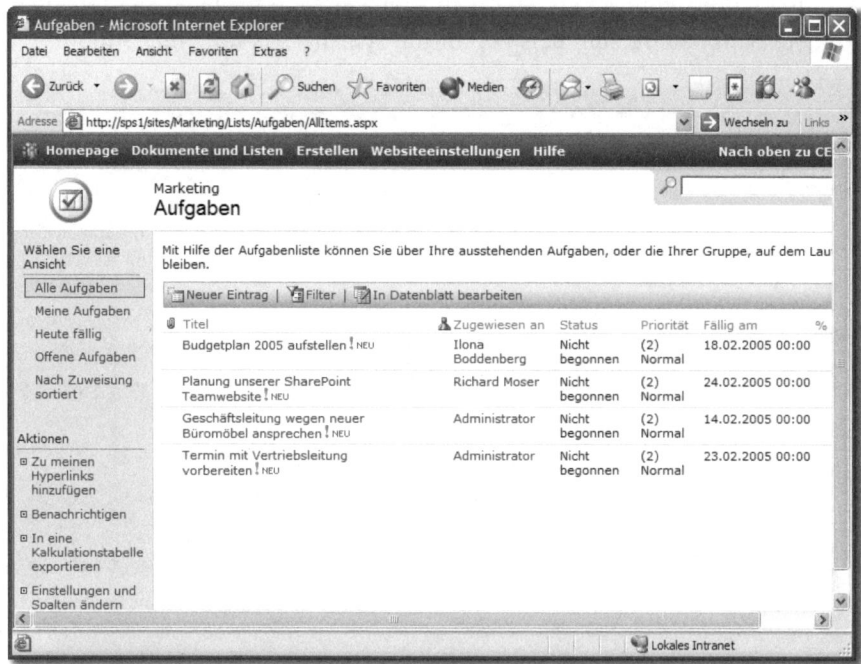

Abbildung 14.15 Die Aufgabenliste eines Projektteams

Die Ansicht der Liste ist derjenigen einer Dokumentbibliothek recht ähnlich. Ich hatte Sie ja auch zuvor darauf hingewiesen, dass die Dokumentbibliotheken letztendlich Spezialfälle einer Liste sind.

Ebenso wie bei einer Dokumentbibliothek können Sie weitere Ansichten erstellen, zwischen denen die Benutzer umschalten können. Am linken oberen Rand sehen Sie, dass bereits etliche Ansichten definiert sind, beispielsweise auch eine Filter-Ansicht, die alle dem aktuell angemeldeten Benutzer zugewiesene Aufgaben anzeigt.

Anhand des Beispiels der Aufgabenliste kann man übrigens noch einen weiteren wichtigen Aspekt untersuchen: Eine Aufgabenliste zu pflegen ist schön und gut, so richtig nutzbringend ist sie aber nur, wenn alle Benutzer kontinuierlich reinschauen und ihre Aufgaben im Blick haben. Insbesondere wenn ein Projektleiter kontinuierlich neue Aufgaben zuweist, wäre es fatal, wenn die Benutzer nur einmal pro Woche in die Liste schauen.

Betrachten Sie bitte Abbildung 14.16: Hier ist die Homepage der Teamwebsite zu sehen, ergänzt um ein mit »Aufgaben« überschriebenes Webpart. In diesem Webpart wird die Listenansicht »Meine Aufgaben« angezeigt. Jeder Benutzer sieht also direkt beim ersten Zugriff auf die Teamwebsite, welches die nächsten zu erledigenden Aufgaben sind.

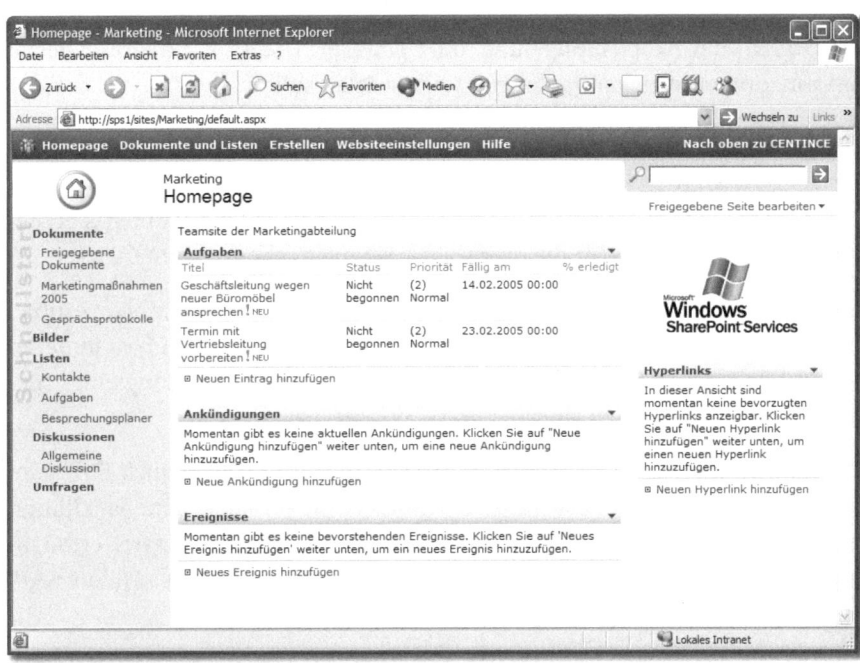

Abbildung 14.16 Die Ansicht »Meine Aufgaben« der Aufgabenliste kann auf der Homepage der Teamsite angezeigt werden.

Die Anzeige von Listen bzw. Listenansichten in Webparts funktioniert mit jeder Liste. Wir werden das Thema »Webparts« in dem folgenden Kapitel ausführlicher beleuchten.

Man könnte natürlich hunderte weitere Beispiele zu Listen und deren Verwendung aufführen. Natürlich gibt es bei Listen diverse Hintergründe, die man ausführlich diskutieren könnte. Ich denke aber, dass die Leistungsfähigkeit der SharePoint-Listen bereits an diesem Beispiel klar geworden ist.

Fazit

Erinnern Sie sich an das Fazit im Abschnitt über die Dokumentbibliotheken? Ich hatte geschrieben, dass die Idee hinter SharePoint ist, dass den Benutzern eine integrierte Arbeitsumgebung vorgestellt wird, in der diese alle anfallenden Daten und Informationen verwalten können.

Sie haben gesehen, dass die Listen in dieser integrierten Arbeitsumgebung ein sehr wichtiger Aspekt sind, schließlich liegt ein Großteil der Informationen, mit denen wir täglich umgehen, in Listenform vor.

14.2.6 Webparts

Zwei wichtige Aufgabenstellungen haben wir bislang noch nicht behandelt:

▶ Das Layout der Arbeitsumgebung, oder genauer: Die Konfiguration, welche Information an welcher Stelle angezeigt werden soll.

▶ Die Einbindung bzw. Darstellung von externen Daten

Beide Aspekte werden über Webparts gelöst. Webparts sind spezielle Web-Elemente, deren Code auf dem Webserver ausgeführt wird. Die Webparts erzeugen HTML-Ausgaben, die in die eigentliche Seite eingebettet werden.

Das Konzept der Webparts ermöglicht dem Benutzer einen flexiblen Aufbau einer individuellen Webseite, weil, zumindest in SharePoint, zum Positionieren von Webparts weder Programmierkenntnisse noch die Verwendung eines speziellen Editors erforderlich sind.

Webparts können Informationen aller Art anzeigen und zudem auch Eingaben entgegennehmen und weiterverarbeiten. SharePoint verdankt seine Flexibilität zum einem erheblichen Teil dem Webpartkonzept, denn Webparts ermöglichen die Anzeige von externen Informationen (z.B. Umsatzlisten aus dem SAP-System) auf einer SharePoint-Website.

Webparts oder das Layout der Arbeitsumgebung

Als Sie zu Beginn des Kapitels die Abbildung einer SharePoint-Teamwebsite gesehen haben, habe ich Sie darauf hingewiesen, dass es sich bei den Elementen »Ankündigungen«, »Ereignisse«, »Hyperlinks« und bei dem SharePoint-Logo um Webparts handelt.

Mittlerweile wissen Sie, dass »Ankündigungen«, »Ereignisse« und »Hyperlinks« Listen sind, deren Inhalte auf der Homepage der Teamsite angezeigt werden – und zwar in Webparts.

Abbildung 14.17 zeigt die Homepage der Teamsite im »Diese Seite gestalten«-Modus (diesen erreichen Sie über »Freigegebene Seite bearbeiten«): Sie sehen, dass um die Webparts zwei hellgrau große Kästchen gezeichnet sind. Hierbei handelt es sich um Webpart-Zonen. In diesen Webpart-Zonen (und nur dort) können Webparts beliebig platziert werden.

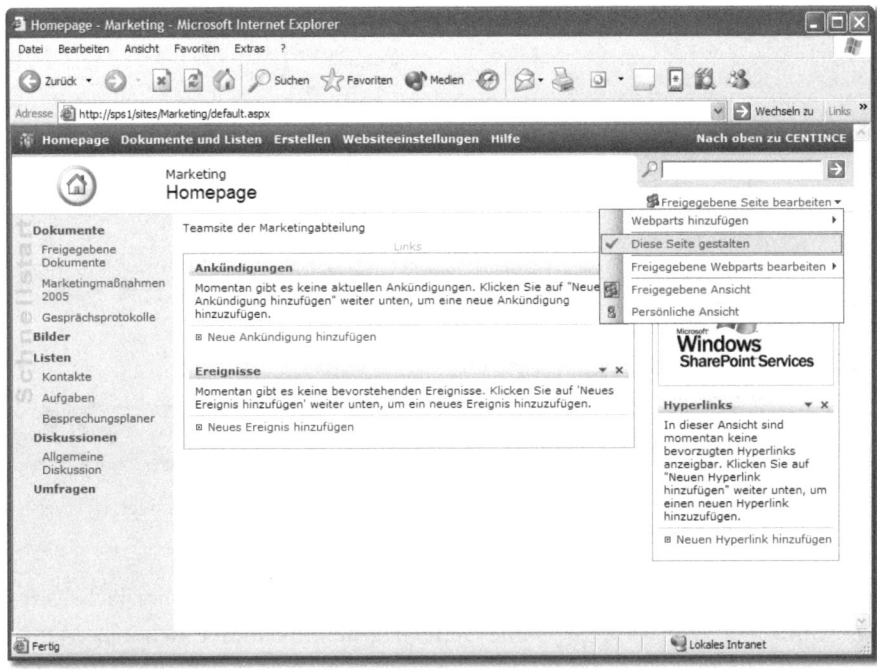

Abbildung 14.17 Webparts können in Webpart-Zonen frei platziert werden.

Webparts verfügen jeweils über ein Menü, dass Sie durch Klick auf das kleine Dreieck in der Titelleiste erreichen können. In dem Menü des Webparts ist vor allem der Eintrag »Webpart bearbeiten« interessant, dieser öffnet einen Dialog, der am rechten Rand des Browsers eingeblendet wird (Abbildung 14.18).

In dem Konfigurationsdialog werden sämtliche das Webpart betreffende Einstellungen vorgenommen, wobei die Einstellmöglichkeiten vom Webpart abhängig sind. In Abbildung 14.18 wird ein Listenwebpart (= zeigt die Elemente einer Liste der Teamsite an) konfiguriert, dort ist die wichtigste Auswahlmöglichkeit die zu verwendende Ansicht.

Je »komplizierter« das Webpart ist, desto mehr Einstellmöglichkeiten werden sich finden. Wenn das Webpart auf externe Datenbanken zugreifen soll, muss in den Webparteigenschaften zum Beispiel der Connection-String definiert werden.

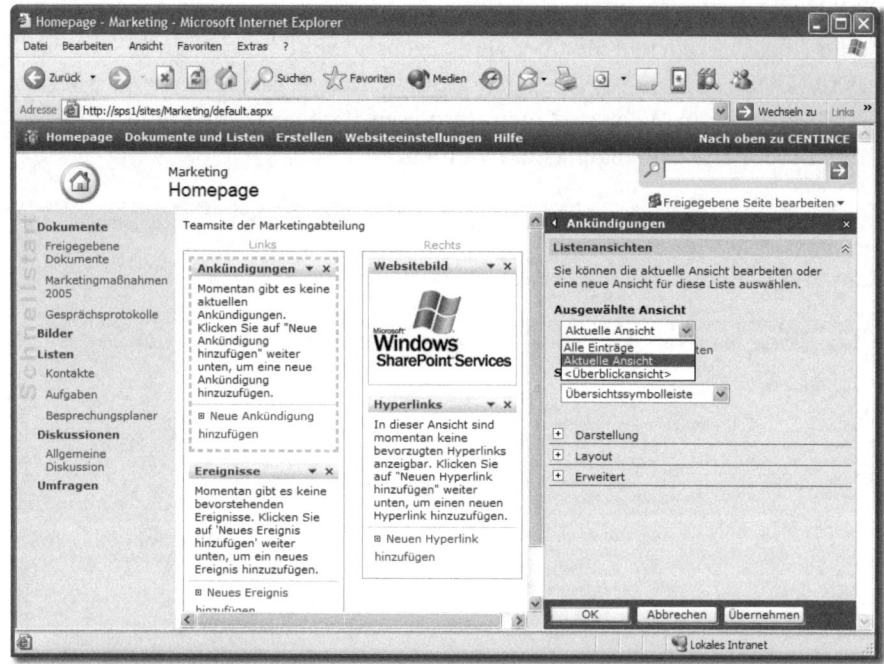

Abbildung 14.18 Die Eigenschaften des Webparts können direkt im Browser konfiguriert werden. Die Einstellungen werden im Datenbankserver gespeichert.

Das Hinzufügen weiterer Webparts wird ebenfalls in der Weboberfläche erledigt. Unterhalb von »Freigegebene Seite bearbeiten« findet sich ein Menüpunkt zum Hinzufügen eines weiteren Webparts. Es öffnet sich ein Dialogfenster, in dem eine Auflistung der installierten Webparts angezeigt wird. Mit der Maus, also per Drag & Drop, können Sie ein Webpart in eine Webpart-Zone ziehen, dort wird es dann angezeigt und muss ggf. noch konfiguriert werden (Abbildung 14.19).

In der Liste der verfügbaren Webparts werden Sie die Namen aller Dokumentbibliotheken und Listen, die Sie in der Teamsite angelegt haben, finden; beim Anlegen eines solchen Elements wird also direkt ein passendes Webpart erzeugt.

Die im »Lieferumfang« enthaltenen Webparts stellen natürlich nur eine recht kleine Auswahl an grundlegenden Funktionen dar. Mittlerweile gibt es eine recht aktive »SharePoint-Szene«, deren Mitglieder interessante Webparts entwickeln und zur Verfügung stellen, natürlich ist die Herstellung von Webparts auch für kommerzielle Hersteller interessant geworden, so dass es die Recherche im Internet durchaus viele interessante Zusatzprodukte bereithält.

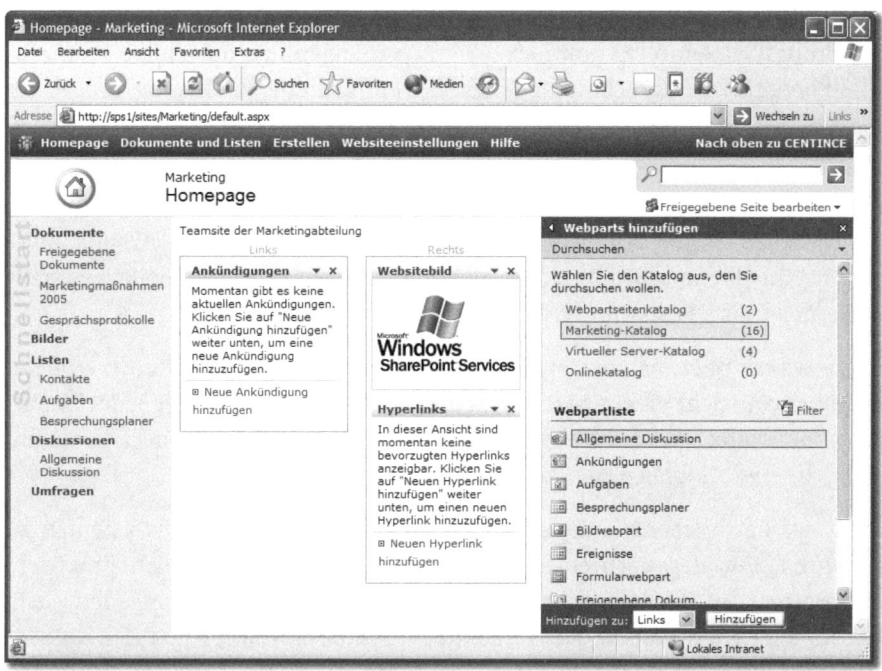

Abbildung 14.19 Beim Hinzufügen wird ein Webpart ausgewählt und per Drag & Drop in einer Webpart-Zone platziert.

Einbindung externer Daten

Sie erinnern sich an das Ziel, den Benutzern mit SharePoint eine integrierte Arbeitsumgebung zur Verfügung zu stellen? Dieses Ziel haben wir mit Sicherheit noch nicht ganz erreicht: Dass die Benutzer projekt- und/oder teamorientiert mit Dokumenten und Listen arbeiten können, ist schon ein wichtiger Schritt nach vorn, allerdings benötigen viele Benutzer auch ständig Informationen aus externen Datenquellen.

▶ Ein Vertriebsteam möchte ständig die aktuellen Umsatzzahlen für den aktuellen Tag, die aktuelle Woche und den aktuellen Monat sehen.

▶ Ein Projektteam benötigt laufend die aktuell gebuchten Kosten aus dem Buchhaltungssystem.

▶ Ein anderen Projektteam möchte mit einem Blick die Lagerbestände bestimmter Warengruppen sehen – und zwar ständig.

Die Gemeinsamkeiten bei den drei geschilderten Beispielen:

▶ Die benötigten Daten liegen in externen (aus SharePoint-Sicht) Datenbanken.

- Im Allgemeinen ist die Bedienung von Clients für das ERP- oder Finanzbuch-haltungs-System recht komplex. Wenn man eigentlich nur einige Kennzah-len benötigt, ist es recht unangenehm, wenn man die Bedienung komplexer Systeme lernen muss – nur um hin und wieder eine Auswertung zu erzeu-gen.

- Je mehr Client-Applikation die Anwender bedienen müssen, desto unüber-sichtlicher ist die Arbeitsumgebung. Eine unübersichtliche Arbeitsumge-bung, in der jede Information aus einer separaten Datenquelle beschafft werden muss, kostet im Endeffekt Zeit – und Geld!

Etwas weiter oben haben wir der Homepage einer Teamwebsite die »Meine Aufgaben«-Ansicht einer SharePoint-Liste hinzugefügt. So konnte jeder Benut-zer ohne weiter »herumnavigieren« zu müssen, die wichtigsten Listendaten, nämlich seine Aufgaben, sehen.

Das Ziel ist also, ebenso mit den wichtigsten Daten aus externen Systemen zu verfahren. Für das Vertriebsteam wäre es doch außerordentlich praktisch, wenn direkt auf der Homepage der Teamsite die Umsatzdaten aus dem SAP-System angezeigt würden. Ein Projektteam würde mit Sicherheit Zeit sparen, wenn die auf das Projekt gebuchten Kosten jederzeit aktuell auf der Homepage deren Teamsite angezeigt würden – ohne dass umständlich Reports mit einer Controlling-Software erzeugt werden müssen.

Diese beschriebenen Merkmale bringen uns nun auch zu dem Thema »Portal«. Was soll ein Portal leisten? Es soll einen einheitlichen Zugang zu den unter-schiedlichen Informationsquellen, die ein Benutzer benötigt, schaffen. Wenn der Benutzer weniger Applikationen bedienen muss und trotzdem schneller an die benötigten Informationen herankommt, ist das ein sehr wertvoller Schritt in Richtung Benutzereffizienz!

Bei der Darstellung externer Informationen spielen Webparts die entschei-dende Rolle, denn das Webpart übernimmt die Anzeige der externen Daten.

Zur Anzeige externer Daten gibt es verschiedene Möglichkeiten:

Die einfachste Möglichkeit ist die Verwendung des Seitenviewer-Webparts. In diesem Webpart können beliebige HTML-Seiten dargestellt werden, dabei ist es egal, woher diese HTML-Seite kommt.

- Es kann eine Webseite von einem externen Webserver angezeigt werden. Abbildung 14.20 zeigt beispielsweise die heise.de-News im Seitenviewer-Webpart.

- Die angezeigten Informationen können aus internen Datenquellen wie den SQL Reporting Services kommen.

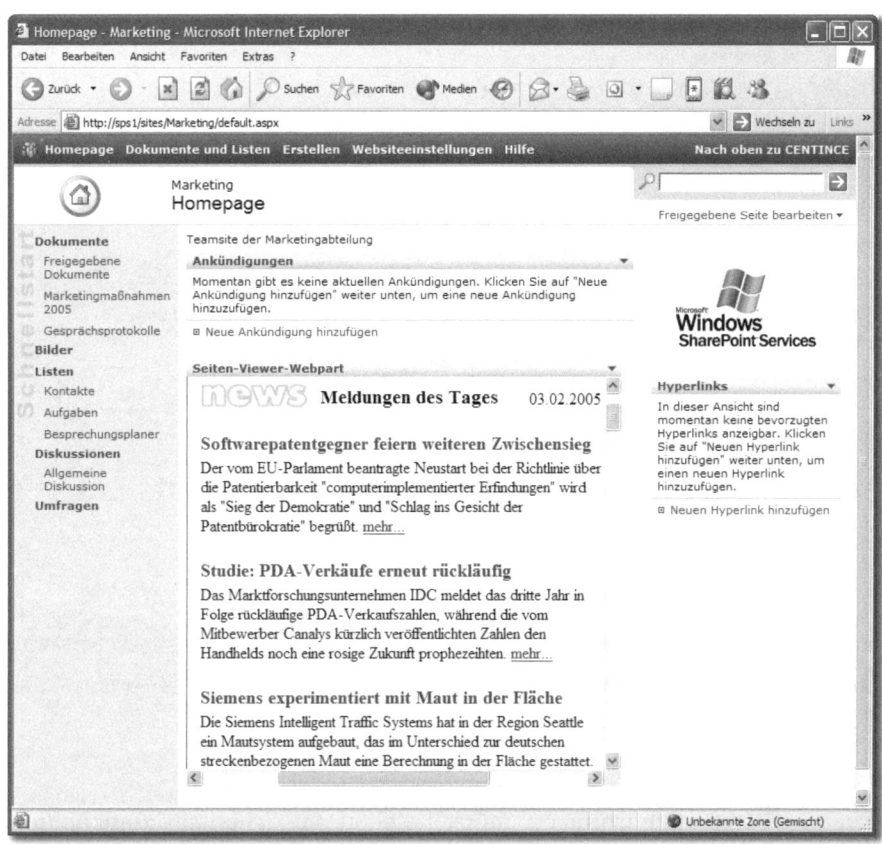

Abbildung 14.20 Die News von heise.de als Beispiel für die Einbindung externer Daten mit dem Seitenviewer-Webpart

Mit entsprechenden Webparts können Sie natürlich auch direkt auf Datenbanken zugreifen und die Informationen darstellen. Im Lieferumfang von FrontPage 2003 befindet sich das Data View-Webpart, mit dem man ohne Programmierkenntnisse Daten aus beliebigen Datenbanken abrufen und auf einer Webpart-Seite darstellen kann. Abbildung 14.21 zeigt das Data View-Webpart beim Zugriff auf die Northwind-Datenbank.

Die dritte Möglichkeit ist der Einsatz von speziellen Webparts, die Sie selbst entwickeln oder zukaufen können. Webparts entwickelt man mit Visual Studio .NET und hat somit den vollen Leistungsumfang der .NET-Sprachen C# und VB.net zur Verfügung. Ein Webpart muss nicht darauf beschränkt sein, nur Daten anzeigen zu können. Es kann genauso gut Eingaben entgegennehmen, an eine Datenbank weiterleiten und die zurückgegebenen Daten darstellen.

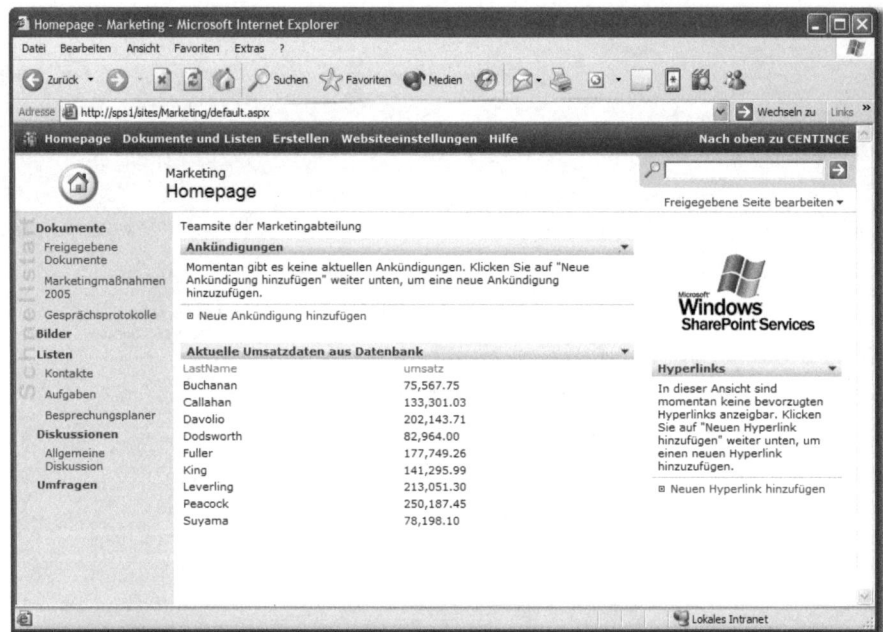

Abbildung 14.21 Die dargestellten Umsatzdaten werden direkt aus einer SQL Server-Datenbank abgerufen.

Sicherheitsaspekte

Wenn Sie Webparts hinzufügen, müssen Sie auf die Sicherheitskonfiguration achten, insbesondere gilt das für die Code Access Security (siehe auch das .NET-Kapitel, insbesondere 9.1.4).

In einer nicht-angepassten Standardkonfiguration dürfen Webparts fast gar nichts: Sie können beispielsweise nicht auf externe Web-Ressourcen, auf Datenbanken oder das SharePoint-Objektmodell zugreifen. Hier sind zunächst Konfigurationsarbeiten erforderlich. Leider existiert für das Anpassen der Sicherheitskonfiguration keine grafische Oberfläche, so dass Sie XML-Dateien anpassen müssen.

Auch wenn es manchmal in Veröffentlichungen vorgeschlagen wird, ist das generelle Reduzieren der Sicherheitsmaßnahmen keine Lösung! Wenn die Alarmanlage Ihres Hauses zu empfindlich eingestellt ist, werden Sie ja auch nicht die komplette Alarmanlage deaktivieren, sondern sich um eine weniger empfindliche Einstellung bemühen.

14.2.7 Technische Struktur

Die technische Struktur einer Windows SharePoint Services-Installation ist recht einfach, da es letztendlich nur zwei Komponenten gibt:

▶ Datenbank: Für Sizing und Verfügbarkeit einer Datenbank gelten die Überlegungen zu Datenbankservern, die Sie in Abschnitt 3.2.3 finden. Die Datenbank muss ein SQL Server 2000 sein, dieser kann sowohl auf Windows Server 2000 oder 2003 laufen. Wenn SharePoint Services und Datenbankserver auf unterschiedlichen Maschinen laufen, muss eine Domain vorhanden sein – ohne Domain ist alles aber ohnehin recht fragwürdig.

▶ SharePoint Server. Im Gegensatz zum SharePoint Portal Server können die Dienste nicht auf verschiedene Server verteilt werden. Es ist natürlich möglich, mehrere Server mit Windows SharePoint Services auf einen Datenbankserver zugreifen zu lassen. Auf dem SharePoint Server muss der Internet Information Server 6 installiert sein, demzufolge kommt als Server-Betriebssystem nur Windows Server 2003 in Frage.

Die Standard-Installationsroutine installiert Datenbank und SharePoint Services auf einem einzigen Server. Diese Konfiguration funktioniert, ist aber nur für Testumgebungen oder sehr kleine Installationen geeignet. Aus Gründen der Performance empfiehlt sich eine Trennung von Datenbank und SharePoint Server.

Im Übrigen sollten weder Datenbank- noch SharePoint Server auf einem Domain Controller installiert sein.

14.2.8 WSS-Fazit

Sie haben die Windows SharePoint Services sehr komprimiert in vier Abschnitten (Teamsites, Dokumentbibliotheken, Listen und Webparts) kennen gelernt. Ich denke, dass Sie einen ersten Eindruck über die Möglichkeiten dieses Produkts gewonnen haben, gleichzeitig muss man aber auch deutlich sagen, dass wir nur an der Oberfläche gekratzt haben.

Je länger man sich mit SharePoint beschäftigt, desto mehr Möglichkeiten entdeckt man. Ich spreche hier übrigens aus Erfahrung: Ich habe ein Buch über SharePoint geschrieben, wobei das Hauptproblem war, dass das Buch 600 und nicht 1.600 Seiten umfassen sollte.

14.3 SharePoint Portal Server

SharePoint Portal Server (SPS) ist der große -kostenpflichtige- Bruder der Windows SharePoint Services. SPS setzt auf WSS auf und erweitert diese sowohl um eine übergreifende Struktur und viele zusätzliche Funktionen.

Dokumentbibliotheken und Listen sind natürlich auch im Portal Server vorhanden und funktionieren bis auf einige kleinere nicht grundlegende Änderungen so, wie Sie es bei den Windows SharePoint Services kennen gelernt haben.

Wie Sie bereits erfahren haben, wenden sich die Windows SharePoint Services an Arbeitsgruppen, während mit dem Portal Server eine einheitliche Lösung für ein ganzes Unternehmen realisiert wird. Die Teamwebsites der WSS existieren relativ unverbunden nebeneinander, der SPS bietet dank einer komplett anderen Oberfläche eine bequeme Navigation über alle Bereiche – vorausgesetzt natürlich, dass ausreichende Benutzerrechte vorhanden sind. Die Startseite eines neu installierten Portal Servers sehen Sie in Abbildung 14.22. Auf den ersten Blick hat das mit der aus den WSS bekannten Oberfläche nicht mehr viel zu tun.

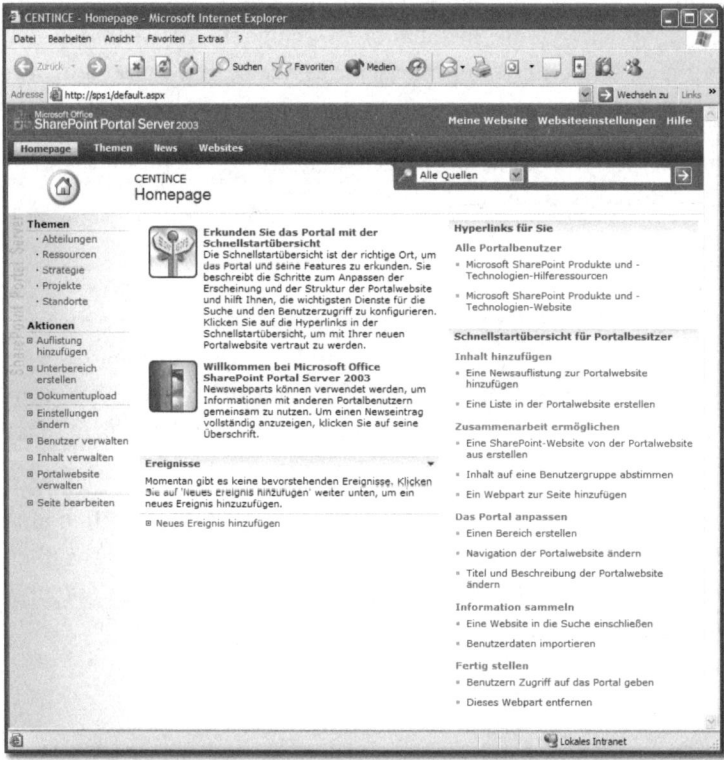

Abbildung 14.22 Die Startseite des SharePoint Portal Servers

14.3.1 SharePoint Portal Server vs. Windows SharePoint Services

Wo liegen genau die Unterschiede, zwischen den beiden SharePoint-Produkten? Zunächst sind die primären Unterschiede die komplett andere Struktur und die vollständig andere Oberfläche. Darüber hinaus enthält der Portal Server diverse Funktionen, die sich grob in drei Kategorien teilen lassen:

▶ Optimierung der Verwaltung einer komplexen Umgebung, z.B. durch Benutzerprofile und Benutzergruppen

▶ Zusätzliche Funktionen und Komfort für die Benutzer, beispielsweise durch die leistungsfähigen Suchfunktionen, die zielgruppenorientierte Präsentation von Inhalten und den persönlichen Arbeitsbereich.

▶ Technische Lösungen, wie den Single Sign On-Dienst, die bessere Skalierbarkeit und die Integration mit BizTalk-Server

Leistungsmerkmal	WSS	SPS
Integration mit BizTalk-Server	Nein	Ja
Automatische Kategorisierung von gefundenen Inhalten	Nein	Ja
Zielgruppenorientierte Präsentation von Inhalten	Nein	Ja
Themenbereich	Nein	Ja
Newsbereich	Nein	Ja
Persönliche Websites für die Benutzer (»Meine Website«)	Nein	Ja
Gemeinsame Nutzung von Diensten über mehrere Portale hinweg	Nein	Ja
Single sign-on Dienst	Nein	Ja
Websiteverzeichnis	Nein	Ja
Benutzerprofile	Nein	Ja

Die beiden Produkte haben aber auch viele gemeinsame Eigenschaften wie etwa die Dokumentbibliotheken, Listen und das Webpartkonzept.

Leistungsmerkmal	WSS	SPS
Benachrichtigungen bei Änderungen von Dokumenten/Listen (WSS nur per Mail, SPS auch in Webpart)	Ja	Ja
Konfiguration im Browser	Ja	Ja
Diskussionsbereiche	Ja	Ja

Leistungsmerkmal	WSS	SPS
Dokumentbibliotheken	Ja	Ja
Dokumentarbeitsbereiche	Ja	Ja
Besprechungsarbeitsbereich	Ja	Ja
Listen	Ja	Ja
Integration mit Microsoft FrontPage	Ja	Ja
Integration mit Microsoft InfoPath™	Ja	Ja
Umfragen	Ja	Ja
Vorlagen für Sites und Bereiche	Ja	Ja
Web Part-Seiten	Ja	Ja

14.3.2 Die Struktur des Portal Servers

Lassen Sie mich diesen Abschnitt mit einer positiven Nachricht für alle beginnen, die bereits Teamwebsites verwenden und über den Einsatz des Portal Servers nachdenken: Sie können die bestehenden Teamwebsites problemlos weiterverwenden.

Man wird die Teamwebsites wie in Abbildung 14.23 unterhalb des Portals anordnen. Der Portal Server bietet mit »Websites« einen vorgefertigten Bereich zur Verwaltung von portal-externen Websites an – »Verwaltung« ist hier aber nicht im Sinne von Administration zu sehen; es handelt sich vielmehr um eine kategorisierte Anzeige, die Benutzern das einfache Auffinden von Websites ermöglicht.

Unterhalb des Portals können nicht nur einzelne Teamwebsites angeordnet werden, auch komplette Teamwebsite-Baumstrukturen können dort angelegt werden.

Die Tatsache, dass die Teamwebsites weitgehend unverbunden existieren, wird auch nicht dadurch geändert, dass ein Portal Server eingeführt wird. Der Portalserver erleichtert das Auffinden der Teamwebsites, weil man im Portal Verweise auf diese anlegen kann – ansonsten ändert sich nichts. Man wird den, übrigens nicht ganz billigen, Portal Server übrigens nicht primär deshalb kaufen, um seine Teamwebsites besser auffindbar zu machen, das könnte man durch ein wenig Improvisation deutlich günstiger haben.

Um den Portal Server und seine Anwendungsmöglichkeiten zu verstehen, ist zunächst die Beschäftigung mit dessen Konzepten erforderlich.

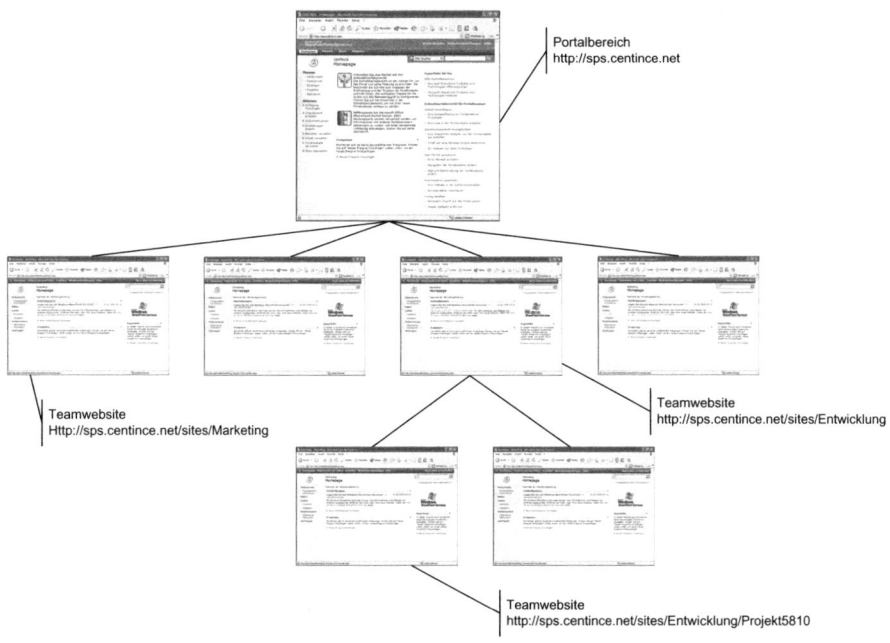

Portalbereich
http://sps.centince.net

Teamwebsite
Http://sps.centince.net/sites/Marketing

Teamwebsite
http://sps.centince.net/sites/Entwicklung

Teamwebsite
http://sps.centince.net/sites/Entwicklung/Projekt5810

Abbildung 14.23 Teamwebsites können unterhalb eines Portals angeordnet werden.

Ein wesentliches Element des Portal Servers sind die Bereiche (in der englischsprachigen Version: Areas) und Unterbereiche. Im weitesten Sinne können Sie diese mit den Teamwebsites vergleichen.

Abbildung 14.24 zeigt einen Unterbereich. Zugegebener Weise ist der Unterbereich zunächst ziemlich leer. Auf der linken Seite findet sich unter der Überschrift »Aktueller Ort« die Angabe der Position des aktuellen Bereichs. Hier erkennen Sie, dass der Benutzer im Portal Server die Möglichkeit hat, durch die Hierarchie der Bereiche und Unterbereiche zu navigieren: Sie befinden sich im Bereich Themen | Abteilungen | Vertrieb | Asien. Portal Server-Einsteiger wundern sich häufig, was es mit dem obersten Bereich »Themen« auf sich hat; kein Grund zur Beunruhigung: Ein neu installiertes SharePoint Portal hat auf der obersten Hierarchiestufe standardmäßig drei Bereiche, nämlich »Themen«, »News« und »Websites«. Diese sehen Sie übrigen auch auf einer horizontalen blauen Leiste am oberen Rand. Sie können diese Standardbereiche umbenennen, löschen und natürlich auch zusätzliche eigene Bereiche hinzufügen.

Je nachdem, wie Sie Ihr Portal aufbauen möchten, könnte man auf der obersten Ebene die Bereiche »Abteilungen«, »Projekte«, »Neuigkeiten« und »Organisation« anlegen:

- Im Bereich »Abteilungen« nebst Unterbereichen baut man für jede Abteilung und Gruppe innerhalb der Abteilung einen individuellen Arbeitsbereich.

- Der Bereich »Projekte« enthält diverse Unterbereiche, in denen Projektinformationen abgelegt und gefunden werden können.

- »Neuigkeiten« enthält die klassischen Intranet-Informationen, also welcher Geschäftsführer ist neu in das Unternehmen eingetreten, wer wurde Vertriebsmitarbeiter des Monats etc.

- Im Bereich »Organisation« könnte man alles zusammenfassen, was die Mitarbeiter zur täglichen Arbeitsunterstützung benötigen, also etwa die Urlaubsdatenbank, ein Formular zur Beantragung eines Dienstwagens, eine Telefonliste des Unternehmens etc.

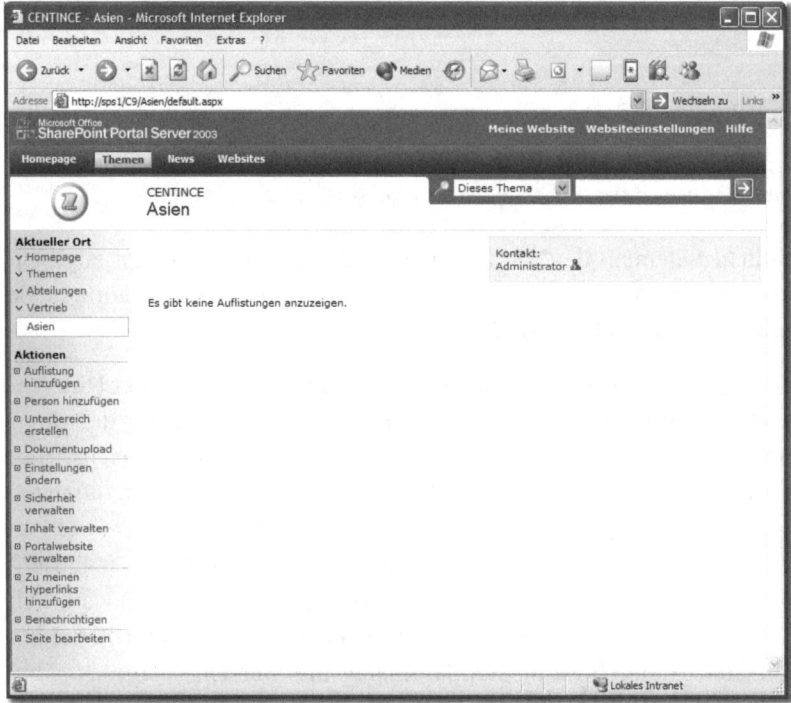

Abbildung 14.24 Ein Blick auf einen nicht weiter konfigurierten Bereich des SharePoint Portal Servers

Dokumentbibliotheken und Listen

Ein Bereich existiert natürlich nicht zum Selbstzweck, sondern ist als »Drehscheibe« für Inhalte gedacht, also Dokumente, Listen und externe Informationen, letzt genannte beispielsweise aus Datenbanken.

Zunächst zu den Dokumentbibliotheken und Listen: Ebenso wie in einer WSS-Teamwebsite können Sie eine beliebige Anzahl von Dokumentbibliotheken und Listen in einem Bereich des Portal Servers anlegen.

Gegenüber den Listen und Bibliotheken der Windows SharePoint Services gibt es nur einige kleinere Änderungen, insofern können Sie das in den Abschnitten 14.2.4 und 14.2.5 erworbene Wissen direkt anwenden.

Natürlich ist die rein optische Darstellung in einem Bereich des SPS etwas anders, dies sehen Sie in Abbildung 14.25 – der Wiedererkennungseffekt dürfte aber sehr hoch sein!

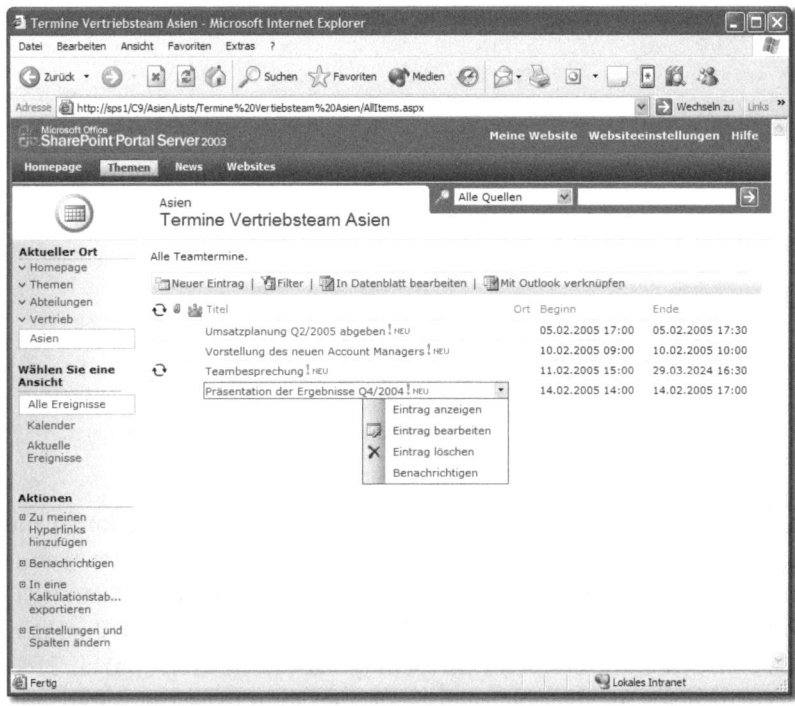

Abbildung 14.25 Eine Kontaktliste in einem SharePoint Portal Server-Bereich

Ein wesentlicher Unterschied zwischen einer WSS-Teamsite und einem SPS-Bereich liegt in der Sicherheitskonfiguration. Sie erinnern sich, dass im Bereich der Windows SharePoint Services die Zugriffsrechte für die Teamsite und separat für die darin enthaltenen Bibliotheken und Listen festgelegt werden. Beim Portal Server hingegen wird nur der Zugriff für den Bereich konfiguriert, separate Berechtigungen für Dokumentbibliotheken und Listen können nicht vergeben werden. Es gibt ohne Zweifel Situationen, in denen man sich wünschen würde, dass auch in Bereichen des Portal Servers eine Vergabe von separaten

Rechten für Bibliotheken und Listen mögliche wäre; stellen Sie sich beispielsweise einen SPS-Bereich für ein Team vor, auf das alle Mitglieder zugreifen können. Nun wird auch einen Dokumentbibliothek benötigt, in der der Team leiter vertrauliche Informationen, beispielsweise Personalbeurteilungen ablegen kann. Sie können sich nur so behelfen, dass Sie einen weiteren Unterbereich des einrichten, auf den dann nur der Teamleiter zugreifen kann. Abbildung 14.26 zeigt die beschriebene Struktur.

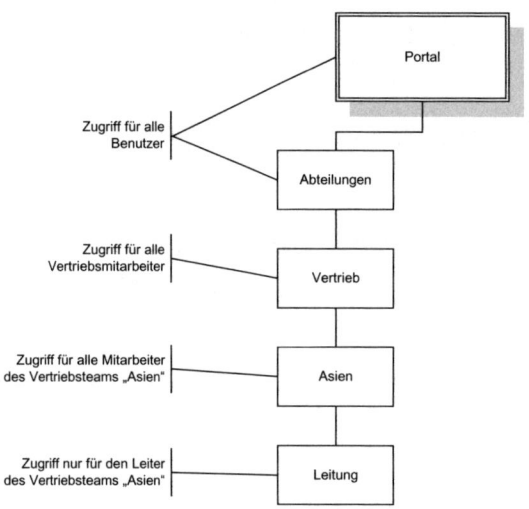

Abbildung 14.26 Bereiche und Unterbereiche können mit unterschiedlichen Zugriffsberechtigungen versehen werden.

Beachten Sie bitte, dass jeder Bereich auf seiner Hauptseite Informationen zur Verfügung stellen und Dokumentbibliotheken und Listen beinhalten kann. Informationen, die übergreifend die ganze Vertriebsorganisation betreffen, können Sie im Bereich »Vertrieb« bereitstellen. Da die Benutzer zwischen den einzelnen Bereichen und Unterbereichen sehr einfach navigieren können, lässt es sich leicht realisieren, dass beispielsweise eine Formular-Datei oder eine PowerPoint-Präsentation nicht mehrfach bereitgestellt wird und demzufolge die Anwender nicht viel Zeit mit der Überprüfung, ob sie denn nun auch die aktuellste Version haben, verschwenden.

Anpassung der Seiten mit Webparts

Genauso wie Sie es von der Homepage einer WSS-Teamwebsite kennen, können auch auf der Hauptseite eines Bereichs beliebige Informationen angezeigt werden, vorausgesetzt, diese können in einem Webpart dargestellt werden. Die letzte Formulierung ist nicht ganz exakt: Letztendlich wird sich jede Information in einem Webpart darstellen lassen, das Problem wird eventuell sein, dass man unter Umständen kein geeignetes Webpart hat, bzw. dieses zunächst erstellen muss.

Die Struktur einer Bereichsseite wird sofort klar, wenn man sich diese in der »Diese Seite gestalten«-Ansicht anschaut (Abbildung 14.27). Man erkennt vier Webpartzonen (obere, mittlere links, mittlere rechts und untere). Da die Titelleisten der dort bereits platzierten Webparts ausgeblendet sind, sind diese in der normalen Ansicht nicht als solche zu erkennen.

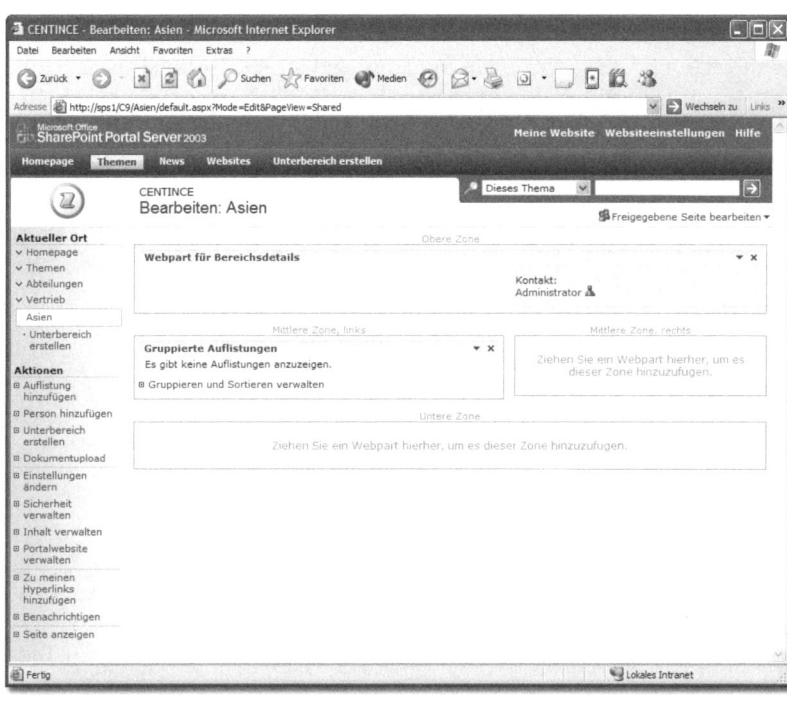

Abbildung 14.27 Die Hauptseite eines Bereichs in der »Seite gestalten«-Ansicht

Im Abschnitt über die Windows SharePoint Services haben Sie gesehen, dass man mit Webparts beliebige Informationen auf einer Seite bereitstellen kann (Abschnitt 14.2.6).

Auf der Startseite des Vertriebsbereichs wäre es beispielsweise sinnvoll, die nächsten Termine des Teams, einige Links und die aktuellen Umsatzdaten aus dem ERP-System anzuzeigen. Die Anwender haben so auf einen Blick die wichtigsten Informationen zur Hand. Eine Seite mit den genannten Informationen ist in Abbildung 14.28 gezeigt:

▶ **Termine**: Dieses Webpart zeigt den Inhalt einer SharePoint-Liste, die in diesem Bereich vorhanden ist, an. Diese Liste wird sozusagen als Gruppenterminkalender verwendet.

▶ **Wichtige Links**: Es ist durchaus denkbar, dass als Arbeitsplattform für ein Projektteam kein Portal Bereich verwendet werden soll, sondern dass in einer Teamwebsite gearbeitet werden soll. Möglich wäre natürlich auch, dass in Zeiten als die Firma »nur« die WSS und noch keinen SPS hatte, diverse Teamsites angelegt worden sind, die weiterverwendet werden sollen (das Szenario ist in Abbildung 14.34 dargestellt). »Wichtige Links« ist eine SharePoint-Liste, in der die Teamwebsites nebst URL eingetragen sind. Durch Klick auf den entsprechenden Eintrag in diesem Webpart können die Benutzer problemlos dorthin gelangen, obwohl die WSS-Teamsites sonst nicht in der Navigation des Portal Servers erscheinen.

▶ **Umsatzliste**: Die Umsatzliste ist in diesem Fall das Data View-Webpart, das auf die Northwind-Datenbank (im Lieferumfang des SQL-Servers) zugreift.

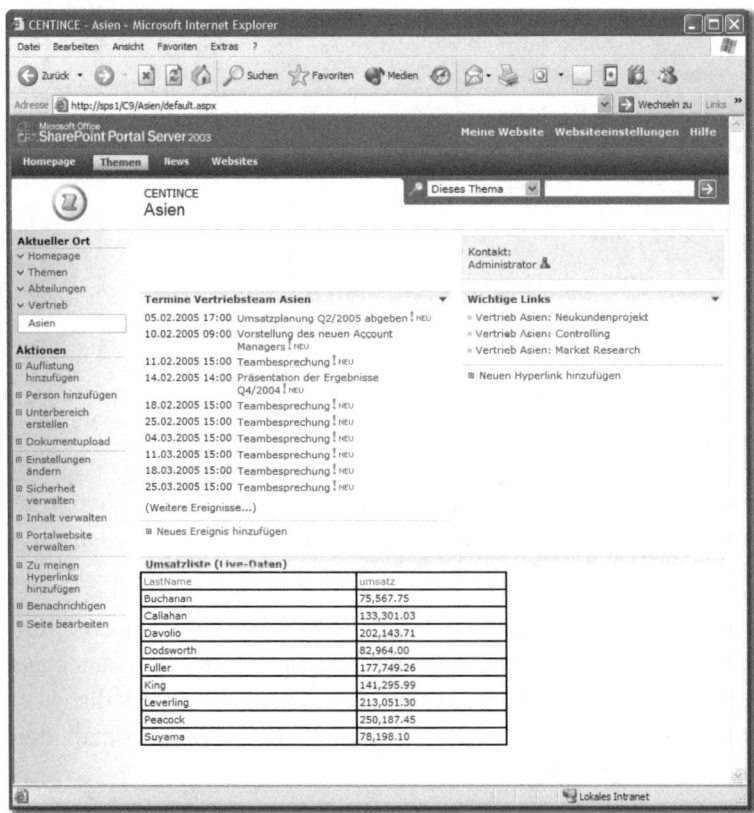

Abbildung 14.28 Hier werden auf der Startseite des Portalbereichs die Team-Termine und aktuelle Umsatzdaten angezeigt.

Wenn Sie die SQL Reporting Services (kostenloses Add-On zum SQL-Server 2000 – aber nicht zur MSDE!) einsetzen, können Sie übrigens sehr einfach die mit diesem Werkzeug erzeugten Reports in eine SharePoint-Website integrieren. Die Reporting Services können eine HTML-Ausgabe erzeugen, so dass Sie lediglich ein Seiten-Viewer-Webpart platzieren und in diesem die URL des entsprechenden Reports eintragen müssen (Abbildung 14.29).

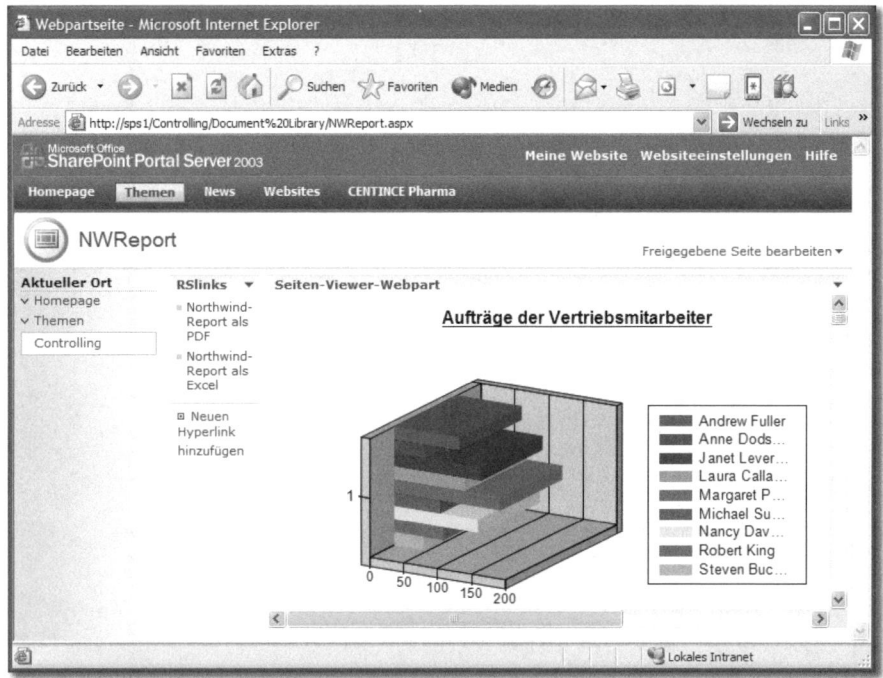

Abbildung 14.29 Die Anzeige von Reports, die mit den SQL Reporting Services erzeugt worden sind, in einer SharePoint-Website ist mit dem Seiten-Viewer-Webpart sehr leicht zu realisieren.

Struktur der Portalwebsite

Wie Sie zuvor gesehen haben, wird die Struktur der Portalwebsite durch Bereiche und Unterbereiche nebst deren Anordnung bestimmt. Der Benutzer sieht die hierarchische Struktur beim Navigieren, für den Administrator gibt es eine Übersichtsdarstellung; dieser Dialog kann übrigens auch zum Anlegen der Struktur verwendet werden (Abbildung 14.30).

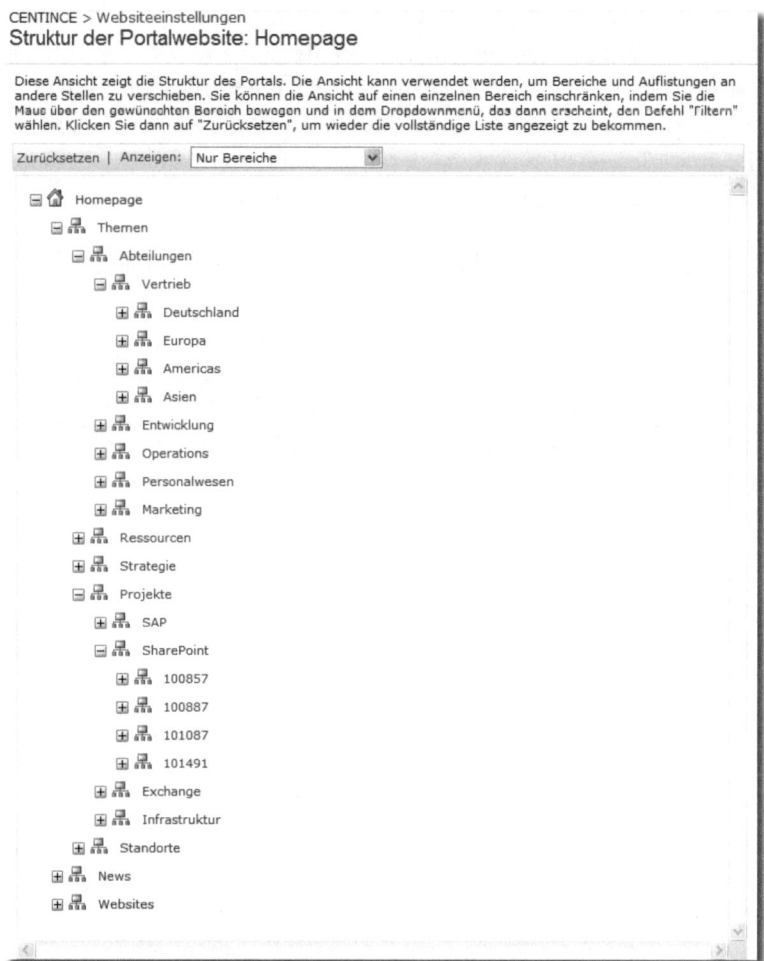

Abbildung 14.30 Die Strukur eines SharePoint Portal Server-Portals

Die folgende Tabelle stellt die wichtigsten durch die verschiedenen Strukturen bedingten Unterscheidungsmerkmale zwischen WSS und SPS dar.

	WSS-Umgebung	SPS-Umgebung
Zentrale Verwaltung der Sites/Bereiche	Nein	Ja, Kernfunktionalität des Portals. Eventuell darunter liegende Teamsites über die »Websiteverwaltung« erreichbar.
Veröffentlichung von Inhalten an zentraler Stelle	Nein	Ja, mittels Einträgen in »Portalauflistungen«

	WSS-Umgebung	SPS-Umgebung
Hierarchische Navigationsstruktur	Nein (in einer Websitegruppe möglich, aber nicht dediziert für Benutzer erkennbar)	Ja
Gliederung für unterschiedliche Projekte, Abteilungen etc.	Mittels Sites und Subsites	Mittels Bereichen und Unterbereichen, zusätzlich können Teamsites eingebunden werden.
Steuerung des Zugriffs auf Dokumente und Listen	Individuell einstellbar für jede einzelne Liste/Bibliothek	Einstellbar auf Ebene des Bereichs; keine zusätzliche Konfiguration für Listen/ Bibliotheken möglich
Schneller Zugriff auf ausgewählte Listen/Bibliotheken	Mittels Link in Schnellstartleiste	Mittels Eintrag in »Portalauflistungen«
Suche nach Inhalten	Nur innerhalb einer Teamsite und nur, wenn Datenbankserver *nicht* MSDE	Umfangreiche Suchfunktionen innerhalb des Portals
Einheitliche Sicherheitsgruppen	Ja, innerhalb von Websitesammlungen Wenn Vererbung aufgehoben, nur über websiteübergreifende Gruppe	Auf Websitegruppen kann von allen Bereichen zugegriffen werden.

14.3.3 Suchfunktion

Ein wichtiger Bestandteil des SharePoint Portal Servers sind die Suchfunktionen. Zum Vergleich: Mit den Windows SharePoint Services kann lediglich in der jeweils aktiven Teamwebsite gesucht werden, nicht übergreifend. Die WSS verwenden die Volltextsuchfunktion des SQL Servers, entsprechend stehen dort die Suchfunktionen überhaupt nur dann zur Verfügung, wenn das Vollprodukt der Datenbank und nicht nur die MSDE verwendet wird.

Die Suchfunktionen des Portal Servers umfassen weit mehr als »nur« das Durchsuchen des Portals. Durchsucht werden können folgende Inhaltsquellen:

- ▶ Portalinhalte
- ▶ Fileshares
- ▶ Websites (nicht nur Portalwebsites, sondern beliebige Websites – auch im Internet)
- ▶ Exchange öffentliche Ordner
- ▶ Lotus Notes Datenbanken

Um eine sinnvolle Volltextindizierung durchführen zu können, muss der Indexer natürlich in der Lage sein, die Dokumente lesen zu können. Im »Grundlieferumfang« können Office-Dokumente sowie Text- und HTML-Dateien verarbeitet werden. Mittels so genannter iFilter können weitere Dokumenttypen hinzugefügt werden. Von Adobe kann beispielsweise kostenlos ein iFilter zur Indizierung von PDF-Dateien bezogen werden. Diverse andere iFilter sind im Web erhältlich, teils allerdings kostenpflichtig.

Ansonsten werden Suchbereiche konfiguriert: Die Suchbereiche dienen den Benutzern zur Einschränkung der bei der Suche berücksichtigte Inhaltsquellen.

Man könnte einen Suchbereich definieren, der sämtliche File-Server-Quellen umfasst. Die notwendigen Schritte im Detail:

▶ Man definiert zunächst die zu durchsuchenden Fileshares als Inhaltsquelle (nebst Einstellungen wie Suchzeitplänen etc.).

▶ Als Nächstes müssen eventuell weitere iFilter installiert werden, damit die Verschlagwortung für alle Dateien gelingt.

▶ Nun wird noch ein Suchbereich definiert, der die zuvor angelegten Inhaltsquellen umfasst. Diesen Suchbereich können die Anwender dann anwählen, das System wird dann nur Ergebnisse, die in diesen Inhaltsquellen gefunden werden, zurückliefern.

Die Abbildung 14.31 zeigt eine schematische Darstellung der hier besprochenen Komponenten.

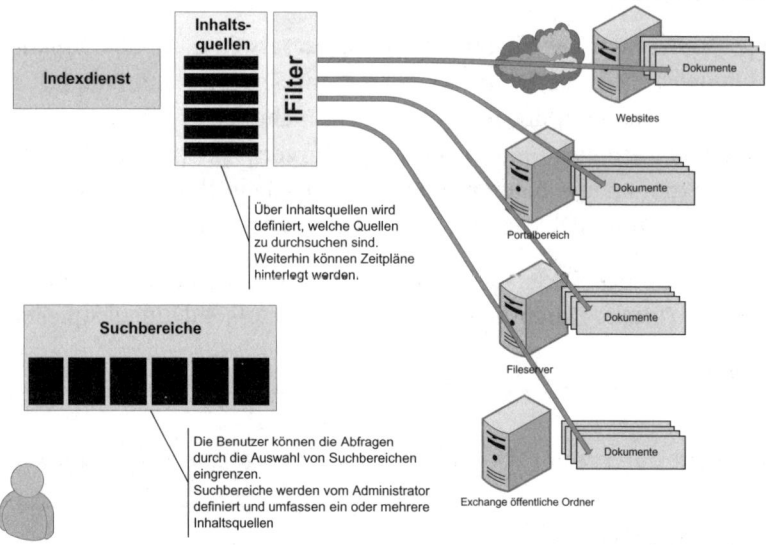

Abbildung 14.31 Schematischer Überblick über die Funktion des Suchdiensts

Der Benutzer kann zwischen einer einfachen und einer komplexen Suchfunktion wählen.

Bei der einfachen Suche wird lediglich der Suchbegriff eingegeben. Auf Wunsch kann der Suchbereich eingeschränkt werden (Abbildung 14.32).

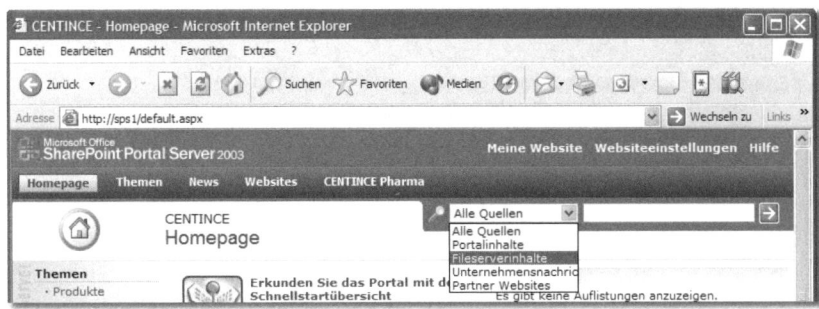

Abbildung 14.32 Für die einfache Variante der Suche muss nur der zu findende Begriff eingegeben werden, außerdem kann der Suchbereich eingeschränkt werden.

Die komplexe Suchfunktion ermöglicht eine sehr fein abgestufte Definition der zu suchenden Informationen (Abbildung 14.33).

▶ Beliebige Kombinationen von Suchbereichen können vorgegeben werden.

▶ Der zu durchsuchende Informationstyp, also beispielsweise Dokumente, Listen oder Personen kann angegeben werden.

▶ Als nächstes Suchkriterium können Eigenschaften vorgegeben werden. Bis zu drei Eigenschaften können mittels UND oder ODER verknüpft werden. Wenn Sie für Dokumente oder Listeneinträge eigene Eigenschaften definieren, können diese ebenfalls in der Liste der durchsuchbaren Eigenschaften auf der Suchseite erscheinen, hierfür sind allerdings einige Konfigurationsarbeiten notwendig!

▶ Als letzter Suchparameter kann das Erstellungs- oder Änderungsdatum der Information angegeben werden.

Die Liste der Suchergebnisse ist zunächst nicht sonderlich überraschend, siehe Abbildung 14.34. Einige interessante Funktionen stehen dem Benutzer zur Verfügung. Er kann sich beispielsweise über später zu diesem Suchergebnis hinzukommende Einträge benachrichtigen lassen.

Wenn Sie sich die Ergebnisliste in Abbildung 14.34 anschauen, werden Sie hinter den ersten beiden Einträgen ein Sternchen entdecken. Hintergrund ist Folgender: Sie haben die Möglichkeit, sozusagen »redaktionell« in die Suchergebnisse einzugreifen. Das Suchsystem des Portal Servers kennt »Stichwörter« und »Beste Suchergebnisse«. Wenn ein definiertes Stichwort gefunden wird, wird das diesem zugeordnete Beste Suchergebnis (eine URL oder ein UNC-Pfad zu einer Datei) angezeigt – und mit einem Sternchen markiert.

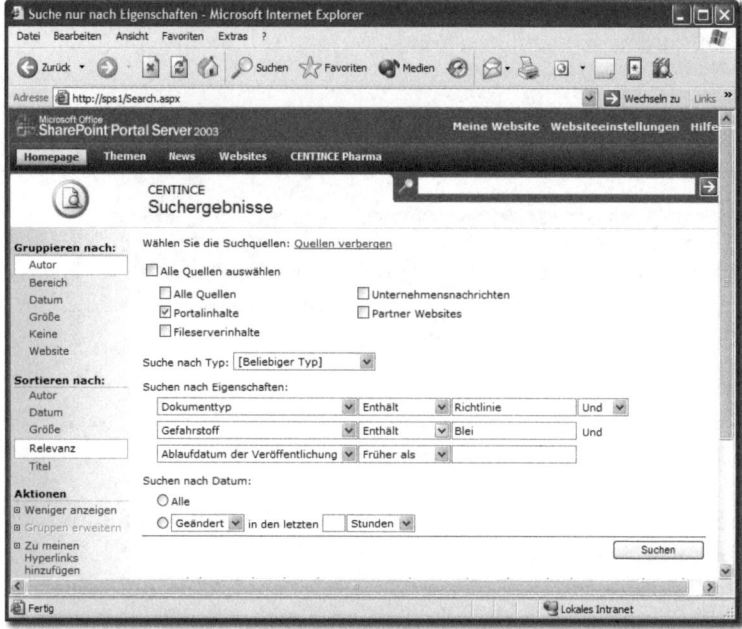

Abbildung 14.33 Bei der komplexen Suchseite können die Suchparameter sehr fein definiert werden.

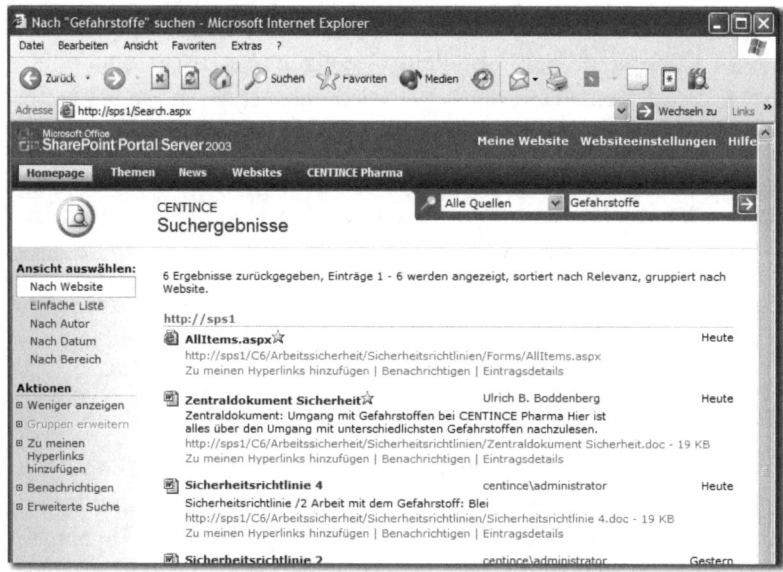

Abbildung 14.34 Die Liste der Suchergebnisse

Sie haben also die Möglichkeit, Ihren Anwendern beim Suchen ein wenig Hilfestellung zu leisten: Definieren Sie beispielsweise das Stichwort »Urlaubsantrag« und hinterlegen es mit einem Besten Suchergebnis, das zu dem entsprechenden elektronischen Formular verlinkt ist.

Suchergebnisse und Sicherheit

Es wäre natürlich fatal, wenn ein Benutzer in den Suchergebnissen auch Informationen angezeigt bekäme, auf die er eigentlich keinen Zugriff haben darf. Das Suchsystem des Portal Servers verhindert dies – so weit möglich:

▶ Beim Durchsuchen von Inhaltsquellen im Portal kann SharePoint problemlos erkennen, welche Benutzer auf eine Information zugreifen könnten und führt diese Fundstelle auch nur in deren Suchergebnissen aus.

▶ Bei durchsuchten NTFS-Filesystemen werden die ACLs ausgewertet und gespeichert, so dass auch hier sichergestellt wird, dass nur berechtigte Benutzer zugreifen können. Problematisch wäre übrigens, wenn Sie die Zugriffe auf FileShares nur über Freigaben und nicht über NTFS-Rechte regeln würden – dann würde es genau dazu kommen, dass Benutzern Fundstellen angezeigt werden, zu denen sie keinen Zugriff haben.

▶ Bei Exchange öffentlichen Ordnern werden die Zugriffsrechte ebenfalls korrekt ausgewertet, hier gibt es keine Probleme.

▶ Wenn Sie »fremde« Websites indizieren, wird das Suchsystem nicht auswerten können, welche Benuter Zugriff haben (»fremde« Websites bedeutet: Sie können ja beispielsweise auf die Idee kommen, www.microsoft.com zu indizieren). Sie können ein zu verwendendes Crawlkonto angeben, dass eventuell auf deutlich mehr Inhalte zugreifen kann als ein »suchender« Benutzer. Das eben gesagte gilt naürlich nicht nur für »fremde« Websites, sondern beispielsweise auch für einen Linux-basierten Intranetserver.

Da die meisten schützenswerten Informationen in SharePoint-Datenbanken und Filesystemen liegen werden, ist die Forderung, dass die Anwender nur Informationen, zu denen sie berechtigt sind, sehen, für die wichtigsten Datenquellen also erfüllt.

Themen-Assistent

Eine außerordentlich interessante, wenn auch unter Umständen manchmal etwas »glücklose« Funktion ist der Themenassistent. Um zu erklären, was es damit auf sich hat, muss ich ein wenig ausholen.

Ein Ziel von SharePoint Portal Server ist es, Informationen so zu strukturieren, dass diese für die Benutzer leicht und intuitiv auffindbar sind. Bei im Portal Server gespeicherten Inhalten klappt das auch wunderbar, da Sie zu dem entsprechenden Bereich navigieren können und dort alle Informationen vorfinden, sei es in Listen, Dokumentbibliotheken oder in Webparts, die auf externe Quellen zugreifen.

Nun muss man natürlich realistisch davon ausgehen, dass ein großer Teil von Informationen, zumindest aktuell, nicht in SharePoint Bereichen liegt, sondern in Dateisystemen, auf Webservern oder in Exchange öffentlichen Ordnern. Zwar kann man diese vom Suchdienst indizieren lassen und somit den Benutzern schon recht weitgehend unter die Arme greifen, die thematische Einsortierung fehlt.

Ein Beispiel: Wenn in Ihrem Unternehmen der Umgang mit Gefahrstoffen eine wichtige Rolle spielt, wäre es sicherlich nahe liegend, einen SharePoint-Bereich anzulegen, in dem die Benutzer diesbezügliche Informationen einsehen können. Schade ist natürlich, dass die vielen Informationen, die Sie beispielsweise in den Filesystemen haben, nicht auch automatisch in diesem Bereich erscheinen.

Genau hier hilft der Themenassistent:

▶ Der Themenassistent versucht in den jeweiligen Bereichen ein Hauptthema anhand von dort gefundenen Schlagwörtern und Schlagwortkombinationen zu erkennen. Je mehr Informationen (= Dokumente, Listeneinträge) in den Bereichen zu finden sind, desto genauer kann der Themenassisten erkennen, »worum es in dem Bereich eigentlich geht«.

▶ Wenn der Indexdienst Informationen außerhalb des Portals indiziert, versucht er diese zu kategorisieren, also einem bestimmten Portalbereich zuzuordnen. Deutlicher wird es am Beispiel: Wenn Sie einen Bereich »Gefahrstoffe« angelegt haben, in dem in so ziemlich jedem Dokument einige dutzen Male dieses Wort genannt ist, wird der Themenassistent ein Word-Dokument, das sich ebenfalls um »Gefahrstoffe« dreht, diesem Themenbereich zuordnen.

▶ In den einzelnen Bereichen kann nun jeweils ein Webpart »Vorschläge vom Themen-Assistenten« platziert werden, dass Links auf die gefundenen externen Dokumente anzeigt (Abbildung 14.35).

▶ Bei der Definition von Suchbereichen kann angegeben werden, dass nur Ergebnisse, die thematisch in einen Bereich gehören, angezeigt werden.

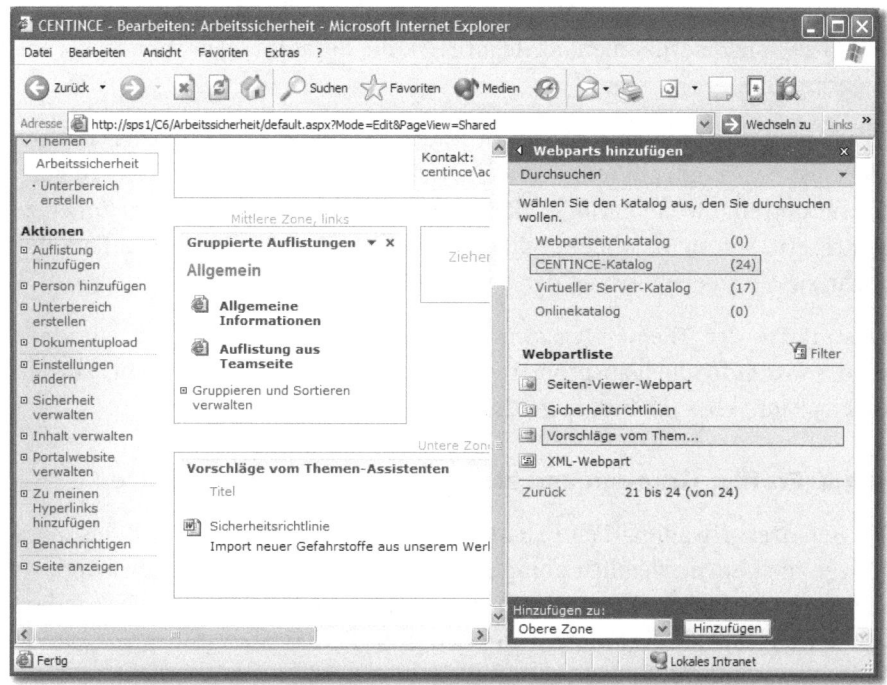

Abbildung 14.35 Links auf vom Themen-Assistenten kategorisierte portal-externe Inhalte können in einem Webpart angezeigt werden.

Einige Anmerkungen zum Themen-Assistenten:

▶ Sie können mit dem Trainieren (der Menüpunkt heisst wirklich so) des Themen-Assistenten erst beginnen, wenn schon einigermaßen viele Dokumente vorhanden sind. Damit der Vorgang überhaupt gelingt, müssen mindestens zwei Bereiche mit jeweils zehn oder mehr Dokumenten vorhanden sein. Sinnvoll wird es natürlich erst, wenn die Benutzer bereits eine Weile mit dem System gearbeitet haben und möglichst viele Dokumente zur Erkennung bereitstehen.

▶ Für jeden Portal Server-Bereich kann individuell konfiguriert werden, ob er mit demThemen-Assistenten verwendet werden darf.

▶ Der Themen-Assistent wird notwendiger Weise scheitern, wenn die Inhalte Ihrer Bereiche so ähnlich sind, dass der Themen-Assistent keine Gemeinsamkeiten bzw. Unterscheidungsmerkmale erkennen kann. Wenn der Themen-Assistent für ein Dokument keinen geeigneten Bereich finden kann, wird es nicht kategorisiert.

▶ Die Empfindlichkeit des Themen-Assistenten ist in fünf Stufen einstellbar. Ist er sehr empfindlich, sind die Ergebnisse genauer, aber es werden weniger

Dokumente kategorisiert. Wenn er eher unempfindlich konfiguriert ist, werden zwar mehr Dokumente kategorisiert, die Einordnungen sind aber weniger präzise.

In wie weit der Themen-Assistent in Ihrer Umgebung Nutzen bringt, müssen Sie selbst entscheiden. Wenn Sie viele Nicht-Portal-Inhalte haben, ist die Kategorisierung eine weitere Möglichkeit, um das Auffinden von Informationen zu erleichtern. Sofern Sie ohnehin planen, sämtliche Inhalte manuell in Portalbereiche zu verschieben, bringt der Themen-Assistent keinen Nutzen.

Wie präzise der Themen-Assistent die Dokumente zu Bereichen zuordnen kann, muss individuell ausprobiert werden. Da dabei eigentlich nichts »kaputt gehen« kann, birgt ein Test kein Risiko!

14.3.4 Profile, Gruppen und zielgruppenorientierte Inhalte

Die Benutzerverwaltung beim SharePoint Portal Server ist erheblich leistungsfähiger, aber auch erheblich komplexer als bei dem kleinen Bruder Windows SharePoint Services. Ich spreche hier nicht von den Berechtigungen, sondern von der eigentlichen Verwaltung der Benutzer.

> Anmerkung zu Berechtigungen: Ebenso wie bei den WSS können Rechte direkt an Active Directory-Gruppen oder Benutzer zugewiesen werden, alternativ können auch Website-Gruppen verwendet werden. In SPS sind die Websitegruppen im gesamten Portal gültig (nicht nur für einen Bereich). Ebenso wie bei den WSS gilt, dass Sie sich entscheiden sollten, ob Sie Rechtezuweisungen lieber an Websitegruppen oder Active Directory-Gruppen vornehmen möchten. Ein gemischte Vorgehensweise ist auf die Dauer unübersichtlich.

In diesem Abschnitt beschäftigen wir uns zunächst mit Benutzergruppen und Benutzerprofilen, anschließend schauen wir uns zielgruppenorientierte Inhalte an.

Benutzergruppen

Um von vornherein Verwechselungen auszuschließen:

▶ SharePoint-Benutzergruppen dürfen nicht mit Websitegruppen verwechselt werden.

▶ SharePoint-Benutzergruppen dürften nicht mit Active Directory-Gruppen verwechselt werden.

▶ An SharePoint-Benutzergruppen werden keine Rechte, sondern Inhalte zugewiesen.

Normaler Weise wird die Zuweisung von Benutzern an Gruppen dadurch vorgenommen, dass Sie den Eigenschaften-Dialog einer Gruppe öffnen und die Benutzer, die Mitglieder sein sollen, per Mausklick zuweisen. Mit den Benutzergruppen in SharePoint verhält es sich anders, diese werden dynamisch anhand von Regeln gebildet (Abbildung 14.36). Mögliche Regeln sind:

▶ Der Benutzer ist Mitglied einer Active Directory-Gruppe.

▶ Der Benutzer ist einem bestimmten anderen Anwender unterstellt (hier wird der entsprechende Eintrag in den Active Directory-Benutzereigenschaften ausgewertet).

▶ Die dritte Möglichkeit ist, dass im SharePoint-Benutzerprofil gespeicherte Eigenschaften ausgewertet werden.

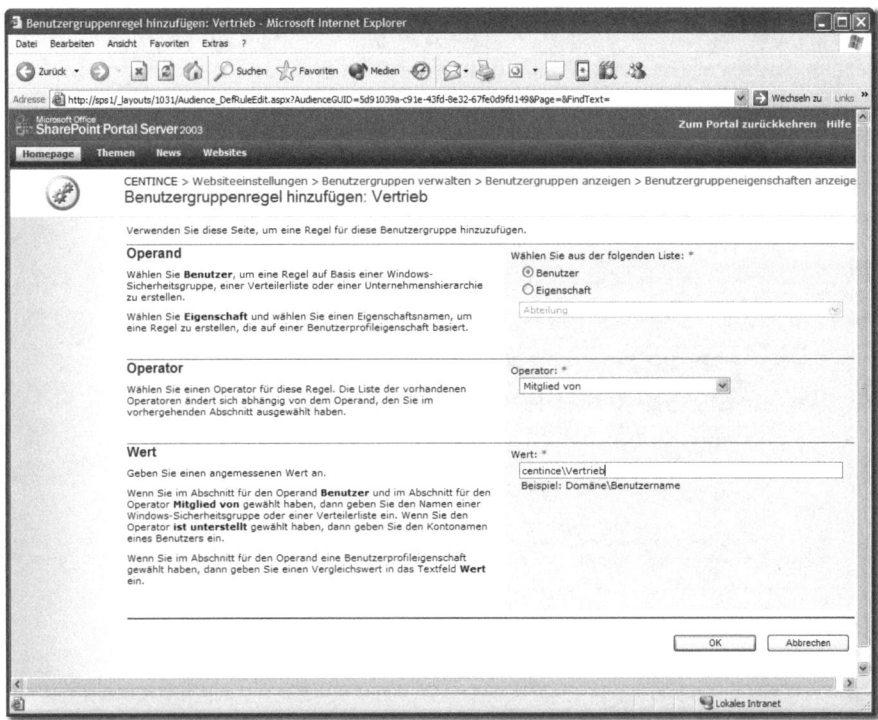

Abbildung 14.36 Die Mitgliedschaften in Benutzergruppen wird über Regeln gesteuert.

Weitere Fakten zu den Benutzergruppen:

▶ Es können beliebig viele Regeln für die Mitgliedschaft in einer Benutzergruppe festgelegt werden. Diese Regeln können UND- oder ODER-verknüpft werden, also »Nur eine Regel muss erfüllt sein« oder »Alle Regeln müssen erfüllt sein«.

- Ein Benutzer kann Mitglied in beliebig vielen Benutzergruppen sein.

- Die Benutzergruppen werden nach einem frei zu definierenden Zeitplan gebildet.

Was man mit Benutzergruppen anfangen kann, erfahren Sie ein wenig später.

Benutzerprofile

SharePoint Portal Server speichert in seiner eigenen Datenbank die Eigenschaften der Benutzer, dies sind die Benutzerprofile. Die Profile hängen jeweils an einem Active Directory-Konto und enthalten standardmäßig Daten wie Name, Vorname, Telefonnummer etc. des Benutzers. Da es außerordentlich lästig wäre, wenn man diese Daten sowohl im Active Directory als auch in SharePoint manuell eintragen müsste, gibt es die Möglichkeit, sie aus dem Active Directory zu importieren. Für den Active Directory-Import können Zeitpläne hinterlegt werden und zwar für einen vollständigen Import und für einen inkrementellen Import. Eine gute Praxis ist, täglich einen inkrementellen und wöchentlich einen vollständigen Import durchzuführen. Die Profile von im Active Directory gelöschten Benutzern werden nur bei einem vollständigen Import entfernt. Abbildung 14.37 zeigt ein Benutzerprofil.

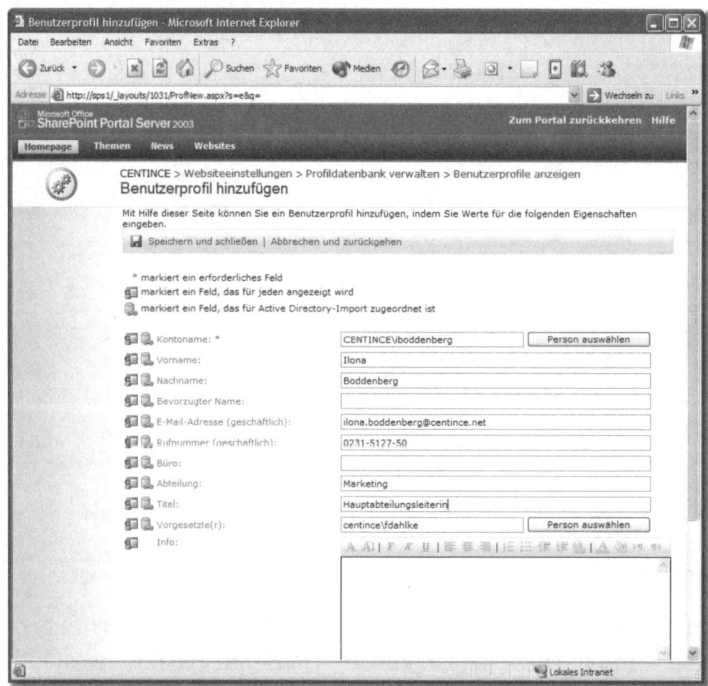

Abbildung 14.37 Im Benutzerprofil werden die Eigenschaften des jeweiligen Benutzers gespeichert.

Interessant ist, dass die Benutzerprofile um beliebige Eigenschaften erweitert werden können. Wenn Sie zu den Benutzern spezielle Informationen hinterlegen möchten, legen Sie eine neue Eigenschaft an, beispielsweise die Kostenstelle, den Standort oder die Funktionsbezeichnung:

▶ Diese Eigenschaften können beispielsweise zur Bildung von Benutzergruppen ausgewertet werden.

▶ Falls Sie Ihr Active Directory-Schema erweitert haben, um diese Eigenschaften auch dort zu hinterlegen, können Sie diese aus dem AD in das SharePoint-Benutzerprofil importieren.

14.3.5 Zielgruppenorientierte Inhalte

In der heutigen Zeit gibt es ein großes Problem: Die Anzahl der Informationen ist mittlerweile so groß geworden, dass die Benutzer Schwierigkeiten haben, den Überblick zu halten und Wichtiges von Unwichtigem zu trennen.

Wenn jemand nun tatsächlich eine wichtige Information hat, muss er sich Gedanken darüber machen, wie er diese Information so weitergibt, dass sie wahrgenommen wird. Ungünstig wäre, wenn er diese Information zwar an der richtigen Stelle in SharePoint einstellt, dann aber allen Benutzern eine Mail schreibt, um auf diese Information aufmerksam zu machen. Das würde genau dazu führen, dass die Informationsflut (hier konkreter die Mailflut) noch weiter zunimmt und die Benutzer mit noch mehr Informationen umgehen müssen. Der Hinweis auf eine wichtige neue Information an sich ist sicherlich nicht wertvoll – sollte also nach Möglichkeit nicht zu einer weiteren Mail führen.

SharePoint Portal Server löst das Problem, in dem Inhalte Benutzergruppen zugewiesen werden können. Diese Zuweisung hat nichts mit Zugriffsrechten zu tun, sondern sorgt dafür, dass ein Verweis auf diesen Inhalt in einem zielgruppenorientierten Webpart angezeigt wird – zumindest dann, wenn der Benutzer Mitglied einer Benutzergruppe ist, an die der Inhalt zugewiesen ist.

Abbildung 14.38 zeigt die Zuweisung eines Inhalts an die Benutzergruppen »Abteilungsleiter« und »Gruppenleiter«.

Abbildung 14.39 zeigt eine leicht veränderte Portal-Homepage. Ich habe auf der rechten Seite das zielgruppenorientierte Webpart »News für Sie« platziert. Die Benutzer erhalten mit diesem direkt auf der Homepage einen Überblick über neue an sie zugewiesene Inhalte.

Das Webpart ist zwar auf der Homepage platziert, wird aber natürlich für jeden Benutzer individuell »befüllt«.

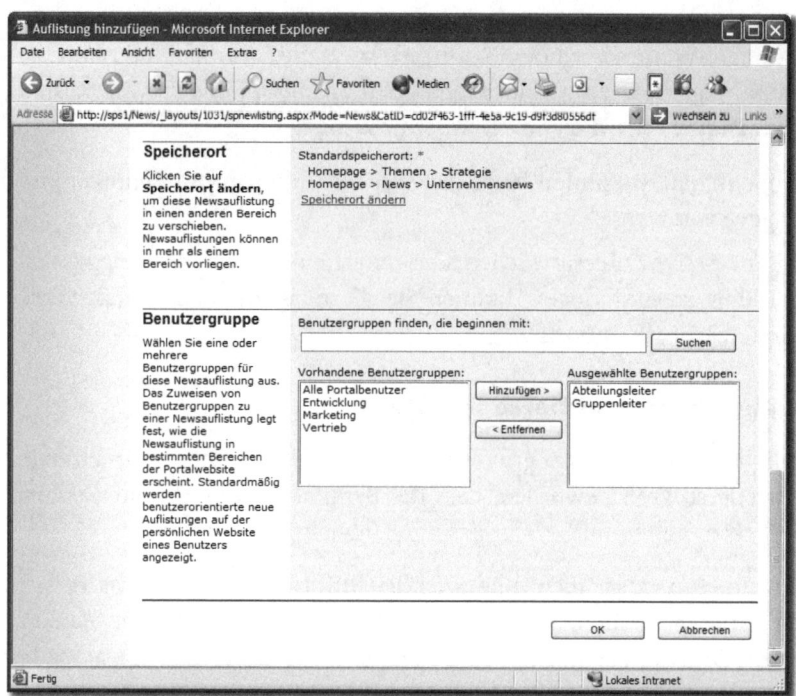

Abbildung 14.38 Inhalte können einer oder mehreren Benutzergruppen zugewiesen werden.

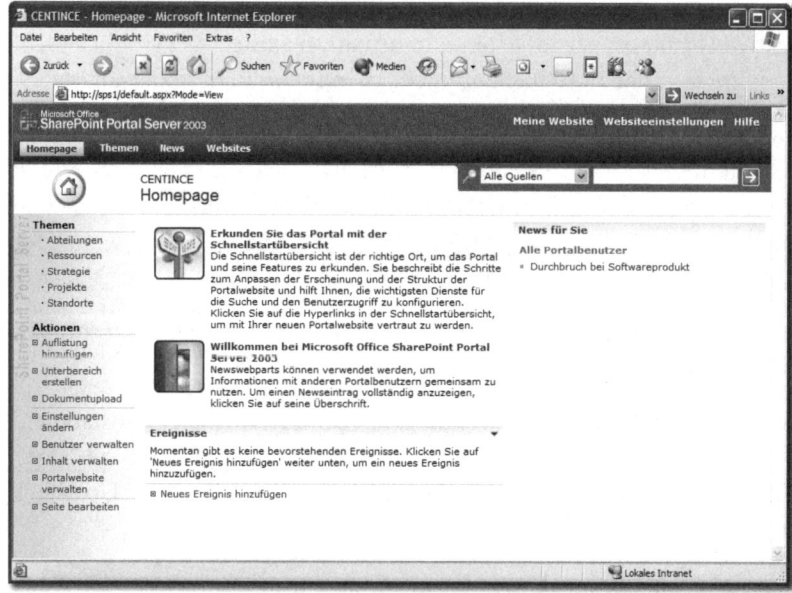

Abbildung 14.39 Das zielgruppenorientierte Webpart »News für Sie« macht auf neue Inhalte aufmerksam.

Diese Möglichkeit der Anzeige relevanter Inhalte in einer Liste ist natürlich wesentlich effektiver, als wenn sich die Benutzer ausführlich Mails über die Existenz von neuen Inhalten schreiben.

Fakt ist aber auch, dass das System natürlich auf Dauer nicht wirkungsvoll sein wird, wenn es gängige Praxis wird, dass jeder noch so unwichtige Inhalt mittels eines zielgruppenorientierten Webparts bekannt gemacht wird.

An dieser Stelle sei darauf hingewiesen, dass es eine gute Praxis ist, zielgruppenorientierte Webparts auf der Homepage des Benutzers (»Meine Website«) abzulegen (Abbildung 14.40). Dort befindet sich das »News für Sie«-Webpart übrigens bereits standardmäßig. Auf »Meine Website« werden übrigens auch Benachrichtigungen, beispielsweise über ein neues Dokument in einer Bibliothek, in einem dafür vorgesehenen Webpart angezeigt. Diese Funktionen sind wichtige Schritte, um die Mailflut einzudämmen und dem Benutzer das Auffinden der für ihn wichtigen Informationen ein wenig einfacher zu machen.

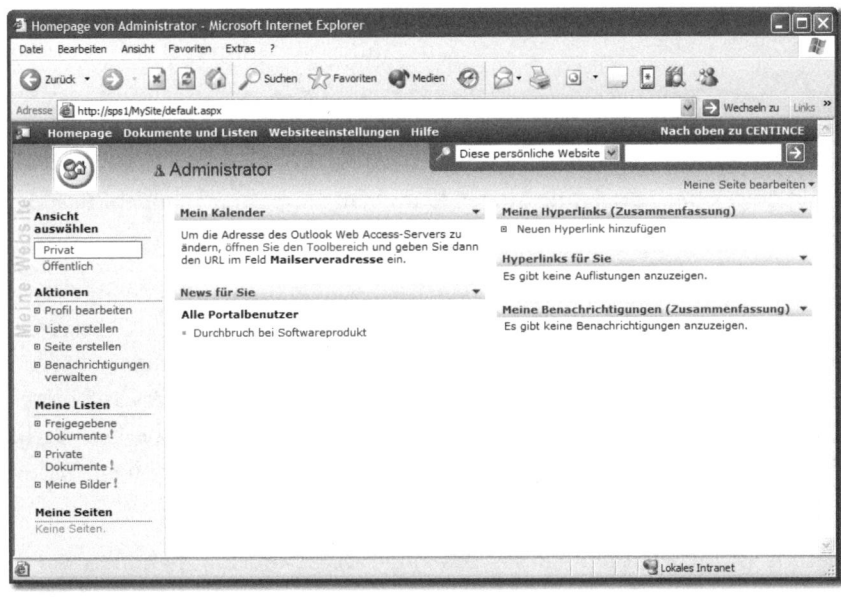

Abbildung 14.40 Das Webpart »News für Sie« befindet sich standardmäßig auf der persönlichen Seite des Anwenders (»Meine Website«).

14.3.6 Portalauflistungen und Inhalte in verschiedenen Bereichen anzeigen

Wenn Sie »Dokumente und Listen« eines Portal-Bereichs anschauen, werden Sie immer wieder auf die »Portalauflistungen« treffen (Abbildung 14.41).

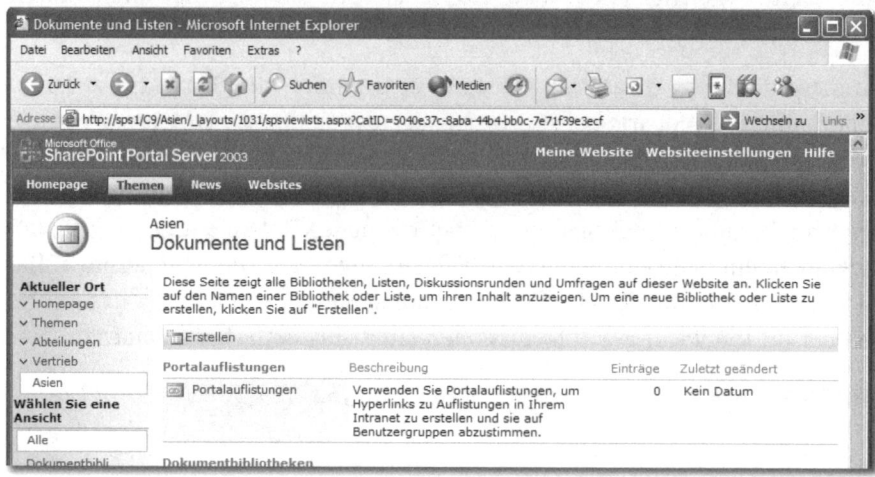

Abbildung 14.41 Jeder Bereich verfügt über die Liste »Portalauflistungen«.

Sinn und Zweck der Portalauflistungen kann man am besten an einem Beispiel klarmachen:

Angenommen, der Vertriebsbereich Asien hat ein Dokument über Vorgehensweisen zur Kundenqualifizierung erstellt, dass auf Anweisung des Gesamtvertriebsleiters von allen anderen Vertriebsorganisationen übernommen werden soll. Es müssen nun alle Mitarbeiter der Vertriebsorganisationen auf dieses Dokument aufmerksam gemacht werden. Es wäre aber sicherlich recht unschön, dies über das Herumsenden von Mails zu erledigen. Es soll ein Dokument geben, das von allen Mitarbeitern gefunden wird.

Die Lösung ist die Veröffentlichung des einen Dokuments in mehreren Bereichen des Portals.

Das Dokument hat in seinem Kontextmenü einen Eintrag »Dem Portalbereich hinzufügen« (Abbildung 14.42).

Klickt man hierauf, erscheint ein längerer Dialog, in dem unter anderen die Benutzergruppen, für die dieses Dokument vorgesehen ist (siehe oben) und die Speicherorte angegeben werden. Es können mittels eines weiteren Dialogs beliebig viele Speicherorte im gesamten Portal ausgewählt werden (Abbildung 14.43).

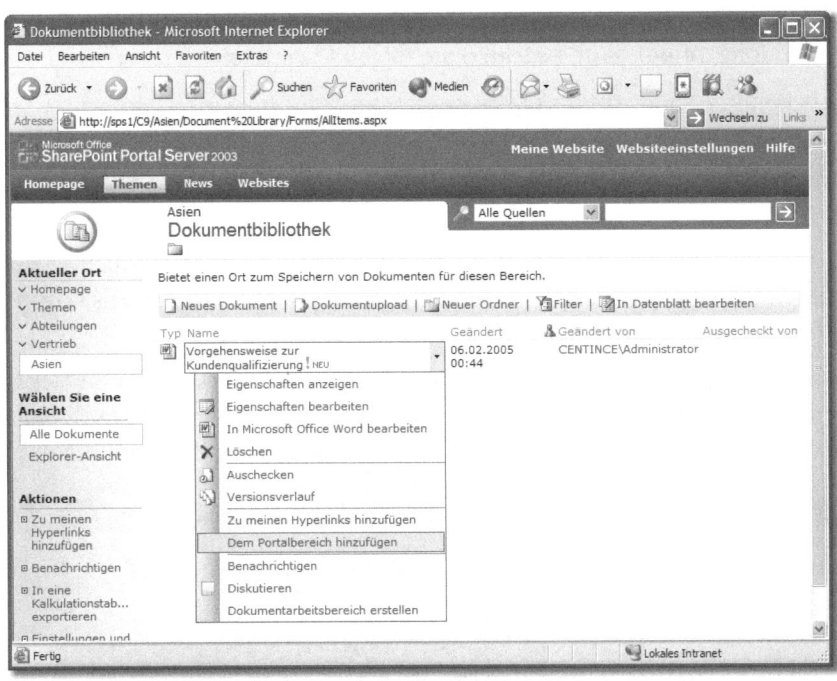

Abbildung 14.42 Im Kontextmenü eines Dokuments findet sich der Menüpunkt »Dem Portalbereich hinzufügen«.

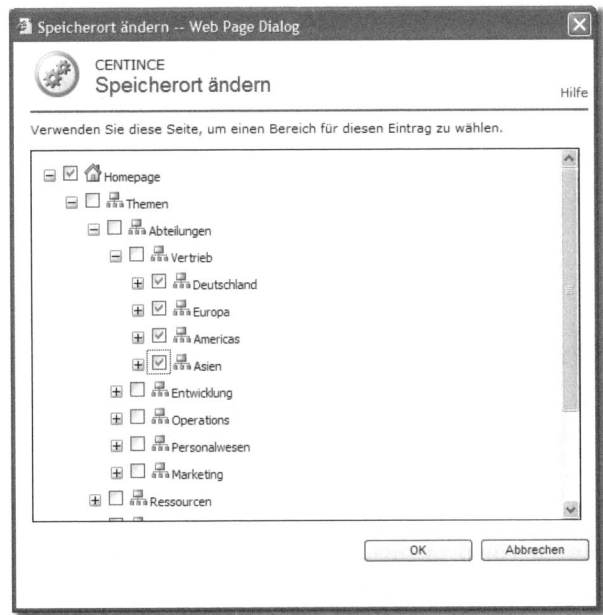

Abbildung 14.43 Ein Dokument kann an mehreren Speicherorten sichtbar werden.

Das Dokument erscheint nun auf den Startseiten der zuvor ausgewählten Bereiche (Abbildung 14.44). Bitte beachten Sie folgende Punkte:

▶ In Abbildung 14.44 ist in der Statuszeile des Browsers (unterer Rand) zu sehen, dass das Dokument in einer Dokumentbibliothek im Portalbereich »Asien« befindet, obwohl aktuell der Portalbereich »Deutschland« angezeigt wird.

▶ Wenn Sie die Portalseite in der »Seite gestalten«-Ansicht anschauen, sieht man, dass der Verweis auf das Dokument in einem Webpart namens »Gruppierte Auflistung« angezeigt wird.

▶ Dieses Webpart liest jeweils die Portalauflistungen des jeweiligen Bereichs. Wenn Sie die Portalauflistungen des Bereichs ansehen (über »Inhalte verwalten«) werden Sie den hier angezeigten Verweis auf das Dokument finden.

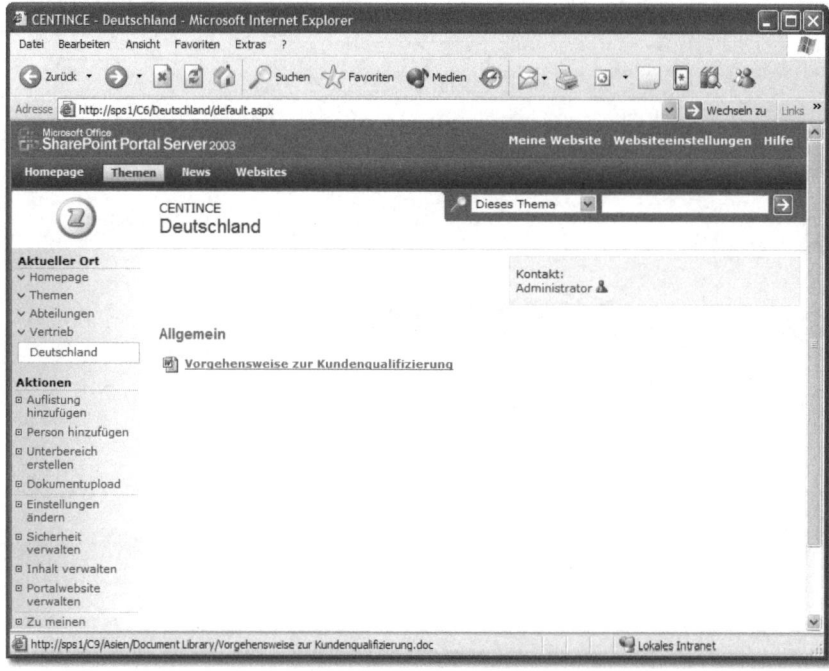

Abbildung 14.44 Im Portalbereich »Deutschland« erscheint ein Dokument, das eigentlich im Bereich »Asien« liegt.

Langsam wird die Mechanik, die SharePoint verwendet, klar:

▶ Das Dokument verbleibt in der ursprünglichen Dokumentbibliothek.

▶ Damit ein Dokument (oder ein anderer Inhalt) hervorgehoben auf der Startseite eines Portalbereichs erscheint, wird eine »Auflistung« hinzugefügt. Das hört sich spektakulär an, ist aber letztendlich bloß ein Listeneintrag (in der Liste Portalauflistungen).

▶ Wenn ein Dokument (oder ein anderer Inhalt) in mehreren Portalbereichen angezeigt werden soll, wird einfach in den Portalauflistungen aller ausgewählten Bereiche ein Link auf dieses Dokument hinzugefügt. Fertig!

▶ Dies klappt natürlich nur, wenn die Benutzer der anderen Portalbereiche auch die notwendige Berechtigung haben, um auf das Dokument zugreifen zu können.

Die zielgruppenorientierte Präsentation von Inhalten, die Sie im vorherigen Abschnitt kennen gelernt haben, basiert übrigens auch auf Portalauflistungen: Zu einem Dokument, Listeneintrag etc. wird eine Portalauflistung erzeugt, die eine Zuweisung an Benutzergruppen enthält.

Ich finde den Begriff »Portalauflistung« nicht allzu glücklich gewählt. Wenn man sich eine »Auflistung« als eine Art speziellen Link vorstellt, begreift man das Konzept eher. Der Vergleich passt zwar nicht so ganz, als Gedankenmodell, um überhaupt die vom Portal Server angewendete Vorgehensweise zu begreifen, passt es.

Als ich das erste Mal mit dem Portal Server umgegangen bin, hatte ich eine ganze Weile gebraucht, bis ich hinter die Zusammenhänge gekommen bin, also beispielsweise verstanden habe, was überhaupt passiert, wenn man den Menüpunkt »Dem Portalbereich hinzufügen« anklickt.

14.3.7 Der Single Sign On-Dienst

Eine wichtige Komponente jeder Portal-Lösung und somit auch von SharePoint, ist die Darstellung von Inhalten, die aus externen Datenquellen beschafft werden müssen. Schließlich ist das Ziel, dass der Benutzer alle (oder zumindest möglichst viele) Informationen innerhalb des Portals aufrufen kann und sich nicht durch zig Applikationen quälen muss.

In Abbildung 14.45 sind die Datenpfade dargestellt:

▶ Zunächst greift der Benutzer auf den SharePoint Server zu.

▶ Das Webpart, das für die Darstellung der Daten zuständig ist, greift auf den Datenbankserver zu.

Wir beschäftigen uns nun mit der Fragestellung, wie sich das Webpart am Datenbankserver anmeldet. Wichtige Anforderung ist natürlich, dass nicht Sicherheitslöcher in der Größe mehrer Scheunentore aufgerissen werden. Wie fast immer gibt es mehrere Möglichkeiten:

▶ Das einfachste Verfahren ist die Nutzung von Impersonation; das bedeutet, dass das Webpart mit der Windows-Identität des Benutzers auf den Datenbankserver oder sonstige Ressourcen zugreift. Dieses Verfahren funktioniert gut, wenn die Ressource in der Lage ist, mit der windows-integrierten Authentifizierung zu arbeiten. Wenn Sie beispielsweise auf den Microsoft SQL Server zugreifen, der die windows-integrierte Authentifizierung unterstützt, brauchen Sie sich keine weiteren Gedanken zu machen. Impersonation ist standardmäßig aktiviert, das Webpart nimmt sozusagen die Identität des Benutzers an, der »vor dem Browser sitzt«.

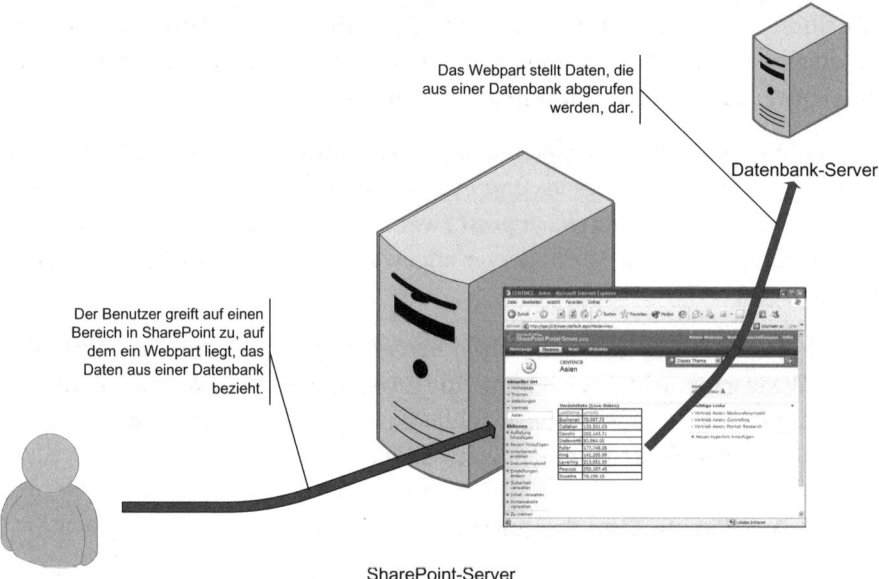

Abbildung 14.45 Die Datenpfade beim Zugriff auf eine Seite mit einem Webpart, der auf eine Datenbank zugreift.

Wenn Sie auf Datenbanken zugreifen, die keine Windows-integrierte Authentifizierung unterstützen, wird es schwieriger. Sie müssen in jedem Fall dem Webpart die richtigen Credentials (= Benutzername und Passwort) mitgeben, damit es sich an der Ressource anmelden kann.

▶ Das Webpart könnte sich natürlich mit einem Standard-Benutzernamen anmelden. Dieser Name nebst Passwort würden konfiguriert und vom Webpart verwendet, unabhängig davon,welcher Benutzer tatsächlich die Daten im Webpart anschaut. Das ist natürlich recht einfach zu verwalten, führt aber natürlich dazu, dass Sie die vom Datenbankserver vorgegebenen Beschränkungen außer Kraft setzen – jeder Benutzer kann alles sehen.

▶ SharePoint kann für Webparts benutzerindividuelle Einstellungen speichern. Mit anderen Worten könnte jeder Benutzer sein Datenbankbenutzernamen und -passwort im Eigenschaften-Dialog des Webparts eintragen. Dadurch würde das Webpart sich zwar mit den individuellen Credentials des Benutzers anmelden (gut!), der Aufwand ist natürlich dramatisch. Wenn Sie 500 Anwender bitten, ihr jeweiliges Datenbankkennwort in den Webpart-Eigenschaften einzutragen, wird Ihr Helpdesk vermutlich 500 Anrufe erhalten. Ehrlich gesagt mache ich mir nicht primär Sorgen um den Helpdesk, sondern um den Produktivitätsausfall jedes einzelnen Benutzers, denn der Zeitbedarf (Ausprobieren; überlegen, ob man den Helpdesk anrufen soll; Helpdesk anrufen; noch einige Male probieren, weil besetzt war; mit dem Helpdesk-Mitarbeiter sprechen) summiert sich leicht auf jeweils 20 bis 30 Minuten. Die eigentliche Konfigurationsänderung dauert 30 Sekunden, der Zeitbedarf für den ganzen Vorgang ist aber gigantisch. Das ist natürlich kein SharePoint-Problem, sondern trifft auf sämtliche Einstellarbeiten zu, die Benutzer selbst durchführen sollen. Wie auch immer: 500 Benutzer mal 20 Minuten vernichtet 10.000 Minuten Arbeitszeit, das entspricht ca. 160 Stunden! Eine Katastrophe!

▶ Die eleganteste Lösung ist die Verwendung des Single Sign On-Services, der im SharePoint Portal Server enthalten ist. Dieser heisst in den deutschen Versionen »Dienst für einmaliges Anmelden«.

In Abbildung 14.46 ist schematisch die Funktion des Single Sign On-Service zu erkennen:

▶ Der Benutzer navigiert zu einer SharePoint-Seite, die ein Webpart enthält, das auf eine Datenbank zugreift, die nicht die windows-integrierte Authentifizierung unterstützt.

▶ Das Webpart fordert in der SSO-Datenbank die Zugriffsdaten für die Verbindung mit dem Datenbankserver an. Das Webpart muss auf einen im SSO-Dienst eingetragenen Anwendungsnamen verweisen. Der SSO-Dienst sendet die Credentials an das Webpart.

▶ Das Webpart kann nun die Verbindung mit der Datenbank aufnehmen. Da es sich mit den Credentials des zugreifenden Benutzers anmeldet, wird das Sicherheitssystem der Datenbank nicht ausgehebelt.

Der SSO-Dienst übergibt in dem dargestellten Beispiel die zum Zugriff notwendigen Credentials direkt an das aufrufende Webpart. Eine alternative Vorgehensweise ist eine Architektur, die BizTalk-Server integriert: Der Single-Sign-On-Dienst würde in diesem Fall nur ein Ticket an das Webpart geben, den eigentlichen Datenabruf nimmt der BizTalk-Server vor, der dann mit Referenz auf dieses Ticket die Zugriffsinformationen beim SSO-Dienst anfordert.

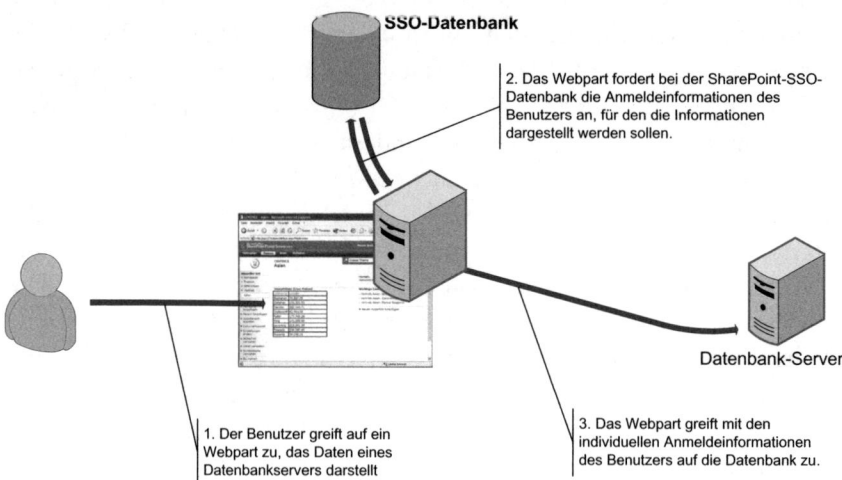

Abbildung 14.46 Funktionsweise des SharePoint Single Sign On-Services

Wesentliches Konfigurations-Element des Single Sign On-Diensts ist die »Enterpriseanwendungsdefinition« (Abbildung 14.47). In dieser werden folgende Angaben gespeichert:

▶ Anwendungsname: Der Anwendungsname wird von dem Webpart verwendet, um die Zugriffsdaten für die Applikation/Datenbank anzufordern.

▶ Anmeldekontoinformationen: Hier werden primär Benutzername und Passwort eingetragen. Falls weitere Daten zum Zugriff auf die Datenbank benötigt werden, können hier bis zu fünf Parameter definiert werden.

Die Zugriffsdaten für die Ressource müssen natürlich »irgendwie« in die SSO-Datenbank eingepflegt werden. Die eine Möglichkeit ist natürlich, dass die Zugriffsdaten aller Benutzer im Vorfeld in die SSO-Datenbank eingetragen werden. Dies könnte entweder ein Administrator von Hand erledigen, besser wäre es natürlich, einen maschinellen Import vorzunehmen; hierfür müsste man allerdings eine kleine Applikation erstellen.

Die zweite Möglichkeit ist, dass die Benutzer die Zugriffsdaten selbst eintragen, der Ablauf sieht wie folgt aus:

▶ Der Benutzer zeigt eine Seite mit einem Webpart an. Das Webpart versucht, die entsprechenden Zugriffsdaten aus der SSO-Datenbank anzufordern.

▶ Wenn in der SSO-Datenbank keine Credentials vorhanden sind, erhält das Webpart eine Fehlermeldung über diese Problem (für Programmierer: Die

Fehlermeldung ist sehr präzise, Sie können recht einfach eine Routine zur Fehlerbehandlung schreiben).

▶ Nun hängt es davon wie gut das Webpart programmiert ist: Korrekter Weise müsste das Webpart einen Link zur Verfügung stellen, den der Benutzer anklicken und seine Anmeldedaten eingeben kann (Abbildung 14.48). Wenn das Webpart schlecht programmiert ist, gibt es schlicht und ergreifend keine Anmeldung.

Abbildung 14.47 Für den Zugriff auf eine Datenbank oder Applikation muss eine Enterprisean-wendungsdefinition erstellt werden.

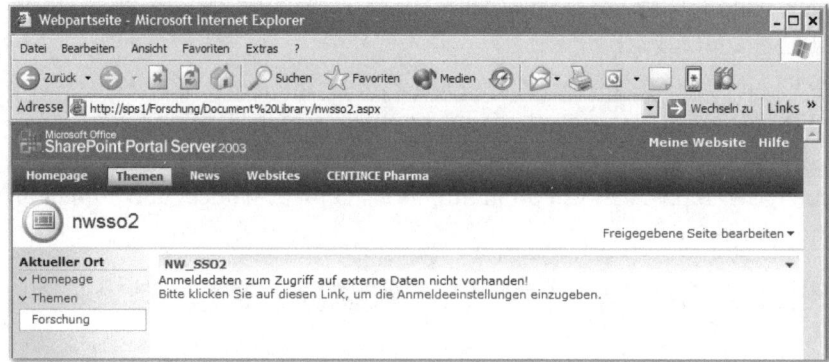

Abbildung 14.48 Ein gut programmierter Webpart fordert beim SharePoint-System einen URL an, unter der der Benutzer seine Anmeldeinformationen eingeben kann.

Abbildung 14.49 zeigt den Benutzerdialog zur Erfassung der Anmeldeinformation für den SSO-Dienst. Dieser Dialog wird dem Benutzer gezeigt, wenn er den von einem Webpart bereitgestellten Link folgt, um fehlende Anmeldeinformationen zu erfassen. Die angegebenen Informationen werden in der SSO-Datenbank gespeichert, so dass der nächste Anmeldeversuch des Webparts erfolgreich sein wird.

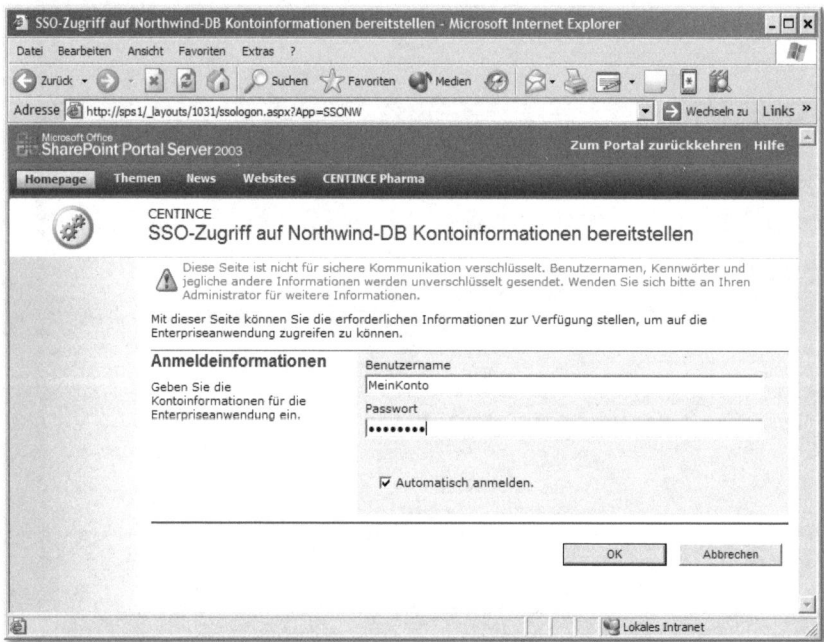

Abbildung 14.49 Dieser Benutzerdialog dient zum Eintragen von Zugangsinformationen in die SSO-Datenbank.

Ein weiteres Problem muss noch angesprochen werden: Wenn ein Benutzer sein Zugangspasswort ändert, sind die in der SSO-Datenbank gespeicherten Informationen natürlich schlicht und ergreifend falsch (bzw. veraltet). Der einfachste Weg wäre auch in diesem Fall, wenn das Webpart den Anmeldefehler abfängt und dahingehend behandelt, dass es dem Benutzer einen Link zurückgibt, unter dem er seine Zugangsdaten neu eingeben kann.

Beachten Sie bitte, dass Single Sign On nur korrekt funktioniert, wenn die Webparts, die SSO-Dienste benutzen, sich auf einer Portalseite befinden. Sind die Webparts auf einer Teamwebsite unterhalb des eigentlichen Portals platziert, gibt es Funktionseinschränkungen! In diesem Fall funktioniert zwar noch der Abruf der Credentials, das Webpart wird aber die URL für die Erfassung neuer Credentials nicht abrufen können.

14.3.8 Meine Website

Ein mögliches Ziel beim Einsatz von SharePoint könnte es sein, die klassischen Fileshares nach und nach ganz verschwinden zu lassen. Meiner persönlichen Meinung nach sind die einzigen Dateien, für die es noch eine Daseinsberechtigung auf einer Dateifreigabe gibt, file-basierte Datenbanken, wie die Access *.MDBs.

Was aber unternimmt man mit den diversen persönlichen Dateien, die ein Benutzer im Laufe der Zeit anlegt? Ich meine hiermit die Dateien, die weder zu den Arbeitsinhalten einer Abteilung noch eines Projekts gehören und bisher auf dem Home-Laufwerk des Benutzers abgelegt wurden.

SharePoint Portal Server bietet hier eine Lösung in Form der persönlichen Website, genannt »Meine Website«. Es handelt sich hierbei um eine spezielle Teamwebsite, die für jeden Benutzer beim ersten Aufruf individuell erzeugt wird. Auf den vom Portal Server angezeigten Seiten findet sich in der obersten Zeile ein Link auf »Meine Website« (Abbildung 14.50).

Abbildung 14.50 »Meine Website« ist von der obersten Zeile der Portal Server-Seiten jederzeit zu erreichen.

»Meine Website« erfüllt mehrere Aufgaben:

▶ Jeder Benutzer kann seine eigenen Dokumentbibliotheken und Listen anlegen und somit seine persönlichen Informationen optimal verwalten

- Der Benutzer kann hier Teile seines Profils bearbeiten. Bei der Definition des Profilschemas kann jeweils angegeben werden, welche Informationen durch den Benutzer zu bearbeiten sind, nur diese werden ihm hier zum Ausfüllen angeboten.

- Der Benutzer kann in »Meine Webiste« seine Benachrichtigungen (z.B. über neue Einträge, neue Suchergebnisse, geänderte Dokumente, etc.) verwalten. Außerdem sind auf dieser Seite standardmäßig Webparts platziert, die ihn auf Benachrichtigungen und zielgruppenorientierte Inhalte aufmerksam machen.

- Zum Lieferumfang des SharePoint Portal Servers gehören Webparts zum Zugriff auf Exchange (Postfach, Kalender etc.). »Meine Website« ist der geeignete Ort, um solche »persönlichen« Webparts zu platzieren.

- Wenn Sie für einen Benutzer in Webparts Informationen bereitstellen möchten, die sonst kein anderer Benutzer benötigt oder sehen darf, ist »Meine Website« ein hervorragender Ort, um diese Webparts zu positionieren. Beispiele wären:

  - Ein Webpart für den Vertriebsleiter, der auf einen Blick die aktuellen Umsätze seiner Account Manager einsehen kann, ohne erst großartig im SAP-System Auswertungen anfertigen zu müssen.

  - Ein Webpart für einen Kundenbetreuer, der darauf die Lieferrückstände seiner Kunden sehen kann. Dieses erspart ihm das tägliche Herumnavigieren im Warenwirtschafts-System.

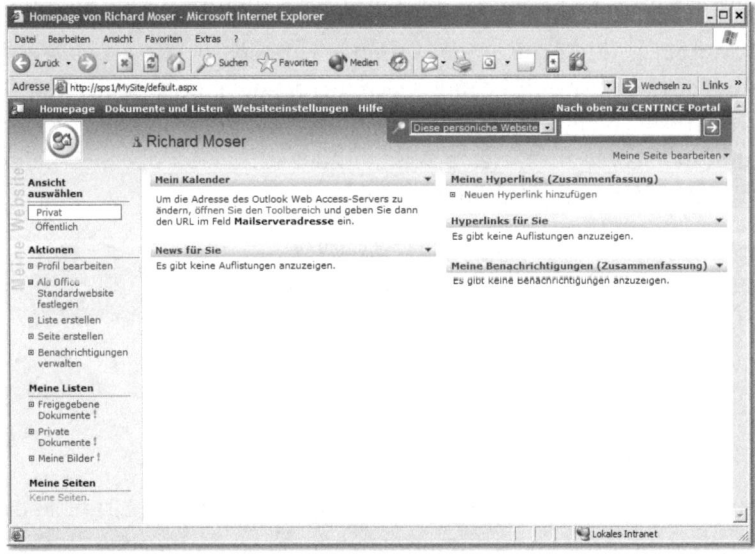

Abbildung 14.51 Ein Blick auf eine bislang nicht konfigurierte »Meine Website«.

Neben der persönlichen (= privaten) Ansicht verfügt »Meine Website« über eine öffentliche Ansicht, auf der der Benutzer Informationen über sich bereitstellen oder Dokumente für andere Benutzer veröffentlichen kann (Abbildung 14.52).

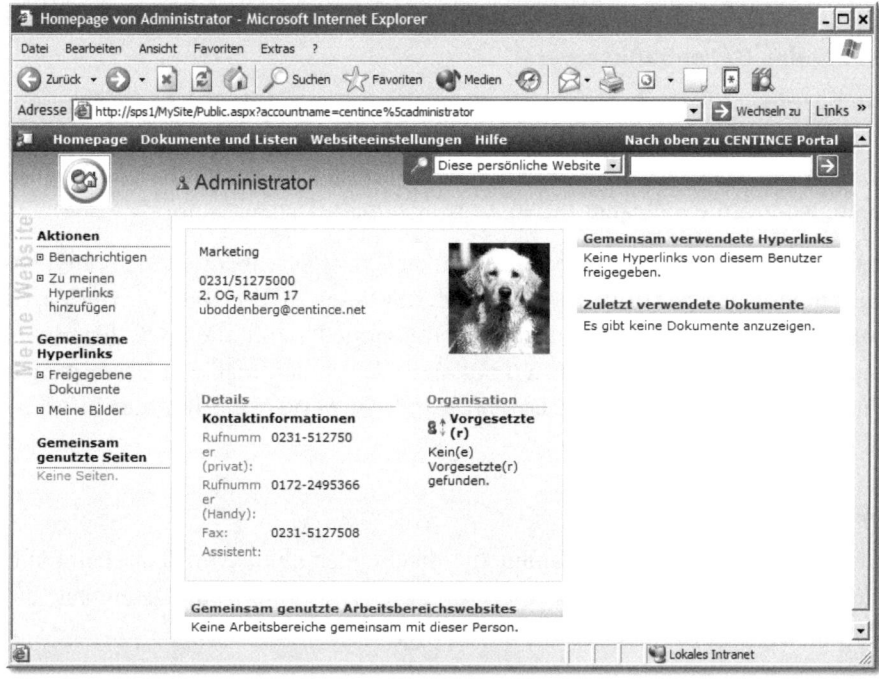

Abbildung 14.52 Öffentliche Ansicht von »Meine Webiste«

Die öffentliche Ansicht der »Meine Website« einer Kollegin oder eines Kollegen findet man am einfachsten über die Suchfunktion des Portal Servers: Einfach den Namen eintragen, ggf. die Suche auf »Personen« einschränken und schon erscheint der Link auf die entsprechende Seite.

14.3.9 Technische Struktur

Für die Dimensionierung einer SharePoint Portal Server-Installation gibt Microsoft in Abhängigkeit von der Anzahl der Benutzer fünf Szenarien vor:

▶ Weniger als 1.000 Benutzer: Einzelserver mit MSDE

▶ Weniger als 10.000 Benutzer: Einzelserver mit SQL Server

▶ Weniger als 25.000 Benutzer: »Small Farm«

▶ Weniger als 100.000 Benutzer: »Medium Farm«

▶ Mehr als 100.000 Benutzer: »Large Farm«

Wir werden in den folgenden Abschnitten die jeweiligen Modelle etwas eingehender beleuchten. Zu beachten ist, dass letztendlich die Benutzeranzahl nicht das einzige Kriterium ist, sondern die Bereitstellungsszenarien auch Unterschiede bezüglich der Verfügbarkeit aufweisen.

Sizing des Datenbankservers

Ein SharePoint-System lebt primär von seiner Datenbank, daher ist insbesondere deren Sizing besondere Aufmerksamkeit zu schenken. Das Sizing von Datenbankservern habe ich bereits sehr ausführlich in Abschnitt 3.2.3 besprochen. Ich möchte Sie daher bitten, dort nochmals nachzulesen.

Ansonsten gilt natürlich auch für SharePoint, dass es unbedingt anzuraten ist, kontinuierlich die Performance-Werte des Systems zu überwachen. Der Portal Server selbst bringt einige Performance Datenquellen mit, die im Performance-Monitor zu sehen sind, ansonsten müssten die standardmäßigen Datenquellen für Betriebssystem (Speicher, Datenträger), SQL Server und Internet Information Server betrachtet werden.

Einzelserver

Die maximalen Benutzeranzahlen für die Bereitstellung von SharePoint mit einem einzelnen Server gibt Microsoft mit 1.000, wenn als Datenbank die WMSDE verwendet wird und 10.000 mit dem SQL Server an.

> Wichtig: Wie bereits beschrieben, kann nur die mit den SharePoint-Produkten gelieferte WMSDE verwendet werden, nicht eine »normale« MSDE! Bei der WMSE entfallen die Begrenzung der Datenbankgröße und die Limitierung der gleichzeitigen Verbindungen. Die übrigen bekannten Einschränkungen sind vorhanden.

Bei Verwendung eines einzelnen Servers ist dieser natürlich »Single Point of Failure«, d.h. fällt dieser Server komplett aus, gibt es keinerlei Redundanz und die SharePoint-Dienste stehen den Anwendern nicht zur Verfügung. Wenn SharePoint intensiv Einzug in die Arbeitswelt Ihrer Benutzer gefunden hat, dürfte ein mehrstündiger Ausfall nicht tragbar sein, insofern müsste man auf eine der komplexeren Bereitstellungsszenarien ausweichen.

Die Hardwareanforderungen werden mit einer Pentium-4 Doppelprozessormaschine und 1 GB RAM angegeben. Ich persönlich halte den Speicher für recht knapp dimensioniert und würde zu deutlich mehr Speicher raten, von dem insbesondere der SQL Server profitieren wird. Der Kern von SharePoint ist die Datenbank, daher ist das Plattensizing auf den Betrieb des SQL Servers abzustimmen (siehe Abschnitt weiter vorn). Es könnte sinnvoll sein, die Suchindices auf ein physikalisch separates RAID-Set zu legen.

Small Farm

Die kleine Server-Farm basiert darauf, die Datenbank von den SharePoint-Diensten zu trennen. Im Minimalausbau sieht die »Small Farm« demnach wie in Abbildung 14.53 gezeigt aus:

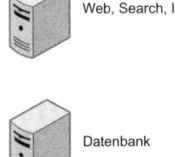
Web, Search, Index

Datenbank

Abbildung 14.53 Konfigurationsvariante »Small Farm«

Als Hardwarevoraussetzungen nennt Microsoft für beide Systeme ein Pentium-4 Doppelprozessorsystem mit jeweils 2 GB RAM. Wie immer ist dem Plattensizing besondere Aufmerksamkeit zu schenken (siehe entsprechende Erläuterungen weiter vorn).

Bezüglich der Performance ist diese Trennung ein durchaus nutzbringender erster Schritt, allerdings haben wir bezüglich der Ausfallsicherheit noch nichts hinzugewonnen. Der Ausfall eines einzelnen Servers, egal ob SharePoint Server oder Datenbank führt zu einem Totalausfall.

Es besteht natürlich die Möglichkeit, das Datenbanksystem zu clustern, was zu der in Abbildung 14.54 gezeigten Konfiguration führt.

Web, Search, Index

DB Cluster, Knoten 1   DB Cluster, Knoten 2

Abbildung 14.54 Konfigurationsvariante Small Farm mit geclusterter Datenbank

Diese Konfiguration mag ihre Stärken haben, ich halte sie allerdings für halbherzig. Was bringt die Verbesserung der Verfügbarkeit der Datenbank, wenn noch immer der Ausfall eines einzelnen Servers (= SharePoint Server) zu einem Totalausfall des SharePoint-Systems führt?

Im Übrigen haben Sie im Kapitel über Primary Storage bereits gesehen, dass das Clustering der Server kein Allheilmittel ist. Wenn Sie eine wirklich hohe Verfügbarkeit benötigen (= sehr kurze Wiederherstellzeiten, kein Datenverlust), müssen Sie mit gespiegelten Storage-Systemen arbeiten.

Eine Anmerkung zum Thema »Performance«: Je nachdem, was Sie mit SharePoint machen, ist es denkbar, dass das Verschieben der Datenbank auf einen separaten Server Ihr spezielles Performance-Problem nicht löst: Wenn Sie beispielsweise hohe Anforderungen bezüglich Indizierung und Suchen haben, nützt es wenig, den Datenbankserver zu separieren, denn es liegt noch immer sehr viel Last auf dem einzigen SharePoint Server. Es wäre falsch zu sagen, dass das Verschieben der Datenbank gar nichts bringt, wirklich wertvoll wäre in diesem Fall allerdings, zusätzlich die SharePoint-Funktionen Search und Index auf separate Server zu verschieben.

Medium Farm

Die nächst höhere Stufe ist die mittlere Farm, deren Architektur in Abbildung 14.55 zu sehen ist.

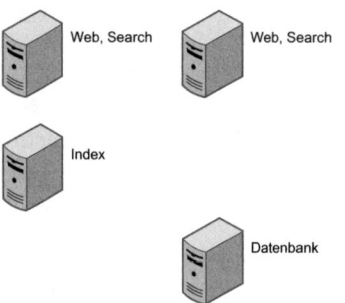

Abbildung 14.55 Konfigurationsvariante »Medium Farm«

Wie Sie sehen, stehen den Benutzern für die Kommunikation mit dem System zwei Server (jeweils Web und Search) zur Verfügung. Falls Sie ein Performance-Problem eliminieren möchten, ist diese Konfiguration sinnvoll. Den Lastausgleich zwischen den Webservern können Sie über das Network Load Balancing von Windows 2003 Server vornehmen oder Sie verwenden eine Hardwarelösung wie Cisco Local Director.

Wenn es Ihnen um die Steigerung der Verfügbarkeit geht, müsste man auch die Datenbank clustern, wie im vorherigen Abschnitt bereits beschrieben. Der Ausfall des Index-Servers führt nicht zu einem sofortigen Ausfall des Gesamtsystems, einige Aufgaben (wie eben die Indizierung) werden zwar nicht mehr durchgeführt, was aber im Allgemeinen nicht sofort problematisch sein dürfte.

Microsoft empfiehlt für alle Server eine Konfiguration mit Pentium-4 Doppel-prozessorsystemen und 2 GB Speicher. Natürlich ist auch hier die Plattenkonfiguration wie zuvor beschrieben zu berücksichtigen!

Large Farm

Die leistungsfähigste Variante ist die »Large Farm«, die in Abbildung 14.56 gezeigt ist:

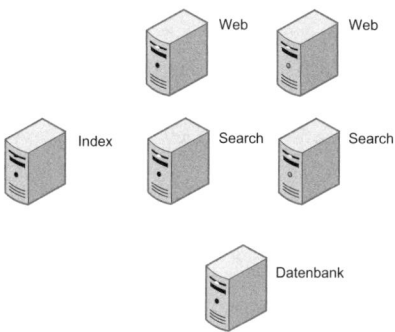

Abbildung 14.56 Konfigurationsvariante »Large Farm«

Wie Sie sehen sind die Webserver und Search-Server getrennt und redundant ausgeführt, wir lösen also die Anforderungen bezüglich Performance und Verfügbarkeit. Der Index-Server ist eine einzelne Maschine, wie bereits im vorherigen Szenario erläutert, bedeutet der zeitweilige Verlust des Index-Servers keinen Totalausfall des Gesamtsystems.

In den Microsoft-Unterlagen wird das Clustering der Datenbank immer als optional beschrieben. Aus Gründen der Verfügbarkeit halte ich dies für dringend notwendig, auch hier etwas zur Verbesserung der Ausfallsicherheit zu tun.

Natürlich gibt es auch in diesem Fall pauschale Hinweise zur Dimensionierung der einzelnen Server, generell gilt jedoch, dass ein Pauschal-Sizing kaum zu einem wirklich guten Ergebnis führen wird, da die individuellen Anforderungen durchaus zu einem deutlich veränderten Ergebnis führen können. Dies gilt natürlich auch für die kleineren zuvor besprochenen Bereitstellungsszenarien.

In der beschriebenen Konfiguration bietet es sich insbesondere bei Web- und Search-Server an, die Performance durch Hinzunahme weiterer Maschinen nach oben zu skalieren.

Die größte von Microsoft beschriebene Farm besteht aus diesen Servern:

▶ 14 Webserver
▶ 4 Search-Server

- ▶ 2 Index-Server

- ▶ 1 SQL Server

Zur genauen Dimensionierung der Farm, also Anzahl und Leistungscharakteristika der Server, existieren Formeln und Rechenbeispiele. Das Dokument »Capacity Planning for Microsoft Office SharePoint Portal Server 2003«, das Sie bei http://www.microsoft.com/technet finden, beschreibt dies recht detailliert und verständlich, so dass ich dies in dem Buch nicht weiter behandeln werde.

Auch wenn ich mich wiederhole: Für extrem belastete Server, wie den SQL Server in dem beschriebenen Szenario, ist ein sorgfältiges Plattensizing von elementarer Wichtigkeit (ich würde das nicht ständig wiederholen, wenn ich nicht in der Praxis gerade in diesem Punkt diverse »bedenkliche« Konfigurationen gesehen hätte).

14.3.10 Fazit SPS

Der SharePoint Portal Server ist ein hochleistungsfähiges und hochkomplexes Enterprise-System. Es besteht sicherlich kein Zweifel, dass man mit dem Portal Server eine Systemumgebung aufbauen kann, die die Anforderungen bezüglich der Steigerung der Benutzereffizienz absolut erfüllen wird. Man wird definitiv zumindest auf mittlere und lange Sicht nicht um solche Systeme herumkommen: Wie bereits zu Anfang dieses Kapitels gesagt, arbeiten die Benutzer in einer »klassischen« Umgebung noch immer so wie vor zehn Jahren. Die Versionsnummern der Softwareprodukte mögen sich erhöht haben, aber die Arbeitsabläufe haben sich in den meisten Fällen nicht verbessert.

In Zeiten immer schneller werdender Geschäftsprozesse sind die Benutzer darauf angewiesen, mit wirklich effizienten Systemen zu arbeiten, mittels derer sie schnell und einfach auf Informationen zugreifen, Informationen und Wissen von Gruppen und Abteilungen bündeln und somit die tägliche Informationsflut bewältigen können.

Man sollte sich aber darüber klar sein, dass SharePoint ein außerordentlich komplexes System ist, dass zwar **prinzipiell** alles kann, seine enorme Leistungsfähigkeit erst ausspielen wird, wenn Sie es individuell auf Ihre Umgebung angepasst haben. Diese Anpassungsarbeiten enthalten einerseits »klassische« Konfigurationsarbeiten, andererseits aber auch die Realisierung des Datenzugriffs auf externe Datenbanken. Ob Sie diese Datenzugriffe mit Standard-Webparts realisieren können, die SQL Reporting Services dazu nutzen (die man wunderbar in SharePoint integrieren kann!) oder eigene Webparts entwickeln müssen, werden Sie individuell entschieden – Fakt ist aber, dass es genügend Möglichkeiten gibt, um diese Aufgaben zu lösen.

14.4 SharePoint – allgemeine Aspekte

In den vorangegangenen Abschnitten haben Sie die beiden SharePoint-Produkte kennen gelernt. Dieser Abschnitt wird einige Aspekte diskutieren, die sowohl für die Windows SharePoint Services als auch für den Portal Server planungsrelevant sind.

14.4.1 Verteilte Standorte

Wenn Sie Ihr Unternehmen oder Organisation über verschiedene Standorte verteilt ist, muss natürlich auch die SharePoint-Umgebungen diesen Gegebenheiten angepasst werden.

Mit SharePoint kann man nicht so ohne weiteres eine verteilte Umgebung aufbauen, wie es beispielsweise mit Exchange, speziell denke ich hier an die Replikationsmöglichkeiten der öffentlichen Ordner, realisiert werden kann. Um es ganz deutlich zu sagen: SharePoint enthält keinerlei Replikationsfunktionalität.

Wir werden mögliche Szenarien anhand eines Beispiels betrachten. Die Beispielsfirma ist in Abbildung 14.57 dargestellt:

▶ Es existiert eine Firmenzentrale in der 300 Benutzer arbeiten.

▶ Es existieren eine oder mehrere große Niederlassungen mit ungefähr 50 Benutzern.

▶ In den kleinen Niederlassungen sind jeweils ca. 10 bis 20 Mitarbeiter tätig.

▶ Darüber hinaus existieren einige Home Offices.

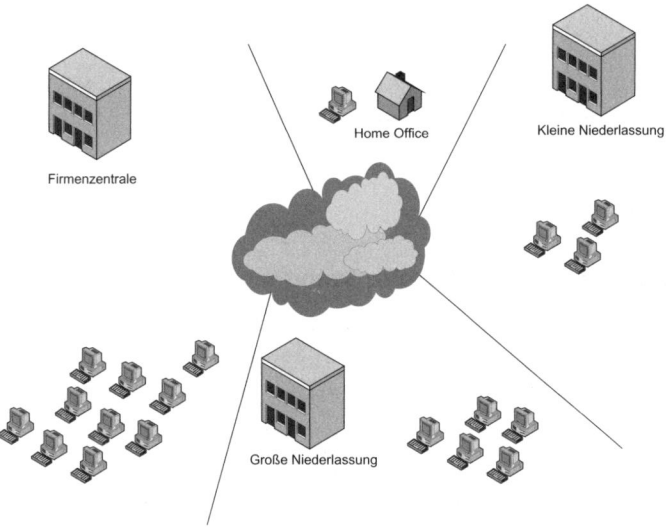

Abbildung 14.57 Standortstruktur der Beispielfirma

Ich gehe davon aus, dass zwischen allen Standorten eine einigermaßen leistungsfähige Kommunikationsinfrastruktur aufgebaut ist. Dank DSL sind VPN-Verbindungen im Bereich von symmetrischen 2 MBit/s auch kostenmäßig kein allzu großes Problem mehr. Der extrem harte Wettbewerb zwischen den Carriern hat einiges an den Preisen bewegt.

Bei der Planung sind folgende Aspekte zu berücksichtigen:

▶ Solange die Benutzer nicht auf Dokumente zugreifen, ist die benötigte Bandbreite zwischen SharePoint Server und Client recht gering. Aufgrund der sehr intensiven JavaScript-Nutzung sind die Seiten nicht nur 2 k groß, sondern bewegen sich im Durchschnitt zwischen 30 k und 40 k. Da aber die Benutzer nicht ständig die Seiten »refreshen« werden, nutzen auch die 50 Mitarbeiter eines großen Standorts eine 2 MBit-Leitung bei weitem nicht aus. Rechnen wir einmal nach: Wenn jeder Benutzer im Schnitt einen Seitenladevorgang pro Minute durchführt, erzeugen 50 Benutzer damit ein Datenvolumen von `50 Ben * 40kB = `**`2.000kB`**. Eine 2 MBit-Strecke kann ein Volumen von ca. 200 KB/sec übertragen, also pro Minute ca. 12.000 KB übertragen. Die Arbeit mit dem SharePoint-System beansprucht also nur knapp 20 % der Bandbreite!

▶ Problematischer ist die Arbeit mit Dokumentbibliotheken. Völlig einleuchtend, denn die transportierten Dokumente können unter Umständen recht groß sein. Kritisch sind natürlich nicht 250 K große Word-Dateien, sondern die 30 MB großen PowerPoints mit vielen eingebetteten Grafiken.

▶ Viele Informationen werden ohnehin von zentralen Ressourcen bereitgestellt werden, ich denke hier primär an ein ERP-System, das ohnehin nur einmal vorhanden sein wird.

▶ Ein Ziel von SharePoint ist die Optimierung der Zusammenarbeit des ganzen Unternehmens, aus diesem Grunde ist eine einheitliche SharePoint-Struktur sicherlich sinnvoll.

Folgende Möglichkeiten sind denkbar:

Ein zentrales SharePoint-System für alle Standorte

Die einfachste Möglichkeit wäre, die WAN-Strecken dahingehend zu erweitern, dass ein problemloses Arbeiten, auch mit Dokumentbibliotheken, möglich ist. Der Zugriff auf SharePoint-Dokumentbibliotheken ist übrigens über WAN-Strecken deutlich angenehmer als mit dem Explorer auf einem herkömmlichen Dateisystem nach Dateien zu suchen. Wenn Sie die oben aufgestellte Rechnung überfliegen, werden Sie feststellen, dass mit einer 2 MBit-Strecke bereits recht viele Benutzer zu bedienen sind.

Nun kommt aber noch die Nutzung der Dokumentbibliotheken hinzu: Überschlagen wir den Bandbreitenbedarf von 50 Benutzern, die Dokumentbibliotheken nutzen möchten: Bei einer durchschnittlichen Dateigröße von 500 KB (das ist schon sehr hoch gegriffen) und der Annahme, dass jeder Mitarbeiter fünf Dokumente pro Stunde anfasst (10 Zugriffe: 5 * lesen, 5 * schreiben), erzeugen 50 Benutzer pro Stunde einen Datenverkehr von 250 MB. Das entspricht einer Auslastung einer 2 MBit-Strecke von ca. 30 %.

Zuvor haben wir errechnet, dass 50 kontinuierlich SharePoint-Seiten abrufende Benutzer ca. 20 % der Bandbreite konsumieren.

50 Benutzer benötigen für die Nutzung von SharePoint (inkl. Dokumentbibliotheken) demnach 50 % der Bandbreite einer 2 MBit-Strecke.

Dies ist natürlich nur eine grobe Überschlagsrechnung, die mit konkreten Nutzungszahlen Ihrer Benutzerumgebung gegengerechnet werden müsste. Ganz eindeutig zu erkennen ist aber der Trend, dass eine Nutzung eines zentralen SharePoint-Systems auch für einen größeren Standort über »bezahlbare« WAN-Strecken möglich ist.

Selbst wenn Sie zu dem Ergebnis kommen, dass eine 2 MBit-Strecke nicht genügt, weil Sie mehr Benutzer am Standort haben, die Nutzung intensiver als hier angenommen ist oder ein großer Teil der Bandbreite bereits für andere Applikationen benötigt wird, halte ich dieses zentralisierte Szenario für die wirtschaftlichste Alternative: Die Erhöhung der Leitungsbandbreite wird in den meisten Fällen billiger als der Aufbau und der Betrieb dezentraler Server sein.

Die Lösung hat übrigens auch aus weiteren Gründen durchaus Charme:

▶ Das Backup der Daten dezentraler Standorte ist immer eine recht knifflige Aufgabe. Das beginnt beim Thema »Bandwechsel und Auslagern der Bänder« und endet bei der Fragestellung, wie schnell jemand vor Ort sein kann, wenn tatsächlich ein kompletter Server wiederhergestellt werden muss. Liegen die Datenbestände in SharePoint-Datenbanken in der Zentrale, können diese in die dort etablierten Backup-Prozesse eingebunden werden.

▶ Ein Kontrapunkt bei dem zentralisierten Szenario ist sicherlich, dass der Ausfall der WAN-Leitung für den Standort zu einem ziemlichen Problem wird – es gibt keine Daten mehr. Andererseits kann natürlich auch ein lokaler Server ausfallen, was ebenso zu einem totalen Datenausfall am Standort führt. Die Frage ist nun, ob der Ausfall einer WAN-Leitung oder der eines Servers einfacher zu beheben ist; die Antwort ist eindeutig, der Ausfall einer WAN-Leitung dürfte wesentlich einfacher zu beheben sein: Erstens haben die großen Carrier leistungsfähige Service-Organisationen, die bei entsprechender Vertragsgestaltung rund um die Uhr innerhalb kurzer Zeit tätig werden; das ist für eine IT-Abteilung an einem entfernten Standort kaum zu schaffen. Zweitens ist die Wiederherstellung eines ausgefallenen Servers vom Band sowohl eine zeitaufwendige als auch eine komplizierte Aufgabe, weil diverse manuelle Nacharbeiten notwendig sein werden.

Darüber hinaus besteht natürlich im Fall einer gestörten WAN-Verbindung die Möglichkeit, eine Ersatzverbindung zu nutzen. Das wird vermutlich zwar nur eine ISDN-Wählverbindung sein, aber das ist besser als nichts.

▶ Sollte der Standort durch einen Notfall (= Gebäude brennt ab o.Ä.) nicht mehr nutzbar sein, können die Benutzer prinzipiell direkt vom HomeOffice weiterarbeiten – lediglich eine Datenverbindung zur Zentrale ist erforderlich.

▶ Die zentrale SharePoint-Lösung bietet optimale Voraussetzungen für mobile Benutzer. Egal wo sich der Benutzer befindet, kann er auf seine Daten oder die Daten seines Teams zugreifen. Die Verbindungswege zur Zentrale dürften von jedem Standort vergleichsweise gut sein.

▶ Ein Ziel von SharePoint ist die Zusammenarbeit des ganzen Unternehmens. Notwendiger Weise wird dies am besten funktionieren, wenn alle ein gemeinsames Portal-System nutzen.

Ich habe in diesem Abschnitt bisher nur die Möglichkeiten der Anbindung eines größeren Standortes betrachtet. Wenn die Anbindung eines solchen über WAN-Strecken möglich ist, können kleinere Standorte und erst recht Home Office-Benutzer ebenfalls gut mit einem zentralen SharePoint-System arbeiten.

Zentrales Portal, dezentrale WSS-Teamwebsites

Falls Sie zu dem Ergebnis kommen, dass Sie nicht genügend Leitungskapazitäten für die Übertragung von Dokumenten bereitstellen können, wäre folgendes Szenario denkbar (Abbildung 14.58):

▶ Ein zentraler SharePoint Portal Server wird eingerichtet. Über diesen werden die Daten von zentralen Systemen (in Webparts) und sonstige unternehmensweite Informationen bereitgestellt.

▶ Die Standorte, zumindest die größeren, erhalten jeweils Server mit Windows SharePoint Services. Die Teams in den Standorten arbeiten nicht mit Dokumentbibliotheken, die in Bereichen des Portal Servers liegen, sondern mit Bibliotheken in den lokalen Teamwebsites.

Die Standorte können mit diesem Szenario am unternehmensweiten Informationsaustausch durch Zugriff auf den Portal Server teilnehmen, die bandbreiten-intensive Arbeit mit Dokumenten bleibt lokal.

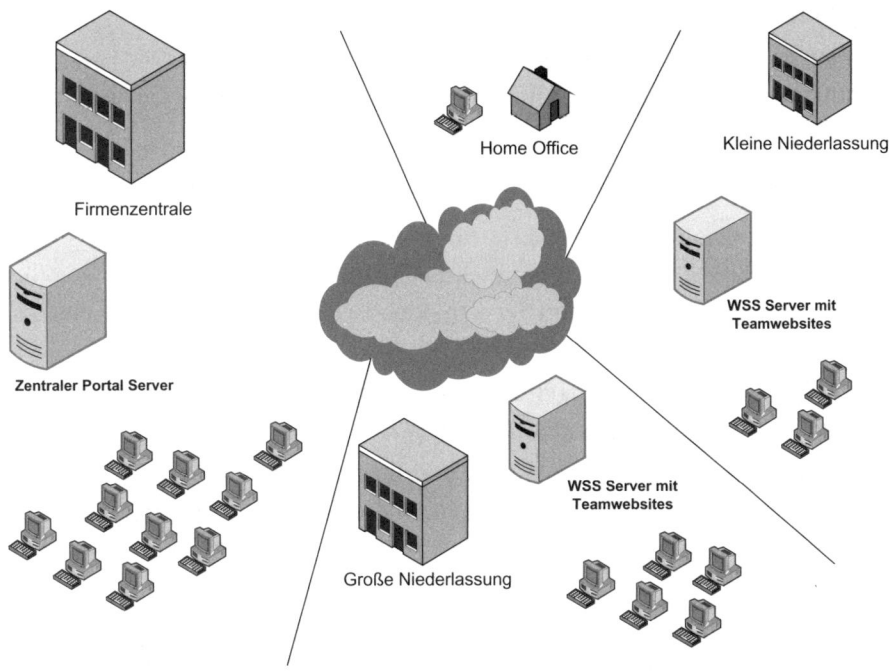

Abbildung 14.58 Szenario mit zentralem Portal Server und dezentralen WSS-Teamwebsites

Da die Windows SharePoint Services nebst WMSDE-Datenbank kostenlos sind (zumindest, wenn man den Windows Server 2003 lizenziert hat), halten sich die Investitionen für die dezentralen Teamwebsites in Grenzen: Erforderlich sind die Windows Server 2003-Lizenz und die Hardware. Vergessen Sie bitte nicht die Datensicherung!

Bedenken Sie aber bitte folgende Nachteile:

▶ Die dezentralen SharePoint-Teamwebsites müssen separat administriert werden.

▶ Sie müssen sich jeweils über Sicherung, Wiederherstellung und ein Notfallkonzept Gedanken machen.

▶ Der Suchdienst des Portal Servers kann diese Sites durchsuchen, das ist aber schon eine recht intensive Belastung der WAN-Strecke.

▶ Wenn Benutzer von anderen Standorten oder als mobile oder Home Office-Benutzer über ein zentrales Gateway auf die dezentralen Daten zugreifen möchten, transportieren Sie doch wieder Dokumente über die WAN-Strecke.

Replikation

Ich möchte das Thema »Replikation« nicht ganz vernachlässigen. Wie bereits zu Beginn des Kapitels erwähnt, gibt es in SharePoint keine Replikationsmechanismen.

Mir ist momentan keine fertige Lösung bekannt, aber denkbar wäre folgendes Szenario:

▶ Man legt eine Dokumentbibliothek an mehreren Standorten (= auf völlig unterschiedlichen SharePoint Servern) identisch an. Das kann relativ einfach über Vorlagen erledigt werden.

▶ Das Ändern oder Hinzufügen kann mittels eines Event-Handlers (Programmierer wissen, worum es geht!) abgefangen und behandelt werden.

▶ Eine hinzugefügte oder geänderte Datei müsste man mit einem geeigneten Protokoll nebst der definierten Eigenschaften zu den anderen Standorten übertragen und dort mit einem Stück Code der dortigen Kopie der Dokumentbibliothek hinzufügen.

Die Umsetzung dieser Vorgehensweise erfordert einige Tage Programmierarbeit, könnte aber durchaus funktionieren. Kritisch sind dabei vor allem folgende Aspekte:

▶ Konfliktbehandlung. Was passiert, wenn eine Datei an mehreren Standorten gleichzeitig geändert wird? Eventuell kann hier eine eingeschaltete Versionierung zumindest Datenverlust verhindern.

▶ Änderungen an der Konfiguration der Dokumentbibliothek: Wenn Zugriffsrechte oder die Definition der Eigenschaften geändert wird, muss das natürlich auch auf die Dokumentbibliotheken repliziert werden.

Auch wenn ich Ihnen einen theoretisch denkbaren Ansatz gezeigt habe, würde ich generell immer versuchen, Replikation zu vermeiden. Im Allgemeinen wird der Aufwand der Realisierung der Replikation höher sein, als die Kosten für mehr Bandbreite. Im Übrigen werden die Kosten für WAN-Strecken sich preislich in der nächsten Zeit mit Sicherheit weiter nach unten entwickeln, so dass sich die Investitionen in Replikation« noch weniger lohnen werden.

14.4.2 Offline-Nutzung

Im weitesten Sinne ist die Offline-Nutzung ein Spezialfall der zuvor beschriebenen standortübergreifenden Szenarien. Das zu lösende Problem ist, dass durchaus hinreichend viele Fälle denkbar sind, an denen Benutzer eben keinen Zugriff auf das Online-System haben oder aber die zur Verfügung stehenden Bandbreiten für eine sinnvolle Arbeit zu gering sind:

- Es ist denkbar, dass ein Notebook-Benutzer an einem Teil der Welt arbeiten möchte, in dem er weder Internet-Anschluss hat noch eine gute UMTS- oder GRPS-Netzabdeckung existiert. Zudem ist die Datenübertragung zumindest mit GRPS auch nicht so atemberaubend schnell, dass selbst die Beschaffung größerer Dokumente überhaut kein Problem wäre.

- Auch PocketPC- und SmartPhone-Benutzer haben entweder nicht jederzeit Online-Zugriff auf den zentralen SharePoint Server und/oder hätten Listendaten, beispielsweise eine in SharePoint hinterlegte Kontaktliste, gern jederzeit zur Verfügung, auch ohne immer erste Daten über GPRS übertragen zu müssen.

SharePoint selbst stellt keinerlei Offline-Funktionalität zur Verfügung. Die einzige Option, die ganz leicht in diese Richtung weist, ist das Auschecken von Dokumenten. Allerdings hat ein Benutzer, der ein Dokument auscheckt es noch lange nicht auf seinem lokalen Notebook zur Verfügung!

Zur Lösung des »Offline-Problems« gibt es zwei Möglichkeiten:

- Es gibt mittlerweile etliche Anbieter, die Offline-Replikationslösungen für SharePoint entwickelt haben. Suchen Sie in Google nach SharePoint und Offline.

- Es ist prinzipiell nicht sonderlich schwierig, selbst solche Lösungen zu entwerfen. SharePoint selbst stellt recht einfach zu nutzende Verfahren zum Zugriff auf Dokumente und Listen zur Verfügung. Die Daten wird man lokal in einer MSDE- oder bei PocketPC und SmartPhone in einer SQL Server Mobile-Datenbank speichern. Für kleinere Datenmengen bietet sich auch das Schreiben in ein XML-File an, was mit dem .NET-Framework bzw. .NET Compact Framework sehr einfach realisiert werden kann.

14.4.3 Workflow

Bei einem System wie SharePoint, das als Ziel die Schaffung einer integrierten Arbeitsumgebung hat, wären Workflow-Funktionen natürlich gut aufgehoben. Im Optimalfall arbeitet der Benutzer ohnehin häufig in der SharePoint-Umgebung, so dass im Workflow-Prozess notwendige Aktionen schnell erkannt und abgearbeitet werden können.

Nun gibt es zunächst eine schlechte oder zumindest überraschende Nachricht: Weder die Windows SharePoint Services noch der SharePoint Portal Server beinhalten eine Workflow-Engine.

> Anmerkung: Das es in SharePoint gar keine Workflow-Funktionen gäbe, ist streng genommen nicht ganz exakt, denn die Genehmigungsfunktion für

Dokumente und Listeneinträge stellt im weitesten Sinne natürlich auch einen Workflow dar.

Die gute Nachricht ist, dass es natürlich sehr wohl möglich ist, Workflow-Funktionen in SharePoint zu integrieren. Es gibt etliche Anbieter von Workflow-Systemen für SharePoint (suchen Sie in Google nach SharePoint und Workflow), alternativ können Sie natürlich auch entsprechende Funktionalitäten selbst programmieren bzw. programmieren lassen. Dank der .NET-Integration ist der Zugriff auf Dokumentbibliotheken und Listen vergleichsweise einfach zu realisieren.

Generell kann man zwischen zwei Szenarien unterscheiden:

▶ **Workflow auf Basis von Dokumenten:** Hierbei geht es darum, Dokumente (das können Word-Dokumente, InfoPath-Formulare, Bilder o.Ä. sein) im Rahmen eines Workflows zu autorisieren oder deren Inhalte zu genehmigen und anderen verarbeitenden Systemen zuzuführen.

▶ **Workflow auf Basis von Listen:** Viele Geschäftsprozesse basieren nicht auf einem Dokument. Beim Workflow-Klassiker »Urlaubsantrag« genügt eigentlich eine Zeile, um alle notwendigen Daten zu übermitteln.

Eine dritte Möglichkeit wäre natürlich, wenn einzelne Prozessschritte bestätigt werden müssen, die weder einen SharePoint-Listeneintrag noch ein Dokument zur Grundlage haben, z.B. ein Beschaffungsprozess im ERP-System. Man könnte hierbei über ein spezielles Webpart nachdenken, das aus der Datenbank die zu genehmigenden Vorgänge anzeigt und anschließend auf Mausklick einen anderen Status in der ERP-Datenbank setzt.

Im Folgenden finden Sie einige Ideen für Workflows:

▶ **Umsatz-Forecasts**: Ein sehr schönes Beispiel für einen einfachen Workflow ist folgendes Szenario: In einer Firma müssen die Vertriebsmitarbeiter einen wöchentlichen Forecast über die erwarteten Abschlüsse der nächsten Wochen abgeben. Der Vertriebsleiter soll dieses Zahlenmaterial genehmigen, anschließend werden die Daten konsolidiert und in eine Datenbank eingetragen, auf die die Geschäftsleitung mit Business Intelligence-Werkzeugen zugreift.

▶ **Mehrstufige Genehmigungsverfahren**: Das standardmäßige Genehmigungsverfahren für Dokumente ist wenig flexibel. Ein Mitarbeiter kann ein Dokument in eine Bibliothek einstellen, worauf ein Content-Verantwortlicher das Dokument genehmigt – oder auch nicht. Komplexere Workflows, bei denen mehrere Personen einbezogen sind und gegebenenfalls auf dem Genehmigungsweg Kategorisierungen (die Einfluss auf den weiteren Ablauf haben) vorgenommen werden, sind nur durch eine zusätzliche Workflow-Engine möglich. Sie können diese Funktionalität recht einfach selbst programmieren!

▶ **Kategorisierung von Bildmaterial**: Ein sehr einfaches Beispiel ist die Kategorisierung von Bildmaterial (klappt natürlich auch mit allen anderen Dokumenttypen). Neues Bildmaterial kann in einer Eingangs-Bildbibliothek abgelegt werden. Ein Mitarbeiter begutachtet und kategorisiert das Material. Je nach gewählter Kategorie (technisch eine Listeneigenschaft) wird das Bild in eine andere Bildbibliothek weitergeleitet. Ein für diese Bibliothek verantwortlicher Mitarbeiter nimmt ggf. eine noch feinere Kategorisierung vor und gibt das Bild zur weiteren Vewendung frei oder lehnt es ab.

▶ **Freigabe von ausgehenden Dokumenten**: In vielen Unternehmen ist es üblich, dass ausgehende Dokumente von einem Abteilungsleiter oder Prokuristen genehmigt werden. Das gilt sowohl für automatisch generierte Dokumente (Angebote, Rechnungen) als auch für »normale« Briefe. Hier wäre es möglich, zunächst eine PDF-Datei zu erzeugen und diese in eine Bibliothek zu schieben; dies lässt sich für die Office-Produkte und die meisten ERP-Systeme automatisieren. Der Abteilungsleiter/Prokurist kann, am besten mit einem speziellen Webpart, die Dokumente anschauen und freigeben oder ablehnen. Wenn er ein Dokument freigibt, könnte ein automatischer Ausdruck ausgelöst werden und eine kurze Information per Mail an den Benutzer gesendet werden.

Natürlich gibt es noch zig andere Beispiele für Workflows, angefangen vom Urlaubsantrag über Genehmigungsverfahren aller Art bis hin zu Freigaben für neu entwickelte Produkte.

Fakt ist, dass man mit SharePoint sehr interessante Lösungen entwerfen kann, nur ist leider keine einzige im Grundlieferumfang enthalten. Generell gilt aber, dass Workflow eigentlich nie sofort »aus der Schachtel« funktioniert, zu individuell sind die abzubildenden Geschäftsprozesse. Insofern ist das Nicht-Vorhandensein einer Workflow-Engine kein schwerwiegender Nachteil; vor allem im Vergleich zu dem Vorteil, dass man dank .NET-Integration relativ schnell interessante Lösungen entwickeln kann.

14.4.4 SharePoint im Internet

Da SharePoint letztendlich für die Interaktion mit dem Benutzer Internet-Technologie, nämlich den HTML-Browser, nutzt, liegt es natürlich nahe, SharePoint mit dem Internet zu verbinden.

Welche Anwendungsfälle bieten sich an?

- Wenn Ihre mobilen Benutzer oder Anwender im Home Office »nur« auf Exchange- und SharePoint-Ressourcen zugreifen müssen, ist eigentlich die Einführung eines VPN-Systems eigentlich nicht notwendig. Die Exchange-Szenarien haben wir an früherer Stelle ausführlich behandelt, auch der Zugriff auf SharePoint kann ohne teure VPN-Clients realisiert werden.

- Vielleicht möchten Sie Geschäftspartner oder externe (= freiberufliche oder »gemietete«) Mitarbeiter auf bestimmte Informationen zugreifen lassen.

- Es wäre natürlich auch denkbar, beliebigen anonyme Benutzern Unternehmensinformationen mittels SharePoint zur Verfügung zu stellen, also ein allgemeines Informationsangebot auf SharePoint-Basis zu entwickeln.

Für alle drei Szenarien wird man die in Abbildung 14.59 gezeigte Architektur wählen. Die Clients greifen über eine Firewall auf den in deren DMZ stehenden Microsoft ISA Server zu. Auf dem ISA Server wird die Funktion des Web Server Publishings verwendet. Technisch bedeutet das, dass der ISA Server als Reverse Proxy fungiert und die Anfragen zum SharePoint Server weiterleitet. Wohlgemerkt: Die Anfragen werden nicht einfach »durchgelassen«, sondern vom ISA Server »geproxied«.

Selbstverständlich wird zur SSL-Verschlüsselung des Datenverkehrs ein SSL-Zertifikat installiert und generell eine gesicherte Verbindung gefordert. Beachten Sie bitte auch die Hinweise im Kapitel über sichere Anbindung an das Internet in diesem Buch (Kapitel 15).

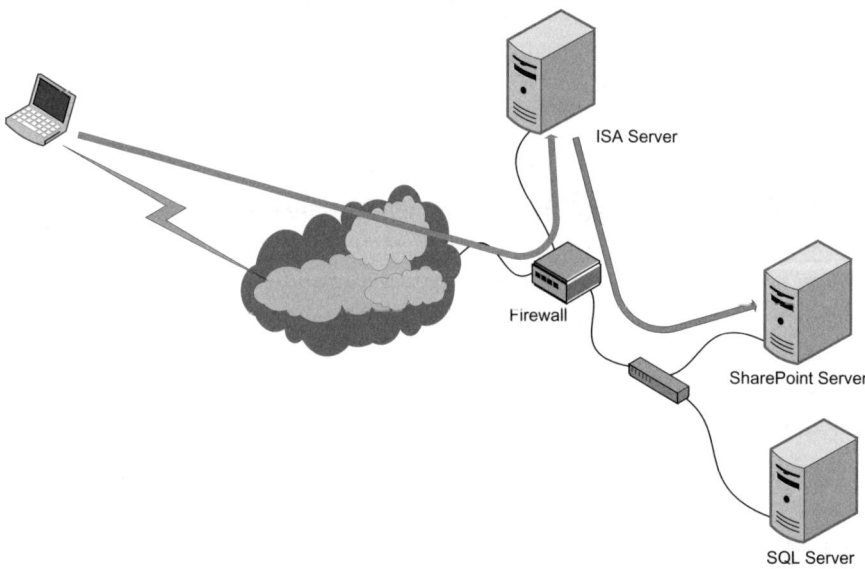

Abbildung 14.59 Veröffentlichung eines SharePoint Servers im Internet

In der Einleitung habe ich zwei Unterscheidungen vorgenommen und zwar zwischen authentifizierten Benutzern und anonymen Benutzern.

▶ Wenn Sie in der Tat für anonyme Internet-Anwender Informationen bereitstellen möchten, empfiehlt in jedem Fall die Einrichtung eines separaten Portals. SharePoint ermöglicht die Einrichtung weiterer Portale auf zusätzlichen virtuellen (!) Servern, Sie brauchen also nicht unbedingt zusätzliche Hardware. Für dieses zusätzliche Portal geben Sie die anonyme Nutzung frei. Man kann zwar auch das Hauptportal für anonyme Benutzer zulassen und pro Bereich entscheiden, ob diese Zugriff erhalten sollen – ich würde davon aber dringend (!) abraten. Das ist für die Administration zu unübersichtlich. Eine strikte Trennung hilft fatale Fehler zu vermeiden.

▶ Der Zugriff auf das »Hauptportal« Ihrer Firma bleibt authentifizierten Benutzern vorbehalten. Wenn ein Benutzer auf diesen Portal zugreifen möchte, wird er zunächst nach Benutzernamen und Passwort gefragt. Er benötigt ein Konto im Active Directory.

Dokumente nach HTML konvertieren

Falls Ihre Benutzer auf die Idee kommen, von einem öffentlichen Internet-Terminal, beispielsweise im Flughafen, oder vom PC eines Geschäftspartners auf SharePoint zuzugreifen, ergibt sich ein weiteres Problem: Wenn die Benutzer Dokumente herunterladen und auf dem jeweiligen System belassen, könnten (und werden!) diese in falsche Hände fallen.

Eine Möglichkeit wäre, über die externe Verbindung die Dokumente nicht in Dateiform herauszugeben, sondern ins HTML-Format zu konvertieren. Microsoft bietet als kostenloses Add-On den HTML-Anzeigedienst an, der Word-, Excel- und PowerPoint-Dokumente (*.doc, *.xls, *.ppt, *.pps) in eine HTML-Ausgabe konvertieren kann.

Die Ausgabe eines Word-Dokuments nach Konvertierung durch den HTML-Anzeigedienst sehen Sie in Abbildung 14.60.

Man könnte einen Server so konfigurieren, dass er sämtliche Dokumente konvertiert. Man müsste hierfür allerdings einen weiteren physikalischen Server bereitstellen, da der HTML-Anzeigedienst nur »maschinen-weit« konfiguriert werden kann. Man müsste also einen separaten Server einrichten, der auf eine gemeinsame Datenbank zugreift, aber nur die externen Anwender bedient. Dennoch verbleibt er natürlich im Innern des Netzes (= hinter der Firewall) und wird über den ISA Server über Reverse Proxying angesprochen.

Der HTML-Anzeigedienst ist eigentlich dafür gedacht, dass Anwender, auf deren PCs kein Office installiert ist, lesenden Zugriff auf Dokumente erhalten können. Aus diesem Grund ist die Implementierung für den hier diskutierten Anwendungsfall auch nur über den Umweg eines separaten physikalischen Servers möglich.

Abbildung 14.60 Der HTML-Anzeigedienst konvertiert Office-Dokumente nach HTML

Überlegungen zur Lizenzierung

Neben den Überlegungen zur Sicherheit wirft der Zugriff über das Internet einige lizenztechnische Fragen auf.

Für SharePoint Portal Server gilt:

▶ Der Zugriff für Mitarbeiter des eigenen Unternehmens wird grundsätzlich über CALs (Client Access License) realisiert. Pro Benutzer wird eine CAL benötigt.

▶ Wenn unternehmensfremde Mitarbeiter auf das Unternehmen zugreifen, kann das entweder über eine CAL oder die External Connector License lizenziert werden. Letztere gestattet einer unbegrenzten Anzahl externe (= unternehmensfremder) Mitarbeiter den Zugriff.

▶ Wenn Sie eine unbekannte Anzahl von anonymen Benutzern den Zugriff auf das SharePoint-System gestatten, benötigten Sie in jedem Fall die External Connector License.

▶ Vergessen Sie nicht, dass der SQL Server ebenfalls lizenzpflichtig ist. Hier stehen Ihnen Serverlizenzen und CALs oder Prozessorlizenzen zur Verfügung. Wenn eine unbekannte Anzahl von anonymen Benutzern auf über

SharePoint auf den SQL Server zugreift, ist die Beschaffung von Prozessorlizenzen notwendig. Wenn Sie die WMSDE einsetzen, fallen natürlich keine SQL Server-Lizenzen an.

Die Windows SharePoint Services selbst sind nicht weiter lizenzpflichtig, allerdings müssen Sie unter Umständen für den darunter liegenden SQL Server zusätzliche CALs oder Prozessorlizenzen beschaffen.

Eine erste Anlaufstelle für zusätzliche Informationen zur Lizenzierung der Serverprodukte finden Sie unter diesem Link:

`http://www.microsoft.com/germany/ms/serverlizenzierung/index.asp`

14.4.5 Nutzung auf mobilen Geräten

Mittlerweile gewinnen mobile Geräte wie PocketPCs oder SmartPhones immer mehr an Bedeutung. Wenn Sie wesentliche Daten Ihres Unternehmens in SharePoint ablegen und dort auch alle relevanten Informationen bereitstellen, wird es irgendwann erforderlich werden, den Zugriff für diese mobilen Clients zu ermöglichen.

Leider »kennt« SharePoint im Grundlieferumfang keine Sonderbehandlung für mobile Clients. Abbildung 14.61 zeigt die Portal Server Homepage auf einem PocketPC – das ist nicht wirklich gut!

Abbildung 14.61 SharePoint kann sich ohne Erweiterungen nicht auf mobile Clients einstellen.

Das Problem ist lösbar, allerdings ist der Weg etwas steinig:

▶ Der erste Schritt ist, dafür zu sorgen, dass PocketPCs und SmartPhones auf spezielle Seiten umgeleitet werden. Das lässt sich mit einem Webpart erledigen, das die Auflösung des anfragenden Clients prüft und direkt eine Weiterleitung auf eine andere Seite erzwingt.

▶ Der zweite Schritt ist die Erstellung dieser speziellen PocketPC-geeigneten SharePoint-Seiten. Sie müssen hier spezielle Webpart-Pages erzeugen und spezielle Webparts auf diesen platzieren. Die Anzeige eines (experimentellen) Webparts für PocketPCs sehen Sie in Abbildung 14.62.

Abbildung 14.62 Ein experimentelles PocketPC Webpart

Sie sehen, dass der mobile Zugriff auf SharePoint-Informationen für PocketPC und SmartPhone selbstverständlich realisierbar ist. Dies gilt natürlich auch für die Offline-Bereitstellung von SharePoint-Listeninformationen für diese Geräte.

Sie werden aber häufig keine »fertige« Lösung finden, sondern müssen selbst entwickeln bzw. entwickeln lassen.

Von der wirtschaftlichen Seite her betrachtet, wird es wesentlich günstiger sein, PocketPC und SmartPhone den Zugriff auf SharePoint »beizubringen« als quasi bei »null« anzufangen und eine neue Lösung zu realisieren, bei der auch die Datenhaltung komplett programmiert werden muss.

An dieser Stelle sei auf das SharePoint-Buch von Galileo Press verwiesen, das sich recht ausführlich mit der Programmierung von Lösungen für SharePoint beschäftigt.

14.5 Live Communications Server 2005 (LCS)

Die bisher betrachteten Werkzeuge für die elektronische Zusammenarbeit, also Exchange und SharePoint, bilden stets eine »asynchrone Kommunikation« ab.

▶ Ein Anwender verfasst eine Mail, irgendwann bearbeitet ein anderer Anwender die Mail.

▶ Ein Anwender stellt eine Information in SharePoint bereit, andere Benutzer bearbeiten diese weiter und ergänzen diese gegebenenfalls.

Natürlich gibt es viele Kommunikationsszenarien, bei denen eine direkte Life-Kommunikation zwischen Benutzern wünschenswert wäre, diese werden durch Instant Messaging abgedeckt.

Instant Messaging beinhaltet:

▶ Direkte Kommunikation mit einem oder mehreren Anwendern über Tastatur, Audio oder Video

▶ Integration der Initialisierung dieser Kommunikationsformen aus Office-Applikationen oder SharePoint heraus

▶ Überblick über die Anwesenheit von anderen Benutzern

▶ Zusätzliche Funktionen wie ein Whiteboard oder Anwendungsfreigabe

Instant Messaging stößt mit einigen Funktionen, insbesondere natürlich mit der Sprachkommunikation, in bisher der Telefonanlage vorbehaltene Bereiche vor. Jemanden anzurufen und mit ihm direkt zu sprechen ist so gesehen auch Instant Messaging.

Der Gedanke, dass man ein »Nebensystem« zur Telefonanlage, das letztendlich auch zu einer Art Telefonie verwendet werden kann, einführt, ist auf den ersten Blick vielleicht etwas gewöhnungsbedürftig. Sie werden im Laufe dieses Kapitels sehen, dass es viele interessante Anwendungsfälle für Instant Messaging gibt, die eine Telefonanlage in dieser Form nicht abbilden kann. Dies gilt insbesondere auch für Unternehmen, die über mehrere Standorte verteilt sind.

14.5.1 Der Windows Messenger

Das Client für den Live Communications Server ist der Windows Messenger. Ich werde Ihnen zunächst ein paar Aspekte des Instant Messagings aus der Benutzerperspektive vorführen und erläutern.

Die Windows Messenger verbinden sich beim Anmelden mit dem Live Communications Server. Die Benutzer können über einen einfachen Dialog die für Sie interessanten Kontakte (= andere Anwender) hinzufügen. Die Kontakte können in Gruppen unterteilt werden.

Abbildung 14.63 zeigt den Windows Messenger. Der Anwender kann mit einem Blick den derzeitigen Status seiner Kollegen erkennen, also beispielsweise »Online«, »Abwesend« oder »Offline«.

Allein dieses Feature sollte man nicht unterschätzen: Natürlich macht es keinen Sinn, den Status des Kollegen am Schreibtisch gegenüber elektronisch festzuhalten, aber wenn es um Kollegen geht, die ein paar Räume weiter sitzen, in einem anderen Gebäudeteil untergebracht sind oder in der Niederlassung in Hobart (= Hauptstadt von Tasmanien/Australien) arbeiten, kann man sich durch einen Blick auf den Online-Status viel Zeit sparen. Rechnen Sie einmal die Zeit zusammen, die Sie im Laufe der Jahre damit verbracht haben, hinter Kollegen herzutelefonieren, die dann im Endeffekt doch nicht am Arbeitsplatz waren!

In Zeiten einer sich stark verändernden Arbeitswelt, in der es nicht mehr selbstverständlich ist, dass jeder seinen Arbeitsalltag im Büro beginnt, ist dieses Feature noch wertvoller. Kollegen im Homeoffice sind durch die Möglichkeiten des Instant Messagings wieder »näher dran«.

Durch einen Klick mit der rechten Maustaste können Sie mit dem Kollegen in Kontakt treten. Die angebotenen Möglichkeiten sind:

▶ Sofortnachricht senden. Das ist eine Chat-Funktion, also eine »getippte Unterhaltung«.

▶ Gespräch beginnen: Für dieses klassische Telefonat benötigen Sie eine Soundkarte und ein Headset. Eine Soundkarte ist heutzutage in jedem Computer enthalten, ein Headset kann für 15 bis 20 Euro beschafft werden.

▶ Videounterhaltung beginnen: Setzt eine Webcam bei beiden Gesprächsteilnehmern voraus. Letztendlich ist dieses Feature eine »Videokonferenz am Arbeitsplatz«. Die Anforderung an Bandbreite und Latenzzeit sind für diese Anwendung natürlich höher als für einfache Sprachkommunikation.

▶ E-Mail senden: Sicherlich ein unspektakuläres Feature. Bedenken Sie aber die Handhabung: Der Benutzer hat seinen Messenger geöffnet, sieht, dass sein Kollege »offline« ist und entscheidet sich, eine »normale« Mail zu senden: Hier geht es einfach mit Mausklick, also ohne Wechsel der Anwendung, »Herumkramen« in der Kontaktliste etc.

▷ Datei oder Foto senden …: Die Möglichkeit, einem Kollegen einfach eine Datei zu senden, ohne dass diese in eine Fileshare oder eine SharePoint-Dokumentbibliothek gespeichert werden muss, ist häufig zumindest sehr angenehm. Dass die Benutzer nicht unbedingt drauf angewiesen sind, sich Dateien über E-Mail zu senden, ist auch nicht unattraktiv: Sie ersparen sich dadurch zig E-Mail-Anhänge, die sich mit der Zeit auf beachtliche Größen aufsummieren, da kein Benutzer die Zeit aufbringt, diese auch irgendwann zu löschen. Dieses Feature bedingt übrigens eine gute Virenprüfung auf den Desktops! Virenverteilung über Instant Messaging-Systeme ist durchaus nicht ungewöhnlich.

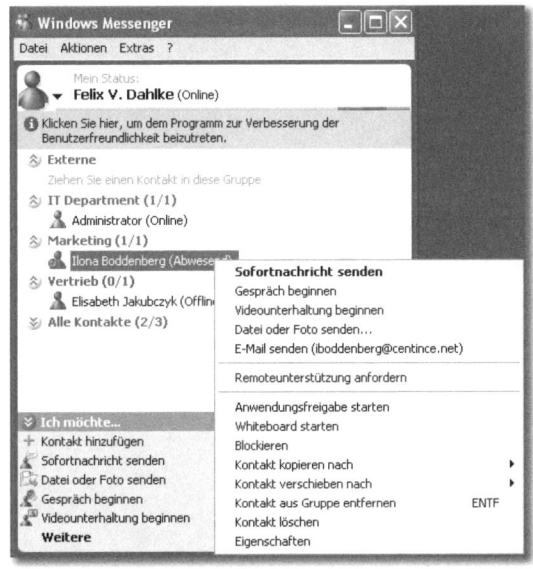

Abbildung 14.63 Kommunikation mit einem anderen Benutzer im Windows Messenger aufbauen

Damit die Statusinformationen zu den Benutzern korrekt angezeigt werden, ist das System natürlich auf deren Mit Hilfe angewiesen. Die Benutzer können ihren jeweiligen Status einfach per Mausklick ändern (Abbildung 14.64).

Wenn ein Anwender einen anderen beispielsweise zu einem Gespräch (= Telefonat) bittet, erscheint der in Abbildung 14.65 gezeigte Dialog. Während des Telefonats stehen folgende zusätzliche Funktionen zur Verfügung:

▶ Anwendungsfreigabe starten: Die Anwendungsfreigabe ermöglicht einem Benutzer, eine bestimmte auf dem PC des anderen Benutzers laufende Anwendung einzusehen und diese zu steuern. Diese Möglichkeit ist in Support-Situationen nicht uninteressant.

- Remoteunterstützung starten: ähnlich der Anwendungsfreigabe. Während die Anwendungsfreigabe aber auf eine bestimmte Anwendung beschränkt ist, sieht der entfernte Anwender bei der »Remoteunterstützung« den kompletten Bildschirm.

- Whiteboard starten: Mir geht es so, dass ich komplexe Sachverhalte schlecht erklären kann, ohne dabei zu zeichnen. Das Whiteboard ist eine elektronische Tafel, auf der die Gesprächsteilnehmer während des Gesprächs Skizzen anfertigen können.

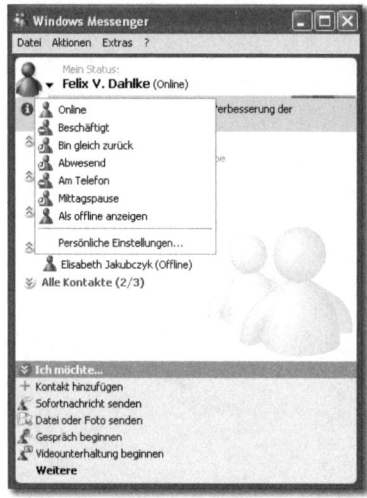

Abbildung 14.64 Den eigenen Status einstellen

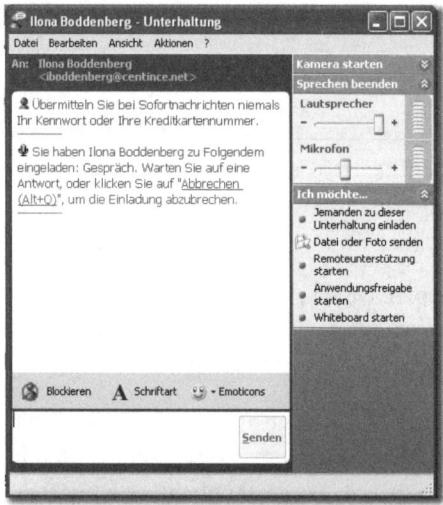

Abbildung 14.65 Der Dialog beim Aufbau einer Kommunikation mit einem anderen Benutzer

Der Anwender, zu dem der Kontakt aufgebaut wird, erhält ein akustisches Signal und sieht ein Meldungsfenster am unteren rechten Rand seines Bildschirms (Abbildung 14.66). Durch Mausklick auf das Meldungsfenster kann er die Kommunikation beginnen.

Abbildung 14.66 Die optische Signalisierung eines Kommunikationswunsches

Der Windows Messenger ist in die aktuellen Versionen der Office-Produkte integriert. In Outlook erscheint neben dem Benutzernamen ein Smarttag, in dessen oberster Menüzeile der Status (Online, Beschäftigt etc.) angezeigt wird, im mittleren Bereich des Menüs findet sich die Messenger-Funktion »Sofortnachricht senden« (Abbildung 14.67). Aus dem Sofortnachricht-Senden-Dialog lassen sich auch die Funktionen für Telefonie und Videokonferenz wählen.

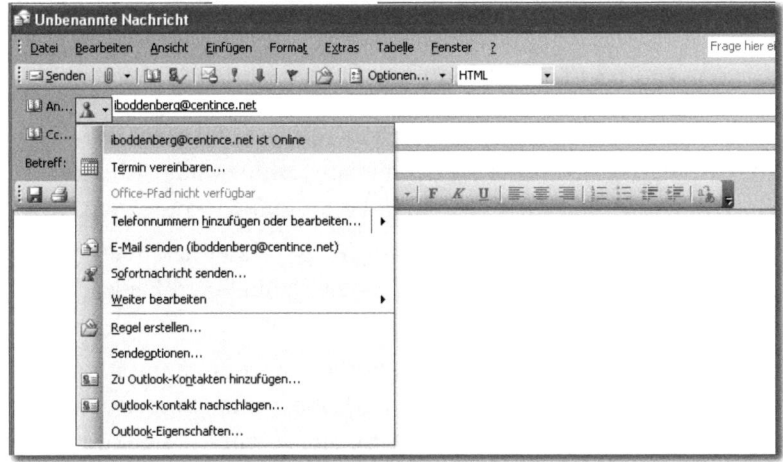

Abbildung 14.67 Die Integration des Messengers in Outlook (Onlinestatus und »Sofortnachricht senden«)

Auch in SharePoint sind die Instant Messaging-Funktionen integriert. Abbildung 14.68 zeigt einen Bildschirmausschnitt des SharePoint Portal Servers. Neben dem Namen der Person ist ein Smarttagmenü, das in der obersten Zeile den Onlinestatus zeigt, weiter unten findet sich »Sofortnachricht senden …«.

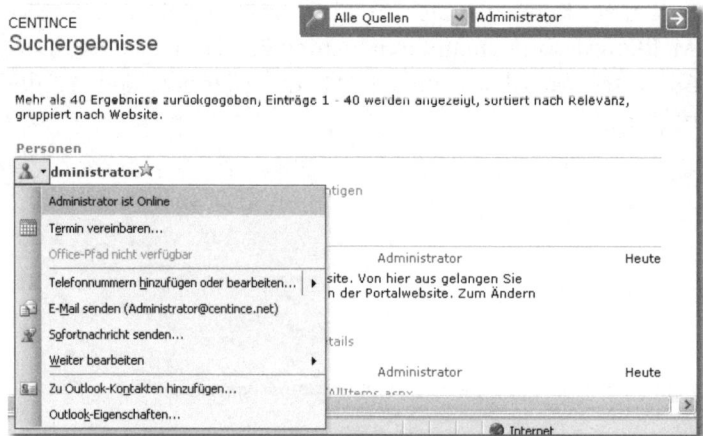

Abbildung 14.68 Auch in SharePoint ist das Instant Messaging-System integriert.

14.5.2 Abgrenzung zur klassischen Telefonie oder VoIP

Nachdem Sie nun einen ersten Überblick über die Möglichkeiten des Instant Messagings erhalten haben, wird es nun natürlich Zeit, einen Vergleich mit anderen Kommunikationssystemen vorzunehmen, relevant sind hier insbesondere die klassische Telefonie und Voice over IP (VoIP).

Die Stärken von Instant Messaging sind:

▶ IM mit dem Windows Messenger ist außerordentlich nah an die Windows-Oberfläche, das Office-Paket und an die hieraus resultierende Arbeitsweise gebunden. Wie immer bei Microsoft wirkt das System wie aus einem Guss.

▶ IM bietet eine enorme Funktionsvielfalt, angefangen von Chat, über Sprach-übertragung und Videokonzerenz bis hin zu der Whiteboard-Funktion und der Freigabe des Desktops.

▶ Das System ist außerordentlich preisagressiv. Der Live Communications Server nebst CALs wird zwar von Microsoft auch nicht unbedingt verschenkt, im Vergleich zu einer leistungsfähigen Telefonanlage mit CTI-Funktionen (= Computer Telephony Integration) oder einem professionellen Voice-over-IP-System ist der Live Communication Server preisgünstig.

Das »Preisgünstig« aus dem letzten Punkt der Aufzählung bezieht sich zum einen auf den Vergleich mit einer Telefonanlage oder VoIP-System mit entsprechenden CTI-Funktionen. Zum anderen bezieht es sich natürlich auch auf die separat zu betrachtenden wirtschaftlichen Aspekte: Hier ist die einzige Frage, ob die Benutzer durch ein solches System produktiver werden und somit letzt-endlich mehr Geld verdienen. Eine »schnellere« Kommunikation führt gemeinhin zu einer Verbesserung der Arbeitsabläufe und einer Optimierung der Prozesse – das sind natürlich genau die Effekte, die man erreichen möchte.

Ich würde es nicht als Schwäche des Konzepts »Instant Messaging« bezeichnen, aber man muss natürlich ganz deutlich kommunizieren, das ein System wie der Live Communications Server nicht dazu gedacht ist, eine klassische Telefonanlage komplett abzulösen. Instant Messaging setzt voraus, dass der Benutzer an einem PC ist, wenn er kommunizieren möchte, dass dieser PC über den Windows Messenger verfügt und dass überhaupt Kommunikationswege zwischen diesen Benutzer existieren: Instant Messaging ist zunächst ein System, das für den Gebrauch innerhalb einer Firma gedacht ist. Zwei befreundete Firmen/Organisationen können durchaus ihre Live Communications Server-Systeme zusammenschalten, es existiert auch eine Anbindung zu öffentlichen IM-Systemen (MSN Messenger, AOL); trotzdem ist der erreichbare Personenkreis eingeschränkt. Bei der Beurteilung müssen Sie sich vor Augen halten, was der Live Communications Server primär sein soll: Er ist ein Collaboration System, also ein System, das die Zusammenarbeit zwischen Benutzern innerhalb einer Organisation optimiert – ähnlich wie SharePoint oder Exchange.

Die Frage ist also nicht »Telefonanlage oder Instant Messaging-System«. Die richtigen Fragestellungen sind:

▶ Kann das eben vorgestellte Instant Messaging die Zusammenarbeit ihrer Benutzer effektiver, besser und schneller machen?

▶ Ergänzt der Live Communications Server die Telefonanlage oder das VoIP-System um dort nicht vorhandene Möglichkeiten?

Das Privileg des Buchautors ist, dass er die Möglichkeit hat, die aufgeworfenen Fragestellungen beantworten zu können:

▶ Instant Messaging ist eine weitere Komponente auf dem Weg, den PC nicht nur als bessere Schreibmaschine, sondern als Kommunikationswerkzeug zu verwenden. Es ist mir klar, dass nicht alle Benutzer sofort sourverän mit einem solchen System umgehen werden. Als E-Mail »neu« war, hat es übrigens auch eine Weile gebraucht, bis diese Kommunikationsform akzeptiert und tatsächlich genutzt wurde. Genauso verhält es sich mit Instant Messaging. Ich habe keine Zweifel, dass diese Möglichkeiten mit der Zeit auch mehr oder weniger selbstverständlich werden. Instant Messaging wird die Zusammenarbeit der Benutzer und somit die Prozesse optimieren und »schneller machen«.

▶ Die Telefonanlagenhersteller konzentrieren sich zumeist eher auf die Klassiker wie »Wählen aus Outlook«. Das Instant Messaging bildet natürlich auch ganz andere Aufgabenbereiche ab.

14.5.3 Technische Architektur

Die technische Architektur eines Live Communication Server-Systems ist, zumindest in einer Umgebung mit weniger als 10.000 Benutzern recht einfach erklärt. Microsoft gibt die zu verarbeitende Kapazität eines einzelnen Servers der Standard Edition mit 10.000 Anwendern an. Da ich annehme, dass der überwiegende Teil der Leser dieses Buchs eher aus dem mittelständischen Bereich kommen, werde ich nicht ausführlich die Szenarien besprechen, die zur Unterstützung von 100.000 und mehr Benutzern geeignet sind.

Hardwaresizing

Der Live Communications Server besteht grob gesehen aus zwei Komponenten, den eigentlichen Kommunikationsdiensten des Life Communications Servers und einer Datenbank, mitinstalliert wird hier die MSDE 2000.

Als Hardware für bis zu 10.000 Benutzer schlägt Microsoft vor:

▶ Doppelprozessor-Maschine, bestückt mit zwei Xeon-Prozessoren mit hoher Taktfrequenz (> 3GHz)

▶ 2 GB RAM

▶ Festplattensizing: Da eine Datenbank auf dem Server betrieben wird, muss das Plattenlayout darauf abgestimmt sein:

 ▶ RAID 1 für das Betriebssystem

 ▶ RAID 1 für die Datenbank

 ▶ RAID 1 für die Logfiles der Datenbank

Sie sehen, dass das System bezüglich der Anforderungen an die Hardware recht genügsam ist.

Wenn Sie eine höhere Benutzerzahl unterstützen oder eine höhere Redundanz erreichen möchten, setzt man nicht einen einzelnen Server, sondern einen Pool ein (Abbildung 14.69):

▶ Der Pool besteht zunächst aus einem Datenbankserver im Backend, der die Daten zu allen Benutzern speichert. Wenn »Verfügbarkeit« ein Thema ist, wird man hier ein geclustertes System einsetzen.

▶ Die nächste Schicht stellen die Live Communications Server dar. Für dieses Szenario ist die Enterprise Edition des Produkts erforderlich.

▶ Für eine gleichmäßige Verteilung der Benutzer auf die Systeme sorgt eine Load Balancing-Komponente. Hier kann entweder der NLB-Dienst (= Network Load Balacing) der Windows Server oder ein Hardware Load Balancer verwendet werden.

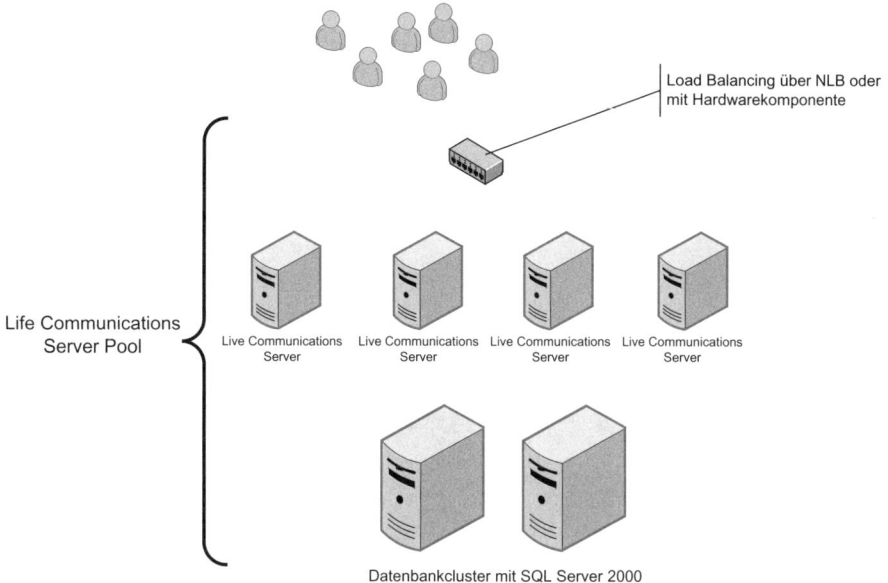

Load Balancing über NLB oder mit Hardwarekomponente

Life Communications Server Pool

Live Communications Server   Live Communications Server   Live Communications Server   Live Communications Server

Datenbankcluster mit SQL Server 2000

Abbildung 14.69 Eine zweistufige Architektur für den Support von mehr als 10.000 Benutzern

14.5.4 Föderationen und Anbindung von Remotebenutzern

Die bisher gezeigte Architektur bestand lediglich aus einem zentralen Live Communications Server-System beziehungsweise einem Pool. Bei intensiver Nutzung des Systems werden weitere Anforderungen auf Sie zukommen, die den Einsatz von weiteren Serversystemen mit neuen Rollen erforderlich machen (Abbildung 14.70):

▶ Zugriffsproxies: Zugriffsproxys ermöglichen Föderationsunternehmen und Remote-Benutzern den Zugriff auf die Live Communications Server-Infrastuktur. Sowohl Remotebenutzer als auch Zweigstellen und Föderationsunternehmen kommunizieren über eine verschlüsselte Verbindung mit dem Zugriffsproxy, so dass kein VPN notwendig ist.

▶ Proxies: Ein Proxy leitet die Anfragen beispielsweise einer Zweigstelle an die zentralen Server weiter. Die Verbindung zwischen Weiterleitungsproxy (in der Zweigstelle) und Zugriffsproxy (in der Firmenzentrale) wird verschlüsselt.

▶ Director: Ein Director ist im weitesten Sinne mit einem Exchange Front-End-Server vergleichbar. Ein Director authentisiert die über den Zugriffsproxy hereinkommenden Benutzer und leitet sie an den jeweiligen Home-Server weiter.

▶ Archivierungsdienst: Dieser Server kann die interne Kommunikation und diejenige mit Föderationsunternehmen speichern. Der Umfang der Speicherung (nur Nutzungsdaten oder komplette Kommunikation) kann individuell pro Benutzer konfiguriert werden.

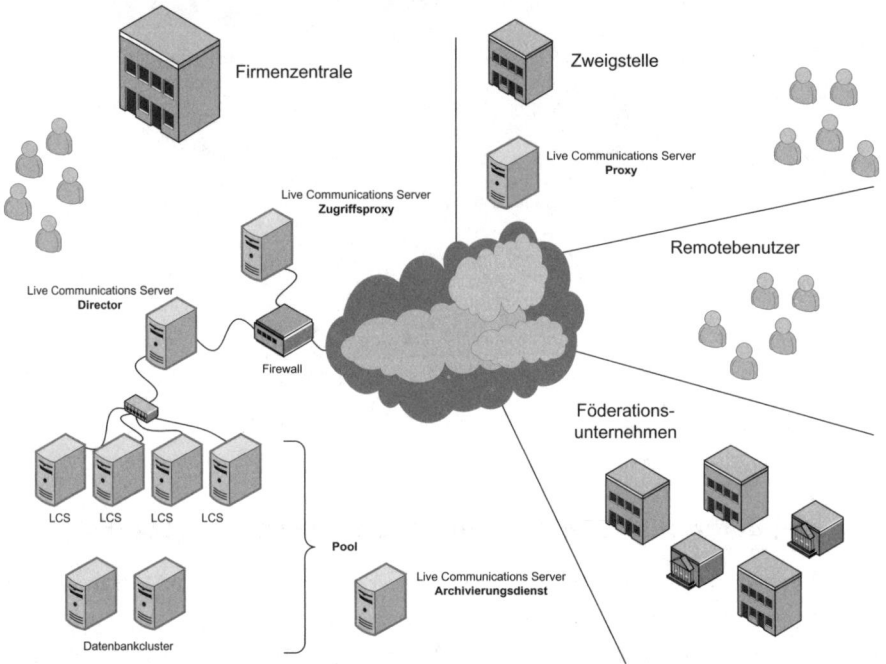

Abbildung 14.70 Architektur für den Zugriff von Remotebenutzern und Föderationsunternehmen

Föderationsunternehmen

Wenn zwei intensiv zusammenarbeitende Unternehmen oder Organisationen jeweils Live Communications Server einsetzen, können Sie diese Systeme verbinden, es entsteht dann eine Föderation (Abbildung 14.71).

▶ Der gesamte Datenverkehr läuft über die Zugriffsproxies.

▶ Wichtig: Zwischen Föderationen wird nur SIP-Datenverkehr unterstützt, keine Multimedia-Inhalte (= keineTelefonie, Videokonferenzen etc.).

Verschiedene Föderationstypen sind möglich:

▶ Direkte Föderationen

▶ Mehrere direkte Föderationen werden ebenfalls unterstützt

▶ Eingeschränktes Clearing-House

▶ Öffentliches Clearing-House

Falls Ihre Benutzer mit einzelnen Anwendern öffentlicher Messaging Systeme (MSN Messenger-Dienst, AOL, Yahoo) kommunizieren möchten, ist dies ebenfalls möglich.

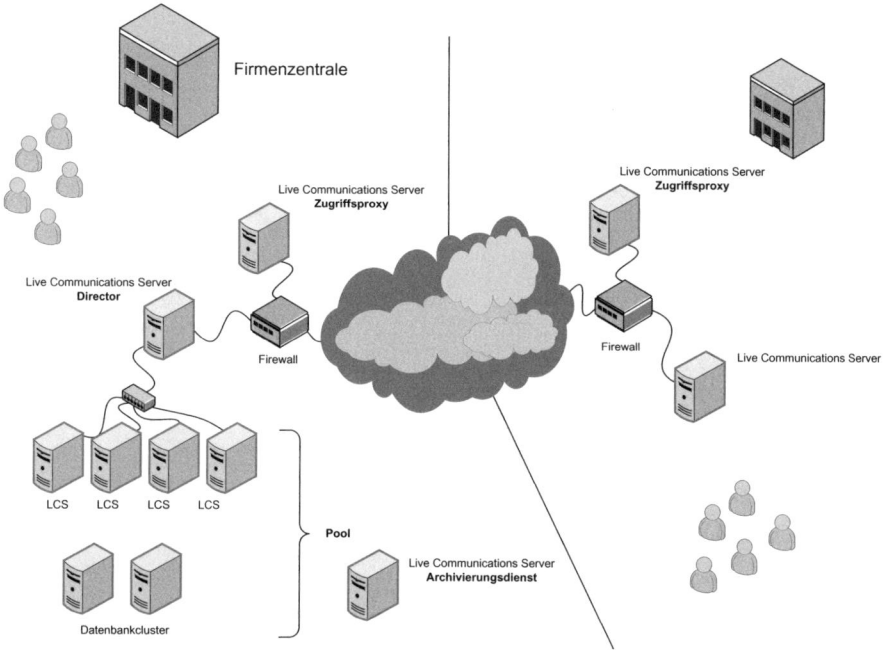

Abbildung 14.71 Die Live Communications Server-Systeme zweier Unternehmen arbeiten über eine »Föderation« zusammen.

14.5.5 Live Communications Server und das Active Directory

Live Communications Server 2005 benötigt zwingend ein Active Directory, in dem sowohl Informationen zu den Servern als auch zu den Benutzern gespeichert werden.

Bei der Installation von LCS wird zunächst eine Schema-Erweiterung durchgeführt. Als Ergebnis finden Sie bei den Benutzerobjekten zusätzliche Konfigurationsmöglichkeiten. Abbildung 14.72 zeigt das entsprechend erweiterte Active Directory-Benutzer und -Computer-Verwaltungswerkzeug.

Active Directory-Strukturen

Im einfachsten Fall verfügen Sie nur über eine Domain. In dieser wird dann ein Live Communications Server installiert, gegebenenfalls ein LCS-Pool.

Falls Sie mehrere Domains verwenden, aber nur einen einzigen Live Communications Server oder einen einzigen Pool aufbauen möchten, ist dies ebenfalls möglich: Benutzer können auf LCS-Server zugreifen, die außerhalb ihrer eigenen Domain stehen (Abbildung 14.73). Der LCS muss nicht in der obersten Domain stehen, die Positionierung in der Abbildung ist zufällig.

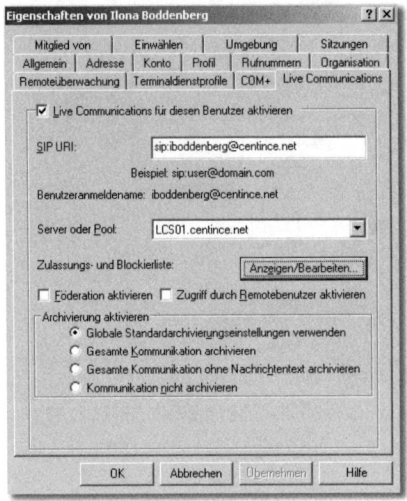

Abbildung 14.72 Nach der Schemaerweiterung stehen weitere Konfigurationsmöglichkeiten zur Verfügung

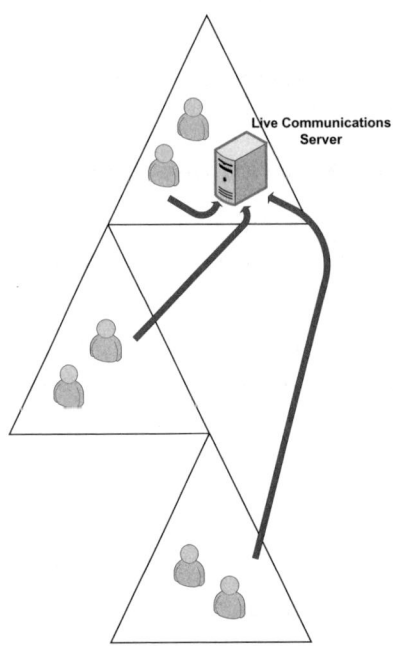

Abbildung 14.73 Benutzer können auf einen Live Communications Server zugreifen, der außerhalb ihrer eigenen Domain steht.

Zusätzliche Live Communications Server in den einzelnen Domains sind möglich, zu beachten ist, dass die in einem Pool zusammengefasste Systeme sich in einer einzigen Domain befinden müssen.

Anforderungen an das Active Directory

Die Anforderungen an das Active Directory sind letztendlich dieselben (oder zumindest ähnlich) wie bei vielen anderen Serverprodukten auch:

▶ Die Namensauflösung muss einwandfrei funktionieren.

▶ An jedem Standort, an dem Live Communications Server betrieben wird, sollte ein Global Catalog vorhanden sein. Ist kein globaler Katalog verfügbar, wird die Anmeldung am LCS fehlschlagen!

▶ In jeder Domain, in der Live Communications Server ausgeführt wird, muss ein Global Catalog-Server vorhanden sein.

▶ Live Communications Server-Systeme sollten nicht auf einem Domain Controller installiert sein.

Beachten Sie, dass erhöhter Datenverkehr bei Durchführung der Schema-Erweiterung anfällt.

14.5.6 Protokolle

Der Live Communications Server nutzt die Protokolle SIP und SIMPLE. SIP wird in der RFC 3261 der IETF (International Engineering Task Force) spezifiziert und ist ein empfohlener Standard für ein Signalprotokoll auf Anwendungsebene. Dieses Protokoll steuert Kommunikationssitzungen in einem IP-Netzwerk.

SIP ermöglicht einem Benutzer, einen anderen explizit zur Teilname an einer Unterhaltung oder Multimediasitzung einzuladen. SIP ermöglicht außerdem das Einladen weiterer Benutzer zu einer bereits begonnenen Sitzung.

SIMPLE (SIP Instant Messaging and Presence Leveraging Extensions) bietet Unterstützung für Instant Messaging und Anwesenheitsfunktionen.

14.5.7 Administrative Aufgaben

Regelmäßige administrative Aufgaben in Zusammenhang mit dem Live Communications Server sind:

▶ Freischalten der Benutzer für die Verwendung dieses Systems (im Benutzer-Administrationswerkzeug des Active Directories)

- Sicherung der Datenbank und der einzelnen Serversysteme
- Überwachung der Performance-Werte

14.5.8 Weitere Hinweise zur Planung und Umsetzung

Solange Sie Live Communications Server »nur« innerhalb eines lokalen Netzes verwenden, ist die Installation vergleichsweise einfach.

Wenn Sie über externe Benutzer oder über das Internet angebundene Zweigstellen verfügen oder vielleicht sogar Föderationen mit anderen Unternehmen oder Organisationen eingegangen sind, wird die Installation relativ kompliziert sein und bedarf einer guten und sorgfältigen Planung.

Insbesondere die Planung und Umsetzung des Zertifikatswesen (TLS-Verschlüsselung zwischen Proxies und Clients) ist eine einerseits wichtige andererseits aber auch nicht ganz triviale Aufgabe!

14.5.9 Integration in eigene Systeme

Falls Sie die Funktionen von Live Communications Server 2005 in eigenen Anwendungen nutzen möchten, steht Ihnen ein SDK (= Software Development Kit) zur Verfügung. Dieses ist als Download auf www.microsoft.com erhältlich. Der vollständige Name lautet `Windows Real-Time Communications Client API SDK`.

15 Anbindung an das Internet

Man braucht heute kaum zu betonen, wie wichtig das Internet im Geschäftsalltag geworden ist. Neben der Kommunikation per Mail spielen Informationsbereitstellung und -beschaffung eine wichtige Rolle bei der Internetnutzung. Die Anbindung an das Internet birgt natürlich diverse Sicherheitsrisiken. Absolute Sicherheit wird man natürlich niemals erreichen können, zumindest nicht, wenn man das Internet als wichtigen Bestandteil des Arbeitsalltags sieht (und es dementsprechend nicht einfach deaktiviert).

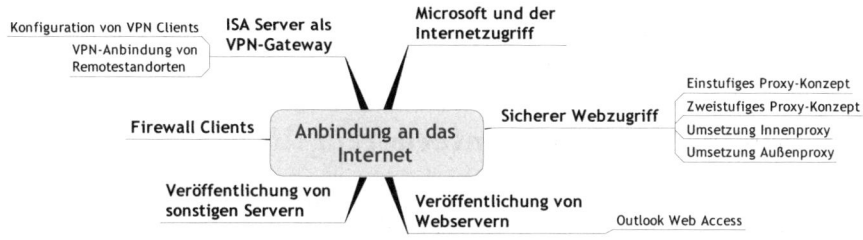

Abbildung 15.1 Die Themen des Kapitels im Überblick

Es gibt viele Unternehmen, die bezüglich der Anbindung an das Internet eine sehr rigorose Strategie verfolgen: Internetzugriff an den Arbeitsplätzen ist nicht vorhanden, benötigt ein Benutzer Informationen aus dem Internet, muss er sich zu einem »Internet-PC« begeben, einem System, das keine Netzwerkverbindung zu dem eigentlichen Firmennetz hat. Zugegebener Weise ist dies ein sehr effektiver Schutz vor den »Gefahren des Internet«, denn wenn die Benutzer keinen Zugriff haben, kann auch kein Schaden angerichtet werden.

Man kann nun natürlich untersuchen, ob es wirtschaftlicher ist, die Benutzer mehrmals täglich zu Internet-PCs zu schicken und Informationen auf Zettel schreiben zu lassen oder ob ein schneller Zugriff auf die Informationswelt des Internet doch Vorteilhaft für das Unternehmen sein könnte. Die Möglichkeit schneller Informationsbeschaffung beschleunigt den Ablauf und die Qualität der Geschäftsprozesse. Ich will nicht leugnen, dass es etliche Mitarbeiter geben wird, die von einer Internet-Anbindung am Arbeitsplatz nicht profitieren – zumindest nicht in dienstlicher Hinsicht. Für »Information Worker« ist es aber mittlerweile ein ernsthaftes Problem, wenn diese nicht jederzeit problemlos Informationen beschaffen können.

Ein Internetzugriff am Arbeitsplatz bedingt natürlich, dass geeignete Sicherheitsmaßnahmen ergriffen worden sind – mit diesen Sicherheitsmaßnahmen werden wir und in diesem Kapitel beschäftigen.

Der Aspekt der Internetanbindung beschränkt sich natürlich nicht nur auf den Webzugriff für die Anwender, es geht auch um die Anbindung der Mailserver und die Bereitstellung von Informationen im Internet. Bei letzterem denke ich übrigens weniger an die öffentlich zugängliche Firmenwebsite, sondern an mobile Benutzer, die über das Internet auf Datenbankinhalte oder Mail- und Kalenderinformationen zugreifen möchten. Auch Geschäftspartner müssen unter Umständen auf in Ihren Systemen gespeicherte Informationen zugreifen.

Der erste Gedanke beim Thema »sichere Internetanbindung« ist bei den meisten Menschen sicherlich die Firewall. Natürlich ist dies letztendlich die Kernkomponente, zumindest in etwas größeren und komplexeren Umgebungen werden Sie allein mit einer Paketfilter-Firewall nicht allzu weit kommen.

15.1 Microsoft und der Internetzugriff

Microsoft vertreibt als Produkt für die Unterstützung des Internetzugriffs den ISA Server, der »Langname« lautet Internet Security and Acceleration Server. Das Produkt liegt mittlerweile in der Version 2004 vor und hat sich zu einer leistungsfähige »Advanced Firewall« gemausert. Als Urahn kann man den Microsoft Proxy Server 2.0 ansehen – mit diesem hat der ISA Server so gut wie nichts mehr zu tun, sowohl vom Funktionsumfang als auch von der Architektur.

Wenn Sie ISA Server installiert haben und die ISA Server-Verwaltung starten, wird Ihnen das System einige Szenarien anbieten, in denen der ISA Server betrieben werden kann (Abbildung 15.2):

▶ Edgefirewall: In dieser Konfiguration steht der ISA Server zwischen dem Internet und dem internen Netz. Er arbeitet hier zum einen als Paketfilter, der einehende Anfragen blockiert, stellt aber auch Funktionen wie Webproxy, Serververöffentlichung und VPN-Zugriff zur Verfügung.

▶ 3-Abschnitt-Umkreisnetzwerk: Diese Konfiguration würde ich als Firewall mit DMZ bezeichnen.

▶ Frontfirewall, Backfirewall: Diese beiden Konfigurationsvarianten sind für den Einsatz in kaskadierten Umgebungen gedacht. In einer solchen Umgebung werden aus Sicherheitsgründen mehrere Firewalls hintereinander eingesetzt.

▶ Einzelner Netzwerkadapter: Die letzte Möglichkeit ist die Verwendung des ISA Servers mit nur einer Netzwerkkarte. Dies widerspricht natürlich dem Firewallgedanken, bei dem es stets darum geht, dass innere Netz physikalisch vom Internet zu trennen, was natürlich zwei Netzwerksegmente erforderlich macht. Viele Aufgabenstellungen wie Webproxy, Webveröffentlichung oder OWA-Veröffentlichung lassen sich aber mit einem System mit nur einer Netzwerkkarte gut lösen, es wird dann in der DMZ einer anderen Firewall platziert.

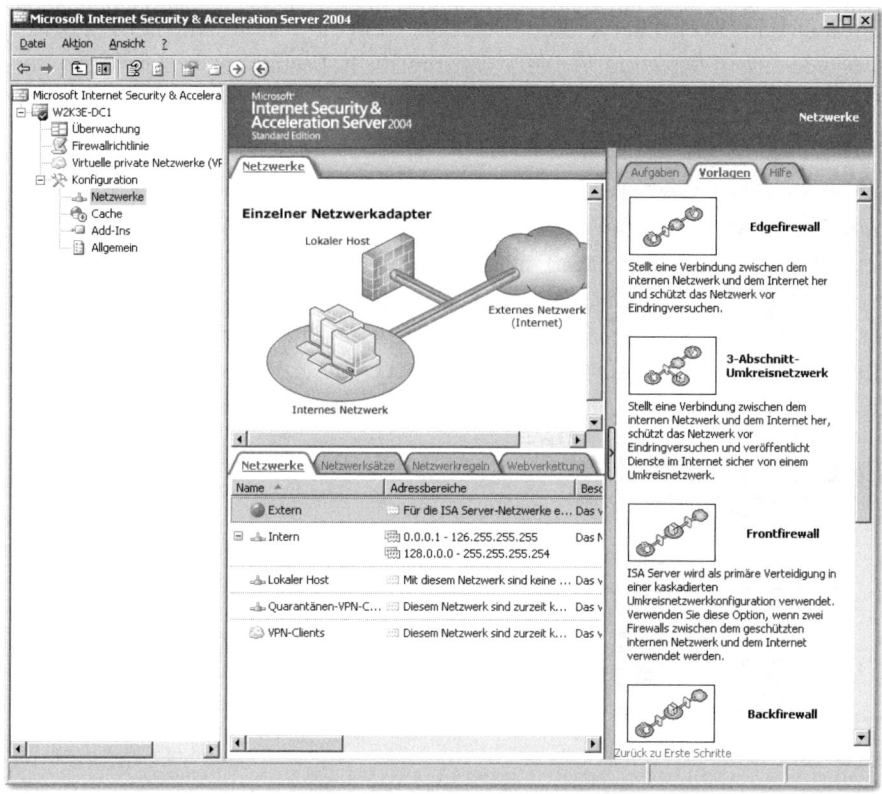

Abbildung 15.2 Netzwerkkonfiguration des ISA Servers mit auswählbaren Vorlagen

Die Aufgabenstellungen, die vom ISA Server übernommen werden können, sind:

▶ Firewall

▶ Webproxydienst mit Authentifizierung und Autorisierung der Benutzer und Zwischenspeicherung

▶ Proxydienst für Winsock-Anwendungen

▶ Veröffentlichung von Webservern und Outlook Web Access

▶ Veröffentlichung von anderen (= nicht Web-)Servern

▶ VPN Gateway

In allen größeren Unternehmen sind heute selbstverständlich Firewalls im Einsatz, dies werden im Allgemeinen so mächtige Systeme wie Cisco PIX oder CheckPoint Firwall-1 sein. Klar ist, dass man diese nicht zu Gunsten des ISA Servers ablösen wird. Es sind allerdings etliche Anwendungsfälle denkbar, in denen der ISA Server eine bereits vorhandene Firewall um interessante Möglichkeiten ergänzt. Ich denke hier beispielsweise an die Veröffentlichung eines Outlook Web Access-Servers oder eine intelligente Architektur zur Autorisierung von Client-Systemen für den Webzugriff. In Szenarien, in denen ISA Server eine vorhandene Firewall ergänzt, wird man übrigens häufig die zuvor genannte Konfiguration mit nur einer Netzwerkkarte finden.

Wenn Sie einen ISA Server installiert haben, werden Sie, je nach konfiguriertem Betriebsmodus, feststellen, dass keinerlei Kommunikation mehr mit diesem System möglich ist, auch nicht mit der Netzwerkkarte, die im internen Netz steht; der Server ist faktisch im Netz nicht mehr sichtbar. Grund hierfür ist, dass der ISA Server eine standardmäßig eine Firewallrichtlinie einrichtet, die sämtlichen Netzwerkverkehr unterbindet. Sie ergänzen dieses Regelwerk dann Schritt für Schritt um die zugelassene Kommunikation (Abbildung 15.3).

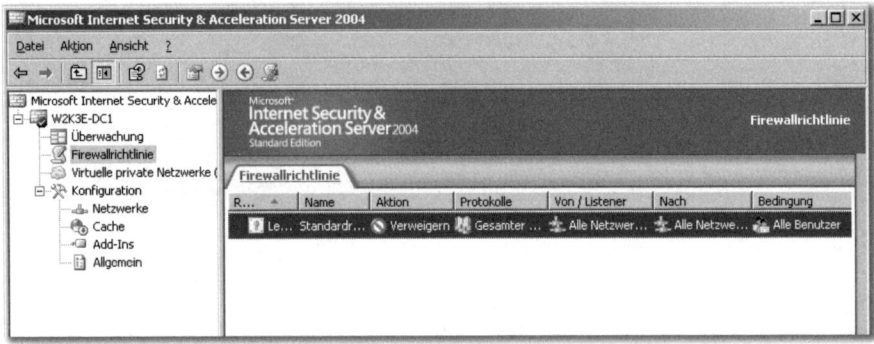

Abbildung 15.3 Die standardmäßige Firewallrichtlinie blockiert sämtlichen Netzwerkverkehr

Es empfiehlt sich natürlich, den ISA Server auf einer separaten Maschine aufzusetzen, auf der keine anderen Applikationen ausgeführt werden. Zum einen ist es natürlich unter Sicherheitsaspekten undenkbar, dass auf der Firewall der Server mit allen Unternehmensdaten ausgeführt wird. Zum anderen haben Sie zuvor gesehen, dass nach der Installation des ISA Servers sämtliche Kommunikation blockiert ist. Wenn Sie eine Applikation mit recht komplexem Netzwerkzugriffsverhalten einsetzen, ist es unter Umständen sehr aufwändig, alle benötigten Ports freizuschalten.

Dass ein kleines Unternehmen mit 20 Mitarbeitern nicht noch einen weiteren Server anschaffen möchte, ist verständlich, trotzdem würde ich dringend empfehlen, für den ISA Server separate Hardware zu beschaffen – im Zweifelsfall genügt natürlich auch Desktop-Hardware mit zwei Netzwerkkarten (Abbildung 15.4).

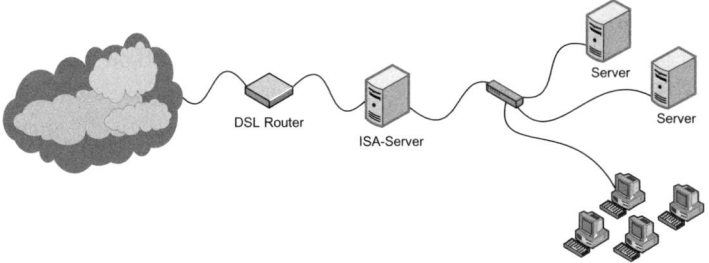

Abbildung 15.4 Konfiguration für ein kleines Unternehmen. Der ISA Server sollte auf einer separaten Maschine installiert werden.

Anmerkung: Der Small Business Server Premium Edition enthält den ISA Server. Leider müssen die Komponenten des Small Business Servers auf einem einzelnen Server installiert werden. Optimal ist das sicherlich nicht.

15.2 Sicherer Webzugriff für die Benutzer

15.2.1 Einstufiges Proxykonzept

Eine einfache Konfigurationsmöglichkeit ist die Positionierung eines Proxy Servers in der DMZ der Firewall (Abbildung 15.5). Diese Konfiguration bietet bereits einige Vorteile:

▶ Die Clients kommunizieren nicht direkt mit dem Internet.

▶ Auf dem Proxy Server kann konfiguriert werden, welche Clients zum Zugriff auf das Internet berechtigt sind.

▶ Auf dem Proxy Server kann festgelegt werden, auf welche Sites zugegriffen bzw. nicht zugegriffen werden kann.

▶ Der Proxy Server kann als Cache fungieren und ermöglicht so eine performantere Bereitstellung von Webinhalten.

Die gezeigte Konfiguration ist nicht optimal:

▶ Alle PCs müssen mit einer Ressource in der DMZ (dem Proxy Server) kommunizieren. Dies führt notwendiger Weise dazu, dass Sie die Firewall zwischen internem Netz und der DMZ für alle Clients öffnen müssen. Sie können entscheiden, ob Sie die Firewall für Verbindungen aus dem internen Netz zur DMZ generell für alle Systeme öffenen möchten, ob Sie nur bestimmte IP-Adressen zulassen oder die Benutzer authentifizieren.

- Wenn Sie auf dem Proxy prüfen möchten, ob ein Benutzer überhaupt auf das Web zugreifen darf, muss dieser über entsprechende Benutzerdaten verfügen. Um Benutzerdaten nicht mehrmals pflegen zu müssen, bietet es sich natürlich an, Windows-Gruppen auszuwerten, was natürlich dazu führt, dass der Proxy-Zugriff auf Domain Controller haben muss. Dass ein System in der DMZ auf Domain Controller zugreifen kann, wird sicherlich nur sehr ungern gesehen!

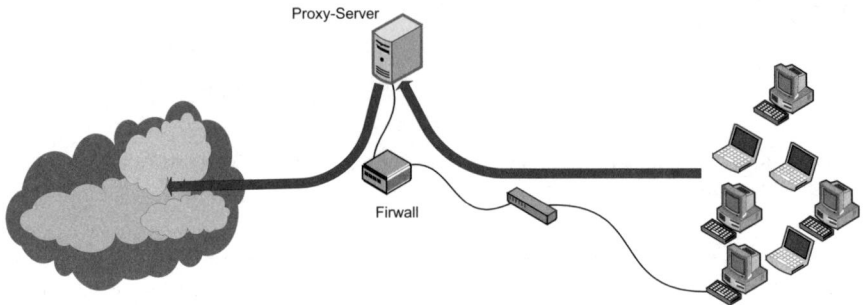

Abbildung 15.5 Architektur mit einem Proxy Server in der DMZ

15.2.2 Zweistufiges Proxy-Konzept

Eine Optimierung besteht darin, ein zweistufiges Proxy-Konzept aufzubauen (Abbildung 15.6).

- Die Benutzer kommunizieren ausschließlich mit einem Proxy, der im inneren Netzwerk steht. Auf diesem Proxy findet die Autorisierung des Benutzers anhand von Windows-Gruppen statt, es wird also geprüft, ob der überhaupt auf das Internet zugreifen darf.

- Die Anfrage des Benutzers wird dann vom »Innen-Proxy« an den Proxy in der DMZ weitergeleitet. Natürlich muss die Firewall auch für diese Kommunikation geöffnet weden, allerdings kommuniziert hier eine Maschine mit dem Server in der DMZ, nämlich der Innen-Proxy, und nicht dutzende oder eventuell hunderte Clients.

- Der Proxy in der DMZ muss keine Clients authentifizieren und autorisieren, dies ist bereits vom Innen-Proxy durchgeführt worden. Es sind also keine Active Directory-Informationen in der DMZ notwendig.

Die Rollen der Proxy Server sind:

- Innen: Benutzer authentifizieren und autorisieren, ggf. Inhalte einschränken
- Außen: Verbindung mit den Hosts im Internet, Virenprüfung

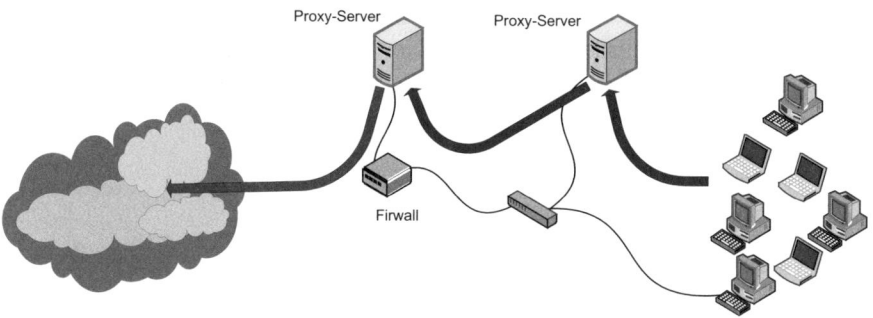

Abbildung 15.6 Ein zweistufiges Proxy-Konzept

15.2.3 Umsetzung Innen-Proxy

Für die Umsetzung eines zweistufigen Konzepts empfiehlt sich im Innenbereich die Verwendung des ISA Servers. Mit diesem Produkt können die Benutzergruppen, die den Server als Webproxy nutzen können, direkt aus dem Active Directory gelesen werden. Bitte beachten Sie, dass Benutzergruppen und keine OUs eingetragen werden.

Um den Benutzerzugriff einzuschränken, erstellt man im ISA Server zunächst einen Benutzersatz, der mehrere Gruppen oder Benutzer enthalten kann (Abbildung 15.7). Dieser Benutzersatz wird einer Zugriffsregel zugewiesen.

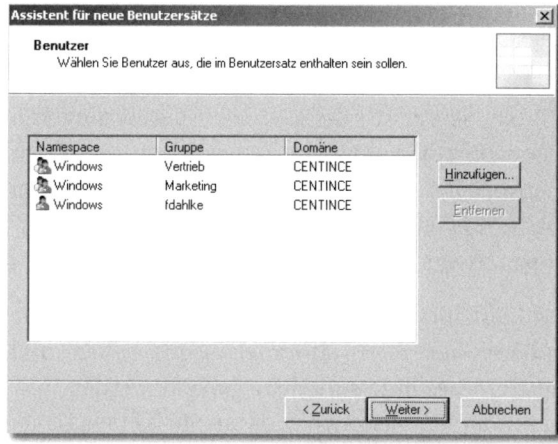

Abbildung 15.7 Ein Benutzersatz im ISA Server enthält mehrere Gruppen und Benutzer.

Wenn Sie ein zweistufiges Proxy-Konzept aufbauen möchten, müssen Sie dem Innen-Proxy natürlich noch mitteilen, dass er seine Anfragen an einen Upstreamserver weiterleiten soll. Im ISA Server richtet man hierzu eine Webverkettungsregel ein (Abbildung 15.8).

Wenn Sie andere Proxy-Server-Produkte kennen, werden Sie die Konfiguration eventuell als etwas umständlich empfinden. Sie müssen aber bedenken, dass der ISA Server weit mehr als ein Proxy Server ist – es handelt sich um ein recht komplexes Enterprise-Produkt!

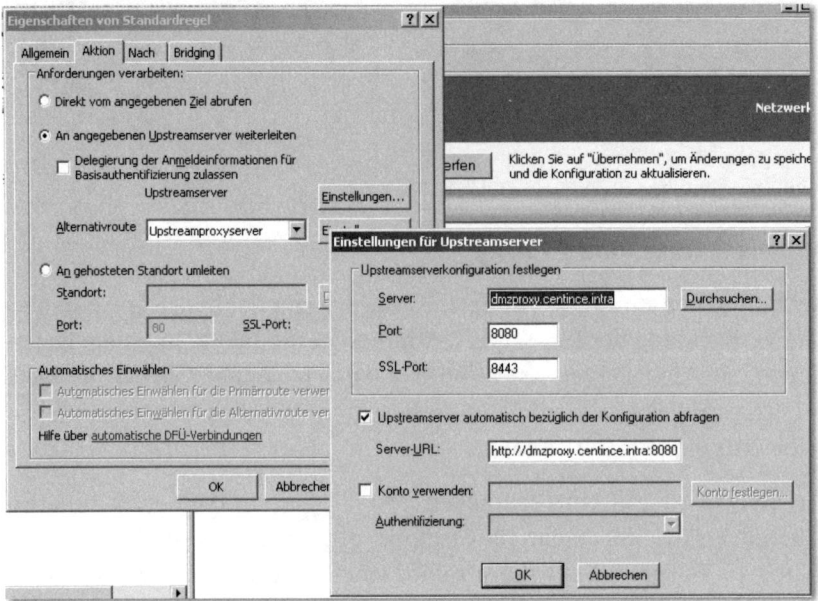

Abbildung 15.8 Um die Weiterleitung zu einem Proxy Server in der DMZ zu realisieren, wird eine Webverkettungsregel eingerichtet.

Ein klassisches Element eines Proxy Servers ist die Zwischenspeicherung von Inhalten, um den Zugriff der Benutzer auf Webinhalte zu beschleunigen. Auch hier wird nicht nur die Zwischenspeicherung ein- oder ausgeschaltet, sondern es ist möglich, ein sehr granulares Regelwerk aufzubauen. Es können unterschiedliche Regeln für Domainnamen- oder URL-Sätze definiert werden.

Eine Erweiterung der Cache-Funktionalität ist der Inhaltsdownload. Wenn Sie einerseits nachts freie Kapazitäten bei Ihrem Internetzugang haben und bestimmte Sites von Ihren Benutzern besonders intensiv genutzt werden, bietet sich Einrichtung von Regeln für den Inhaltsdownloads an. Sie können beliebig viele Regeln (= zu cachende Sites) einrichten, Sie sollten aber bedenken, dass Sie eventuell erhebliches Übertragungsvolumen erzeugen und viel Plattenspeicher benötigen. Wie in Abbildung 15.9 gezeigt ist, können Sie eine URL angeben, unterhalb derer Inhalte gedownloaded und in den Cache geschrieben werden.

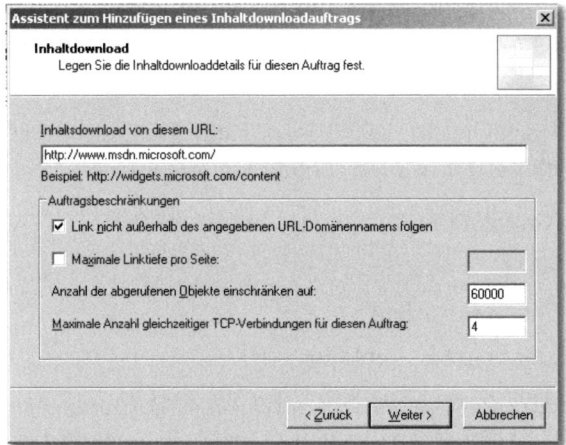

Abbildung 15.9 Festlegung einer Regel für den Inhaltsdownload

Des Weiteren könnten Sie darüber nachdenken, ein Produkt für das Content Filtering einzusetzen. Produkte wie der Webwasher URL-Filter können auf den ISA Server aufgesetzt werden und blockieren den Zugriff auf URLs, die auf Websites mit nicht-dienstlichen Inhalten verweisen. Speziell ausschließen möchte man regelmäßig Sites mit pornographischen, politisch radikalen oder gewaltverherrlichenden Inhalten.

Die Content Filtering-Produkte erhalten, ebenso wie Virenscanner, regelmäßige Updates, in diesem Fall neue URLs. Wenn Sie Sites einer bestimmten Inhaltsgruppe ausschließen möchten, wählen Sie die entsprechende Gruppe aus und sperren diese.

Content Filtering ist übrigens bezüglich der Vermeidung von Haftungsverfahren nicht uninteressant: Wenn ein Mitarbeiter illegale Inhalte auf Firmen-PCs anschaut und speichert, könnte dies zu einem Verfahren gegen die Geschäftsleitung führen!

15.2.4 Umsetzung Außen-Proxy

In der DMZ können Sie natürlich einen weiteren ISA Server verwenden, da hier keine Authentifizierung oder Autorisierung von Benutzern vorgenommen werden muss, lassen sich auch andere Produkte einsetzen. Einerseits könnte man über eine kostenlose Variante unter Linux nachdenken, andererseits gibt es interessante Produkte, die einige Mehrwerte, wie beispielsweise ein Virenscanning der übertragenen Datenströme anbieten.

Ein Produkt der letztgenannten Kategorie ist die Interscan Web Security Suite von Trend Micro. Dieses Produkt erkennt Viren, Würmer und Trojaner in den Web-Datenströmen.

Die Web Security Suite verhält sich wie ein Proxy Server, kann also in der DMZ der Firewall als Außen-Proxy eingesetzt werden (Abbildung 15.6).

Abbildung 15.10 zeigt einen Konfigurationsdialog der Interscan Web Security Suite. Das Produkt kann:

▶ Übertragene Dateien auf Viren untersuchen

▶ Blockieren von Spyware, Remote Access-Tools etc.

▶ Blockieren von Übertragen von Daten an Sites, die für Phishing (Ausspähen von Daten, beispielsweise Bankdaten). Hierzu gibt es spezielle Signatur-Patterns.

▶ Blockieren von nicht zur Übertragung zugelassenen Dateitypen, wie Java-Applets, EXE-Dateien etc.

▶ Optional (= zusätzliche Kosten) kann ein Modul zum Filtern von URLs eingesetzt werden.

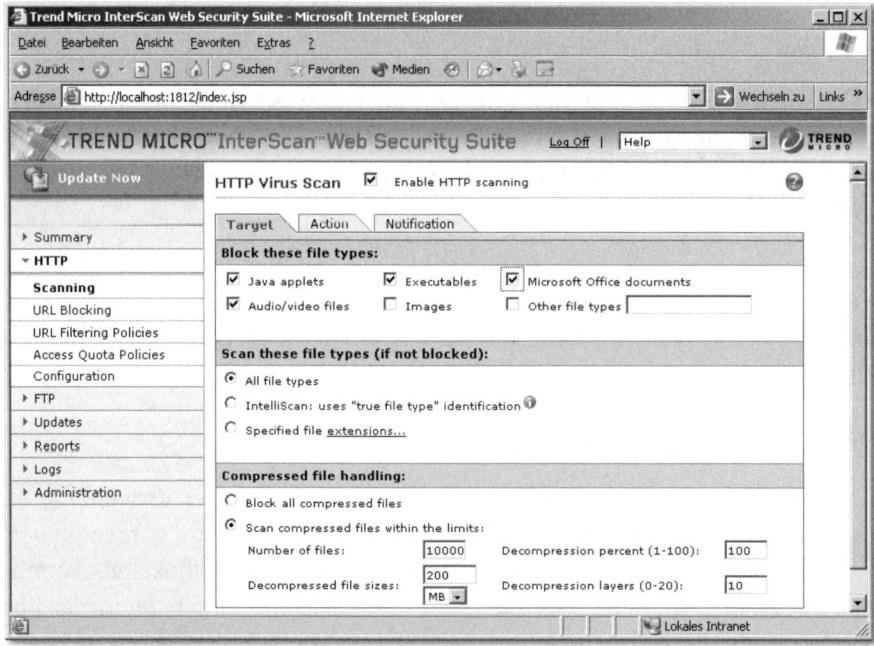

Abbildung 15.10 Konfigurationsdialog der Trend Micro Web Security Suite. Diese kann als Außen-Proxy eingesetzt werden.

Die Interscan Web Security Suite ist auch in der Lage, Benutzer durch Zugriff auf einen LDAP-Server oder das Active Directory zu authentifizieren. Wenn das Produkt als Außen-Proxy eingesetzt wird, ist dies natürlich nicht notwendig.

Abbildung 15.11 zeigt die Web Security Suite in Aktion: Wenn ein Benutzer versucht, eine infizierte Datei zu übertragen (eicar.com ist ein »Testvirus«, der von allen gängigen Virenscannern erkannt wird), wird die Übertragung abgebrochen und eine Fehlermeldung ausgegeben.

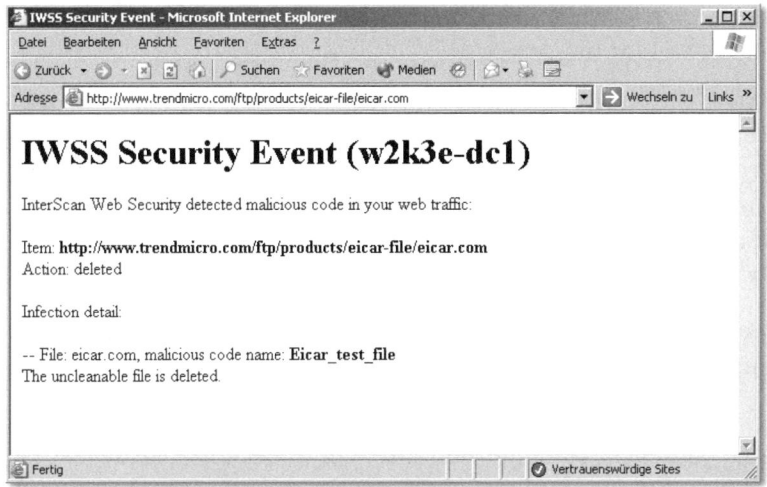

Abbildung 15.11 Die Übertragung einer infizierten Datei wird abgebrochen.

15.3 Veröffentlichung von Webservern

Das vorherige Kapitel hat sich damit beschäftigt, wie Clients aus dem internen Netz sicher auf Server im Internet zugreifen können. Der umgekehrte Fall ist natürlich nicht minder interessant. Es geht hier **nicht** um den öffentlichen Webserver des Unternehmens, dieser wird vermutlich ohnehin beim Provider stehen oder kann isoliert in der DMZ betrieben werden.

Es dreht sich vielmehr um Webserver, die spezielle, zumeist datenbankgestützte Informationen bereitstellen, deren Informationen für externe Benutzer zugreifbar sein soll. Externe Benutzer könnten eigene Mitarbeiter sein, die auf Intranet-Informationen zugreifen sollen oder Benutzer von Partner-Unternehmen, die beispielsweise Bestellinformationen einsehen können.

Die klassische Vorgehensweise wäre, den betreffenden Webserver in die DMZ zu stellen. Das ist allerdings nicht optimal, denn :

- Der Webserver ist von der Firewall zwar durch einen Paketfilter (oder fortschrittlichere Technologien wie Stateful Inspection) geschützt, dennoch kommuniziert er direkt mit Internet Hosts. Es tauchen immer wieder Hacks auf, die einen Webserver (egal ob IIS, Apache oder andere) korrumpieren. Dies ist bei direkter Kommunikationsmöglichkeit mit dem Webserver grundsätzlich einfacher, als wenn über eine zusätzliche Sicherungsschicht, nämlich den Reverse-Proxy), zugegriffen wird.

- Bei nicht-statischen Inhalten muss der Webserver vermutlich auf eine Datenbank im Innenbereich zugreifen können. Das bedeutet wieder, dass weitere Ports geöffnet werden müssen etc.

- Wenn dieser Server auch von internen Benutzern verwendet werden soll, müssen diese auf einen Server in der DMZ zugreifen. Dies könnte man zwar durch einen »Innen-Proxy« vermeiden, das macht das ganze Szenario aber wirklich unübersichtlich (Die Benutzer greifen über einen Proxy auf einen Server in der DMZ zu, der seine Daten wiederum von einer Datenbank im Innenbereich holen muss.).

Ein Lösungsansatz ist das »Veröffentlichen des Webservers« mit dem ISA Server. Die Vorgehensweise ist auch als Reverse Proxying bekannt (Abbildung 15.12):

- Der zugreifende Client kommuniziert mit dem in der DMZ stehenden ISA Server.

- Der ISA Server fungiert als Reverse Proxy und leitet die Anfrage an den im Innenbereich stehenden Webserver weiter.

- Der Webserver beschafft ggf. Informationen von der Datenbank und transportiert die HTML-Ausgabe zum ISA Server, der wiederum die Antwort an den Client schickt.

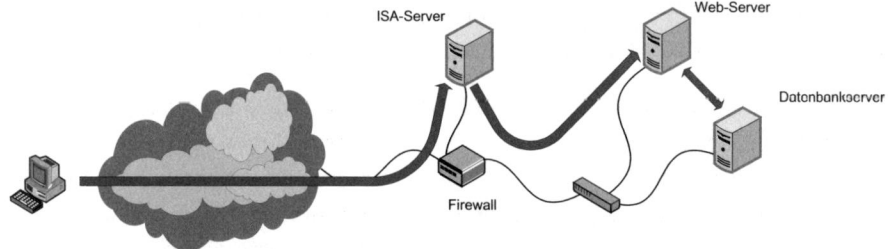

Abbildung 15.12 Prinzip des Webserver Publishings

Das Veröffentlichen eines Webservers ist in der Administrationsoberfläche des ISA Servers recht einfach mit einem Assistenten einzurichten. Sie sehen nachfolgend einige Screenshots, die das Konzept erkennen lassen. Ziel ist, eine SSL-gesicherte Verbindung zwischen aufrufendem Client und Firmennetz zu realisieren.

Die erste Seite des Assistenten (Abbildung 15.13) fragt nach dem »Veröffentlichungsmodus«. Zur Auswahl stehen:

▶ SSL-Bridging: Hierbei terminiert der ISA Server die SSL-Sitzung und überprüft den Datenverkehr. Dies ist die empfohlene Methode.

▶ SSL-Tunneling: Bei dieser Methode wird der verschlüsselte Datenverkehr zu dem Server durchgeleitet. Der ISA Server hat dann aber keine Chance, den Datenverkehr zu überprüfen und ggf. zu blockieren.

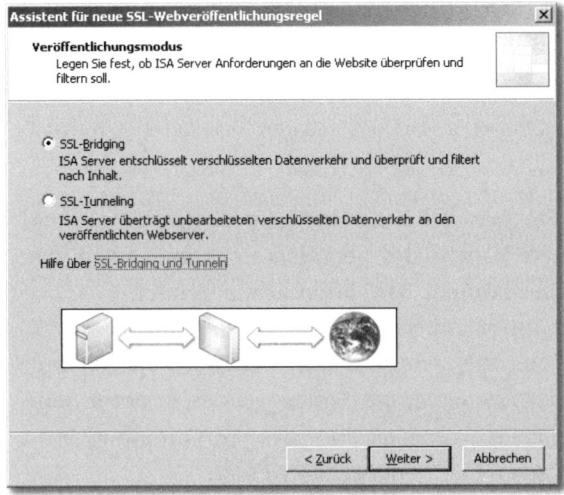

Abbildung 15.13 Zunächst wird gewählt, ob SSL-Bridging oder SSL

Wenn Sie SSL-Bridging gewählt haben, müssen Sie sich über den Bridingmodus Gedanken machen. Hier stehen drei Varianten zur Verfügung (Abbildung 15.14):

▶ Sichere Verbindung mit Clients: Die Verbindung Client zu ISA Server ist verschlüsselt (HTTPS), die Verbindung zwischen ISA Server und dem veröffentlichten Webserver ist nicht gesichert.

▶ Sichere Verbindung mit Webserver: Genau umgekehrt, nämlich geschlüsselte Verbindung zwischen ISA Server und Webserver, nicht geschlüsselte Verbindung zu den Clients.

▶ Sichere Verbindung mit Clients und Webserver: In diesem Fall sind beide Verbindungen verschlüsselt.

Wenn der ISA Server SSL-Verbindungen terminiert und neu aufbaut, setzt dies natürlich voraus, dass er über ein installiertes Zertifikat verfügt!

Abbildung 15.14 Der Bridgingmodus legt fest, welche Verbindungen verschlüsselt werden sollen.

Wesentlicher Bestandteil der Serververöffentlichung ist natürlich, den öffentlichen Namen und den internen Namen des Servers zuzuordnen (Abbildung 15.15). Hierzu ein Beispiel: Sie können den öffentlichen Namen `https://intra.centince.net` mit dem im Innenbereich stehenden Server `intranet01.centince.intra` verknüpfen. Genauer gesagt: Wenn ein Benutzer den öffentlichen Namen anspricht, leitet der ISA Server die Anfrage an den internen Server weiter. Sowohl für den öffentlichen Namen als auch das »Verknüpfungsziel« (= den veröffentlichten Server) können Pfade angegeben werden.

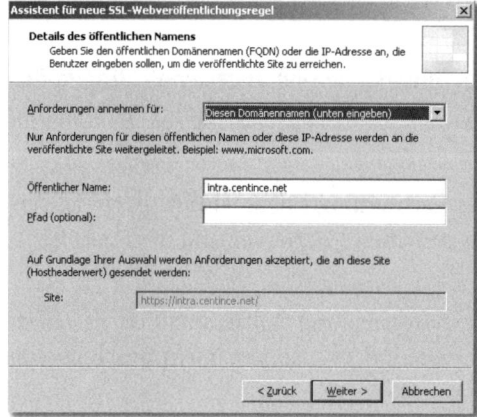

Abbildung 15.15 Der öffentliche Name für den veröffentlichten Server wird konfiguriert.

Anmerkung: Web Server Publishing funktioniert mit einer ISA Server-Konfiguration mit nur einer Netzwerkkarte. Die auf Skizze 15.12 gezeigte Konfiguration, bei der der ISA Server in der DMZ steht, ist gültig.

Web Server Publishing funktioniert natürlich ebenso in einer Konfiguration, in der ISA Server die einzige Firewall ist.

15.3.1 Outlook Web Access (OWA)

Ein Spezialfall des Web Server Publishings ist Outlook Web Access (OWA). Die technischen und Designaspekte haben wir in Abschnitt 13.7.4 ausführlich besprochen. Im ISA Server existiert ein Assistent namens »Mailserver veröffentlichen«. Dieser Assistent bietet Ihnen zunächst die Auswahl, ob Sie Webclientzugriff (OWA, OMA, Exchange Active Sync), Clientzugriff (RPC over http, IMAP, POP3, SMTP) oder Server-Server-Kommunikation (SMTP, NNTP) konfigurieren möchten (Abbildung 15.16). Wenn Sie sich für Webclientzugriff entscheiden, wird der Assistent die zuvor besprochenen Optionen anbieten.

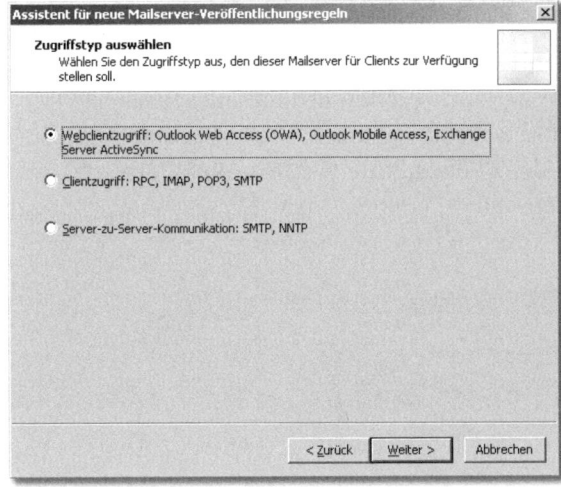

Abbildung 15.16 Der Assistent für die Mailserver-Veröffentlichung

Einige Anmerkungen zu der Veröffentlichung von Mailservern:

▶ Der »Webclientzugriff« ist letztendlich ein Spezialfall des Web Server Publishings. Demzufolge funktioniert dies auch mit einem ISA Server mit einer Netzwerkkarte, der beispielsweise in der DMZ einer Unternehmensfirewall steht.

- Wenn Sie mehrere Exchange-Server im Unternehmen haben, sollten Sie unbedingt die Anmerkungen über Front-End-/Back-End-Architekturen (Abschnitt 13.4) beachten.

- Beim »Clientzugriff« ist insbesondere »RPC over http« interessant (siehe Abschnitt 13.7.3). Dies wird allerdings nicht mit einer ISA-Konfiguration mit nur einer Netzwerkkarte unterstützt. Dies stellt die Realisierbarkeit nicht in Frage, Sie müssen die Konfiguration Ihrer Unternehmensfirewall entsprechend anpassen. Wenn der ISA Server Ihre einzige Firewall ist, ist es unproblematisch – dann haben Sie ohnehin mindestens zwei Netzwerkkarten!

- Für die »Server-zu-Sever-Kommunikation« gilt auch, dass Sie eine ISA-Konfiguration mit zwei Netzwerkkarten einplanen müssen, wenn Sie einen SMTP – oder NNTP Server veröffentlichen möchten. Ich würde an dieser Stelle aber ohnehin den Weg über ein Mailrelay in der DMZ (siehe Abschnitt 13.3.2) wählen.

15.4 Veröffentlichung von sonstigen Servern

Das zuvor beschriebene Prinzip der Veröffentlichung von Servern lässt sich nicht nur auf Webserver anwenden, sondern auch für beliebige andere Server. In Abbildung 15.17 sehen Sie die zur Veröffentlichung angegebenen Protokolle, die Liste können Sie selbst beliebig ergänzen: Wenn Sie eine Applikationsserver geschrieben haben, der Clientzugriffe auf Port 17883 erwartet, tragen Sie dieses Protokoll ein und können den Server entsprechend veröffentlichen.

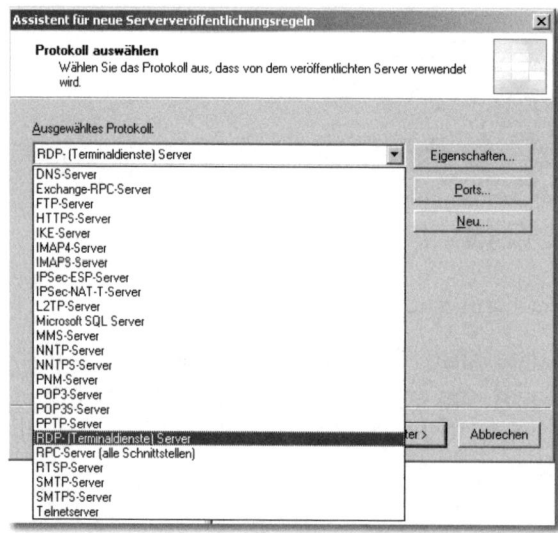

Abbildung 15.17 Veröffentlichung von beliebigen anderen Servern

Es ist übrigens nicht erforderlich, dass der veröffentlichte Server tatsächlich im Innenbereich des Netzes steht. Es ist natürlich auch möglich, diesen in eine separate DMZ der Unternehmensfirewall zu stellen. Die in Abbildung 15.18 gezeigte Konfiguration ist ebenfalls denkbar:

▶ Clients aus dem Internet möchten auf eine spezielle Serverapplikation zugreifen. Hierzu sprechen Sie den ISA Server an.

▶ Dieser leitet die Anfrage an den veröffentlichten Server in einem separaten, hinter dem ISA Server gelegenen Bereich weiter.

▶ Sofern die veröffentlichten Server Zugriff auf eine Datenbank im Innenbereich benötigen, kann der Zugriff darauf durchaus freigeschaltet werden. Auch aus dem hinter dem ISA Server gelegenen Bereich kann ein Zugriff auf eine Datenbank im Innenbereich realisiert werden: entweder durch Öffnen von Ports oder durch Anlegen einer Server-Veröffentlichung.

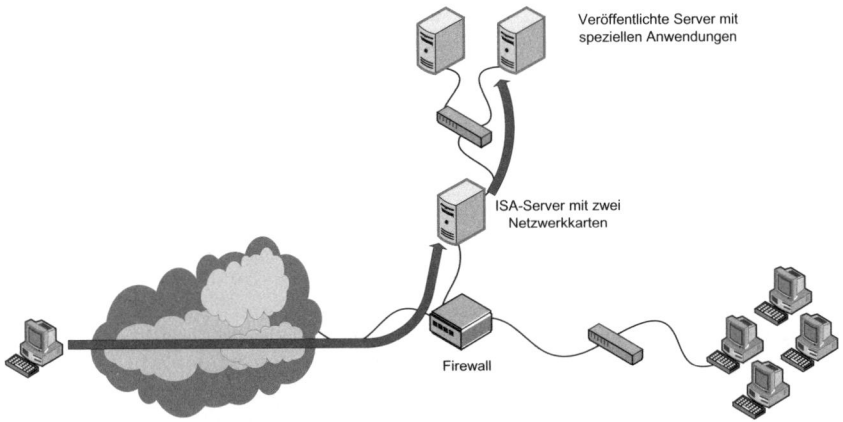

Abbildung 15.18 Zugriff auf veröffentlichte Server, die »hinter« einem ISA Server liegen, der in einer DMZ der Unternehmensfirewall steht.

Beachten Sie bitte, dass das Veröffentlichen von Nicht-Web Servern nur mit ISA Server-Konfigurationen mit zwei Netzwerkkarten möglich ist.

15.5 Firewall Clients

Wenn Clients auf externe, also im Internet befindliche, Webserver zugreifen möchten, ist dies kein Problem, weil Sie Webproxy-Funktionalität nutzen können.

Wenn Sie nun einige Clients darauf angewiesen sind, dass über nicht-web-proxy-fähige Protokolle auf Ressourcen zugegriffen wird, haben Sie prinzipiell zwei Möglichkeiten:

- Sie lassen die Clientsysteme direkt durch die Firewall kommunizieren, schalten also die entsprechenden Ports frei.
- Sie nutzen die Funktion des Winsock-Proxies.

Letztgenannte Variante ist natürlich die erhebliche angenehmere Möglichkeit, immerhin brauchen Sie keine durchgehende Verbindung zwischen den Clients und dem Internet zu ermöglichen. Notwendig ist allerdings die Installation des Firewall-Clients. Der Firewall-Client installiert ein Stück Software, das dafür sorgt, dass die Winsock-Aufrufe der Applikation nicht auf eine lokale Netzwerkkarte gehen, sondern an den ISA Server weitergeleitet werden.

Der Firewall-Client ist im Lieferumfang des ISA Servers enthalten.

Der Ablauf:

- Ein Client möchte beispielsweise mit dem Kommandozeilen-FTP auf ftp.microsoft.com zugreifen.
- Die FTP-Applikation wird gestartet, dabei wird eine Verbindung zu dem ISA Server aufgebaut.
- Der als Winsock-Proxy arbeitende ISA Server baut seinerseits die Verbindung zu dem FTP-Server auf und leitet die empfangenen Daten an den Client um.
- Sie können sich anhand der Abbildung 15.19 überzeugen, dass das tatsächlich funktioniert!

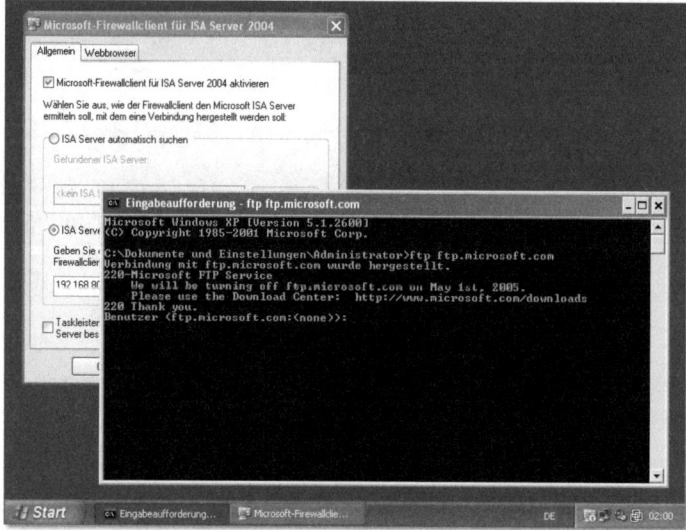

Abbildung 15.19 Der Firewall-Client gestattet beispielsweise den Zugriff auf einen FTP-Server über eine Proxy-Verbindung.

Zu beachten ist, dass die Nutzung des Winsock-Proxy erfordert, dass Ihr ISA Server über zwei Netzwerkkarten verfügt. Wenn ISA Server die primäre Firewall ist, ist das gegeben, ansonsten müssten Sie Ihr Unternehmensfirewall-Konzept anpassen, damit ein ISA Server mit zwei Netzwerkkarten in dieses hineinpasst.

15.6 ISA Server als VPN Gateway

Die Anbindung von Clients oder ganzen Außenstellen über ein VPN (Virtual Private Network), welches das Internet als Transportmedium nutzt, ist ein vielgenutztes Verfahren. Sie haben in diesem Buch gesehen, dass man beispielsweise für die Anbindung an ein zentrales Mailsystem nicht unbedingt ein VPN benötigt. Wenn Sie aber beispielsweise mit dem Client eines ERP-Systems auf eine Datenbank zugreifen möchten oder Zugriff auf »normale« Filesysteme benötigen, werden Sie um ein VPN nicht herumkommen.

Der ISA Server kann als VPN Gateway fungieren und zwar sowohl für die Anbindung von einzelnen Clients als auch für die Anbindung eines Remotestandorts eingesetzt werden. Abbildung 15.20 zeigt einen möglichen Aufbau. In der Firmenzentrale ist ein ISA Server installiert, ebenso in den Niederlassungen. Die XP-Clients können über RAS eine VPN-Verbindung zu dem ISA Server aufbauen.

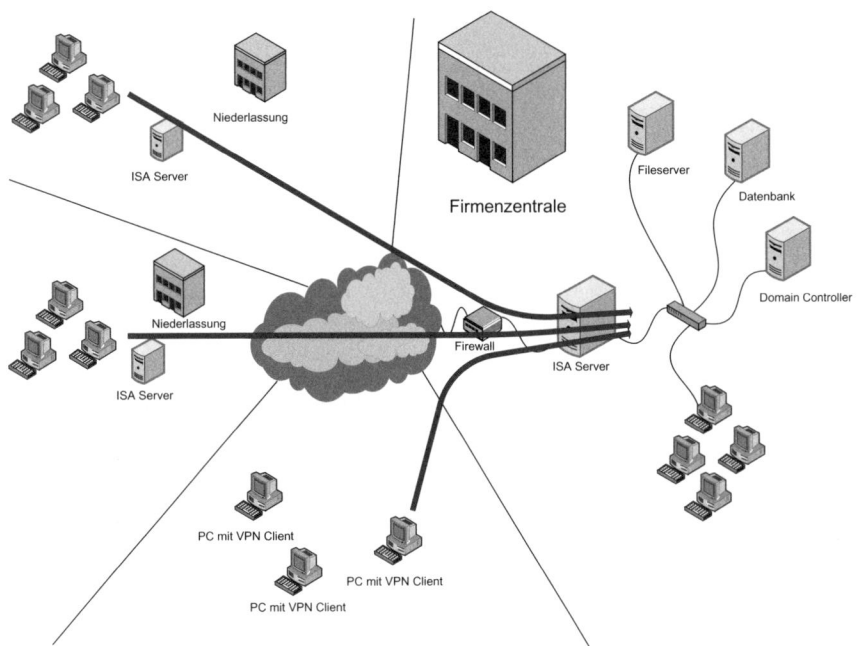

Abbildung 15.20 Mit ISA Servern kann ein VPN zur Anbindung von Außenstellen und einzelnen Remote Clients aufgebaut werden.

Sowohl die Standorte als auch die einzelnen VPN-Clients greifen auf die Server-ressourcen der Zentrale so zu, als wenn Sie dort direkt, also über eine Einwähl-verbindung oder Standleitung, angebunden wären.

Hinweis: Wenn ISA Server als VPN Gateway eingesetzt werden soll, muss er in einer Konfiguration mit zwei (oder mehr) Netzwerkkarten eingesetzt werden. Wenn Sie bereits ein Firewallsystem in Ihrem Unternehmen einsetzen, könn-ten Sie beispielsweise die beiden Firewallsysteme hintereinander anordnen, so wie in Abbildung 15.20 für die Zentrale gezeigt.

15.6.1 Konfiguration von VPN Clients

Die Konfiguration des Zugriffs von VPN-Clients auf den ISA Server der Firmen-zentrale wird mit einer Art »Checkliste« vorgenommen (Abbildung 15.21). Sie können genau festlegen, mit welchen IP-Adressen und auf welchen Ports die VPN-Clients kommunizieren können. Die Einwahl-Berechtigung für die Benut-zer wird mittels eines Eintrags im Active Directory gesteuert.

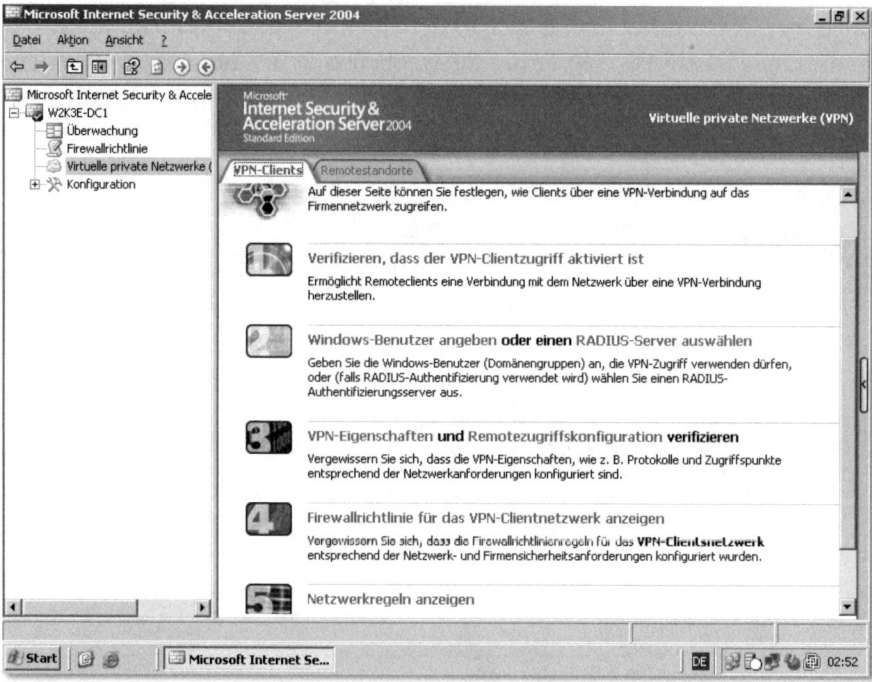

Abbildung 15.21 Die Konfiguration des ISA Servers für die Nutzung der VPN-Clients wird durch eine Checkliste unterstützt.

Auf den PCs wird ein VPN Client benötigt. Eine geeignete Client-Software ist im RAS-System der XP-Maschinen enthalten. Nach der Installation findet sich in den Netzwerkkonfiguration ein zusätzlicher Eintrag (Abbildung 15.22). Ist der PC mit dem Internet verbunden, kann eine VPN-Verbindung aufgebaut werden, das System erhält eine Netzwerkadresse aus dem Zielnetzwerk und kann auf dessen Ressourcen zugreifen.

Abbildung 15.22 Der VPN Client wird als zusätzliche RAS-Netzwerkverbindung dargestellt.

»Früher« hat man zur Anbindung von Remote-Clients (z.B. Benutzer im Homeoffice oder mobile Benutzer) teure Einwahlsysteme beschafft. Neben den Anschaffungskosten waren erhebliche Telefonkosten einzukalkulieren. Eine VPN-Lösung wird deutlich preiswerter sein!

15.6.2 Konfiguration für die VPN-Anbindung von Remotestandorten

Die Konfiguration für die Verbindung von kompletten Standorten via VPN wird mit einem Assistenten vorgenommen. Beim Aufbau der VPN-Verbindung muss zunächst das zu verwendende VPN-Protokoll ausgewählt werden (Abbildung 15.23). Durch die Unterstützung des IPSec-Tunnelmodus können VPNs nicht nur zwischen ISA Servern aufgebaut werden, sondern es können auch Szenarien mit Produkten anderer Anbieter realisiert werden. Denkbar wäre beispielsweise, dass in der Zentrale CheckPoint VPN-1 verwendet wird und die Außenstellen mit ISA Servern bestückt werden. Natürlich ist auch der Fall denkbar, dass in der Zentrale ISA Server zum Terminieren der VPN-Tunnel verwendet wird und die Außenstellen mit preiswerten VPN-Appliances ausgestattet werden.

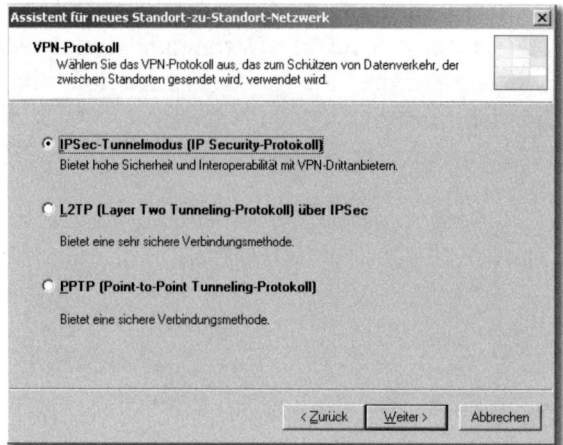

Abbildung 15.23 ISA Server kann VPNs mit unterschiedlichen Protokollen aufbauen; ISA Server arbeitet auch mit Produkten anderer Anbieter zusammen.

16 Management von Serversystemen

*Im bisherigen Verlauf dieses Buchs habe ich immer wieder darauf
hingewiesen, wie wichtig es ist, die Server kontinuierlich zu überwachen. Dies bedeutet, dass die Server bezüglich Hardwarefehlern,
genauso aber auch bezüglich Fehlermeldungen des Betriebssystems
und Applikationsservern überwacht werden müssen. Selbstverständlich ist auch eine kontinuierliche Überwachung des Performance-Verhaltens notwendig, um sich eventuell abzeichnende Engpässe frühzeitig zu erkennen.*

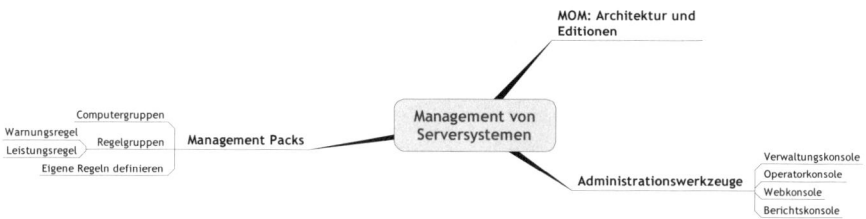

Abbildung 16.1 Die Themen des Kapitels im Überblick

Es ist einleuchtend, dass ein Administrator weder die zeitlichen Möglichkeiten
haben wird, manuell die Einträge in den Ereignisprotokollen (auch mit dem
Status »Information und Warnung«) durchzusehen, noch kontinuierlich auf
jedem Server, oder zumindest auf den wichtigen, Performanceanalysen vorzunehmen und diese zu interpretieren.

Der dritte Aspekt, nämlich das Monitoring bezüglich Hardware-Fehlern, ist
vergleichsweise noch die einfachste Aufgabe, denn hier gibt es von allen großen Server-Herstellern entsprechende Applikationen und Agenten, die in die
Installationsverfahren integriert sind.

An eine Lösung, die für die Überwachung auf Betriebssystem- und Applikati-
onsserver-Ebene eingesetzt werden kann, werden folgende Anforderungen
gestellt:

▶ Zentralisierte Lösung, d.h. von einer Konsole können sämtliche Systeme
überwacht werden.

▶ »Einsammeln« der Event-Logs der Server. Eine regelbasierte Interpretation der
Einträge ist notwendig, d.h. es hilft dem Administrator nichts, wenn der jeden
Tag 400 Zeilen Event-Logs an der zentralen Konsole sehen kann; er muss
benachrichtigt werden, wenn tatsächlich ein Problem erkannt worden ist.

► Eine Dokumentation der Behandlung der aufgetretenen Probleme ist notwendig, um nachvollziehen zu können, wer es bearbeitet hat.

► Die Performance sollte kontinuierlich überwacht werden. Beim Überschreiten definierter Grenzwerte muss ein Administrator benachrichtigt werden.

Im Microsoft-Produktportfolio findet sich mit dem Microsoft Operations
Manager 2005 (MOM) ein entsprechendes Produkt, das wir in diesem Kapitel
genauer betrachten werden.

16.1   Architektur und Editionen

Die Hauptkomponenten des Microsoft Operations Managers sind:

► MOM Verwaltungsserver

► Datenbank, SQL Server 2000

► Berichtsserver

► Konsolen

► Agenten für verwaltete Server

MOM Verwaltungsserver, Datenbank und Berichtsserver bilden gemeinsam
mit den verwalteten Servern eine MOM-Verwaltungsgruppe. Je nach Größe
und Verteilung des Unternehmens sowie der Organisation der Administrati-
onsaufgabe können mehrere Verwaltungsgruppen eingesetzt werden (Abbildung 16.2).

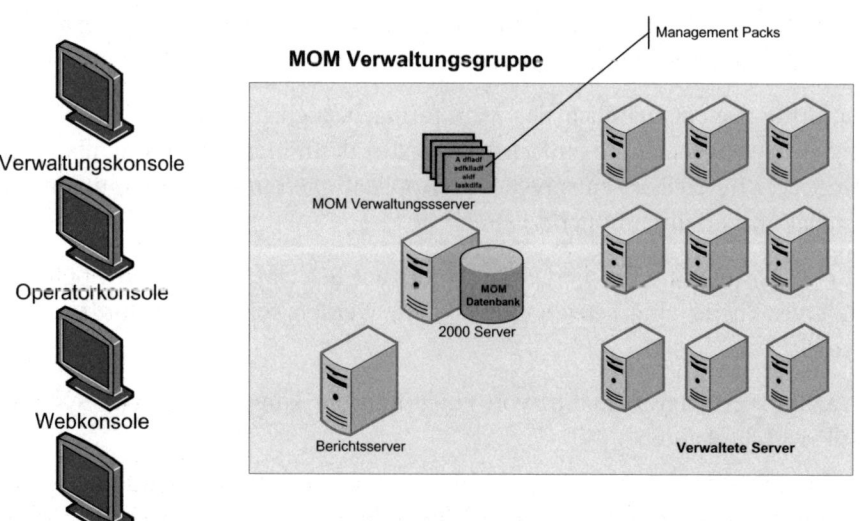

Abbildung 16.2 Die Architektur von MOM

Einige zusätzliche Informationen:

- SQL Server 2000 muss separat beschafft und installiert werden.
- Wenn der Berichtsserver eingesetzt werden soll, müssen die SQL Reporting Services installiert werden. SQL Reporting Services sind ein kostenloses Zusatzprodukt zum SQL Server (NICHT zu MSDE).
- Die MOM-Komponenten können bei kleineren Installationen auf einer einzelnen Maschine installiert werden.
- Ein wesentlicher Bestandteil sind die Management Packs. Diese werden auf dem Verwaltungsserver installiert und sorgen für eine regelbasierte Überwachung von Betriebssystemen und Applikationsservern. Von Microsoft sind Management Packs für die hauseigenen Serverprodukte erhältlich; von Drittherstellern sind kostenpflichtige Management Packs für Softwareprodukte, beispielsweise von IBM/Lotus oder Oracle erhältlich (beispielsweise netIQ stellt solche Produkte her). Von einigen Serverherstellern sind übrigens auch Management Packs für die Überwachung von Hardwarekomponenten erhältlich (z.B. von Dell).
- Es ist nicht unbedingt notwendig, Agenten auf den verwalteten Server zu installieren. Das »agentless« Management eines Servers bringt folgende Nachteile:
    - Agentless Management funktioniert nicht über eine Firewall hinweg. Zudem muss der MOM-Server mit Administrator-Privilegien auf die Server zugreifen.
    - Der Zugriff auf Server ohne Agents ist für den MOM Verwaltungsserver sehr performancebelastend. Für jeden Server muss eine Art »Ersatzagent« (surrogate agent) ausgeführt werden, so dass ein Server maximal 10 agentless Server verwalten kann. Wenn Sie mehr Agentless-Server verwalten möchten, müssen weitere Server eingesetzt werden.
    - Nicht alle Datenquellen eines Servers können remote abgerufen werden.
- Ein weiterer Bestandteil des Microsoft Operations Managers (nicht aber der Workgroup Edition) ist das MOM Connector Framework. Dieses stellt als Webservices implementierte Funktionen für die Verbindung zwischen MOM-Servern und für die Anbindung an andere Software-Werkzeuge zum Servermanagement bereit.

16.1.1 Editionen

Microsoft Operations Manager 2005 ist in zwei Editionen erhältlich: Neben dem Microsoft Operations Manager 2005 ist eine Workgroup-Edition erhältlich. Die Workgroup-Edition ist wie folgt eingeschränkt:

- Es können maximal 10 Server verwaltet werden.
- Die Berichtskonsole steht nicht zur Verfügung, da die MOM Reporting Server-Komponenten in der Workgroup-Edition nicht enthalten sind.
- Das MOM Connector Framework ist nicht enthalten.
- Die Workgroup-Edition kann nur auf Windows 2003 Server ausgeführt werden.

Auch wenn mittlere IT-Umgebungen deutlich mehr als zehn Server umfassen, könnte die Workgroup-Edition in vielen Fällen absolut ausreichend sein: Im Allgemeinen wird man, einfach aus Kostengründen, nur für den Geschäftsbetrieb wichtige Server mit MOM überwachen. In den meisten mir bekannten Umgebungen wird beispielsweise ein alter Gateway-Server, der einmal im Monat zum Datenabgleich mit einer externen Quelle verwendet wird, nicht mit MOM verwaltet.

Sie sollten aber nicht am falschen Ende sparen: Wenn Sie etwa die Domain Controller nicht mit MOM verwalten, verlieren Sie natürlich die Überwachungsfunktionen, die das Active Directory Management Pack zur Verfügung stellt.

Im Gegensatz zur großen Version kann die Workgroup Edition auch mit der MSDE eingesetzt werden.

16.2 Die Administrationswerkzeuge

Wie Sie in Abbildung 16.2 gesehen haben, sind vier Administrationswerkzeuge für MOM verfügbar und zwar:

- Verwaltungskonsole
- Operatorkonsole
- Webkonsole
- Berichtskonsole

16.2.1 Verwaltungskonsole

Mit der Verwaltungskonsole wird MOM konfiguriert. Neben der Konfiguration des Verwaltungsservers können aus der Verwaltungskonsole beispielsweise ...

- Agenten auf zu verwaltenden Servern installiert werden.
- Management Packs eingespielt werden.
- eigene Überwachungsregeln konfiguriert werden.
- Operatoren und Benachrichtigungsgruppen konfiguriert werden.

Kurz gesagt, es werden alle Einrichtungsarbeiten mit der Verwaltungskonsole vorgenommen (Abbildung 16.3).

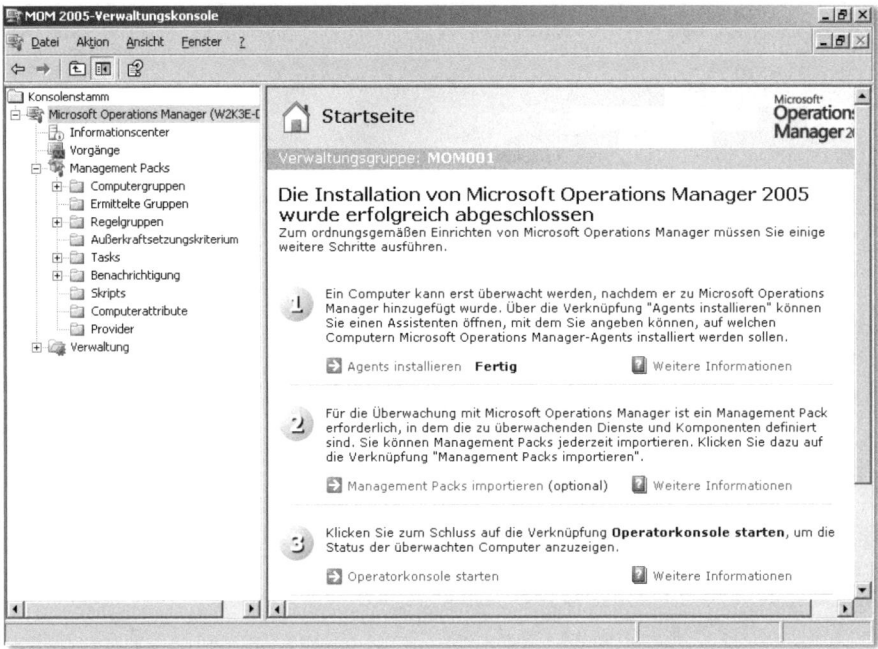

Abbildung 16.3 Die Verwaltungskonsole dient zur Konfiguration von MOM.

16.2.2 Operatorkonsole

In größeren Organisationen wird es diverse »Operatoren« geben, die sich nicht mit der Konfiguration von Serversystemen und Applikationen, sondern mit deren Überwachung beschäftigen. Diese benötigen natürlich nicht die Konfigurationsmöglichkeiten der Verwaltungskonsole, sondern finden eine angepasste Arbeitsumgebung in der Operatorkonsole (Abbildung 16.4).

Die Operatorkonsole zeigt beispielsweise eine konsolidierte Ansicht der aufgetretenen Warnungen. Eine MOM-Warnung entspricht übrigens nicht notwendiger Weise einem Eintrag im Ereignisprotokoll eines Servers, sondern wird durch MOM-Regeln generiert. Eine MOM-Warnung kann letztendlich einen Fehler im Ereignisprotokoll zur Ursache haben, aber beispielsweise auch durch die Überschreitung eines Schwellenwerts der Performanceüberwachung ausgelöst werden.

Zusätzlich haben die Operatoren die Möglichkeit, aus der Operatorkonsole die Ereignisprotokolle der Server einzusehen.

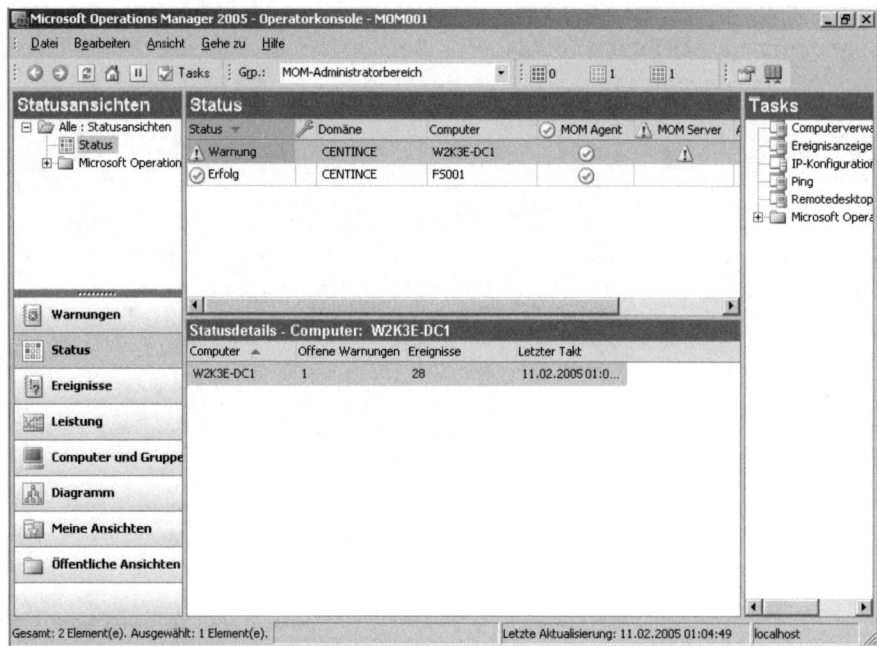

Abbildung 16.4 Die Operatorkonsole ermöglicht einen schnellen Überblick über den aktuellen Zustand der Serversysteme.

In der Operatorkonsole können individuelle gefilterte Ansichten definiert werden. Diese kann jeder Operator individuell für seinen Aufgabenbereich erstellen, zudem können öffentliche Ansichten, die allen Operatoren zugänglich sind, definiert werden.

Die Ausgabemöglichkeiten der Operatorkonsole beschränken sich nicht auf regelbasierte Warnungen oder Ereignisprotokolleinträge. Die vom MOM-Verwaltungsserver erfassten Performancewerte können in individuell zusammenstellbaren Diagrammen grafisch ausgegeben werden. Die Operatorkonsole eignet sich also nicht nur für die Verwendung beim klassischen Operating, das »nur« auf zu behandelnde Fehler- oder Problemsituationen reagieren muss, sondern kann auch von Applikationsspezialisten und System-Architekten zur System- und Performanceanalyse verwendet werden (Abbildung 16.5).

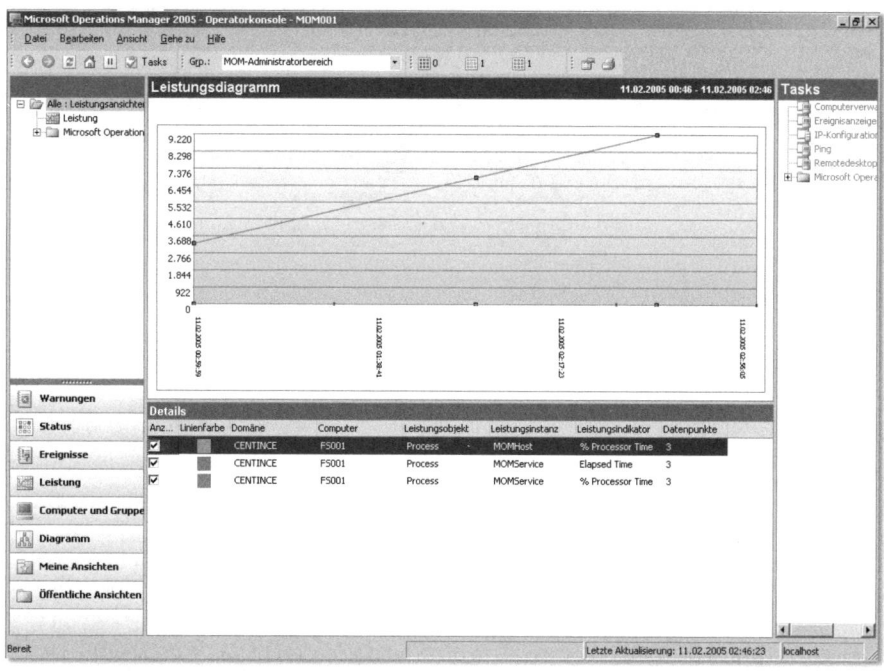

Abbildung 16.5 In der MOM Operatorkonsole können individuell Performancediagramme aus den erfassten Messwerten generiert werden.

16.2.3 Webkonsole

Die dritte Konsole ist die Webkonsole. Hierbei handelt es sich letztendlich um eine abgemagerte Operatorkonsole.

Die Webkonsole eignet sich für ein einfaches Operating, bei dem lediglich der Serverstatus abgefragt und Probleme erkannt werden müssen. Wie in Abbildung 16.6 zu erkennen, werden die Warnungen dargestellt und kurz beschrieben, der Benutzer kann einen Auflösungsstatus eintragen. Der Auflösungsstatus kann natürlich auch in der »normalen« Operatorkonsole eingetragen werden: Bei Warnungen muss natürlich nachgehalten werden, ob Aktivitäten zur Behebung der Ursache aufgenommen worden sind – es bringt nichts, wenn zwar Probleme erkannt werden, diese aber nicht bearbeitet werden, weil jeder glaubt, dass sich schon einer der Kollegen darum kümmern wird.

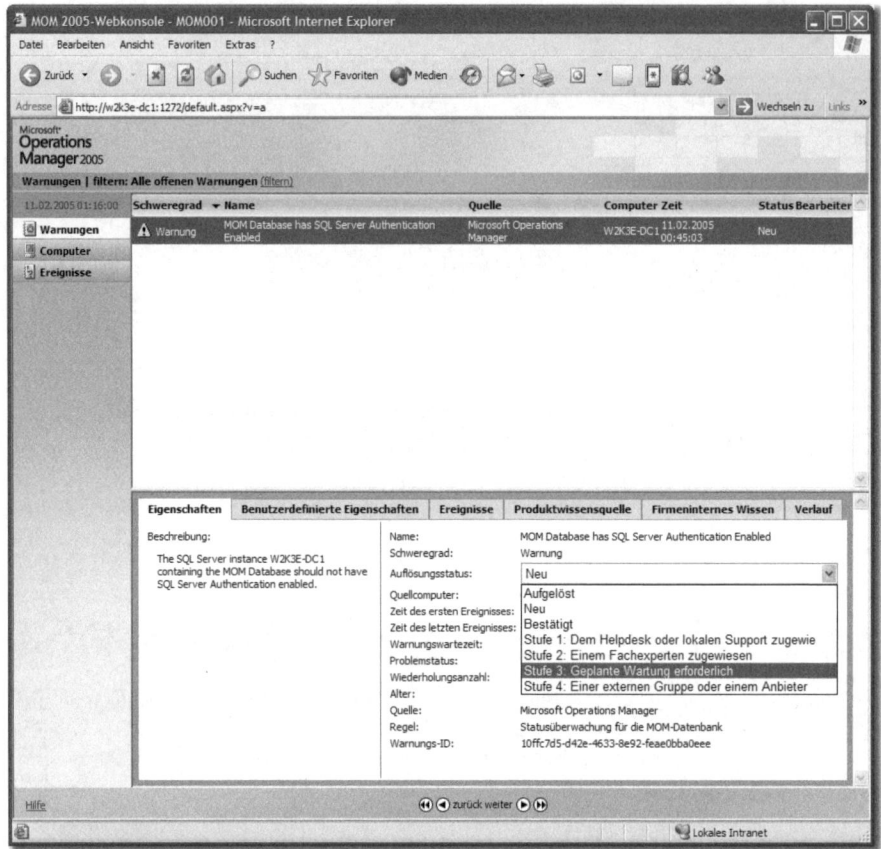

Abbildung 16.6 Die Webkonsole bietet für das Operating ausreichende Informationen über aufgetretene Probleme.

Sowohl die Operator- als auch die Webkonsole bieten eine »Produktwissensquelle« an. Zu den meisten Warnungen und Fehlermeldungen gibt es einen Art Knowledge-Base-Artikel, der Hinweise zu möglichen Ursachen und Gegenmaßnahmen gibt. Interessant ist auch der Reiter »Firmeninternes Wissen«: Hier können eigene Lösungsmöglichkeiten hinterlegt werden, die beim nächsten auftreten des Problems direkt eingesehen werden können (Abbildung 16.7).

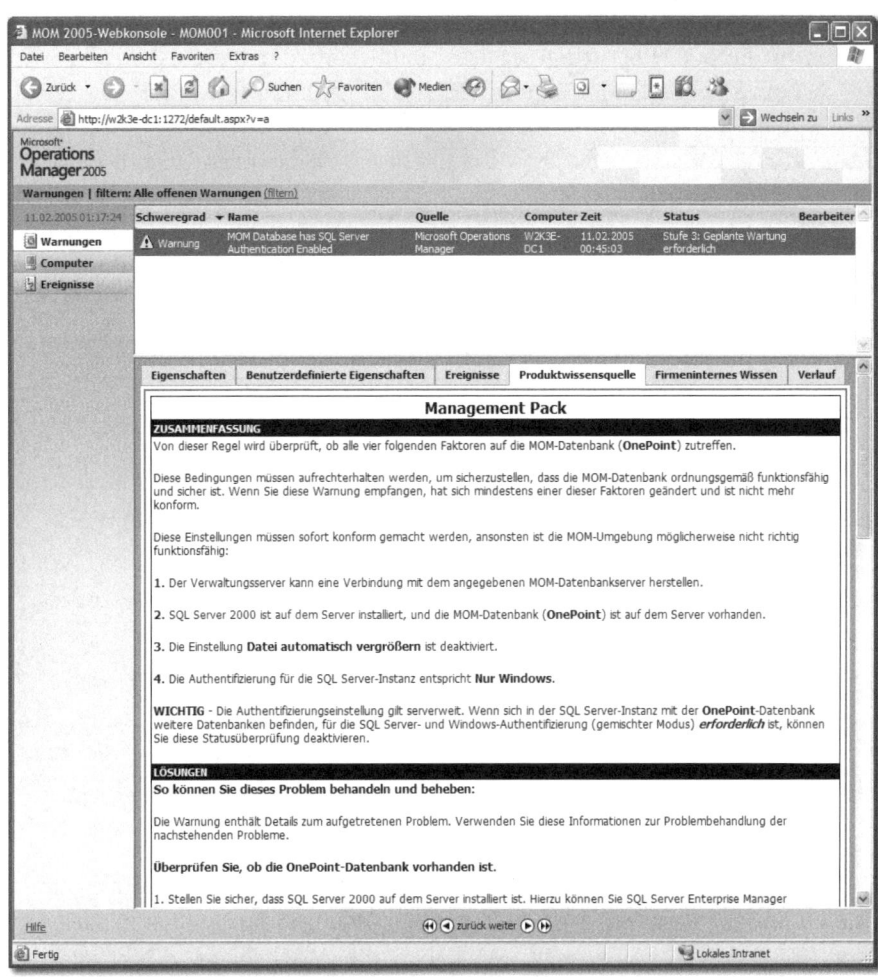

Abbildung 16.7 Zu den meisten Warnungen oder Fehlermeldungen gibt es detaillierte Erläuterungen zu Ursachen und Lösungsmöglichkeiten. Zudem können Sie eigene Lösungswege hinterlegen.

16.2.4 Berichtskonsole

Die Berichtskonsole setzt installierte SQL Reporting Services voraus. Dieses für lizenzierte SQL Server (nicht MSDE) kostenlose Zusatzprodukt ist ein sehr leistungsfähiger Reportserver, der »on demand« oder zeitgesteuert im Batchbetrieb Reports erstellen, zwischenspeichern und Clients in diversen Formaten (z.B. HTML, PDF, XLS, TIFF) bereitstellen kann.

Die MOM-Berichtskonsole ist letztendlich sehr unspektakulär, denn es wird unverändert der Berichtsmanager der SQL Reporting Services verwendet.

Die Installation der MOM-Berichterstattung installiert im Endeffekt diverse Reports in die SQL Reporting Services. Beim Start der Berichtskonsole wird zunächst ein zu erstellender Report ausgewählt (Abbildung 16.8).

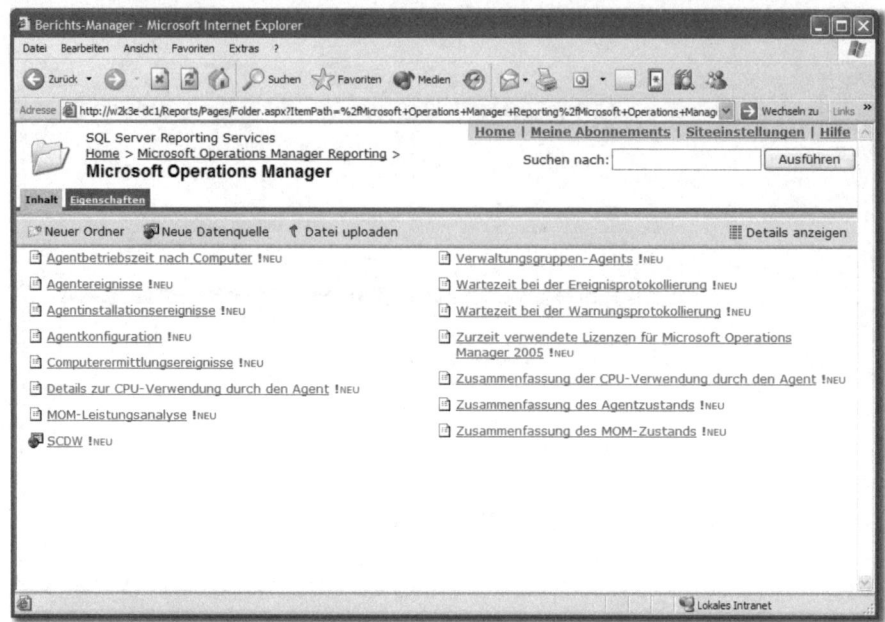

Abbildung 16.8 Die MOM-Berichtskonsole ist der Berichts-Manager der SQL Reporting Services.

Wenn Sie einen Bericht ausgewählt haben, können Sie ihn ggf. noch parametrisieren und ihn dann zur Ausführung geben. Wenig später wird er zunächst in einer HTML-Ausgabe angezeigt. Sie haben die Möglichkeit, direkt aus der Weboberfläche beispielsweise einen PDF-Export auszulösen (Abbildung 16.9). Dieser wird on-the-fly erstellt und an Ihren Browser gesendet.

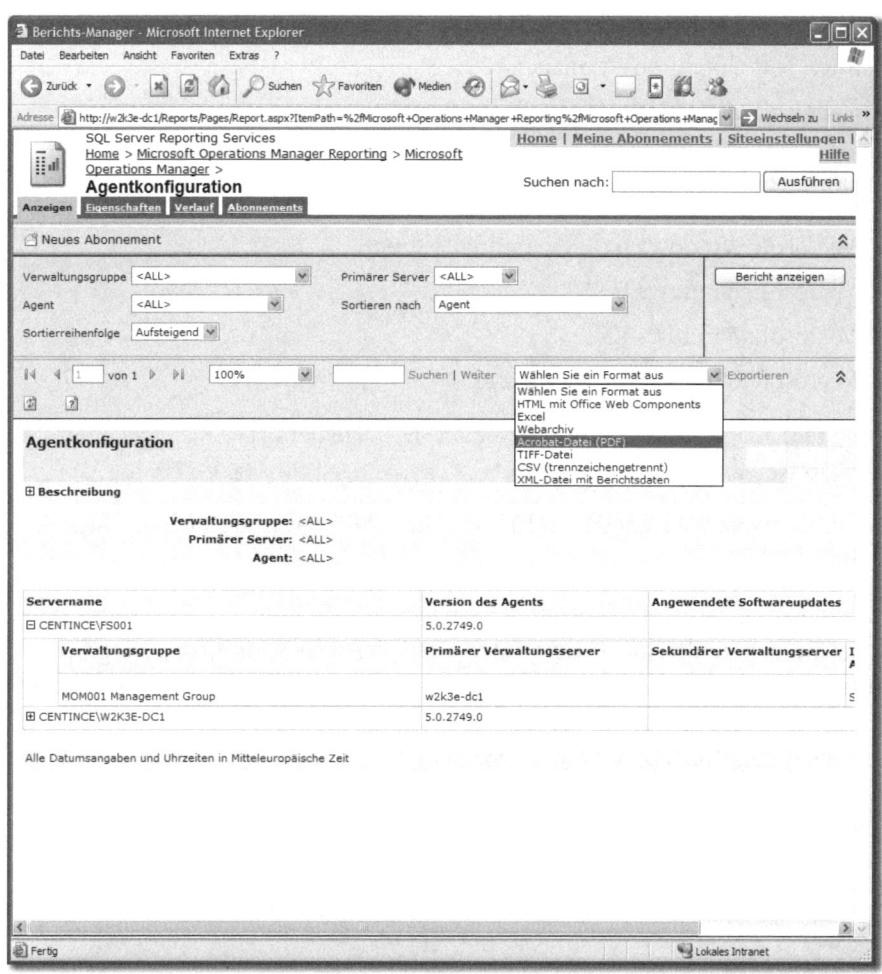

Abbildung 16.9 Berichte werden zunächst in einer HTML-Ansicht ausgegeben. Exporte in andere gängige Formate können durch Mausklick erzeugt werden.

16.3 Management Packs

Die »Intelligenz« des Microsoft Operations Managers liegt in den Management Packs. MOM beschränkt sich bekanntlich nicht nur darauf, Ereignisprotokolle zu zentralisieren, sondern wertet diese regelbasiert aus. Genau diese Regeln finden sich in den Management Packs.

MOM 2005 enthält standardmäßig Management Packs für folgende Systeme:

▶ Microsoft Baseline Security Analyzer
▶ Microsoft Exchange 2000 Server

- Microsoft Exchange-Server 2003

- Microsoft Operations Manager 2005

- Microsoft SMS 2003

- Microsoft SQL Server 2000

- Microsoft Windows Active Directory

- Microsoft Windows Base Operating System

- Microsoft Windows DNS

- Microsoft Windows IIS

- Microsoft Windows Server Clusters

Weitere Management Packs finden Sie im »Management Pack Katalog« unter dieser Adresse: `http://www.microsoft.com/management/mma/catalog.aspx`

Wenn Sie weitere Management Packs suchen, hilft natürlich auch die Suche bei Google.

Abbildung 16.10 zeigt den Knoten Management Packs in der Verwaltungskonsole. Sie sehen diverse Unterknoten, beispielsweise für Computergruppen, Regelgruppen und viele andere mehr. Wir werden nun zwar nicht die Konfiguration bis ins letzte Detail besprechen, ich möchte Sie aber gern mit den dahinter stehenden Konzepten vertraut machen.

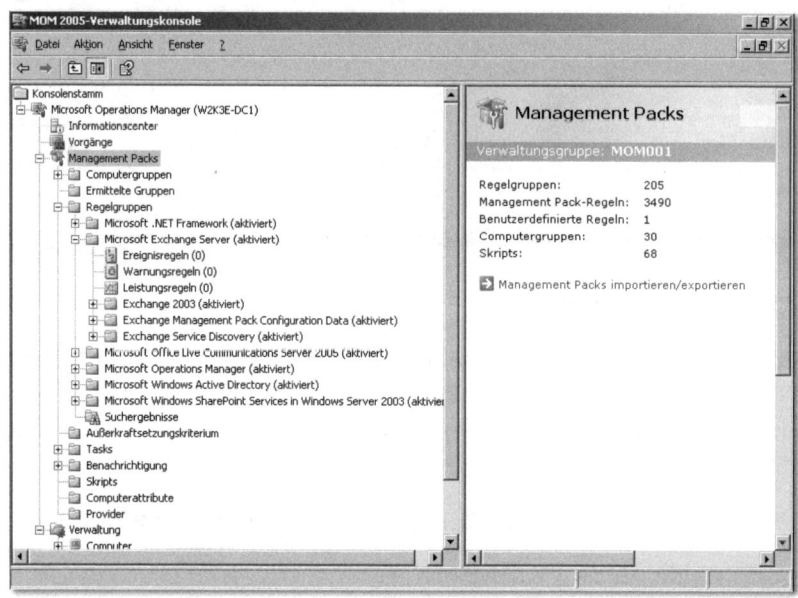

Abbildung 16.10 Unterhalb des Knoten Management Packs finden sich viele weitere Konfigurationsmöglichkeiten.

16.3.1 Computergruppen

Wenn Sie ein Management Pack installieren, werden jeweils Computergruppen angelegt. In Abbildung 16.11 sehen Sie im Hintergrund einige Computergruppen, beispielsweise für Maschinen mit installierten .NET Framework, für Exchange-Server, LCS-Systeme und einige andere mehr.

Die Notwendigkeit der Computergruppen ist schnell erklärt: In MOM könnten beispielsweise 15 Server eingetragen sein und verwaltet werden. Nicht alle Server sind nun Exchange-Server und nicht alle Exchange-Server sind Front-End-Server. Damit MOM nun weiß, welche Regelsätze er auf welche Maschinen anwenden soll, macht es absolut Sinn, beispielsweise alle Exchange 2003 Front-End-Server in einer Computergruppe zusammenzufassen und die speziellen Regeln für Exchange Front-End-Server nur auf diese anzuwenden.

Da es recht aufwändig wäre, die Server von Hand den Computergruppen zuzusortieren, kann MOM dies für Sie erledigen. In den Eigenschaften der Computergruppen findet sich jeweils eine »Formel«, mit der die Zugehörigkeiten der Server zu Computergruppen ermittelt werden kann (Abbildung 16.11).

Es besteht übrigens die Möglichkeit, die automatische Ermittlung zu überstimmen, da »Eingeschlossene Computer« und »Ausgeschlossene Computer« definiert werden können.

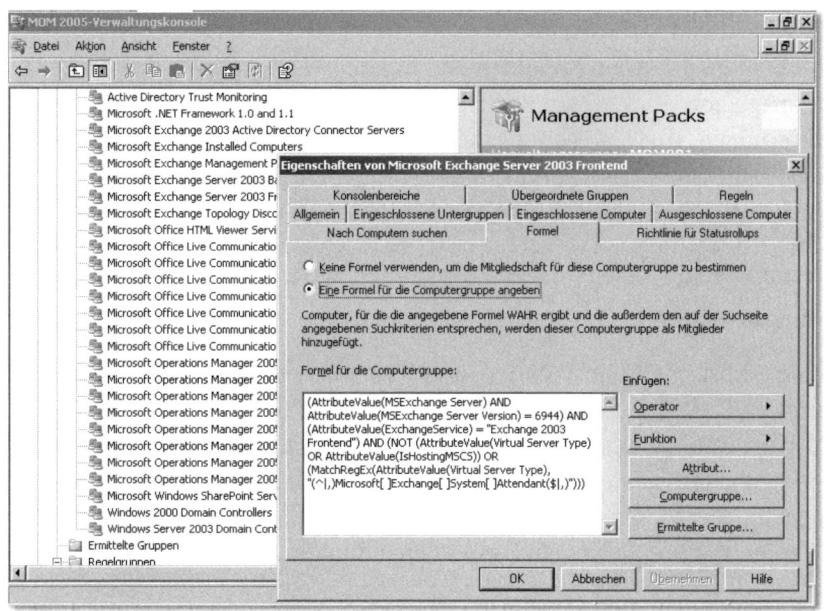

Abbildung 16.11 Die Zugehörigkeiten der verwalteten Server zu Computergruppen kann automatisch ermittelt werden.

Nun können die Computergruppen den Regelgruppen zugewiesen werden. Eine Computergruppe kann mehreren Regelgruppen zugewiesen werden, ebenso kann eine Regelgruppe für mehrere Computergruppen bereitgestellt werden (Abbildung 16.12).

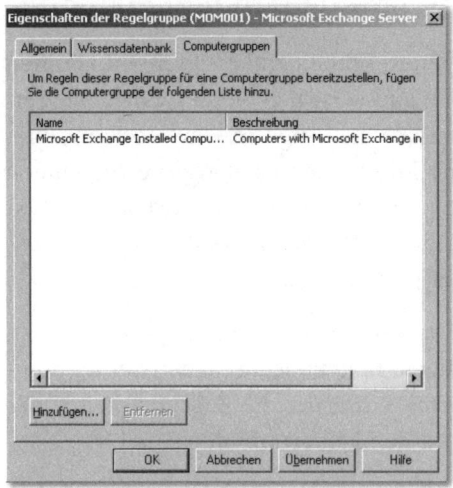

Abbildung 16.12 Computergruppen werden Regelgruppen zugewiesen – die hier definierten Regeln werden nun für die hier enthaltenen Computer verwendet.

16.3.2 Regelgruppen

In Abbildung 16.13 sehen Sie einen Auszug der Regelgruppen des Exchange 2003 Management Packs. Zu erkennen ist, dass die Regelgruppen hierarchisch in Untergruppen angelegt werden können, wobei n-stufige Bäume möglich sind. Des Weiteren sehen Sie, dass es drei Kategorien von Regeln gibt:

▶ Ereignisregeln

▶ Warnungsregeln

▶ Leistungsregeln

Wenn Sie selbst MOM installieren und sich ein wenig in den Regeln der Management Packs umsehen, werden Sie feststellen, dass nicht in jeder Regelgruppe (bzw. Untergruppe) auch alle Regel-Kategorien gefüllt sind. Viele Regelgruppen enthalten keine Leistungsregeln. Wenn Sie die Beschreibung der Management-Packs lesen, werden Sie generell feststellen, dass bei vielen Packs in der Tat nur die Ereignisregeln (Fehlerbehandlung) vorhanden sind.

In den Regelgruppen sind jeweils verschiedene Typen vorhanden, die unterschiedliche Konfigurations- und Reaktionsmöglichkeiten bieten. Allgemein gilt, dass ein »Datenprovider« angegeben wird, also die Quelle, von der der

MOM-Agent ein Ereignis oder Performancedaten erhält. Im Anschluss werden »Kriterien« festgelegt, mit denen beispielsweise das auftretende Ereignis genau identifiziert werden kann – das kann beispielsweise eine Ereignis-ID in der Ereignisanzeige sein.

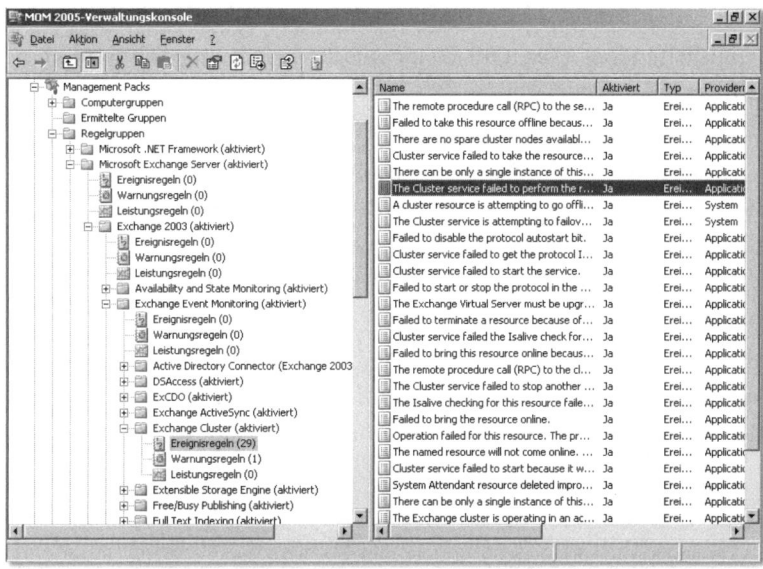

Abbildung 16.13 Überblick über Regelgruppen, Untergruppen und Regeln

Neben diversen anderen Parametern kann eine Warnung konfiguriert werden – diese wird später in der Verwaltungs- oder Webkonsole angezeigt (Abbildung 16.14).

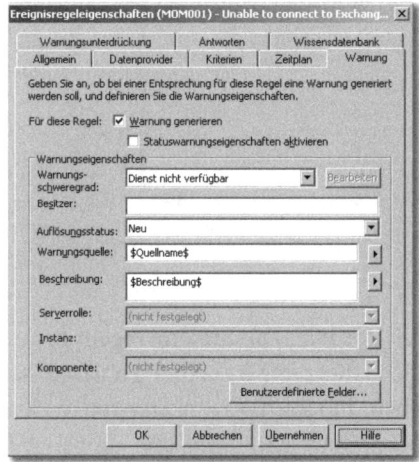

Abbildung 16.14 Konfiguration einer Ereignisregel

Warnungsregel

Die von der Regel erzeugte Warnung muss natürlich entweder dem Benutzer zur Kenntnis gegeben werden oder eine automatische Reaktion auslösen. Viele Managementpacks gehen bei der Konfiguration der Benachrichtigung wie folgt vor:

▶ Bei der eigentlichen Regel (egal ob Ereignis- oder Leistungsregel) wird keine Benachrichtigung konfiguriert.

▶ Es wird eine Warnungsregel erstellt, die den Benutzer nur benachrichtigt, wenn der Schweregrad der erzeugten Warnung »Fehler« oder höher ist. Vergleichen Sie mit Abbildung 16.14: Bei der Definition der Regel wird auf dem Karteikarte Warnung ein »Warnungsschweregrad« definiert. Die Warnungsregel gilt für alle Warnungen, die von Regeln der eigenen Regelgruppe erzeugt werden.

▶ Die durchzuführenden Aktionen werden in der Warnungsregel eingetragen, beispielsweise das Benachrichtigen der Mail Administratoren (solche Gruppen werden »Benachrichtigungsgruppe« genannt. (Abbildung 16.15).

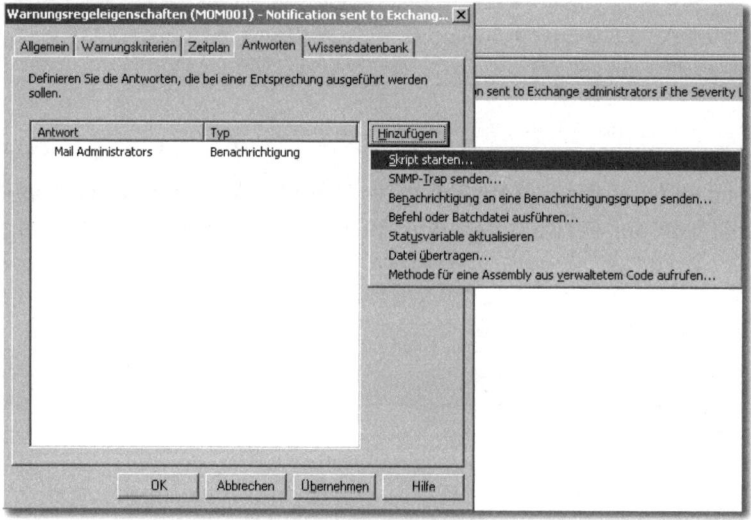

Abbildung 16.15 Als Reaktion auf ein Ereignis können mehrere Maßnahmen durchgeführt werden, beispielsweise eine Benachrichtigung senden.

Die beschriebene Vorgehensweise hat einige Vorteile: Die Ereignisregeln generieren eventuell jede Menge von Meldungen, die zwar bei einer Fehlersuche nicht unwichtig sein können, für das tägliche Operating (= Sicherstellen des Serverbetriebs) aber hinreichend uninteressant sind. Mit einer Warnungsregel können Sie zentral für die ganze Regelgruppe festlegen, ab welchem Warnungsschweregrad Sie informiert werden möchten bzw. welche andere Aktion durchgeführt werden soll. Wenn Sie dies individuell an jeder einzelnen Regel konfigurieren würden, müssten Sie zig Regeln ändern, nur weil Sie für ein paar Tage alle Ereignisse sehen möchten – und dies dann natürlich irgendwann wieder auf einen weniger gesprächigen Level zurückführen.

Leistungsregel

Außerordentlich interessant sind die Leistungsregeln, von denen es zwei Typen gibt:

▶ Schwellenwerte: dienen insbesondere dazu, die Überschreitung bestimmter Grenzwerte zu erkennen und zu melden.

▶ Messen: sammelt Messdaten ohne das Auslösen einer Warnung.

Man könnte beispielsweise folgende Regel definieren:

▶ Es wird alle 15 Minuten die Warteschlange des physikalischen Datenträgers eines Systems gemessen.

▶ Ist diese bei 10 aufeinander folgenden Messungen länger als 15, wird eine Warnung an den Administrator gegeben. Man kann dann von einer kontinuierlichen zu hohen Belastung des Datenträgers ausgehen – da besteht Handlungsbedarf.

Ein weiteres Beispiel und die Konsequenzen: Wenn Sie dauerhaft eine sehr lange Warteschlangenlänge für ausgehende Mails beobachten (bzw. das System dies für Sie beobachtet und eine Warnung generiert), könnte dies zwei Ursachen haben: Entweder ihre Benutzer erzeugen wirklich signifikant mehr ausgehende Mails – oder Ihr System wird von einem Spammer missbraucht. Letzteres ist durch eine Leistungsregel recht einfach zu entdecken – ohne diese Möglichkeiten können Sie Ihre Systeme gar nicht so genau beobachten, als dass man solche Signale direkt erkennen könnte

In Abbildung 16.16 sehen Sie die Definition einer Schwellenwertregel, die eine Warnung des Schweregrads »Fehler« erzeugt, wenn eine Exchange-Queue bei 10 Erfassungsvorgängen immer länger als 25 ist.

16

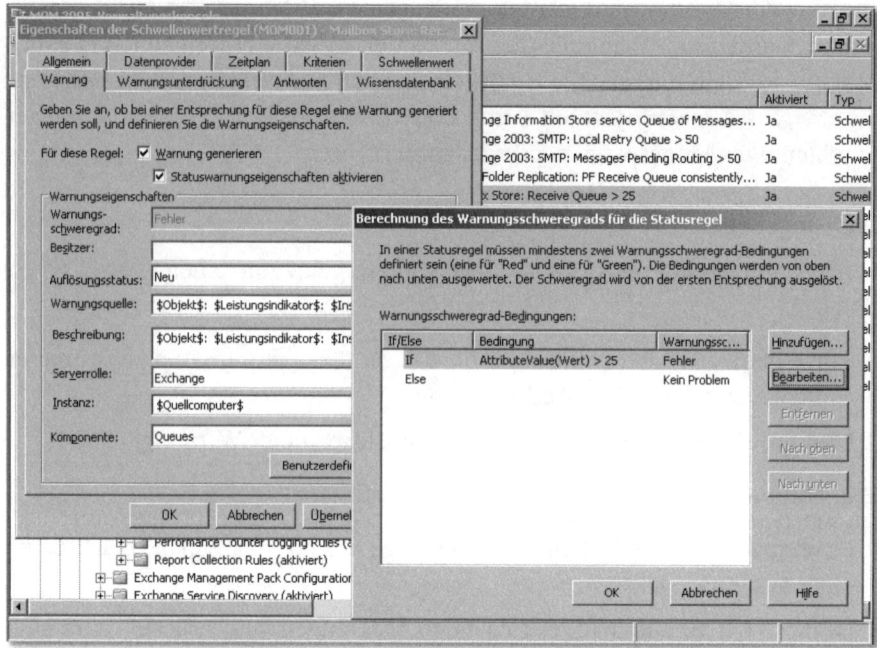

Abbildung 16.16 Definition einer Schwellenwertregel

16.3.3 Eigene Regeln definieren

Selbstverständlich können Sie eigene Regelgruppen anlegen und darin eigene Regeln definieren. Dies ist immer dann interessant, wenn Sie Anwendungen einsetzen, deren Hersteller kein Management Pack mitliefert oder wenn Sie vorhandene Management-Packs um spezielle Regeln erweitern möchten.

Die erste Voraussetzung ist, dass Sie sich mit der entsprechenden Applikationen sehr gut (!) auskennen. Ansonsten wird man kaum auftretende Ereignisse richtig interpretieren oder Performance-Probleme anhand von bestimmten Indikatoren erkennen können.

Die zweite Voraussetzung ist, dass MOM die Daten der Applikation erfassen kann. Für Leistungsregeln greifen die MOM-Agents auf die Datenquellen des Performance-Monitors zurück (Anwendungen können weitere Datenquellen installieren). Für die Überwachung von Ereignissen kann MOM beispielsweise das Ereignisprotokoll nutzen oder WMI-Ereignisse verarbeiten.

Falls Sie Softwareentwickler sind, sollten Sie ihre Applikationen dahingehend erweitern, dass diese die Ereignisanzeige mit Einträgen versorgen, WMI-Ereignisse erzeugen und Performance-Monitor-Datenquellen bereitstellen. Auf diese Weise können die Ereignis- und Leistungsdaten Ihrer Anwendung von einem MOM-Agenten erfasst und regelbasiert ausgewertet werden. Natürlich wäre es sinnvoll, wenn Sie als Entwickler die notwendigen Regeln schreiben würden. Diese Regeln können Sie mit der MOM-Verwaltungskonsole in einem Management Pack zusammenfassen und verteilen.

Index

X

Z

Ulrich B. Boddenberg

Windows Server Longhorn

Technologie und Lösungen – die Preview zum neuen
Windows Server

Dieses Buch beleuchtet das neue
Serverbetriebssystem aus einem sehr
lösungsorientierten Blickwinkel. Nach einem
ersten Überblick über das Longhorn Look-and-Feel
werden die Basistechnologien besprochen und die
Einsatzmöglichkeiten gezeigt. Selbstverständlich
liegt ein besonderer Fokus auf den Neuerungen
gegenüber den Vorgängerbetriebssystemen.

>> www.galileocomputing.de/1311

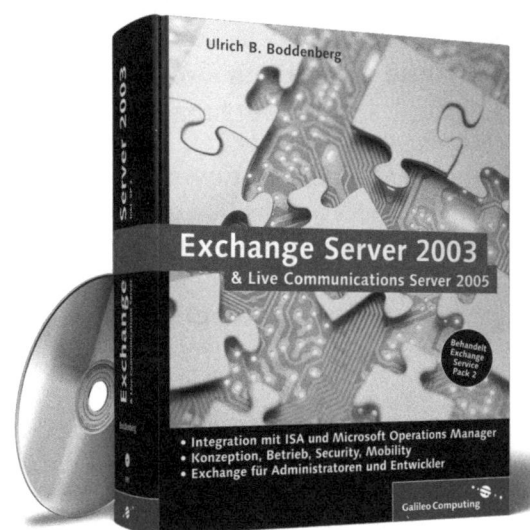

Windows Server 2003 R2,
Small Business Server 2003, ADS,
Exchange Server, Windows XP
und Microsoft Office

Lösungen für Unternehmen
und Behörden

Von der Testumgebung
zur Pilotierung

1000 S., 3., aktualisierte und erweiterte Auflage 2006,
mit DVD, 69,90 Euro
ISBN 3-89842-847-8

Integrationshandbuch
Microsoft-Netzwerk

www.galileocomputing.de

Ulrich Schlüter

Integrationshandbuch Microsoft-Netzwerk

Windows Server 2003 R2, SBS 2003, ADS, Exchange
Server, Windows XP und Microsoft Office

Ein Integrationshandbuch im besten Sinne: Das
Wissen um das Zusammenspiel von Microsoft
Windows Server 2003, ADS, Windows XP Professional, Office XP/2003 oder Exchange Server ist sehr
komplex. Administratoren, die nach einer Gesamt-
lösung suchen, stellen fest, dass es immens viele
Informationen, Fehlerbeschreibungen, Service Packs,
Patches und Hotfixes zu den Einzelprodukten gibt,
aber keinen Lösungsansatz, der dieses Wissen bün-
delt und in Beziehung setzt. Anders dieses Buch:
Schritt für Schritt wird ein Gesamtsystem implementiert, das nicht nur über einen kurzen Zeitraum läuft,
sondern wartbar bleibt und später auf neue
Versionen upgedated werden kann.
>> www.galileocomputing.de/1338

Eduard Zander, Olivier Plein

Small Business Server 2003 R2

Windows Server, Exchange Server, SQL Server 2005, ISA Server, SharePoint Services 3.0, E-Mail-Clients

Die erfolgreiche Server-Lösung von Microsoft für kleinere und mittlere Unternehmen unter der Lupe! Das kompetente Autorenteam beschreibt die Installation und Administration des Small Business Server 2003 R2 in der Standard- und Premium-Edition sowie den Umstieg von anderen Server-Systemen. Dabei werden besonders die Möglichkeiten und Abhängigkeiten der SBS-Produkte gezeigt. Der Windows Server 2003, alle Backoffice Komponenten und E-Mail-Clients und deren Zusammenspiel und Vernetzung werden umfassend erläutert. Dieses Buch lässt Sie auch bei der Wartung, Aktualisierung und Migration Ihres Small Business Servers nicht allein und zeigt Ihnen praxisnah, was zu tun ist.

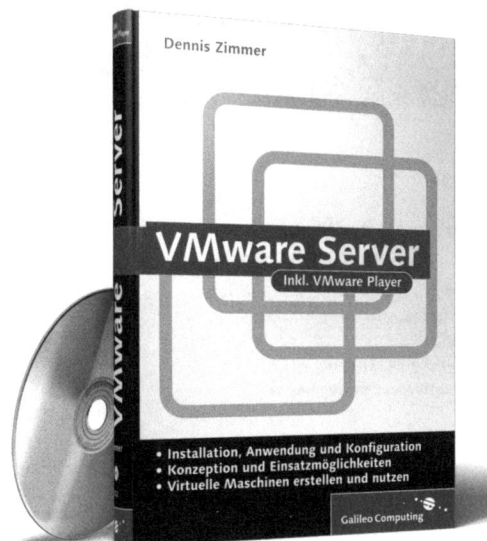

Hat Ihnen dieses Buch gefallen?
Hat das Buch einen hohen Nutzwert?

Wir informieren Sie gern über alle
Neuerscheinungen von Galileo Computing.
Abonnieren Sie doch einfach unseren
monatlichen Newsletter:

www.galileocomputing.de

Galileo Computing

Professionelle Bücher. Auch für Einsteiger.